Schlüsselwerke der Werbeforschung

Tino G. K. Meitz · Nils S. Borchers
Brigitte Naderer
Hrsg.

Schlüsselwerke der Werbeforschung

 Springer VS

Hrsg.
Tino G. K. Meitz
Westfälische Wilhelms-
Universität Münster
Münster, Deutschland

Nils S. Borchers
Universität Tübingen
Tübingen, Deutschland

Brigitte Naderer
Ludwig-Maximilians-
Universität München
München, Deutschland

ISBN 978-3-658-36507-3   ISBN 978-3-658-36508-0 (eBook)
https://doi.org/10.1007/978-3-658-36508-0

Die Deutsche Nationalbibliothek verzeichnet diese Publikation in der Deutschen Nationalbibliografie; detaillierte bibliografische Daten sind im Internet über http://dnb.d-nb.de abrufbar.

Springer VS
© Springer Fachmedien Wiesbaden GmbH, ein Teil von Springer Nature 2022

Lektorat/Planung: Barbara Emig-Roller
Springer VS ist ein Imprint der eingetragenen Gesellschaft Springer Fachmedien Wiesbaden GmbH und ist ein Teil von Springer Nature.
Die Anschrift der Gesellschaft ist: Abraham-Lincoln-Str. 46, 65189 Wiesbaden, Germany

Inhaltsverzeichnis

Teil II   Rezeption & Wirkung

Autorenverzeichnis

Delia Cristina Balaban, Dr., Professorin für Kommunikationswissenschaft, Werbung an der der Fakultät für Politik, Verwaltungs- und Kommunikationswissenschaften der Babeş-Bolyai Universität in Cluj-Napoca, Rumänien, Leiterin der Doktorandenschule Kommunikation, Öffentlichkeitsarbeit und Werbung an der gleichen Universität. Forschungsschwerpunkte: Werbung, Kinder, Jugendliche und Medien, Social Media und politische Kommunikation.

Johannes Beckert, M.A., Wissenschaftlicher Mitarbeiter am Institut für Publizistik an der Johannes Gutenberg-Universität (JGU) Mainz. Arbeitsgebiete: Werbewirkungsforschung, persuasive Kommunikation, Journalismus und Werbung, Rezeption und Wirkung gesponserter Medieninhalte, Public Relations, Organisationskommunikation

Alice Binder, Dr., Wissenschaftliche Mitarbeiterin am Institut für Publizistik- und Kommunikationswissenschaft an der Universität Wien. Arbeitsgebiete: Medienwirkungsforschung, persuasive Kommunikation, Effekte von Werbungen, Medienwirkungen auf das Essverhalten von Kindern.

Melanie Bößenecker, M.A., Wissenschaftliche Mitarbeiterin am Institut für Kommunikationswissenschaft und Medienforschung an der Ludwig-Maximilians-Universität München. Arbeitsgebiete: Persuasive Kommunikation, Gesundheitskommunikation.

Nils S. Borchers, Dr., Akademischer Rat a.Z. am Institut für Medienwissenschaft an der Eberhard Karls Universität Tübingen. Arbeitsgebiete: Strategische

Kommunikation, Digitale Kommunikation, insbesondere Peer-to-Peer-Kommu-
nikation und Social-Media-Influencer*innen, Kritische & Transformative Kommunikationsforschung.

Cornelia Brantner, Dr., Senior Lecturer am Department for Geography, Media
and Communication der Universität Karlstad in Schweden. Arbeitsgebiete: Visuelle Kommunikation, Geomedien, Digitale Kommunikation, Öffentlichkeit und
Ungleichheit

Isabelle Busche, studiert Medienwissenschaften an der Universität Paderborn
und beschäftigt sich mit kulturwissenschaftlichen Fragestellungen in der Medienökonomie sowie dem Schnittfeld zwischen Informatik und medien- und
kommunikationswissenschaftlichen Ansätzen zur Erforschung digitaler und sozialer Medien.

Sandra Diehl, Ao. Univ.-Prof. Dr., ist Institutsvorständin am Institut für Me-
dien- und Kommunikationswissenschaften an der Universität Klagenfurt. Ihre
Forschungsschwerpunkte umfassen die Themen Medienmanagement und Kon-
vergenz, interkulturelle Werbung, Nachhaltigkeits- und Gesundheitskommunikation.

Miriam Goetz, Prof. Dr., Professorin für Kommunikation- & Medienmanagement
und Studiengangsleiterin des gleichnamigen Studiengangs an der IST Hochschule
für Management in Düsseldorf. Arbeitsgebiete: Strategisches und operatives
Medienmarketing, Kommunikations- & Markenmanagement, Medienpsychologie
und Mediendidaktik.

Helena Esther Grass, Wissenschaftliche Mitarbeiterin an der Professur für Praktische Philosophie an der Carl von Ossietzky-Universität Oldenburg. Arbeitsgebiete: Kritische Gesellschaftstheorie, Deutscher Idealismus, Sozial- und Politische Philosophie, Ethik.

Jens Hagelstein, M.A., wissenschaftlicher Mitarbeiter am Lehrstuhl für Strategische Kommunikation, Institut für Kommunikations- und Medienwissenschaft,
Universität Leipzig. Forschungsinteressen: Werbung, Public Relations, Rezepti-
ons- und Wirkungsforschung. E-Mail: jens.hagelstein@uni-leipzig.de

Jürgen Häusler, Prof. Dr., ist Honorarprofessor für strategische Unternehmenskommunikation an der Universität Leipzig. Bis zum Eintritt in den Ruhestand

(2015) war er Chairman bei Interbrand Central and Eastern Europe, und hat Unternehmen und Organisationen weltweit bei der Entwicklung von Marken beraten. Als Sozialwissenschaftler hat er u. a. am Max-Planck-Institut für Gesellschaftsforschung in Köln gearbeitet.

Dr. Martin R. Herbers, M. A., Leitung des Zentrums für Politische Kommunikation der Zeppelin Universität, Friedrichshafen; Principal Investigator im IBH-Projekt „Nachhaltigkeit? Wen interessiert's?" und Fellow im internationalen und interuniversitären Netzwerk Politische Kommunikation, netPOL. Zuvor Akademischer Mitarbeiter am Lehrstuhl für Allgemeine Medien- und Kommunikationswissenschaft der Zeppelin Universität. Studium der Kommunikationswissenschaft, Deutschen Philologie und Psychologie. Forschungsschwerpunkte: Digitaler Wandel der Öffentlichkeit, Neue Akteur*innen und Formen der Politischen Kommunikation und NachhaltigkeitskommunikationMail: martin.herbers@zu. de

Olaf Hoffjann, Prof. Dr., Professur für Organisationskommunikation und Öffentlichkeitsarbeit am Institut für Kommunikationswissenschaft der Otto-Friedrich-Universität Bamberg. Seine Forschungsschwerpunkte sind Public Relations, politische Kommunikation, Beratungskommunikation und Public Affairs.

Christina Holtz-Bacha, Dr., Professorin i.r. für Kommunikationswissenschaft an der Friedrich-Alexander-Universität Erlangen-Nürnberg. Arbeitsgebiete: Politische Kommunikation, politisches Marketing, europäische Medienpolitik, Populismus.

Thomas Koch, Prof. Dr., Professor für Publizistik mit dem Schwerpunkt Unternehmenskommunikation am Institut für Publizistik der Johannes Gutenberg-Universität Mainz. Arbeitsgebiete: persuasive Kommunikation, strategische Kommunikation, Medienwirkungsforschung

Sarah Kohler, Dr. phil., Akademische Mitarbeitern am Department für Wissenschaftskommunikation am Karlsruher Institut für Technologie. Forschungsinteressen: Medienwirkungsforschung, empirische Methoden der Sozialwissenschaft, Medienpsychologie, Wissenschaftskommunikation. E-Mail: sarah.kohler@kit.edu

Matthias Kohring, Prof. Dr., Institut für Medien- und Kommunikationswissenschaft der Universität Mannheim. Arbeitsgebiete: Öffentlichkeit und Journalismus, Vertrauen in Medien, Wissenschaftskommunikation.

Isabell Koinig, Senior Scientist Dr., ist wissenschaftliche Mitarbeiterin am Institut für Medien- und Kommunikationswissenschaften an der Universität Klagenfurt. Ihre Forschungsschwerpunkte umfassen die Themen der (digitalen) Gesundheitskommunikation, Medien- und Konvergenzmanagement, Werbung und CSR.

Juliane A. Lischka, Prof. Dr., (PhD, Universität Zürich) ist Professorin für Digitalen Journalismus an der Universität Hamburg. Sie war zuletzt Oberassistentin in der Abteilung Medienökonomie & Management am Institut für Kommunikationswissenschaft und Medienforschung (IKMZ) der Universität Zürich. Ihre Forschungsinteressen umfassen medienökonomische, organisationssoziologische sowie soziotechnische Fragen zum Journalismus im digitalen Zeitalter.

Jörg Matthes, ist Professor für Werbeforschung an der Universität Wien. Seine Arbeitsgebiete sind Inhalts-, Rezeptions- und Wirkungsforschung, Werbeforschung sowie Erhebungs- und Auswertungsmethoden.

Burkard Michel, Prof. Dr., ist Professor für Werbung und Marktkommunikation an der Hochschule der Medien (HdM) in Stuttgart und Dekan der Fakultät Electronic Media. Zuvor arbeitete er in internationalen Werbeagenturen und gewann bei Kreativwettbewerben zahlreiche Preise und Auszeichnungen. Er ist Mitglied des Forschungsschwerpunkts „Creative Industries and Media Society" (CREAM) an der HdM. Seine Lehr- und Forschungsschwerpunkte sind Qualitative Methoden der Sozialforschung, Bildkommunikation, Milieuforschung und Semiotik.

Meda Mucundorfeanu, Dr., Lektorin an der deutschsprachigen Studienrichtung für Kommunikation, Öffentlichkeitsarbeit (PR) und Werbung, an der Fakultät für Politik, Verwaltungs- und Kommunikationswissenschaften der Babeş-Bolyai Universität in Cluj-Napoca, Rumänien. Forschungsschwerpunkte: Medienwirkungen, Soziale Medien, Branding, Werbesprache und politische Kommunikation.

Ariadne Neureiter, Mag., MSc, Prae-Doc am Institut für Publizistik- und Kommunikationswissenschaft, Universität Wien.Forschungsinteressen: Medienwirkungsforschung, Grüne Werbung, strategische (Nachhaltigkeits-)Kommunikation, Persuasive Kommunikation. E-Mail: ariadne.neureiter@univie.ac.at

Christina Peter ist Universitätsprofessorin für Medien- und Kommunikationswissenschaften mit dem Schwerpunkt Medienwandel und Medienbildung an der Universität Klagenfurt. Sie promovierte 2014 an der LMU München von war dort von 2015 bis 2021 akademische Rätin a.Z. am Institut für Kommunikationswissenschaft und Medienforschung. Ihre Forschungsschwerpunkte liegen in den Bereichen digitale und politische Kommunikation, Rezeptions- und Wirkungsforschung sowie Medienpsychologie.

Claudia Riesmeyer, Dr., Akademische Oberrätin am Institut für Kommunikationswissenschaft und Medienforschung an der Ludwig-Maximilians-Universität (LMU) München. Arbeitsgebiete: Medienkompetenz, Journalismus (und Public Relations), Politische Kommunikation, Qualitative Methoden der Kommunikationswissenschaft.

Daniela Schlütz, Dr. habil. ist Professorin für Theorie und Empire der digitalen Medien an der Filmuniversität Babelsberg KONRAD WOLF. Ihre Forschungsinteressen liegen in den Bereichen Digitalisierung und Medienwandel, serielle Formate, strategische Kommunikation, Rezeptions- und Unterhaltungsforschung sowie Methoden der empirischen Sozialforschung. d.schluetz@filmuniversitaet. deORCID: 0000-0003-4991-5140

Chengyuan Shao, Prof. Dr., ist Assistenzprofessorin an der School of Journalism and Communication an der Communication University of Zhejiang, Hangzhou. Forschungsgebiete: Kommunikationsrecht und Informationspolitik, insbesondere Überwachungstechnologie, digitale Privatsphäre, Schutz persönlicher Daten, vergleichendes Medienrecht und -politik.

Sebastian Sevignani ist Soziologe und Medien- und Kommunikationswissenschaftler; er forscht zu materialistischer Medien- und Kommunikationstheorie, dem Verhältnis von Medien und Arbeit, einer kritischen politischen Ökonomie der Medien und der Kommunikation, dem Strukturwandel der Öffentlichkeit und der Privatheit, dem Wandel des (digitalen) Kapitalismus und einer kritischen Theorie der Bedürfnisse.

Mandy Tröger, PhD, Wissenschaftliche Mitarbeiterin am Institut für Kommunikationswissenschaft und Medienforschung an der Ludwig-Maximilians-Universität (LMU) München. Arbeitsgebiete: Mediengeschichte, Konsum- und Kulturgeschichte, kritische Theorie.

Jörg Tropp, Dr., Professor für Medien- und Kommunikationswissenschaft, SP: Strategische Kommunikation und Medienökonomie an der Hochschule Pforzheim. Arbeitsgebiete: Marketingkommunikation, Markenmanagement, Digitale Kommunikation, Kommunikationstheorie.

Claudia Wilhelm, Dr., M.A., Assistenz-Professorin für Medien und Intersektionalität an der Universität Wien. Arbeitsgebiete: Medienwirkungsforschung, digitale Kommunikation insbesondere Aspekte digitaler Sichtbarkeit, Devianz und Genderaspekte, Kinder- und Jugendmedienforschung.

Jens Woelke, PD Dr. habil., Akademischer Oberrat am Institut für Kommunikationswissenschaft der Westfälischen Wilhemls-Universität Münster. Arbeitsgebiete: vergleichende Mediensystem-/Medienprogrammforschung, Theorie und Empirie der Rezeptions- und Wirkungsforschung, Werbeforschung, Kommunikationscontrolling sowie Methodenforschung- und entwicklung.

Tim Wulf, Dr., Akademischer Rat am Institut für Kommunikationswissenschaft und Medienforschung an der Ludwig-Maximilians-Universität (LMU) München. Forschungsinteressen: Medienwirkungsforschung, Unterhaltungsforschung, Persuasive Kommunikation, Videospielforschung. E-Mail: tim.wulf@ifkw.lmu.de

Guido Zurstiege, Prof. Dr., hat einen Lehrstuhl für Medienwissenschaft an der Universität Tübingen inne. Aktuelle Forschungs- und Arbeitsschwerpunkte sind strategische Kommunikation, Gesundheitskommunikation, Medientheorie und Medienkultur. Einige seiner vielen Publikationen sind „Zwischen Kritik und Faszination. Was wir beobachten, wenn wir die Werbung beobachten, wie sie die Gesellschaft beobachtet" (Halem 2005), „Medien und Werbung" (VS Verlag 2015) und „Taktiken der Entnetzung. Die Sehnsucht nach Stille im digitalen Zeitalter" (Suhrkamp 2020).

Das belastete Verhältnis der Kommunikations- und Medienwissenschaft zur Werbung: Zur Notwendigkeit der *Schlüsselwerke der Werbeforschung*

Tino G. K. Meitz, Nils S. Borchers und Brigitte Naderer

Mit einer Fachgeschichte der Werbeforschung kann die deutschsprachige Kommunikations- und Medienwissenschaft nur bedingt dienen. Obschon Werbung den eigenen Phänomenbereich – die massenmediale, öffentliche Kommunikation und zunehmend auch medial vermittelte (digitale) interpersonale Kommunikation – zwar maßgeblich finanziert und die Ausdifferenzierung unseres Mediensystems nicht zuletzt mittels kommerzieller Zuwendungen vorantreibt, ist eine akademische Institutionalisierung in Form von Lehrstühlen und Forschungsschwerpunkten an den Universitäten – wie sie beispielsweise in den 1980er-Jahren für die Public Relations-Forschung beobachtet werden kann (Bentele und Liebert 2005), weitgehend ausgeblieben. Ist dies gleichbedeutend mit der Bedeutungslosigkeit werbewissenschaftlicher Forschung in der akademischen Ausbildung? 2011 erhob die *Deutsche Gesellschaft für Publizistik und Kommunikationswissenschaft* (DGPuK)

T. G. K. Meitz (✉)
Westfälische Wilhelms-Universität Münster, Münster, Deutschland

N. S. Borchers
Universität Tübingen, Tübingen, Deutschland
E-Mail: nils.borchers@uni-tuebingen.de

B. Naderer
Ludwig-Maximilians-Universität München, München, Deutschland
E-Mail: brigitte.naderer@ifkw.lmu.de

© Springer Fachmedien Wiesbaden GmbH, ein Teil von Springer Nature 2022   1
T. G. K. Meitz et al. (Hrsg.), *Schlüsselwerke der Werbeforschung*,
https://doi.org/10.1007/978-3-658-36508-0_1

(Neuberger und Federkeil 2011) in einer Absolvent*innenbefragung unter anderem die Tätigkeitsbereiche, in welchen Bachelor-Absolvent*innen direkt nach ihrem Studienabschluss tätig waren. Unter den Absolvent*innen der allgemeinen Kommunikations- und Medienwissenschaft-Studiengänge (hier folglich ohne die reinen Journalistik-Studienangebote und ohne Berücksichtigung der medienökonomisch ausgerichteten Studiengänge) hatten 15,2 % der Befragten einen Beruf in den Tätigkeitsbereichen des Marketings und der Werbung ergriffen. Damit rangierten diese Berufsfelder bereits auf ähnlichem Niveau wie eine journalistische Tätigkeit (18,2 %) unter den Absolvent*innen. Der sozialen Wirklichkeit dieses Arbeitsmarktes steht ein fachliches Selbstverständnis innerhalb der Kommunikationswissenschaft entgegen, das auch für die Lehre eine grundlegende Ausrichtung an der *publizistischen* Aussagenproduktion vornimmt (AG-Lehre 2013) und persuasive (kommerzielle) Kommunikationsformen in den Bereich der curricularen Wahlpflichtbereiche komplimentiert.

Historische Einordnung des Forschungsfeldes
Werbeforschung ist in gewisser Weise allgegenwärtig und dennoch ein heimatloses Themengebiet. Denn Werbeforschung spielt in einer Vielzahl wissenschaftlicher Disziplinen und Forschungskontexten eine entscheidende Rolle, ohne sich auf einen klaren disziplinären Ursprung berufen zu können. Derart vielfältige Wurzeln müssen jedoch nicht unbedingt einen Nachteil darstellen. Vielmehr zeigt die Vielfalt der Disziplinen, die sich der Werbung zuwenden, eine lebendige und vielseitige akademische Geschichte. In diesem Zusammenhang sind die Schlüsselwerke der Werbeforschung per se ein Querschnitt durch interdisziplinäre theoretische Rahmenbedingungen und empirische Befunde, die weit mehr als die Optimierung werblicher Maßnahmen im Blick haben. Die Werbung ist ein zentraler Treiber persuasiver Kommunikations- und Medienforschung. Werbeforschung hat Medieneffekte analytisch zugänglich gemacht, die heutzutage in jeder Art von Veränderungskommunikation – von Kommunikationsstrategien zu umweltgerechtem Verhalten bis hin zur Vermittlung von gesundheitsfördernden Maßnahmen – Anwendung finden.

Eine historische Perspektive auf die akademische Werbeforschung kommt nicht umhin, die pragmatische Motivation hinter der hochschulgebundenen Ausbildung einerseits im Sinne der Professionalisierung von Berufsrollen im US-amerikanischen Hochschulsystem, andererseits in dem Wunsch einer wissenschaftlich gestützten Effizienzsteigerung werblicher Maßnahmen zu Beginn des 20. Jahrhunderts zu erwähnen (Zurstiege et al. 2016). Die Akademisierung der Ausbildung fokussierte insbesondere auf die Professionalisierung der werblichen Aussagenproduktion, was zum Zeitpunkt der ersten werbebezogenen Studienangebote in den USA das Texten werblicher Kommunikationsangebote in das Zentrum der Curricula rückte. Entgegen der in der deutschsprachigen Fachgeschichte hochgehaltenen Trennung von journalistischer Tätigkeit und der dem Phänomenbereich des Faches zwar naheliegenden, dennoch fremdbleibenden ‚Reklame' wurde die Ausbildung von Werbetexter*innen den Journalism Schools anvertraut (1908, School of Journalism, University of Missouri); sie ging also einher mit der Ausbildung des journalistischen Nachwuchses. Im gleichen Zeitraum lassen sich in den USA Ansätze ausmachen, die werbliche Effizienz unter der Fragestellung der Werbewirkung zu untersuchen (Scott 1911). Diese frühe Akademisierung einer Werbewirkungsforschung fand jedoch nicht im kommunikationswissenschaftlichen Umfeld ihren Ausgangspunkt, sondern nahm ihren Anfang an den Business Schools US-amerikanischer Universitäten. Diese Trennung des angewandten Ausbildungskonzeptes für das textende Kreativpersonal der Werbewirtschaft an den Journalism Schools und der Beschäftigung mit werblicher Effizienz an den Business Schools fand erst in den 1960er-Jahren, angesichts negativer Evaluationen der werbebezogenen Lehrpläne der Business Schools (Gordon und Howell 1959), ein Ende.

Die empirische Wende der deutschsprachigen Publizistik zur empirischen Kommunikationswissenschaft zeigt sich hier zumindest in Hinsicht auf die Werbung mit einer gewissen Ironie der Fachgeschichte: Wo Werbung im US-amerikanischen Forschungskontext in den 1960er-Jahren – dank der Unzulänglichkeiten der Curricula der Business Schools an den Journalism Schools und entstehenden Departments for Mass Communication aufgewertet wurde, indem neben der praktischen Bildung nun auch die Wirkung werblicher Kommunikation zum Gegenstandsbereich der empirischen Forschung erhoben wurde, ‚verbannte' die deutschsprachige Publizistik die Werbung in das Abseits ihres Gegenstandsbereiches. Werbliche Kommunikation stellte in der deutschsprachigen Lesart den problematischen Gegenpol zur öffentlichen massenmedial vermittelten Kommunikation dar (Borchers 2014). Noch 2001, wie Haas und Herczeg anmerken (2013, S. 76), titulierte die DGPuK die Werbung als „problematischen Medieninhalt", eine Abgrenzung gegenüber dem ‚unproblematischen Gut' der öffentlichen Kommunikation, die nicht zuletzt durch die gezielte Arbeit der Kolleg*innen innerhalb der Ad-hoc-Gruppe Werbekommunikation, dem Vorläufer der heutigen Fachgruppe Werbekommunikation in der DGPuK, aufgebrochen wurde. Die von Haas und Herczeg (2001) als „folgenlose Versuche" beschriebenen Anläufe, auch die Werbeforschung in den Rang eines genuinen Gegenstandsbereiches der deutschsprachigen Kommunikationswissenschaft zu erheben, ist im Rahmen der fachgesellschaftlichen Institutionalisierung Rechnung getragen worden.

Weshalb sich die deutschsprachige Kommunikationswissenschaft erst in jüngerer Zeit auch um die Werbung kümmert, hat hierbei verschiedene Gründe. Als Wissenschaft von „Zeitungen" (Menz 1942, S. 175) erklärte sich das Fach, als Zeitungswissenschaft 1916 in Leipzig ins Leben gerufen, erst einmal zuständig für redaktionelle Beiträge. Im Kampf um seine Legitimation als eigenständige Disziplin – es galt sich zu behaupten neben so illustren Fächern wie der Philosophie, der Geschichte, der Germanistik oder der Soziologie – schien der Journalismus ein deutlich anschlussfähigeres, weil reputationsträchtigeres Formalobjekt herzugeben als die vermeintlich despektierliche Werbung. Geradezu folgerichtig, darauf weisen Siegert und Brecheis (2017, S. 6) treffend hin, hat die Werbung daher über die Werbekritik Einzug in die Kommunikations- und Medienwissenschaft gefunden. Das unterscheidet die deutschsprachige Diskussion im Übrigen vom angelsächsischen Raum, in dem sich das Fach auch aus dem generellen Interesse an der menschlichen Kommunikation entwickelt hat (Berger et al. 2010; Rühl 1999, S. 64). Entsprechend bestanden in der angelsächsischen Forschung deutlich weniger Berührungsängste gegenüber der Werbung.

Ein weiterer Grund für das Fremdeln des Fachs mit dem Untersuchungsobjekt Werbekommunikation dürfte in der mit Nachdruck betriebene Etablierung der Public Relations-Forschung in der Kommunikations- und Medienwissenschaft liegen. Auch die PR-Forschung sah sich mit dem Problem konfrontiert, von den Journalismusforscher*innen als das normativ abzulehnende Andere betrachtet zu werden, weil auch die PR die Integrität des Journalismus gefährdet. Der Versuch, Anerkennung zu gewinnen, so argumentiert Raaz (2021), erfolgte auf dem Rücken der Werbung: PR-Forscher*innen nutzen die Werbung ihrerseits strategisch als negatives Abgrenzungsobjekt:

> „Sonst der PR selbst zugeschriebene, problematische Aspekte professioneller Organisationskommunikation wie mangelnde Objektivität oder reine Orientierung an partikularen (ökonomischen) Interessen werden aus den Public Relations herausdefiniert. Stattdessen werden sie zur Beschreibung und Abgrenzung von Werbung, die nun die vermeintliche publizistische Symbiose aus PR und Journalismus bedroht, herangezogen. Im Zuge der Bemühungen der PR-Forschung um die disziplinäre Akzeptanz ihres Gegenstandes mutiert Werbung zum ‚Antagonisten des Antagonisten'." (Raaz 2021, S. 227)

Diese Strategie scheint historisch aufzugehen, denn tatsächlich hat es die PR-Forschung in deutlich umfangreicherem Maße verstanden, sich innerhalb der deutschsprachigen Kommunikations- und Medienwissenschaft zu institutionalisieren.

Für die in geisteswissenschaftlicher Fachtradition seit Mitte der 1970er-Jahre im deutschsprachigen Raum etablierte Medienwissenschaft ist die „publizistische" Verpflichtung weniger bindend. Eine geisteswissenschaftliche Verankerung der

Werbeforschung ist dennoch auch hier nur am Rande gegeben. So ist Werbung insbesondere als phänomenologische Beobachtungsebene von Mediengesellschaften und als ästhetisch semiotische Kategorie in Hinsicht auf die konkreten Werbemittel (als Darstellungsform) Gegenstand der Analyse (Bartz und Miggelbrink 2013). Eine starke Form der Institutionalisierung erfährt die akademische Beschäftigung mit Werbung durch die angewandten Wissenschaften im deutschsprachigen Raum. In einschlägigen Studiengangsportalen weisen die Fachhochschulen vielfältige medienbezogenen Bachelorstudiengänge mit einem expliziten Bezug auf ihr Werbungs- oder Marketing-bezogenes Curriculum aus (Medienstudienführer 2021; (Fach)Hochschul- & Weiterbildungsportal, 2021). Die Beschäftigung mit Werbung findet hier jedoch häufig in eher betriebswirtschaftlich ausgerichteten Studiengängen, deren zentrales Ausbildungsziel in den meisten Fällen mit dem Schlagwort *Management* in der Bezeichnung der Studiengänge klar umrissen ist, statt. Die Betrachtung der akademischen Ausbildungslandschaft spiegelt augenfällig die Entwicklungen in Kreativ- und Medienwirtschaft wider. Zunehmend verwischen die Grenzen zwischen den Professionen, persuasive Kommunikationsangebote halten sich nicht an normative Abgrenzungsversuche (siehe Paid Content, Content Marketing etc.), sondern spiegeln in Teilen eine Atomisierung kommunikations- und medienbezogener Forschungs- und Lehrangebote wider, die den Zeitgeist aktueller Medientrends aufgreifen. So verwundert es kaum, marktgerechte akademische Angebote zu finden, die beispielsweise hochschulgebundene journalistische Ausbildung mit Storytelling im Bereich Fashion verquickt. Die Vielstimmigkeit akademischer Lehrangebote und der innerhalb verschiedener sozial- und geisteswissenschaftlicher Fachtraditionen vielschichtige Zugang zur Fragestellung des Stellenwertes der akademischen Werbeforschung zeigen aus unserer Sicht einerseits eine lebendige, in Teilen streitbare, Forschungslandschaft zu werblichen Kommunikationsformen; sie zeigen jedoch auch zerklüftete Wissensbestände, die jenseits der eigenen Fachverständnisse kaum Resonanz finden.

Zwar hat sich die Werbeforschung in der deutschsprachigen Kommunikationswissenschaft etabliert (Borchers 2014): Die Fachgruppe Werbekommunikation ist seit 2014 fester Bestandteil der DGPuK. Ihre Mitgliederzahl wächst über die Jahre kontinuierlich und liegt inzwischen im dreistelligen Bereich. In den deutschsprachigen Fachzeitschriften erscheinen regelmäßig Aufsätze zur Werbeforschung – wenn auch in kleiner Zahl (in den Jahren 2010–2020 zählen wir insgesamt zehn einschlägige Beiträge in der *Publizistik*, der *Medien & Kommunikationswissenschaft* und in *Studies in Communication and Media*); aus der Fachgruppe Werbekommunikation heraus entstehen tagungsbasierte Publikationen (Haas und Lobinger 2012; Naderer et al. 2021; Naderer et al. 2020; Schramm und Knoll 2014; Schierl und Tropp, 2014; Schwender et al. 2014); Monographien werden vorgelegt

(Borchers 2014; Woelke 2004; Zurstiege 1998; 2005) und Lehr- und Handbücher veröffentlicht (Schönbach 2019; Siegert et al. 2015; Siegert und Brecheis 2017; Zurstiege 2007, 2015). Werbeforschung ist diesbezüglich in der Kommunikations- und Medienwissenschaft nicht nur anschlussfähig geworden, sondern das Fach profitiert von einer gestärkten Werbeforschung. Dennoch ist auch festzustellen, dass „es immer noch keinen kohärenten Bestand an genuin kommunikationswissenschaftlichen Werbetheorien gibt" (Siegert und Brecheis 2017, S. 7). Auch wenn sich dieser Band bewusst nicht auf genuin kommunikationswissenschaftliche Theorien beschränken möchte, eben weil eine solche Beschränkung weder der Interdisziplinarität der Werbeforschung noch der von Kommunikations- und Medienwissenschaftler*innen durchgeführten Werbeforschung gerecht würde, möchten wir einen ersten Schritt zum Schließen dieser Lücke machen. Die Schlüsselwerke der Werbeforschung dienen hier als ein Angebot der Orientierung, zentrale und in ihrem Ursprung meist nicht auf eine akademische Einzeldisziplin zuzurechnende Werke zugänglich und in ihrem Einfluss sichtbar zu machen.

Zielgruppen und Funktion des Bandes
Der Band wendet sich an Lehrende und Studierende sozial-, geistes- und kulturwissenschaftlicher Disziplinen, die sich einen einführenden Überblick über relevante Forschungsgebiete der Werbeforschung verschaffen möchten. Die Schlüsselwerke beanspruchen nicht, vollumfänglich der Werbeforschung Rechnung zu tragen, sondern sie skizzieren Strömungen der Werbeforschung, die in ihrem Einfluss auf die kommunikations- und medienwissenschaftliche Forschung erstens eine Schlüsselstellung einnehmen, zweitens jedoch weit über den eigentlichen Gegenstandsbereich der Werbung hinausgehen und hierbei Disziplingrenzen überschritten haben. Das Überschreiten akademischer Fachgrenzen steht hier in einer forschungshistorischen Tradition, konnten doch Kommunikations- und Medienwissenschaft – als erst im 20. Jahrhundert institutionalisierte eigenständige Disziplinen – auf vielfältige Weise von Theorie- und Methodenimporten ihrer akademischen Wegbereiter profitieren. Die empirische Kommunikationswissenschaft wäre kaum denkbar ohne die Weichenstellungen durch Sozialwissenschaften und Psychologie in der ersten Hälfte des 20. Jahrhunderts. Einer kommunikations- und medienwissenschaftlichen Werbeforschung fehlen ohne die Institutionalisierungen des Marketings in der speziellen Betriebswirtschaftslehre oder der Werbewirkungsforschung in der Werbe- und Konsumentenpsychologie substantielle Werke, die weit über den Phänomenbereich der werblichen Kommunikation hinausgehen. Profitiert von diesen Importen hat nicht zuletzt die in der empirischen Kommunikationswissenschaft zentrale Medienwirkungsforschung, zu deren Standard-Modellen genuine Beiträge zur Werbewirkung zählen wie etwa das Involvement-

Konzept nach Herbert E. Krugman (1965; 1966) und das Elaboration Likelihood Model von Richard E. Petty und John T. Cacioppo (1986).

Vorgehen bei der Auswahl der Werke

Die Herausforderung, Schlüsselwerke für einen Forschungsbereich zu definieren, besteht darin, dass der Begriff des Schlüsselwerks nicht an eindeutige Kriterien gekoppelt ist. Frühere Bände, die sich mit Schlüsselwerken zu einem Fachbereich beschäftigt haben, charakterisieren beispielsweise „Reputation" als Wechselwirkung zwischen dem/der Verfasser*in und dem Werk an sich. Quantifizierbare Indizes können hierfür Zitationszahlen oder die publizierte explizite Auseinandersetzung mit Werken sein (Kühn 2015). Andere bezeichnen Schlüsselwerke als Kanon von oft sehr diversen Forschungsbereichen, der eine Reflexion der eigenen Geschichte und Tradition eines Faches widerspiegelt (Löw und Mathes 2005). Neben Reputation und Selbstreflexion ist auch der Faktor der Außenwirkung bedeutsam, da Schlüsselwerke als jene Werke angesehen werden können, die ein Fach repräsentieren und damit praktisch Fixpunkte der Publikationstätigkeit einer Disziplin darstellen, von denen jene, die sich mit dem Thema beschäftigen, „schon mal gehört" haben sollten (Salzborn 2014). Die Stellung eines Schlüsselwerks beruht somit sowohl auf dem besonderen, originären Beitrag, den ein Werk zu einem Fachgebiet geleistet, als auch auf dem Anklang, den der Beitrag im Fach gefunden hat (Potthoff 2016). Die Erstellung eines Schlüsselwerkekanons – gerade in einem diversen und interdisziplinären Fach wie der Werbekommunikation – ist somit mit großen Herausforderungen verbunden. Um dennoch einen möglichst großen Konsens herzustellen, haben wir uns bei der Auswahl der Schlüsselwerke von einem Expert*innengremium aus verdienten Werbeforscher*innen beraten lassen.[1] Dazu erstellten wir als Herausgeber*innen zunächst eine erste Auswahl an potenziellen Schlüsselwerken. Die Expert*innen kommentierten diese Auswahl, strichen und ergänzten. Auf diesem Wege entstand der finale Korpus, den wir in diesem Buch als die Schlüsselwerke der Werbeforschung präsentieren.

Uns als Herausgeber*innen ist es dennoch wichtig, auf potentielle strukturelle blinde Flecken und Verzerrungen im Auswahlprozess hinzuweisen: Mit unserer Auswahl geben wir bereits etablierten Werken und Autor*innen eine besondere Bühne und begünstigen damit den sogenannten Matthäus-Effekt, der beschreibt, dass jenen Personen Aufmerksamkeit geschenkt wird, die bereits viel Aufmerksamkeit erhalten haben (Merton 1968; Rossiter 1993). So ist auch in unserem Buch

---

[1] Wir bedanken uns bei Thomas Koch, Jörg Matthes, Daniela Schlütz und Guido Zurstiege für ihre Unterstützung bei der Auswahl der Schlüsselwerke.

der Raum beschränkt, den weniger bekannten Stimmen und Positionen erhalten. Da aber neben der Qualität der Werke eben auch die Reichweite ein Kriterium ist, um Schlüsselwerke eines Faches erfassen zu können (Potthoff 2016), können wir diesen Konflikt nicht auflösen. Nichtsdestotrotz möchten wir kritisch darauf hinweisen, dass es den ausgewählten Werken in mancherlei Hinsicht an Diversität mangelt, da wir sowohl in Themen als auch Autor*innenschaft einen westlich geprägten Blick auf das Forschungsfeld zeigen und insbesondere bei den älteren Werken ein Fokus auf männliche Autoren festzustellen ist. Damit geht möglicherweise der Matilda-Effekt einher, der die systematische Nicht-Anerkennung weiblicher Wissenschaftlerinnen bezeichnet (Knobloch-Westerwick et al. 2013; Rossiter 1993). Zwar nimmt insbesondere bei neueren Werken, die wir in unserem Band diskutieren, die Diversität hinsichtlich des Geschlechts zu. Hinsichtlich anderer Diversitätsmerkmale fällt die Bilanz aber eher mager aus. Strömungen außerhalb Zentraleuropas und den USA werden nicht berücksichtigt. Wir spiegeln damit die Literatur wider, die für die Zielgruppe dieses Buches am relevantesten sein wird, wobei ein kritischer Blick auf diesen Umstand zur Kontextualisierung unserer Schlüsselwerke in seiner Relevanz nicht unterschlagen werden soll.

Aufbau des Bandes
Der Schlüsselwerkeband gliedert sich in fünf Teilbereiche: Werbung & Gesellschaft; Rezeption & Wirkung; Kompetenz & Ethik; Semantiken und abschließend Kritik.

Werbung & Gesellschaft
Werbung ist ein fester kultureller Bestandteil westlicher (Konsum-)Gesellschaften. Einigen Kommentator*innen scheint sie so prägend, dass sie gar von einem Reklamezeitalter (Röpke 1950) beziehungsweise einem Advertising Age sprechen (etwa Skolimowski 1968; Thorson und Duffy 2012). Diese Diagnose scheint beim näheren Hinblicken gar nicht sonderlich abwegig: Schenkt man den Zahlen von Branchenbeobachter*innen Glaube, begegnen uns zwischen 10.000 und 13.000 Werbeangebote – pro Tag (Koch 2018). Selbst wenn man an dieser Zahl zweifeln und sie deutlich geringer ansetzen wollte – es bleibt eine stattliche Anzahl täglicher Kontakte, die etwa Kontakte mit Angeboten des Journalismus oder der Public Relations deutlich in den Schatten stellen dürfte. Um diesem Stellenwert der Werbung Rechnung zu tragen, wird der vorliegende Band vom Teilbereich „Werbung und Gesellschaft" eröffnet. Die Beiträge in diesem Teilbereich verbindet, dass sie Werbung aus einer Makroperspektive betrachten, also einer Perspektive, die die Gesellschaft in den Blick nimmt. Sie führen damit in die komplexen Verwebungen der Werbung in die gesellschaftlichen Strukturen ein. An der Frage, wie sich die Werbung in den

komplexen Funktionsverhältnissen funktional differenzierter Gesellschaften verorten lässt, haben sich insbesondere systemtheoretisch argumentierende Autor*innen abgearbeitet. Werbung wurde in diesem Zusammenhang ganz unterschiedlich konzipiert, als Teil der Wirtschaft (Schmidt 1991), als Teilbereich der Medien (Kautt 2008), als Handlungsbereich zwischen Wirtschaft und Publizistik (Siegert 2002), als grundlegender Mechanismus jeden Systems, das sich um die Motivation von Anschlusshandlungen bemühen muss (Borchers 2014), oder gar als eigenständiges Funktionssystem (Zurstiege 1998). Für diese Diskussion stellvertretend steht der Vorschlag Luhmanns, die Werbung als Teilbereich der Massenmedien neben Information und Unterhaltung zu konzipieren (siehe Kap. „Werbung und die Informativität der Nicht-Information: *Die Realität der Massenmedien* von Luhmann" in diesem Band). Andere Wissenschaftler*innen haben sich in ihrer Analyse auf die enge Verzahnung von Werbung und kapitalistischer Wirtschaft konzentriert. Wählt man diesen Fokus, lässt sich die gesellschaftliche Bedeutung der Werbung unter weiteren Gesichtspunkten erhellen und etwa nachzeichnen, wie sich die Werbung auf Konsum und Wirtschaftsentwicklung auswirkt (siehe Kap. „Werbung in der Überflussgesellschaft: John Kenneth Galbraith, „The new industrial state"" in diesem Band) oder auch wie die Interessen der Werbetreibenden als Katalysator für eine neue Variante des Kapitalismus dienen (siehe Kap. „Werbung als Katalysator der digitalen Wirtschaftsordnung: *The Age of Surveillance Capitalism* von Zuboff" in diesem Band). Schließlich wirkt sich Werbung nicht nur auf die Kultur aus, sondern auch die Kultur findet in der Werbegestaltung Niederschlag. In der Annahme, dass Werbeangebote effizienter sind, wenn sie kulturellen Eigenarten berücksichtigen, hat das Nachdenken über den Zusammenhang von Werbung und Gesellschaft auch aus dieser Richtung Tradition in der Werbeforschung. So fragen Werbeforscher*innen, wie sich aus Modellen zur Klassifikation von Kulturen Hinweise für die Werbegestaltung ableiten lassen (siehe Kap. „Kulturabhängigkeit von Werbung: *The Hofstede model*. Applications to Global Branding and Advertising Strategy and Research von De Mooij und Hofstede" in diesem Band).

Rezeption & Wirkung

Die Beschäftigung mit werblicher Kommunikation ist maßgeblich an Erwartungen werblicher Wirksamkeit gekoppelt. Werbewirkungen – als Indikatoren für Erfolg oder Misserfolg von Werbemaßnahmen – stellen als Gegenstandsbereich der Forschung historisch den Ausgangspunkt für die akademisch empirische Auseinandersetzung dar (Ross und Hileman 1969). Zentrale empirische Arbeiten entstehen insbesondere ab den 1940er-Jahren im Rahmen großangelegter Forschungsprojekte. Als entsprechendes Exempel können hier die Studien von Hovland, Irving und Kelley (siehe Kap. „Über die Grundlagen persuasiver Kommunikation:

Communication and Persuasion. Psychological Studies of Opinion Change von
Hovland, Irving und Kelley") angeführt werden, deren Verdienst für die Werbeforschung in der Vermittlung grundlegender Erkenntnisse zur Persuasion liegt. Mit
der für werbliche Kommunikationsangebote zentralen Frage der Reputation von
Kommunikator*in und dem medialen Umfeld ist das Thema des Vertrauens in die
Informationsquelle zu einem zentralen Forschungsfeld geworden, das aktuell unter
den Gesichtspunkten möglicher Gattungsunterschiede zwischen Qualitäts- und sozialen Medien (Meitz 2019) sowie angesichts der Problematik der Markensicher-
heit (Brand Safety) diskutiert wird (Dcore 2018; siehe auch das Schlüsselwerk von
Howard und Steth zur Modellierung des Kaufverhaltens(siehe Kap. „Die Kaufentscheidung als Lernprozess: *The Theory of Buyer Behavior* von Howard und
Sheth"). Mit der Reputation werblicher Kommunikation ist ein peripherer Hinweisreiz für die Verarbeitung benannt, der nicht zuletzt in Hinsicht auf die Motivation von Nutzer*innen zur Auseinandersetzung mit Werbung abstellt. Die Erkenntnis, dass diese Motivation stark durch das Involvement potentieller
Konsument*innen geprägt ist, verdankt sich den Arbeiten von Krugman (1965;
1966) (siehe Kap. „Die Messung von Involvement: The Measurement of Advertising Involvement von Krugman"), die als Schlüsselwerk nachfolgende Modelle in
ihren zentralen Annahmen maßgeblich geprägt haben (siehe Kap. „Zentral vs. Peripher: *Persuasionswege und Einstellungsänderungen* in den Arbeiten von Petty
und Cacioppo"). Die Beschäftigung mit Medienwirkungen hat wie bei den vorangegangenen Werken nicht selten ihren Ursprung in der Beschäftigung mit Werbung
genommen, dennoch lassen sich ebenso vielfältige Beispiele für die Übertragung
grundlegender Effekte, Modelle und Theorien auf das Phänomen Werbung finden.
Dieser Import geht nicht selten mit Problemstellungen innerhalb der Werbewirtschaft und des Marketings einher, die die Effektivität von Kampagnen oder Platzie-
rungen von Werbemitteln sowie die zur Messung der Effektivität verwandten Leistungsindikatoren (*Key Performance Indicator; KPI*) kritisch hinterfragen. Eine
zentrale und hierbei gleichwohl problematische Größe ist der Zusammenhang zwischen Werbewirkung und Kaufentscheidung, der in der Praxis häufig mit dem vermeintlich harten Faktor des (gestiegenen) Absatzes eines Produktes als KPI aus-
gewiesen wird, ohne einen empirischen Zusammenhang zwischen konkreten
Werbemaßnahmen und Absatz nachweisen zu können. Die Fragestellung der Messung des tatsächlichen Verhaltens oder der gewünschten Verhaltensänderung aufgrund persuasiver Kommunikationsmaßnahmen hat in der empirischen Medienwirkungsforschung hier prominente Theorien (siehe Kap. „Zum Verhältnis von
Überzeugungen, Einstellungen, Absichten und Verhalten: *Belief, attitude, intention
and behavior. An introduction to theory and research* von Fishbein und Ajzen")
hervorgebracht, die erstens die Verhaltensabsicht als relevante Messgröße

etablierten und zweitens die Gestaltung der Kommunikationsmaßnahmen wieder in das Zentrum der Wirkung von Medienangeboten rückten. Ebenfalls auf der Ebene der Einstellungen operiert das Modell von MacKenzie und Lutz (siehe Kap. „Die Einstellung gegenüber einer Werbeanzeige: Das *AAd-Modell* von MacKenzie und Lutz"), das jedoch spezifische Faktoren der Einstellung zum Werbemittel selbst fokussiert. Auch kleinteiligere Effekte wie etwa die Effekte des Mere Exposure (siehe Kap. „„The opposite of a great truth is also true": *Personality and Attitude Change. An Information-processing Theory* von McGuire") haben beispielsweise für die Bewertung der Kontaktfrequenz innerhalb der Mediaplanung an Relevanz gewonnen, auch wenn die praktische Anwendung solcher Effekte, kritisch hinterfragt werden muss. Dass bereits früher eine entsprechende Offenheit für Fragestellungen der kognitiven Verarbeitung medienvermittelter Kommunikation gegeben war, belegt nicht zuletzt McGuire (1968) (siehe Kap. „The opposite of a great truth is also true": *Personality and Attitude Change. An Information-processing Theory* von McGuire") Schlüsselwerk in diesem Band, das exemplarisch für die kognitive Wende innerhalb der Sozialpsychologie steht und nachhaltig auf die Werbewirkungsforschung Einfluss nahm. Ein weiteres zentrales Werk, das einen expliziten Bezug zur kognitiven Informationsverarbeitung herstellt, liegt mit Keller (1987) (siehe Kap. „Erinnerungsfaktoren in der Werbung: *The Effect of Advertising Retrieval Cues on Brand Evaluations* von Keller") empirischen Arbeiten zur Memorierung und zum Abruf von werbebezogenen Gedächtnisinhalten vor, die den Nutzen von Hinweisreizen zur Aktivierung markenbezogener Gedächtnisinhalte in den Fokus des Forschungsinteresses rückten. Wenn Schlüsselwerke für die Werberezeptions- und Werbewirkungsforschung im wissenschaftlichen Diskurs ihre zentrale Position behaupten, so sehen wir häufig die Karriere einer ursprünglichen Idee, die sich im Verlauf der empirischen, meist (quasi-)experimentellen Forschung fortwährend weiterentwickelt. Auf der anderen Seite sehen wir Schlüsselwerke, die durch die Aktualität ihres Anwendungsbezuges eine Renaissance erleben. Beispielhaft kann hier die Wiederbelebung des Forschungsfeldes zur Mundpropaganda (siehe Kap. „„Psst! Hey, du!" – „Wer, ich?": *Die Entdeckung der Mundpropaganda als Thema der Werbeforschung* von Arndt") gesehen werden, das angesichts der relativen Theorie- und Empiriefreiheit der angewandten Forschung zu den Themen Electronic-Word-of-Mouth, Influencer Marketing und Community-based-Marketing einen dringenden Bedarf an wissenschaftlicher Aufklärung haben sollte. Eine Entwicklungsparallele zur kommunikationswissenschaftlichen Forschung im Allgemeinen zeichnet schließlich das in diesem Abschnitt des Bandes abschließend Erwähnung findende Werk von Buttle (1991) (siehe Kap. „Werbung als soziale Praktik: *What Do People Do with Advertising?* von Buttle"), das die Perspektive des Publikums von werblichen Kommunikationsangeboten und damit eine klassische Perspektive der Rezeptionsforschung aufnimmt. Das Ungleichgewicht zwischen Werbewirkungs- und Werberezeptionsforschung im rein quantitativen Sinne der Publikationen ist hier nicht zuletzt disziplinengeschichtlich eng mit den erst in den 1990er-Jahren erstarkenden qualitativen Methoden innerhalb von Kommunikations- und Medienwissenschaft verquickt.

Kompetenz & Ethik

Das Erkennen, Verstehen und Bewerten von Werbebotschaften ist eine Herausforderung für Konsumierende, mit der sie täglich in einem hohen Ausmaß konfrontiert sind (Naderer et al. 2020). Insbesondere die bewusste Täuschung und Übertreibung in Werbeinhalten, die als Verkaufsstrategie eingesetzt wird, oder die Vermittlung von Werbebotschaften durch Kanäle und Persuasionsstrategien, die die werbliche Intention für die Rezipierenden möglichst verschleiern sollen, werfen ethische Fragen auf, die auch an die individuelle Kompetenz des Einzelnen geknüpft sind. Aktuelle Beispiele hierfür wären beispielsweise der Einsatz von Produktplatzierungen (Koch 2016), Native Advertising (Taylor 2017) oder personalisierte Werbebotschaften (siehe dazu auch Kap. „Ich – mal Ziel, mal Müll: *The Daily You* von Turow" in diesem Band, die Rezipierende vor Herausforderungen in der Werbeerkennung und Verortung der persuasiven Absicht stellen. Daran gekoppelt sehen sich auch regulatorische Stellen vor Herausforderungen gestellt, Werbetreibenden mögliche Grenzen und Transparenzverpflichtungen aufzuerlegen. Die notwendigen Fähigkeiten zum kompetenten Umgang mit Werbebotschaften werden heute als Teil einer umfassenden Medienkompetenz betrachtet (Livingstone und Helsper 2006; Nelson 2016). Nicht alle Rezipierenden von Werbebotschaften sind in gleichem Maße fähig, diese Kompetenzen zu entwickeln und einzusetzen. Insbesondere Kinder gelten weithin als vulnerable Gruppe (Boush et al. 1994; Lapierre 2019). Daher widmen sich die Beiträge des Teilbereichs Kompetenz & Ethik zentral der Bedeutung der Entwicklung von Werbekompetenz bei Jugendlichen und Kindern und den ethischen Implikationen, die aus dem noch anhaltenden Entwicklungsprozess für Werbeschaffende erwachsen. In vier Schlüsselwerken in diesem Band findet die Thematik Eingang und beruht einerseits auf einer qualitativen, tiefgreifenden Konzeptualisierung des Werbeverständnisses von Kindern (siehe Kap. „Werbung aus der Sicht von Heranwachsenden: *The Social Uses of Advertising: An Ethnographic Study of Adolescent Advertising Audiences* von Ritson und Elliott"); einer empirisch kreativen Betrachtung, Werbewirkung auf Kindern nachzugehen und daraus relevante Implikationen für die Werbekompetenz abzuleiten (siehe Kap. „Diktiert Fernsehwerbung die Wünsche von Kindern? *Die Arbeiten* von Robertson & Rossiter"); einer konzeptionellen Zusammenschau über das Feld der Werbewirkungen auf Kinder, was diese vulnerabel macht und worauf entwick-lungspsychologisch die Ausbildung von Werbeverständnis fußt (siehe Kap. „Von Kindern zu Konsumierenden: Consumer Socialization of Children. A Retrospec-tive Look at Twenty-Five Years of Research von John"); sowie einer kritischen Auseinandersetzung, ob Werbekompetenz bei Kindern tatsächlich Werbewirkung mindert und welche Empfehlungen sich daraus für Erziehungsberechtigte und re-gulatorische Stellen ableiten lassen (siehe Kap. „Mehr als nur ein kognitiver Schutz: Reconsidering Advertising Literacy as a Defense Against Advertising Ef-fects von Rozendaal, Lapierre, van Reijmersdal und Buijzen"). Ein Modell, das auch in der Konzeptualisierung von Werbeverständnis bei Kindern Niederschlag findet und die Entwicklung und die Faktoren des Werbeverständnisses bei Medien-rezipierenden allgemein festmacht, ist das Persuasion Knowledge Modell. Als ein zentrales Modell in der Konzeptualisierung von Werbeverständnis und -kompetenz findet sich das Werk von Friestad und Wright daher in den Schlüsselwerken der Werbeforschung wieder (siehe Kap. „Ich weiß, sie bekommt Geld dafür! Aber ich hab Guido Maria doch so gern! The Persuasion Knowledge Model von Friestad und Wright"). Zudem wird im Abschnitt zu Ethik und Kompetenz die Produktions-ethik von Werbetreibenden betrachtet und kritisch reflektiert (siehe dazu Kap. „Die vernachlässigte Produzent*innenethik: How Advertising Practitioners View Ethics: Moral Muteness, Moral Myopia, and Moral Imagination von Drumwright & Mur-phy"). Die Reflexion über ethische Implikationen von Werbemaßnahmen ist ein relevantes Themenfeld innerhalb der Werbeforschung, das aktuell in der Betrach-tung von Werbekennzeichnungen von eingebetteten Werbeformen (Eisend et al. 2020), der Ausverhandlung von Werberegulierungsmaßnahmen wie etwa im Falle von Nahrungsmittelwerbung in Kinderprogrammen (Lavriša et al. 2020) oder von Modelstandards zur Wahrung der psychischen und physischen Gesundheit des Pu-blikums (Schirmer et al. 2018) in zahlreichen Studien verhandelt wird.

Semantiken

Das Zeichenhafte der Werbung stellt im nachfolgenden Abschnitt eine Seite der Schlüsselwerke dar, die in der angewandten Werbeforschung kaum und im wissen-schaftlichen Diskurs eher in der kulturwissenschaftlichen Werbeforschung Aner-kennung findet. Diese häufig semiotisch geprägten Zugänge, Werbung als kulturel-les Zeichensystem zur Bedeutungskonstitution in Mediengesellschaften zu sehen, haben allerdings nicht zuletzt durch die Etablierung qualitativer Forschung (zur Diskussion Matthes et al. 2011; Krotz et al. 2011) und die damit einhergehende Öffnung gegenüber kultursoziologischen Theorieangeboten wie den Cultural Stu-dies an Attraktivität in der Kommunikations- und Medienwissenschaft gewonnen. Gleichsam haben Sprach- und kulturwissenschaftliche Analysen werblicher

Kommunikation durch den Aufbau grundständiger medienwissenschaftlicher Studiengänge seit den 1980er-Jahren eine Heimat gefunden, die dem Phänomenbereich Werbung – auch in seiner semantischen Bedeutung – zu neuer Geltung verholfen hat. Viele Arbeiten, die die Semantiken der Werbung in den Blick nehmen, eint die Annahme, dass werbliche Darstellungen die gesellschaftliche Wirklichkeit prägen. Eine detaillierte Analyse dieser Darstellungen verspricht es daher, die Bedingungen des gesellschaftlichen Zusammenlebens zu verstehen. In diesem Sinne begreift sich das hier als Schlüsselwerk vorgestellte Werk von Williamson (1978) (siehe Kap. „„It's the Propaganda, stupid!" Die Entdeckung der Werbewirkung aus kultursemiotischer Perspektive: *Decoding Advertisements* von Williamson"), das Werbung als Teil der Populärkultur vorstellt und kritisch der Werbung die Erschaffung von Deutungsstrukturen innerhalb einer Konsumgesellschaft zuschreibt. Klar in der Linie der französischen Semiotik stehen die Arbeiten von Barthes (1957) (siehe Kap. „Überhöhung des Alltäglichen, Naturalisierung des Ideologischen: Mythen des Alltags und Rhetorik des Bildes von Barthes"), die das zeichenhafte der Werbung mit dem zentralen Begriff der mythischen Bedeutung werblicher Texte und Bilder als Diskursfunktion einer Gesellschaft charakterisiert und methodologisch, in Form der semiotischen Dekonstruktion, die Bedeutungsebenen dieser Zeichensysteme offenlegen möchte. Abseits der gesellschaftstheoretischen und kritischen Schlüsselwerke, die sich mit werblicher Semantik befassen, positionieren sich Escalas (1998) (siehe Kap. „Kaufst Du mir die Geschichte ab? Advertising Narratives: What are they and how do they work? von Escalas") Arbeiten, die die Narrative werblicher Kommunikation analysieren. Escalas Beobachtungen heben hier insbesondere die Rezeption werblicher Erzählungen hervor und schließen in diesem Sinne an medienpsychologische Modelle des Rezeptionserlebens (siehe beispielsweise Green und Brock 2000; Busselle und Bilandzic 2009) an. *Gender Advertisements* (siehe Kap. „Wirklicher als die Wirklichkeit: *Gender Advertisements* von Goffman"), schließlich, stellt Goffmans für die Geschlechterforschung innerhalb der Werbeforschung wegweisendes Werk dar, das darüber hinaus als ein konzeptioneller Standard der Inhaltsanalyse visueller Werbemittel gelten kann.

Kritik der Werbung

Die Werbung wurde und wird immer wieder zum Gegenstand kritischer Auseinandersetzungen. Zu deutlich scheinen ihre dysfunktionalen Auswirkungen auf das gesellschaftliche Zusammenleben. Dass die Werbekritik seit Langem einen festen Platz in der gesellschaftlichen Selbstbeobachtung besitzt, zeigte Pollay bereits 1986 eindrucksvoll, indem er für seinen Aufsatz The Distorted Mirror werbekritische Überlegungen aus unterschiedlichsten wissenschaftlichen Disziplinen zusammentrug. Auch seit den 1980er-Jahren ist die Kritik an der Werbung nicht verstummt. Kritisiert werden in der Regel nicht einzelne Werbeangebote, sondern der Diskurs der Werbung in seiner Gesamtheit. Selbiger Pollay schuf dafür das Bild der einzelnen Werbeangebote als an sich harmlosen Regentropfen, dem er das Bild des Werbediskurses als Regengusses entgegenstellt: „Individually raindrops are benign and have little noticeable impact. People can readily avoid most drops by their behavior and clothing (…). In heavy rain individuals become preoccupied, and in extreme conditions overwhelmed, despite the fact that each raindrop by itself is inconsequential." (Pollay 1987, S. 107) Kritisiert werden außerdem insbesondere nicht die primären, sondern die sekundären Werbewirkungen (sensu Borchers 2020). Gegenstand der Kritik ist also nicht, dass der Schokoladenriegel von *Nestlé* gekauft wird statt derjenige von *Mondelēz*, womöglich auf Grundlage zweifelhafter Werbeversprechungen. Das wäre ein Fall für die Werbeethik. Vielmehr setzt die Kritik grundlegender an und beschäftigt sich mit den Auswirkungen der Werbung an sich auf Gesellschaft und Individuum. In dieser Hinsicht ist der Werbung bereits viel vorgeworfen worden, und diese Varianz der Kritik spiegeln auch die im Teilbereich *Kritik der Werbung* versammelten Beiträge wider. Die fundamentalste Kritik äußern in der Regel Autor*innen, die auf die eine oder andere Weise marxistisch geschult sind. Die Perspektive der Marx'schen Gesellschaftstheorie erlaubt es durch das Konzept des Klassenkampfes, Akteur*innen (klassen)kollektive Interessen zu unterstellen, die deutlich über den bloßen Verkauf eines Produkts hinausgehen. Aus dieser Perspektive erscheint die Werbung als ein Herrschaftsinstrument, dessen Sinn darin besteht, die herrschenden Verhältnisse zu reproduzieren und so zu verfestigen (siehe Kap. „Werbung und Kulturindustrie als verwirklichte Unvernunft: *Dialektik der Aufklärung* von Horkheimer und Adorno" sowie „Die Magie der Werbung: *Advertising, the Magic System* von Williams" in diesem Band). Aus Perspektive der Marx'schen Wirtschaftstheorie lässt sich wiederum die Frage stellen, wer in einer Werbesituation Wert schafft, um so Ausbeutungsverhältnisse zu identifizieren (siehe Kap. „Das Publikum als Ware: *Communications: Blindspot of Western Marxism* von Smythe"). Werbekritik gibt es allerdings auch ohne einen solchen makrotheoretischen Unterbau. So entzündet sich die Werbekritik verlässlich an den Persuasionstechniken, die die Werbebranche einsetzt, um ihre Eigeninteressen voranzutreiben. Diese Techniken haben sich im Laufe der Jahrzehnte verändert. War es einstmals etwa die Verwendung von Erkenntnissen aus der Psychoanalyse zu Werbezwecken, die Anstoß zur Kritik gab, ist es heute der Einsatz von bildgebenden Verfahren aus der Neurowissenschaft oder von Verhaltensdaten in einem Big Data-Paradigma. Die gesellschaftlichen und individuellen Kollateralschäden, die durch den Einsatz solcher Persuasionstechniken entstehen, sind aus Sicht der gegen die Werbung zu Felde ziehenden Kritiker*innen nicht gerechtfertigt (siehe Kap. „Werbekritik als Gesellschaftskritik: *Social Communication in*

Advertising von Leiss, Kline und Jhally" und „Ich – mal Ziel, mal Müll: *The Daily You* von Turow" in diesem Band). Einen gänzlich anderen Weg der Werbekritik begehen schließlich Arbeiten, die eine Mentalitätsgeschichte der Werbebranche vorlegen. Diese Arbeiten fragen nach den Weltbildern von Werbetreibenden, danach, welche Rolle sie sich und welchen Sinn sie ihrer beruflichen Tätigkeit zuschreiben. Auch solche Mentalitätsgeschichten können Ausgangspunkt der Werbekritik sein – etwa wenn sie aufzeigen, dass Werbetreibende ihre Zielgruppen als Mittel zum Zweck begreifen und damit verdinglichen, statt sich an humanistischen Werten zu orientieren (siehe Kap. „Die Erfindung des Massenkonsums: *Captains of Consciousness* von Ewen" in diesem Band).

Fazit

Mit den Schlüsselwerken der Werbeforschung liegt ein Werk vor, das das Phänomen Werbung als grundlegenden Gegenstandsbereich kommunikations- und medienwissenschaftlicher Forschung betrachtet. Einerseits fußt diese Betrachtung auf der historischen Dimension, die den Gegenstandsbereich als einen immer schon relevanten und ergiebigen Zweig der kultur- und sozialwissenschaftlichen Forschung – über die enge Betrachtung des einzelnen Werbemittels hinaus – nachzeichnet; andererseits mit Blick auf die Leistungsfähigkeit der Werbeforschung, aktuelle Implikationen werblicher Kommunikation, in einen Theorie- und Empirie-geleiteten Rahmen in seiner gesellschaftlichen Bedeutung sichtbar zu machen. Nicht zuletzt die Sprachlosigkeit zwischen akademischer Werbeforschung und der angewandten Werbe- und Medienforschung stellt eine weitere Motivation für diesen Schlüsselwerkeband dar, der angesichts des für Absolvent*innen attraktiven Arbeitsmarktes Werbung dringend eines stärkeren Austausches und des Transfers des Wissensstandes bedarf.

Dieser Austausch und Transfer bedient dabei nicht die häufig bemühte Kolportage der Unterstützung der Werbewirtschaft bei der Manipulation unmündiger Konsument*innen. Es geht hier um ein verantwortliches Handeln in einem durchaus konfliktbehafteten Wirtschaftsfeld. Die Werbung besitzt zum einen Einfluss auf die Gestaltung unserer Mediensysteme, indem die Investitionen von Werbetreibenden eine zentrale Einnahmequelle von Medienorganisationen darstellen. Zum anderen, und das dürfte in heutigen Konsumgesellschaften besonders offensichtlich sein, beeinflusst die Werbung auch unser gesellschaftliches Zusammenleben, indem sie bestimmte Werte und Rationalitäten hervorhebt, andere hingegen unberücksichtigt lässt. Die Schlüsselwerke der Werbeforschung sind hier ein Schritt zur Orientierung, der bewusst auf die Erweiterung des Kanons relevanter Werke setzt und einen Beitrag zu einem erneuten Diskurs zwischen den wissenschaftlichen Disziplinen leisten möchte.

Literatur

AG – Lehre der Deutschen Gesellschaft für Publizistik und Kommunikationswissenschaft. (2013). *Empfehlungen zur Lehre in kommunikationswissenschaftlichen Bachelor- Studiengängen und zur Weiterentwicklung der Lehre in der DGPuK.* Abgerufen am 02.04.2021 von: https://www.dgpuk.de/sites/default/files/Empfehlungen_Lehre_Kommunikationswissenschaft_04092013.pdf

Bartz, C., & Miggelbrink, M. (2013). Werbung. Einleitung in den Schwerpunkt. *Zeitschrift für Medienwissenschaft, 9,* 10–19. https://doi.org/10.25969/mediarep/865

Bentele, G., & Liebert, T. (2005). PR-Geschichte in Deutschland. In K. Arnold & C. Neuberger (Eds.), *Alte Medien – neue Medien: Theorieperspektiven, Medienprofile, Einsatzfelder. Festschrift für Jan Tonnemacher* (S. 221–241). Wiesbaden: VS Verlag.

Berger, C. R., Roloff, M. E., & Roskos-Ewoldsen, D. R. (Hrsg.) (2010). *The handbook of communication science.* Los Angeles: Sage.

Borchers, N. S. (2014). *Werbekommunikation: Entwurf einer kommunikationswissenschaftlichen Theorie der Werbung.* Wiesbaden: Springer VS.

Borchers, N. S. (2020). Gesellschaftliche Dimensionen der Werbekommunikation. In J. Krone & T. Pellegrini (Hrsg.), *Handbuch Medienökonomie* (S. 1269–1292). Wiesbaden: Springer. https://doi.org/10.1007/978-3-658-09560-4_53

Boush, D. M., Friestad, M., & Rose, G. M. (1994). Adolescent skepticism toward TV advertising and knowledge of advertiser tactics. *Journal of Consumer Research, 21*(1), 165–175.

Buttle, Francis A. (1991). What do people do with advertising? *International Journal of Advertising, 10,* 95–110. https://doi.org/10.1080/02650487.1991.11104440

Busselle, R., & Bilandzic, H. (2009). *Measuring Narrative Engagement. Media Psychology,* 12(4), 321–347. https://doi.org/10.1080/15213260903287259.

Dcore. (2018). *Brand safety, trust, and credibility. Studie zur Untersuchung des Forschungsfelds „Brand Safety" aus B2B- und B2C-Perspektive.* München: Verband Deutscher Zeitschriftenverleger.

Eisend, M., van Reijmersdal, E. A., Boerman, S. C., & Tarrahi, F. (2020). A meta-analysis of the effects of disclosing sponsored content. *Journal of Advertising, 49*(3), 344–366.

Gordon, R. A., & Howell, J. E. (1959). *Higher Education for Business.* New York: Columbia University Press.

Green, M. C., & Brock, T. C. (2000) The role of transportation in the persuasiveness of public narratives. *Journal of Personality and Social Psychology,* 79(5), 701–721. https://doi.org/10.1037/0022-3514.79.5.701.

Haas, H., & Lobinger, K. (Hrsg.). (2012). *Qualitäten der Werbung-Qualitäten der Werbeforschung.* Köln: von Halem.

Haas, H., & Herczeg, P. (2013). Die Kommunikationswissenschaft als Ombudsfach? In M. Karmasin, M. Rath, & B. Thomaß (Hrsg.), *Normativität in der Kommunikationswissenschaft* (S. 75–100). Wiesbaden: Springer Fachmedien.

Kautt, Y. (2008). *Image: Zur Genealogie eines Kommunikationscodes der Massenmedien.* Bielefeld: Transcript.

Keller, K. L. (1987). Memory factors in advertising: The effect of advertising retrieval cues on brand evaluations. *Journal of Consumer Research, 14*(3), 316–333.

Knobloch-Westerwick, S., Glynn, C. J., & Huge, M. (2013). The Matilda effect in science communication: An experiment on gender bias in publication quality perceptions and collaboration interest. *Science Communication, 35*(5), 603–625.

Koch, T. (09. Oktober 2018). Nie war die Botschaft so wertlos wie heute. *Wirtschaftswoche.* Abgerufen von https://www.wiwo.de/unternehmen/dienstleister/werbesprech-nie-war-die-botschaft-so-wertlos-wie-heute/23163046.html

Koch, T. (2016). Wirkung von Product Placements. In G. Siegert, W. Wirth, P. Weber & J. A. Lischka (Hrsg.). *Handbuch Werbeforschung* (S. 373–394). Wiesbaden: Springer VS.

Krotz, F., Keppler, A., Meyen, M., Neumann-Braun, K., & Wagner, U. (2011). Stellungnahme zum Beitrag „Zur Methodenausbildung in kommunikationswissenschaftlichen Bachelor- und Masterstudiengängen". *Publizistik, 56,* 461–481. https://doi.org/10.1007/s11616-011-0135-4

Krugman, H. E. (1965). The impact of television advertising. Learning without involvement. *Public Opinion Quarterly 29*(3), 349–356. https://doi.org/10.1086/267335

Krugman, H. E. (1966). The measurement of advertising involvement. *Public Opinion Quarterly 30*(4), 583–596.

Kühn, S. (2015). Zur Auswahl der Schlüsselwerke der Organisationsforschung: Einleitung. In S. Kühn (Hrsg.) *Schlüsselwerke der Organisationsforschung* (S. 19–37). Springer VS.

Krugman, H. E. (1965). The impact of television advertising: Learning without involvement. *Public Opinion Quarterly, 29*(3), 349–356.

Krugman, H. E. (1966). The measurement of advertising involvement. *The Public Opinion Quarterly, 30*(4), 583–596.

Lapierre, M. A. (2019). Advertising literacy and executive function: Testing their influence on children's consumer behavior. *Media Psychology, 22*(1), 39–59.

Lavriša, Ž., Hristov, H., Kelly, B., & Pravst, I. (2020). Regulating children's exposure to food marketing on television: Are the restrictions during children's programmes enough? *Appetite, 154,* 104752.

Livingstone, S., & Helsper, E. J. (2006). Does advertising literacy mediate the effects of advertising on children? A critical examination of two linked research literatures in relation to obesity and food choice. *Journal of Communication, 56*(3), 560–584.

Löw, M. & Mathes, B. (2005). Einleitung. In M. Löw & B. Mathes (Hrsg.). *Schlüsselwerke der Geschlechterforschung* (S. 7–12). Wiesbaden: Springer VS.

Matthes, J., Kuhlmann, C., Gehrau, V., Jandura, O., Möhring, W., Vogelgesang, J., & Wünsch, C. (2011). Zur Methodenausbildung in kommunikationswissenschaftlichen Bachelor und Masterstudiengängen. Empfehlungen einer Kommission im Auftrag der Fachgruppe Methoden der Deutschen Gesellschaft für Publistik- und Kommunikationswissenschaft. *Publizistik, 56,* 461–481. https://doi.org/10.1007/s11616-011-0133-6

McGuire, W. J. (1968). Personality and attitude change: An information-processing theory. *Psychological Foundations of Attitudes,* 171–196. https://doi.org/10.1016/b978-1-4832-3071-9.50013-1

Menz, G. (1942). Zeitungswissenschaft und Werbewissenschaft: Gemeinsamkeiten und Unterschiede. *Zeitungswissenschaft, o. Jg*(3-4), 174–179.

Meitz, T. G. K. (2019). *The effectiveness of source information on advertising in different media contexts: A meta-analysis.* Berlin: Axel Springer.

Merton, R. K. (1968). The Matthew effect in science: The reward and communication systems of science are considered. *Science, 159*(3810), 56–63.

Naderer, B., Seiffert-Brockmann, J., Matthes, J., & Einwiller, S. (2020). Native and embedded advertising formats: Tensions between a lucrative marketing strategy and consumer fairness. *Communications, 45*(3), 273–281

Naderer, B., Borchers, N. S., Wendt, R., & Naab, T. (2021). Advertising Literacy: How Can Children and Adolescents Deal with Persuasive Messages in a Complex Media Environment? *MedienPädagogik: Zeitschrift für Theorie und Praxis der Medienbildung*, 43, i-vi.

Nelson, M. R. (2016). Developing persuasion knowledge by teaching advertising literacy in primary school. *Journal of Advertising, 45*(2), 169–182.

Neuberger, C., & Federkeil, G. (2011). *Nach dem Bachelor: Weiterstudium oder Berufsstart? Ergebnisse der ersten bundesweiten Absolventenbefragung in der Kommunikations- und Medienwissenschaft*. Abgerufen am 02.04.2021 von: https://www.dgpuk.de/sites/default/files/Absolventenbefragung_Dokument_final_12.05-1.pdf

Petty, R. E., & Cacioppo, J. T. (1986). The Elaboration Likelihood Model of Persuasion. *Advances in Experimental Social Psychology, 19*, 123–205. https://doi.org/10.1016/s0065-2601(08)60214-2

Pollay, R. W. (1987). On the value of reflections on the values in "The distorted mirror". *Journal of Marketing, 51*(3), 104–110. https://doi.org/10.2307/1251651

Potthoff, M. (2016). Zur Auswahl der Schlüsselwerke. In M. Potthoff (Hrsg.), *Schlüsselwerke der Medienwirkungsforschung* (S. 1–12). Springer VS.

Raaz, O. (2021). Der Antagonist des Antagonisten. *Publizistik, 66*, 215–233. https://doi.org/10.1007/s11616-021-00664-1

Röpke, W. (1950). Ein Sonderproblem: Die Reklame. In ders., *Maß und Mitte* (S. 200–217). Erlenbach: Rentsch.

Ross, B. I., & Hileman, D. G. (1969). *Toward Professionalism in Advertising*. Dallas: Taylor.

Rossiter, M. W. (1993). The Matthew Matilda effect in science. *Social studies of science, 23*(2), 325–341.

Rühl, M. (1999). Publizieren und Publizistik - kommunikationswissenschaftlich beobachtet. *Publizistik, 44*(1), 58–74.

Salzborn, S. (2014). 100 Schlüsselwerke im Portrait. In WER IST HRSG.?, *Klassiker der Sozialwissenschaften* (S. 11–392). Wiesbaden: Springer VS.

Schirmer, N. A., Schwaiger, M., Taylor, C. R., & Costello, J. P. (2018). Consumer response to disclosures in digitally retouched advertisements. *Journal of Public Policy & Marketing, 37*(1), 131–141.

Schierl, T., & Tropp, J. (Hrsg.). (2014). *Wert und Werte der Marketing-Kommunikation*. Köln: von Halem.

Schmidt, S. J. (1991). Werbewirtschaft als soziales System (DFG-Sonderforschungsbereich 240, „Ästhetik, Pragmatik und Geschichte der Bildschirmmedien. Schwerpunkt: Fernsehen in der Bundesrepublik Deutschland."). Siegen: Universität Siegen.

Schönbach, K. (2019). *Verkaufen, Flirten, Führen*. Wiesbaden: Springer VS.

Schramm, H., & Knoll, J. (2014). *Innovation der Persuasion. Die Qualität der Werbe-und Markenkommunikation in neuen Medienwelten*. Köln: von Halem.

Schwender, C., Schlütz, D., & Zurstiege, G. (Hrsg.). (2014). *Werbung im sozialen Wandel*. Köln: von Halem.

Scott, W. D. (1911). *Influencing men in business; the psychology of argument and suggestion*. New York: The Ronald press company.

Siegert, G. (2002). Medienökonomie und Systemtheorie. In A. Scholl (Hrsg.), *Systemtheorie und Konstruktivismus in der Kommunikationswissenschaft* (S. 161–177). Konstanz: Universitätsverlag Konstanz.

Siegert, G., Wirth, W., Weber, P., & Lischka, J. A. (Hrsg.). (2015). *Handbuch Werbeforschung*. Wiesbaden: Springer VS.

Siegert, G., & Brecheis, D. (2017). Werbung zwischen Ökonomie und Publizistik. *In Werbung in der Medien-und Informationsgesellschaft* (S. 99–122). Wiesbaden: Springer VS.

Skolimowski, H. (1968). The semantic environment in the age of advertising. *ETC: A Review of General Semantics, 25*(1), 17–26.

Taylor, C. R. (2017). Native advertising: The black sheep of the marketing family. International *Journal of Advertising, 36*(2), 207–209

Thorson, E., & Duffy, M. (2012). *Advertising age: The principles of advertising at work.* Australia: South-Western.

Woelke, J. (2004). Unterscheiden Zuschauer zwischen Werbung und Programm? Möglichkeiten der kommunikativen Abgrenzung von Fernsehgattungen. *In Leitbilder von gestern?* (S. 175–191). Wiesbaden: VS Verlag für Sozialwissenschaften.

Zurstiege, G. (1998). *Mannsbilder: Männlichkeit in der Werbung: eine Untersuchung zur Darstellung von Männern in der Anzeigenwerbung der 50er, 70er und 90er Jahre.* Opladen: Westdeutscher Verlag.

Zurstiege, G. (2005). *Zwischen Kritik und Faszination: Was wir beobachten, wenn wir die Werbung beobachten, wie sie die Gesellschaft beobachtet.* Köln: von Halem.

Zurstiege, G. (2007). *Werbeforschung*. Konstanz: UVK.

Zurstiege, G. (2015). *Medien und Werbung*. Wiesbaden: Springer VS.

Zurstiege, G., Meitz, T. G. K., & Ort, A. (2016). Nicht standardisierte Methoden der Werbeforschung. In S. Averbeck-Lietz & M. Meyen (Hrsg.), *Handbuch nichtstandardisierte Methoden in der Kommunikationswissenschaft* (S. 429–443). Berlin: Springer.

Teil I

Werbung & Gesellschaft

Werbung in der Überflussgesellschaft: *The new industrial state* von Galbraith

Juliane A. Lischka

1 Inhalt

Neoklassische Ökonomie versteht Konsument*innen als aktive und rationale Individuen, die danach streben, ihre Interessen zu verfolgen und Entscheidungen fällen, die für sie nutzenstiftend sind. Konsument*innen können dabei den Wert von Gütern für sich selbst einschätzen, und Unternehmen können mittels Marketingmaßnahmen wie Werbung über Produkte informieren (Barnes 2017). Im Gegensatz zu neoklassischen Annahmen relativiert Galbraith diese rationale Souveränität von Konsument*innen stark. Galbraith (1967) argumentiert, dass Werbung Konsumbedürfnisse erst kreiert und damit sowohl wirtschaftliche als auch soziale Absichten von Konsument*innen verzerrt. Das Ergebnis ist eine Schar vor passiven Konsument*innen, die wenig Autonomie in Bezug auf ihre Kaufentscheidungen besitzen. Die Funktion von Werbung ist nach Galbraith damit, sowohl dauerhaften Konsum sicherzustellen als auch die Arbeitsleistung von Konsument*innen aufrechtzuerhalten. Werbung hilft dabei, zuverlässig konsumierende Personen zu formen, die (a) ihr Einkommen für Güter ausgeben, die sie für begehrenswert halten, und (b) arbeiten, um sich diesen Konsum leisten zu können: „Advertising and its related arts thus help develop the kind of man (person) the goals of the industrial system require – one that reliably spends [her] his income and works reliably because [she] he is always in need of more" (Galbraith 1967, S. 219).

J. A. Lischka (✉)
Universität Hamburg, Sozialwissenschaften, Journalistik und Kommunikationswissenschaft, Hamburg, Deutschland
E-Mail: juliane.lischka@uni-hamburg.de

© Springer Fachmedien Wiesbaden GmbH, ein Teil von Springer Nature 2022
T. G. K. Meitz et al. (Hrsg.), *Schlüsselwerke der Werbeforschung*,
https://doi.org/10.1007/978-3-658-36508-0_2

Zur Rolle von Werbung innerhalb der Wirtschaft sind drei Postulate zentral:

1. Wirtschaftliche Autonomie liegt nicht bei Konsument*innen, sondern bei werbetreibenden Unternehmen.
2. Werbung manipuliert Bedürfnisse und beeinflusst privaten Konsum, so dass dieser negative Externalitäten auf das Allgemeinwohl hat.
3. Eine Regulierung seitens der Regierung zugunsten des Allgemeinwohls wird notwendig.

Galbraith beschreibt im Kapitel „Managament of Specific Demand" einerseits, wie Werbung Konsument*innen fehlleite, und andererseits kritisiert er schrittweise Innovationen von Produktentwicklungen, die ein Lösungsansatz zum Produkt-Überfluss darstellen soll. Diese sind aber keine echten Neuerungen, sondern lediglich alte Produkte in neuem Gewand. Für Galbraith fungiert Werbung als „relentless propaganda on behalf of goods in general" (Galbraith 2007, S. 259), die Nachfrage für ein Überangebot von Produkten erzeugt. Werbung ist nicht nur informativ, sondern manipuliert geschickt Bedürfnisse „to ensure that people buy what is produced" (Galbraith 2007, S. 252). Werbung kontrolliert damit Nachfrage. Ohne Werbung gäbe es weniger unerfüllte Wünsche nach produzierten Artefakten und damit weniger Konsum:

> „The absence of the massive and artful persuasion that accompanies the management of demand, increasing abundance might well have reduced the interest of people in acquiring more goods. They would not have felt the need for multiplying the artifacts – autos, appliances, detergents, cosmetics – by which they were surrounded. No one would have pressed upon them the advantages of new packages, new forms of processed foods, newly devised dentifrices, new pain-killers or other new variants on older products. Not being pressed by the need for these things, they would have spent less reliably of their income and worked less reliably to get more. The consequence – a lower and less reliable propensity to consume – would have been awkward for the planning system. That system requires that people will work without any limiting horizon to procure more goods" (Galbraith 2007, S. 260).

Damit steht die Funktion von Werbung gemäß Galbraith teils konträr zu aktivistischen Annahmen, dass Werbung die Akzeptanz und Verbreitung neuer Güter und Technologien beschleunigt und so dazu beiträgt, Beschäftigung zu erhöhen und Produktionskosten zu senken, einen gesunden Wettbewerb zwischen Unternehmen initiiert und letztendlich zu einer Erhöhung des allgemeinen Wohlstands und Lebensstandards beiträgt (Pollay und Mittal 1993). Stattdessen werden Bedürfnisse geschaffen, die weder denen der Gesellschaft noch denen von Individuen entsprechen. Dyer (1996, S. 63) stellt dazu fest: „The sad fact that many people, while recognizing the frustrations of their daily lives, are caught up in the fantasies offered by ads and are unable to see through them and their false utopias".

Werbung sorgt zwar für die Aufrechterhaltung der Konsumfreudigkeit, die für einen bedeutenden Teil des Wirtschaftswachstums verantwortlich ist. Lebensqualität und Selbstwahrnehmung werden dabei durch Werbung aber von nichtrepräsentativen und nicht-gewählten Akteuren in Unternehmen definiert, deren Wirken negative Externalitäten für Gesellschaften haben können (Dyer 1996; Pollay 1986). Diese unternehmerischen Akteure von Manager*innen und Ingenieur*innen sind Teil eines industriellen Planungssystems, das ein Netzwerk großer Unternehmen umfasst. Dieses Planungssystem identifiziert Bedürfnisse von Zielgruppen, zum Beispiel mittels Marktforschung, und nutzt dieses Wissen um Produktentwicklung und Marketingstrategie auf diese Bedürfnisse zuzuschneiden. Das heißt, es fließt zwar Information von Konsument*innen zum Planungssystem, was auf Autonomie von Konsument*innen hindeuten könnte. Aber die produzierende Firma nutzt die Information, um Einstellungen und Kaufverhalten zu lenken. Galbraith nennt diesen Prozess „revised sequence". Für die Unternehmen des Planungssystems dient diese „revised sequence" als Maßnahme, Unsicherheit zu minimieren und ihre Ziele zu erreichen. Letztendlich können Konsument*innen zwar frei innerhalb ihrer begrenzten Auswahlmöglichkeiten wählen, aber die Souveränität liegt bei denen, die die Auswahlmöglichkeiten bestimmen – den werbetreibenden Unternehmen (Chirat 2020).

Fuller (2019) argumentiert, dass folglich die Anfälligkeit von privaten (aber nicht gesellschaftlichen) Bedürfnissen und privatem Konsum zusammen mit privater Produktion wächst und damit die Bereitstellung von öffentlich relevanten Gütern diesem Wachstum verzögert nachläuft und so zu sozialer Ungerechtigkeit statt allgemeinem Wohlstand führen kann. Entsprechend müssen aus Sicht von Galbraith Maßnahmen getroffen werden, die Individuen hinsichtlich der Ziele des Planungssystems emanzipieren und ihre relative Autonomie sichern (Barnes 2017).

2 Eingliederung ins Gesamtwerk: Galbraith in der medienökonomischen Forschung zur Rolle von Werbung als Wirtschaftsfaktor

Folgt man Galbraiths Argumentation in Bezug auf Werbung innerhalb des Wirtschaftssystems, stellen Werbeausgaben einen *vorauslaufenden* Indikator für Konsum dar. Sie leisten einen wesentlichen Beitrag zur Wirtschaftsentwicklung: „Sales and advertising expenditures have an organic role in the system" (Galbraith 2007, S. 255), da der Effekt von Werbeausgaben eine Machtverschiebung bedeutet: „to shift the locus of decision in the purchase of goods from the consumer where it is beyond control to the firm where it is subject to control" (ebd.). Wenn die

Vermarktungsaktivitäten Konsument*innen erreichen, müsste sich der Konsum zu einem Produkt proportional zur Höhe der Vermarktungsausgaben desselben Produkts entwickeln. Dieser Zusammenhang müsste auch innerhalb eines Planungssystems oder auf aggregierter Ebene einer Volkswirtschaft sichtbar werden.

Auf aggregierter Ebene prüfen Lischka et al. (2014a), inwieweit Werbeausgaben dem privaten Konsum voraus- oder nachlaufen. Dabei zeigen sie anhand von Werbeausgaben und Konsum in Deutschland zwischen 1991 bis 2009, dass Werbeausgaben vor dem Platzen der Dotcom-Blase im Jahr 2000 dem Konsum vorauslaufen und diesen vorhersagen, während sich das Verhältnis nach der Dotcom-Krise umkehrt: Konsum hat Vorhersagekraft für Werbeausgaben. In normalen Wachstumszeiten bestätigen sich also Galbraiths Annahmen. Eine Wirtschaftskrise verändert hingegen das Werbeverhalten und Werbebudgetentscheidungen, so dass vergangener Konsum von werbetreibenden Unternehmen für ihre Marketingaktivitäten berücksichtigt wird (Kienzler 2015). Werbeverhalten ändert sich dabei von proaktiven zu reaktiven Entscheidungen (Kienzler und Lischka 2013). Innerhalb von Gebrauchsgüter- und Verbrauchsgütermärkten ist diese Unterscheidung aber nicht klar erkennbar, sondern es finden sich Hinweise für reaktive oder azyklische Werbebudgetierung (Lischka et al. 2014b). Über zentrale empirische Studien, die den Zusammenhang zwischen Werbung und Wirtschaft eruieren, bietet Seufert (2016) einen Überblick.

Dabei sind Galbraiths Überlegungen auch relevant für die Finanzierungslage von Medienorganisationen, die von Werbeeinnahmen abhängig sind (Kienzler und Lischka 2016; Mellmann 2012; Siegert et al. 2012). Denn in Rezessionen, wie der Dotcom-Krise, der globalen Finanzkrise in den Jahren 2008/2009 oder in der Corona-Pandemie, brechen die Werbeeinnahmen von Nachrichtenorganisationen regelmäßig ein – und erholen sich im Anschluss oft nicht wieder vollständig (Picard 2001, 2008; van der Wurff et al. 2008). Einerseits gehen Vermarktungsaktivitäten von werbetreibenden Unternehmen zurück und andererseits beschleunigen Krisen die strukturelle Verschiebung von Werbeausgaben zu Online-Werbung auf digitalen Plattformen oder Suchmaschinen (Nielsen 2016). Vor diesen Hintergrund versuchen Nachrichtenorganisationen auf Einnahmen seitens des Publikumsmarktes zu fokussieren, um die Verluste auf dem Werbemarkt auszugleichen – mit unterschiedlich großem Erfolg (Nielsen et al. 2020). Insgesamt verschiebt sich in der kommunikationswissenschaftlichen Forschung die Aufmerksamkeit von der Frage, inwieweit Werbeausgaben als Indikatoren für Konsum und Finanzierung von Medienorganisationen gelten können, zu Fragen nach den Folgen der Digitalisierung von Werbung für den Journalismus (Lischka und Siegert 2022). Dabei bleiben Galbraiths Annahmen relevant für einen kritischen Blick auf die digitalisierte Konsumgesellschaft.

3   Wirkungsgeschichte und Kritik: Galbraith und Konsumkritik

Gemäß Galbraith ist Werbung persuasiv, und damit ist kein zusätzlicher Nutzen für Konsument*innen verknüpft. Stattdessen wird zu viel konsumiert und dieser Konsum macht, einfach gesagt, nicht glücklich. Dyer (1996) argumentiert auf Grundlage von Galbraith, dass sich durch Werbung geschaffene Bedürfnisse von unmittelbaren Bedürfnissen unterscheiden und Werbung damit schädlich sein kann. Pollay (1986) führt an, dass Werbung zu einem Entfremdungseffekt führt, in dem das Selbst nicht als Teil einer sozialen Gemeinschaft, sondern als Tauschware gesehen wird. So führen die idealisierten Abbildungen von Frauen in Werbung zu einer geringen Zufriedenheit mit der eigenen Attraktivität (Richins 1991). Weibliche Geschlechterstereotype in Werbung wirken sich zudem negativ auf das berufliche Ausbildungsinteresse bei Rezipientinnen aus (Davies et al. 2002).

Pollay und Mittal (1993) messen die Wertschätzung von Konsument*innen gegenüber Werbung vor dem Hintergrund Galbraiths Annahmen zum Verhältnis von Werbung und Wirtschaft sowie negativen Effekten von Werbung, unter anderem mit folgenden Items:

- „Advertising helps our nation's economy.
- Advertising is wasteful of our economic resources.
- In general, advertising promotes competition which benefits the consumer.
- Advertising persuades people to buy things they should not buy.
- Because of advertising, people buy a lot of things they do not really need.
- Advertising raises the standard of living,
- Advertising results in better products for the public" (ebd., S. 112).

Ihre Ergebnisse zeigen, dass eine positive Einschätzung von Werbung in Bezug auf ihre wirtschaftliche Leistung ein wesentlicher Prädiktor für die allgemeine Einstellung zu Werbung ist. Weiter zeigen Pollay und Mittal (1993), dass sich Konsument*innen in Werbe-Positivist*innen sowie Kritiker*innen segmentieren lassen. Etwa zwei Drittel der Befragten sieht in Werbung eine Ursache für nachteilige Effekte auf die Gesellschaft, beispielsweise Materialismus oder das Hervorheben der falschen Werte. Damit scheinen nicht zuletzt viele Konsument*innen Galbraiths Annahmen zu negativen Externalitäten von Werbung zu teilen.

In einer Online-Umgebung hingegen kann Werbung in Suchmaschinen Informationslücken eines Suchalgorithmus ausgleichen und wird infolge als informativ von Nutzer*innen eingeschätzt, zeigen Sahni und Zhang (2019). Sie schlussfolgern, dass Online-Werbung nützlich ist und somit positive Externalitäten für User hat. Gleichzeitig können Nutzer*innen Online-Werbung mit Ad-Blockern effizienter vermeiden als in der traditionellen Medienkonsumumgebung, was die Erreichbarkeit von Konsument*innen erschwert und damit möglicherweise negative Externalitäten gemäß Galbraith mindert. Anderseits weist die Entwicklung von programmatischer Online-Werbung mit automatisierten Echtzeit-Auktionen auf Basis von Nutzer*innendaten (Lischka und Siegert 2022) darauf hin, dass nutzer*innendatenbasiertes Einblenden von Online-Werbung eine algorithmisierte Variante von Galbraiths „revised sequence" darstellt. Anhand der Nutzung von Ad-Blockern lässt sich zeigen, dass diejenigen, die Ad-Blocker nutzen, das Internet länger und vielfältiger nutzen, sodass das Ad-Blockern positive Eigenschaften zugeschrieben werden (Miroglio et al. 2018). Zumindest streben werbetreibende Unternehmen innerhalb des Planungssystems aber mit programmatischer Werbung weiterhin an, Unsicherheit zu minimieren und ihre Planungsziele zu erreichen. Allerdings rückt hierbei die Souveränität der Nutzer*innen in den Fokus, die ihre Privatsphäre ausreichend schützen können sollten (Toubiana et al. 2010). Somit kann Galbraiths Gedanke zur Autonomie von Nutzer*innen über ihre Entscheidungen in Zuboff (2019) wiedergefunden werden, was das Kapitel von Chengyuan Shao und Nils S. Borchers im vorliegenden Band eruiert (siehe Kap. „Werbung als Katalysator der digitalen Wirtschaftsordnung: von Zuboff"). Insgesamt können die Ideen von Galbraith zur Rolle von Werbung in der Überflussgesellschaft nach wie vor für einen konsum- und sozialkritischen Blick in Zusammenhang mit der digitalen Gesellschaft herangezogen werden, in der das Planungssystem und seine „revised sequence" automatisiert und granular datafiziert sind und programmatische Online-Werbung die zentrale Umsatzquelle für global agierende, digitale Plattformen darstellt, die einerseits neue zentrale Akteure in Galbraiths Planungssystem sind und andererseits die Bedingungen für Kommunikation in digitalen Öffentlichkeiten determinieren. In digitalen Umgebungen können Konsument*innen weiter frei innerhalb ihrer begrenzten Auswahlmöglichkeiten wählen, wobei ihre Wahl in Echtzeit in die „revised sequence"einfließt. Und die Souveränität liegt nach wie vor bei denen, die diese Auswahlmöglichkeiten bestimmen – den werbetreibenden Unternehmen und den werbe*ver*treibenden Plattformen. Damit weiten sich Fragen nach Regulierung zugunsten des Allgemeinwohls aus, da negative Externalitäten nicht nur vom werbeinduzierten Konsum, sondern auch vom Planungssystem selbst ausgehen.

Literatur

Barnes, T. (2017). New Institutionalism. In B. S. Turner (Hrsg.), *The Wiley-Blackwell Encyclopedia of Social Theory* (S. 1–11). Oxford, UK: John Wiley & Sons, Ltd.

Chirat, A. (2020). A reappraisal of Galbraith's challenge to Consumer Sovereignty: preferences, welfare and the non-neutrality thesis*. *The European Journal of the History of Economic Thought 27* (2), 248–275. doi:https://doi.org/10.1080/09672567.2020.1720763

Davies, P. G., Spencer, S. J., Quinn, D. M. & Gerhardstein, R. (2002). Consuming Images: How Television Commercials that Elicit Stereotype Threat Can Restrain Women Academically and Professionally. *Personality and Social Psychology Bulletin 28* (12), 1615–1628. doi:https://doi.org/10.1177/014616702237644

Dyer, G. (1996). *Advertising as communication* (Studies in culture and communication). London: Routledge.

Fuller, C. G. (2019). Uncertainty, insecurity, individual relative autonomy and the emancipatory potential of Galbraithian economics. *Cambridge Journal of Economics.* doi:https://doi.org/10.1093/cje/bez011

Galbraith, J. K. (2012). *Inequality and instability. A study of the world economy just before the Great Crisis.* New York: Oxford University Press.

Galbraith, J. K. (1958). *The affluent society.* London: Hamish Hamilton.

Galbraith, J. K. (1967). *The New Industrial State.* Boston: Houghton Mifflin.

Galbraith, J. K. (2007). *The New Industrial State* (5. Aufl.). Princeton, N.J.: Princeton University Press.

Kienzler, S. (2015). *Einflussfaktoren auf Werbeinvestitionen.* Dissertation, Universität Zürich, Zürich.

Kienzler, S. & Lischka, J. (2013). Von proaktiv zu reaktiv? Implikationen einer Makro-Analyse zum Werbeverhalten in Deutschland 1991–2009. In T. Schierl & J. Tropp (Hrsg.), *Wert und Werte der Marketingkommunikation* (S. 153–171). Köln: von Halem.

Kienzler, S. & Lischka, J. (2016). Planung von Werbeausgaben. In G. Siegert, W. Wirth, P. Weber & J. A. Lischka (Hrsg.), *Handbuch Werbeforschung* (S. 149–172). Wiesbaden: Springer VS.

Lischka, J. A., Kienzler, S. & Mellmann, U. (2014a). Can consumption predict advertising expenditures? The advertising-consumption relation before and after the dot-com crisis in Germany. *Advertising & Society Review 15* (3), online. http://muse.jhu.edu/journals/advertising_and_society_review/v015/15.3.lischka.html. Zugegriffen: 17. September 2014.

Lischka, J. A., Kienzler, S. & Mellmann, U. (2014b). Sales drive advertising expenditures. Evidence for consumer packaged and durable goods in Germany. *International Journal of Marketing Studies 6* (1), 31–44. doi:https://doi.org/10.5539/ijms.v6n1p31

Lischka, J. A., & Siegert, G. (2022). Advertising decline as a media-economic factor: From two-sided markets to datafication in journalism. In J. Krone & T. Pellegrini (Eds.), Handbook of Media and Communication Economics (in Druck). Wiesbaden: Springer Fachmedien Wiesbaden.

Mellmann, U. (2012). Der Zusammenhang von Gesamtwirtschaft, Werbeverhalten und Werbeeinnahmen. Zur Weiterentwicklung makroökonomischer und medienökonomischer Forschungsansätze. In H. Haas & K. Lobinger (Hrsg.), *Qualitäten der Werbung – Qualitäten der Werbeforschung* (S. 149–171). Köln: von Halem.

Miroglio, B., Zeber, D., Kaye, J. & Weiss, R. (2018). The Effect of Ad Blocking on User Engagement with the Web. In P.-A. Champin, F. Gandon, M. Lalmas & P. G. Ipeirotis (Hrsg.), *Proceedings of the 2018 World Wide Web Conference on World Wide Web – WWW '18* (S. 813–821). New York, New York, USA: ACM Press.

Nielsen, R. K. (2016). The business of news. In T. Witschge, C. W. Anderson, D. Domingo & A. Hermida (Hrsg.), *The SAGE handbook of digital journalism.* London: Sage. former title: The increasingly digital business of news.

Nielsen, R. K., Cherubini, F. & Andı, S. (2020). Few Winners, Many Losers. The COVID-19 Pandemic's Dramatic and Unequal Impact on Independent News Media. https://reutersinstitute.politics.ox.ac.uk/sites/default/files/2020-11/Nielsen_et_al_COVID-19_Pandemics_Impact_on_Independent_News_Media_FINAL.pdf.

Picard, R. G. (2001). Effects of recessions on advertising expenditures. An exploratory study of economic downturns in nine developed nations. *Journal of Media Economics 14* (1), 1–14. doi:https://doi.org/10.1207/S15327736ME1401_01

Picard, R. G. (2008). Shifts in newspaper advertising expenditures and their implications for the future of newspapers. *Journalism Studies 9* (5), 704–716. doi:https://doi.org/10.1080/14616700802207649

Pollay, R. W. (1986). The Distorted Mirror: Reflections on the Unintended Consequences of Advertising. *Journal of Marketing 50* (2), 18–36. doi:https://doi.org/10.1177/002224298605000202

Pollay, R. W. & Mittal, B. (1993). Here's the Beef: Factors, Determinants, and Segments in Consumer Criticism of Advertising. *Journal of Marketing 57* (3), 99–114. doi:https://doi.org/10.1177/002224299305700307

Richins, M. L. (1991). Social Comparison and the Idealized Images of Advertising. *Journal of Consumer Research 18* (1), 71. doi:https://doi.org/10.1086/209242

Sahni, N. S. & Zhang, C. (2019). Search Advertising and Information Discovery: Are Consumers Averse to Sponsored Messages? *SSRN Electronic Journal.* doi:https://doi.org/10.2139/ssrn.3441786

Seufert, W. (2016). Werbung – Wirtschaft – Medien. In G. Siegert, W. Wirth, P. Weber & J. A. Lischka (Hrsg.), *Handbuch Werbeforschung* (S. 25–56). Wiesbaden: Springer VS.

Siegert, G., Mellmann, U., Kienzler, S. & Lischka, J. (2012). Wirtschaftskrise – Werbewirtschaftskrise – Medienkrise? Konjunkturell und strukturell bedingte Veränderungen der Werbung und ihre Folgen für die Medien. In W. A. Meier, H. Bonfadelli & J. Trappel (Hrsg.), *Gehen in den Leuchttürmen die Lichter aus? Was aus den Schweizer Leitmedien wird* (S. 161–188). Münster: Lit.

Toubiana, V., Narayanan, A., Boneh, D., Nissenbaum, H. & Barocas, S. (2010). *Adnostic: Privacy preserving targeted advertising:* Proceedings Network and Distributed System Symposium.

van der Wurff, R., Bakker, P. & Picard, R. G. (2008). Economic growth and advertising expenditures in different media in different countries. *Journal of Media Economics 21* (1), 28–52. doi:https://doi.org/10.1080/08997760701806827

Zuboff, S. (2019). *The age of surveillance capitalism. The fight for the future at the new frontier of power.* London: Profile Books.

Werbung und die Informativität der Nicht-Information: *Die Realität der Massenmedien* von Luhmann

Matthias Kohring

1   Inhalt des Schlüsselwerkes

Der deutsche Soziologe Niklas Luhmann (1927–1998), berühmt geworden als „Erfinder" und enorm produktiver Vertreter der funktional-strukturellen Systemtheorie, hat sich erst relativ spät zum Thema Werbung geäußert. Werbung interessierte Luhmann allerdings nicht als eigenständiges Phänomen. Vielmehr betrachtete er sie als einen Teilbereich gesellschaftlicher Selbstbeschreibungen, für die vor allem die Massenmedien verantwortlich zeichneten: „Was wir über unsere Gesellschaft, ja über die Welt, in der wir leben, wissen, wissen wir durch die Massenmedien", lautet daher der bekannte Einstiegssatz aus seinem Vortrag über „Die Realität der Massenmedien", den er 1994 an der Nordrhein-Westfälischen Akademie der Wissenschaft hielt. Der Vortrag wurde 1995 publiziert; schon 1996 legte Luhmann eine stark erweiterte Version vor. Luhmanns Überlegungen zur Werbung sind in diesen theoretischen Kontext einzuordnen; aus diesem Grund soll zunächst seine Theorie des gesellschaftlichen Funktionssystems der Massenmedien skiz-

M. Kohring (✉)
Universität Mannheim, Institut für Medien- und Kommunikationswissenschaft,
Mannheim, Deutschland
E-Mail: M.Kohring@uni-mannheim.de

© Springer Fachmedien Wiesbaden GmbH, ein Teil von Springer Nature 2022   31
T. G. K. Meitz et al. (Hrsg.), *Schlüsselwerke der Werbeforschung*,
https://doi.org/10.1007/978-3-658-36508-0_3

ziert werden, um die er bis auf einen frühen Aufsatz (Luhmann 1975) lange Zeit einen Bogen gemacht hatte.[1]

Der Frage nach der Funktion der Massenmedien liegt dabei die weitaus umfassendere Frage zugrunde, wie in der modernen, arbeitsteilig ausdifferenzierten Gesellschaft mit ihren autonomen, eigensinnigen Teilsystemen noch eine integrierende Selbstbeschreibung oder sogar gesellschaftliche Rationalität möglich sind. Letztere würde sich darin zeigen, dass „die durch die Gesellschaft ausgelösten Umweltprobleme, soweit sie die Gesellschaft rückbetreffen, im Gesellschaftssystem abgebildet, das heißt in den gesellschaftlichen Kommunikationsprozeß eingebracht werden" (Luhmann 1984a, S. 645). Luhmann war diesbezüglich äußerst skeptisch.[2] Schon 1974 hatte er aber in einem Vortrag die Massenmedien zu den Garanten „der Beteiligung aller an einer gemeinsamen Realität" (1981, S. 320) erklärt und ihnen eine zeitliche Synchronisationsfunktion zugesprochen, und 1997, in „Die Gesellschaft der Gesellschaft", finden sich die Ausführungen zu den Massenmedien (und damit auch zu Werbung) unter der Kapitelüberschrift „Selbstbeschreibungen".

Luhmann versteht unter Massenmedien „alle Einrichtungen der Gesellschaft […], die sich zur Verbreitung von Kommunikation technische Mittel der Vervielfältigung bedienen." (2017, S. 10) „Entscheidend ist auf alle Fälle: *daß keine Interaktion unter Anwesenden zwischen Sender und Empfängern stattfinden kann.*" (ebd.) Luhmann sieht die Erfindung von Verbreitungstechnologien als „die ausschlaggebende Errungenschaft" (ebd., S. 26) für die Ausdifferenzierung dieses gesellschaftlichen Funktionssystems. Die Funktion der Massenmedien bestehe „im Dirigieren der Selbstbeobachtung des Gesellschaftssystems" (ebd., S. 118), „in der ständigen Erzeugung und Bearbeitung von Irritation" (ebd., S. 119). Auf diese Weise „garantieren [sie] allen Funktionssystemen eine gesellschaftsweit akzeptierte, auch den Individuen bekannte Gegenwart, von der sie ausgehen können"

---

[1] Funktionssysteme sind ein besonderer Typus sozialer Systeme: „Eine Gesellschaft kann als funktional differenziert bezeichnet werden, wenn sie ihre wichtigsten Teilsysteme im Hinblick auf spezifische Probleme bildet, die dann in den jeweils zuständigen Funktionssystemen gelöst werden müssen." (Luhmann 1987, S. 34; vgl. 1984b) Funktionssysteme haben sich auf ein bestimmtes, gesamtgesellschaftlich relevantes Problem spezialisiert, dessen Bearbeitung sie exklusiv übernehmen (z. B. das Politiksystem auf die Produktion kollektiv bindender Entscheidungen).

[2] „Vor allem aber fehlt ein gesellschaftliches Subsystem für die Wahrnehmung von Umweltinterdependenzen. Ein solches kann es bei funktionaler Differenzierung nicht geben; denn das hieße, daß die Gesellschaft selbst in der Gesellschaft nochmals vorkommt. Das Differenzierungsprinzip der modernen Gesellschaft macht die Rationalitätsfrage dringlicher – und zugleich unlösbarer." (Luhmann 1984a, S. 645)

(ebd., S. 120). Der interne Code, die Leitunterscheidung dieses Systems, die sämtliche Operationen kennzeichnet und es dadurch auf seine Funktionserfüllung ausrichtet (im Wissenschaftssystems wäre dies z. B. wahr vs. unwahr), besteht Luhmann zufolge in der Unterscheidung von „Information" und „Nicht-Information" (ebd., S. 28 ff.), wobei „Information" den Präferenzwert darstelle. Die Massenmedien bewerten also alle ihre potenziellen Inhalte danach, ob sie als informativ gelten können, d. h. ob sie andere Systeme hinreichend irritieren, dass diese sich darauf einstellen (und einzustellen glauben müssen). Zwar erzeugen alle Systeme fortlaufend Informationen, nur die Massenmedien sind aber laut Luhmann in der Lage, Informationen *als* Informationen zu reflektieren (ebd., S. 36, Fn. 1). Man müsste ergänzen: für ihre potenziellen Publika. „Als Folge dieser auf Information abstellenden Codierung entsteht in der Gesellschaft eine spezifische Unruhe und Irritierbarkeit" (ebd., S. 34). „Massenmedien halten, könnte man deshalb auch sagen, die Gesellschaft wach. Sie erzeugen eine ständig erneuerte Bereitschaft, mit Überraschungen, ja mit Störungen zu rechnen." (ebd., S. 35)

Was dann jeweils als Information gilt, entscheiden interne (Selektions-)Programme. Von diesen Programmbereichen gibt es in Luhmanns Konzeption gleich drei, nämlich Journalismus, Unterhaltung und Werbung. Auch Werbung operiert demnach also im Modus des Unterscheidens von Information und Nicht-Information. Nachdem Luhmann zunächst den Programmbereich „Nachrichten, Berichte" vorgestellt hat, leitet er das Kapitel zum Programmbereich Werbung wie folgt ein: „Nach der Wahrheit die Werbung. Im gesamten Bereich der Massenmedien gehört Werbung zu den rätselhaftesten Phänomenen. Wie können gut situierte Mitglieder der Gesellschaft so dumm sein, viel Geld für Werbung auszugeben, um sich ihren Glauben an die Dummheit anderer zu bestätigen?" (ebd., S. 60) Die folgenden Ausführungen sind ebenfalls in diesem eher essayistischen und unterhaltsamen Stil gehalten; Beobachtungen zu Werbetechniken, z. B. zur Deklarierung der eigenen Motive (S. 60) bei gleichzeitiger Unkenntlichmachung der Motive des Umworbenen (der zwar bemerkt, *dass* er umworben wird, aber nicht, *wie* er beeinflusst wird; ebd., S. 61),[3] wechseln sich ab mit eher grundsätzlichen Gedanken zu gesellschaftlichen Funktionen von Werbung. Diese sieht Luhmann „nicht nur im Verkaufserfolg. Das System der Massenmedien hat auch hier eine *eigene Funktion,* und sie dürfte in der *Stabilisierung eines Verhältnisses von Redundanz und Varietät in der Alltagskultur liegen.* Redundanz wird dadurch erzeugt, daß sich etwas verkaufen läßt – that it sells well, Varietät dadurch, daß man die eigenen Produkte am Markt muß unterscheiden können." (ebd., S. 66) Werbung muss also die stetige

---

[3] „Die Werbung sucht zu manipulieren, sie arbeitet unaufrichtig und setzt voraus, daß das vorausgesetzt wird." (Luhmann 2017, S. 60)

Wiederholbarkeit des Verkaufserfolgs sicherstellen und dabei zugleich für die Unterscheidbarkeit des jeweils eigenen Produkts, auch von dessen Vorgänger, sorgen – koste es, was es wolle. Angesichts steigender Werbekosten könne von einer „Aufwand/Ertrag-Kalkulation […] keine Rede sein. Eher scheint es um den Zwang zu gehen, sichtbar zu bleiben" (ebd., S. 65).

Von hier lässt sich der Bezug zur Informationsfunktion der Massenmedien herstellen, denn Luhmann zufolge geschieht dieses Kunststück mit der „Erzeugung der Illusion, Dasselbe sei gar nicht dasselbe, sondern etwas Neues. Entsprechend liegt ein Hauptproblem der Werbung darin, laufend Neues vorstellen und zugleich Markentreue, also Varietät und Redundanz erzeugen zu müssen." (ebd., S. 66) Die Motivierung zum Kauf Desselben läuft also über dessen versuchte Etikettierung als etwas anderes, Neues („Das neue … – Jetzt noch besser!") – und das ist informativ (sofern man es als Rezipient*in akzeptiert). Da Luhmann aber vorher konstatiert hatte, dass das System Massenmedien Informationen fortwährend veralten lasse und daher ständig durch neue ersetzen müsse (daher die Unruhe, die es erzeugt), muss er den Umstand erklären, dass ja gerade Werbung mit häufigen Wiederholungen ein und derselben Mitteilung arbeitet, also meistens Nicht-Informationen anbietet. Dieses theoretische Problem versucht er dadurch zu lösen, dass er gerade die Informativität der Mitteilung einer scheinbaren Nicht-Information herausstellt: „Diese Automatik [des Veraltens] schließt natürlich die Möglichkeit des Wiederholens nicht aus. Vor allem die Werbung macht davon Gebrauch. Aber dann muß die Reflexivfigur des Informationswertes der Nichtinformation benutzt werden, etwa als Indikator von Wichtigkeit und Erinnernswürdigkeit: Dieselbe Anzeige wird mehrfach wiederholt, um auf diese Weise den Leser, der die Wiederholung bemerkt, über den Wert des Produktes zu informieren." (ebd., S. 31)[4] Diese Denkfigur der Wiederholung des längst Bekannten als dennoch informativ – will man in dieser Logik bleiben – funktioniert natürlich nur, wenn man die Perspektive des Werbenden als maßgeblich setzt und dabei unterstellt, dass der Rezipient (dessen Verstehensleistung Luhmann ansonsten als maßgeblich für gelingende Kommunikation ansieht) die Information noch nicht als solche verstanden hat.

Luhmann verweist noch auf eine zusätzliche Funktion von Werbung, die zu den zuvor genannten (Verkaufserfolg, Unterscheidbarkeit, Aufmerksamkeit) nicht in einem unmittelbaren Zusammenhang steht: „Zu den wichtigsten latenten (aber als solche dann strategisch genutzten) Funktionen der Werbung gehört es, Leute ohne Geschmack mit Geschmack zu versorgen." (ebd., S. 62) Die Rezipient*innen kön-

---

[4] „Man imprägniert das Gedächtnis, das etwas erinnert, aber noch lieber vergißt, ständig neu; und die Neuheit der Information ist hier eher ein Alibi für die Absicht, daran zu erinnern, daß es etwas zu kaufen gibt" (Luhmann 2017, S. 60).

nen sich demzufolge „in Bereichen, in denen man über keine eigenen Kriterien verfügt, mit Selektionssicherheit versorgen lassen" (ebd., S. 63).[5] Diese Notwendigkeit sei durch den Wegfall einer vorbildhaften Oberschicht entstanden, die konsistente Standards setze. Luhmann sinniert sogar darüber nach, dass es gerade die Oberschicht selbst sei, die sich „nach dem Geschmacksdiktat der Werbung richtet" (ebd., S. 63). Luhmann vermutet hier einen „Zusammenhang von Werbung und Mode", heute, über 25 Jahre später, würde einem vielleicht als erstes das Phänomen des Influencer-Marketings einfallen.

2   Eingliederung ins Gesamtwerk

Niklas Luhmann hat mehrere zehntausend Seiten publiziert – darunter handeln sieben von der Werbung. Luhmanns Opus magnum „Die Gesellschaft der Gesellschaft" von 1997 umfasst rund 1150 Seiten – davon sind knapp 14 den Massenmedien gewidmet und der Werbung einige wenige, beiläufige Sätze. Werbung interessierte Luhmann tatsächlich nur, weil sie auch in den Massenmedien vorkommt. Interessanterweise hebt er 1997 nur noch die „Geschmacksfunktion" hervor: „Die Werbung mag zwar durch Hoffnung auf Verkaufserfolge motiviert sein. Ihre latente Funktion liegt aber in der Erzeugung und Festigung von Kriterien des guten Geschmacks für Leute, die von sich aus darüber nicht mehr verfügen; also in der Belieferung mit Urteilssicherheit in bezug auf die symbolischen Qualitäten von Objekten und Verhaltensweisen." (Luhmann 1997, S. 1105) Dies ist aber wohl auch die Funktion, die ihn am meisten interessiert. Zwar ist er sich 1997 nicht mehr vollends sicher, ob man es bei den Massenmedien mit einem Funktionssystem zu tun habe; dessen Funktion läge aber „in der in der Absorption von Unsicherheit bei der Herstellung und Reformulierung von Welt- und Gesellschaftsbeschreibungen" (ebd., S. 1103), und dazu passt eine „Belieferung mit Urteilssicherheit" nun einmal besser als eine allzu schnöde Ausrichtung auf Verkaufserfolg.

3   Wirkungsgeschichte des Schlüsselwerkes und Kritik

Die Wirkungsgeschichte von Luhmanns Ausführungen zur Werbung ist untrennbar verknüpft mit seinem Konzept der Massenmedien als gesellschaftlichem Funktionssystem. Das ist insofern konsequent, als dass Werbung bei Luhmann (nur) als Teil-

---

[5] „Geschmack dient dann seinerseits der Strukturierung des Begehrens." (Luhmann 2017, S. 63)

bereich gesellschaftlicher Selbstbeschreibungen gesehen wird, die durch das über-
greifende Funktionssystem der Massenmedien geleistet wird. Einige Autor*innen
gehen mit dieser Sichtweise konform und integrieren dieses Konzept in ihre eigenen Arbeiten. So übernimmt für Hellmann (in seiner Arbeit zur Soziologie der
Marke) Wirtschaftswerbung die „Aufgabe der Wiederherstellung einer kommunikativen Erreichbarkeit der Verbraucher, nachdem die Möglichkeit der direkten
Interaktion zwischen Hersteller und Verbraucher nicht mehr bestand (…). So gesehen, ist Werbung dem System der Massenmedien zuzuordnen" (2003, S. 238). In
einem späteren Aufsatz zum Konsumbegriff hebt Hellmann dagegen die
„Geschmacksfunktion" der Werbung hervor (2004, S. 155). Die Konsumkultur gehöre ins Wirtschaftssystem, die Massenmedien, zu denen die Werbung gehöre,
übernähmen aber eine Gedächtnisfunktion: „Werbung fungiert gewissermaßen als
Spiegel des Konsumverhaltens, an ihr läßt sich ablesen, betrachtet man Werbung
als Text, wer was wie weshalb gerade aktuell konsumiert, was ‚in' ist und was
‚out', was hohe Anschlußfähigkeit in der Konsumkommunikation verspricht und
was nicht. Genau damit erfüllt die Werbung keine andere Funktion als ebendie, das
soziale Gedächtnis des modernen Konsums zu sein." (ebd., S. 162)

Kautt (2008) integriert Luhmanns Konzeption in seine Theorie der Image-
Kommunikation. Für ihn zielt Werbung darauf ab, „soziale Objekte über Bildober-
flächen so zu identifizieren, daß die Wahrscheinlichkeit der Positivbewertung der
jeweiligen Objekte unter anonymisierten Kommunikationsverhältnissen gesteigert
werden kann." (S. 169) Die binäre Kodierung der Image-Kommunikation in
„Imagepositiv/Imagenegativ" (ebd., S. 172) sieht der Autor als eine Präzisierung
des Informationscodes, denn mit „dieser Unterscheidung werden (Nicht-)Informa-
tionen identifiziert und zur Konstruktion von Image-Objekten genutzt" (ebd.,
S. 172).[6] In einem späteren Aufsatz unterscheidet Kautt auf dieser Grundlage eine
„soziale Leistung" von einer „gesellschaftlichen Funktion" der Werbung. Die soziale Leistung bestehe „für die jeweiligen Auftraggeber in der Erhöhung ge-
wünschter Anschlusshandlungen im Blick auf die Images", die gesellschaftliche
Funktion darin, „eine symbolische (Image-)Ordnung zu etablieren, die den Rezipienten Anhaltspunkte für Handlungen und Bewertungen gibt, die mit den beworbenen Objekten und deren Images in Beziehung stehen." (2012, S. 415 f.)

Kritik an Luhmanns Werbe-Konzept kommt vornehmlich aus der Kommunikationswissenschaft. Sie richtet sich vor allem auf die ihrer Ansicht nach nicht
haltbare Konzeption von Massenmedien als einem Funktionssystem, als deren
Folge dann auch Werbung zum Bestandteil dieses Systems wird. So monieren
Görke und Kohring schon 1996 den ungewöhnlich hohen konzeptionellen Auf-

---

[6] Zur Kritik vgl. Borchers 2014, S. 166 ff.

wand, um ein Funktionssystem Massenmedien zu identifizieren. Die Kritik richtet sich insbesondere auf den Informationscode, der als zu unspezifisch betrachtet wird. So seien auch andere Systeme „durchaus in der Lage, ihre eigenen Selektionen reflexiv nach deren Informations- bzw. Neuigkeitswert zu beurteilen." (Görke und Kohring 1996, S. 18) Die zusätzlichen Kriterien der technischen Verbreitung und der Interaktionsfreiheit sehen die Autoren als Hilfskriterien an, um der mangelnden Trennschärfe des Informationscodes abzuhelfen. Damit aber würde das System Massenmedien nicht wie sonst bei Luhmann über Sinngrenzen, sondern über Technik abgegrenzt (ebd., S. 19): „Plötzlich soll es die Technologie sein, die Sinn macht, eine Argumentationsfigur, die allem widerspricht, was in der neueren Systemtheorie, vor allem in Luhmanns Werken selbst, über die Grenzen sozialer Systeme und die Eigenart sozialer Kommunikation und sozialen Handelns ausgeführt wird." (Kohring 2004, S. 194; vgl. auch Görke und Kohring 1997; Zurstiege 1998, S. 87 f., 2002, 2005, S. 33 ff.; Woelke 2004, S. 91 f.; Görke 2008, S. 78 f.).[7] Fast könnte man den Eindruck gewinnen, Luhmann habe zuerst die Massenmedien als technologisches Verbreitungsmedium gesetzt, um dann alle massenmedialen Erscheinungsformen sinnhaft zu deuten. So gibt er selbst zu, die drei Programmbereiche „ohne Absicht auf eine systematische Deduktion und Begründung einer geschlossenen Typologie (…) rein induktiv" zu unterscheiden (Luhmann 2017, S. 24), was für Zurstiege (2002, S. 152 f.) gar „einer Bankrotterklärung der theoretischen Arbeit" gleichkommt. Für Westerbarkey (2002, S. 615) ist die auch bei Luhmann zu findende „Unterscheidung der publizistischen Aufgaben bzw. Funktionen *Unterrichtung, Überredung* und *Unterhaltung*", die er auf die Redestrategien der aristotelischen Rhetorik (docere, persuare und delectare) zurückführt, „einer der folgenreichsten Schritte für die kommunikationswissenschaftliche Theorieentwicklung und Forschungspraxis". Die „Beobachtungsnöte und Beschreibungsschwierigkeiten" (ebd.), die man sich damit einhandele (auch Westerbarkey stellt auf den zu allgemeinen Informationsbegriff ab), versuche Luhmann zwar dadurch zu umgehen, „dass er die fragliche Differenzierung erst auf einer Sekundärebene (wieder) einführt, doch dadurch verschiebt er nur das terminologische Dilemma in den Bereich massenmedialer Subsysteme." (ebd. S. 616)

Dieses Dilemma betrifft keineswegs allein den theoretischen Streit um ein Funktionssystem Massenmedien und mögliche alternative Kandidaten wie z. B. Öffentlichkeit. Vielmehr interessieren hier die Konsequenzen für eine Theorie der

---

[7] Siehe zur Verteidigung dieses Kriteriums Marcinkowski 2001, S. 101 f. Warum die „Unterstellbarkeit des Bekanntseins bzw. das Bekanntsein des Bekanntseins von Themen und Beiträgen" (ebd., S. 102) zusätzlich an ein technisches Kriterium und damit an Interaktionsfreiheit gebunden werden *muss*, erschließt sich allerdings auch hier nicht.

Werbung *als* massenmedialem Teilbereich, der primär dem Informationscode folgt. Als solcher Teilbereich wird Wirtschaftswerbung – und nur um die geht es Luhmann – nämlich als funktional autonom gegenüber dem Wirtschaftssystem ausgeflaggt. Wenn Kautt (2012) eine gesellschaftliche Funktion der Etablierung einer symbolischem (Image-)Ordnung von einer sozialen Leistung für Auftraggeber, Anschlusshandlungen in deren Interesse zu erzeugen, unterscheidet (s. o.), so spricht auch er der Werbung damit eine funktionale Autonomie gegenüber den wirtschaftlichen Auftraggebern zu, ist sie doch angeblich in erster Linie nur auf die Produktion neuer Informationen fokussiert.[8] Dass sie dennoch ständig eigentlich schon veraltete Informationen wiederholt, widersprich aber laut Borchers frappant der Funktionslogik eines Massenmediensystems, das doch die Gesellschaft angeblich in Unruhe hält: „Anhand welcher Programme wird den Werbeangeboten immer wieder der Präferenzwert +*informativ* zugeschrieben, wenn Ego diese Zuschreibung beständig zurückweist und sie Alter diese Ablehnung auch mitteilt?[9] Offensichtlich geht diese Dysfunktionalität der Massenmedien *einzig* auf Zahlungen zurück, die für die Veröffentlichung von Werbebotschaften getätigt werden" (2014, S. 161). Damit bestimmen aber nicht die „Massenmedien", welche Informationen als Werbemitteilungen selegiert werden, sondern der externe Auftraggeber. Die Selektionen folgen nicht nur nicht der Sinnlogik des Massenmediensystems, mehr noch, das System erscheint zumindest in diesem Programmbereich nicht mehr als autonom, sondern als fremdbestimmt.[10] „Damit entfällt die Grundlage dafür, Werbung als Programmbereich den Massenmedien zuzuordnen. Luhmann ignoriert diese strukturelle Fremdreferenz." (ebd. S. 161 f)

Auf den ersten Blick scheint Luhmanns Werbekonzeption somit wenig wirkungsmächtig zu sein. Vor allem die knappen Ausführungen zur Werbung selbst können nicht den Eindruck einer genuinen Werbetheorie für sich beanspruchen, so instruktiv manche Einzelbeobachtungen in ihrer systemtheoretischen Reformulierung auch sein mögen. Sie leiden nicht nur unter der „intuitiven" Zu-

---

[8] Die Leistung spezifiziert die Funktion eines Systems für dessen gesellschaftliche Umwelten. So lässt sich die Funktion der Wissenschaft abstrakt als Wahrheitsproduktion beschreiben. Je nach Abnehmer kann sie dann als Leistungserbringung von z. B. Prognose, Beratung, Erziehung oder Bildung wahrgenommen werden. Wissenschaft verliert aber dadurch nicht ihre Autonomie.

[9] Luhmann vertauscht in seiner Kommunikationstheorie die Bezeichnungen für „Sender" (Alter) und „Empfänger" (Ego), um dem Verstehensakt der Rezipient*innen als für das Gelingen von Kommunikation maßgeblich herauszustellen. Eben das ignoriert er aber selbst, wenn er Werbung nur von der Kommunikatorseite her betrachtet.

[10] Diesen Effekt unterschätzt Marcinkowski, für den es „lediglich um Irritationen [geht], mit denen die Systeme umgehen müssen. Mit einem wie immer gearteten Verlust an Autonomie hat das rein gar nichts zu tun." (1996, S. 436)

ordnung zu einer Theorie der Massenmedien, die damit nicht medial vermittelte Formen von Werbung strikt ausschließt, sondern auch unter ihrer Beschränkung auf Wirtschaftswerbung. Dass hier nur eine bestimmte empirische Manifestation von Werbung für deren Ganzes genommen wird, ist allerdings ein generelles Manko der Werbetheorie.[11]

Luhmanns Konzept hat aber durchaus eine indirekte Auswirkung auf die Theorieentwicklung gehabt, indem es die sogenannte „Einheitsperspektive" zumindest protegierte. So bezeichnet Görke (2008, S. 174) eine Herangehensweise, die die „medienvermittelte Kommunikation (Massenmedien) als Einheit der Differenz von Journalismus, Public Relations/Werbung und Unterhaltung beobachtet." Eine „Differenzperspektive" konzipiert laut Görke diese „Programmbereiche" dagegen als je einzelne soziale (Funktions-)Systeme, die füreinander Umwelt sind. Die Einheitsperspektive weist Werbung (obwohl sie zumeist gar nicht im Mittelpunkt der Betrachtungen steht) also jeweils einen festen Platz im System der Massenmedien (Marcinkowski 1993; Luhmann 1996; Hellmann 2003; Kautt 2008) oder der Öffentlichkeit (Görke 2008; Hoffjann und Arlt 2015) zu, mit den von Westerbarkey (2002) notierten Beobachtungsnöten und Beschreibungsschwierigkeiten.

Den größten Einfluss auf die Theoriebildung zu Werbung hat Luhmann aber mit der von ihm vertretenen funktional-strukturellen Systemtheorie selbst ausgeübt. Schon einige Jahre vor Luhmanns Vortrag zur Realität der Massenmedien hat Schmidt seine Überlegungen zu Werbewirtschaft als sozialem System vorgelegt. Schmidt beschreibt hier Werbung als Subsystem der Wirtschaft; ihre Leistung für andere Sozialsysteme besteht darin, „zwangfrei folgenreiche Aufmerksamkeit" (1991, S. 10) zu produzieren. Siegert (2001, 2002) konzipiert Werbung dagegen als Interpenetrationszone von Wirtschaft und Massenmedien, in der sich beide Systemlogiken und deren „Währungen" (Geld und Publizität) zu beiderseitigem Nutzen durchdringen und vernetzen. Zurstiege (1998, 2005) erhebt Werbung sogar in den Rang eines eigenen gesellschaftlichen Funktionssystems, dessen Funktion in der Produktion von Teilnahmebereitschaft bestehe.[12] Borchers schließlich abstrahiert von dem üblichen Wirtschaftsbezug und entwirft eine allgemeine Kom-

---

[11] Luhmann erwähnt in „Gesellschaft der Gesellschaft" übrigens selbst andere Werbeformen: „Aber darüber hinaus ist eine Gesellschaft, die sich nicht mehr auf Personorientierung verlassen kann, auf die Entwicklung entsprechender Sensibilitäten angewiesen. Man muß, zum Beispiel in einer schlecht funktionierenden Ehe, erkennen, wenn ein Problem als Rechtsfrage stilisiert wird; oder in einer Schule, wenn der Unterricht in eine politische oder religiöse Werbung abgeleitet" (Luhmann 1997, S. 775).

[12] Zur Kritik dieser Entwürfe vgl. Kohring und Borchers 2013.

munikationstheorie von Werbung als einer von vier Formen appellativer Kommunikation, die in *jeder* gesellschaftlichen Kommunikation anzutreffen sei.[13] Alle vier Modelle präsentieren somit jeweils einen anderen konzeptionellen Zugang zum Verständnis von Werbung, und sie sind ungleich anspruchsvoller und fruchtbarer für die Theoriebildung als Luhmanns kursorische Überlegungen. Das aber verdanken sie gerade Niklas Luhmann selbst.

Literatur

Primärliteratur

Görke, A., & Kohring, M. (1996). Unterschiede, die Unterschiede machen: Neuere Theorieentwürfe zu Publizistik, Massenmedien und Journalismus. Publizistik, 41(1), 15–31.
Görke, A., & Kohring, M. (1997). Worüber reden wir?. Medienjournal, 21(1), 3–14. DOI: https://doi.org/10.24989/medienjournal.v21i1.581
Luhmann N. (1975). Veränderungen im System gesellschaftlicher Kommunikation und die Massenmedien. In O. Schatz (Hg.), *Die elektronische Revolution: Wie gefährlich sind die Massenmedien?* (S. 13–30) Graz: Styria.
Luhmann, N. (1981). Veränderungen im System gesellschaftlicher Kommunikation und die Massenmedien. In N. Luhmann, *Soziologische Aufklärung, Bd. 3: Soziales System, Gesellschaft, Organisation* (S. 309–320). Opladen: Westdeutscher Verlag.
Luhmann, N. 1984a. Soziale Systeme. Frankfurt a. M.: Suhrkamp.
Luhmann, N. (1984b). Gesellschaft. In N. Luhmann, *Soziologische Aufklärung, Bd. 1: Aufsätze zur Theorie sozialer Systeme* (5. Aufl., S. 137–153) Opladen: Westdeutscher Verlag.
Luhmann, N. (1996). Die Funktion der Massenmedien. In Die Realität der Massenmedien (pp. 169–182). VS Verlag für Sozialwissenschaften, Wiesbaden.
Luhmann, N. (1987). Die Differenzierung von Politik und Wirtschaft. In N. Luhmann, *Soziologische Aufklärung, Bd. 4: Beiträge zur funktionalen Differenzierung der Gesellschaft* (S. 34–48). Opladen: Westdeutscher Verlag.
Luhmann, N. (1997). *Die Gesellschaft der Gesellschaft.* Frankfurt am Main: Suhrkamp.
Luhmann, N. (2017). *Die Realität der Massenmedien* (5. Aufl.). Wiesbaden: Springer VS.

Sekundärliteratur

Borchers, N. S. (2014). *Werbekommunikation: Entwurf einer kommunikationswissenschaftlichen Theorie der Werbung.* Wiesbaden: Springer VS.
Görke, A. (2008). Perspektiven einer Systemtheorie öffentlicher Kommunikation. In C. Winter, A. Hepp & F. Krotz (Hg.), *Theorien der Kommunikations- und Medienwissenschaft:*

---

[13] *„Werbung ist der Versuch, die Selektion eines aus Eigeninteresse vorgeschlagenen Anschlusses ohne die Androhung negativer Sanktionen zu motivieren."* (Borchers 2014, S. 270)

Grundlegende Diskussionen, Forschungsfelder und Theorieentwicklungen (S. 173–191). Wiesbaden: Verlag für Sozialwissenschaften.

Hellmann, K.-U. (2003). *Soziologie der Marke.* Frankfurt am Main: Suhrkamp.

Hellmann, K.-U. (2004). Alles Konsum, oder was? Der Kulturbegriff von Luhmann und seine Nützlichkeit für die Konsumsoziologie. In G. Burkart & G. Runkel (Hg.), *Luhmann und die Kulturtheorie* (S. 136–168). Frankfurt am Main: Suhrkamp.

Hoffjann, O., & Arlt, H.-J. (2015). *Die nächste Öffentlichkeit: Theorieentwurf und Szenarien.* Wiesbaden: Springer VS.

Kautt, Y. (2008). *Image: Zur Genealogie eines Kommunikationscodes der Massenmedien.* Bielefeld: transcript.

Kautt, Y. (2012). Werbekommunikation aus soziologischer Sicht. In N. Janich (Hg.), *Handbuch Werbekommunikation: Sprachwissenschaftliche und interdisziplinäre Zugänge* (S. 411–422). Stuttgart: UTB.

Kohring, M. (2004). Journalismus als soziales System: Grundlagen einer systemtheoretischen Journalismustheorie. In M. Löffelholz (Hg.), *Theorien des Journalismus: Ein diskursives Handbuch* (S. 185–200). Opladen: Verlag für Sozialwissenschaften.

Kohring, M., & Borchers, N. S. (2013). Werbung mit System? Eine konstruktive Kritik systemtheoretischer Theorien der Werbung. *Medien & Kommunikationswissenschaft 61,* 221–234. DOI: https://doi.org/10.5771/1615-634x-2013-2-221.

Marcinkowski, F. (1993). *Publizistik als autopoietisches System: Politik und Massenmedien. Eine systemtheoretische Analyse.* Opladen: Westdeutscher Verlag.

Marcinkowski, F. (1996). Die Massenmedien der Gesellschaft als soziales System? *Soziale Systeme, 2,* 429–440.

Marcinkowski, F. (2001). Autopoietische Systemvorstellungen in der Theorie der Massenmedien: Vorschläge und Einwände. *Communicatio Socialis, 34,* 99–106.

Schmidt, S. J. (1991). *Werbewirtschaft als soziales System* (Arbeitshefte Bildschirmmedien, Nr. 27; hg. vom DFG-Sonderforschungsbereich 240 „Ästhetik, Pragmatik und Geschichte der Bildschirmmedien. Schwerpunkt: Fernsehen in der Bundesrepublik Deutschland"). Universität-GH Siegen.

Siegert, G. (2001). Ökonomisierung der Medien aus systemtheoretischer Perspektive. *Medien & Kommunikationswissenschaft, 49,* 167–176. DOI: https://doi.org/10.5771/1615-634x-2001-2-167

Siegert, G. (2002). Medienökonomie und Systemtheorie. In A. Scholl (Hg.), Systemtheorie und Konstruktivismus in der Kommunikationswissenschaft (S. 161–177). Konstanz: Universitätsverlag.

Westerbarkey, Joachim (2002). Mimikry, Symbiosen, Metamorphosen: Mediale Modulationen persuasiver Frames. In H. Willems (Hg.), *Die Gesellschaft der Werbung: Kontexte und Texte. Produktionen und Rezeptionen. Entwicklungen und Perspektiven* (S. 615–629). Wiesbaden: Westdeutscher Verlag.

Woelke, J. (2004). *Durch Rezeption zur Werbung: Kommunikative Abgrenzung von Fernsehgattungen.* Köln: von Halem.

Zurstiege, G. (1998). *Mannsbilder: Männlichkeit in der Werbung. Eine Untersuchung zur Darstellung von Männern in der Anzeigenwerbung der 50er, 70er und 90er Jahre.* Opladen: Westdeutscher Verlag.

Zurstiege, G. (2002). Werbung als Funktionssystem. In A. Scholl (Hg.), *Systemtheorie und Konstruktivismus in der Kommunikationswissenschaft* (S. 147–159). Konstanz: UVK.

Zurstiege, G. (2005). *Zwischen Kritik und Faszination: Was wir beobachten, wenn wir die Werbung beobachten, wie sie die Gesellschaft beobachtet.* Köln: von Halem.

Kulturabhängigkeit von Werbung: *The Hofstede model* von De Mooij und Hofstede

Christina Holtz-Bacha

1   Inhalt

Dreißig Jahre nachdem Geert Hofstede mit seinem Buch ‚Culture's Consequences'
die ersten Dimensionen, auf denen das Hofstede-Modell basiert, vorgestellt hatte,
erschien dieser Aufsatz in einer Fachzeitschrift zur Werbung. Verfasst zusammen
mit Marieke de Mooij, einer Expertin für globales Marketing, bietet der Beitrag
eine Synopse derjenigen Forschung, die die Kulturdimensionen des Hofstede-
Modells auf die Analyse von Werbestrategien angewendet und durch ihre Ergebnisse bestätigt hat.

Das Modell geht zurück auf das Buch ‚Culture's Consequences', das Hofstede
1980 publizierte. Dieses basiert auf der Sekundäranalyse von Daten aus mehr als
100.000 Interviews mit Mitarbeiter*innen des IT-Unternehmens *International Business Machines* (IBM), die im Verlauf mehrerer Jahre um 1970 herum in mehr als
40 Ländern und Regionen stattfanden. Daher trägt das Buch den Untertitel ‚International differences in work-related values', der sich auch noch in der 1984 erschienenen gekürzten Ausgabe und in den zahlreichen Nachdrucken bis ins Jahr
2001 findet. Ab 2001 ändert sich der Untertitel in ‚Comparing values, behaviors,

C. Holtz-Bacha (✉)
Friedrich-Alexander-Universität Erlangen-Nürnberg, Nürnberg, Deutschland
E-Mail: christina.holtz-bacha@fau.de

© Springer Fachmedien Wiesbaden GmbH, ein Teil von Springer Nature 2022   43
T. G. K. Meitz et al. (Hrsg.), *Schlüsselwerke der Werbeforschung*,
https://doi.org/10.1007/978-3-658-36508-0_4

institutions, and organizations across nations' und demonstriert so die längst voll-zogene Ablösung des Modells vom ursprünglichen Fokus der IBM-Studie auf Ar-beitsverhalten. Auch der Beitrag von de Mooij und Hofstede führt das Hofstede-Modell als eines von mehreren Modellen ein, die dazu dienen, kulturelle Unterschiede zu verstehen, und stellt es in einen Zusammenhang zu internationaler Werbung und Branding.

Das Hofstede-Modell zur Klassifikation von Kulturen umfasste zunächst vier Dimensionen, die erst später durch eine fünfte und eine sechste ergänzt wurden. Der 2010 publizierte Artikel von de Mooij und Hofstede nennt in der Darstellung des Modells lediglich fünf Dimensionen, da die Vorstellung der sechsten Dimen-sion erst mit der Neuauflage des Buches ‚Cultures and Organizations' (Hofstede et al. 2010) im selben Jahr erfolgte. Die in dem Zeitschriftenartikel beschriebenen Dimensionen nationaler Kulturen beziehen sich auf 1) Power Distance, 2) Uncer-tainty Avoidance, 3) Individualism vs. Collectivism, 4) Masculinity vs. Femininity und 5) Long Term vs. Short Term Orientation. Noch nicht berücksichtigt ist 6) In-dulgence vs. Restraint.

Die Dimension Machtdistanz steht für die Akzeptanz der ungleichen Machtver-teilung durch niederrangige Mitglieder einer Organisation. Unsicherheitsvermei-dung bezieht sich auf das Ausmaß, bis zu dem unstrukturierte, d. h. neue und un-bekannte Situationen als unbequem empfunden werden. Individualismus vs. Kollektivismus erfasst den Grad, bis zu dem Individuen in eine soziale Gruppe, meist die Familie, integriert sind. Maskulinität vs. Femininität bildet die Verteilung emotionaler Rollen zwischen den Geschlechtern ab und stellt eine starke masku-line Gesellschaft einer weichen femininen gegenüber. Lang- vs. Kurzzeitorientie-rung kontrastiert lang- oder kurzfristiges Denken bzw. die Orientierung einer Ge-sellschaft an Gegenwart oder Zukunft. Diese Dimension ergab sich aus der Zusammenarbeit mit Michael Bond bei der Forschung in China und wurde zu-nächst als konfuzianische Arbeitsdynamik eingeführt. Die Bezeichnung der sechs-ten Dimension übernahm Hofstede von Michael Minkov, der u. a. 2010 als Ko-Autor von ‚Cultures and Organizations' fungiert. Genuss vs. Zurückhaltung entsteht aus dem Zusammenhang der Glücksforschung und bewegt sich zwischen der relativ freien Befriedigung menschlicher Bedürfnisse im Gegensatz zu deren Beschränkung durch gesellschaftliche Normen. (Hofstede 2001, S. xix–xx; vgl. auch Hofstede 1997b, S. 55; Hofstede und Bond 1988)

Kultur definiert Hofstede als das „*collective programming of the mind that dis-tinguishes the members of one group or category of people from another*" (2001, S. 9; H. i. O.). Er geht davon aus, dass diese Dimensionen für Probleme stehen, die sich jeder Gesellschaft stellen, für die sich die Lösungen jedoch unterscheiden

(Hofstede 2001, S. xix). Die Platzierung eines Landes erfolgt für jede Dimension auf einer Skala von 0 bis 100.

Das Modell zur Charakterisierung und zum Vergleich nationaler Kulturen ziehen de Mooij und Hofstede heran, um Unterschiede im Konsumentenverhalten zu erklären, die für globale Werbe- und Branding-Strategien von Bedeutung sind. Konsumenten zeichnen sich demnach durch Unterschiede in ihren Selbstkonzepten, ihrer Persönlichkeit und ihrer Identität aus, wobei kulturelle Werte als Teil des Selbstkonzepts und der Persönlichkeit von Konsumenten verstanden werden. Zu berücksichtigen seien ferner mentale Prozesse, insbesondere die Informationsverarbeitung, sowie soziale Prozesse wie Motivation und Emotionen. Ausweislich der in dem Beitrag enthaltenen Grafik stehen mentale und soziale Prozesse in einer wechselseitigen Beziehung zur Konsumentenpersönlichkeit. Mentale Prozesse gelten zudem als relevant für den Werbestil, soziale Prozesse für die Werbeappelle. Alle drei Elemente machen die interkulturelle Werbeforschung aus und erlauben, den Einfluss der Kultur, eben *culture's consequences*, auf diese drei Elemente hin zu analysieren.

Die Entwicklung der individuellen Selbstkonzepte stellt der Beitrag in einen Zusammenhang mit der Ausprägung einer Kultur als individualistisch oder kollektivistisch sowie als maskulin oder feminin. Bezogen auf ‚Persönlichkeit' ziehen de Mooij und Hofstede ein Fünf-Faktoren-Modell, die sogenannten Big Five (Neurotizismus, Extraversion, Offenheit für Erfahrungen, [soziale] Verträglichkeit, Gewissenhaftigkeit; McCrae und Costa 1985) heran, das aus der Persönlichkeitspsychologie stammt und mit Hilfe von Fragebögen zur individuellen Selbstbeschreibung zum Einsatz kommt. De Mooij und Hofstede verweisen darauf, dass diese fünf Faktoren in vielen Kulturen zu finden seien, aber nicht überall gleiches Gewicht haben. Hier beziehen sie die fünf Faktoren auf die Zuschreibung einer Persönlichkeit zu Marken. Zum einen sei es typisch für individualistisch geprägte Kulturen, Marken eine Persönlichkeit zuzuschreiben, zum anderen würde sich die zugeschriebene Persönlichkeit zu ein und derselben Marke in verschiedenen Kulturen unterscheiden. Unternehmen, die über eine globale Marke verfügen oder ein globales Markenimage aufbauen wollen, streben eine konsistente Botschaft an, müssen aber berücksichtigen, dass Verbraucher eine eigene Markenpersönlichkeit konstruieren.

Ebenfalls zu bedenken sei das Streben nach Konsistenz in der Beziehung von Einstellungen und Verhalten. In individualistischen Kulturen zeige sich das Bemühen, Einstellungen, Gefühle und Verhalten in Einklang zu bringen; unter bestimmten Bedingungen ließe sich daher von Einstellungen auf zukünftiges Konsumentenverhalten schließen. In kollektivistischen Kulturen gebe es dieses

Konsistenzstreben nicht, und es könne sogar vorkommen, dass das Kaufverhalten die Einstellung beeinflusst.

Die Motive und Emotionen von Konsumenten, die de Mooij und Hofstede als soziale Prozesse verstehen, seien kulturgebunden und daher beim Entwurf von Werbeappellen und bei der Markenpositionierung zu beachten. Zwar hingen viele Motive mit der Produktkategorie zusammen, wie zum Beispiel der Kauf von Luxusmarken mit Statusmotiven, deren Ausprägung variiere jedoch in verschiedenen Kulturen. Während Basisemotionen (vgl. Ekman 1999) als universell gelten, seien Ausdruck, Intensität und Bedeutung von Emotionen kulturell definiert und können sich daher unterscheiden. Mehrere Studien verweisen auf Zusammenhänge mit den Dimensionen Machtdistanz sowie Individualismus/Kollektivismus. Die Forschung, die mit Emoticons arbeite, müsse sich solcher Unterschiede bewusst sein.

Unter den mentalen Prozessen, die als kulturabhängig gelten und deshalb Relevanz für die Werbekommunikation haben, nennt der Beitrag abstraktes vs. konkretes Denken, Kategorisierung und Informationsverarbeitung. In individualistischen Kulturen würden Marken Werte oder abstrakte Persönlichkeitseigenschaften zugesprochen, während kollektivistische Kulturen mehr an konkreten Produkteigenschaften interessiert wären. In Japan zum Beispiel würden Marken daher mit konkreten Personen verknüpft und Unternehmen versuchten, Vertrauen durch Verwendung ihres Logos in der Werbung herzustellen. Das erkläre kulturelle Unterschiede bei der vor allem auf Assoziationen beruhenden Erhebung des Werts globaler Marken.

Auch die Art und Weise, wie die Kategorisierung anderer Menschen und Objekte erfolge, unterscheide sich in individualistischen und kollektivistischen Kulturen und wirke sich für die Akzeptanz von Tochtermarken aus. Kollektivistische Kulturen schauten auf die Beziehungen zwischen Objekten und beurteilen diese anhand der Reputation oder des Vertrauens in das Unternehmen. Individualistische Kulturen kategorisierten Objekte eher nach ihren gemeinsamen Eigenschaften und neigten dazu, eine Markenerweiterung als nicht zur etablierten Marke passend zu empfinden.

Unterschiede bei der Informationsverarbeitung stünden in einem Zusammenhang zu Kollektivismus/Individualismus sowie zu Machtdistanz. In kollektivistischen Gesellschaften und/oder solchen mit großer Machtdistanz vollziehe sich die Aneignung von Informationen eher durch implizite, interpersonale Kommunikation, Kaufentscheidungen fallen aufgrund von Gefühlen und Vertrauen in das Unternehmen. In individualistischen Gesellschaften mit geringer Machtdistanz finde dagegen zur Vorbereitung von Kaufentscheidungen eine aktive Informationsaneignung durch Medien und befreundete Personen statt.

Schließlich wendet sich der Beitrag Kommunikationsstilen zu und setzt diese in einen Zusammenhang mit Kultur. Als Beispiel dient der Unterschied zwischen *Low-context-* und *High-context*-Kommunikation in individualistischen und kollektivistischen Kulturen. In individualistischen Kulturen sei Kommunikation gleichbedeutend mit Information, also low-context, wohingegen sich in kollektivistischen Kulturen der Kommunikationsstil mit Rollen und Beziehungen ändere. Entsprechend der Kultur spiegele Werbung solche unterschiedlichen Kommunikationsstile. Es gebe daher kein universelles Modell dafür, wie Werbung arbeitet. In individualistischen Kulturen müsse Werbung überzeugen, während es in kollektivistischen Kulturen ihr Zweck sei, eine Beziehung und Vertrauen zwischen Anbieter*innen und Käufer*innen herzustellen. Aus solchen Unterschieden erklärt sich zum Beispiel, an welcher Stelle in einem Werbespot und wie oft der Markenname genannt wird. Ebenso gebe es zwischen den Kulturen divergierende Ansichten dazu, was als relevante Information gilt. Damit relativiere sich die Anwendbarkeit des Elaboration-Likelihood-Modells von Petty und Cacioppo. Während dieses zwar kulturübergreifend Gültigkeit habe, unterscheide sich die Bedeutung der zentralen und der peripheren Route in verschiedenen Kulturen. Schließlich verweisen de Mooij und Hofstede auf kulturabhängige Eigenschaften der Werbeappelle und ihre Wirksamkeit. In kollektivistischen Kulturen habe sich die Betonung von gruppenbezogenen Vorteilen, Familie und Harmonie, in individualistischen Kulturen dagegen der Fokus auf individuellem Nutzen, persönlichem Erfolg und Unabhängigkeit als effektiv erwiesen. Der zukünftigen Forschung zur Wirksamkeit von Kommunikationsstilen rät der Beitrag, keine Unterscheidung zwischen der Art und Weise, was gesagt und wie es gesagt wird, vorzunehmen.

Als Methode zur Untersuchung kultureller Unterschiede in der Werbung empfiehlt sich die Inhaltsanalyse. Sie sei geeignet, die interkulturelle Werbepraxis abzubilden, und liefert Hinweise darauf, was in einem Land am besten funktioniert. Solche Analysen könnten auch Erkenntnisse über das Ausmaß der Standardisierung von Werbung über die Kulturen hinweg liefern. Problematisch sei allerdings die Organisation von großangelegten internationalen Studien, die mindestens fünf Länder einbeziehen sollten. Vorsicht sei außerdem geboten bei der Verwendung von Messinstrumenten, die aus der westlichen Welt stammen und nicht einfach auf andere kulturelle Kontexte zu übertragen seien.

Der Beitrag schließt mit Anmerkungen zur Anwendung des Hofstede-Modells in der Forschung zu globalem Branding und zur Werbung. Das betrifft zuerst die Frage nach dem Verhältnis von Individual- und Aggregatdaten. Unterschiede bei den Befunden auf den beiden Ebenen erklären de Mooij und Hofstede damit, dass die Zusammenhänge auf der individuellen Ebene einer psychologischen Logik folgen, während sie im Aggregat der kulturellen Logik unterliegen würden, die dadurch bedingt ist, dass Gesellschaften aus verschiedenen Individuen bestehen. Außerdem liefern sie Erklärungen dafür, warum manche Untersuchungen keine Unterstützung für ihre Hypothesen fanden und daher die Gültigkeit des Hofstede-Modells in Frage stellten, statt ihre Hypothesen zu hinterfragen. Folgende Aspekte des Hofstede-Modells seien bei der Formulierung von Hypothesen zu beachten: 1) Einige Ausprägungen der einzelnen Dimensionen beträfen mehr die Arbeitssituation, andere ließen sich auf Konsumentenverhalten und Werbung anwenden; 2) häufig erkläre eine Konfiguration der Dimensionen die Varianz; 3) es sind Werteparadoxe zu berücksichtigen, die es schwer machen, Werte in der Werbung zu erkennen, da Werbeappelle sowohl das Erwünschte (desired), das sind die kulturellen Werte, wie auch das Wünschbare (desirable), das ist das tatsächliche Verhalten oder die kulturelle Praxis, reflektieren, und zwischen beiden könne es eine Diskrepanz geben. Weitere Probleme ergeben sich 4) aus Missverständnissen bezüglich des Inhalts einer Dimension und 5) daraus, dass sich der kulturelle Hintergrund der Forscher*innen bei der Auswahl und Interpretation der Werte auswirke.

2   Bezug zum Gesamtwerk der Autor*in

Als der Zeitschriftenartikel 2010 erscheint, sind drei Jahrzehnte vergangen, seitdem Geert Hofstede sein Hauptwerk ‚Culture's Consequences' vorgelegt und damit das Dimensionen-Modell begründet hat. Wiewohl in einem Unternehmenskontext entstanden und auf die Arbeitssituation bezogen, entwickeln sich die Kulturdimensionen des Hofstede-Modells schnell zu einem Standard der interkulturellen Forschung. Mit dem Dimensionen-Modell etabliert sich Hofstede als „father of cross-cultural research" (Carraher 2003) und „pioneer in the quantitative measure of culture" (Goodwin et al. 2020, S. 3). Das Zustandekommen der IBM-Studie sowie seine persönliche Entwicklung vom Ingenieur zu einem psychologischen und schließlich anthropologischen Ansatz und dem damit verbundenen Schritt von der Individual- zur Aggregatebene beschreibt Hofstede (1997b) unter anderem in seinem Beitrag zu einem Band über das „Arbeiten an der Schnittstelle der Kulturen" (Bond 1997).

In schneller Folge publiziert Hofstede, oft in Ko-Autorenschaft, zahlreiche Aufsätze zur Verwendung des Modells, zu einzelnen Dimensionen und zum praktischen Einsatz für die interkulturelle Zusammenarbeit. Mit der Neuauflage von 2001 legt Hofstede eine deutlich erweiterte Ausgabe von ‚Culture's Consequences' vor, die zwar keine neuen Daten liefert und insofern von einer Stabilität der 1980 berichteten Befunde ausgeht, aber diejenigen Studien zusammenfasst, die das Hofstede-Modell herangezogen haben. Bereits 1991 ist ‚Cultures and Organizations. Software of the Mind' erschienen, das – wie Hofstede (1997b, S. 57) schreibt – eine populäre Darstellung seiner Forschung für Studierende und Nicht-Experten sein soll. Seit 1997 gibt es eine deutsche Übersetzung, die 2017 in der sechsten Auflage herauskommt (Hofstede 1997a; Hofstede et al. 2017). Mit seinem Sohn Gert Jan, der in späteren Jahren auch bei Neuauflagen seiner Bücher als Ko-Autor auftritt, legt Hofstede 2002 ein auf seinen Kulturdimensionen beruhendes Programm zum interkulturellen Training vor (Hofstede et al. 2002)

Das Forschungsinteresse von Marieke de Mooij fokussiert auf globale Werbung und Konsumentenverhalten. Dahinter steht die für Unternehmen entscheidende Frage, ob sie international mit einer einheitlichen Kampagne werben können oder ihre Kampagne kulturelle Eigenheiten berücksichtigen muss und also differenziert anzulegen ist. 1991 veröffentlicht de Mooij in Ko-Autorenschaft mit Warren J. Keegan, einem Experten für globales Marketing, ihr erstes Buch mit dem Titel ‚Advertising Worldwide: Concepts, Theories and Practice of International, Multinational and Global Advertising' (de Mooij und Keegan 1991), ab der zweiten Auflage 1994 tritt sie als Alleinautorin auf. 1998 erscheint ‚Global Marketing and Advertising' (de Mooij 1998), das sich an Hofstedes damals noch fünf Dimensionen umfassendem Modell orientiert. Hofstede liefert ein Vorwort. Dieses Buch liegt mittlerweile in sechster Auflage vor (de Mooij 2022). Den Anstoß zur Wahl des Themas ihrer Dissertation, die sie 2001 vorlegt, führt de Mooij auf einen Kommentar zu diesem Buch zurück, der fehlende empirische Belege eingeklagt hatte (de Mooij 2001, S. 5). Darauf aufbauend, erscheint 2004 ‚Consumer Behavior and Culture. Consequences for Global Marketing and Advertising', das 2019 in dritter Auflage erschienen ist (de Mooij 2019). Die Kritik an der Kommunikationswissenschaft, die kulturelle Einflüsse vernachlässigen würde, und an der Dominanz westlicher Theorien motiviert de Mooij zu ihrem Buch ‚Human and Mediated Communication around the World' (2014), das mit der Verarbeitung von Erkenntnissen aus verschiedenen wissenschaftlichen Disziplinen einen „eklektischen Ansatz" (S. 6) verfolgt, europäische und amerikanische Kommunikationstheorien mit nichtwestlichen Ansätzen konfrontiert und den Einfluss von Kultur auf Kommunikationsverhalten und mediale Angebote beschreibt.

Bereits einige Jahre vor der Publikation ihres Artikels zur Anwendung des Hofstede-Modells auf die Werbung haben de Mooij und Hofstede zusammen einen Zeitschriftenbeitrag publiziert, der das Dimensionen-Modell heranzieht, um interkulturelle Divergenzen im Konsumverhalten zu erklären (de Mooij und Hofstede 2002). Für den 1998 von Hofstede et al. herausgegebenen Band ‚Masculinity and

Femininity' hat de Mooij ein Kapitel über die Bedeutung dieser Dimension für das Konsumverhalten verfasst.

Der gemeinsame Artikel von 2010 erschien in einem Themenheft des *International Journal of Advertising*, das sich damit der vielfach geäußerten Kritik an der mangelnden theoretischen Grundlegung der interkulturellen Werbeforschung stellen und den Fortschritt bei der Theorieentwicklung im Marketing sowie die Anwendbarkeit der Kulturdimensionen für die globale Werbung prüfen will (Taylor 2010, S. 10). Ein Jahr später veröffentlichen de Mooij und Hofstede (2011) einen in Aufbau und Argumentation sehr ähnlichen und in Teilen wortgleichen Artikel zur Kulturgebundenheit von Konsumentenverhalten.

3 Wirkungsgeschichte und Kritik

Forschungssynopsen und Zitatanalysen zeigen, dass Hofstede mit seinem Dimensionen-Modell der interkulturellen Forschung eine neue Richtung gegeben hat, er selbst spricht von einem „paradigm shift in cross-cultural studies" (1997b, S. 56). Das gilt für mehrere Disziplinen: Betriebswirtschaft, Psychologie, Marketing, Kommunikationswissenschaft (vgl. z. B. Hofstede 1997b, S. 57; Kirkman et al. 2006, 2017; Merkin et al. 2014). Ein auf *Google Citations* beruhendes Ranking verzeichnet ‚Culture's Consequences' mit mehr als 42.000 Zitationen unter den 25 meistzitierten Büchern der Sozialwissenschaften (Green 2016, S. 3). Aus der Diskussion des theoretischen Hintergrundes sowie des methodischen Herangehens erwächst jedoch seit seiner Publikation zum Teil heftige Kritik. Diese bezieht sich auf die Definition von Kultur und ihrer Gleichsetzung mit Nationalstaaten, die Vernachlässigung von kulturellen Unterschieden innerhalb von Staaten, einen westlichen Bias, die Statik des Hofstede-Modells, die behauptete oder so verstandene universelle Anwendbarkeit der Kulturdimensionen, die Datengrundlage und den Bezug auf unterschiedliche Analyseebenen, das Messniveau der verwendeten Skalen und schließlich auch die Art und Weise, wie Hofstede mit Kritik umgeht (Brewer und Venaik 2012; Chang et al. 2009; McSweeney 2002a, b; Sondergaard 1994; Rotondo Fernandez et al. 1997; Schmitz 2015; Taylor 2002).

Hofstedes Kulturdimensionen haben sich früh von ihrem Entstehungszusammenhang, nämlich einer die Arbeit betreffenden Befragung von Angestellten (nur) eines internationalen Unternehmens, gelöst und sind als unabhängige Variablen in verschiedenen Fragestellungen zum Einsatz gekommen. Auch und besonders in der vergleichenden Forschung zur Werbung und zum Marketing hat das Hofstede-Modell breite Anwendung gefunden (Okazaki und Mueller 2007; Saleem und Larimo 2017; Soares et al. 2006). Wie zuletzt Saleem und Larimo (2017) für die Zeit von 1980 bis 2012 gezeigt haben, hat die Werbeforschung bevorzugt drei Dimensionen des Hofstede-Modells verwendet, nämlich Individualismus/Kollektivismus, Maskulinität/Femininität sowie Unsicherheitsvermeidung. Das Gros der Studien stützt sich auf Inhaltsanalysen und nimmt einen Vergleich von lediglich zwei oder drei Ländern vor; geographisch konzentriert sich die Forschung auf Nordamerika und Süd-Ost-Asien.

Zur Popularität der Kulturdimensionen von Hofstede in der Werbeforschung dürfte nicht zuletzt de Mooij beigetragen haben, die ihre Standardwerke zu interkultureller Werbung und zum Konsumentenverhalten auf das Hofstede-Modell gestützt und dieses auch gegenüber Kritik verteidigt hat. Schließlich steht dahinter auch ein ökonomisches Interesse international tätiger Unternehmen, die Hilfestellung für die Entscheidung über eine globale oder lokal angepasste Werbestrategie suchen.

Auch wenn es mittlerweile andere Modelle gibt, die sich für interkulturelle Vergleiche anbieten (insb. House et al. 2010; vgl. auch Schwartz 1994) und das Hofstede-Modell gelegentlich als überholt bezeichnet wird (z. B. Beugelsdijk et al. 2017, S. 33; Jackson 2020, S. 4; Saleem und Larimo 2017, S. 248) hat es seinen Platz in den Lehrbüchern zur interkulturellen Kommunikation und seine Attraktivität gerade für die Werbeforschung kaum eingebüßt. In ihrem Überblick zur Anwendung von Hofstedes Kulturdimensionen in Marketing-Studien fassen Soares et al. die Vorzüge des Modells so zusammen: „Hofstede's framework constitutes a simple, practical, and usable shortcut to the integration of culture into studies" (2006, S. 283). De Mooij und Hofstede selbst schreiben den Erfolg des Hofstede-Modells ebenfalls der Schlichtheit seiner Dimensionen zu, die es sowohl für die akademische Forschung wie für die Geschäftswelt attraktiv mache. Obendrein beruhe kaum eine andere Studie auf einer so großen Zahl von Ländern. Der Beitrag von de Mooij und Hofstede von 2010 ist einer von vielen, die das Hofstede-Modell vorstellen und diejenige Forschung zusammenfassen, die die Kulturdimensionen in einem speziellen Forschungsbereich – hier: in der Werbung – angewendet und unterstützt hat.

Literatur

Primärliteratur

De Mooij, M. (1998). *Global marketing and advertising. Understanding cultural paradoxes.* Thousand Oaks, CA: Sage.

De Mooij, M., & Hofstede, G. (2010). The Hofstede model: Applications to global branding and advertising strategy and research. *International Journal of Advertising*, *29*, 85–110.
Jackson, T. (2020). The legacy of Geert Hofstede. *International Journal of Cross Cultural Management*, 20, 3–6. https://doi.org/10.1177/1470595820915088.

Sekundärliteratur

Beugelsdijk, S., Kostova, T., & Roth, K. (2017). An overview of Hofstede-inspired country-level culture research in international business since 2006. *Journal of International Business Studies*, *48*, 30–47.
Bond, M. H. (Hrsg.). (1997). *Working at the interface of cultures. Eighteen lives in Social Science*. London: Routledge.
Brewer, P., & Venaik, S. (2012). On the misuse of national cultural dimensions. *International Marketing Review*, *29*, 673–683.
Carraher, S. M. (2003). The father of cross-cultural research: An interview with Geert Hofstede. *Journal of Applied Management and Entrepreneurship*, *8*(2), 98–107.
Chang, T.-K., Huh, J., McKinney, K., Sar, S., Wei, W., & Schneeweis, A. (2009). Culture and its influence on advertising. Misguided framework, inadequate comparative design and dubious knowledge claim. *The International Communication Gazette*, *71*, 671–692.
De Mooij, M., (2001). *Convergence and divergence in consumer behavior. Consequences for global marketing and advertising*. Pamplona: Universidad de Navarra.
De Mooij, M. (2022). *Global marketing & advertising: Understanding cultural paradoxes* (6. Auflage). London: Sage.
De Mooij, M. (2019). Consumer behavior and culture. Consequences for global marketing and advertising (3. Auflage). Thousand Oaks, CA: Sage.
De Mooij, M., & Hofstede, G. (2002). Convergence and divergence in consumer behavior: Implications for international retailing. *Journal of Retailing*, *78*, 61–69.
De Mooij, M., & Hofstede, G. (2011). Cross-cultural consumer behavior: A review of research findings. *Journal of International Consumer Marketing*, *23*, 181–192.
De Mooij, M. K., & Keegan, W. J. (1991). Advertising worldwide: Concepts, theories and practice of international, multinational and global advertising. New York: Prentice Hall.
Ekman, P. (1999). Basic emotions. In T. Dalgleish & M. Power (Eds.), *Handbook of cognition and emotion* (pp. 45–60). New York: John Wiley & Sons.
Goodwin, J. L., Williams, A. L., & Herzog, P. S. (2020). Cross-cultural values: A meta-analysis of major quantitative Studies in the last decade (2010–2020). *Religions*, *11*, https://doi.org/10.3390/rel11080396.
Green, E. (2016). What are the most-cited publications in the social sciences (according to Google Scholar). https://blogs.lse.ac.uk/impactofsocialsciences/2016/05/12/what-are-the-most-cited-publications-in-the-social-sciences-according-to-google-scholar/
Hofstede, G. (1980). Culture's consequences. International differences in work-related values. Beverly Hills, CA: Sage.
Hofstede, G. (1997a). *Lokales Denken, globales Handeln. interkulturelle Zusammenarbeit und globales Management*. München: dtv.
Hofstede, G. (1997b). The Archimedes effect. In M. H. Bond (Hrsg.), *Working at the interface of cultures. Eighteen lives in Social Science* (S. 46–59). London: Routledge.

Hofstede, G. (2001). Culture's consequences. Comparing values, behaviors, institutions, and organizations across nations (2. Auflage). Thousand Oaks, CA: Sage.

Hofstede, G., Arrindell, W. A., Best, D. L., et al. (1998). *Masculinity and femininity: The taboo dimension of national cultures.* Thousand Oaks, CA: Sage.

Hofstede, G., & Bond, M. H. (1988). The Confucius connection: From cultural roots to economic growth. *Organizational Dynamics, 16*(4), 4–21.

Hofstede, G., Hofstede, G. J., & Minkov, M. (2010). Cultures and organizations: Software of the mind. Intercultural cooperation and its importance for survival (3. überarb. und erg. Auflage). New York: McGraw-Hill.

Hofstede, G., Hofstede, G. J., & Minkov, M. (2017). *Lokales Denken, globales Handeln. interkulturelle Zusammenarbeit und globales Management* (6., vollständig überarb. und aktualisierte Auflage). München: dtv.

Hofstede, G. J., Pedersen, P., & Hofstede, G. (2002). *Exploring culture: Exercises, stories, and synthetic cultures.* Yarmouth, ME: Intercultural Press.

House, R. J., Quigley, N. R., & Sully de Luque, M. (2010). Insights from Project GLOBE: Extending global advertising research through a contemporary framework. *International Journal of Advertising, 29,* 111–139.

Kirkman, B. L., Lowe, K. B., & Gibson, C. B. (2006). A quarter century of Culture's Consequences: A review of empirical research incorporating Hofstede's cultural values framework. *Journal of International Business Studies,* 37, 285–320.

Kirkman, B. L., Lowe, K. B., & Gibson, C. B. (2017). A retrospective on Culture's Consequences: The 35-year journey. *Journal of International Business Studies, 48,* 12–29.

McCrae, R. R., & Costa, P. T. (1985). A five-factor theory of personality. In L. A. Pervin & O. P. John (Eds.), *Handbook of personality: Theory and research.* New York: Guildford.

McSweeney, B. (2002a). Hofstede's model of national cultural differences and their consequences: A triumph of faith – a failure of analysis. *Human Relations, 55,* 89–118.

McSweeney, B. (2002b). The essentials of scholarship: A reply to Geert Hofstede. *Human Relations, 55,* 1363–1372.

Merkin, R., Taras, V., & Steel, P. (2014). State of the art themes in cross-cultural communication research: A systematic and meta-analytic review. *International Journal of Intercultural Relations, 38,* 1–23.

Okazaki, S., & Mueller, B. (2007). Cross-cultural advertising research: Where we have been and where we need to go. *International Marketing Review, 24,* 499–518.

Rotondo Fernandez, D., Carlson, D. S., Stepina, L. P., & Nicholson, J. D. (1997). Hofstede's country classification 25 years later. *The Journal of Social Psychology, 137,* 43–54.

Saleem, S., & Larimo, J. (2017). Hofstede cultural framework and advertising research: An assessment of the literature. In G. Christodoulides, A. Stathopoulou, & M. Eisend (Hrsg.), *Advances in advertising research (Vol. VII). Bridging the gap between advertising academia and practice* (S. 247–253). Wiesbaden: Springer Gabler.

Schmitz, L. (2015). *Nationalkultur versus Berufskultur. Eine Kritik der Kulturtheorie und Methodik Hofstedes.* Bielefeld: transcript.

Schwartz, S. H. (1994) Are there universal aspects in the structure and contents of human values? *Journal of Social Issues, 50*(4), 19–45.

Søndergaard, M. (1994). Research Note: Hofstede's consequences: A study of reviews, citations and replications. *Organization Studies, 15,* 447–456.

Soares, A. M., Farhangmehr, M., Shoham, A. (2006). Hofstede's dimensions of culture in international marketing studies. *Journal of Business Research, 60,* 277–284.

Taylor, C. R. (2002). What is wrong with international advertising research? *Journal of Advertising Research, 42*(6), 48–54.

Taylor, C. R. (2010). Editorial: Towards stronger theory development in international advertising research. *International Journal of Advertising, 29,* 9–14.

Werbung als Katalysator der digitalen Wirtschaftsordnung: *The Age of Surveillance Capitalism* von Zuboff

Chengyuan Shao und Nils S. Borchers

In ihrem Großwerk *The Age of Surveillance Capitalism: The Fight for a Human Future at the New Frontier of Power* (2019) legt Shoshana Zuboff eine ambitionierte Analyse des gegenwärtigen Kapitalismus vor, den sie als Überwachungskapitalismus charakterisiert. Seine Vertreter sind einige der wertvollsten Unternehmen (und vor allem: Marken) des beginnenden 21. Jahrhunderts, darunter insbesondere *Apple, Google/Alphabet, Facebook/Meta, Microsoft, Amazon* und *Samsung*. Dass gerade diese Tech-Unternehmen zu globalen Giganten werden konnten, die Spitzenreiter anderer Branchen wie *Nestlé* oder *Johnson & Johnson* deutlich auf die Ränge verweisen, liegt laut Zuboff daran, dass sie menschliche Erfahrungen in Verhaltensdaten transformieren und so kommodifizieren – d. h. sie zu einer Ware (und damit auf einem Markt handelbar) machen. Zuboff schließt hier an Polanyis (1944) Erzählung einer großen Transformation an, in deren Rahmen bereits Arbeit, Boden und Geld aus ihren sozialen Kontexten gelöst und zu Waren erklärt wurden. Nun folgt also menschliche Erfahrung als weiterer Rohstoff in der kapitalistischen Produktion. Der Erfolg – und die Macht – der überwachungskapitalistischen Unternehmen beruht darauf, dass es ihnen gelungen ist, eine umfangreiche Infrastruktur zur Sammlung von Verhaltensdaten aufzubauen, um diesen wohl wichtigsten Rohstoff des 21. Jahrhunderts zu akkumulieren.

C. Shao (✉)
Communication University of Zhejiang, Hangzhou, China

N.S. Borchers
Eberhard Karls Universität Tübingen, Tübingen, Deutschland
E-Mail: nils.borchers@uni-tuebingen.de

© Springer Fachmedien Wiesbaden GmbH, ein Teil von Springer Nature 2022   55
T. G. K. Meitz et al. (Hrsg.), *Schlüsselwerke der Werbeforschung*,
https://doi.org/10.1007/978-3-658-36508-0_5

Zuboffs weitsichtige Analyse wurde in vielen Forschungskontexten begeistert aufgenommen. Zum Schlüsselwerk der Werbeforschung wird das Werk, weil Zuboff den Nukleus des Überwachungskapitalismus eben genau in den Interessen der Werbewirtschaft festmacht und sie die Werbewirtschaft als Katalysator ins Zentrum dieser neuen Spielart des Informationskapitalismus setzt. Werbetreibende wollen möglichst genau wissen, ob eine bestimmte Konsument*in für sie relevant ist und es sich daher lohnt, sie anzusprechen; schließlich verursacht die Ansprache von irrelevanten Konsument*innen Kosten, ohne Aussicht auf (Werbe-)Erfolg zu besitzen (siehe Kap. „Ich – mal Ziel, mal Müll:*The Daily You* von Turow" in diesem Band). Werbetreibende waren daher schon immer bereit, für Konsument*innendaten zu zahlen. Allerdings ermöglichen digitale Überwachungstechniken die Sammlung von Verhaltensdaten in bisher nicht gekannter Detailliertheit und Umfang. Es ist diese Zahlungsbereitschaft der Werbetreibenden, die Überwachungskapitalist*innen den entscheidenden Anreiz für ihre Datensammlungen lieferte. Die Geschäftspraktiken der Überwachungskapitalist*innen haben jedoch dysfunktionale Auswirkungen auf die Gesellschaft, denn sie verschieben Machtgefüge in einer Weise, die das demokratische Zusammenleben gefährdet. So werden die Interessen der Werbeindustrie zu einer Bedrohung für die Gesellschaft. Zuboffs hauptsächliches Anliegen besteht dann auch darin, sich dieser Bedrohung entgegenzustellen.

1   Inhalt des Schlüsselwerkes

Im Kern von *The Age of Surveillance Capitalism* steht Zuboffs analytische Beobachtung, dass der Kapitalismus in eine neue Phase eingetreten ist: in den Überwachungskapitalismus. Der Überwachungskapitalismus ist aus dem Informationskapitalismus erwachsen, den vor allem Manuel Castells (1996) in seiner Arbeit zum Informationszeitalter beschrieben hat. Teil I von Zuboffs Werk geht detailliert auf die Entstehung dieser neuen Phase des Kapitalismus ein. Eine Pionierrolle in der Entstehung des Überwachungskapitalismus spielte Google mit seiner personalisierten Werbung. Um das Jahr 2001 herum entdeckte (Zuboff spricht von „discovery") das Unternehmen die grundlegenden Mechanismen des Überwachungskapitalismus und verfeinerte sie anschließend beständig. Damals versuchte Google, das Platzen der „Dot-Com-Blase" zu überleben. Bis zu diesem Zeitpunkt hatte Google die schon damals gesammelten Nutzungsdaten hauptsächlich dazu verwendet, die eigenen Produkte weiterzuentwickeln, also etwa die Relevanz der Ergebnisse seiner Websuche zu verbessern. Allerdings war unklar, wie Google mit seinen zur kostenlosen Nutzung bereitgestellten Produkten Geld verdienen sollte. Die Lösung, auf die Google verfiel: Werbeeinnahmen generieren. Google erkannte, dass es die Daten, die bei der Nutzung seiner Produkte anfallen, eben auch dazu einsetzen konnte, Profile der Nutzenden zu erstellen, die eine deutlich zielsichere Identifikation relevanter Konsument*innen erlauben, als es die in traditionellen Medienmärkten zur Verfügung stehenden Daten tun. Google setzte dazu auf etwas, das Zuboff den „Verhaltensüberschuss" (*surplus value*) nennt. Verhaltensüberschuss ist schlicht definiert als „behavior data available for uses beyond service improvement" (ebd., S. 76). Die Erkenntnis, dass sich mit diesem zuvor nicht weiter beachteten Daten als Verhaltensüberschuss Gewinn erwirtschaften lässt, ist für Zuboff der entscheidende Moment in der Entstehung des Überwachungskapitalismus.

Im Verhaltenswert-Reinvestitionszyklus wird der Verhaltensüberschuss in die künstliche Intelligenz eingespeist, um Vorhersagen über das Verhalten von Konsument*innen zu produzieren. Diese neue Logik der Kapitalakkumulation zeichnet den Überwachungskapitalismus aus. Sie bildet gleichzeitig das „foundational framework of a surveillance-based economic order" (ebd., S. 93). In der Überwachungsökonomie wird die menschliche Erfahrung auf Verhaltensweisen reduziert, die dann in Daten umgewandelt werden. Das Produktionsmittel ist maschinelle Intelligenz; das Endprodukt sind Vorhersageinformationen über unsere Gedanken, Gefühle und zukünftigen Verhaltensweisen. Diese Vorhersageprodukte sind für Werbetreibende attraktiv, denn sie zeigen ihnen an, wo und wann sie ihre Anzeigen platzieren sollten, damit diese effektiv sind. Vor allem Google/Alphabet und Facebook/Meta sind für Zuboff daher zunächst einmal Werbeunternehmen. Sie sorgen dafür, dass Werbetreibende ihre Zielgruppen erreichen, und die schieren Datenmengen, über die sie verfügen, sind ihr Wettbewerbsvorteil gegenüber ihren Konkurrent*innen um Werbebudgets. Diese beiden Unternehmen sind dabei so erfolgreich, dass ihr Duopol einen bedeutenden Teil der weltweiten Werbeeinnahmen für sich reklamieren kann (Zuboff spricht von 20 % der Umsätze für 2016). Inzwischen geht es im Überwachungskapitalismus allerdings längst nicht mehr nur um die personalisierte Ansprache von Konsument*innen zu Werbezwecken – so wie es einstmals bei den Innovationen der Massenproduktion durch Henry Ford nicht nur um Automobile ging. Gut zwei Jahrzehnte nach den werbefokussierten Anfängen des Überwachungskapitalismus haben Vorhersageprodukte Bedeutung für viele weitere Wirtschaftsbranchen gewonnen, z. B. für Versicherungen, den Einzelhandel, Finanzdienstleistungen und das Gesundheitswesen.

Die treffsichere Vorhersage individuellen Verhaltens ist allerdings nur dann möglich, wenn die Datenmenge ausreichend groß ist, um Muster zu erkennen. Leistungsstarke Vorhersageprodukte erfordern es daher, eine Vielzahl von Aktivitäten möglichst detailliert zu erfassen. So greift die Überwachung durch Google und andere Überwachungskapitalist*innen immer weiter Raum: Verhaltensüberschuss wird nicht mehr allein extrahiert aus Online-Suchanfragen, E-Mails und sozialen Netzwerken, sondern auch aus Einkäufen, Fahrverhalten, Arztbesuchen, Kühlschrankbestückung und vielen anderen Handlungen unseres Alltags. Der Akkumulationslogik folgend, versucht der Überwachungskapitalismus, in möglichst viele, auch intime Bereiche des Alltags vorzudringen. Dadurch verlieren Konsument*innen aber nicht nur ihre Privatsphäre, sondern auch ihre Entscheidungsrechte. Eine solche Landnahme (sensu Dörre 2009) ist, wie Zuboff es ausdrückt, „the systematic result of a ‚pathological' division of learning in society in which surveillance capitalism knows, decides, and decides who decides" (ebd., S. 186). Im Laufe des Buches zieht Zuboff eine Analogie zwischen dem Überwachungskapitalismus und dem industriellen Kapitalismus bzw. zwischen den heutigen Überwachungskapitalist*innen und den Millionär*innen des *Gilded Age* (den USA von ca. 1860 bis Mitte der 1890er-Jahre). Die beiden ähneln sich auffallend in der Art und Weise, wie sie bei der Beschaffung ihrer benötigten Rohstoffe (Verhaltensüberschüsse bzw. natürliche Ressourcen) den größtenteils noch gesetzfreien Raum für sich zu nutzen wissen und sich im Namen von Privateigentum und Freiheit gegen gesetzliche Regulierungen stellen. Was den Überwachungskapitalismus anders – und nach Zuboff auch kritikwürdiger – als den industriellen Kapitalismus macht, ist, dass er die Menschen zu Objekten reduziert. Ihr Verhalten wird als Rohstoff enteignet, um mit seiner Verarbeitung Profite zu erwirtschaften. Anders als im industriellen Kapitalismus, in dem Menschen noch die Subjekte der Wertrealisierung waren, sind sie nun das Mittel zum Zwecke anderer. Im Zeitalter des Überwachungskapitalismus verlieren Menschen damit das von Zuboff so bezeichnete „Recht auf das Futur", nämlich „the right to act free of the influence of illegitimate forces that operate outside our awareness to influence, modify, and condition our behavior" (ebd., S. 189).

Spätestens mit diesem Verlust des Rechts auf das Futur ist der Überwachungskapitalismus seiner Anfangsphase der Extraktion und Vorhersage entwachsen. Teil II des Buches zeichnet die voranschreitenden Innovationen des Überwachungskapitalismus von der Verhaltensvorhersage zur Verhaltensintervention und -modifikation nach bzw. – Zuboff schreckt nicht davor zurück, auch in die Zukunft zu blicken – vor. Hinter diesen Innovationen steht das Problem der Gewissheit. Vorhersagen besitzen das Risiko, dass sie eine noch offene Zukunft beschreiben: Eine Konsument*in kann sich so verhalten, wie vorhergesagt – sie kann sich aber eben auch anders verhalten. Zuboff geht nun davon aus, dass Überwachungskapitalist*innen dieses Risiko ausschalten möchten, um sichere Vorhersageergebnisse zu liefern (das Ziel der „totalen Gewissheit"). Statt Verhalten vorherzusagen, versuchen sie also, das Verhalten der Konsument*innen selbst zu formen. Dies ist der entscheidende Wandel „from automating information flows about you to automating you" (ebd., S. 320). Der Überwachungskapitalismus hat also das Ziel, Handlungen in der realen Welt in Echtzeit zu verändern. Dazu setzt er unterschiedliche, in der Regel subtile Mittel der Verhaltensmodifikation ein, etwa das Einfügen bestimmter Triggerphrasen im Social-Media-Newsfeed oder ein spezifisches Timing, wann die „Kaufen"-Schaltfläche in einer Shopping-Anwendung erscheint.

In Teil III des Buches fragt Zuboff schließlich nach dem gesellschaftlichen – ja, geradezu zivilisatorischen – Auswirkungen des Überwachungskapitalismus. Sie entwirft das Konzept der instrumentellen Macht, um die Machtstrukturen im Überwachungskapitalismus zu erfassen. Instrumentelle Macht beschreibt die „instrumentation and instrumentalization of behavior for the purpose of modification, prediction, monetization, and control" (ebd., S. 331). Instrumentelle Macht stellt einen neuen Machttypus dar. Daher läuft insbesondere der sich scheinbar aufdrängende Vergleich mit dem Totalitarismus des 20. Jahrhunderts für Zuboff ins Leere, schließlich besteht das Ziel des Totalitarismus darin, wie sie es ausdrückt, „Seelen" zu formen, um ein bestimmtes soziales Projekt zu erreichen. Im Gegensatz dazu verwendet der Instrumentarismus Techniken des „Radikalen Behaviorismus", der Menschen als bloße Organismen begreift, um Daten über das menschliche Verhalten zu erfassen und auf dieser Grundlage das menschliche Verhalten zu formen, ohne den Umweg über die Seele nehmen zu müssen. Im Gegensatz zum Totalitarismus ist Konformität im Instrumentarismus deswegen irrelevant. Die Notwendigkeit der massenhaften Unterwerfung unter soziale Normen und der Verlust des Selbst an das Kollektiv wird ersetzt durch „a digital order that thrives within things and bodies, transforming volition into reinforcement and action into conditioned response" (ebd., S. 355).

Im Zeitalter des Überwachungskapitalismus besitzen damit diejenigen die Macht, die über die Mittel zur Verhaltensmodifikation verfügen. Zuboff nennt diesen Machtkomplex *Big Other*. Anders als der auf Orwells *1984* zurückgehende Big Brother des 20. Jahrhunderts, der die zentralisierte Macht der Massengesellschaft versinnbildlicht, betrachtet Big Other die Menschen als Andere und bleibt gleichgültig gegenüber ihrem Denken, Fühlen und Tun. Der Überwachungskapitalismus verwirft damit die langjährigen organischen Wechselbeziehungen von Kapitalismus und Mensch. Er reduziert die menschliche Erfahrung auf messbares, beobachtbares Verhalten und ignoriert die Bedeutung dieser Erfahrung. Es ist gerade diese Eliminierung der menschlichen Bedeutungen, die Zuboffs harsche Kritik am Überwachungskapitalismus verständlich macht. Um der Ausbreitung des Überwachungskapitalismus Einhalt zu gebieten, bringt Zuboff vor allem das Mittel der gesetzlichen Regulierung in Anschlag. Es bedarf, so führt sie aus, „laws that reject the fundamental legitimacy of surveillance capitalism's declarations [gemeint sind Aneignungen des Verhaltensüberschusses per Deklaration] and interrupt its most basic operations" (ebd., S. 324). Denn anders als es die Narration der Überwachungskapitalist*innen weismachen möchte, hebt Zuboff hervor, dass die

Technologie an sich keine Handlungszwänge erschafft. Stattdessen verweist sie auf die Interessen, die hinter den eingesetzten Technologien stehen. Diese Interessen sind ein soziales Konstrukt – es geht um Machtpositionen, die zur Realisierung finanzieller Gewinne eingesetzt werden –, und als solches lassen sie sich durch gesetzliche Regulierungen beeinflussen.

2   Eingliederung ins Gesamtwerk

The Age of Surveillance Capitalism ist das jüngste Buch von Shoshana Zuboff (*1951), die sich als inzwischen emeritierte Professorin an der Harvard Business School (an der sie die erste Frau mit festem Lehrstuhl und die jüngste Frau auf einem Stiftungslehrstuhl war) in ihrer Forschung über Jahrzehnte stets mit den großen Themen – etwa die digitale Revolution, Individualität oder die Entwicklung des Kapitalismus – auseinandergesetzt hat. Bereits in ihrem ersten Buch, *In the Age of the Smart Machine: The Future of Work and Power* (1988), untersuchte Zuboff, wie die Informationstechnologie den Arbeitsplatz in Bezug auf Wissen, Macht und Autorität grundlegend verändert. Die in dieser Arbeit entwickelten Überlegungen zur Verschiebung von einer Arbeitsteilung zu einer Teilung des Lernens greift Zuboff in Teil I von *The Age of Surveillance Capitalism* wieder auf und führt sie weiter aus. Zuboffs zweites Buch, *The Support Economy: Why Corporations Are Failing Individuals and the Next Episode of Capitalism* (2002), stellte den nächsten Schritt in ihrer Untersuchung kapitalistischer Mechanismen dar. In diesem Buch sahen Zuboff und ihr Koautor James Maxmin den Aufstieg digital vermittelter und individualisierter Produkte und Dienstleistungen noch vor der Erfindung des iPods voraus. Gleichzeitig warnten sie bereits damals vor Skalierung, Vermögenskonzentration und Kontrolle im Grenzbereich der digitalen Wirtschaft. Sie befürchteten eine gefährliche Kluft zwischen Individuum und Institutionen, wenn sich der Kapitalismus auf den damals ausgelegten Bahnen weiterentwickelt. Auch diese Argumente hat Zuboff in *The Age of Surveillance Capitalism* aufgegriffen.

Das Konzept des Überwachungskapitalismus selbst hat Zuboff (2015) in ihrem Aufsatz *Big Other: Surveillance Capitalism and the Prospects of an Information Civilization* eingeführt. Auch andere, für *The Age of Surveillance Capitalism* zentrale Konzepte finden in diesem Aufsatz bereits Erwähnung, allerdings ohne dass sie im gleichen Ausmaß wie im nachfolgenden Buch im empirischen Material verankert worden wären. Eilige Leser*innen können diesen Aufsatz daher gut als Trailer für *The Age of Surveillance Capitalism* nutzen.

Neben ihrer akademischen Arbeit schreibt Zuboff regelmäßig für bedeutende englische und deutsche Zeitungen, unter anderem für die *Frankfurter Allgemeine*

Zeitung, in der sie einige ihrer frühen Gedanken zum Überwachungskapitalismus veröffentlichte. Ihr Wirken in den deutschsprachigen Diskurs geht sogar so weit, dass *The Age of Surveillance Capitalism* interessanterweise in Deutschland bereits drei Monate früher als in den USA veröffentlicht wurde.

3   Wirkungsgeschichte des Schlüsselwerkes und Kritik

Mit seinem Umfang von 691 Seiten ist Zuboffs *The Age of Surveillance Capitalism* ein wahres Schwergewicht der Werbeforschung. Der physische Umfang der Studie ist zum einen der Tatsache geschuldet, dass Zuboff ihre Analyse akribisch an ganz unterschiedlichem Material wie Interviews mit und Präsentation von Vertreter*innen der Unternehmen des Überwachungskapitalismus, Patentschriften, Anhörungsprotokollen und Gerichtsdokumenten vorantreibt. Zum anderen ist dieser Umfang aber eben auch Ausdruck des analytischen Gehalts, denn Zuboff besitzt den Anspruch, die Logik des Überwachungskapitalismus durch adaptierte, modifizierte und neu eingeführte Konzepte denk- und damit greifbar zu machen. In den Worten Cohens (2019, S. 240): „*The Age of Surveillance Capitalism* is both a descriptive tour de force and a theoretical triumph." Zusätzlich bindet Zuboff ihre Arbeit an ein politisches Programm, nämlich die Einhegung des Überwachungskapitalismus in seiner momentan dominierenden Form. Diese klare Positionierung hat sicherlich dazu beigetragen, dass Zuboffs Werk, obwohl analytisch gesättigt, nicht nur in der Wissenschaft, sondern auch im öffentlichen Diskurs deutlich wahrgenommen wurde. Spätestens in dem Moment, als der ehemalige US-Präsident Barack Obama, obwohl mit seiner Regierung selbst im Fadenkreuz von Zuboffs Kritik, das Werk über den Kurznachrichtendienst *Twitter* als eines seiner Lieblingsbücher des Jahres 2019 weiterempfahl, war ihm eine breite öffentliche Aufmerksamkeit gesichert.

Ihre klare Positionierung hat Zuboff allerdings nicht nur Zuspruch eingebracht. So wurde ihr etwa vorgeworfen, gegen den Willen der Konsument*innen, die sie schützen zu wollen vorgibt, anzuschreiben: „But in the end, on the question of technology and privacy, American consumers have voted with their thumbs and fingers and pocketbooks: We're fundamentally willing to exchange some measure of privacy for great gobs of technology. And condemning this popular practice as ‚surveillance' is unlikely to alter that deep-seated truth." (Rosen 2020, S. 113) Neben dieser Kritik an der generellen Stoßrichtung von Zuboffs politischem Programm entzündete sich Kritik ebenfalls an einzelnen Aspekten ihrer Analyse. So weist etwa Evangelista (2019) darauf hin, dass Zuboff durch ihren einseitigen Fokus auf den globalen Norden übersieht, dass viele der ihrer Meinung nach vom

Überwachungskapitalismus eingeführten Praktiken im globalen Süden, also dort, wo der Kapitalismus weniger stark reguliert ist, auch ohne Überwachungskapitalismus längst tägliche Lebenswirklichkeit sind. Auch die Rolle von Militär und Geheimdiensten, so Khan (2019), deutet Zuboffs Analyse zwar an, sie wird jedoch nicht ausreichend reflektiert, sodass die historische Analyse die Bedeutung der kommerziellen Überwachung überbetont. Schließlich stellt Packard (2018) heraus, dass der Überwachungskapitalismus nicht erst, wie von Zuboff taxiert, etwa 20 Jahre alt ist, sondern dass er historisch deutlich weiter zurückreicht.

Trotz dieser Kritik im Detail: Vollzieht man Zuboffs Unbehagen hinsichtlich der Praktiken des Überwachungskapitalismus zumindest in Ansätzen nach, stellt ihre Arbeit der Werbeforschung hilfreiche Instrumente zur Analyse der neuen, datengetriebenen Werbewelt und ihres gesellschaftlichen Kontexts zur Verfügung. Denn natürlich beschäftigt sich die Werbeforschung längst mit Online Behavioral Targeting, allerdings besitzt sie dabei die Tendenz, die von Zuboff aufgeworfenen Zusammenhänge zu ignorieren (für eine paradigmatische Übersicht etwa Boerman et al. 2017).

Das geht auch anders: Zuboffs Analyse wurde in ersten Arbeiten der Werbeforschung produktiv aufgegriffen und dabei detailliert und erweitert. So führen Ruckenstein und Granroth (2020) aus, wie Internetnutzer*innen der kommerziellen Überwachung zwar durchaus skeptisch gegenüberstehen. Sie tun dies insbesondere auf Grund der Intransparenz im Umgang mit den zu ihnen gesammelten Daten: Welche Daten werden gesammelt, wann, von wem, zu welchen Zwecken? Gleichzeitig aber erwarten sie von Werbeanzeigen, dass diese relevant sind, indem sie eben solche Produkte bewerben, die sie tatsächlich für einen Kauf in Erwägung ziehen könnten. De facto reagieren Konsument*innen mit negativen Emotionen wie Irritation, Ärger und Furcht auf das „Nicht-Gesehen-Werden" durch den Markt, das in irrelevanten, weil häufig zu grob allein anhand der Kategorien Geschlecht und Alter personalisierten Anzeigen zum Ausdruck kommt (aka Werbung für Faltencreme ausgespielt an alle Frauen über 40). Konsument*innen, so schließen Ruckenstein und Granroth daher, „do not want advertising that fails to touch them" (ebd., S. 21), sondern wünschen sich, indem sie eine höhere Relevanz einfordern, zumindest implizit mehr als weniger personalisierte Werbung. Der Wunsch nach relevanten Anzeigen kann allerdings nur mit Hilfe noch granularerer Profile erfüllt werden. In ihrer Analyse arbeiten die Autorinnen damit deutlich heraus, wie personalisierte Werbeanzeigen, in denen sich die Praktiken der kommerziellen Überwachung im Alltag deutlich sichtbar zeigen, eine zwiespältige Angelegenheit für Internetnutzer*innen sind.

Darmody und Zwick (2020) führen die Diskussion um Relevanz einen Schritt weiter. Auch sie arbeiten sich am Widerspruch von restriktiven Überwachungs-

praktiken und den verbesserten Entscheidungsmöglichkeiten, die im Marketing-
diskurs als Ermächtigung von Konsument*innen konstruiert wird (hierzu auch
Denegri Knott et al. 2006), ab: „Data-driven, automated and algorithmically go-
verned marketing at once manipulates and enslaves as well as empowers and libe-
rates the consumer." (Darmody und Zwick 2020, 4) Die Manipulationsunter-
nehmungen entsprechen dabei den Interessen der Werbetreibenden, die
Ermächtigungsprozesse denen der Konsument*innen. In diesem Sinne erscheint
das Voranschreiten des Überwachungskapitalismus als Nullsummenspiel: Werbetreibende erhalten zwar neue Manipulationsmöglichkeiten, ‚bezahlen' dafür aber
mit einer Ermächtigung der Nutzer*innen und vice versa. Darmody und Zwick
argumentieren dann, dass es gerade das Konzept der Relevanz (bzw. genauer: der
Hyperrelevanz) ist, das es dem Marketing erlaubt, diesen Widerspruch symbolisch
aufzulösen und eine vermeintliche Win-Win-Situation zu erschaffen. Mit dem Begriff der Hyperrelevanz, den sie aus der Selbstdarstellung einer US-Amerikanischen
Beratungsagentur adaptieren, bezeichnen die Autoren den Umstand, dass die gesammelten Daten über einzelne Konsument*innen eine so passgenaue Personali-
sierung erlauben, dass von Werbetreibenden eingespielte Kaufoptionen für die adres-
sierte Konsument*in nicht bloß relevant, sondern eben hyperrelevant sind und
damit eben so relevant, dass Konsument*innen sie schlicht nicht ignorieren *können*. Die Auflösung des Widerspruchs durch die durch Überwachungsdaten mögliche Hyperrelevanz gelingt nun dadurch, dass Konsument*innen nur dann von Werbetreibenden adressiert werden, wenn das beworbene Produkt in der aktuellen
Situation für sie tatsächlich hyperrelevant ist. Das Marketing bietet also die Leistung, Noise, also in diesem Falle: irrelevante Produkte, aus dem Informationsfluss
zu eliminieren. Werbende wiederum erhalten die Garantie, dass sich diejenigen
Konsument*innen, die sie adressieren, tatsächlich mit dem beworbenen Produkt
beschäftigen, es womöglich gar kaufen werden, eben weil es für sie persönlich
hyperrelevant ist. Allerdings wird der Widerspruch eben nur symbolisch aufgelöst
und nicht tatsächlich, so dass keine Rede von einer Win-Win-Situation sein kann.
Um das zu begründen, berufen sich Darmody und Zwick auf Foucault, insbesondere auf dessen Idee des „conduire des conduites", die er im Rahmen seiner Überlegungen zur Gouvernementalität ausführt (Foucault 2005). Vereinfacht bezeichnet
das „conduire des conduites" den Versuch, im Geiste der Liberalismus Entscheidungsräume für Individuen zu schaffen, gleichzeitig aber eine Regulierung des
individuellen Verhaltens durch die Gestaltung des Handlungsrahmens und somit
soziale Kontrolle zu gewährleisten. Genau das geschieht auch im Falle der Hyperrelevanz: Denn es sind die Werbetreibende, die die Macht besitzen, den Entschei-
dungsraum in ihrem Sinne zu konstruieren. So entsteht das, was Darmody und
Zwick eine perfekte Märchenwelt des digitalen Marketing nennen: „In the age of

surveillance marketing digital marketers present a fairytale vision of marketing where the algorithmic manipulation of consumers and consumer autonomy and empowerment become one and the same." (ebd., S. 2) Der Clou in der Analyse von Darmody und Zwick besteht nun darin, dass sie nicht an dieser Stelle stehenbleiben, sondern ihre Analyse mit Zuboff und über Zuboff hinaus weitertreiben. Denn wenn das Marketing die individuellen Relevanzstrukturen der einzelnen Konsument*innen bis ins Detail kennt, kann es dieses Wissen ausnutzen, um Entscheidungsräume so zu konstruieren, dass sie Konsument*innen zu gewünschten Entscheidungen bringen, ohne dass sich die Konsument*innen selbst der Einflussnahme durch das Marketing bewusst werden können. Zentral für diese Überlegung ist Yeungs (2017) Konzept des Hypernudge, eines Nudges, der auf Big Data-Analysen beruht. Die Konstruktion der Entscheidungsräume identifizieren Darmody und Zwick als einen solchen Hypernudge. Daher geht es im Überwachungskapitalismus, so die Schlussfolgerung von Darmody und Zwick, nicht um besonders granulares Wissen über einzelne Konsument*innen, sondern überhaupt erst um die Erschaffung der Konsument*innen: „Once consumers are embedded in increasingly personalized algorithmic environments and automated feedback loops the question is no longer simply one of knowing what the consumer will do next, but of shaping the intention itself through the regulatory cycle of the hypernudge (…). Hypernudging therefore is no longer predominantly about knowing the consumer subject, but co-creating it at an ontological level" (ebd., S. 9).

Wie die hier in Kürze umrissenen Arbeiten von Ruckenstein und Granroth (2020) sowie von Darmody und Zwick (2020) beispielhaft zeigen, besitzt Zuboffs Analyse sowohl die Schärfe als auch die Tiefe, um das Nachdenken über Werbung nachhaltig zu beeinflussen und zu befruchten. Zwar wird erst die Zeit zeigen, ob sich Zuboffs Analyse des Überwachungskapitalismus tatsächlich als ein Schlüsselwerk auch der Werbeforschung bewährt. Die Tatsache aber, dass es, während die Digitalisierung unseres Alltags weiter voranschreitet, keinen Weg zurück hinter die Entdeckung des Verhaltensüberschusses gibt, bringt uns zu dem Schluss: Beschäftigt sich die Werbeforschung mit den Personalisierungspraktiken der Werbeindustrie, die für die Werbung des 21. Jahrhunderts geradezu paradigmatisch sind, und möchte die Werbeforschung die gesellschaftliche Einbettung ebendieser Praktiken verstehen, dann führt kaum ein Weg vorbei an Zuboffs Großwerk *The Age of Surveillance Capitalism.*

Literatur

Primärliteratur

Zuboff, S. (1988). *In the age of the smart machine: The future of work and power*. New York: Basic Books.

Zuboff, S. (2019). *The age of surveillance capitalism: The fight for a human future at the new frontier of power*. London: Profile.

Zuboff, S., & Maxmin, J. (2002). *The support economy: Why corporations are failing individuals and the next episode of capitalism*. London: Penguin.

Sekundärliteratur

Boerman, S. C., Kruikemeier, S., & Zuiderveen Borgesius, F. J. (2017). Online behavioral advertising: A literature review and research agenda. *Journal of Advertising, 46*(3), 363–376. https://doi.org/10.1080/00913367.2017.1339368

Castells, M. (1996). *The rise of the network society*. Malden: Blackwell.

Cohen, J. E. (2019). Review of Zuboff, Shoshana. 2019. The age of surveillance capitalism: The fight for a human future at the new frontier of power. *Surveillance & Society, 17*(1/2), 240–245.

Darmody, A., & Zwick, D. (2020). Manipulate to empower: Hyper-relevance and the contradictions of marketing in the age of surveillance capitalism. *Big Data & Society, 7*(1), 2053951720904112. https://doi.org/10.1177/2053951720904112

Denegri Knott, J., Zwick, D., & Schroeder, J. E. (2006). Mapping consumer power: An integrative framework for marketing and consumer research. *European Journal of Marketing, 40*(9/10), 950–971. https://doi.org/10.1108/03090560610680952

Dörre, K. (2009). Die neue Landnahme: Dynamiken und Grenzen des Finanzmarktkapitalismus. In K. Dörre, S. Lessenich, & H. Rosa, *Soziologie – Kapitalismus – Kritik: Eine Debatte* (S. 21–86). Frankfurt am Main: Suhrkamp.

Evangelista, R. (2019). Review of Zuboff, Shoshana. 2019. The age of surveillance capitalism: The fight for a human future at the new frontier of power. *Surveillance & Society, 17*(1/2), 246–251.

Foucault, M. (2005). *Analytik der Macht*. Frankfurt am Main: Suhrkamp.

Khan, A. (2019). Book review: Shoshana Zuboff, The Age of Surveillance Capitalism: The Fight for Human Future at the New Frontier of Power. *Social Change, 49*(4), 735–738. https://doi.org/10.1177/0049085719872928

Packard, N. (2018). Overlooked history in the Age of Surveillance Capitalism. *Journal of Media Economics, 31*(1–2), 68–74. https://doi.org/10.1080/08997764.2020.1777556

Polanyi, K. (1944). *The great transformation*. New York: Farrar & Rinehart.

Rosen, M. M. (2020). Why we choose surveillance capitalism. *The New Atlantis*. (61), 106–113. https://doi.org/10.2307/26898504

Ruckenstein, M., & Granroth, J. (2020). Algorithms, advertising and the intimacy of surveillance. *Journal of Cultural Economy, 13*(1), 12–24. https://doi.org/10.1080/1753035 0.2019.1574866

Yeung, K. (2017). ‚Hypernudge': Big Data as a mode of regulation by design. *Information, Communication & Society, 20*(1), 118–136. https://doi.org/10.1080/1369118X.2016.1186713

Zuboff, S. (2015). Big other: Surveillance capitalism and the prospects of an information civilization. *Journal of Information Technology, 30*(1), 75–89. https://doi.org/10.1057/jit.2015.5

Teil II
Rezeption & Wirkung

Über die Grundlagen persuasiver Kommunikation: *Communication and Persuasion* von Hovland, Irving und Kelley

Thomas Koch

1   Inhalt des Schlüsselwerkes

Die Monographie „Communication and Persuasion. Psychological Studies of Opinion Change" von Carl I. Hovland, Irving L. Janis und Harold H. Kelley beschreibt Effekte und Mechanismen persuasiver Kommunikation; dabei widmet sie sich insbesondere den verschiedenen Bedingungen, unter denen Persuasionsversuche Einstellungen erfolgreich beeinflussen. Die Autoren greifen dafür auf zahlreiche Experimentalstudien zurück, die sie über mehrere Jahre, im Rahmen eines von der Rockefeller Foundation geförderten Programms (das sog. „Yale Attitude Change Approach"), an der Yale University konzipiert und durchgeführt hatten. Um die Bedingungen erfolgreicher persuasiver Kommunikation zu systematisieren, orientiert sich das Werk in seiner Struktur an der einige Jahre zuvor formulierten Lasswell Formel („Who says what in which channel to whom with what effect?"; Lasswell 1948), was die Monographie in vier übergeordnete Themenkomplexe strukturiert. Sie setzt sich erstens mit spezifischen Merkmalen des Kommunizierenden („who") auseinander, die Persuasionsprozesse maßgeblich beeinflussen können, wobei der Schwerpunkt auf Effekten der Quellenglaubwürdigkeit liegt. Zweitens fokussiert das Buch inhaltliche Merkmale persuasiver Kommunikation

T. Koch (✉)
Johannes Gutenberg-Universität, Institut für Publizistik, Mainz, Deutschland
E-Mail: thomas.koch@uni-mainz.de

© Springer Fachmedien Wiesbaden GmbH, ein Teil von Springer Nature 2022
T. G. K. Meitz et al. (Hrsg.), *Schlüsselwerke der Werbeforschung*,
https://doi.org/10.1007/978-3-658-36508-0_6

(„what") und beschäftigt sich hier mit der Wirkung von Furchtappellen und Argumenten. Drittens stehen Eigenschaften der Rezipient*innen („to whom") im Zentrum des Werkes: Welche sozialen Merkmale und Persönlichkeitseigenschaften
lassen manche Personen anfälliger und andere resistenter gegenüber Persuasionsversuchen werden? Viertens richtet sich der Blick auf spezifische Wirkungen, die
Persuasionsversuche auslösen, wobei insbesondere Veränderungen über die Zeit
hinweg analysiert werden („with what effect"). Nur im Vorwort kommen die Autoren auf diese Struktur in vier Themenkomplexe zu sprechen, die im Inhaltsver-
zeichnis so nicht auf den ersten Blick ersichtlich ist. Ein sehr umfangreiches Fazit
bilanziert am Ende des Schlüsselwerks, was im Bereich der persuasiven Kommunikation bereits erforscht wurde, wo noch Forschungsbedarf besteht und welche
drängenden Probleme zukünftige Studien lösen müssen.

Der *erste Teil des Buches („1. The communciator")* beschäftigt sich mit dem
Einfluss des Kommunizierenden im Persuasionsprozess. Die Tatsache, dass die
Autoren dabei nur die Quellenglaubwürdigkeit fokussieren (und nicht beispielsweise Attraktivität, Sympathie oder Ähnlichkeit) zeigt den Stellenwert, dem das
Konstrukt in der Forschung damals zukam. Zentral für die Erforschung des Konstrukts ist die Differenzierung zwischen den Dimensionen „expertness" und „trust-
worthiness" (S. 21): Damit unterscheiden die Verfasser zwischen der Kompetenz
eines Kommunizierenden, also ob die Person über das Wissen verfügt, fundierte
Aussagen zu dem jeweiligen Thema zu treffen, und ihrer Vertrauenswürdigkeit, ob
die Person also die Intention verfolgt, die Wahrheit zu sagen oder Gründe hat, diese
zu verschleiern. So mag ein/e Professor*in vielleicht über die notwendige Kompetenz auf seinem Spezialgebiet verfügen, wird er/sie jedoch von einem Unternehmen für bestimmte Aussagen bezahlt, würde man ihm/ihr dennoch nicht im selben
Maße vertrauen. Eine andere Person mag hingegen zwar nicht die Intention haben,
etwas Falsches zu erzählen, verfügt jedoch nicht über die notwendige Expertise, so
dass man ihren Aussagen aus mangelnder Kompetenz nicht trauen würde. Die Annahme, dass persuasive Botschaften insbesondere dann akzeptiert werden, wenn
eine Quelle kompetent und vertrauenswürdig ist, belegen Hovland und Kollegen
unter Verweis auf mehrere Experimente, bei denen Versuchspersonen die jeweils
gleichen Aussagen von verschieden kompetenten oder vertrauenswürdigen Quellen bekamen. Dabei hinterfragt das Kapitel auch, inwiefern die Effekte über die
Zeit bestehen bleiben und stellt dabei den von Hovland und Weiss (1951) zwei
Jahre zuvor beschriebenen Sleeper-Effekt vor: Quellenmerkmale würden von Rezipient*innen nach einer gewissen Zeit (die Autoren testen es nach drei und vier
Wochen) vergessen, wodurch Mitteilungen unglaubwürdiger Quellen effektiver
würden und solche von glaubwürdigen Quellen in ihrer Effektivität nachlassen.

Der *zweite Teil des Buches* („*2. Content of the communication*") widmet sich inhaltlichen Eigenschaften persuasiver Botschaften und analysiert einerseits Effekte von Furchtappellen, andererseits Wirkungen von Argumenten. Bei der Analyse furchtinduzierender Stimuli steht ein Experiment von Janis und Feshbach (1953) im Zentrum der Ausführungen: Die Studie ist ein Meilenstein für die Erforschung von Furchtappellen und eines „der berühmtesten Experimente der Persuasionsforschung" (Schönbach 2016, S. 115). Die Forscher präsentierten drei Experimentalgruppen verschieden starke Furchtappelle, die jeweils die Folgen schlechter Zahnpflege thematisierten, und analysierten anschließend die Bereitschaft, eine bestimmte, vermeintlich besser geeignete Zahnbürste zu nutzen. Die Befunde zeigen zwar, dass starke Furchtappelle (falsche Zahnhygiene könne Krebs oder Blindheit verursachen) durchaus größere Ängste bei den Versuchspersonen evozieren als moderate oder schwache Appelle, allerdings wirkt der minimale Furchtappell weitaus persuasiver. Die Versuchspersonen änderten ihre Einstellungen insbesondere bei schwachen Furchtappellen in die intendierte Richtung, diese erhöhten zudem die Resistenz auf nachfolgende Gegenargumente; die Wirkung eines starken Furchtappells war hingegen sehr gering. Die Studie und die im Buch zur Interpretation vorgestellten Schlussfolgerungen legten einen wichtigen Grundstein für die Ausdifferenzierung der Forschung zur Wirkung von Furchtappellen: Nachfolgende wissenschaftliche Arbeiten erklären bis heute unter Bezug auf verschiedene theoretische Modelle und moderierende Faktoren jene Effekte, die zu Beginn der 50er-Jahre von Janis und Feshbach vorgestellt wurden.

Als weiterer inhaltlichen Faktor persuasiver Kommunikation analysiert die Monographie die Wirkung von Argumenten. Die Autoren beschäftigen sich dabei mit drei ausgewählten Problemstellungen: Erstens hinterfragen sie, ob man dem Publikum Schlussfolgerungen explizit vorlegen sollte oder, ob es besser ist, diese nur argumentativ vorzubereiten und dem Publikum zu überlassen. Die Verfasser zeigen, dass sich explizite Schlussfolgerungen zwar in einigen Experimenten als persuasiver erwiesen haben, erklären jedoch weiter, dass dieser Effekt von zahlreichen Moderatoren (seitens der Quelle, des Publikums sowie der Themenkomplexität) abhängt. Zweitens analysieren sie, ob man nur jene Argumente präsentieren sollte, die für eine spezifische Position sprechen oder, ob man auch Gegenargumente präsentieren (und diese ggf. entkräften) sollte. Auch hier greifen die Autoren wieder auf ein von ihnen konzipiertes Experiment zurück (Hovland et al. 1949) und zeigen, dass dies von den Voreinstellungen der Rezipient*innen abhängt. So sei eine zweiseitige Argumentation wirkungsvoller, wenn Rezipient*innen eine kritische Einstellung gegenüber der Position des Kommunizierenden haben, weil das Präsentieren von Gegenargumenten die Glaubwürdigkeit des Kommunizierenden erhöhen und später wie eine Impfdosis gegen Versuche der Gegenargumentation wirken könnte.

Eine einseitige Argumentation wäre hingegen besser geeignet, wenn die Rezipient*innen ohnehin die Position des Kommunizierenden schon teilen würden. Drittens hinterfragen die Autoren, wie sich die Anordnung verschieden starker Argumente auf den Persuasionserfolg auswirkt: Sie zeigen, dass starke Argumente aufgrund von Primacy- und Recency-Effekten zu Beginn und am Ende einer Botschaft besser im Gedächtnis bleiben. Ob man aber Argumente als Klimax oder Antiklimax präsentieren sollte, hängt wiederum von zahlreichen Moderatoren ab.

Der *dritte Teil des Buches („3. Audience Predispositions")* stellt Merkmale der Rezipient*innen vor, die Wirkungen persuasiver Kommunikation beeinflussen können. Dabei steht zunächst die Zugehörigkeit zu sozialen Gruppen (Kirche, Familie, Parteien) im Fokus: Wie kann man Menschen von Positionen überzeugen, die von jenen der Gruppen abweichen, zu denen sie sich zugehörig fühlen? So wird der Fokus weg vom isolierten Individuum hin zu einem in dynamische Gruppenstrukturen eingebundenen sozialen Wesen verschoben. Die Autoren zeigen, dass insbesondere die Wertschätzung, die der jeweiligen Gruppe entgegengebracht wird, darüber entscheidet, ob Personen beeinflussbar sind oder nicht. Exemplarisch dient dazu eine Studie von Kelley und Volkart (1952): Sie prüften zunächst, wie sehr sich junge Pfadfinder zu dieser Gruppe zugehörig fühlten; eine Woche später versuchten sie nun, die Pfadfinder davon zu überzeugen, ihre Outdoor-Aktivitäten aufzugeben und sich stattdessen mehr mit dem Stadtleben auseinanderzusetzen. Es gelang nur jene Jugendliche zu überzeugen, die der Mitgliedschaft bei den Pfadfindern wenig Bedeutung beimaßen, während diejenigen, die ein stark ausgeprägtes Zugehörigkeitsgefühl hatten, sogar ihre Einstellungen noch festigten, was die Verfasser als „boomerang effect" beschreiben (S. 141). Weiterhin zeigen sie, dass Rezipient*innen sich im Moment des Persuasionsversuchs dieser Gruppenzugehörigkeit bewusst sein müssen, damit eine entsprechende Resistenz gegen den Persuasionsversuch auftritt.

Neben Effekten der Gruppenzugehörigkeit analysieren Hovland et al. auch, ob es bestimmte Persönlichkeitstypen gibt, die sich leichter überzeugen lassen als andere (das dahinterstehende Konstrukt bezeichnen sie als „Persuasibility"). Die gleichen Persuasionsversuche könnten bei manchen Personen funktionieren, bei anderen jedoch wirkungslos sein oder sogar gegenteilige Effekte evozieren. Welche Persönlichkeitseigenschaften diese individuelle Prädisposition bestimmen, hinterfragt das entsprechende Kapitel. Als eine mögliche Einflussgröße wird die Intelligenz der Rezipient*innen diskutiert, wobei die Autoren annehmen, dass man intelligente Menschen eher mit logischen Argumenten überzeugen könne, während man (vergleichsweise) weniger intelligente Personen auch mit falscher, unlogischer oder irrelevanter Argumentation für sich gewinnen könnte. Die dazu vorgestellten Befunde sind jedoch uneindeutig, weil Faktoren wie Involvement oder themenspezifisches Vorwissen die Effekte beeinflussen. Die Verfasser erwägen neben der Intelligenz auch andere Persönlichkeitsmerkmale, wie Selbstvertrauen, generelles Misstrauen, Anzahl der Sozialkontakte, Ängstlichkeit oder Depressivität. Das Kapitel diskutiert dabei sehr kritisch, inwiefern sich die einzelnen Befunde jeweils generalisieren lassen und zeigt somit exemplarisch die Schwierigkeit, derartige Fragen nach der „Persuasibility" schlüssig zu beantworten. Einige Jahre nach dem hier fokussierten Schlüsselwerk gaben zwei der Autoren, Hovland und Janis (1959), das Buch „Personality and Persuasibility" heraus, in dem verschiedene Forscher*innen zentrale Erkenntnisse zu *audience predispostions* nochmal systematisieren.

Der *vierte und letzte Teil des Buches („4. Responses")* stellt schließlich spezifische Reaktionen auf Persuasionsversuche vor und greift damit den letzten Teil der Lasswellformel auf („with what effect"). Zunächst hinterfragen die Verfasser, inwiefern das aktive Einbinden von Rezipient*innen in den Prozess der persuasiven Kommunikation potentielle Effekte moderiert. Sie berichten dabei ein spannendes Experiment von Janis und King (1954), bei dem Studierende entweder für eine bestimmte Position argumentieren mussten (z. B. dass zwei Drittel der Kinos in den nächsten Jahren aufgrund der Konkurrenz durch das Fernsehen schließen müssen) oder die entsprechenden Vorträge nur passiv rezipierten. Dabei zeigte sich meist, dass mehr Vortragende von der Präsentation überzeugt wurden als passive Hörer. Ein weiteres Experiment derselben Autoren (King und Janis 1956) demonstriert, dass Personen, die in einem Rollenspiel eine bestimmte Position vertreten mussten, diese später eher teilten als Personen, die diese Informationen nur passiv rezipierten (indem sie den Beitrag still lesen sollten). Die Experimente demonstrierten also, dass die Verbalisierung einer Position dazu führt, dass die vorgetragenen Gedanken den Vortragenden selbst überzeugen.

Zuletzt diskutieren die Autoren in „Communication and Persuasion. Psychological Studies of Opinion Change", inwiefern Einstellungsänderungen über die Zeit bestehen bleiben. Dabei differenzieren sie zwischen der Erinnerung an bestimmte Inhalte (und die damit verbundenen Vergessenskurven) sowie der Motivation, das Erlernte und die daraus resultierenden Implikationen zu akzeptieren (was in etwa der Einstellungsstabilität entspricht). Bei den Erinnerungs- und Vergessensprozessen ziehen die Verfasser klassische Studien aus der Lernpsychologie (z. B. Krueger 1929; Luh 1922) heran, wonach mit zunehmender Zeit Inhalte zunächst rasch, zunehmend aber langsamer vergessen werden und diskutieren Faktoren, die diese Prozesse beeinflussen (Wiederholung, Art des Erlernens, Inhalte und publikumsseitige Faktoren). Inwiefern durch persuasive Kommunikation beeinflusste Einstellungen über die Zeit stabil bleiben, erörtern die Autoren nochmals vor dem Hintergrund des Sleeper-Effekts, den sie bereits in ihrem ersten Kapitel beschrieben

hatten. Erneut zeigen sie anhand der Befunde von Hovland und Weiss (1951), inwiefern die Quellenglaubwürdigkeit kurz- und langfristige Persuasionseffekte moderiert: Während eine unglaubwürdige Quelle zunächst im Vergleich mit einer
glaubwürdigen Quelle eine deutlich schwächere persuasive Wirkung ausübt,
gleicht sich dies nach der Zeit an, weil die Assoziation zwischen der Botschaft und
der Glaubwürdigkeit der Quelle mit der Zeit schwächer wird.

2   Eingliederung ins Gesamtwerk

Das Buch sollte im Kontext seiner Entstehungsgeschichte rezipiert und eingeordnet werden. Diese beginnt mit dem Erstautor Carl I. Hovland (1912–1961), ein
amerikanischer Psychologe, der als Professor an der Yale University tätig war und
als einer der einflussreichsten Psychologen des 20. Jahrhunderts gilt. Sears (1961)
beschreibt ihn als „a big man, soft in speech, gentle in manner, as incredibly quick
and deft in physical movement as in intellection" (S. 639). Am Anfang seiner wissenschaftlichen Karriere in den 1930er-Jahren beschäftigte er sich mit Methoden-
forschung und Lernpsychologie (z. B. Hovland 1939, 1940) und widmete sich erst
zu Beginn der 1940er-Jahren im Auftrag der US-Armee der Erforschung persuasiver Kommunikation (Shepard 1998). Denn der Eintritt der Vereinigten Staaten in
den Zweiten Weltkrieg machte die Rekrutierung und Motivation von Soldaten un-
abdingbar, ein Vorhaben das mittels spezifischer Propagandafilme umgesetzt werden sollte. Hovland sollte im Auftrag des Verteidigungsministeriums erfolgreiche
Persuasionsstrategien für jene Filme untersuchen. Die dazu durchgeführten Experimente und Befunde beschreibt er gemeinsam mit Lumsdaine und Sheffield
(1949) in der Monographie „Experiments on mass communication". Nach drei
Jahren kehrte Hovland an die Yale University zurück und verfolgte diese Forschung
weiter (Sears 1961). Er begann, ein Forschungsprogramm zu etablieren, das spezifische Fragen rund um persuasive Wirkungen auf Einstellungen analysiert.

Hovland stellte dafür eine Forschergruppe zusammen, zu der 1947 auch der
zweite Autor der Monographie, Irving L. Janis (1918–1990), stieß. Auch er war
Sozialpsychologe und forschte damals unter anderem zu Stresserleben und Entscheidungsfindung – Themen, die er nach seiner Zeit in der Forschergruppe wieder
aufgriff und vertiefte. Seine Analysen zu Dynamiken der Entscheidungsfindung in
Gruppen und wie man Menschen zu gesundheitsbewussterem Verhalten bringen
kann (z. B. Rauchen und Ernährung) sind Meilensteine der psychologischen Forschung (Smith und Mann 1992). Drei Jahre nach Irving L. Janis nahm auch der
dritte Autor, Harold H. Kelley (1921–2003), einen Job in der Forschergruppe an
der Yale University an (Raven et al. 2003). Er war ebenfalls Sozialpsychologe,

hatte vorher am MIT promoviert und sich dort mit Gruppendynamiken beschäftigt, wodurch der Fokus der Forschergruppe weg vom Individuum hin zu Gruppenprozessen gelegt werden konnte (entsprechend wurde das Kapitel zu Wirkung von Gruppenzugehörigkeit im vorliegenden Schlüsselwerk auch maßgeblich von Kelley geschrieben). Ebenso wie Janis war und blieb er kein genuiner Persuasionsforscher, sondern befasste sich fünf Jahre lang mit dem Themengebiet und widmete sich ab 1955 zunächst an der Universität von Minnesota, später an der Universität von Kalifornien, der Erforschung der Attributionstheorie und der Analyse zwischenmenschlicher Beziehungen.

Die Strahlkraft des Erstautors Carl I. Hovland und die Tatsache, dass Kelley und Janis sich nach einigen Jahren wieder der Erforschung anderer sozialpsychologischer Themen widmeten, führt dazu, dass die Monographie oftmals vorwiegend mit Hovland assoziiert wird und die Co-Autoren in dessen Schatten stehen. Sowohl Janis als auch Kelley waren aber, wie die Ausführungen zeigen, sehr einflussreiche und überaus angesehene Wissenschaftler, die die psychologische Forschung maßgeblich prägten. In der Kommunikationswissenschaft erlangten sie jedoch mangels weiterer Arbeiten nicht wie Hovland den Status eines „founding fathers" (Schramm 1963, S. 2). Dies gelang Hovland, weil er mit seiner Forschergruppe das Themengebiet nachhaltig prägte: Unter dem Schlagwort „Yale-Ansatz der Einstellungsänderung" (bzw. „Yale Attitude Change Approach") wurde das von Hovland geleitete Programm rund um persuasive Kommunikation bekannt und bildete die Basis für unzählige Anschlussstudien.

Als Synthese der jahrelangen Forschung entstand dann die Monographie „Communication and Persuasion. Psychological Studies of Opinion Change", die als eine Art Zwischenfazit die bisherigen theoretischen Ansätze und empirischen Befunde der Wissenschaft in dem Gebiet zusammenträgt und die eigenen Studien herausstellt. Hoch relevant war (und ist) das Werk vor allem deshalb, weil es aus all diesen Befunden Schlussfolgerungen für die weitere Forschung zieht. So ist die Monographie mehr als ein Lehrbuch oder eine Zusammenstellung von Ergebnissen: Es ist ein fulminantes Zeugnis dafür, was das Forscherteam in den wenigen Jahren geleistet hat und ein Ausblick darauf, was noch kommen sollte. Hovlands früher Tod mit 48 Jahren führte bedauerlicherweise dazu, dass die Forschung auf dem Gebiet der persuasiven Kommunikation in den 60er-Jahren nicht mehr in dem Maße forciert wurde wie in den 20 Jahren zuvor. Schramm (1963) beschrieb das von Hovland vorangetriebene Forschungsprogramm als „the largest single contribution to the field of social communication any man has made" (S. 5) und macht damit die bedeutsame Rolle Hovlands bei der Entwicklung dieses Forschungsgebietes deutlich.

3 Wirkungsgeschichte des Schlüsselwerkes und Kritik

Die Monographie bzw. die dort zusammengetragenen Experimente gaben der Persuasionsforschung einen gewaltigen Schub. Denn unter Hovlands Leitung entstanden ca. 90 Experimente in ganz verschiedenen Bereichen der persuasiven Kommunikation, die enorme Impulse für nachfolgende Forschung gaben. Besonders aufsehenerregend war, dass einige der Studien weit verbreitete Annahmen von damals auf den Kopf stellten: So nutzte die Propaganda der 30er- und 40er-Jahre stets einseitige Botschaften und versuchte gegenteilige Argumente und Meinungen zu verbergen. Der Befund, dass unter Umständen die Präsentation von Gegenargumenten effektiver sein kann, rüttelte somit an vorherrschenden Vorstellungen. Ganz ähnlich verhält es sich auch mit den Befunden zu den Furchtappellen: Die Erkenntnis, dass schwache Furchtappelle wirkungsvoller sind als starke Furchtappelle, war auch eine jener Erkenntnisse, die im Kontrast zu Propagandapraktiken stand, wo häufig maximale Furcht vor dem jeweiligen Feindbild induziert wurde.

Zudem weckte das Werk Zweifel an dem bis dahin vorherrschenden Stimulus-Response-Model, wonach bestimmte Medieninhalte von Rezipient*innen gleich wahrgenommen würden und identische Wirkungen evozieren würden. Immer wieder weisen die Verfasser auf konditionale Effekte hin und zeigen, dass persuasive Wirkungen beispielsweise von Voreinstellungen, Vorwissen oder Kontextbedingungen moderiert werden. Ironischerweise wird den Autoren manchmal vorgeworfen, sie würden mit ihrer Forschung dem Stimulus-Response-Gedanken anhängen, weil sie in den Laborexperimenten das Ursache-Wirkungs-Paradigma in den Fokus rücken. Dieser Vorwurf ist jedoch verfehlt: Die Verfasser erkennen und erklären, wie verschiedene Einflussfaktoren zusammenwirken und diskutieren die Konditionalität vieler Effekte.

Natürlich kann man auch in verschiedener Hinsicht kritisch auf das Werk und die damalige Forschung blicken, wobei diese Kritikpunkte im Kontext der 1940er- und 1950er-Jahre gedacht werden müssen. Inhaltlich deckt das Buch zu jener Zeit den aktuellen Stand der Persuasionsforschung ab, doch verlieren einige der dort berichteten Befunde in der digitalen Welt an Gültigkeit, müssen weitergedacht oder vor dem Hintergrund neuer theoretischer Ansätze betrachtet werden. Schon früh stand beispielsweise der Sleeper-Effekt in der Kritik, weil er von nachfolgenden Studien teilweise nicht repliziert werden konnte; es folgten kritische Debatten, ob der Effekt überhaupt existiere (Gillig und Greenwald 1974) und Interpretationen dahingehend, dass er nur unter sehr spezifischen Konditionen auftritt (Cook et al. 1979). Der Fokus der Forschung wandte sich auch zunehmend stärker den Rezipient*innen zu, die nicht nur interindividuell unterschiedlich auf Persuasionsversuche reagieren, wie es die Verfasser auch im Buch beschreiben, sondern auch intraindividuell Persuasionsversuche abhängig von situativen Kognitionen, Emotionen und äußeren Bedingungen wahrnehmen und Inhalte weitaus aktiver selektieren als damals vermutet. Die manchmal vorgebrachte Kritik, dass die Monographie zu sehr auf Empirie fokussiere und den Blick kaum auf theoretische Weiterentwicklungen richte, ist sicher korrekt, wenngleich dies aber auch nicht das erklärte Ziel der Forschergruppe war. Auch methodische Limitationen setzen der Generalisierbarkeit einiger Befunde Grenzen: So basieren alle im Buch berichteten Ergebnisse auf Laborexperimenten, was die externe Validität der Untersuchungen teilweise einschränkt. Ein ähnliches Manko gilt für die Stichproben, die oft studentisch oder anderweitig recht homogen sind. Auch unter ethischen Gesichtspunkten sind vielleicht manche der Experimente kaum noch replizierbar: Beispielsweise der Versuch von Kelley und Volkart (1952), junge Pfadfinder davon zu überzeugen, dass ihre Outdoor-Aktivitäten in einer modernen Gesellschaft überflüssig wären und sie stattdessen mehr Aktivitäten in den Städten unternehmen sollten. Auch Versuchspersonen weiszumachen, dass das Benutzen einer nicht geeigneten Zahnbürste Krebs verursachen würde, ist aus ethischer Sicht eine sehr fragliche Vorgehensweise.

Trotz dieser Punkte ist das Buch ein Meilenstein der Forschung zur persuasiven Kommunikation. Das Werk dient als Blaupause für viele nachfolgende Lehrbücher zum Thema Persuasion. Die einleuchtende Struktur des Buches (Merkmale der Quelle, der Inhalte und des Publikums) findet sich auch in den meisten neueren Lehrbüchern, die sich mit persuasiver Kommunikation beschäftigen (z. B. Stiff und Mongeau 2003; O'Keefe 2002; Perloff 2008). Die einzelnen Studien, die im Buch herangezogen werden, wurden von den Autoren meist auch separat publiziert und bilden nach wie vor die Ausgangsbasis für zahlreiche Untersuchungen, die in diesen Themenbereichen durchgeführt werden. Es ist für die Werbewirkungsforschung wohl eines der einschlägigsten, relevantesten und einflussreichsten Bücher, das jede Person, die sich mit dem Themenbereich auseinandersetzt, gelesen haben sollte – eben ein Schlüsselwerk.

Literatur

Cook, T. D., Gruder, C. L., Hennigan, K. M., & Flay, B. R. (1979). History of the sleeper effect: Some logical pitfalls in accepting the null hypothesis. *Psychological Bulletin, 86*(4), 662–679. https://doi.org/10.1037/0033-2909.86.4.662

Gillig, P. M., & Greenwald, A. G. (1974). Is it time to lay the sleeper effect to rest? *Journal of Personality and Social Psychology, 29*(1), 132–139. https://doi.org/10.1037/h0035744

Hovland, C. I. (1939). Experimental studies in rote-learning theory. V. Comparison of distribution of practice in serial and paired-associate learning. *Journal of Experimental Psychology, 25*(6), 622–633. https://doi.org/10.1037/h0062807

Hovland, C. I. (1940). Experimental studies in rote-learning theory. VI. Comparison of retention following learning to same criterion by massed and distributed practice. *Journal of Experimental Psychology, 26*(6), 568–587. https://doi.org/10.1037/h0055061

Hovland, C. I., & Janis, I. L. (Hrsg.). (1959). *Personality and persuasibility.* Yale: University Press.

Hovland, C. I., Janis, I. L., & Kelley, H. H. (1953). Communication and persuasion. Psychological studies of opinion change. New Haven: Yale University Press.

Hovland, C. I., Lumsdaine, A. A., & Sheffield, F. D. (1949). *Experiments on mass communication.* Princeton University Press.

Hovland, C. I., & Weiss, W. (1951). The influence of source credibility on communication effectiveness. *Public Opinion Quarterly, 15*, 635–650. doi: https://doi.org/10.1086/266350

Janis, I. L., & Feshbach, S. (1953). Effects of fear-arousing communications. *Journal of Abnormal and Social Psychology, 48*, 78–92. https://doi.org/10.1037/h0060732

Janis, I. L., & King, B. T. (1954). The influence of role-playing on opinion change. *Journal of Abnormal and Social Psychology, 49*, 211–218.

Kelley, H. H., & Volkart, E. H. (1952). The resistance to change of group-anchored attitudes. *American Sociological Review, 17*, 453–465. https://doi.org/10.2307/2088001

King, B. T., & Janis, I. L. (1956). Comparison of the effectiveness of improvised versus non-improvised role-playing in producing opinion changes. *Human Relations, 9*, 177–186. https://doi.org/10.1177/001872675600900202

Krueger, W. C. F. (1929). The effect of overlearning on retention. *Journal of Experimental Psychology, 12*(1), 71–78. https://doi.org/10.1037/h0072036

Lasswell, H. D. (1948). The structure and function of communication in society. In L. Bryson (Hrsg.), *The communication of ideas. A series of addresses* (S. 37–51). New York: Harper and Row.

Luh, C. W. (1922). The conditions of retention. *Psychological Monographs, 31*(3), i–87. https://doi.org/10.1037/h0093177

O'Keefe, D. J. (2002). *Persuasion. Theory & Research.* Thousand Oaks: Sage.

Perloff, R. M. (2008). *The dynamics of persuasion. Communication and attitudes in 21 century.* New York and London: Routledge.

Raven, B. H., Pepitone, A., & Holmes, J. (2003). Harold H. Kelley (1921–2003). *American Psychologist, 58*(10), 806–807. https://doi.org/10.1037/0003-066X.58.10.806

Schönbach, K. (2016). *Verkaufen, Flirten, Führen: Persuasive Kommunikation – ein Überblick.* Wiesbaden: VS.

Schramm, W. (1963). *The science of human communication.* New York: Basic Books.

Sears, R. (1961). Carl Iver Hovland: 1912–1961. *The American Journal of Psychology, 74*(4), 637–639.

Shepard, R. N. (1998). Carl Iver Hovland. In G. Kimble & M. Wertheimer (Eds.), *Portraits of pioneers in psychology* (S. 3–31). New York, NY: Psychology Press.

Smith, M. B., & Mann, L. (1992). Irving L. Janis (1918–1990). *American Psychologist, 47*(6), 812–813. https://doi.org/10.1037/0003-066X.47.6.812

Stiff, J. B., & Mongeau, P. A. (2003). *Persuasive communication.* New York: The Guilford Press.

Die Messung von Involvement: *The Measurement of Advertising Involvement* von Krugman

Sarah Kohler

1 Inhalt

Krugman wird oft der Verdienst zugeschrieben, dass er als einer der ersten erkannte, wie die Stärke des Involvements von Rezipient*innen auch deren Informationsverarbeitungsweise und entsprechend die Wirkung von Werbung beeinflussen kann (Laczniak et al. 1999, S. 51).

In dem Artikel „The Measurement of Advertising Involvement" (Krugman 1966) überführte er theoretische Überlegungen aus einer zuvor in *Public Opinion Quarterly* erschienenen Rede an die *American Association for Public Opinion* (Krugman 1965) in ein Messinstrument für Involvement und zeigte anhand von drei Studien den Einfluss der Stärke von Involvement. Er kritisierte, dass die vorherige Involvement-Forschung (z. B. Sherif et al. 1965) sich zu ausschließlich auf Themeninvolvement fokussierte, was jedoch für die Werbeforschung aufgrund der nicht trennscharfen Differenzierung zwischen Produkt und Marke problematisch werden kann. In diesen Ansätzen werden zudem die persönlichen Erfahrungen (direct personal experience) mit Produkt und/oder Marke außen vorgelassen. Krugman schlug daher vor, genau diese persönliche Ebene in die Forschung zu integrieren. In seinen Studien konzentrierte er sich daher auf ‚Verbindungen' bzw. auf in der deutschen Sprache etwas umständlichen Bezeichnung der ‚bewussten Brückenerfahrungen', die er als das Bindeglied zwischen einer persönliche Erfahrung des

S. Kohler (✉)
Heinrich Heine-Universität Düsseldorf, Kommunikations- und Medienwissenschaft I, Düsseldorf, Deutschland
E-Mail: sarah.kohler@hhu.de

© Springer Fachmedien Wiesbaden GmbH, ein Teil von Springer Nature 2022   79
T. G. K. Meitz et al. (Hrsg.), *Schlüsselwerke der Werbeforschung*,
https://doi.org/10.1007/978-3-658-36508-0_7

Individuums zum gezeigten Stimulus verstand. Involvement definierte er als „number of ‚connections', conscious bridging experiences or personal references per minute, that the subject makes between the content of the persuasive stimulus and the content of his own life" (Krugman 1966, S. 584).

Krugman führte drei Studien durch. In der ersten prüfte er Unterschiede zwischen Fernsehwerbung und Anzeigenwerbung, in der zweiten Studie, ob die Untersuchungssituation (Feld/Labor) zu unterschiedlichen Effekten führt, und in der dritten Studie untersuchte er fünfzehn unterschiedliche Produktkategorien in drei Erhebungswellen. Bemerkenswert ist an allen drei Studien das Design der Erhebung, welches sehr stark an klassische Experimente aus der kognitiven Psychologie erinnert. Das Ziel ist bei Experimentaldesigns möglichst eindeutig zu klären, ob Variablen, die als Ursache angenommen werden, eine Wirkung auslösen (Sedlmeier und Renkewitz 2018, S. 131). Solche kausalen Zusammenhänge lassen sich nur dann identifizieren, wenn einzelne Variablen bewusst manipuliert und potenzielle Störvariablen kontrolliert werden.

In der ersten Studie war die grundsätzliche Annahme von Krugman, dass die Art der Rezeption beim Fernsehen sich wesentlich von der Rezeption beim Lesen unterscheidet. Er vermutete, dass die Wirkung von Fernsehwerbespots im Gegensatz zu Anzeigen in Zeitschriften eher mit einem geringeren Involvement verbunden ist. Daher untersuchte er in einem Querschnittstudiendesign die beiden Medien (TV vs. Zeitschriften) in Hinblick auf unterschiedliche Werbung (Airline vs. Margarine) mit jeweils zwei Instruktionen („we're doing a study of magazine topics" vs. „... magazine advertising") und zwei unterschiedlichen Umgebungen für TV und Zeitschrift (TV: „Variety show" vs. „Press interview"; Zeitschrift: „Personalities" vs. „Dollars"). Nachdem die Proband*innen den Stimulus gesehen hatten, wurden sie gebeten, die Gedanken zu äußern, die ihnen während der im Stimulus präsentierten Werbung in den Sinn kamen. Sie sollten zudem erneut überlegen, ob dies nachträgliche Gedanken waren oder tatsächlich Gedanken, die sie im Moment der Rezeption des Werbemittels hatten. Die Gedanken zur Werbung wurden als jeweils eine ‚Verbindung' gewertet, die dann mit der Betrachtungszeit der Werbung in Sekunden verrechnet wurde. Als Ergebnis kam zutage, dass vor allem die Instruktionen bei der Betrachtung der Zeitschrift einen Einfluss hatten. Die Personen, die durch die Instruktion auf Werbung aufmerksam gemacht wurden, schauten diese in den Magazinen länger an und wiesen auch im Schnitt von Verbindung pro Sekunden einen deutlich höheren Wert aus. Jedoch wurden mehr Verbindungen geschaffen, wenn die Proband*innen die Instruktion erhalten hatten, die sich *nicht* auf Werbung bezog. Dies war auch bei den Fernsehwerbespots der Fall, wobei die Personen, die Fernsehwerbespots sahen, insgesamt weniger Verbindungen nannten. In den anderen Variablen waren kaum Unterschiede zu erkennen.

Die zweite Studie wurde zum einen in einer künstlichen Situation und zum anderen in den Wohnungen der Proband*innen durchgeführt. In der Laborsituation wurden nur Frauen zu Airline vs. Margarine-Werbung in TV und Zeitschriften befragt. In der Feldsituation wurde zwischen Frauen und Männern differenziert, die auch unterschiedliche (neue) Werbeanzeigen in Fernsehen und Zeitschrift gezeigt bekamen. Hier wurde ersichtlich, dass die Männer generell weniger Verbindungen zu den gezeigten Produkten nannten als die Frauen, während erneut die Fernsehwerbespots zu mehr Verbindungen führten als die Anzeigen in den Zeitschriften. In der dritten Studie wurden 15 Produktkategorien in drei Wellen geprüft. In diesem Fall gab es keine Instruktionen. Hierbei stellte sich heraus, dass die durchschnittliche Anzahl von Verbindungen generell geringer war als in den vorherigen beiden Studien. Aus diesen drei Studien zog Krugman unter anderem die Schlussfolgerung, dass die Anzahl von Verbindungen (also das Involvement) in Zeitschriften höher liegt als im TV, vor allem bei hoch involvierenden Produkten. Ferner deutete er auch die Instruktionen als relevant, die, wenn sie sich nicht auf Werbung bezogen haben, mit einer hohen Anzahl von Verbindungen im Zusammenhang stehen und mit einer geringen Anzahl von Verbindungen einhergehen, wenn gar keine Instruktionen gegeben werden. Zudem merkte Krugman an, dass das Interesse an der Zeitschrift sich auch positiv auf die Anzeigen auswirkt: „greater interest ‚carries over' to produce higher involvement" (Krugman 1966, S. 596).

2 Eingliederung ins Gesamtwerk

Der Aufsatz zur Messung von Involvement ist nur ein kleiner Bestandteil seines wissenschaftlichen Schaffens. Das Gesamtwerk von Krugman ist das eigentliche Vermächtnis für die Werbekommunikationsforschung. Krugman, auch ehemaliger Präsident der American Association for Public Opinion Research, der Division Consumer Psychology der *American Psychological Association* und des *Market Research Council* in New York, hat eine Fülle von Artikeln vorgelegt, die für die Werbekommunikationsforschung relevant waren und bis heute kaum an Aktualität verloren haben. In dem von seinem Sohn herausgegebenen Buch „Consumer Behavior and Advertising Involvement – selected works by Herbert E. Krugman" (E. P. Krugman 2012) wurden 49 Artikel und Aufsätze von ihm zusammengestellt, die eine Vorstellung von seinem Schaffen vermitteln.

Die Messung von Involvement kann aber insofern als Schlüsselwerk gelten, als dass Krugmans weitere Forschung wie eine Fortsetzung seiner ersten Überlegungen zu Involvement gesehen werden kann. In diesem Zusammenhang ist ein Artikel von zentraler Bedeutung, der oft zusammen mit „The Measurement of

Advertising" genannt wird und der zuvor veröffentlicht wurde. In „The Impact of Television Advertising: Learning without Involvement" (Krugman 1965), ebenfalls erschienen in *Public Opinion Quarterly*, skizzierte er zunächst theoretisch die Relevanz von Involvement als Konstrukt, was dann in die konkrete Entwicklung und Anwendung eines Messinstruments für Involvement in dem darauffolgenden Artikel mündete (Vicas 1999, S. 261).

Krugman hatte beobachtet, dass in einer Abfolge von mehreren Werbespots vorrangig diese am besten erinnert werden, die zu Beginn oder am Ende der Abfolge stehen (Krugman 1965, 1966, 1977). Ähnliche Primacy- und Recency-Effekte hatten bereits Ebbinghaus (1905) und Hovland (1957) aufgezeigt, unter anderem bei Versuchen zum Erinnern von Nonsense-Silben. Krugman vermutete als Parallele der Studien, das Werbung für Proband*innen ähnlich bedeutungslos oder unwichtig ist: „So much TV advertising content is trivial and sometimes even silly" (Krugman 1965, S. 349). Er folgerte daraus, dass nicht nur die Stärke des Involvements zu dem gezeigten Stimulus einen Einfluss hat, sondern auch die konstante Wiederholung eines Stimulus zu einem Lern- bzw. Erinnerungseffekt und ebenfalls zu einer Veränderung der Wahrnehmung des Stimulus führen kann. Dabei erklärte er, dass mehr oder weniger Involvement nicht gleichbedeutend sei mit einer qualitativ besseren oder schlechteren Informationsverarbeitung, sondern es lediglich zu anderen Ergebnissen führen könne (Krugman 1965, S. 355). Geringes Involvement hat eine graduelle Änderung der Wahrnehmung zur Folge, welche aber durch die stetige Wiederholung des Stimulus langfristig in einer Verhaltensänderung resultiert. Hohes Involvement implementiert die bewusste Auseinandersetzung mit Meinungen und Einstellungen zu dem Stimulus mit einer eher offenkundigeren und unmittelbareren Änderung des Verhaltens (Krugman 1965, S. 355). Krugman forderte daher, dass Wirkungsmodelle für Low Involvement entwickelt werden müsse, ebenso wie angemessene Messinstrumente. Denn er kritisierte zudem, dass die damalige Werbeforschung eher Modelle verwendet, die nur bei einem hohen Involvement geeignet sind. Die Definition und Messung von Involvement, die er dann vorschlägt, ist aus zweierlei Hinsicht interessant. Zum einen bietet der klare arithmetische Bezug einen unmittelbaren Ansatz, um Involvement zu messen. Die Anzahl von ‚Verbindungen' pro Minute, so verlautbarte er allerdings auch selbst, muss unmittelbar identifiziert, gemessen und vermerkt werden. Die Anzahl offenbart dann nach dieser Definition auch die Stärke des Involvements. Zum anderen wurde dieses Involvement-Konzept durch die Integration von persönlichen Erfahrungen aus der eigenen Lebenswelt zum Stimulus auch für weitere Forschung anschlussfähig (Greenwald und Leavitt 1984, S. 582).

Krugman, als „lifelong student oft the process of learning" und „leading theorist of his generation on how consumers react to advertising" (New York Times 2016), scheute sich nicht in seinen Überlegungen den Blick auf andere Wissenschaftsdisziplinen zu richten und diese in die eigene Forschung zu integrieren. Das zeigte sich ebenfalls in der Auseinandersetzung mit Involvement und seinen darauf auf bauenden Studien. Krugman stammte ursprünglich aus der Kognitiven und Biologischen Psychologie. Mit diesem Hintergrund verknüpfte er methodische Ansätze wie Befragungstechniken und experimentelle Designs mit den Fragestellungen aus der Werbeforschung. Die 1970er-Jahre – mit der Entwicklung von Computern mit deutlich besserer Rechenleistung– waren dann für Krugman wegweisend (Krugman 2012). Durch den Einsatz rechnerbasierten Methoden konnten auch andere Wege der Datenerhebung eingeschlagen werden. Vor allem physiologische Messungen als integrativer Teil von Wirkungsstudien wurden durch die vereinfachte Auswertung aber auch visualisierte Darstellung der kognitiven Prozesse populär (Goodwin 2015, S. 409). Krugman fokussierte sich auf die Messung der Gehirnaktivität (brain waves) bzw. ereigniskorrelierten Potenziale, andere experimentierten zum Beispiel mit der elektrodermalen Aktivität der Haut oder Eye-Tracking: „In the 1970s, eye-tracking research began to expand rapidly as developments in technology made it possible to simplify the laboratory setup" (Puce und Bertenthal 2015, S. 5; Rayner 1998). Krugman wollte wissen, ob das Involvement der Rezipient*innen auf einer weiteren Ebene sichtbar gemacht werden kann. Anhand der psychophysiologischen Messungen schien es möglich zu sein, die Effektivität von persuasiven Botschaften neu beurteilen zu können. Die Proband*innen sahen Werbespots, während dessen ihre Hirnströme aufgezeichnet wurden. Durch diese Studien wurde Krugman auch die Bedeutung der Wiederholung des Stimulus bewusst, die er in den vorherigen Artikeln zwar erwähnt, aber erst im weiteren Verlauf seiner Forschung stärker in den Fokus nimmt und dabei auch Recall-Effekte hinterfragt (zum Beispiel Krugman 1972, 1977). In dem oft und gern zitierten Aufsatz „Why three exposures may be enough" (Krugman 1972) beschrieb er: „There is a myth in the advertising world that viewers will forget your message if you don't repeat your advertising often enough" (Krugman 1972, S. 137). Er erklärte jedoch, dass ein fehlgeschlagener Recall nicht mit einem Vergessen des Stimulus gleichzusetzen ist, sondern mit einem fehlgeschlagenen Wiedererkennen. Um die graduelle Veränderung bei einem Produkt mit geringen Involvement in Gang zu setzen, ist dann weniger die Häufigkeit, als die Reichweite erforderlich (Vakratsas und Ambler 1999, S. 30).

3   Wirkungsgeschichte und Kritik

Es ist wichtig, dass man das Untersuchungsdesign von Krugman im historischen
Kontext betrachtet. Aus der aktuellen Perspektive und mit einem deutlich fortgeschrittenen methodischen Repertoire erscheint das Design vor allem in Bezug auf
die Validität der Erhebung problematisch. Zum Beispiel ist fraglich, ob die (passive) Fernsehrezeption in Minuten gleichbedeutend mit der (aktiven) Lesezeit von
Zeitschriften gelten kann. Durchaus kann auch die Vergleichbarkeit der unterschiedlichen Werbestimuli in Frage gestellt werden: Hat die Margarine-Anzeige
ähnliche Voraussetzungen wie der Fernsehwerbespot zu Zigarren? Krugman versuchte das zu lösen, indem nach den „bewussten" Verbindungen als Gedanken-
gänge *beim* Betrachten des Stimulus und den Verbindungen zu der eigenen Lebenswelt gefragt wurde. Hierdurch konnte er ausmachen, ob jemand durch die
Konnektivität oder möglicherweise auch spontane Assoziationen eine Verbindung
zum Stimulus geschaffen hat. Krugman kritisierte, dass die vorhergehende Werbeforschung sich eher auf Modelle stützt, die nur für ein hohes Involvement geeignet
sind. Allerdings stellt sich durchaus die Frage, ob sein Messinstrument in der Lage
ist, geringes Involvement zu messen. Er selbst betonte, dass geringes Involvement
mit minimalen Veränderungen der Rezeption des Stimulus einhergeht, die ablaufen
können, *ohne* dass ein Bewusstsein dafür schon vorhanden sein muss: „For example, a housewife may be repeatedly struck by some new (advertised) brand attitude each time she confronts it on the store shelf, *and yet never retain this impres-
sion long enough to put into words*, until one day the actual purchase is made"
(Krugman 1966, S. 585). Nach dieser Prämisse kann also ein geringes Involvement
vorhanden sein, ohne dass dazu bewusst Gedanken formuliert werden können.
Hiernach kann dann ein geringes Involvement auch nicht durch die Abfrage von
Gedanken zum Stimulus gemessen werden. Was Krugman stattdessen misst, ist
entweder ein hohes Involvement oder ein sich änderndes Involvement, keinesfalls
jedoch ein nicht vorhandenes oder geringes Involvement. Wie schon erwähnt
merkte er selbst in einer späteren Studie an, dass ein fehlgeschlagener Recall eines
Stimulus nicht gleichbedeutend mit einem Vergessen sei (Krugman 1972, S. 137,
1977). Das bedeutet dann auch, wenn keine Verbindung genannt wird, ist dies kein
Zeichen für kein Involvement. Anders formuliert: Es ist noch interessanter, was
Krugman nicht messen konnte – an welcher Stelle sich Involvement manifestiert
und was Involvement tatsächlich ist. Obwohl er Involvement von Aufmerksamkeit,
Interesse oder Begeisterung für den Stimulus abgrenzt (Krugman 1965, S. 355),
vermutet er situative oder externe Faktoren (wie das Interesse für die Umgebung
des Stimulus) als ähnlich ausschlaggebend wie das Medium, in welchem der

Stimulus präsentiert wird. Dann ist auch fraglich, inwiefern hier im Voraus der Messung bereits eine Differenzierung zwischen stark und schwach involvierenden Produkten erfolgen kann, ebenso wie im Voraus Zeitschriften und Fernsehen mit niedrigem und hohem Involvement verknüpft werden. Involvement ist dann vielmehr als lediglich ,connections', es ist auch eine prozessuale Komponente, die sich explizit auf die Rezeptionssituation bezieht, und nicht nur eine individuelle. Auch Mitchell (1981, S. 27) kritisierte dies: „Krugman defines involvement as one of the dimensions of the type of processing that occurs during exposure to the advertisement. In contrast, I define involvement as a particular state of the individual at a point in time. Our state variable conceptualization of involvement affects the type of processing that occurs during exposure" (Mitchell 1981, S. 27). Vor diesem Hintergrund ist auch nachvollziehbar, dass neuere Forschung zu Involvement sich von der ursprünglichen Dichotomisierung abwendet und Involvement als Kontinuum begreift und damit die Prozesshaftigkeit unterstreicht (Cheong und Cheong 2020, S. 10). Das Involvement-Konzept von Krugman, die Verbindung der Lebenswelt und Erfahrungen der Rezipient*innen zur Werbung, wurde seither durch viele weitere Definitionen aufgegriffen und weiterentwickelt (Vakratsas und Ambler 1999, S. 32). Die Vielzahl an unterschiedliche Konstrukten von Involvement, ob theoretische Definition oder Entwicklung als empirisches Messinstrument, wird stark diskutiert: Der Begriff des Involvement gilt als umstritten (Andrews et al. 1990, S. 27). Dennoch gehört Involvement zu den weithin anerkannten Konstrukten in der Werbeforschung: „Involvement is one of the key elements that determine consumers' decision-making processes" (Cheong und Cheong 2020, S. 3). Da Involvement als mögliches Kriterium für den Erfolg von persuasiven Botschaften wie Werbung betrachtet werden kann (Zaichkowsky 1986, S. 4), zeigten vor allem Marketingexpert*innen ein beträchtliches Interesse an diesem Phänomen (Brace et al. 2002). Unter Berücksichtigung des unterschiedlichen Involvement-Levels der Zielgruppen konnten sie so effektivere und besser zugeschnittene Marketingstrategien entwickeln (Cheong und Cheong 2020, S. 3).

Die grundlegende Annahme, dass je nach Grad des Involvements der Konsument*innen Werbung, Produkt oder Marke unterschiedlich wahrgenommen wird und auch zu unterschiedlichen Kaufentscheidungen führen kann, wurde auch in der Werbeforschung in zahlreichen Studien weiterentwickelt und schärfer definiert (Spielmann und Richard 2013, S. 499). Oft wird Involvement in diesen Studien als eine Mediator-Variable verstanden, die den Erfolg der Botschaft determiniert (Zaichkowsky 1986, S. 4). Wenn Involvement als Beziehung beschrieben wird, dann werden in der Regel Konsument*innen gefragt wie hoch die Relevanz des Produktes oder der Marke für sie persönlich ist. Hinsichtlich Kaufentscheidungen werden Parameter hinzugezogen, die messen, wie viel Zeit bis zur Kaufentscheidung

verstreicht oder wie viele unterschiedliche Optionen recherchiert oder Shops auf-
gesucht werden (Zaichkowsky 1986, S. 4). Diese Universalität von Involvement
für die Beschreibung von Beziehung zu Produkten, Marken bis hin zu Kaufentscheidungen führte zwangsläufig weg von Krugmans Definition mit dem starken
arithmetischen Bezug der ‚Verbindungen'. Stattdessen wurde der Fokus auf das
Subjekt sowie kognitive und affektive Komponenten gelegt (Zaichkowsky 1994,
S. 61; Heath und Stipp 2011), wodurch die Definition leichter in die Forschung zu
implementieren war: „A person's perceived relevance of the object based on inhe-
rent needs, values, and interests" (Zaichkowsky 1985, S. 342). Laut Zaichkowsky
(1986, S. 4) sind drei Aspekte relevant für die Stärke des Involvements: Persönlichkeitsfaktoren, Objektmerkmale und/oder situationsspezifischen Charakteristika
(Zaichkowsky 1986, S. 4). Um diese Anbindung zu lösen, entwickelte Zaichkowsky (1994) die Personal Involvement Inventory, ein „kontextfreies Mesinstrument
für Involvement im Zusammenhang mit Produkten, Werbung und Kaufentscheidungen" (Zaichkowsky 1994, S. 59).

Auch Petty und Cacioppo (1979, Petty et al. 1983) haben die Annahme, dass die
Stärke des Involvement Verarbeitungsprozesse beeinflusst, aufgegriffen und in ihr
Elaboration Likelihood Model integriert. Sie definieren das Themen-Involvement
als „the extent to which the attitudinal issue under consideration is of personal
importance" (Petty und Cacioppo 1979, S. 1915) und stellen damit den Bezug
zwischen Subjekt und Objekt her. In der späteren Forschung verwandten sie die
Formulierung ‚persönlicher Relevanz' statt des Begriffs ‚Involvement', da so viele
unterschiedliche Definitionen von Involvement kursierten (Spangardt 2019, S. 98).
Im Elaboration Likelihood Model ist die Wahrscheinlichkeit der Verarbeitung von
persuasiven Botschaften unter anderem abhängig von der Stärke der persönlichen
Relevanz. Diese beeinflusst die Motivation, die für die Verarbeitung der Information notwendig ist (Petty et al. 1983).

Bis heute werden in Bezug auf Involvement auch psychophysiologische Messungen eingebunden (z. B. Barwise et al. 2020; Daugherty et al. 2018). Barwise
et al. (2020) stellten fest, dass die Motive Entspannung und Eskapismus bei der
Fernsehnutzung maßgeblich zu einer eher geringeren Aufmerksamkeit führen und
resümieren, dass dies von der Forschung bereits vor über 50 Jahren festgestellt
wurde (Barwise et al. 2020, S. 130).: „These findings need further testing and refi-
nement for today's increasingly complex television and video environment, but
evidence shows new types of viewing meet broadly similar needs to those met by
traditional television viewing and likely are processed similarly" (Barwise et al.
2020, S. 121). Wie hier schon ersichtlich wird, werden Debatten über die Aussagekraft von Krugmans Erkenntnissen auch nach all dieser Zeit geführt (Heath und
Stipp 2011) – und das vor allem zahlreich. Eine Recherche im Web of Science zu

werbebezogenen Involvement-Studien der Jahre von 2010–2020 führt alleine schon zu über 620 Artikeln und Aufsätzen. Mit diesen Beispielen wird deutlich, wie relevant Krugmans Forschung war, ist und sehr wahrscheinlich auch bleiben wird.

Literatur

Primärliteratur

Krugman, H. E. (1965). The impact of television advertising. Learning without involvement. *Public Opinion Quarterly 29* (3), 349–356. doi:https://doi.org/10.1086/267335

Krugman, H. E. (1966). The measurement of advertising involvement. *Public Opinion Quarterly 30* (4), 583–596.

Krugman, H. E. (1972). Why three exposures may be enough. *Journal of Advertising Research 12* (6).

Krugman, H. E. (1977). Memory without recall, exposure without perception. *Journal of Advertising Research 17* (4), 7–12.

Krugman, H. E. (2012). The effective use of physiological measurement in advertising research. In E. P. Krugman (Hrsg.), *Consumer Behavior and Advertising Involvement: Selected Works of Herbert E. Krugman* (S. 182–191). Hoboken: Taylor and Francis.

Laczniak, R. N., Kempf, D. S., & Muehling, D. D. (1999). Advertising Message Involvement: The Role of Enduring and Situational Factors. *Journal of Current Issues and Research in Advertising,* 21(1), 51–61. doi:https://doi.org/10.1080/10641734.1999.10505088.

Sekundärliteratur

Andrews, J. C., Durvasula, S. & Akhter, S. H. (1990). A framework for conceptualizing and measuring the involvement construct in advertising research. *Journal of Advertising 19* (4), 27–40.

Barwise, P., Bellman, S. & Beal, V. (2020). Why do people watch so much television and video? *Journal of Advertising Research 60* (2), 121–134.

Brace, I., Edwards, L. & Nancarrow, C. (2002). I hear you knocking ... Can advertising reach everybody in the target audience? *International Journal of Market Research 44* (2), 1–17. doi:https://doi.org/10.1177/147078530204400203

Cheong, H. J. & Cheong, Y. (2020). Updating the foote, cone & belding Grid. *Journal of Advertising Research,* JAR-2020-014. http://www.journalofadvertisingresearch.com/content/jadvertres/early/2020/06/22/JAR-2020-014.full.pdf. Zugegriffen: 10. November 2020.

Daugherty, T., Hoffman, E., Kennedy, K., & Nolan, M. (2018). Measuring consumer neural activation to differentiate cognitive processing of advertising. *European Journal of Marketing, 52* (1/2), 182–198. doi: https://doi.org/10.1108/EJM-10-2017-0657

Ebbinghaus, H. (1905). *Grundzüge der Psychologie.* Leipzig: Veit & Comp.

Greenwald, A. G. & Leavitt, C. (1984). Audience involvement in advertising. Four levels. *Journal of Consumer Research*.

Goodwin, C. J. (2015). *A History of Modern Psychology*. Hoboken, NJ: Wiley.

Heath, R. G., & Stipp, H. (2011). The Secret of Television's Success: Emotional Content or Rational Information? After Fifty Years the Debate Continues. *Journal of Advertising Research, 51* (1), 112–123. doi:https://doi.org/10.2501/jar-51-1-112-123

Hovland, C. I. & etc. (1957). *The Order of Presentation in Persuasion*. New Haven: Yale University Press.

Krugman, E. P. (2012). *Consumer Behavior and Advertising Involvement. Selected Works of Herbert E. Krugman.*. Hoboken: Taylor and Francis.

Mitchell, A. A. (1981). The dimensions of advertising involvement. *Advances in Consumer Research 8* (1), 25–30.

New York Times (2016, 2. August). Paid Notice: Deaths Krugman, Herbert E. *New York Times*. Zugegriffen: 10. November 2020.

Petty, R. E. & Cacioppo, J. T. (1979). Issue involvement can increase or decrease persuasion by enhancing message-relevant cognitive responses. *Journal of Personality 37,* 1915–1926.

Petty, R. E., Cacioppo, J. T. & Schumann, D. (1983). Central and peripheral routes to advertising effectiveness: The Moderating Role of Involvement. *Journal of consumer research 10* (2), 135–146.

Puce, A., & Bertenthal, B. I. (2015). New Frontiers of Investigation in Social Attention. In A. Puce & B. I. Bertenthal (Hrsg.), *The Many Faces of Social Attention: Behavioral and Neural Measures* (S. 1–20). Cham: Springer International Publishing.

Rayner, K. (1998). Eye movements in reading and information processing: 20 years of research. *Psychological Bulletin 124* (3), 372–422. doi: https://doi.org/10.1037/0033-2909.124.3.372

Sedlmeier, P., & Renkewitz, F. (2018). *Forschungsmethoden und Statistik für Psychologen und Sozialwissenschaftler*. Hallbergmoos: Pearson.

Sherif, C. W., Sherif, M. & Nebergall, R. E. (1965). *Attitude and Attitude Change: The Social Judgement-Involvement Approach*. Philadelphia: Saunders.

Spangardt, B. (2019). *Corporate Advertising. Wesenszüge und Wirkungen einer Kommunikationsdisziplin an der Schnittstelle von Werbung und Public Relations*. Wiesbaden: Springer Fachmedien Wiesbaden.

Spielmann, N. & Richard, M.-O. (2013). How captive is your audience? Defining overall advertising involvement. *Journal of Business Research 66* (4), 499–505. doi:https://doi.org/10.1016/j.jbusres.2011.12.002

Vakratsas, D. & Ambler, T. (1999). How advertising works. What do we really know? *Journal of Marketing*, 26–43.

Vicas, A. (1999). Action revisited. *Cultural Dynamics 11* (3), 259–284.

Zaichkowsky, J. L. (1985). Measuring the involvement construct. *Journal of consumer research 12* (3), 341–352.

Zaichkowsky, J. L. (1986). Conceptualizing involvement. *Journal of Advertising 15* (2), 4–14+34.

Zaichkowsky, J. L. (1994). The personal involvement inventory: Reduction, revision, and application to advertising. *Journal of Advertising 23* (4), 59–70.

„Psst! Hey, du!" – „Wer, ich?": Die Entdeckung der Mundpropaganda als Thema der Werbeforschung von Arndt

Von Olaf Hoffjann

1 Einleitung

Interpersonaler Kommunikation ist in Kaufentscheidungsprozessen bereits in den 1960er-Jahren ein großer Einfluss unterstellt worden. Wissenschaftliche Befunde lagen damals jedoch kaum vor, es galt als ‚Binsenweisheit' („truism"; Arndt 1967a, S. 291). Dass das Thema unter so verschiedenen Bezeichnungen wie Word-of-Mouth-Marketing, Mund-zu-Mund-Propaganda, Mundpropaganda, Mundwerbung und später eWoM zu einem so prominenten Forschungsthema wurde, das ist ein zentraler Verdienst von Johan Arndt. Seine größte Leistung besteht darin, Mundpropaganda als Thema einer sozialwissenschaftlich geprägten Werbe- bzw. Marketingforschung etabliert zu haben.

Der Werbeforschung hat sich Johan Arndt aus Richtung der Marketingforschung genähert. Der 1937 in Norwegen geborene Arndt hat an der *NHH Norwegian School of Economics* in Bergen Wirtschaftswissenschaften studiert. Anschließend absolvierte er ein Masterstudium an der *University of Minnesota*, bevor er 1966 in Harvard mit der Dissertation „Word of mouth advertising: the role of product-related conversations in the diffusion of a new food product" (1966) promoviert wurde. Aus dieser Dissertation sind die beiden Schlüsselwerke gemeinsam mit einer Vielzahl weiterer Publikationen hervorgegangen (u. a. 1967c, d, 1968a, b). Nach zwei Jahren als Assistenzprofessor an der Columbia University kehrte er

V. O. Hoffjann (✉)
Institut für Kommunikationswissenschaft, Otto-Friedrich-Universität Bamberg, Bamberg, Deutschland
E-Mail: olaf.hoffjann@uni-bamberg.de

© Springer Fachmedien Wiesbaden GmbH, ein Teil von Springer Nature 2022   89
T. G. K. Meitz et al. (Hrsg.), *Schlüsselwerke der Werbeforschung*,
https://doi.org/10.1007/978-3-658-36508-0_8

als Professor an die *NHH Norwegian School of Economics* nach Norwegen zurück, wo er 1986 mit nicht einmal 50 Jahren verstarb. Zwischenzeitlich war er 1977/1978 Gastprofessor an der *University of Missouri-St. Louis*. In diesen Jahren hat er zu einer enormen Vielzahl an Marketing-Themen nahezu ausschließlich international publiziert und gilt bis heute als der bedeutendste Marketingforscher Norwegens (NHH 2015).

2   Inhalt der Schlüsselwerke

Während Arndt in dem Aufsatz „Word of mouth advertising and informal communication" (1967b) den Forschungsstand zum Thema referiert (ähnlich 1967c), ohne auf seine eigene – zu dieser Zeit bereits abgeschlossene – Studie zum Thema einzugehen, basiert der Aufsatz „Role of product-related conversations in the diffusion of a new product" (1967a) auf der Studie seiner Dissertation.

Mundpropaganda – dieser Begriff soll im Folgenden benutzt werden – ist der älteste Mechanismus, mit dem Meinungen zu Produkten entwickelt und ausgedrückt werden (Arndt 1967b, S. 188). Obwohl diese Bedeutung in der Marketingpraxis lange bekannt gewesen ist, hat sich die Forschung dafür kaum interessiert. So hat es in den zehn vorangegangenen Jahren im *Journal of Marketing* lediglich einen Aufsatz zum Thema gegeben.

Wegen dieser weitgehenden Leerstelle hat sich Johan Arndt für seine Literaturanalyse jenseits der Marketingforschung weitere Disziplinen mit verschiedenen Diskursen angeschaut – u. a. die Massenkommunikationsforschung und die Soziologie. Die von ihm am Häufigsten referierten Autoren sind Katz und Lazarsfeld (1955) mit ihrer Decatur-Studie, in der sie im Gegensatz zur Erie-County-Studie (Lazarsfeld et al. 1948) den Einfluss interpersonaler Kommunikation auf Alltagsentscheidungen auch jenseits von Wahlentscheidungen untersucht haben. Diese intensive Auseinandersetzung hat die Arbeit von Arndt sichtbar beeinflusst und dazu geführt, dass die Studie zahlreiche kommunikationswissenschaftliche Anschlüsse aufweist. Die Arbeiten von Arndt sind damit ein frühes Beispiel für die Interdisziplinarität der Werbeforschung – in diesem Fall von Marketing- und Kommunikationsforschung.

Mundpropaganda definiert Arndt wie folgt: „Word of mouth advertising is defined as: oral, person-to-person communication between a perceived non-commercial communicator and a receiver concerning a brand, a product, or a service offered for sale." (Arndt 1967b, S. 190) Mundpropaganda unterscheidet sich damit von anderen Formen der Marketingkommunikation insbesondere dadurch, dass sie face-to-face ist, der Kommunikator unabhängig ist und damit die Äußerung nicht positiv sein muss. Dies prägt den ambivalenten Charakter der Mundpropaganda: Einerseits versucht die Werbepraxis wegen der unterstellten Bedeutung für Kaufentscheidungen, Mundpropaganda zu beeinflussen bzw. zu initiieren. Andererseits bleibt sie wegen der Unabhängigkeit des Kommunikators nicht kontrollierbar (ebd., S. 192).

Die daran anschließende Darstellung des Forschungsstandes beeindruckt durch ihre Breite und vor allem ihre Systematisierungsleistung, die das neue Forschungsfeld der Mundpropaganda aufreißt und bis heute zentrale Fragestellungen benennt. Die Hauptgliederungspunkte seines Forschungsstandes sind die (a) kommerzielle Nutzung der Mundpropaganda, der (b) Prozess der Mundpropaganda, die (c) Teilnehmer und die (d) Weitergabe (Transmission). Im Folgenden sollen vor allem die Aspekte skizziert werden, die Arndt in seiner eigenen Forschung geprägt haben.

Die kommerzielle Nutzung der Mundpropaganda begann in den 1930er-Jahren z. B. durch Gerüchte, die von professionellen „Gerüchteküchen" gestreut wurden. Dazu unterhielten sich Mitarbeiter in lauten und vermeintlich spontanen Gesprächen in U-Bahnen, Zügen oder Aufzügen. Eine weitere Praktik waren schon damals besonders kreative bzw. aufmerksamkeitsstarke Anzeigenkampagnen, die Anschlusskommunikation initiierten (ebd., S. 191). Ein früh erkannter Nachteil dieser kommerziellen Nutzung war die fehlende Kontrolle: „In summary, it would be an exaggeration to claim that marketers have enthusiastically attempted to utilize word of mouth. The reason for this may be that word of mouth advertising, by definition, is uncontrollable by the manufacturer. Marketers may fear that messages, once planted, will undergo serious distortions as they pass from mouth to mouth." (ebd., S. 192) Die Kürze des ersten Kapitels ist kein Zufall: Arndt interessiert sich in seiner eigenen Studie kaum für Fragen der Planung und Durchführung der Mundpropaganda, sondern nahezu ausschließlich für Wirkungsaspekte.

Daher ist ein Schwerpunkt der Literaturanalyse die Systematisierung der Befunde zum Prozess der Mundpropaganda. Zwei Aspekte prägten seine eigene Studie in besonderer Weise. Zunächst ist dies seine methodische Kritik an vorliegenden Studien. So äußert bereits Arndt (ebd., S. 194) die – bis heute vielfach wiederholte – Kritik an der Erie-County-Studie von Lazarsfeld et al. (1948), dass sie die Wirkungen informeller Kommunikation nicht valide untersucht hätten, weil sie – „more convenient than valid" (Arndt 1967b, S. 196) – fragten, was die Probanden selbst als wichtige Einflussquelle bewerteten. Damit verknüpft Arndt die Vermutung, dass die Wirkung von Mundpropaganda auf Einstellungsänderungen häufig überschätzt wird, weil der Ausgangspunkt nicht die interpersonale Kommunikation, sondern umgekehrt Einstellungsänderungen sind, die dann erklärt werden sollen (ebd., S. 197). Dies ist für einen damals aufstrebenden Nachwuchswissenschaftler eine durchaus bemerkenswerte Einschränkung seines Forschungsgegen-

standes, der noch in der Einleitung von sich selbst sagt, dass er sich in der stolzen
Tradition derjenigen sieht, die ein machtvolles, aber lange unterschätztes Element
des Marketings erforschen wollen (ebd., S. 188).

Von großer Bedeutung für Arndts eigene Forschung sind zudem die Gründe, die
zu den starken Wirkungen der Mundpropaganda beitragen. Neben den seiner Meinung nach empirisch nicht belegten Gründen wie dem Umgehen selektiver Abwehrmechanismen und der möglichen Flexibilität, auf Einwände reagieren zu können (ebd., S. 201), nennt er hier die soziale Kontrolle, die u. a. für Katz und
Lazarsfeld (1955) einen zentralen Grund darstellte. Demnach führt Mundpropaganda deshalb zu so starken Wirkungen, weil ein Befolgen von Empfehlungen be-
lohnt, während ein Nicht-Befolgen sanktioniert werden kann. Arndt hingegen
kommt in seiner eigenen Forschung zu dem Ergebnis, dass Mundpropaganda so
wirksam ist, weil Akteure das Risiko des Entscheidens minimieren wollen, um so
zu zufriedenstellenderen Kaufentscheidungen zu gelangen (Arndt 1967a, S. 295).

Die Aufarbeitung des Forschungsstandes besticht durch ihre breite Literaturanalyse und ihre systematisierende Darstellung. Arndt gelingt es durch das Hin-
zuziehen von Studien aus Nachbardisziplinen, ein bis dahin von der Marketingforschung weitgehend ignoriertes Thema wissenschaftlich zu fundieren, indem er
Zusammenhänge aufzeigt, relevante Forschungsfragen herausarbeitet und nicht
zuletzt zahlreiche Forschungslücken benennt.

Mit seiner empirischen Studie verfolgt Arndt das Ziel, das Feld der Mundpropaganda grundsätzlich zu erforschen und damit etwas daran zu ändern, dass die
Wirkungsannahmen zur Mundpropaganda bis dahin „more a truism developed
through usage than an empirical fact" waren (Arndt 1967a, S. 291). Konkret interessiert er sich in seiner Studie für die Wirkungen und Prozesse der Mundpropaganda, wenn er an vorliegenden Studien vor allem kritisiert, dass sie andere Einflussfaktoren nicht isoliert und sich nicht für die zeitlichen Aspekte der Wirkung
von Mundpropaganda interessiert hatten (ebd., S. 291).

Seine Studie ist ein Feldexperiment in einem Appartmentkomplex, in dem ver-
heiratete Studierende wohnen. Der Stimulus war ein Werbebrief für ein neues Le-
bensmittelprodukt, den alle 495 Haushalte erhielten und der einen Coupon enthielt,
mit dem das Produkt zu einem Drittel des normalen Preises erhältlich war. Der
Appartmentkomplex ist ein weitgehend geschlossenes System, so dass externe
Einflüsse nahezu ausgeschlossen werden konnten. Nach 16 Tagen führte Arndt mit
90 % der Frauen persönliche Interviews. 42 % der befragten Frauen hatten das
neue Produkt gekauft, Arndt protokollierte insgesamt 332 Einzelaussagen aus produktbezogenen Gesprächen. Die enorm hohe Ausschöpfungsquote ermöglichte
ihm zudem, 90 % dieser Einzelaussagen von der jeweils anderen Gesprächspartne-
rin bestätigen zu lassen.

In dem Aufsatz „Role of product-related conversations in the diffusion of a new product" fokussiert Arndt sich auf vier zentrale Befunde. Erstens sind dies die Wirkungen der Mundpropaganda. Demnach kauften das Produkt 54 % der Frauen, die überwiegend positive Kommentare erhielten, während nur 18 % derjenigen es kauften, die überwiegend negative Kommentare erhielten. Arndt konnte damit die Wirksamkeit der Mundpropaganda nachweisen, da es in dem Feldexperiment andere Werbeinstrumente wie Anzeigen oder TV-Spots nicht gab.

Zweitens untersuchte er, welchen Einfluss die Stellung im sozialen Netzwerk auf die Kaufentscheidung hatte. Letztlich ist dies die Frage nach der Meinungsführerschaft und dem Two-Step Flow of Communication, die Arndt in einer weiteren Publikation (1968a) deutlich ausführlicher diskutiert. Meinungsführer identifiziert er per Fremdeinschätzungsverfahren und definiert sie als die Personen, die von anderen um Rat zu neuen Lebensmitteln gefragt werden. Das Ergebnis: Meinungsführerinnen und damit – so Arndt – Frauen, die besser in die Sozialstrukturen integriert sind, haben Produkte früher gekauft als isolierte Bewohnerinnen. Bestätigt hat sich ebenfalls seine Hypothese – und damit auch eine erste Annahme des Two-Step Flow-of Communication –, dass die Meinungsführerinnen das Produkt eher wegen des Werbebriefs gekauft haben, die Mundpropaganda bei ihnen also eine geringere Wirkung hat als bei den anderen Bewohnerinnen (1968a, S. 461). Nicht bestätigt hat sich hingegen eine zweite Annahme des Two-Step Flow of Communication: Meinungsführerinnen gaben nicht nur mehr Informationen, sondern erhielten auch mehr Informationen zum Produkt. Arndt schließt daher, dass eher ein „multistep" denn ein „two-step flow" (ebd., S. 462) zu unterstellen ist. Im Gegensatz zu Lazarsfeld et al. (1948) versteht er die Meinungsrichtung zwischen Meinungsführerinnen und den Followerinnen daher nicht als ‚Einbahnstraße' – auch Followerinnen sagen ihre Meinung. Arndt spricht daher von einem „Opinion Sharing" an Stelle eines „Opinion Giving" (1968a, S. 463).

Drittens untersucht Arndt die Relevanz der Risikowahrnehmung bei der Verbreitung und den Wirkungen der Mundpropaganda. Ein Risiko definiert er dabei mit Cunningham (1965) als Produkt von wahrgenommener Relevanz und Unsicherheit. Es zeigt sich, dass Frauen mit einer hohen Risikowahrnehmung zwar seltener zu einem Produktwechsel neigen. Da sie aber häufiger aktiv nach produktbezogenen Informationen suchten und diese auch erhielten, ist der Einfluss der Mundpropaganda auf sie größer (Arndt 1967a, S. 294). Viertens hat er die Selbst- und Fremdbestimmtheit (inner-otherdirectedness) untersucht, dabei aber – anders als erwartet – keine signifikanten Unterschiede finden können. Arndt vermutet, dass bei fremdbestimmteren Personen daher auch indirekte Einflüsse wie Beobachtungen wichtig sein könnten.

3   Bezug zum Gesamtwerk des Autors

Johan Arndt hat sich in seiner weiteren Forschungs- und Publikationstätigkeit immer
wieder mit der Mundpropaganda beschäftigt. Dabei hat er sich von seinem ursprünglich eng gefassten Fokus auf Mundpropaganda jedoch gelöst. In einer kleineren Se-
minar-Studie hat er 1972 für Familien die Unterschiede in der Risikoeinschätzung zu
verschiedenen Produkten sowie das Konzept des monomorphen und polymorphen
Meinungsführers nach Merton (1949) untersucht (Arndt 1972). Während die Risikowahrnehmung bei Familienmitgliedern jeweils sehr ähnlich war (ebd., S. 44), gab es
nicht den ‚einen' – monomorphen – Familien-Meinungsführer zu allen Produkten,
sondern die jeweilige Meinungsführerschaft war produktabhängig. Noch grundsätz-
licher untersuchte er 1981 in einer Studie mit May ein Hierarchiemodell, nach dem
eigene Produkterfahrungen, Mundpropaganda sowie Werbung in abnehmender
Weise gesucht werden und wirken (Arndt und May 1981).

Spätestens seit Mitte der 1970er-Jahre wendete sich Johan Arndt in seiner For-
schungs- und Publikationstätigkeit zunehmend grundlegenden Fragen zur Marke-
tingtheorie zu (z. B. 1980, 1985, 1986), in denen die Mundpropaganda eine zunehmend kleinere Rolle spielte. Diese Arbeiten trugen dazu bei, dass er später als „one
of the early marketing theorists" (Baker et al. 1998, S. 23) bezeichnet wurde.

4   Wirkungsgeschichte und Kritik

Johan Arndt hinterlässt mit seinen Arbeiten zur Mundpropanda bis heute große
Spuren – auch wenn er mehr als 50 Jahre nach Erscheinen der beiden Schlüsselwerke und mehr als 30 Jahre nach seinem Tod zunehmend seltener als Initiator
bzw. Urheber genannt wird.

Die Person Johan Arndt wird bis heute dadurch sichtbar, dass seine Definition
der Mundpropaganda als Form der mündlichen Kommunikation über Marken, Produkte oder Dienstleistungen zwischen einem Empfänger und einem unabhängigen
Kommunikator (1967b, S. 190) bis heute in einer Vielzahl von Publikationen zitiert
wird (z. B. Radić und Posselt 2016), als „Grundpfeiler des klassischen Word-of-
Mouth" (Ripperger und Appel 2020, S. 169) bezeichnet wird und auch den Ausgangspunkt vieler Beiträge zum *electronic Word of Mouth* (eWoM) bildet. Nachfolgende Ergänzungen dieser Definition waren mitunter bereits bei Arndt zumindest
angelegt. So weisen Godes et al. (2005) auf die Relevanz nonverbaler Kommunikationsformen hin, deren Relevanz Arndt bereits erkannt hat, indem er Beobachtungen als eine Form der Beeinflussung nannte (1967a, S. 295). Daher steht es

durchaus nicht im Widerspruch zu Arndt, mit Godes et al. (2005) Mundpropaganda allgemeiner auf alle sozialen Interaktionen zu beziehen.

Arndt war in hohem Maße geprägt von den Arbeiten von Katz und Lazarsfeld. Dies hat dazu beigetragen, dass er Mundpropaganda immer im Kontext des Meinungsführerkonzeptes untersucht hat; eine solche Perspektive ist bis heute nicht selbstverständlich. Dadurch sind Arndts Arbeiten in so hohem Maße anschlussfähig für das Forschungsfeld der Social-Media-Influencer-Beziehungen. Insbesondere die systematisierende Darstellung der Literatur zur Mundpropaganda (1967b) könnte noch häufiger als Blaupause für Diskurse wie das eWoM oder die Social-Media-Influencer-Kommunikation genutzt werden. Gleichwohl ist einschränkend zu konstatieren, dass Arndts Befunde umgekehrt in der kommunikationswissenschaftlichen Meinungsführerforschung wenig Berücksichtigung gefunden haben (z. B. Geise 2017).

Nur wenige Arbeiten zur Mundpropaganda reichen an das Niveau des methodischen Zugangs von Johan Arndt heran. Mit seinem Feldexperiment konnte er andere Einflussfaktoren ausschließen und so die Wirkungen der Mundpropaganda valide untersuchen, während bis heute Wirkungen ähnlich wie bei Katz und Lazarsfeld (1955) häufig auf Basis eigener Relevanzeinschätzungen untersucht werden (z. B. Posselt und Radic 2005).

Der größte Verdienst von Johan Arndt ist es grundsätzlich, Mundpropaganda aus der Sphäre der pseudowissenschaftlichen „How-to-do-it"-Literatur geholt und als Thema einer sozialwissenschaftlich geprägten Werbe- bzw. Marketingforschung etabliert zu haben. Dies ist ihm gelungen, indem er zahlreiche Anknüpfungspunkte zu verschiedenen wissenschaftlichen Disziplinen aufgezeigt hat. Damit kann er ohne Zweifel nicht nur als Gründungsvater der Erforschung der Word-of-Mouth-Werbung bezeichnet werden, sondern kann durch seine intensive Rezeption kommunikationswissenschaftlicher Arbeiten auch zu den Wegbereitern einer kommunikationswissenschaftlichen Werbeforschung gezählt werden.

Literatur

Primärlitertur

Arndt, J. (1966). *Word of mouth advertising: the role of product-related conversations in the diffusion of a new food product* (Doctoral dissertation, Graduate School of Business Administration, George F. Baker Foundation, Harvard University).

Arndt, J. (1967a). Role of product-related conversations in the diffusion of a new product. *Journal of marketing research*, 4(3), 291–295.

Arndt, J. (1967b). Word of mouth advertising and informal communication. In D. F. Cox (Hrsg.), *Risk taking and information handling in consumer behavior* (S. 188–239). Boston: Graduate School of Business Administration Harvard Univ.

Arndt, J. (1967c). *Word of mouth advertising: a review of the literature, Advertising Research Foundation.* Inc., New York, NY.

Arndt, J. (1967d). Perceived risk, sociometric integration, and word of mouth in the adoption of a new food product. *Risk taking and information handling in consumer behavior*, 289–316.

Arndt, J. (1968a). A test of the two-step flow in diffusion of a new product. *Journalism Quarterly, 45*(3), 457–465.

Arndt, J. (1968b). Selective processes in word of mouth. *Journal of advertising research, 8*(3), 19–22.

Arndt, J. (1972). Intrafamilial homogeneity for perceived risk and opinion leadership. *Journal of Advertising, 1*(1), 40–47.

Arndt, J. (1980). Perspectives for a theory of marketing. *Journal of Business Research, 8*(3), 389–402.

Arndt, J. (1985). On making marketing science more scientific: role of orientations, paradigms, metaphors, and puzzle solving. *Journal of marketing, 49*(3), 11–23.

Arndt, J. (1986). Paradigms in Consumer Research: A Review of Perspectives and Approaches. *European Journal of Marketing*, 20(8), 23–40.

Arndt, J., & May, F. E. (1981). The hypothesis of a dominance hierarchy of information sources. *Journal of the Academy of Marketing Science, 9*(4), 337–351.

Sekundärlitertur

Baker, M., Graham, P., & Harker, D. (1998). *Marketing: managerial foundations.* South Yarra: Macmillan Education AU.

Cunningham, S. M. (1965). Perceived risk as a factor in product-oriented word-of-mouth behavior: A first step. In L.G. Smith (Hrsg.), *Reflections on progress in marketing. Proceedings of the 1964 educators conference* (S. 229–238). *Chicago: American Marketing Association.*

Geise, S. (2017). *Meinungsführer und der „Flow of Communication".* Baden-Baden: Nomos.

Godes, D., Mayzlin, D., Chen, Y., Das, S., Dellarocas, C., Pfeiffer, B., Libai, B., Sen, S., Shi, M., & Verlegh, P. (2005). The firm's management of social interactions. *Marketing Letters*, 16(3/4), 415–428.

Katz, E., & Lazarsfeld, P. F. (1955). *Personal Influence. The Part Played by People in the Flow of Mass Communication.* New York: Free Press.

Lazarsfeld, P.F., Berelson, B., & Gaudet, H. (1948). *The people's choice: How the voter makes up his mind in a presidential campaign* (2. Aufl.). New York: Columbia University Press.

Merton, R. K. (1949). Patterns of influence. A study of interpersonal influence and of communications behavior in a local community. In P. F. Lazarsfeld, & F. N. Stanton (Hrsg.), *Communications Research 1948–1949* (Vol. 5, S. 180–219). New York: Harper.

NHH (2015). The Johan Arndt Conference on Sustainable Marketplaces. http://paraplyen. prototypes.no/paraplyen/arkiv/2015/april/the-johan-arndt/. Zugegriffen: 20. August 2020.

Posselt, T., & Radić, D. (2005). Management von Weiterempfehlungen: Eine theoretische und empirische Analyse. In T. Posselt, & C. Schade (Hrsg.), *Quantitative Marketingforschung in Deutschland* (Bd. 1, S. 299–312). Berlin: Duncker & Humblot.

Radić, D., & Posselt, T. (2016). Einsatz von Word-of-Mouth im Rahmen der Dialogkommunikation. In M. Bruhn, F. R. Esch, & T. Langner (Hrsg.), *Handbuch Instrumente der Kommunikation* (S. 437–451). Wiesbaden: Springer Gabler.

Ripperger, K., & Appel, M. (2020). Word-of-Mouth: Von Mund-zu-Mund-Propaganda zu viralem Marketing. In M. Appel (Hrsg.), *Die Psychologie des Postfaktischen: Über Fake News, „Lügenpresse", Clickbait & Co.* (S. 167–176). Berlin, Heidelberg: Springer.

„The opposite of a great truth is also true": *Personality and Attitude Change* von McGuire

Christina Peter

1   Inhalt des Textes

Im Beitrag *Personality and attitude change: An information-processing theory* entwickelt William J. McGuire (1968a) eine seiner bekanntesten Theorien (auch als information-processing paradigm bezeichnet, vgl. Eagly und Chaiken 1984), die weit über die Psychologie hinaus Forschungsarbeiten inspirierte (für eine ausführlichere Version der Theorie vgl. McGuire 1968b). Durch den Fokus auf Einstellungsänderung ist die Theorie auch besonders im Konetxt von Persuasionsforschung bedeutsam.

Der Beitrag gliedert sich in zwei zentrale Aspekte: Zunächst geht es, wie der Titel nahelegt, um eine Theorie mittlerer Reichweite zur Rolle von individuellen Unterschieden im Einstellungsänderungsprozess. Einleitend geht der Autor aber ganz generell auf die Notwendigkeit des *theory buildings* ein: Seiner Ansicht nach ist es notwendig, wissenschaftliche Erkenntnisse nicht nur empirisch kumulativ zu gewinnen, sondern daraus weitreichende theoretische Grundlagen abzuleiten. Er grenzt dies explizit von zwei anderen Forschungsstrategien ab, nämlich einer empirischen Fokussierung auf kleinteilige Fragestellung sowie einer engen thematischen Ausrichtung mit einem Fokus auf Anwendungsbezug ohne weitereichende

C. Peter (✉)
Institut für Medien- und Kommunikationswissenschaft, Universität Klagenfurt,
Klagenfurt am Wörthersee, Österreich
E-Mail: Christina.Peter@aau.at

© Springer Fachmedien Wiesbaden GmbH, ein Teil von Springer Nature 2022   99
T. G. K. Meitz et al. (Hrsg.), *Schlüsselwerke der Werbeforschung*,
https://doi.org/10.1007/978-3-658-36508-0_9

Aussagekraft. Auch wenn er diesen Strategien ihre Daseinsberichtung nicht ab-
spricht, sondern sie sogar als Grundlage für das von ihm beworbene „broader
theorizing" bezeichnet, so schwingt doch eine gewisse Abwertung im Vergleich zu
letzterem Vorgehen mit. Ausgehend von dieser Darstellung beschreibt er übergrei-
fend das Vorgehen beim „systems theorizing", also der Entwicklung einer Theorie,
die sich aus einem kohärenten System verschiedener Postulate zusammensetzt. Er
warnt dabei vor allem eindrücklich vor Stolpersteinen beim Theoretisieren, etwa
durch die unendliche Hinzunahme von immer kleinteiligeren Annahmen und Bedingungen, die die Theorie letztendlich nicht empirisch überprüfbar und aus seiner
Sicht damit praktisch irrelevant machen. Seine eigene Theorie kommt entsprechend eher schlank daher und mit drei zentralen Postulaten aus.[1]

Als Ausgangspunkt seiner Theorie kritisiert er die Vielzahl an Einzelexperimen-
ten im Forschungsbereich, die unzusammenhängend konzipiert wurden und teilweise widersprüchliche Ergebnisse hervorbrachten. Er reklamiert entsprechend für
sich, trotz der bereits umfangreichen Forschungsarbeiten im Feld, als erster eine
umfassende theoretische Fundierung für dieses Gebiet vorzulegen. Zentral ist für
McGuire selbst die Reichweite, die er für diese Theorie beansprucht. Dies äußert
sich zunächst durch die sehr allgemeinen Definitionen der beiden Konzepte Persönlichkeit („personality") und Einstellungsänderung („attitude change"). Persönlichkeit wird dabei als „any variable on which people differ" (S. 175) definiert und
bezieht anders als klassische Konzeptualisierungen (z. B. die als *Big Five* bezeichneten Persönlichkeitsmerkmale Offenheit für Erfahrungen, Gewissenhaftigkeit,
Extraversion, Verträglichkeit und Neurotizismus von McCrae und Costa 1987)
auch explizit soziodemografische Variablen mit ein. Deshalb wird im Folgenden
auch allgemeiner von Personenfaktoren bzw. individuellen Unterschieden gespro-
chen. Auch wenn er selbst anmerkt, dass sich die Grundlagenbefunde zur Entwicklung der Theorie vornehmlich auf dynamische Konzepte und damit Persönlichkeitsfaktoren im engeren Sinne wie Selbstwert oder Ängstlichkeit beziehen, so
beansprucht er für die Theorie, auf jede Form individueller Unterschiede im Rahmen der Einstellungsänderung anwendbar zu sein. Noch allgemeiner ist die Kon-
zeptionalisierung von Einstellungsänderung gehalten: Darunter fallen „all social
influence situations", unabhängig davon, ob es sich dabei etwa um Persuasions-
oder Konformitätseffekte handelt und ob sich diese auf die kognitive, affektive
oder konative Einstellungskomponente beziehen. Zusammengenommen beansprucht McGuire für seine Theorie also Gültigkeit in Bezug auf „the relationships

---

[1] In der längeren Version (McGuire 1969) differenziert er ein viertes Postulat zur Interaktion
zwischen chronischen und situativen individuellen Merkmalen, das hier aber im dritten
Postulat mit enthalten ist.

between any individual difference characteristic and susceptibility to social influence in any situation" (S. 175).

Nachdem sich die Vorstellung des zugrundeliegenden Forschungsstands auf eine Pauschalkritik bisheriger Forschung zum Thema begrenzt, entwickelt McGuire dem der Theorie zugrundeliegenden „social influence process" (vgl. Abb. 1). Er bezieht sich dabei auf verschiedene Ansätze, wobei vor allem die *information processing theory* als Bezugspunkt fungiert, da McGuire Informationsverarbeitung als zentralen, mehrstufigen Mediator im Beeinflussungsprozess ansieht. Als Grundlage hierfür gelten die Arbeiten von Hovland et al. (1953), die bereits eine Dreiteilung des Persuasionsprozesses (attention, comprehension, acceptance) vorgeschlagen hatten, auf die sich aber nicht explizit bezieht (vgl. Eagly und Chaiken 1984). McGuire konzeptualisiert insgesamt sechs Stufen, die bei einer erfolgreichen Einstellungsänderung durchlaufen werden müssen: (1) die tatsächliche Präsentation einer persuasiven Botschaft durch eine Quelle, (2) die Aufmerksamkeit für die Botschaft durch den bzw. die Empfänger*in, (3) das Verständnis der Botschaft sowie der darin enthaltenen Argumente und Schlussfolgerungen, (4) die unmittelbare Zustimmung zu diesen Argumenten sowie (5) deren langfristige Verinnerlichung und schließlich (6) das daraus abgeleitete Verhalten.

Aufbauend darauf entwickelt McGuire drei Postulate, die das Herzstück seiner Theorie bilden. Das erste Postulat bezieht sich auf den Mediationscharakter des Modells und besagt, dass Effekte von Personenfaktoren auf Einstellungsänderung dadurch entstehen, dass diese Faktoren Einflüsse auf eine oder mehrere Stufen des Prozesses haben („multiple-mediation assumption"). Individuelle Unterschiede können also dafür verantwortlich sein, ob eine Botschaft überhaupt wahrgenommen wird, ob das Individuum in der Lage ist, diese zu verstehen, ob die Botschaft akzeptiert wird und/oder ob sich dies langfristig auf das Verhalten auswirkt.

Das zweite Postulat unterscheidet explizit zwischen der Informationsverarbeitungs- und der Überzeugungsphase (McGuire benutzt hier die Begriffe „reception" und „yielding") und besagt, dass solche Personenfaktoren, die negative Einflüsse auf die Verarbeitungsphase haben, sich meist komplementär dazu positiv auf die

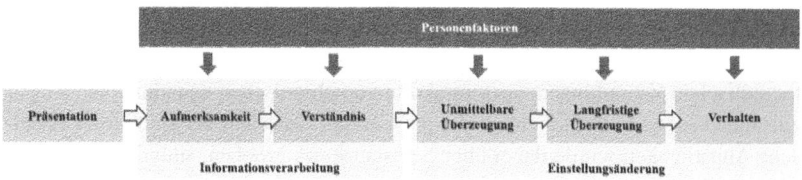

Abb. 1 Prozessmodell des sozialen Einflusses nach McGuire. (eigene Darstellung)

Überzeugungsphase auswirken und umgekehrt („compensatory assumption"). Als Beispiel nennt McGuire den Faktor Intelligenz, der zwar in der Regel dazu führt, dass Personen Persuasionsversuchen weniger nachgeben (negativer Einfluss), gleichzeitig aber die Aufmerksamkeit bzw. das Verständnis einer Botschaft erhöhen (positiver Einfluss). Dieser Kompensationsmechanismus führt dazu, dass es sich in der Summe nicht um einen linearen, sondern einen umgekehrt-u-förmigen Zusammenhang zwischen Personenfaktoren und Einstellungsänderung handelt, so dass eine mittlere Ausprägung der entsprechenden Personeneigenschaft den stärksten Einfluss ausübt. Darüber hinaus betont er den Unterschied zwischen den Trait- und State-Ausprägungen von Personenfaktoren und den Interaktionscharakter beider Zustände („chronic" und „situational"). So vermutet er zum Beispiel, dass bei chronisch niedriger Ängstlichkeit die situative Induktion von Angst mehr Einfluss auf die Einstellungsänderung hat als bei ohnehin schon chronisch hoher Ängstlichkeit; Personen, die also vom Typ eher nicht ängstlich sind, können in angstauslösenden Situationen (z. B. durch die Androhung von Gewalt, siehe unten) eher dazu gebracht werden ihre Einstellung zu ändern, wohingegen grundsätzlich eher ängstliche Personen situationsunabhängig besser beeinflussbar sind.

Das dritte Postulat bezieht die spezielle Kommunikationssituation in den Wirkprozess mit („situational weighting assumption"). Es wird angenommen, dass unter speziellen Bedingungen einige Mediatoren im Prozess relevanter sind als andere. Bei direkten, einfach zu verstehenden Anweisungen (z. B. „Tragen Sie eine Maske") etwa haben Persönlichkeitsfaktoren wie zum Beispiel Intelligenz wenig Einfluss auf die *Verarbeitung*, da hier wenig Varianz besteht (denn die Botschaft ist so simpel, dass sie von jedem verstanden werden kann), dafür wird aber ein stärkerer Einfluss auf die *Überzeugungsphase* postuliert. In dem konkreten Beispiel hängt eine tatsächliche Umsetzung bzw. Änderung der Verhaltensweise also nicht an der Botschaftsverarbeitung, sondern daran, ob Personen von einer Botschaft überzeugt werden können.

Im Anschluss an die Konzeption der Theorie präsentiert McGuire zwei Experimente, die diese empirisch stützen sollen. Dabei besteht explizit der Anspruch, dass die Experimente die Theorie als Ganzes (also alle Postulate) testen können, wobei sie sich empirisch auf die beiden Prozessphasen Verständnis und unmittelbare Überzeugung beschränken. Das erste Experiment (Millman 1965) widmet sich der Persönlichkeitseigenschaft Ängstlichkeit und überprüft insbesondere die theoretischen Vermutungen zur Interaktion von chronischen und situativen Angstzuständen sowie Verständlichkeit der persuasiven Botschaft als Mediator. Chronische Ängstlichkeit wurde dabei über Selbstauskunft erhoben, situative Ängstlichkeit wurde folgendermaßen manipuliert: Den Probanden wurde mitgeteilt, dass es bei der Studie um ihre Aufnahmefähigkeit in Stresssituationen ginge. In der Gruppe

„niedrige situative Ängstlichkeit" wurde mitgeteilt, dass sie nach einem ersten Verständlichkeitstest (in Wirklichkeit die Präsentation der persuasiven Botschaft) eine zweite Aufgabe in einem normalen, wohltemperierten Raum durchführen würden; Personen in der Gruppe „hohe situative Ängstlichkeit" wurde gesagt, dass sie während dieser zweiten Aufgabe einige starke Elektroschocks erhalten würden.[2] Die Verständlichkeit der persuasiven Botschaft wurde manipuliert, indem der Hälfte der Probanden diese in schlechter Tonqualität präsentiert wurde (niedrige Verständlichkeit), der anderen Hälfte in guter Qualität (hohe Verständlichkeit). Die Ergebnisse bestätigten die Vermutung, dass es zu einer Interaktion zwischen chronischer und situativer Ängstlichkeit kommt: Vom Typ her wenig ängstliche Personen, denen mit Elektroschocks gedroht wurde, zeigten eine stärkere Einstellungsänderung in Richtung der Botschaft als solche, denen zwar auch mit Elektroschocks gedroht wurde, die aber ohnehin schon an generell hoher Ängstlichkeit litten. Allerdings fand sich kein Einfluss des Verständnisses für die Botschaft auf die Einstellungsänderung wie von der Theorie angenommen. Das zweite Experiment (Nisbett und Gordon 1967) untersucht die Rolle des Selbstwerts und kann hier zumindest die Interaktion zwischen Trait-Selbstwert und Verständlichkeit auf Einstellungsänderung in die von der Theorie nahegelegten Richtung zeigen.

Zusammenfassend räumt McGuire ein, dass eine umfassende Testung der von ihm entwickelten Theorie trotz erster Indizien noch aussteht. Dafür sind seiner Meinung nach komplexere experimentelle Designs und adäquate Messungen des Mediationsprozesses nötig; er schließt seinen Aufsatz mit dem Versprechen „Research of this scope is currently under way in our laboratory" (S. 195).

2 Bezug zum Gesamtwerk des Autors

William J. McGuire galt unter zeitgenössischen Kolleg*innen als einer der einflussreichsten Sozialpsychologen seiner Zeit. Er promovierte an der Yale University, wo er unter anderem mit Carl Hovland arbeite, der seine Leidenschaft für die Persuasionsforschung weckte. Er war Mitbegründer der Society for Experimental Social Psychology und erhielt zahlreiche Preise im Bereich der Sozialpsychologie. Wyer (1991) betitelte ihn als „father of social cognition" (p. vii), was seine zentrale Rolle in der kognitiven Wende der Sozialpsychologie in den 1950/1960er-Jahren beschreibt. Er gilt insbesondere als einer der führenden Forscher auf dem Gebiet der Persuasionsforschung. Vor allem seine Arbeiten zu Einstellungsände-

---

[2] Dass ein solches Vorgehen aus heutiger Sicht nicht mehr ethisch vertretbar wäre, versteht sich an dieser Stelle wohl an dieser Stelle von selbst.

rung und -resistenz (*inoculation theory*, McGuire 1968a, 1964) wurden über die Psychologie hinaus rezipiert und inspirierten Forschung in der Kommunikations- und Politikwissenschaft sowie der Werbeforschung. Die Entwicklung der systematischen Theorie zu Persönlichkeit und Persuasion kann dabei als Herzstück des Wirkens von McGuire gesehen werden, die maßgeblich von den Arbeiten mit Hovland et al. (1953) beeinflusst wurde, mit denen er während seiner frühen akademischen Karriere in Yale zusammenarbeitete (siehe Kap. „Über die Grundlagen persuasiver Kommunikation: *Communication and Persuasion. Psychological Studies of Opinion Change* von Hovland, Irving und Kelley" in diesem Band). Die Theorie entstand auch als Erweiterung eigener Arbeiten zu Ängstlichkeit und Einstellungsänderung (McGuire 1961, 1963) mit dem Ziel, allgemeingültige Annahmen über den Zusammenhang zwischen Personenfaktoren und Einstellungsänderung zu formulieren. McGuires Antrieb zur Formulierung dieser Theorie entstand nicht zuletzt aus seiner Unzufriedenheit mit den bisherigen experimentellen Studien im Forschungsbereich; besonders kritisierte er dabei die theoretische Engführung und empirische Schwäche vorangegangener Studien, die letztendlich deren Vergleichbarkeit erschwerten. Von seiner Theorie erhoffte er sich also nicht zuletzt einen einheitlichen Rahmen für zukünftige Studien. Darüber hinaus war McGuire aber auch noch in einer Vielzahl von anderen Forschungsbereichen tätig, etwa mit Arbeiten zur Selbstkonzeptforschung oder der politischen Kommunikation (für einen Überblick vgl. Jost et al. 2004)

Wie bereits in seinem oben skizzierten Werk angesprochen wird, beschäftigten McGuire neben seiner inhaltlichen Ausrichtung auch Fragen der Epistemologie und Wissenschaftsphilosophie (McGuire 1989, 1997, 2004), wofür er mehrfach ausgezeichnet wurde. In zahlreichen Publikationen, davon einem postum veröffentlichten Manuskript (McGuire 2013), plädiert er für eine Abkehr vom Falsifikationsprinzip als oberstes Ziel empirischer Forschung hin zur Identifikation von Rahmenbedingungen, unter der bestimmte Hypothesen Bestand haben. Sein legendäres Zitat „The opposite of a great truth is also true" sollte diese Ansicht untermauern (vgl. auch Jost 2013). Damit stellt er die Relevanz von und Moderations- sowie Meditationsprozessen in den Mittelpunkt empirischer Forschung, und zwar zu einer Zeit, in der diese Betrachtung keineswegs so üblich war wie heute. Zu seiner Vorstellung von guter empirischer Forschung gehörte darauf aufbauend auch, dass nicht nur Studien mit signifikanten Ergebnissen, sondern insbesondere auch solche mit *null results*, widersprüchlichen Befunden oder z. B. fehlgeschlagenen Manipulationen publiziert werden müssen, um den wissenschaftlichen Kenntnisstand in einem Gebiet zu erweitern – ein als *file drawer problem* bekannt gewordenes Phänomen, das die Wissenschaft bis heute nicht gelöst hat.

Über McGuire gibt es die Anekdote, dass er mit einem Kollegen die Wette abschloss, bis zu seiner Festanstellung (tenure) keinen einzigen Aufsatz zu publizieren; entsprechend forschte er zwar in der Zeit davor und schrieb auch die dazugehörigen Manuskripte, veröffentlichte diese aber erst nach seiner Festanstellung 1960 – allein zehn Aufsätze im Jahr 1961 (Banaji 1998).

3   Wirkungsgeschichte des Schlüsselwerkes & Kritik

McGuires Schlüsselwerk fällt in die Zeit der kognitiven Wende in der Sozialpsychologie und reihte sich in einen Kanon an Konzeptualisierungen im Bereich der Persuasionsforschung ein, was vor allem daran lag, dass dies zum Zeitpunkt der Entstehung der Theorie eines der Hauptforschungsfelder der Sozialpsychologie war (vgl. ausführlich Eagly und Chaiken 1984). Diese Fülle an konkurrierenden Ansätzen sah McGuire selbst aber keineswegs problematisch, sondern eher als Ausdruck einer lebendigen und intellektuell hochwertigen Forschungstradition (McGuire 1969). Kritisch zu betrachten ist sicherlich der allgemeine Anspruch seiner Theorie, für alle Formen von individuellen Unterschieden, persuasiven Outcomes sowie Situation gültig zu sein (McGuire schließt etwa explizit Hypnose als Beeinflussungsszenario ein, für die seine Theorie Gültigkeit besitzt). Darüber hinaus muss man konstatieren, dass, zumindest aus heutiger Sicht, einiger seiner zentralen Kritikpunkte in Bezug auf die Vorgängerstudien auch für die von ihm präsentierten zutreffen. So scheint die Studie von Millman (1965) mit insgesamt 48 Versuchspersonen bei einem 2 × 2 × 2-Design seiner Forderung nach größeren Stichproben nicht gerecht zu werden, und auch seine Kritik an zu homogenen Stichproben (und damit zu wenig Varianz auf den Persönlichkeitseigenschaften) scheint mit Hinblick auf die studentischen Stichproben der beiden Experimente die er als Beweis anführt, nicht gelöst worden zu sein.

Nichtsdestotrotz war und ist sein Schlüsselwerk aus zweierlei Gründen relevant für die heutige Forschung. Zunächst war sein Text und die dort entwickelte Theorie ausschlaggebend für andere wegweisende Arbeiten im Bereich der Sozialpsychologie, die mitunter mehr Aufmerksamkeit als das Original erfahren haben. Der prominenteste Ansatz dürfte hier das Elaboration Likelihood Model of Persuasion (ELM) von Petty und Cacioppo (1986, siehe Kap. „Zentral vs. Peripher: *Persuasionswege und Einstellungsänderungen* in den Arbeiten von Petty und Cacioppo" in diesem Band) sein, das sich auf McGuires ursprüngliche Annahmen stützt. Als zentral gilt dabei die von ihm entwickelte Annahme, dass Forschung zu Einstellungsänderung den ganzen Prozess betrachten muss und dabei die Informationsverarbeitungsphase eine zentrale Rolle spielt. Dieses Prinzip finden sich in zahlreichen Arbeiten in unterschiedlichen Disziplinen wieder, allen voran den verschiedenen Bereichen der sozialpsychologischen Persuasionsforschung (z. B. Dillard 1994; Eagly und Chaiken 1984; Xu et al. 2020), aber in kommunikationswissenschaftlichen Forschungsfeldern wie etwa der Medienwirkungsforschung (z. B. Nabi et al. 2007; Slater 2004), in der politischen Kommunikation (z. B. Dragojlovic 2013; Wolfsfeld 1983), Gesundheitskommunikation (z. B. Albarracin et al. 2005; Bull et al. 2001; Pierce et al. 2017) und Werbeforschung (z. B. Rucker und Petty 2006; Smith et al. 2008). Smith und Kolleg*innen (2008) etwa bauen ganz zentral auf McGuires sechsstufigem Modell auf und berücksichtigen hier vor allem die Hierarchie der mediierten Effekte. Sie wenden dieses Model auf die Wirkungsdeterminanten von Werbung an und untersuchen experimentell, wie sich kreativ gestaltete Werbeinhalte (operationalisiert über die Faktoren Ungewöhnlichkeit und Relevanz) jeweils auf die von McGuire definierten Phasen auswirkt. Anders als bei den damaligen Pionierstudien kommt hier auch datenanalytisch eine Strukturgleichungsmodellierung zum Einsatz, die die mediierten Effekte adäquat abbilden kann. Sie konnten zeigen, dass kreative Elemente in Werbeinhalten fast alle Persuasionsstufen positiv beeinflussen (mit Ausnahme der Verständlichkeit): So konnten die präsentierten kreativen Werbeinhalte etwa die Aufmerksamkeit und das Interesse für die Werbebotschaft steigern, die Verarbeitungstiefe sowie die Erinnerung fördern und die Einstellung zur Werbung sowie zur Marke verbessern. Zentral ist hier die Erkenntnis, dass es sich bei den Effekten auf Markeneinstellung und -kaufbereitschaft jeweils um vollständig mediierte Effekte handelt, die über die vorangegangenen Verarbeitungsphasen vermittelt werden.

Neben dieser inhaltlichen Perspektive hinaus ist McGuires Aufsatz aber auch ein eindringlicher Appell an theoretische Grundlagenarbeit, die ihm schon zu seiner Zeit deutlich unterentwickelt erschien. Dieser Appell erscheint immer noch zeitgemäß und seine damalige Bestandsaufnahme, dass engere theoretische und empirische Fokussierungen die Sozialpsychologie dominieren, lässt sich mehr als fünfzig Jahre später auch für angrenzende Disziplinen noch konstatieren (Shoemaker et al. 2003).

Literatur

Primärliteratur

Hovland, C.I., Janis, I.L., & Kelley, H.H. (1953). *Communication and persuasion*. 184–197. Yale University Press.

McGuire, W. J. (1961). The effectiveness of supportive and refutational defenses in immunizing and restoring beliefs against persuasion. *Sociometry, 24,* 184–197. https://doi.org/10.2307/2786067

McGuire, W. J. (1964). Resistance to persuasion conferred by active and passive prior refutation of the same and alternative counterarguments. *The Journal of Abnormal and Social Psychology, 63*(2), 326–332. https://doi.org/10.1037/h0048344

McGuire, W. J. (1968a). Personality and attitude change: An information-processing theory. *Psychological Foundations of Attitudes,* 171–196. https://doi.org/10.1016/b978-1-4832-3071-9.50013-1

McGuire, W. J. (1968b). Personality and susceptibility to social influence. In E. F. Borgatta & W. W. Lambert (Hrsg.), *Handbook of personality theory and research.* Chicago: Rand McNally.

McGuire, W. J. (1969). The nature of attitudes and attitude change. In G. Lindzey & E. Aronson (Hrsg.), *The handbook of social psychology* (2nd ed., Vol. 3). Reading, Mass.: Addison-Wesley.

McGuire, W. J. (1989). A perspectivist approach to the strategic planning of programmatic scientific research. In Gholson, B., Shadish, W. R., Neimeyer, R. A., Houts, A. C. (Hrsg.), *The psychology of science: Contributions to metascience* (S. 214–245). New York, NY: Cambridge University Press.

McGuire, W. J. (1997). Creative hypothesis generating in psychology: Some useful heuristics. *Annual Review of Psychology, 48,* 1–30. https://doi.org/10.1146/annurev.psych.48.1.1

McGuire, W. J. (2004). A perspectivist approach to theory construction. *Personality and Social Psychology Review, 8,* 173–182. https://doi.org/10.1207/s15327957pspr0802_11

McGuire, W. J. (2013). An additional future for psychological science. *Perspectives on Psychological Science, 8*(4), 414–423. https://doi.org/10.1177/1745691613491270

Slater, M. D. (2007). Reinforcing spirals: The mutual influence of media selectivity and media effects and their impact on individual behavior and social identity. *Communication Theory,* 17(3), 281–303. https://doi.org/10.1111/j.1468-2885.2007.00296.x.

Sekundärliteratur

Albarracín, D., Gillette, J. C., Earl, A. N., Glasman, L. R., Durantini, M. R., & Ho, M. H. (2005). A test of major assumptions about behavior change: a comprehensive look at the effects of passive and active HIV-prevention interventions since the beginning of the epidemic. Psychological Bulletin, 131(6), 856–897. https://doi.org/10.1037/0033-2909.131.6.856

Banaji, M. R. (1998). *Tributes to William J. McGuire. Remarks offered at the 1998 Society of Experimental Social Psychology Convention.* Online abgerufen unter: http://www.people.fas.harvard.edu/~banaji/research/speaking/tributes/mcguire.html

Bull, F. C., Holt, C. L., Kreuter, M. W., Clark, E. M., & Scharff, D. (2001). Understanding the effects of printed health education materials: which features lead to which outcomes?. *Journal of Health Communication,* 6(3), 265–280. https://doi.org/10.1081-0730/01

Dillard, J. P. (1994). Rethinkin the study of fear appeals: An emotional perspective. *Communication Theory,* 4(4), 295–323. https://doi.org/10.1111/j.1468-2885.1994.tb00094.x

Dragojlovic, N. (2013). Leaders without borders: Familiarity as a moderator of transnational source Cue effects. *Political Communication, 30*(2), 297–316. https://doi.org/10.108 0/10584609.2012.737421

Eagly, A. H. & Chaiken, S. (1984). Cognitive theories of persuasion. *Advances in Experimental Social Psychology, 17*, 267–359. https://doi.org/10.1016/S0065-2601(08)60122-7

Jost, T. J. (2013). Introduction to "An additional future for psychological science". In W. J. McGuire, An additional future for psychological science. *Perspectives on Psychological Science, 8*(4), 414–423. https://doi.org/10.1177/1745691613491270

Jost, J. T., Banaji, M. R., & Prentice, D. A. (Hrsg). (2004). *Perspectivism in social psychology: The yin and yang of scientific progress.* American Psychological Association. https://doi.org/10.1037/10750-000

McCrae, R. R. & Costa, P. T. (1987). Validation of the five-factor model of personality across instruments and observers. *Journal of Personality and Social Psychology, 52*, 81–90. https://doi.org/10.1037/0022-3514.52.1.81

Millman, S. (1965). *The relationship between anxiety, learning and opinion change.* Unveröffentlichte Dissertation, Columbia University.

Nabi, R. L., Moyer-Gusé, E., & Byrne, S. (2007). All joking aside: A serious investigation into the persuasive effect of funny social issue messages. *Communication Monographs, 74*(1), 29–54. https://doi.org/10.1080/03637750701196896

Nisbett, R. E., & Gordon, A. (1967). Self-esteem and susceptibility to social influence. *Journal of Personality and Social Psychology, 5*(3), 268–276. https://doi.org/10.1037/h0024308

Petty, R. E., & Cacioppo, J. T. (1986). *Communication and persuasion: Central and peripheral routes to attitude change.* Springer, New York, NY.

Pierce, J. P., Sargent, J. D., White, M. M., Borek, N., Portnoy, D. B., Green, V. R., ... & Messer, K. (2017). Receptivity to tobacco advertising and susceptibility to tobacco products. *Pediatrics, 139*(6), 1–10. https://doi.org/10.1542/peds.2016-3353

Rucker, D. D., & Petty, R. E. (2006). Increasing the effectiveness of communications to consumers: Recommendations based on elaboration likelihood and attitude certainty perspectives. *Journal of Public Policy & Marketing, 25*(1), 39–52. https://doi.org/10.1509/jppm.25.1.39

Shoemaker, P. J., Tankard Jr, J. W., & Lasorsa, D. L. (2003). *How to build social science theories.* Sage publications.

Smith, R. E., Chen, J., & Yang, X. (2008). The impact of advertising creativity on the hierarchy of effects. *Journal of Advertising, 37*(4), 47–62. https://doi.org/10.2753/JOA0091-3367370404

Xu, M., Briñol, P., Gretton, J. D., Tormala, Z. L., Rucker, D. D., & Petty, R. E. (2020). Individual differences in attitude consistency over time: The personal attitude stability scale. Personality and Social Psychology Bulletin, 46(10), 1507–1519. https://doi.org/10.1177/0146167220908995

Wolfsfeld, G. (1983). International awareness, information processing, and attitude change: A cross-cultural experimental study. *Political Communication, 2*(2), 127–145. https://doi.org/10.1080/10584609.1983.9962754

Wyer, R. S. (1991). Preface. In R. S. Wyer & T. K. Srull (Hrsg.), *Advances in social cognition: The content, structure, and operation of thought systems* (S. vii–viii). Hillsdale, NJ: Erlbaum.

Der Effekt der bloßen Darbietung: *Attitudinal Effects of Mere Exposure* von Zajonc

Jörg Matthes

1 Inhalt des Schlüsselwerkes

Zajonc (1968) beschreibt in seinem Schlüsselwerk den Mere Exposure-Effekt (kurz: MEE) als die positive Bewertung eines Stimulus nach häufiger und unverstärkter Darbietung: „Mere repeated exposure of the individual to a stimulus is a sufficient condition for the enhancement of his attitude for it. By ‚mere exposure‘ is meant a condition which just makes the given stimulus accessible to the individual's perception" (S. 1). Mit anderen Worten, die alleinige wiederholte Darbietung eines Reizes reicht aus, um diesen besser zu bewerten. Beim MEE, auch Effekt des bloßen Kontakts oder Effekt der Darbietungshäufigkeit genannt, handelt es sich jedoch nicht um einen Wiedererkennungseffekt. Interessanterweise wird der Effekt durch die bewusste Erinnerung an den Stimulus sogar noch gedämpft. Der MEE kann auftreten, obwohl sich die Personen nicht an die Darbietung bzw. Rezeption des Stimulus erinnern. Daher spricht man beim MEE auch von einem Effekt der impliziten Erinnerung. Implizite Erinnerung bedeutet, dass die Personen den dargebotenen Inhalt nicht explizit erinnern können, dennoch implizite Erinnerungsspuren hinterlassen wurden, die dann den MEE auslösen. Der MEE hat und hatte eine weitreichende Bedeutung nicht nur für die psychologische Forschung im Allgemeinen, sondern insbesondere auch für die Werbepsychologie. Im Folgenden

J. Matthes (✉)
Institut für Publizistik- und Kommunikationswissenschaft, Universität Wien, Wien, Österreich
E-Mail: joerg.matthes@univie.ac.at

© Springer Fachmedien Wiesbaden GmbH, ein Teil von Springer Nature 2022   109
T. G. K. Meitz et al. (Hrsg.), *Schlüsselwerke der Werbeforschung*,
https://doi.org/10.1007/978-3-658-36508-0_10

werden die Grundzüge des Aufsatzes von Zajonc (1968) dargestellt (für die folgenden Ausführungen, vgl. ausführlicher Matthes et al. 2005). Dabei fassen wir die einzelnen Studien von Zajonc zusammen, gliedern sie in das Gesamtwerk des Autors ein und schließen mit einer kurzen Zusammenfassung der Wirkungsgeschichte sowie einer Kritik mit Blick auf praktische Fragestellungen.

Zajonc (1968) untersuchte den MEE mit folgender Versuchsanordnung (vgl. Matthes et al. 2005): Den Versuchspersonen wurden verschiedene Stimuli mit unterschiedlichen Darbietungshäufigkeiten auf Kärtchen gezeigt und anschließend wurden sie gebeten, diese Stimuli spontan zu bewerten. Als Stimuli wurden türkische Wörter mit je sieben Buchstaben (Studie 1), chinesischen Schriftzeichen (Studie 2) oder Fotografien aus Jahrbüchern (Studie 3) verwendet. Alle Stimuli waren somit den Versuchspersonen unbekannt und auch schwer verständlich. Es wurden je zwölf Stimuli jeweils für zwei Sekunden entweder ein Mal, zwei Mal, fünf Mal, zehn Mal oder 25 Mal dargeboten.

Die Ergebnisse der ersten Studie zeigten, dass mit zunehmender Darbietungshäufigkeit die Einstellung gegenüber den türkischen Wörtern signifikant positiver wird. Zudem zeigten sich Unterschiede zwischen den einzelnen Stimuli, also beispielsweise den einzelnen türkischen Wörtern. Manche Wörter (z. B. Civadra) wurden per se besser evaluiert als andere (z. B. Iktitaf), dennoch war bei allen einzelnen Wörtern der erwartete MEE zu beobachten. Je häufiger sie dargeboten wurden, desto besser war die Bewertung. In der zweiten Studie wurden keine türkischen Wörter sondern chinesische Schriftzeichen verwendet. Dies hatte folgenden Hintergrund: In der ersten Studie sollten die Versuchspersonen die Wörter aussprechen. Es könnte also sein, dass mit zunehmender Darbietungshäufigkeit die Aussprache leichter fällt und aus diesem Grund die Wörter besser bewertet wurden. Die chinesischen Schriftzeichen sollten daher nicht ausgesprochen werden, sondern sie wurden lediglich gezeigt. Die Befunde bestätigten erneut den MEE. Bei 11 der 12 Schriftzeichen ließ sich ein Anstieg der Bewertung mit zunehmender Darbietungshäufigkeit feststellen. Auch die Befunde der dritten Studie bestätigten den Effekt: Dieses Mal wurden Fotos von Studenten aus Jahrbüchern der Michigan State University verwendet. Bei neun von 12 Fotos zeigte sich der Effekt.

In einer vierten Studie ging Zajonc dem zugrundeliegenden Mechanismus auf den Grund. Er ging davon aus, dass eine erste Begegnung mit einem neuen Stimulus zu einer automatischen Angstreaktion und damit Vermeidungsantwort führt. Bleibt aber eine negative Konsequenz bei dieser ersten Begegnung aus, so sollte die Vermeidungsantwort bei der nächsten Rezeption geringer ausfallen. Dadurch steigt die Bewertung des Stimulus, so die Logik. Um dies zu testen, wurde die erste Studie repliziert, dabei aber der Hautleitwiederstand zur Erhebung der affektiven Erregung gemessen. Die Befunde stehen im Einklang mit dieser Logik. Die Erregung nahm mit zunehmender Darbietungshäufigkeit ab: „It seems, therefore, that with increased exposure there is a genuine reduction in stimulus-evoked arousal" (Zajonc 1968, S. 21).

Daraus leitete Zajonc ein affektives Erklärungsmodell ab, in dem kognitiven Prozesse eine untergeordnete Rolle spielen. Diese affektive Erklärung fußt auf der Logik der klassischen Konditionierung (Zajonc 2001; siehe im folgenden Matthes et al. 2005): Hierbei wird ein unkonditionierter Stimulus gepaart mit einem konditionierten Stimulus mehrfach dargeboten (Pawlow 1906). Der wiederholt präsentierte Reiz ist der konditionierte Stimulus und die Präferenz für einen wiederholt präsentierten Reiz die konditionierte Reaktion. Zajonc (2001) argumentiert, dass die Abwesenheit einer negativen Reaktion als unkonditionierter Stimulus aufgefasst werden kann: „Hence, the very absence of a noxious consequence could as well act as a US [unconditioned stimulus]. The absence of aversive consequences constitutes a safety signal that is associated with the CS [conditioned stimulus]" (Zajonc 2001, S. 225). Das bedeutet: Wenn nach mehrfacher Darbietung eines Stimulus keine negativen Konsequenzen für die Versuchspersonen ersichtlich sind, gibt es keinen Grund mehr für eine ablehnende Reaktion gegenüber dem Reiz und daraus resultiert schlussendlich ein Annäherungsverhalten gegenüber diesem Reiz: „If such encounters continue, and if no other events – negative in their consequences for the organism – accompany these encounters, the organism's attitude toward the stimulus must improve" (Zajonc 1968, S. 20). Aus dieser Logik schlussfolgerte Zajonc im Folgenden eine Unabhängigkeit von affektiven und kognitiven Zuständen, was eine historische Diskussion in der psychologischen Forschung ausgelöst hat (siehe Lazarus 1984).

2   Eingliederung ins Gesamtwerk

Der Aufsatz bildete den Grundstein für weitere Arbeiten zum MEE (vgl. Zajonc 2001, 2004; Zajonc et al. 1972). Dabei standen vor allem zwei Fragen im Vordergrund: Sättigungseffekte mit zunehmender Darbietungsdauer und, wie bereits erwähnt, die Unabhängigkeit von affektiven und kognitiven Prozessen.

In den Folgestudien ging Zajonc der Frage nach, ob es mit zunehmender Darbietungshäufigkeit generell zu einem linearen Anstieg der Bewertung kommt, oder ob ab einer gewissen Häufigkeit ein Umkehreffekt zu erwarten ist, die Bewertung also wieder sinkt. In einer Folgestudie präsentierten Zajonc et al. (1972) den Versuchspersonen vorher unbekannte Kunstdrucke im Postkartenformat, entweder null, ein, fünf, zehn oder 25 Mal. Anschließend wurde wie auch in den klassischen Studien nach der Bewertung der Bilder gefragt. Im Gegensatz zu Zajonc (1968), zeigte sich in dieser Studie keine lineare sondern eine kurvilineare Beziehung. Bis zu fünf Darbietungen war ein deutlicher Anstieg der Bewertungen zu erkennen. Dieser drehte sich jedoch mit steigender Darbietungsanzahl wieder um. Bei zehn Darbietungen wurde fast die gleiche Bewertung erreicht wie bei null Darbietungen, und bei 25 Darbietungen ließ sich sogar eine Verschlechterung der Einstellung beobachten (vgl. auch Stang et al. 1975). Zajonc et al. (1972) erkärten die kurvilineare Beziehung mit einem Sättigungseffekt: „It is possible that satiation eventually obtains with any stimulus, provided that exposures are extended to a sufficiently large number" (S. 279). Jedoch ließ sich die kurvilineare Beziehung auch nicht in allen Arbeiten von Zajonc nachweisen (siehe Zajonc et al. 1974). Dennoch gilt es als sicher, dass bei einer zunehmender Darbietungshäufigkeit Sättigungseffekte auftreten können, wodurch der positive Einstellungseffekt wieder verschwindet (Bornstein 1989; Montoya et al. 2017; vgl. Matthes et al. 2005).

Ebenfalls basierend auf der Pionierstudie ging Zajonc in weiteren Arbeiten davon aus, dass affektive Reaktionen vollkommen ohne kognitive Reaktionen entstehen können, was bedeutet, dass affektive und kognitive Prozesse voneinander unabhängig sind bzw. sein können (Zajonc 1980). Daraus erklären sich auch die späteren Befunde (z. B. Kunst-Wilson und Zajonc 1980), die zeigten, dass der MEE stärker ist, wenn die Stimuli subliminal dargeboten werden im Vergleich zu Versuchsanordnungen, bei denen die Versuchspersonen ein Bewusstsein für die gesehenen Reize entwickelt haben. Mit anderen Worten, die Versuchspersonen können sich gar nicht an die Darbietung der Reize erinnern, bewerten diese dennoch besser. Zajonc (1980) schlussfolgerte daraus, dass keine kognitiven Prozesse stattgefunden haben können. Er spricht von „Primacy of Affect". Dem steht die „Primacy of Cognition" Hypothese gegenüber, die davon ausgeht, dass Menschen einen Reiz kennen müssen, bevor sie eine affektive Reaktion gegenüber ebendiesen entwickeln (vgl. Lai et al. 2012; Lazarus 1984). Letzteres gilt als die Grundlage des Appraisal Ansatzes, der davon ausgeht, dass Emotionen durch die Bewertung von Situationen (d. h. Kognition) entstehen.

3 Wirkungsgeschichte des Schlüsselwerkes und Kritik

Die Ergebnisse von Zajonc (1968) haben eine enorme Aufmerksamkeit in der psychologischen Forschung – und später auch in der Werbeforschung (Auty und Lewis 2004; Matthes et al. 2005; Russell 2002) – erlangt, sie wurden vielfach repliziert, beispielsweise mit Wörtern, Silben, Polygonen oder noch komplexeren Reizen (Bornstein 1989). Der MEE lässt sich für visuelle, auditive oder olfaktorische Reize nachweisen und sogar bei pränataler Stimulusdarbietung: In einer Studie mit

Hühnern präsentierte Rajecki (1973) Hühnereiern zwei verschiedene Töne und testete nach der Geburt der jungen Hühner die Präferenz für die beiden Töne. Es zeigte sich in dieser klassischen Studie tatsächlich, dass die Hühner eher den Ton bevorzugten, der ihnen pränatal vorgespielt wurde (Rajecki 1974, vgl. Zajonc 2001).

Eine Meta-Analyse von über 200 Studien (Bornstein 1989; vgl. auch Montoya et al. 2017) zeigte eine Reihe von moderierenden Variablen für den MEE. Der MEE ist am stärksten ausgeprägt, wenn die Stimuli unbekannt oder komplex sind, wenn sie kurz dargeboten werden, wenn die Abfrage des Urteils zeitlich lang nach der Darbietung liegt, bei einer mittleren Häufigkeit der Darbietungen, bei subliminaler Darbietung und wenn sich die Versuchspersonen nicht daran erinnern, dass ein Reiz schon einmal gezeigt wurde (Bornstein 1989). Eine weitere Meta-Analyse von Montoya et al. (2017) zeigt ebenfalls, dass der Zusammenhang zwischen Darbietungshäufigkeit und der Bewertung einer umgedrehten U-Kurve folgt. Diese Befunde deuten darauf hin, dass der MEE kein Wiedererkennungseffekt ist. Vielmehr wird durch langes Darbieten bzw. das bewusste Erinnern der MEE abgeschwächt oder verhindert.

Dem affektiven Erklärungsmodel von Zajonc, das auf der Idee des Konditionierens beruht, haben mehrere Autoren ein kognitives gegenübergestellt. Entgegen der Annahme von Zajonc geht die kognitive Erklärung davon aus, dass der positive Bewertungseffekt der Stimuli durchaus durch kognitiven Prozesse entsteht. Die Erklärung liegt in einer automatisierten Attribution einer erhöhten Wahrnehmungsgeläufigkeit des Reizes bei wiederholter Darbietung auf die Positivität des Reizes selbst (vgl. Bornstein und d'Agostino 1992; vgl. im Folgenden Matthes et al. 2005). Wird ein Reiz wiederholt dargeboten, dann erfolgt die folgende Informationsverarbeitung des Reizes, beispielsweise bei der Abfrage der Einstellung, leichter und somit flüssiger. Anders formuliert, bei der Verarbeitung eines Reizes werden implizite Erinnerungsspuren hinterlassen, so dass eine zukünftige Verarbeitung als einfacher und flüssiger wahrgenommen wird. Diese Wahrnehmungsflüssigkeit ist evolutionsbedingt positiv markiert und wird auf den Reiz selbst attribuiert, also übertragen (vgl. Winkielman et al. 2003): „The fluency signal is hedonically marked und […] high fluency elicits a positive affective reaction" (Winkielman et al. 2003, S. 191).

Damit kann auch erklärt werden, warum der MEE bei begrenzten Informationsverarbeitungskapazitäten am stärksten auftritt. In diesem Fall ist der Attributionsprozess weniger bewusst und wird nicht durch das Wissen über die eigentliche Urteilsquelle gestört (Winkielman et al. 2003). Auch kann dieser Ansatz erklären, warum der MEE bei unbekannten Reizen am stärksten ist, da in diesem Fall kaum oder keine Informationen zu einem dargebotenen Reiz vorliegen und somit nur die

Wahrnehmungsgeläufigkeit als Quelle für das Urteil dienen kann. Insgesamt gilt dieses Erklärungsmodel mittlerweile als wahrscheinlicher als der affektive Ansatz von Zajonc (vgl. Winkielman et al. 2003). Die Tatsache, dass der MEE vollkommen ohne eine bewusste Erinnerung an die dargebotenen Stimuli eintritt, heißt nicht, dass keinerlei kognitiven Prozesse ablaufen (Matthes et al. 2005).

Aus Sicht der Werbeforschung kann der MEE erklären, warum einfache Reize wie das Markenlogo, ein Jingle oder ein Gesicht positive Reaktionen beim Publikum hervorrufen können, obwohl keinerlei positive Einbettung oder Darstellung der Reize erfolgt ist (vgl. Alhabash et al. 2016; Grimes und Kitchen 2007; Matthes et al. 2005, 2007, 2012; Matthes et al. 2007; Wirth et al. 2008; Wojdynski und Evans 2020). Beispielsweise zeigt die Forschung zu Produktplatzierungen, dass die bloße Darbietung von Produkten oder Markennamen ausreichen kann, um einen positiven Einstellungseffekt zu erzeugen (Matthes et al. 2005, 2012). Nach Kenntnis der bisherigen Forschung treten diese Effekte vor allem dann auf, wenn die Produkte oder Marken kurz, im Hintergrund und ohne explizite Nennung gezeigt werden. Zudem sollte der Effekt dann insbesondere nachweisbar sein, wenn der primäre Inhalt eines Films oder einer Sendung mit hohen Beitragsinvolvement verfolgt wird, so dass keine Ressourcen bleiben, um die mehrfache Darbietung der werblichen Reize zu reflektieren (Matthes et al. 2007). Placements werden auf diese Weise gewissermaßen mitverarbeitet und hinterlassen dabei implizite Erinnerungsspuren, ohne aber dass sich die Personen an das Gesehene explizit erinnern können (Matthes et al. 2005). Durch die impliziten Erinnerungsspuren steigt aber die Wahrnehmungsgeläufigkeit und die weitere Verarbeitung der Placements erfolgt flüssiger, was von den Rezipierenden als positive Haltung gegenüber der Marke attribuiert wird (Matthes et al. 2005).

So plausibel diese Logik und die damit verbundenen Befunde auch sind, so ergeben sich aus Sicht der Werbeforschung doch einige Kritikpunkte. Zunächst einmal führt der MEE zu der aus Sicht der Werbepraxis paradoxen Empfehlung, die werblichen Reize sollten subtil, kurzzeitig und im Hintergrund gezeigt werden. Damit wird die bewusste Erinnerung an eine Marke oder an ein Produkt nahezu verunmöglicht. Zudem lassen sich sowohl aus den Arbeiten von Zajonc als auch den Folgestudien in der Werbeforschung keinerlei konkrete praktische Hinweise ableiten. Werbliche Reize werden in der Regel nicht wie bei Zajonc (1968) auf Kärtchen dargeboten, sondern sie sind in ein komplexes Reizumfeld eingebunden. Es kann dadurch durchaus vorkommen, dass nicht einmal implizite Erinnerungsspuren erzeugt wurden. Von daher lässt sich die richtige Dosis, also Dauer, Häufigkeit oder Aufdringlichkeit kaum im Vorfeld abschätzen. Zudem fällt bei den meisten Studien in der Werbeforschung auf, dass zwar auf einen MEE geschlossen wird, dieser aber keineswegs belegt werden kann. Nur weil keine explizite

Erinnerung vorliegt, heißt es noch nicht, dass eine implizite vorliegen muss. Dies wird in der Regel nicht empirisch nachgewiesen. Zudem ist bisher nicht gesichert, wie langlebend und damit wirkungsstark der MEE im Kontext der Werbeforschung ist, und es finden sich kaum Studien in der Werbeforschung, die die Linearität oder Kurvilinearität des MEE beleuchten.

Schlussendlich muss man nach der Relevanz des MEE für die Werbepraxis fragen. Die Schlussfolgerung von Woelke, mit „Werbespots Aufmerksamkeit schaffen und thematisieren, mit Product Placements überzeugen" (Woelke 1999, S. 195) macht aus Sicht der Pionierarbeit von Zajonc (1968) zwar Sinn, ist aus Praxissicht jedoch schwer umzusetzen. Auf den MEE zu setzen lohnt sich in Anbetracht der Befunde nur bei unbekannten Marken, bei denen im besten Fall ein Probekauf stimuliert werden soll. Hier sei kritisch angemerkt, dass Verhaltenseffekte beim MEE für die Werbeforschung bisher nicht überzeigend nachgewiesen werden konnten (vgl. etwa Auty und Lewis 2004, die einen MEE annehmen, aber nicht nachweisen können). Bei positiv besetzten Marken oder Marken mit Identitätsrelevanz lassen sich affektive Effekte leichter und wirkungsvoller mit assoziativen Mechanismen erzielen. Damit sind Prozesse gemeint, bei denen eine Marke mit Imagedimensionen verknüpft wird, also affektiv aufgeladen wird. Die Marke soll also nicht nur besser bewertet werden, sondern auch für etwas stehen und eine Identität ausbilden. Dennoch ist es der Verdienst der bahnbrechenden Arbeit von Zajonc (1968), aufzuzeigen, dass Werbewirkungen auch ohne Erinnerungseffekte möglich sind. Dies ist nicht nur ein höchst relevanter Befund, sondern hat auch zu einem Strom von Anschlussforschung geführt.

Literatur

Primärliteratur

Zajonc, R. B. (1968). Attitudinal effects of mere exposure. *Journal of Personality and Social Psychology Monographs, 9*(2, Pt. 2), 1–27. https://doi.org/10.1037/h0025848

Zajonc, R. B. (1980). Feeling and thinking: Preferences need no inferences. *American Psychologist, 35*(2), 151–175. https://doi.org/10.1037/0003-066X.35.2.151

Zajonc, R. B. (2001). Mere exposure: a gateway to the subliminal. *Current Directions in Psychological Science, 10*(6), 225–228. https://doi.org/10.1111/1467-8721.00154

Zajonc, R. B. (2004). Exposure effects: An unmediated phenomenon. In A. S. R. Manstead, N. Frijda, & A. Fischer (Eds.), *Studies in emotion and social interaction. Feelings and emotions: The Amsterdam symposium* (S. 194–203). Cambridge University Press. https://doi.org/10.1017/CBO9780511806582.012

Zajonc, R. B., Shaver, P., Tavris, C., & Van Kreveld, D. (1972). Exposure, satiation, and stimulus discriminability. *Journal of Personality and Social Psychology, 21*(3), 270–280. https://doi.org/10.1037/h0032357

Zajonc, R. B., Crandall, R., Kail, R. V., & Swap, W. (1974). Effect of extreme exposure frequencies on different affective ratings of stimuli. *Perceptual and Motor Skills, 38*(2), 667–678. https://doi.org/10.2466/pms.1974.38.2.667

Sekundärliteratur

Alhabash, S., McAlister, A. R., Kim, W., Lou, C., Cunningham, C., Quilliam, E. T., & Richards, J. I. (2016). Saw It on Facebook, Drank It at the Bar! Effects of Exposure to Facebook Alcohol Ads on Alcohol-Related Behaviors, *Journal of Interactive Advertising, 16*, 44–58, https://doi.org/10.1080/15252019.2016.1160330

Auty, S., & Lewis, C. (2004). Exploring children's choice: The reminder effect of product placement. *Psychology & Marketing, 21*(9), 697–713. https://doi.org/10.1002/mar.20025

Bornstein, R. F. (1989). Exposure and affect: overview and meta-analysis of research, 1968–1987. *Psychological Bulletin, 106*, 265–289. https://doi.org/10.1037/0033-2909.106.2.265

Bornstein, R. F. & D'Agostino, P. R. (1992). Stimulus recognition and the mere exposure effect. Journal of Personality and Social Psychology, 63(4), 545–552. https://doi.org/10.1037/0022-3514.63.4.545

Grimes, A., & Kitchen, P. J. (2007). Researching Mere Exposure Effects to Advertising – Theoretical Foundations and Methodological Implications. *International Journal of Market Research, 49*(2), 191–219. https://doi.org/10.1177/147078530704900205

Kunst-Wilson, W. R., & Zajonc, R. B. (1980). Affective discrimination of stimuli that cannot be recognized. *Science, 207*(4430), 557–558. https://doi.org/10.1126/science.7352271

Lai, V. T., Hagoort, P., & Casasanto, D. (2012). Affective Primacy vs. Cognitive Primacy: Dissolving the Debate. *Frontiers in Psychology*, 3, 243. https://doi.org/10.3389/fpsyg.2012.00243

Lazarus, R. S. (1984). On the primacy of cognition. *American Psychologist, 39*(2), 124–129. https://doi.org/10.1037/0003-066X.39.2.124

Matthes, J., Schemer, C., Willemsen, H., & Wirth, W. (2005). Zur Wirkung von Product Placements. Theoretische Überlegungen und experimentelle Befunde zum Mere Exposure-Effekt in audiovisuellen Medien. *Medien Journal, 29*, 23–37.

Matthes, J., Wirth, W., Schemer, C., & Pachoud, N. (2012). Tiptoe or tackle? The role of product placement prominence and program involvement for the mere exposure effect. *Journal of Current Issues and Research in Advertising, 33*(2), 129–145. https://doi.org/1 0.1080/10641734.2012.700625

Matthes, J., Schemer, C., & Wirth, W. (2007). More than meets the eye: Investigating the hidden impact of brand placements in television magazines. *International Journal of Advertising, 26*, 477–503. https://doi.org/10.1080/02650487.2007.11073029

Montoya, R. M., Horton, R. S., Vevea, J. L., Citkowicz, M., & Lauber, E. A. (2017). A re-examination of the mere exposure effect: The influence of repeated exposure on recognition, familiarity, and liking. *Psychological Bulletin, 143*(5), 459–498. https://doi.org/10.1037/bul0000085

Pawlow, I. I. (1906). The Huxley Lecture on the scientific investigation of the psychical faculties or processes in the higher animals *Lancet*, 6(Oktober), 911–915. https://doi. org/10.1016/S0140-6736(00)67165-9.

Rajecki D. W. (1974). Effects of prenatal exposure to auditory or visual stimulation on postnatal distress vocalizations in chicks. *Behavioral Biology*, *11*(4), 525–536. https://doi. org/10.1016/s0091-6773(74)90845-1

Russell, C. A. (2002). Investigating the effectiveness of product placements in television shows: The role of modality and plot connection congruence on brand memory and attitude. *Journal of Consumer Research*, *29*(3), 306–318. https://doi.org/10.1086/344432

Stang, D. J., Campus, N., & Wallach, C. (1975). Exposure duration as a confounding methodological factor in projective testing. *Journal of Personality Assessment*, *39*(6), 583–586. https://doi.org/10.1207/s15327752jpa3906_5

Winkielman, P., Schwarz, N., Fazendeiro, T. A. & Reber, R. (2003). The hedonic marking of processing fluency: Implications for evaluative judgement. In J. Musch & K. C. Klauer (Hrsg.), *The Psychology of Evaluation. Affective processes in Cognition and Emotion* (S. 189–217). Mahwah, NJ: Lawrence Erlbaum Associates.

Wojdynski, B. W., & Evans, N. J. (2020). The Covert Advertising Recognition and Effects (CARE) model: Processes of persuasion in native advertising and other masked formats, *International Journal of Advertising*, *39*, 4–31. https://doi.org/10.1080/0265048 7.2019.1658438

Wirth, W., Matthes, J., Schemer, C., & Husmann, T. (2008). Product Placements als Trojanische Pferde? Experimentelle Befunde zur Persuasion ohne explizite Erinnerung. In S. Trepte, U. Hasebrink & H. Schramm (Eds.), *Strategische Kommunikation und Mediengestaltung – Anwendung und Erkenntnisse der Rezeptions- und Wirkungsforschung* (S. 97–114). München: Fischer.

Woelke, J. (1999). Die Wirkung von Product Placement im Vergleich zu „herkömmlicher" Fernsehwerbung. In M. Friedrichsen & S. Jenzowsky (Hrsg), *Fernsehwerbung. Theoretische Analysen und empirische Befunde* (S. 167–197). Opladen: Westdeutscher Verlag.

Die Kaufentscheidung als Lernprozess: *The Theory of Buyer Behavior* von Howard und Sheth

Claudia Wilhelm

In ihrem Werk *The Theory of Buyer Behavior* stellen John A. Howard und Jagdish N. Sheth (1969) eines der damals umfassendsten Modelle zur Erklärung sowohl individuellen als auch industriellen Kaufverhaltens vor und greifen dabei im Wesentlichen auf Annahmen der kognitiven Lerntheorie zurück. Der Ansatz untersucht den Einfluss der Genese und Veränderung von Einstellungen auf das Kaufverhalten (Bongard 2002). Mit einem Modell, welches zahlreiche Kontextbedingungen, deren Zusammenspiel mit zentralen Konstrukten des Kaufentscheidungsprozesses sowie die Spezifizierung entsprechender Indikatoren umfasst, begründet das Werk die Eigenständigkeit einer neuen Disziplin, die sich der Erforschung des Konsumverhaltens widmet (Sheth 2021). Der vorliegende Beitrag gibt zunächst einen Überblick zu zentralen Annahmen und Komponenten der im Werk ausformulierten Theorie (1.) und ordnet das Werk dann in das Schaffen der beiden Autoren ein (2.). In einem weiteren Schritt werden die Limitationen des Modells und seine aktuelle Anwendung in der Marketingforschung diskutiert (3.).

C. Wilhelm (✉)
Institut für Publizistik- und Kommunikationswissenschaft, Universität Wien, Wien, Österreich
E-Mail: claudia.wilhelm@univie.ac.at

© Springer Fachmedien Wiesbaden GmbH, ein Teil von Springer Nature 2022   119
T. G. K. Meitz et al. (Hrsg.), *Schlüsselwerke der Werbeforschung*,
https://doi.org/10.1007/978-3-658-36508-0_11

1   Inhalt des Schlüsselwerkes

1.1   Allgemeines

Der von Howard und Sheth (1969) vorgestellte Ansatz fokussiert auf kognitive Prozesse der Nachfragenden und ist als *S-O-R-Modell* (Reiz-Organismus-Reaktions-Modell) angelegt. Im Kern sind verschiedene Wahrnehmungs- und Lernkonstrukte miteinander verknüpft, welche die äußeren Input- und Output-variablen miteinander verbinden (Abb. 1; vgl. Bongard 2002; Meffert et al. 2019). *Inputvariablen* beinhalten zum Beispiel physische und symbolische Produkt-informationen und Einflüsse des sozialen Umfelds, *Outputvariablen* betreffen Kaufverhalten, Einstellung und Kaufabsicht. Im Vergleich zu vorangegangenen, hierarchisch aufgebauten Stufenmodellen der Kaufentscheidung nehmen Howard und Sheth genauere Spezifikationen über die Verbindungen zwischen den dahinter-liegenden Wahrnehmungs- und Lernprozessen vor und differenzieren zwischen verschiedenen Klassen von Einflussfaktoren (Bänsch 2002; Bongard 2002; Meffert et al. 2019). Das Werk markiert eine Verschiebung der Perspektive in der Marketing-forschung von der Sicht der marketingtreibenden Unternehmen (Angebots-perspektive) hin zur Sicht der Nachfragenden, die gleichzeitig mit einer stärkeren Fokussierung auf psychologische anstelle von ökonomischen Bedingungen einher-

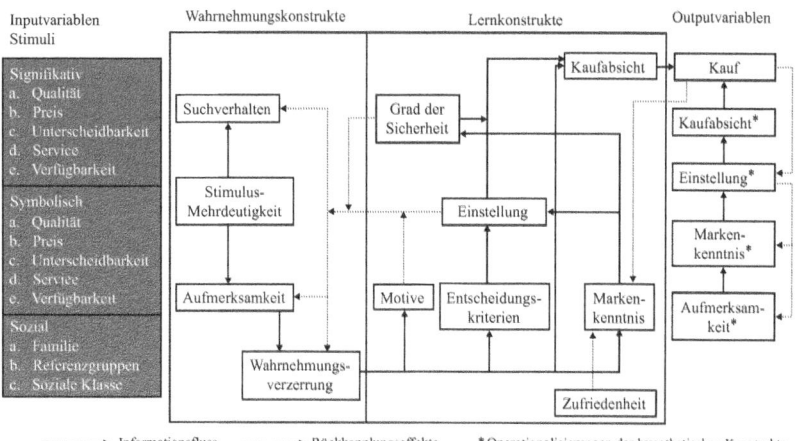

Abb. 1 Das Howard-Sheth-Modell des Kaufverhaltens. (Darstellung in Anlehnung an Bänsch 2002, S. 126; Howard und Sheth 1969, S. 29)

geht und das Modell zu einer psychologisch fundierten Theorie generellen Entscheidungsverhaltens macht (Sheth 1976).

In der Grundlagenliteratur der Marketing- und Werbeforschung wird das Modell als Totalmodell, da der Kaufentscheidungsprozess ganzheitlich im Detail betrachtet wird und als Strukturmodell, da nicht nur die Phasen des Kaufprozesses, sondern auch die Beziehungen zwischen den Einflussfaktoren erklärt werden, eingeordnet (Balderjahn und Scholderer 2007; Bänsch 2002; Bongard 2002; Meffert et al. 2019). Neben Merkmalen der Medienbotschaft und der Rezipierenden bezieht es auch Merkmale des Kontexts, in dem der Wirkungsprozess stattfindet, ein (Bongard 2002).

Das Modell soll insgesamt vier Funktionen erfüllen (Howard und Sheth 1969, S. 6 ff.; vgl. Bongard 2002): Es soll (1) der Beschreibung von Verhaltensphänomenen und ihren Bedingungen dienen, (2) eine abgrenzende Funktion zu anderen Verhaltensphänomenen erfüllen, (3) die Ableitung und empirische Prüfung spezifischer Hypothesen ermöglichen und (4) Annahmen und Erkenntnisse sowohl behavioristischer als auch kognitiver Theorietraditionen integrieren. In einem einführenden Kapitel vermitteln Howard und Sheth (1969) wissenschaftstheoretische Grundlagen zur Einordnung ihres Modells, indem sie strukturierende Merkmale der Theorie herausarbeiten und deren Elemente nach (1) Abstraktionsgrad, (2) Realitätsnähe, (3) Objektivität, (4) äußere versus inner(psychische) Merkmale und (5) Formalitätsgrad unterscheiden.

1.2 Differenzierung zwischen beobachtbaren und nicht-beobachtbaren Variablen

Howard und Sheth spezifizieren verschiedene Variablentypen, die sich in ihrer Beobachtbarkeit bzw. Messbarkeit unterscheiden (1969, S. 8):

Intervening variables are constructs that are derived directly from observable reality, whereas hypothetical constructs are not observable and must be inferred from the intervening variables.

Das Modell beinhaltet demnach verschiedene Abstraktionsstufen. Die hypothetischen Wahrnehmungs- und Lernkonstrukte im Kern des Modells weisen den höchsten und die Input- und Outputvariablen als manifeste, direkt beobachtbare Merkmale den niedrigsten Abstraktionsgrad auf (Howard und Sheth 1969, S. 23; vgl. auch Bongard 2002). Entsprechend lassen sich im Modell hypothetische Konstrukte, die eher auf der theoretischen Ebene angesiedelt sind und intervenierende Variablen, die der empirischen Ebene am nächsten sind, unterscheiden (Howard und Sheth 1969, S. 17).

1.2.1 Input- und Outputvariablen

Bei den *Inputvariablen* wird zwischen sozialen Einflüssen wie Familie und Klassenzugehörigkeit und Marketingaktivitäten, welche *signikativ* in Form des Produktes selbst und seiner Eigenschaften wie Preis und Qualität sowie *symbolisch* über mediale Darstellung (z. B. Fernsehwerbung) auftreten können, unterschieden (vgl. Abb. 1). Die *Outputvariablen* sind wie in gängigen Stufenmodellen hierarchisch angeordnet und beschreiben den Reaktionsprozess bzw. den Prozess der Kaufentscheidung. Ergänzend werden hier jedoch mögliche Rückkopplungseffekte zwischen den Stufen berücksichtigt (Bongard 2002). Die Outputvariablen sind das messbare Äquivalent zu den hypothetischen Konstrukten bzw. deren Übersetzung in eine empirische Realität. So bezeichnet Aufmerksamkeit den apparativ messbaren Umfang der Informationsaufnahme, Markenkenntnis die Verbalisierung von Markenwissen einer bestimmten Produktkategorie, Einstellung die Verbalisierung des Ausmaßes, in dem die Marke bestimmte Kaufmotive befriedigt und Intention die Artikulierung einer erwarteten Kaufentscheidung unter Berücksichtigung bekannter Bedingungen (Howard und Sheth 1969, S. 31; vgl. Bänsch 2002; Bongard 2002). *Exogene Variablen*, z. B. Wichtigkeit des Kaufs, Zeitdruck und finanzieller Status, beschreiben die Situation der Kaufentscheidung und können diese maßgeblich mitbestimmen. Sie können das Suchverhalten, Motive, Einstellungen, Entscheidungskriterien, Kaufabsicht und Markenverständnis beeinflussen, sie sind zwar nicht integraler Bestandteil des Entscheidungsprozesses, können aber für die Segmentierung eines Marktes und zur Fehlerreduktion des Modells nützlich sein (Howard und Sheth 1969, S. 24, 65–89).

1.2.2 Wahrnehmungs- und Lernkonstrukte

Im inneren Kern des Modells unterscheiden Howard und Sheth zwischen Wahrnehmungs- und Lernkonstrukten, die den hypothetischen Konstrukten zuzurechnen sind. In der Beschreibung der Konstrukte und ihrer Zusammenhänge beziehen sie sich auf lerntheoretische (z. B. Hull 1952) und kognitionstheoretische (z. B. Osgood 1957; Festinger 1964) Annahmen sowie die Explorationstheorie (Berlyne 1966).

In unmittelbarer Reaktion auf die Stimuli aus der sozialen und kommerziellen Umwelt (Informationen wie Preis und Qualität von Freunden oder aus der Werbung) wird mit der *Wahrnehmung* der Prozess der Informationsaufnahme und -verarbeitung in Gang gesetzt. Die *Mehrdeutigkeit der Stimuli* (Stimulus Ambiguity) kann erneutes *Suchverhalten* (Overt Search) oder gesteigerte *Aufmerksamkeit* (Attention) auslösen, z. B. wenn die rezipierten Informationen inkonsistent sind oder von bereits vorhandenen symbolischen Informationen (z. B. Preis, Qualität) abweichen (Meffert et al. 2019). An dieser Stelle trägt das Modell insbesondere Erkenntnissen zu Informationsverarbeitungsprozessen Rechnung, in dem es über simple Stimulus-Response-Annahmen hinausgeht und Selektivität sowie *Wahrnehmungsverzerrungen* (Perceptual Bias) von Informationen explizit mitgedacht werden (Howard und Sheth 1969, S. 25, 165).

Zu den insgesamt sieben Lernkonstrukten im Modell gehören (1) Motive, (2) Markenkenntnis, (3) Entscheidungskriterien, (4) Einstellungen gegenüber Marken, (5) Kaufabsicht, (6) Grad der Sicherheit bei der Beurteilung der Marke und (7) Zufriedenheit (vgl. Bongard 2002). *Motive* beschreiben die individuellen Ziele in einer Kaufsituation. Sie wirken auch auf den Wahrnehmungsprozess ein, indem sie die Aufmerksamkeit bei der Informationsaufnahme steigern. Sie können in Abhängigkeit von den Einstellungen zur Produktmarke bzw. zur Quelle der Information die Wahrnehmung von Information aber auch selektiv beeinflussen, (vgl. Meffert et al. 2019). Howard und Sheth unterscheiden zwischen *relevanten* und *irrelevanten* Motiven. Relevante Motive sind eng verbunden mit konkreten Produkteigenschaften (z. B. der Kaloriengehalt eines Nahrungsmittels), während irrelevante Motive eher abstraktere, allgemeinere Motivdimensionen wie Angst oder Macht abdecken (Howard und Sheth 1969, S. 31 f.; vgl. auch Bongard 2002). Die *Markenkenntnis* umfasst die Bekanntheit der Marke an sich sowie das Wissen über die Markeneigenschaften. Anhand der *Auswahlkriterien* werden die Motive nach ihrer relativen Wichtigkeit geordnet, so dass alternative Marken bzw. Produkte bewertet und in eine Rangordnung gebracht werden können. Sie sorgen für die rationale Steuerung und Zielorientierung des Verhaltens und formen so die Einstellungen als relative Präferenz für eine bestimmte Marke. Die Bewertung der Marke ist Teil eines *Evoked Set* verschiedener Marken, die auf Basis der Auswahl kriterien bewertet wurden (Howard und Sheth 1969, S. 34). Das bedeutet, im Entscheidungsprozess wird nur eine Teilmenge der bekannten und verfügbaren Marken berücksichtigt. In die Bewertung der Marke fließen aber nicht nur die motivgesteuerten Präferenzen, sondern auch der *Grad der Sicherheit* des Urteils, welcher von der Markenkenntnis, der Sicherheit der Einstellungen gegenüber der Marke und der Kaufabsicht sowie der *Zufriedenheit* durch vorangegangene Erfahrungen mit der Marke beeinflusst wird, mit ein (Howard und Sheth 1969, S. 34). Die *Kaufabsicht* bezieht sich auf die Voraussage, wann und wo der Kauf stattfindet und wie wahrscheinlich er ist. Als situationale Randbedingungen, die einen Kauf verhindern können, nennen Howard und Sheth einen hohen Preis, die mangelnde Verfügbarkeit der Marke, Zeitdruck, die finanzielle Situation und soziale Einflüsse (Howard und Sheth 1969, S. 34). Diese Randbedingungen treten kurzfristig auf und werden erst dann im Entscheidungsprozess berücksichtigt, wenn sie zu langfristig konstanten Merkmalen der Kaufentscheidung werden (Bongard 2002). Als

Folge einer Befriedigung der Motive bzw. (Über-)Erfüllung von Erwartungen stellt sich *Zufriedenheit* mit der Marke ein, welche wiederum die Markenkenntnis beeinflusst und in der Folge eine Stabilisierung positiver Einstellungen gegenüber der Marke sowie einen höheren Grad an Sicherheit in der Bewertung der Marke bewirkt (Bänsch 2002; Meffert et al. 2019).

2 Eingliederung ins Gesamtwerk

Wenngleich sich Howard und Sheth zum Zeitpunkt der Veröffentlichung in unterschiedlichen Phasen ihres wissenschaftlichen Schaffens und auf unterschiedlichen Karrierestufen befanden, so kann *The Theory of Buyer Behavior* für beide als Wendepunkt ihrer Forschung bzw. das „Opus Magnum" ihrer Laufbahn gelten (Day und Boisi 2020; Holbrook 2020; Sheth 2020).

2.1   John A. Howard

The *Theory of Buyer Behavior* bildete den theoretischen Ausgangspunkt der umfassenden Feldforschungsstudie *Buyer Behavior Project* unter Howards Leitung an der Columbia Universität. Zu dieser Zeit wurde eine stärkere wissenschaftliche Fundierung der betriebswirtschaftlichen Ausbildung sowie eine stärkere Verknüpfung von Forschung und Praxis im Bereich Management und Marketing gefordert (Hunt und Papas 1972). Howard war der erste Marketingwissenschaftler, der von der Ford Foundation finanziert diese Forderungen weiterverfolgte (Day und Boisi 2020). Er gilt als Vater der Theorie und das Werk wird als „Masterpiece" und „Opus Magnum" seines Schaffens bezeichnet (Holbrook 2020). Howard war zwar studierter Ökonom, seine sozial- und verhaltenswissenschaftlichen Interessen und Einflüsse zeigten sich jedoch nicht erst in *The Theory of Buyer Behavior*, sondern bereits in vorangegangenen Grundlagenwerken zu Marketing Management (Howard 1957) und Kaufverhalten (Howard 1963; vgl. Sheth 2020).

Im Rahmen des Howard-Ostlund-Modells verfolgte Howard eine theoretische und methodische Weiterentwicklung von *The Theory of Buyer Behavior*, in dem die Differenzierung zwischen Input-, Outputvariablen und hypothetischen Konstrukten aufgegeben und nicht-kommerzielle Institutionen als weiterer Einflussfaktor ergänzt wurden (Howard und Ostlund 1973; vgl. auch Bongard 2002). Darüber hinaus fand der Aspekt der Selektivität in der Informationsverarbeitung stärkere Berücksichtigung (Bongard 2002).

Howard war insbesondere durch seine Verbindungen in die Praxis und das *Buyer Behavior Projekt* wegweisend in der Anwendung der Grundlagenforschung im Marketing sowie im Konsum- und Kaufverhalten. Stationen seiner Lehre und Forschung waren die Universitäten von Illinois, Chicago, Pittsburgh, Western Ontario und Stanford (American Marketing Association 2021). Zur Ehrung seines Schaffens in der Marketing- und Konsumforschung und insbesondere seiner Vorbildfunktion und prägenden Rolle in der Ausbildung von Promovierenden benannte die Amerikanische Marketinggesellschaft (AMA) 1992 ihren jährlich zu vergebenden Dissertationspreis nach ihm (American Marketing Association 2021).

2.2   Jagdish Sheth

Wie Howard gilt auch Sheth als Marketing-Pionier. Ursprünglich aus Burma (heute Myanmar) stammend, ging Sheth für sein Studium in die USA an die Universität Pittsburgh. Er wurde von John Howard an die Columbia University geholt, promovierte bei ihm und war als Ko-Autor maßgeblich an der *Theory of Buyer Behavior* beteiligt (Sheth 2020; Weingarden 2019). Teil der Vorarbeiten war auch ein Review bisheriger Konsumverhaltensmodelle und der Veränderungen im Marketing nach dem Zweiten Weltkrieg, in dem Sheth Bezug nimmt auf Howards Kritik an bisher etablierten formalistischen Modellen (Sheth 1967). In seiner Dissertation testete er Teile der von ihm und Howard entwickelten Theorie (Krishnan und Sheth 2011). Konkret untersuchte er die Aneignung neuen Markenwissens durch in die USA Immigrierte sowie deren Erfahrung mit neuen Produktkategorien, für die sie kein kulturelles Vorwissen und Präferenzen hatten (Sheth 1966; vgl. Sheth 2017). In einem weiteren Schritt spezifizierte er *Theory of Buyer Behavior* für industrielles Konsumverhalten (Sheth 1973). In seinem weiteren Schaffen beschäftigte er sich u. a. mit methodologischen Weiterentwicklungen, Kaufverhalten im Kontext familiärer Entscheidungen sowie in kulturvergleichender Perspektive, Relationship Marketing und der Ergründung neuer Forschungsbereiche des Marketing (z. B. Einfluss des Klimas; Krishnan und Sheth 2011; Sheth 2017).

Sheth gilt als *Accidental Marketer*, da er ursprünglich Sozialwissenschaftler war, sich dann für Kaufverhalten und im Weiteren für organisationelles Kaufverhalten interessierte und Parallelen zum individuellen Kaufverhalten erkannte (Malhotra 2011).

3   Wirkungsgeschichte des Schlüsselwerkes und Kritik

3.1   Wirkungsgeschichte

Die Veröffentlichung des Howard-Sheth-Modells in *Theory of Buyer Behavior* war ein Wendepunkt in der Entwicklung der *Consumer Research* als Fachgebiet (Lehman 2020; Sheth 2021). Gleichzeitig erschienen zwei weitere, umfassende Modellierungen des Konsumverhaltens (Engel et al. 1968; Nicosia 1966) und es kam zur Gründung der eigenständigen *Association for Consumer Research* (Lehman 2020) und der Fachzeitschrift *Journal of Consumer Research* (JCR; Sheth 2021).

Es lassen sich eine Reihe wichtiger Errungenschaften des Modells zur damaligen Zeit herausstellen, die seine Wirkung auf die nachfolgende Marketing- und Werbeforschung dokumentieren. Dazu zählt die Integration und Adaption psychologischer Ansätze zur Erforschung des Kaufverhaltens, welche eine umfassende und integrative Betrachtung der breiten Literatur in Psychologie, Soziologie, Wirtschaft und anderen Bereichen voraussetzten (Lehman 2020). Im Unterschied zu vorangegangenen ökonomischen Modellen, liegt der Fokus auf der Nachfrageseite, denn Howard und Sheth erachteten es für wichtig „to incorporate constructs, related to the buyer as an integral part of marketing, that explain changes in preferences" (1969, S. 22). Die Perspektive richtet sich weg vom Kommunikator hin zu Eigenschaften und Dispositionen der Rezipierenden („buyer's mental state related to a buying decision", Howard und Sheth 1969, S. 23) und inneren Prozessen der Informationsverarbeitung. Hinzu kommt eine umfassende, ganzheitliche Betrachtung des Kaufverhaltens als Prozess, die in bisherigen Stufenmodellen kaum zu finden war, sowie die Einführung des Begriffs der *Customer Journey*, welcher sich erst Jahre später etablierte (Weg zum Kauf; Lehman 2020). Hervorgehoben wird außerdem, dass *Theory of Buyer Behavior* trotz der Komplexität des Modells praxisrelevante Bezüge für Managemententscheidungen liefert (Lehman 2020). Als entscheidungstheoretischer Beitrag zur Erklärung des Kaufverhaltens kann die Erkenntnis gelten, dass Kaufentscheidungen nach Howard und Sheth nur bedingt rational und nicht zwingend auf den höchsten Nutzen abzielend getroffen werden, sondern vielmehr das Ergebnis von Lernen, Gewohnheit und Sozialisation sind (Sheth 2017). Mit Blick auf die empirische Prüfbarkeit des Modells ist die explizite Unterscheidung nicht direkt beobachtbarer, hypothetischer Konstrukte und empirisch messbarer Outputvariablen wegweisend (Bongard 2002), welche sich später in der Marketingforschung in der gängigen Unterscheidung von latenten und manifesten Variablen und der Etablierung von Strukturgleichungsmodellen als Standard der Prüfung komplexer Kaufentscheidungen wiederfand.

Insgesamt hat *Theory of Buyer Behavior* in Wissenschaft und Praxis große Resonanz ausgelöst und bildet den Ausgangspunkt für weitere, komplexe Modellierungen des Kaufverhaltens (z. B. Engel et al. 1978; Blackwell et al. 2006; vgl. Meffert et al. 2019). Das Modell von Howard und Sheth galt lange Zeit als das am weitesten verbreitete Konsumverhaltensmodell (Bongard 2002).

3.2   Kritik

Gleichwohl das Werk weite Verbreitung erfuhr und in die Marketinggrundlagenliteratur einging, lassen sich auch eine Reihe zentraler Kritikpunkte finden. Bereits Sheth (1976) reflektierte einige Schwächen des von ihm mitbegründeten Modells. Gegenstand des Modells ist die *individuelle* Entscheidung für eine Marke (*brand choice*). Damit bleiben andere Entscheidungstypen wie etwa Entscheidungen in Organisationen oder in der Familie sowie auch die Entscheidung für einen bestimmten Distributionskanal ausgeklammert (Sheth 1976). Es wird eine hoch deliberative Entscheidung unterstellt (Sheth 1976), emotionale, affektive Aspekte bleiben weitgehend ausgeblendet. Persönlichkeitsmerkmale, Gruppeneinflüsse, situationale und soziale Randbedingungen werden als exogene Variablen nicht als Teil des Entscheidungsprozesses verstanden und nicht weiter spezifiziert (Bänsch 2002; Zaltman et al. 1973). Die mangelnde Spezifizierung der exogenen Variablen hatte auch zur Folge, dass nur wenige segmentspezifische Modelltests vorliegen (Sheth 1976).

Die empirische Prüfung des Modells birgt noch weitere Probleme. Es wird kritisiert, dass es aufgrund seiner Komplexität als deskriptives Totalmodell in Gänze kaum empirisch prüfbar ist (Bongard 2002; Meffert et al. 2019). Mit Wahrnehmungs- und Lernkonstrukten enthält es sowohl dynamische als auch statische Komponenten, deren gemeinsame Messung ein mehrmethodisches Vorgehen erfordert (Sheth 1976). Eine Reihe von Komponenten des Modells sind nicht näher spezifiziert, es fehlen konkrete Operationalisierungsanweisungen (Sheth 1976; Meffert et al. 2019), was sich auch als Problematik bei den durchgeführten empirischen Tests herausstellte (z. B. Farley und Ring 1970; vgl. Bänsch 2002).

3.3   Aktuelle Bedeutung des Werks

Die zentralen Leistungen der *Theory of Buyer Behavior* sind bis heute in der Marketingforschung von Bedeutung. Dazu gehören die prozessuale Betrachtung der Kaufentscheidung, die Berücksichtigung von Kontexteffekten auf die Entscheidung und im Entscheidungsprozess, die Differenzierung zwischen verschiedenen Informationsverarbeitungstiefen bei der Entscheidung und damit auch ersten Vorstellungen zu (begrenzten) Ressourcen der Verarbeitung sowie die Berücksichtigung von Multi-Attributivität bei der Wirkung von Einstellungen, der Bildung von Präferenzen und der Beurteilung von Marken (Bettman 2020; Krishnan und Sheth 2011; Sheth 2020). Durch die explizite Fokussierung auf das Kaufverhalten statt dem Konsum, die bereits im Titel des Werks offenkundig wird (vgl. auch Howard und Sheth 1969, S. 3), deutete sich bereits seine Relevanz für B-to-B- und C-to-C-Beziehungen als weitere Bereiche des Marketings an (Bettman 2020).

Darüber hinaus finden sich die Phasen der Kaufentscheidung, wie sie das Modell postuliert, in ähnlicher Form in vielen, neueren Customer-Journey-Modellen wieder (Lee et al. 2018; vgl. Bettman 2020). Einzelne Konstrukte des Modells wie Motive und Wahrnehmungsverzerrungen sind auch zentrale Komponenten in der verhaltensorientierten Entscheidungstheorie, jedoch hat sich die Forschung im Bereich Konsumverhalten von der Prüfung umfassender Totalmodelle weitgehend abgewandt hin zu einer eher engeren Theorieprüfung im Rahmen von Experimentalstudien (Lehman 2020). Phänomene wie Word-of-Mouth haben auch heute große Bedeutung wie auch die grundlegenden Konzepte (Bewusstsein, Verständnis, Vertrauen, Zufriedenheit) des Modells nach wie vor aktuell sind. Jedoch ist sein Einfluss heute eher indirekt, was sich auch darin zeigt, dass es weniger häufig zitiert wird (Lehman 2020). Studien, die sich direkt auf das Modell beziehen, finden sich in der Marketingforschung heute eher selten (z. B. Yang und Tan 2019). Schließlich spielen im Zeitalter digitaler Ökonomien andere Aspekte des Konsums wie Nachhaltigkeit und die Nutzungserfahrung (*user experience*) eine größere Rolle als der Akt der Kaufentscheidung an sich, wie ihn Howard und Sheth vor über 50 Jahren konzeptionalisierten (Sheth 2020).

Literatur

Primärliteratur

American Marketing Association (2021). *John A. Howard/AMA Doctoral Dissertation Award.* Verfügbar unter: https://www.ama.org/john-a-howard-ama-doctoral-dissertation-award/
Berlyne, D. E. (1966). Curiosity and Exploration. *Science, 153*(3731), 25–33.
Bettman, J. R. (2020). Echoes in the Present: Contributions of Howard and Sheth's The Theory of Buyer Behavior to Consumer Research. In J. N. Sheth, *The Howard – Sheth Theory of Buyer Behavior* (S. XI–XIV). Neu-Delhi: Wiley.

Blackwell, R., Miniard, P. W., & Engel, J. F. (2006). *Consumer behavior*, 10. Aufl. Mason: Thomson South-Western.

Day, G. S., & Boisi, G. T. (2020). Reflections on John Howard and the buyer behavior project. In J. N. Sheth, *The Howard – Sheth Theory of Buyer Behavior* (S. XV–XVII). Neu-Delhi: Wiley.

Engel, J. F., Kollat, D. T., & Blackwell, R. D. (1968). *Consumer Behavior.* New York: Holt, Rinehart and Winston.

Engel, J. F., Blackwell, R. D. & Kollat, D.T. (1978). *Consumer behavior.* 3. Aufl. Hinsdale: The Dryden Press.

Farley, J. U., & Ring, L. W. (1970). An empirical test of the Howard-Sheth model of buyer behavior. *Journal of Marketing Research, 7*(4), 427–438.

Festinger, L. (1964). Behavioral Support for Opinion Change. *Public Opinion Quarterly, 28*(3), 404–417.

Holbrook, M. B. (2020). John Howard, Jagdish Sheth, and the revival of a marketing masterpiece. In J. N. Sheth, *The Howard – Sheth Theory of Buyer Behavior* (S. XXV–XXIX). Neu-Delhi: Wiley.

Howard, J. A. (1957). *Marketing Management: The analysis and decisions.* Homeword: Richard D. Irwin.

Howard, John A. (1963). *Marketing: Executive and buyer behavior.* New York: Columbia University Press.

Howard, J. A., & Ostlund, L. E. (1973). The model: Current status of buyer behavior theory. Buyer Behavior. In J. A. Howard, J. A. Howard, & L- E. Ostlund (Eds.), *Buyer behavior: Theoretical and empirical foundations* (S. 3–32). New York: Alfred A. Knopf.

Howard, J. A., & Sheth, J. N. (1969). *The theory of buyer behavior.* New York: Wiley.

Hull, C. L. (1952). *A behavior system; an introduction to behavior theory concerning the individual organism.* New Haven: Yale University Press.

Hunt, S. D., & Pappas, J. L. (1972). A crucial test for the Howard-Sheth model of buyer behavior. *Journal of Marketing Research, 9*(3), 346–348.

Krishnan, B.C., & Sheth, J.N. (2011). A journey of an accidental marketing scholar. In N. K. Malhotra (Ed.), *Review of marketing research: Special issue-marketing legends* (S. 243–267). Bingley: Emerald.

Lee, L., Inman, J. J., Argo, J. J., Böttger, T., Dholakia, U., Gilbride, T., ... & Tsai, C. I. (2018). From browsing to buying and beyond: The needs-adaptive shopper journey model. *Journal of the Association for Consumer Research, 3*(3), 277–293.

Lehman, D. (2020). The Pivotal Role of the Howard–Sheth Model. In J. N. Sheth, *The Howard – Sheth Theory of Buyer Behavior* (S. XIX–XXIII). Neu-Delhi: Wiley.

Malhotra, N. K. (2011). Introduction – review of marketing research: A review of legendary contributions to marketing. In N. K. Malhotra (Ed.), *Review of marketing research: Special issue-marketing legends* (S. XI–XIX). Bingley: Emerald.

Nicosia, F. (1966). *Consumer decision process: Marketing and advertising implications.* Engelwood Cliffs: Prentice-Hall.

Osgood, C. E. (1957). A behavioristic analysis of perception and language as cognitive phenomena. In J. S. Bruner (Ed.), *Contemporary approaches to cognition: A symposium held at the University of Colorado* (S. 75–118). Cambridge: Harvard University.

Sheth, J. N. (1966). *A behavioral and quantitative investigation of brand loyalty.* Pittsburgh: University of Pittsburg.

Sheth, J. N. (1967). A review of buyer behavior. *Management Science*, *13*(12), B-718–B-756.
Sheth, J. N. (1973). A model of industrial buyer behavior. *Journal of Marketing*, *37*(4), 50–56.
Sheth, J. N. (1976). *John Howard's contributions to marketing: Some thoughts*. Available at: https://www.jagsheth.com/marketing-theory/howards-contributions-to-marketing-some-thoughts/
Sheth, J. N. (2017). Climate, Culture, and Consumption: Connecting the Dots. In T. Lowrey & M. Solomon (Eds.), *The Routledge companion to consumer behavior* (S. 14–18). New York: Routledge.
Sheth, J. N. (2020). Prologue. In J. N. Sheth, *The Howard – Sheth theory of buyer behavior* (S. XXXI–LIII). Neu-Dehli: Wiley.
Sheth, J. (2021). New areas of research in marketing strategy, consumer behavior, and marketing analytics: the future is bright. *Journal of Marketing Theory and Practice*. Advance Online Publication. https://doi.org/10.1080/10696679.2020.1860679
Weingarden, M. (2019). Jagdish Sheth the Accidental Marketer; Sheth Explains Rule of Three and How Small Firms Can Compete. Verfügbar unter: https://www.ama.org/2019/07/28/jagdish-sheth-the-accidental-marketer-sheth-explains-rule-of-three-and-how-small-firms-can-compete/
Yang, Y., & Tan, Z. (2019). Investigating the influence of consumer behavior and governmental policy on the diffusion of electric vehicles in Beijing, China. *Sustainability*, *11*(24), 6967. https://doi.org/10.3390/su11246967
Zaltman, G., Pinson, C. R., & Angelmar, R. (1973). *Metatheory and Consumer Research*. New York: Holt, Rinehart and Winston.

Sekundärliteratur

Balderjahn, I., & Scholderer, J. (2007). *Konsumentenverhalten und Marketing: Grundlagen für Strategien und Maßnahmen*. Stuttgart: Schäffer-Poeschel.
Bänsch, Axel. (2002). *Käuferverhalten*. München, Wien: Oldenbourg.
Bongard, J. (2002). *Werbewirkungsforschung: Grundlagen-Probleme-Ansätze*. Münster: LIT.
Meffert, H., Burmann, C., Kirchgeorg, M., & Eisenbeiß, M. (2019). *Marketing*. 13. Aufl. Wiesbaden: Springer Fachmedien.

Zum Verhältnis von Überzeugungen, Einstellungen, Absichten und Verhalten: *Belief, Attitude, Intention and Behavior* von Fishbein und Ajzen

Isabell Koinig und Sandra Diehl

1   Inhalt

Das Hauptziel des Werkes von Martin Fishbein und Icek Ajzen kann als Versuch beschrieben werden, verschiedene bereits bestehende Einstellungs-Konzepte und -Theorien zu organisieren und miteinander zu verbinden sowie einen kohärenten Rahmen zu schaffen, der eine systematische theoretische Analyse ermöglicht (1975: S. 14 f.). Das vorgestellte Einstellungs-Messmodell (Fishbein-Modell) ist eines der ersten Multiattributmodelle, das eine mehrdimensionale Einstellungsmessung ermöglicht. Zur Entwicklung des konzeptionellen Rahmens setzen sich die Autoren mit den folgenden drei Kernfragen auseinander:

- Was bestimmt menschliche Überzeugungen, Einstellungen, (Verhaltens-)Absichten und individuelles Verhalten?
- Inwieweit bedingen sich diese Variablen gegenseitig?
- Inwieweit können diese Variablen verändert werden?

I. Koinig (✉) · S. Diehl
Institut für Medien- und Kommunikationswissenschaft, Universität Klagenfurt, Klagenfurt, Österreich
E-Mail: Isabell.Koinig@aau.at; sandra.diehl@aau.at

© Springer Fachmedien Wiesbaden GmbH, ein Teil von Springer Nature 2022   131
T. G. K. Meitz et al. (Hrsg.), *Schlüsselwerke der Werbeforschung*,
https://doi.org/10.1007/978-3-658-36508-0_12

Fishbein und Ajzen konzipieren ein Modell, in welchem sie den Zusammenhang von vier zentralen Variablen näher erklären: *Überzeugungen, Einstellungen, Verhaltensabsichten* und *Verhalten*. **Überzeugungen** (*beliefs*) beziehen sich auf die Informationen, die einer Person über ein Objekt zur Verfügung stehen. Dies bedeutet, dass Überzeugungen Objekte mit konkreten Attributen verknüpfen (z. B. Russland ist ein totalitärer Staat, hierbei wird Russland (Objekt) mit dem System des totalitären Staats (Attribut) verbunden). Überzeugungen variieren in ihrer Stärke, da nicht jedes Attribut als gleich stark mit dem Objekt verbunden wahrgenommen wird. **Einstellungen** (*attitudes*) sind von Natur aus wertend (dies bedeutet, dass die Beurteilung der eigenen Gefühle und Ansichten gegenüber dem fraglichen Objekt subjektiv ist). Am häufigsten wird die Einstellung bipolar dargestellt – entweder durch eine positive oder negative Bewertung des Objekts. (**Verhaltens-)Absichten** (*intentions*) sind subjektive Absichten, bestimmte Verhaltensweisen auszuführen oder auszuüben. Die Stärke der Absicht hängt dabei von der Wahrscheinlichkeit ab, das betreffende Verhalten auch ausführen zu können. **Verhalten** (*behavior*) beschreibt alle beobachtbaren Handlungen, die dazu geeignet sind, analysiert bzw. untersucht zu werden. Es ist möglich, aus dem Verhalten auf Einstellungen, Überzeugungen und (Verhaltens-)Absichten rückzuschließen. Um das Verhältnis der einzelnen Konstrukte untereinander zu illustrieren, stellen Ajzen und Fishbein die Beziehungen der einzelnen Elemente visuell dar (siehe Abb. 1):

Wie aus Abb. 1 ersichtlich ist, führen Überzeugungen, die ein Objekt mit verschiedenen Attributen verbinden, zu einer individuellen Einstellung gegenüber einem Objekt. Die Einstellung selbst führt zuerst zu einer Verhaltensabsicht, die dann das tatsächliche Verhalten beeinflusst. Es gibt Feedbackmöglichkeiten zwischen Verhalten und Überzeugungen, sowie zwischen Einstellungen und

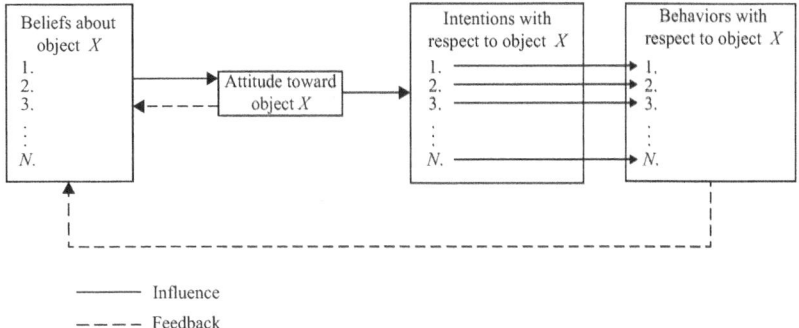

Abb. 1 Beziehungen der einzelnen Konstrukte (Fishbein & Ajzen, 1975: S. 15)

Überzeugungen; eine Revision des jeweiligen Konstrukts kann also zu neuen Überzeugungen über das Objekt führen.

Abb. 2 gibt einen detaillierten Überblick über den konzeptionellen Rahmen von Fishbein und Ajzen (1975), welcher wie folgt aufgebaut ist: Überzeugungen bilden die Basis des Modells. Dabei gilt es, zwischen zwei Kategorien von Überzeugungen zu unterscheiden: (a) Überzeugungen über die Konsequenzen eines bestimmten Verhaltens und (b) Überzeugungen über die soziale Erwartung gegenüber einem bestimmten Verhalten (normative Überzeugungen). Beide Überzeugungsformen durchlaufen einen stetigen Feedbackprozess, welcher sich an das aktuell durchgeführte Verhalten anschließt. Die Überzeugungen sind als Informationsbasis zu verstehen, aus denen Einstellungen, subjektiv wahrgenommene Normen, Verhaltensabsichten und letztendlich das eigentliche Verhalten selbst abgeleitet werden. Eine Person kann Überzeugungen direkt bilden, indem sie Attribute mit Objekten verknüpft, z. B. durch Beobachtung, oder durch logische Inferenz.

Als nächstes betrachten die Autoren Einstellungen, welche aus dominanten Überzeugungen bestehen. Dabei gilt: je positiver (negativer) die assoziierten Attribute, desto positiver (negativer) die Einstellung. Des Weiteren üben subjektive Normen, die mit dem Verhalten verknüpft sind, Einfluss auf die Verhaltensabsicht aus. Diese subjektiven Normen basieren auf den normativen Überzeugungen in Bezug auf das Verhalten (z. B. in Bezug auf die soziale Erwünschtheit des Verhaltens und der Motivation, den sozialen Erwartungen der Umwelt zu entsprechen).

Die gebildeten Einstellungen und subjektiven Normen beeinflussen die Absicht, ein bestimmtes Verhalten auch auszuführen. Als letzter Schritt führen die Verhaltensabsichten zu dem tatsächlichen Verhalten. Jedoch ist kritisch anzumerken, dass nicht jede einzelne (Verhaltens-)Absicht zu einem tatsächlichen Verhalten führt.

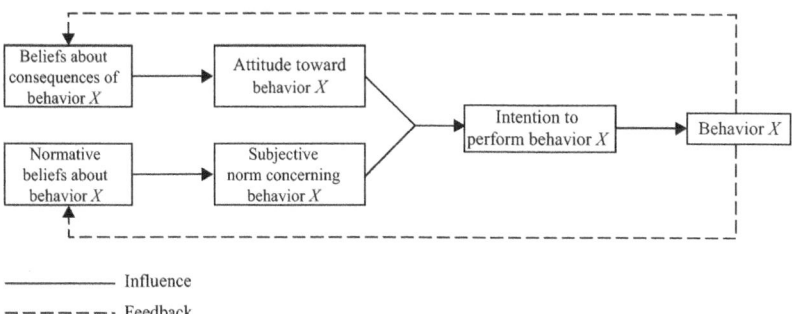

Abb. 2 Konzeptioneller Rahmen (Fishbein und Ajzen 1975: S. 16)

Das Modell von Fishbein und Ajzen unterscheidet sich von vorherigen Konzeptionalisierungen dahingehend, dass es – anstatt Einstellungen einen direkten Einfluss auf das Verhalten einer Person zuzusprechen – von einer indirekten Wirkung von Einstellungen auf das Verhalten ausgeht. In diesem Kontext wird das Konstrukt der Verhaltensabsicht als Bindeglied eingeführt. Zudem wird ein neues Modell der Einstellungsmessung in Form eines Multiattributmodells vorgeschlagen.

Um die Wirksamkeit ihres konzeptionellen Rahmens zu demonstrieren, gliedern Ajzen und Fishbein ihren Text entsprechend den Ebenen ihres Modells. Schritt für Schritt diskutieren die Autoren die einzelnen Konstrukte, bis ein tieferes Verständnis für die einzelnen Elemente gegeben ist. Im Anschluss daran beziehen sie sich auf bestehende Forschungsarbeiten, die sich bereits mit den Begrifflichkeiten ihres Modells beschäftigt haben.

1.1   Wie werden Überzeugungen gebildet?

Überzeugungen können auf zwei verschiedene Arten gebildet werden. (1) Durch direkte Beobachtung (z. B. eine Person erkennt, dass ein Tisch – das präsentierte Objekt – rund ist). (2) Durch Inferenz (z. B. Feuer erzeugt Rauch; daher könnte eine Person annehmen, dass es irgendwo ein Feuer gibt, sobald Rauch zu sehen ist). In Anbetracht der Art der (direkten) Beobachtung werden diese Überzeugungen als höchstwahrscheinlich angesehen; im Fall einer inferentiellen (indirekten) Beobachtung hingegen wird eine Überzeugung einfach angenommen, ohne jemals eine direkte Verknüpfung von Objekt und Attribut zusammen beobachtet zu haben. Die Autoren führen hierfür ein weiteres Beispiel an: Zu sagen, dass John größer ist als Sam und Sam größer als Bob, würde zu dem Glauben führen, dass John größer als Bob sei. Diese Schlussfolgerung entsteht aber, ohne dass John und Bob jemals direkt nebeneinander stehen – sie basiert also auf einer Vermutung. Prinzipiell gilt also festzuhalten, dass es zwei Formen von Überzeugungen gibt: deskriptive (d. h. beobachtbare) Überzeugungen und inferentielle (d. h. abgeleitete) Überzeugungen.

1.2   Wie entstehen Einstellungen?

Einstellungen, welche zumeist anhand einer bipolaren Skala (bestehend aus zwei gegensätzlichen Attributen, z. B. gut-schlecht, angenehm-unangenehm, ansprechend-nicht ansprechend) gemessen werden, beziehen sich auf günstige oder ungünstige Ansichten über ein Objekt. Einige Einstellungen können über einen langen Zeitraum hinweg konstant bestehen, andere können sich dagegen häufig ändern. Einstellungen selbst basieren auf den wichtigsten Überzeugungen. Dies bedeutet, dass eine Person möglicherweise viele Überzeugungen gleichzeitig gegenüber einem bestimmten Objekt haben kann, jedoch nur einige wenige (im Allgemeinen fünf bis neun) die Einstellung der Person gegenüber dem Objekt nachhaltig prägen. Die Einstellung basiert nicht nur auf jenen Überzeugungen, die am stärksten herausstechen, sondern auch auf der Bewertung der Überzeugungen durch die jeweilige Person. Dies bedeutet: Zwei Personen mit der gleichen Einstellung können unterschiedlich ausgeprägte Überzeugungen haben. Des Weiteren können zwei Personen mit unterschiedlich ausgeprägten Überzeugungen aber dennoch die gleiche Einstellung haben. Da Überzeugungsausprägungen hierarchisch klassifiziert sind, ist die Annahme, dass durch das Hinzukommen einer weiteren Überzeugung eine Einstellungsveränderung bewirkt werden kann, nicht immer zutreffend. Je mehr Überzeugungen zusammengefasst werden, desto weniger beeinflussen diese die individuelle Einstellungsbildung.

1.3   Wie können die Einstellungen gemessen werden?

Das Werk von Fishbein und Aijzen zählt auch aufgrund des darin vorgestellten mehrdimensionalen Fishbein-Modells zur Einstellungsmessung zu den Schlüsselwerken der Werbeforschung. So wird es beispielsweise im Rahmen der *Methoden der Marketing Forschung* von Raab/Unger/Unger (2018), im Buch *Konsumentenverhalten* von Kroeber-Riel/Gröppel-Klein (2019) sowie im *Handbuch Werbeforschung* von Siegert/Weber/Lischka (2015) detailliert diskutiert. Das Multiattributmodell umfasst affektive und kognitive Dimensionen, die zur Messung der Einstellung gegenüber einem Objekt oder einem Verhalten herangezogen werden. Die grundlegende Hypothese des Modells lautet, dass sich die Einstellung zu einem Objekt (z. B. einer Marke) aus der subjektiven (kognitiven) Wahrnehmung ihrer Eigenschaften und ihrer subjektiven (affektiven) Bewertung ergibt. Zunächst sind durch Befragung der KonsumentInnen einstellungsrelevante Eigenschaften eines Produktes (z. B. modernes Produktdesign oder hochwertige Qualität) zu ermitteln. Für jede Eigenschaft wird ein Eindruckswert berechnet (z. B. durch Mittelwerte). Die Einstellung ergibt sich aus der Summe der Eindruckswerte – hierfür werden die einzelnen Mittelwerte addiert. Bei der Ermittlung der Eindruckswerte wird jeweils die Wahrscheinlichkeit, mit der eine Person eine Eigenschaft an dem Objekt für vorhanden hält, mit der Bewertung der Eigenschaft durch die Person multipliziert, und man erhält so die subjektive Einschätzung der Produkteigenschaft. Bei der Wahrnehmung der KonsumentInnen, welche Produkteigenschaften bei einem Produkt besonders wichtig sind, und der Bewertung dieser

$$A_0 = \sum_{i=1}^{n} b_i e_i,$$

Abb. 3 Formale Schreibweise des Fishbein Modells (Fishbein und Ajzen 1975: 29)

Produkteigenschaften bei einer bestimmten Marke spielt die Werbung eine große Rolle. Abb.3 verdeutlicht die Messung der Einstellung. Dabei wird wie bereits beschrieben davon ausgegangen, dass die Einstellung zum Objekt (A_0; Attitude towards the object) aus der Summe der objekt-bezogenen Überzeugungen (b_i; belief towards the object; gemessen an der Wahrscheinlichkeit, dass die einzelnen Attribute i vorhanden sind) multipliziert mit den objekt-bezogenen Bewertungen (e_i; evaluation of attributes) gebildet werden kann. n stellt dabei die Anzahl der gemessenen Überzeugungen dar.

1.4   Wie werden Absichten generiert?

Absichten werden in Bezug auf ein bestimmtes Objekt gebildet und bestehen in der Regel aus vier Elementen: (1) einem Verhalten; (2) einem Zielobjekt, auf welches das Verhalten ausgerichtet ist; (3) einer Situation, in welcher das Verhalten zur Anwendung kommt; und (4) einer Zeit, in welcher das Verhalten auftritt.

Gemäß diesen vier Ebenen können Absichten entweder allgemeiner Natur (z. B. die Absicht, einen Schüler zu loben) oder spezifischer Natur sein (z. B. die Absicht, am Montag einen Schüler in der Schule zu loben). Bezugnehmend auf die früheren Arbeiten von Fishbein (1967, 1973) stellen die Autoren fest, dass die Absicht auf zwei Determinanten beruht: einer einstellungsbezogenen und einer normativen Determinante; zweitere betrifft das Umfeld der Person, und die Meinung ihrer Mitmenschen zu dem Verhalten, sollte sich die Person dazu entschließen, das Verhalten tatsächlich auszuüben (siehe Abb. 4).

Um die Entstehung der Absicht, die durch die Einstellung zum Verhalten und die subjektiven Normen gebildet wird, zu erklären, schlagen Fishbein und Ajzen ein Reiz-Organismus-Reaktions-Modell (Stimulus-Organism-Response-Model; SOR-Model) vor. Das SOR-Modell basiert auf dem neobehavioristischen Konzept der kausalen Verknüpfung von Reiz (S), Vorgängen im Organismus (O) und einer darauffolgenden Reaktion (R). Die Einstellung zum Verhalten ergibt sich aus der Abschätzung der Folgen des Verhaltens selbst sowie aus den normativen Überzeugungen aus dem Umfeld des Individuums. Diese beiden Faktoren wiederum hängen sehr stark vom jeweiligen Kontext ab, in dem sie entstehen (z. B. von der

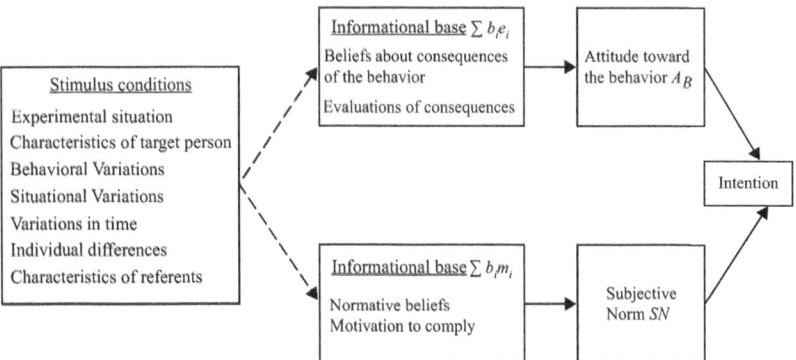

Abb. 4 Einfluss von Reiz-Variablen auf Einstellungen (Fishbein & Ajzen, 1975: S. 334)

Situation, Umgebung, den Charakteristika der Person usw.). Abb. 3 illustriert den Einfluss einzelner Bedingungen (Stimuli) auf die Überzeugungen und dann in Folge auf die Einstellungen und subjektiven Normen (Vorgänge im Organismus), welche die Verhaltensabsicht (Response) determinieren.

1.5   Wie kann Verhalten vorhergesagt werden?

Die Beziehung zwischen Verhaltensabsicht und dem eigentlichen Verhalten hängt von einigen Komponenten ab:

(1) vom Grad, mit dem die Messung der Verhaltensabsicht mit dem Verhalten korrespondiert,

(2) von der Zeitspanne zwischen der Messung der (Verhaltens-)Absicht und dem Auftreten des Verhaltens, und

(3) vom Grad, in dem der/die Handelnde in der Lage ist, entsprechend seiner/ihrer eigenen Absichten und ohne die Hilfe anderer zu handeln.

Diese Komponenten können erklären, warum nicht jede Verhaltensabsicht in tatsächlichem Verhalten mündet.

2   Bezug des Schlüsselwerks zum Gesamtwerk der Autoren

Ajzen und Fishbein formulierten 1980 die Theorie des begründeten Handelns (*Theory of Reasoned Action*; TRA). Diese resultierte aus der Einstellungsforschung rund um die sogenannten Expectancy Value Models (für einen Überblick siehe Petty, 2001). Ajzen und Fishbein konzipierten die TRA, um die Diskrepanz zwischen Einstellungen und Verhalten besser zu erklären. Die TRA bezog sich dabei vorwiegend auf freiwilliges Verhalten. Um der Tatsache Rechnung zu tragen, dass Verhalten nicht zu 100 % freiwillig und kontrolliert passiert, ergänzten die Autoren ihr Modell um die wahrgenommene Verhaltenskontrolle. Das um diese Variable ergänzte Modell wurde in die Theorie des geplanten Verhaltens (*Theory of Planned Behavior* – TPB) überführt. Die Theorie des geplanten Verhaltens stellt eine Theorie dar, die bewusstes Verhalten vorhersagt, weil Verhalten absichtlich und geplant sein kann (Ajzen, 1985, 1987, 1988).

Die Theorie des geplanten Verhaltens basiert auf der Annahme, dass das Verhalten einer Person durch ihre Absicht bestimmt wird, das Verhalten in weiterer Folge auch auszuführen, und dass diese Absicht wiederum durch ihre Einstellung zum Verhalten und subjektive Normen bedingt wird (Ajzen 1991, 2002). Der verlässlichste Prädiktor für ein Verhalten ist die (Verhaltens-)Absicht (siehe Abb. 5). Die (Verhaltens-)Absicht beschreibt die kognitive Bereitschaft einer Person, ein bestimmtes Verhalten auszuführen und wird folglich als unmittelbarer Vorbote des Verhaltens angesehen. Die (Verhaltens-)Absicht wird durch drei Aspekte determiniert:

(1) der Einstellung zum spezifischen Verhalten,
(2) subjektiven Normen und
(3) der wahrgenommenen Verhaltenskontrolle.

Die Theorie des geplanten Verhaltens besagt zudem, dass nur bestimmte Einstellungen in Bezug auf das fragliche Verhalten miteinbezogen werden können, um dieses Verhalten auch vorherzusagen. Neben der Messung der individuellen Einstellungen zum Verhalten müssen auch die subjektiven Normen berücksichtigt werden; diese Normen verweisen auf Überzeugungen darüber, wie das soziale Umfeld der Individuen (d. h. jene Menschen, die ihnen wichtig sind) das betreffende Verhalten beurteilt. Um die Verhaltensabsicht einer Person vorherzusagen, ist das Wissen über die individuellen Überzeugungen ebenso essentiell wie das Wissen über die individuellen Einstellungen. Schließlich beeinflusst auch die

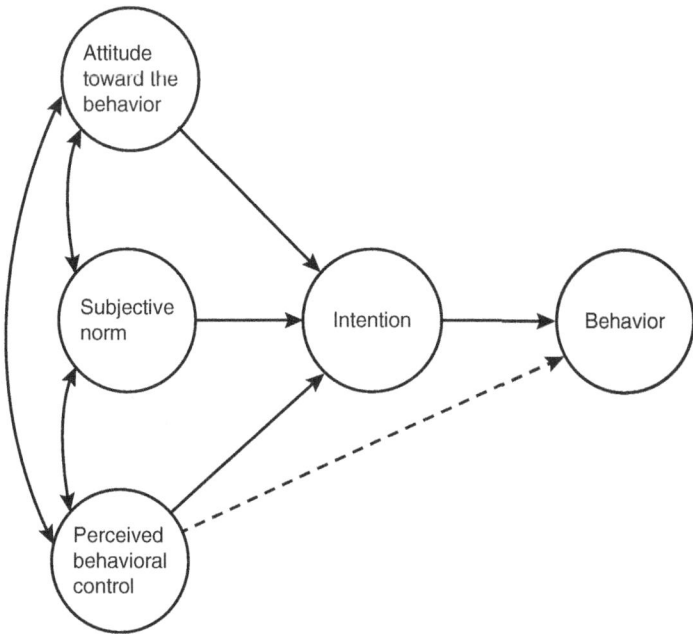

Abb. 5 Theorie des geplanten Verhaltens (TPB, Ajzen 1991: S. 182)

wahrgenommene Verhaltenskontrolle die individuellen (Verhaltens-)Absichten. Wahrgenommene Verhaltenskontrolle bezieht sich dabei auf die Wahrnehmung der Menschen hinsichtlich ihrer Fähigkeit, ein bestimmtes Verhalten ausführen zu können. Diese Einflussfaktoren münden dann in die eigentliche Verhaltensabsicht. Prinzipiell lässt sich festhalten, dass je positiver die Einstellung und die subjektiven Normen sind und je größer die wahrgenommene Kontrolle ist, desto stärker die Absicht der Person, das betreffende Verhalten auch auszuführen.

Als Beispiele dafür, welche Sachverhalte mit der Theorie des geplanten Verhaltens erforscht werden können, wären z. B. das Anlegen eines Sicherheitsgurts (Parker et al. 1992), die Verwendung von Kondomen (Rye et al. 2001), die Untersuchung von Essensgewohnheiten (Sparks 1994), das Recyclingverhalten (Taylor und Todd 1995; Thomas 2001) sowie die Anwendung von selbstdiagnostischen Maßnahmen (z. B. bei Brustkrebs; Dewi und Zein 2017) oder Dentalhygiene (Mccaul et al. 2006) zu nennen. Im Rahmen der Werbeforschung wurden beispielsweise mithilfe des Fishbein-Modells die Wirkung von Recruitment-Werbung (Reichert et al. 2007), KonsumentInnen-Einstellungen zu nachhaltiger Energie (Bang et al. 2000) und das Online-Kaufverhalten von Lebensmitteln (Hansen et al. 2004) und Kleidung (Belleau et al. 2007) näher beleuchtet.

3 Wirkungsgeschichte und Anwendung des Schlüsselwerks

Aufgrund seiner allgemeinen Anwendbarkeit wurde das Fishbein-Ajzen-Framework in den unterschiedlichsten Forschungsdisziplinen (zum Beispiel Werbeforschung, Einstellungsforschung, Konsumentenforschung, Kaufentscheidungsverhalten, und Werbepsychologie) als theoretische Grundlage verwendet, um spezifische Wirkungen einzelner Variablen (Überzeugungen, Einstellungen, Verhaltensabsichten) auf das menschliche Verhalten näher zu beleuchten. Die folgende kurze (chronologische) Studienübersicht soll die umfassende Anwendbarkeit des ursprünglichen und erweiterten Modells für die Werbe- und KonsumentInnen-Forschung unterstreichen und verdeutlicht auch, dass neben dem traditionellen Fishbein-Modell auch die Theorie des begründeten Handelns (TRA) und die Theorie des geplanten Verhaltens (TPB) nach wie vor Relevanz für WerbeforscherInnen besitzen.

3.1 Anwendung des Fishbein-Modells

Die Studie von Chan und Lau (1998) analysiert die Anwendung westlicher Verhaltensmodelle auf dem asiatischen Kontinent. Um das Fishbein-Ajzen-Modell zu untersuchen, wird in der vorliegenden Studie das beabsichtigte Verhalten als Kauf von traditionellem chinesischen Schmuck definiert. Die Ergebnisse aus China und Hongkong zeigen, dass das Modell herangezogen werden kann, um die Verhaltensabsichten gegenüber einem bestimmten Produkt zu erklären. Des Weiteren kann der Einfluss subjektiver Normen auf die Verhaltensabsicht bestätigt werden.

Der Schwerpunkt der Forschung von Chan (1998) liegt auf der Bestimmung des Verhaltens internationaler Urlauber und Geschäftsleute bei der Auswahl eines Hotels in China. Zu den Ergebnissen der Studie gehören unter anderem die Unterschiede zwischen den beiden Gruppen: Während sich Urlauber bei ihrer Entscheidungsfindung sowohl auf Einstellungs-Faktoren als auch auf normative Faktoren stützen, spielen bei Geschäftsleuten eher Einstellungs-Faktoren eine Rolle. Die erwarteten und gewünschten Hotelmerkmale der beiden Gruppen unterschieden sich ebenfalls und würden eine separate Behandlung der beiden Gruppen seitens der Anbieter verlangen, was bislang nicht praktiziert wird. Myrland et al. (2004) konzentrieren sich in ihrer Forschung speziell auf den japanischen Markt und verwenden hierfür ein an den Markt angepasstes Modell des Rahmenwerks von Fishbein und Ajzen. Ziel ihrer Untersuchung ist, Faktoren zur individuellen Steigerung der Akzeptanz norwegischer Meeresfrüchte in Japan zu identifizieren. Zu den wichtigsten Ergebnissen gehört, dass eine positive Einstellung gegenüber den Werbekampagnen für norwegische Meeresfrüchte, die Akzeptanz norwegischer Meeresfrüchte positiv beeinflusst. Die Autoren gehen davon aus, dass die VerbraucherInnen Überzeugungen gegenüber Produkten generieren, die zu Präferenzen führen und wiederum die tatsächlichen Entscheidungen der KonsumentInnen beeinflussen. Im Rahmen ihrer Studie kann diese Annahme bestätigt werden.

Das Hauptinteresse der Forschung von Tajeddini und Nikdavoodi (2014) liegt auf dem Einfluss von Einstellungen, subjektiven Normen, und der Innovationsfreude[1] der VerbraucherInnen auf deren Absichten, kosmetische Produkte zu erwerben. Die AutorInnen dieser Studie argumentieren, dass es nützlich wäre, individuelle Einstellungen und subjektive Normen mit der Innovationsfreude der KonsumentInnen in Beziehung zu setzen, um so ein genaueres Bild über individuelle Verhaltensabsichten zu erhalten. Aus diesem Grund wird eine Ausweitung des ursprünglichen Modells als sinnvoll erachtet.

3.2   Anwendung der Theorie des begründeten Handelns (TRA)

Buttle und Bok (1996) verwenden die TRA im Hotel-Marketing Kontext, um das Verhalten von internationalen Geschäftsreisenden näher zu beschreiben. Die Autoren können bestätigen, dass die zwei zentralen Parameter der TRA – nämlich Einstellungen und soziale Normen – durchaus dazu geeignet sind, um die Verhaltensabsicht der Befragten, bei ihrer nächsten Reise in demselben Hotel abzusteigen, vorherzusagen.

Die Kaufabsichten von jungen KonsumentInnen stehen im Zentrum der Studie von Belleau und KollegInnen (2007). Sie greifen auf die TRA zurück, um zu zeigen, dass die Einstellungen der Generation Y signifikante Prädiktoren ihrer Kaufentscheidungen sind, denn je positiver die Einstellung der Befragten, umso stärker ist ihre Kaufabsicht. Die Autoren stellen zudem fest, dass die Kaufentscheidung

---

[1] Hinter dem englischen Begriff „consumption of newness" (Innovationsfreude) verbirgt sich die Vorreiterrolle der KonsumentInnen, neue Produkte nicht nur schneller anzunehmen, sondern auch auszuprobieren (Midgley und Dowling 1978).

weder von subjektiven Normen noch anderen externen Faktoren (z. B. persönlich-keitsbezogenen oder sozio-demografischen Faktoren) abhängig ist.

Die TRA kommt auch im Kontext von Recruitment-Werbung für die amerika-nischen Streitkräfte zur Anwendung. Reichert et al. (2007) untersuchen dabei das Potential von NAVY Recruitment Anzeigen, um die Verhaltensabsicht von jungen Amerikanern zu beeinflussen. Ihre Studienergebnisse lassen darauf schließen, dass die Anzeigen in der Lage sind, die Einstellung der ProbandInnen zur NAVY zu verbessern. Zudem kann durch die Verwendung von sozialen Normen die Verhal-tensabsicht der Rezipienten verstärkt werden.

Hiram (2015) verankert seine Untersuchung ebenfalls im Werbekontext und un-tersucht, inwieweit die Einstellung junger, malaysischer KonsumentInnen zu Wer-bung durch persönliche oder gesellschaftliche Überzeugungen geprägt wird. Die Studienergebnisse schließen an frühere Studien an und zeigen, dass persönliche Überzeugungen (z. B. hedonistische Bedürfnisse) einen stärkeren Einfluss auf Werbeeinstellungen ausüben als gesellschaftliche Überzeugungen.

3.3 Anwendung der Theorie des geplanten Verhaltens (TPB)

Die Studie von Tweneboah-Koduah (2016) widmet sich der Frage, inwieweit die Kampagnen-Effektivität im Rahmen von Social Marketing Initiativen rund um AIDS/HIV gesteigert werden kann, wenn Komponenten der TPB berücksichtigt werden. Mit Ausnahme der angenommenen Beziehung zwischen wahrgenomme-ner Kontrolle und subjektiven Normen kann die Anwendbarkeit des Models im ghanaischen Gesundheitskontext bestätigt werden.

Die Verhaltensabsicht von StudentInnen, digitale Coupons zu verwenden, steht im Fokus einer in Kuala Lumpur durchgeführten Studie. Yakasai und Jusoh (2015) orientieren sich an der TPB, um herauszuarbeiten, welche Faktoren einen positiven Einfluss auf die Verhaltensabsicht (die Verwendung von Coupons) ausüben. Die Ergebnisse verdeutlichen die verstärkende Wirkung von Einstellungen, sozialen Normen und wahrgenommener Kontrolle.

Um User Engagement mit Werbung auf Facebook erfolgreich vorherzusagen, greifen Sanne und Wiese (2018) auf die TPB zurück. Durch ihre in Südafrika durchgeführte Studie verdeutlichen die Autorinnen, dass die Einstellungen von jungen Facebook-Usern sowie soziale Normen die verlässlichsten Prädiktoren von User Engagement mit Werbung darstellen. Die Absicht, sich mit Facebook Wer-bung auseinanderzusetzen, wirkt sich auch positiv auf das eigentliche User En-gagement aus.

Raza und KollegInnen (2018) gehen dem Einfluss von Werbeappellen auf die Verhaltensabsicht (mit Einstellung zu Werbung als Mediator) nach und lassen dabei auch die Rolle von kulturellen Normen nicht außer Acht. Sie entwickeln ein theoretisch fundiertes Model, das diese Beziehungen illustriert, führen aber keine eigenständige Forschung durch, um diese Annahmen zu testen.

Die angeführten Studienbeispiele machen die große Bandbreite der Anwendbarkeit des Fishbein-Modells und der darauf aufbauenden Theorien für den Bereich der Werbe- und KonsumentInnenforschung deutlich. Wichtig ist anzumerken, dass die angeführten Studien dabei nicht nur die Verhaltensänderung – im Sinne einer Akzeptanzsteigerung von werblicher Kommunikation – analysieren, sondern auch die Prädiktoren der angestrebten Verhaltensänderung genauer beleuchten. Zudem werden auch Kontextfaktoren (z. B. Kultur) berücksichtigt.

4   Kritik an Fishbein und Ajzens Modell

Obwohl das Fishbein-Ajzen-Framework weithin als wichtiger Meilenstein im Bereich der Einstellungs- und Verhaltensforschung angesehen wird, wird es doch auch von einigen ForscherInnen kritisiert. Im Folgenden werden zentrale Kritikpunkte an Fishbeins und Ajzens konzeptionellem Rahmen anhand zweier Kategorien näher beleuchtet:

4.1   Kritik an der theoretischen Basis des Modells

Obwohl die umfassende Einbeziehung sowohl der theoretischen als auch der wissenschaftlichen Forschungsliteratur bei Fishbein und Ajzen's Werk gelobt wird, wird der zugrundeliegende Auswahlprozess der verfügbaren Literatur kritisch betrachtet – zumindest aus soziologischer Sicht. Es wird von einer disziplinären Voreingenommenheit seitens der Autoren ausgegangen, die Arbeiten mit experimentellem Charakter alternativen methodischen Ansätzen vorziehen (Hill 1977: 244). Es wird zudem kritisiert, dass der ‚social judgement-involvement approach' nach Sherif et al. (1982) vernachlässigt wird. Dieser besagt, dass eine Person neue Informationen separat beurteilt und erst im Anschluss entscheidet, inwieweit diese Informationen zu ihren bereits bestehenden Einstellungen passen (Douglass 1977: 131). Die theoretische Struktur von Fishbein und Ajzen kann nach Hill nur ernsthaft in Betracht gezogen werden, wenn Menschen als Individuen angesehen werden, die Informationen rational verarbeiten (Hill 1977: 245).

4.2   Kritik an der Konzeption des Modells und den Modellkomponenten

Ein weiterer Kritikpunkt an dem Einstellungsmodell bezieht sich auf die Gewin-
nung von Eindruckswerten durch die Multiplizierung der beiden Rating-Werte für
die Wahrscheinlichkeit des Vorhandenseins der Eigenschaft und der Eigenschafts-
Bewertung (vgl. Trommsdorff 1975: 63 ff.). Trommsdorff (1975) schlägt ein ähnliches Einstellungs-Messmodell vor, das allerdings nicht wie das Fishbein-Modell
nach subjektiven Wahrscheinlichkeiten für das Vorhandensein eines Merkmals
fragt (was für die Probanden schwieriger zu beantworten ist), sondern direkt nach
der wahrgenommenen Ausprägung des Merkmals.

In ihrem Rahmen argumentieren Fishbein und Ajzen, dass Verhaltensabsichten
aktives Verhalten nur dann vorhersagen können, wenn die Entscheidung auf frei-
williger Basis getroffen wird. Ein solches Verhalten erfordert nur Motivation (Absicht), aber keine Fähigkeiten, Fertigkeiten, Möglichkeiten oder die Zusammenarbeit mit anderen. Während unterschiedliche Arten von Verhalten weitgehend
freiwillig initiiert werden, so setzen viele dieser Verhaltensarten Fertigkeiten,
Möglichkeiten und Fähigkeiten voraus. Wenn man willkürliches bzw. freiwilliges
Verhalten betrachtet, so sollte die soziale Kooperation ebenfalls als grundlegender
Bestandteil von Verhalten betrachtet werden. Dies erscheint essentiell, da bestimmte Verhaltensformen ein hohes Maß sowohl an Fähigkeiten als auch an Kooperation voraussetzen. Schach spielen erfordert z. B. Fähigkeiten, um das Spiel
voranzutreiben, und soziale Kooperation, welche eine Grundvoraussetzung für das
Spiel selbst darstellt. Zusammenfassend lässt sich festhalten, dass sich eine dicho-
tome Sichtweise auf Verhalten, welche annimmt, dass Verhalten entweder freiwillig oder unfreiwillig geschieht, nachteilig auswirkt und eine separate Messung der
einzelnen Konstrukte benötigt (Liska 1984: 63).

Der skizzierte Mediationsprozess zwischen Einstellungen, Verhaltensabsicht
und Verhalten wurde von Songer-Nocks (1976) kritisiert, da es eine Diskrepanz
zwischen der Verfügbarkeit und dem Fehlen von Feedback und Erfahrungen gibt.
Die Vorhersage eines Menschen über sein Verhalten – ausgehend von seinen Absichten – lässt sich am besten treffen, wenn kein Feedback, wenig Erfahrung oder
geringes Involvement gegeben sind. Die Verhaltensabsicht ist somit kein verlässli-
ches Vorhersagekriterium für das eigentliche Verhalten. Die Autorin führt in diesem Zusammenhang das folgende Beispiel an: eine Person hat vielleicht keine
Erfahrung im Laufen eines Marathons, aber diese Person hat eine positive Einstellung gegenüber der Teilnahme. Dies manifestiert sich in der Verhaltensabsicht, einen Marathon zu absolvieren, aber weder die Einstellung noch die Verhaltensabsicht

können als Bezugsgrößen herangezogen werden, um zu bestätigen, dass die Person tatsächlich einen Marathon absolvieren wird (Songer-Nocks 1976: 67–68). Eine von Miniard und Cohen (1981) durchgeführte Studie zeigt auf, dass die Operationalisierung des Fishbein und Ajzen Frameworks häufig schwierig ist, da eine Trennung von persönlichen und normativen Gründen für die Ausübung eines Verhaltens nicht klar unterschieden werden kann (Miniard und Cohen 1981: 330). Die Arbeit von Yuzhanin und Fisher (2016), die einen Überblick von angewandten Studien über Fishbeins und Ajzens Modell im Tourismusbereich liefert, kritisiert zudem, dass das konzipierte Modell weniger dazu geeignet ist, Absichten in Bezug auf die Wahl eines Reiseziels vorherzusagen. Sie führen dies auf die zuvor geäußerte Kritik von Armitage und Connor (2001) zurück, die anmerken, dass die von den Autoren verwendeten Konstrukte ungenau definiert und schwer zu messen sind. Zudem kommt hinzu, dass der Entscheidungsfindungsprozess im Tourismuskontext äußerst komplex ist (Yuzhanin und Fisher 2016).

Trotz der genannten Kritikpunkte kann das Framework von Fishbein und Ajzen – mit den skizzierten Erweiterungen im Rahmen der TRA und TPB – allerdings nach wie vor als eines der Schlüsselwerke der Einstellungs-, KonsumentInnen- und Werbeforschung angesehen werden, das sich, wie die angeführten Studien gezeigt haben, immer noch großer Beliebtheit erfreut und sich in vielen Studien bewährt hat. Dies ist besonders auf die leichte Messbarkeit der Konstrukte sowie die Erweiterung des ursprünglichen Modells zurückzuführen, das in der erweiterten Version neben Kontextfaktoren auch noch persönliche Attribute berücksichtigt.

Literatur

Primärliteratur

Fishbein, M. & Ajzen I. (1975). *Belief, attitude, intention and behavior. An introduction to theory and research.* Reading, MA: Addison-Wesley.

Fishbein, M. (1967). Attitude and the prediction of behavior. In M. Fishbein (ed.). *Readings in attitude theory and measurement.* (pp. 477–492). New York: Wiley.

Fishbein, M. (1973). The prediction of behaviors from attitudinal variables. In C.D. Mortenson & K.K. Sereno (eds.). *Advances in communication research.* (pp. 1–31). New York: Harper & Row.

Midgley, D. F., & Dowling, G. R. (1978). Innovativeness: The concept and its measurement. *Journal of ConsumerResearch,* 4(4), 229–242.

Sekundräliteratur

Ajzen, I. (1985). From intentions to actions: A theory of planned behavior. In J. Kuhl & J. Beckman (eds.). *Action-control: From cognition to behavior* (pp. 11–39). Heidelberg: Springer.

Ajzen, I. (1987). Attitudes, traits, and actions: Dispositional prediction of behavior in personality and social psychology. In L. Berkowitz (ed.), *Advances in experimental social psychology – Vol. 20.* (pp. 1–63). New York: Academic Press.

Ajzen, I. (1988). *Attitudes, personality, and behavior.* Chicago, IL: Dorsey Press.

Ajzen, I. (1991). The theory of planned behavior. *Organizational Behavior and Human Decision Processes 50,* 179–211.

Ajzen, I. (2002). Perceived Behavioral Control, Self-Efficacy, Locus of Control, and the Theory of Planned Behavior. *Journal of Applied Social Psychology 32,* 665–683.

Armitage, C.J. & Conner, M. (2001). Efficacy of the theory of planned behavior: a meta-analytic review. *British Journal of Social Psychology 40(4),* 471–499.

Bang, H.-K., Ellinger, A.E., Hadjimarcou, J. and Traichal, P.A. (2000), Consumer concern, knowledge, belief, and attitude toward renewable energy: An application of the reasoned action theory. *Psychology & Marketing, 17:* 449–468.

Belleau, B. D., Summers, T. A., Xu, Y., & Pinel, R. (2007). Theory of Reasoned Action: Purchase Intention of Young Consumers. *Clothing and Textiles Research Journal, 25(3),* 244–257.

Buttle, F. & Bok, B. (1996). Hotel marketing strategy and the theory of reasoned action. *International Journal of Contemporary Hospitality Management 8(3),* 5–10.

Chan, R.Y.-K. & Lau, L. (1998). A test of the Fishbein-Ajzen behavioral intentions model under Chinese cultural settings: are there any differences between PRC and Hong Kong consumers? *Journal of Marketing Practice 4(3),:* 85–101.

Chan, R.Y.-K. (1998). Choice Processes of Luxury Hotels in China. Application of the Fishbein-Ajzen Model. *Journal of Hospitality & Leisure Marketing 5(4),* 5–21.

Dewi, T. K., & Zein, R. A. (2017). Predicting Intention Perform Breast Self-Examination: Application of the Theory of Reasoned Action. *Asian Pacific Journal of Cancer Prevention 18(11),* 2945–2952.

Douglass, R.B. (1977). Book review. Belief, Attitude, Intention, and Behavior: An Introduction to Theory and Research by Martin Fishbein and Icek Ajzen. *Philosophy & Rhetoric 10(2),* 130–132.

Hansen, T., Møller Jensen, J., & Stubbe Solgaard, H. (2004). Predicting online grocery buying intention: a comparison of the theory of reasoned action and the theory of planned behavior. *International Journal of Information Management, 24(6),* 539–550.

Hill, R.J. (1977).: Book review. Belief, Attitude, Intention and Behavior: An Introduction to Theory and Research. by Martin Fishbein and Icek Ajzen. *Contemporary Sociology 6(2),* 244–245.

Hiram, T. (2015). *Revisiting attitude towards advertising, its antecedent and outcome: A two-stage approach using PLS-SEM.* Universita Putra Malaysia.

Kroeber-Riel, W. & Gröppel-Klein, A. (2019). *Konsumentenverhalten.* München: Vahlen.

Liska, A.E. (1984). A Critical Examination of the Causal Structure of the Fishbein/Ajzen Attitude-Behavior Model. In: *Social Psychology Quarterly 47(1),* 61–74.

Mccaul, K.D., O'Neill, H.K., & Glasgow, R. (2006). Predicting the Performance of Dental Hygiene Behaviors: An Examination of the Fishbein and Ajzen Model and Self-Efficacy Expectations. *Journal of Applied Social Psychology 18(2)*, 114 – 128.

Miniard, P.W. & Cohen, J.B. (1981). An Examination of the Fishbein-Ajzen Behavioral Intentions Model's Concepts and Measures. *Journal of Experimental Social Psychology 17(3)*, 309–339.

Myrland, Ö., Emaus, P.-A., Roheim, C. & Kinnucan, H. (2004). Promotion and consumer choices: Analysis of advertising effects on the Japanese market for Norwegian salmon. *Aquaculture Eonomics & Management 8 (1/2)*, 1–18.

Parker, D., Manstead, A.S.R., Strading, S.G., Reason, J.T. & Baxter, J.S. (1992). Intentions to commit driving violations: an application of the theory of planned behaviour. *Journal of Applied Psychology 77*, 94–101.

Petty, R.E. (2001). Attitude Change: Psychological. In N.J. Smelser & P.B. Baltes (eds.). International *Encyclopedia of the Social & Behavioral Sciences*. (pp. 894–899). Cambridge, MA: Pergamon.

Raab, G., Unger, A. & Unger, F. (2018) (Hrsg.). *Methoden der Marketing-Forschung: Grundlagen und Praxisbeispiele*. Wiesbaden: Gabler.

Raza, S.H., Bakar, H.A. & Mohamed, B. (2018). Relationships between the advertising appeal and behavioral intention: The mediating role of the attitude towards advertising appeal and moderating role of cultural norm. *Journal of Retail and Business Management Research 12(2)*, 185–193.

Reichert, T., Kim, J.Y. & Fosu, I. (2007). Assessing the Efficacy of Armed-Forces Recruitment Advertising: A Reasoned-Action Approach. *Journal of Promotion Management 13(3–4)*, 399–412.

Rye, B.J., Fisher, W.A. & Fisher, J.D. (2001). The Theory of Planned Behavior and Safer Sex Behaviors of Gay Men. *AIDS Behavior 5(4)*, 307–317.

Sanne, P.N.C. & Wiese, M. (2018). The theory of planned behaviour and user engagement applied to Facebook advertising. *SAJIM 20(1)* (Online) abrufbar unter: <http://www. scielo.org.za/scielo.php?script=sci_arttext&pid=S1560-683X2018000100008&lng=en &nrm=iso>. ISSN 1560-683X. https://doi.org/10,4102/sajim_v20i1.915

Sherif, C.W., Sherif, M. & Nebergall, R.E. (1982). *Attitude and Attitude Change: The Social Judgment-Involvement Approach*. Norman, OK: University of Oklahoma Press.

Siegert, G., Wirth, W., Weber, P. & Lischka, J. (2015) (Hrsg.). *Handbuch Werbeforschung*. Wiesbaden: Springer.

Songer-Nocks, E. (1976). Situational Factors Affecting the Weighting of Predictor Components in the Fishbein Model. *Journal of Experimental Social Psychology 12(1)*, 56–69.

Sparks, P. (1994). Attitudes toward food: Applying, assessing and extending the theory of planned behavior. In D. R. Rutter & L. Quine (eds.), *The social psychology of health and safety: European perspectives* (pp. 25–46). Aldershot, England: Avebury.

Tajeddini, K. & Nikdavoodi, N. (2014). Cosmetic buying behavior: examining the effective factors. *Journal of Global Scholars of Marketing Science 24(4)*, 395–410.

Taylor, S. & Todd, P. (1995). An integrated model of waste management behaviour: a test of household recycling and composting intentions. *Environmental Behavavior 27(5)*, 603–630.

Thomas, C., (2001). Public understanding and its effect on recycling performance in Hampshire and Milton Keynes. *Resources,. Conservation & Recycling. 32(3/4)*, 259–274.

Trommsdorff, V. (1975): *Die Messung von Produktimages für das Marketing*. Köln: Heymanns.

Yakasai, A.B.M. & Jusoh, W.J.W. (2015). Testing the Theory of Planned Behavior in Determining Intention to use Digital Coupon among University Students. *Procedia Economics and Finance 31*, 186–193.

Yuzhanin, S. & Fisher, D. (2016). The efficacy of the theory of planned behavior for predicting intentions to choose a travel destination: a review. *Tourism Review 71(2)*, 135–147.

Die Einstellung gegenüber einer Werbeanzeige: *Das A_{Ad}-Modell* von MacKenzie und Lutz

Melanie Bößenecker

1 Inhalt des Schlüsselwerks

Das Schlüsselwerk von Scott B. MacKenzie und Richard J. Lutz aus dem Jahr 1989 widmet sich im Kern einem für die Werbeforschung zentralen Konstrukt: der *Einstellung gegenüber einer Werbeanzeige* (A_{Ad}). Im Fachartikel, der im *Journal of Marketing* erschienen ist, zeichnen die beiden Autoren einen konzeptionellen Rahmen für das A_{Ad}-Konstrukt nach und befassen sich systematisch mit Faktoren, die auf A_{Ad} Einfluss nehmen und somit für die Werbewirkung eine wesentliche Rolle spielen (MacKenzie und Lutz 1989, S. 49–54). Dafür stellen MacKenzie und Lutz (1989, S. 51) in ihrer Publikation eine aktualisierte Version des A_{Ad}-Modells vor. Denn dem im Schlüsselwerk skizzierten Modell gehen zwei wesentliche Arbeiten (Lutz 1985; Lutz et al. 1983) voraus, auf deren Argumentationen MacKenzie und Lutz aufbauen und auf die sie folglich im Fachartikel fortwährend Bezug genommen haben. Ferner ist für die Lektüre wichtig zu wissen, dass die beiden Autoren im Kontext des A_{Ad}-Modells zudem an Überlegungen des *Elaboration Likelihood Model* (Petty und Cacioppo 1981, 1986) hinsichtlich der peripheren und zentralen Verarbeitungsrouten angeknüpft haben (siehe Kap. „Zentral vs. Peripher: *Persuasionswege und Einstellungsänderungen* in den Arbeiten von Petty und Cacioppo" in diesem Band).

Um den Inhalt des Schlüsselwerks nachvollziehbar darzulegen, wird sich im vorliegenden Beitrag am Aufbau des Originalartikels orientiert. So beginnen Mac-

M. Bößenecker (✉)
Allgemeinmedizin, Universität Augsburg, Augsburg, Deutschland
E-Mail: melanie.boessenecker@med.uni-augsburg.de

© Springer Fachmedien Wiesbaden GmbH, ein Teil von Springer Nature 2022   149
T. G. K. Meitz et al. (Hrsg.), *Schlüsselwerke der Werbeforschung*,
https://doi.org/10.1007/978-3-658-36508-0_13

Kenzie und Lutz mit einer Begriffsauseinandersetzung und nehmen dabei Bezug auf eine Definition aus einem vorausgehenden Werk: Lutz (1985) beschreibt A_{Ad} darin als „*predisposition to respond in a favorable or unfavorable manner to a particular advertising stimulus during a particular exposure occasion*" (S. 46, Herv. i. Org.). In anderen Worten kann auf den Werbekontakt demnach sowohl eine negative als auch positive Reaktion folgen, was sich konkret in der Einstellung gegenüber der jeweiligen Werbeanzeige, also A_{Ad}, ausdrückt. A_{Ad} stellt eine affektive Reaktion auf einen spezifischen Werbestimulus zum Zeitpunkt der Exposition und daher ein rein situationsgebundenes Konstrukt dar, welches weder kognitive noch verhaltensbezogene Aspekte einschließt (MacKenzie und Lutz 1989, S. 49).

Um zu verstehen, wie sich die Einstellung gegenüber einer Werbeanzeige bildet, sind im Schlüsselwerk von MacKenzie und Lutz (1989) Faktoren zentral, die A_{Ad} vorausgehen – sogenannte Determinanten. Entsprechend des strukturellen Aufbaus des A_{Ad}-Modells lassen sich diese Faktoren in zwei wesentliche Ebenen einteilen: *First-Order-Determinanten* sind Einflussgrößen, die A_{Ad} direkt vorausgehen, während *Second-Order-Determinanten* deren Subsysteme bilden und sich vornehmlich in indirekter Weise auf A_{Ad} auswirken (Lutz 1985, S. 47). In der Summe ist damit eine Vielzahl an möglichen erklärenden Faktoren geboten. MacKenzie und Lutz (1989, S. 49, 55) fokussierten und testeten einen spezifischen Ausschnitt des gesamten A_{Ad}-Modells. Insofern sind nachfolgend nur die im Schlüsselwerk empirisch getesteten Konstrukte dargestellt.[1] Gemäß dem Modellaufbau und den Annahmen von MacKenzie und Lutz (1989, S. 53, 56, 61) erfolgt außerdem eine schematische Skizzierung der wesentlichen kausalen Beziehungen (→) zwischen den untersuchten Grundvariablen:

Als ersten zentralen erklärenden Einflussfaktor berücksichtigen MacKenzie und Lutz im Schlüsselwerk die *Glaubwürdigkeit der Werbeanzeige* sowie ausgewählte Variablen des Subsystems – also ebenso Second-Order-Determinanten. Laut den beiden Autoren stellt die Glaubwürdigkeit der Werbeanzeige eine wahrnehmungsbezogene Komponente dar, die das Ausmaß umfasst, in welchem die markenbezogenen Werbeaussagen in einem konkreten Werbemittel für glaubhaft bzw. wahr gehalten werden (MacKenzie und Lutz 1989, S. 51). Hinsichtlich der Beziehung zu A_{Ad} ist von einem direkten Einfluss auszugehen (Glaubwürdigkeit der Werbeanzeige → A_{Ad}), sodass die Einstellung gegenüber der Werbeanzeige umso positiver ausfällt, je glaubwürdiger das Werbemittel scheint (Lutz 1985, S. 49). Das Subsystem der Glaubwürdigkeit der Werbeanzeige besteht gemäß dem A_{Ad}-Modell im Schlüsselwerk eigentlich aus drei Second-Order-Determinanten, wobei MacKenzie und Lutz (1989, S. 51) davon nur die *generelle Glaubwürdigkeit*

---

[1] Für eine ausführliche Erläuterung sämtlicher Faktoren vgl. Lutz (1985).

von Werbung (generelle Glaubwürdigkeit von Werbung → Glaubwürdigkeit der Werbeanzeige → A$_{Ad}$) und die *Glaubwürdigkeit der Werbetreibenden* (Glaubwürdigkeit der Werbetreibenden → Glaubwürdigkeit der Werbeanzeige → A$_{Ad}$) untersuchen.

Darüber hinaus wird im A$_{Ad}$-Modell der Einfluss der *Wahrnehmung der Werbeanzeige* auf A$_{Ad}$ berücksichtigt (Wahrnehmung der Werbeanzeige → A$_{Ad}$). Gemeint ist die Wahrnehmung des jeweiligen kommerziellen Stimulus, welche jedoch getrennt von der Wahrnehmung der Marke zu verstehen ist (Lutz 1985, S. 50; MacKenzie und Lutz 1989, S. 51). So sind konkretere markenbezogene Variablen – wie die Markenwahrnehmung – im Modell zusätzlich erfasst und werden im Hinblick auf die von A$_{Ad}$ ausgehenden Einflüsse an anderer Stelle weiter ausgeführt.

Auch affektiven Reaktionen in Bezug auf die Werbetreibenden schreiben MacKenzie und Lutz im Modell eine wesentliche Rolle zu. Dieses Einstellungskonstrukt betrachten sie jedoch separat von der situationsgebundenen Definition von A$_{Ad}$. Denn im Schlüsselwerk wird die *Einstellung gegenüber den Werbetreibenden* (Einstellung gegenüber den Werbetreibenden → A$_{Ad}$) als eine erlernte Prädisposition beschrieben, durch die eine Person in bestimmter affektiver Weise auf die Werbetreibenden reagiert. Damit basiert dieser einstellungsbezogene Faktor auf vorausgehenden Erfahrungen und Wissen. MacKenzie und Lutz nehmen hier also eher eine automatische Reaktion an, schließen aber Spillover-Effekte (Einstellung gegenüber den Werbetreibenden → Wahrnehmung der Werbeanzeige → A$_{Ad}$) nicht aus, da Einstellungen durchaus die Informationsverarbeitung beeinflussen können (MacKenzie und Lutz 1989, S. 53).

Ähnliche Überlegungen liegen dem letzten der getesteten vorausgehenden Faktoren und dessen Einfluss auf A$_{Ad}$ zugrunde – der *Einstellung gegenüber Werbung im Allgemeinen*. So ist dieses Konstrukt als eine grundsätzliche Neigung zu verstehen, in beständiger Weise negativ oder positiv auf Werbung zu reagieren und umfasst also eine generelle einstellungsbezogene Reaktion auf Werbung (MacKenzie und Lutz 1989, S. 53–54). In Anbetracht der Beziehung dieses affektiven Konstrukts zu A$_{Ad}$ wäre hier neben einem direkten Effekt (generelle Einstellung gegenüber Werbung → A$_{Ad}$) durch Affekt-Transfer (Lutz 1985, S. 53) ebenso ein indirekter Einfluss (generelle Einstellung gegenüber Werbung → Wahrnehmung der Werbeanzeige → A$_{Ad}$) möglich (MacKenzie und Lutz 1989, S. 54).

Zuletzt führen MacKenzie und Lutz im Schlüsselwerk noch die Rolle der *Stimmung* als weitere relevante Determinante auf. Konkret nehmen die beiden Autoren an, dass sich die Stimmung als affektiver Zustand zum Zeitpunkt des Werbekontakts in direkter Weise auf die Einstellung gegenüber der Werbeanzeige auswirken kann. Eine Überprüfung dieser Modellkomponente und des zugehörigen Subsystems blieb allerdings aus, da die methodischen Verfahren hierzu die empirische

Untersuchung scheinbar deutlich erschwert hätten (MacKenzie und Lutz 1989, S. 54–55).

Neben den eben beschriebenen vorausgehenden Faktoren greift bereits Lutz (1985) in seinen Überlegungen ergänzende Konstrukte auf, welche entsprechend dem strukturellen Aufbau des A_{Ad}-Modells im Schlüsselwerk aus dem Jahr 1989 der Einstellung gegenüber der Werbeanzeige nachstehen. Diese Weiterentwicklung wurde als wichtiger Schritt eingestuft (MacKenzie und Lutz 1989, S. 51). So beschäftigten sich MacKenzie und Lutz schon früher mit der vermittelnden Rolle von A_{Ad} in Bezug auf andere für die Werbewirkung relevante Variablen (Lutz et al. 1983; MacKenzie et al. 1986). Aufgrund dessen sind die jeweiligen Konstrukte nicht als Determinanten von A_{Ad} im Schlüsselwerk erfasst, sondern stellen nachfolgende Variablen dar und werden demnach von A_{Ad} beeinflusst. Konkret geht es in Anlehnung an Lutz (1985) um die Beziehung von A_{Ad} zu markenbezogenen Konstrukten: die *Markenwahrnehmung* und die *Markeneinstellung* (MacKenzie und Lutz 1989, S. 51, 53).

Wie der Titel des Schlüsselwerks von MacKenzie und Lutz verrät, erfolgte die Überprüfung des A_{Ad}-Modells – und damit gleichsam der eben skizzierten Beziehungen zwischen den Grundvariablen – in einem *Pretest-Kontext*. Dies fußt vornehmlich auf den Ausführungen von Lutz (1985, S. 60) zum *Contextual Evaluation Transfer*,[2] der laut ihm als wohl typisch für werbebezogene Pretest-Situationen beschrieben werden kann und Überlegungen zum Involvement der Konsument*innen einbezieht. Umgesetzt wurde dies durch spezifische Aufgabenstellungen (MacKenzie und Lutz 1989, S. 55, 57). Durch die Pretest-Bedingungen ist die Werbeanzeige für die Testpersonen jedoch salienter als bei natürlicher Exposition (MacKenzie et al. 1986, S. 142).

Angesichts der methodischen Ausführungen von MacKenzie und Lutz im Schlüsselwerk dienten zwei studentische Stichproben („Developmental Sample" n=203; „Validation Sample" n=120) als Datengrundlage für die empirische Überprüfung des Modellausschnitts. Ferner bildete das zentrale Stimulusmaterial eine Print-Anzeige für eine Armbanduhr ab. Ausgewählt wurde diese Produktkategorie in Anbetracht ihrer Relevanz für die Befragten. Konkret wurde eine fiktive wasserdichte Armbanduhr eines realen – folglich nicht-fiktiven – Herstellers beworben. Die Gestaltung der Print-Anzeige orientierte sich am typischen Aufbau von Werbemitteln in einem solchen Produktsegment und bestand daher aus einer Überschrift,

---

[2] „In these situations, advertising message involvement is typically low because of the nature of the products being promoted and ad execution involvement is typically high because respondents know they will be asked questions about the ads and hence their attention to the ads is artificially heightened" (MacKenzie und Lutz 1989, S. 54).

einem Textstück und einem Bild (MacKenzie und Lutz 1989, S. 55). Schließlich wurde eine Kreuzvalidierung[3] durchgeführt, der die erhobenen Daten aus beiden Stichproben zugrunde liegen (MacKenzie und Lutz 1989, S. 58–60). Die zentralen Ergebnisse, welche aus der Analyse hervorgegangen sind, werden nachfolgend dargestellt:

(1) Zunächst verzeichnen MacKenzie und Lutz auf Basis der empirischen Über-prüfung des Modellausschnitts eine *Prävalenz erklärender Faktoren, die anzeigenspezifisch und daher situationsbedingter sind*. Während sich der Effekt der generellen Einstellung gegenüber Werbung auf die Einstellung gegenüber der Werbeanzeige nicht kreuzvalidieren ließ, erwies sich die Einstellung gegenüber den Werbetreibenden als unerwartet starker positiver Prädiktor von A_{Ad}. Ähnliches zeigte sich für die Effekte der beiden Grundvariablen auf die Wahrnehmung der Werbeanzeige. Da sich Rezipierende in einem Pretest-Kontext eher auf das Bewerten der jeweiligen Werbeanzeige konzentrieren, gehen die beiden Autoren davon aus, dass weniger allgemeine Konstrukte, sondern vielmehr anzeigenspezifischere Faktoren – wie die Einstellung gegen-über den Werbetreibenden – wirksam sind (MacKenzie und Lutz 1989, S. 61).

(2) In den Abschnitten zu den Grundvariablen wurden Beziehungen in Bezug auf Faktoren skizziert, die das *Subsystem der Glaubwürdigkeit* betreffen. Wie MacKenzie und Lutz ausführen, zeigten die Befunde hier Unterschiede zu den postulierten Effekten, wodurch das Subsystem der Glaubwürdigkeit anders strukturiert war als angenommen. Denn die Glaubwürdigkeit der Werbetrei-benden nimmt laut ihnen eine vorher nicht angenommene vermittelnde Rolle ein, da sie dem eigentlich direkten Effekt der generellen Glaubwürdigkeit von Werbung auf die der Werbeanzeige zwischengeschaltet war (generelle Glaub-würdigkeit von Werbung → Glaubwürdigkeit der Werbetreibenden → Glaub-würdigkeit der Werbeanzeige). Aufgrund dessen sehen MacKenzie und Lutz Hinweise für einen sogenannten Flow. Dieser überträgt sich von einer generel-len Glaubwürdigkeit, auf die der Werbetreibenden hin zu einem wesentlich spezifischeren Glaubwürdigkeitsfaktor, welcher den konkreten kommerziellen Stimulus betrifft (MacKenzie und Lutz 1989, S. 61–62). Ferner deutet dieser

---

[3] „Eine [...] Möglichkeit der Beurteilung der Güte eines Erklärungsmodells oder bestimmter Varianten untereinander ist, deren Prognosefähigkeit zu testen. Dies kann mit Hilfe der [...] Kreuzvalidierung durchgeführt werden" (Kuhlmann 2009, S. 538). Konkret diente der erste Analyseschritt laut MacKenzie und Lutz (1989, S. 58–60) der Prognosefähigkeit des Mo-dells auf Basis der Daten aus dem Developmental Sample, während der zweite Analyse-schritt der Kreuzvalidierung den Zweck hatte, die Robustheit der Ergebnisse aus dem De-velopmental Sample unter Einbezug der Daten aus dem Validation Sample zu prüfen.

Befund mit Bezug auf Überlegungen von Lutz (1985) darauf hin, dass Rezipierende unter Pretest-Bedingungen den Werbekontext eher zentral verarbeiten
(MacKenzie und Lutz 1989, S. 62).

(3) Hinsichtlich der *markenbezogenen Variablen*, die im Modell der Einstellung
gegenüber der Werbeanzeige nachgelagert sind, berichten MacKenzie und
Lutz – konsistent zu früheren Ergebnissen (MacKenzie et al. 1986) –, dass einerseits die Markeneinstellung (A_{Ad} → Markeneinstellung) und die Markenwahrnehmung (A_{Ad} → Markenwahrnehmung) positiv durch A_{Ad} beeinflusst
wurden, andererseits jedoch ein Effekt der Markenwahrnehmung auf die Markeneinstellung ausblieb. Dies spricht aus Sicht der beiden Autoren für die Relevanz von peripheren Verarbeitungsmechanismen, wenn es um die Entstehung der markenbezogenen Einstellung geht. Weiter reflektieren sie die nicht
bestehende Beziehung zwischen der Markenwahrnehmung und -einstellung
vor dem Hintergrund des Pretest-Kontexts und inwiefern dieser Befund aus
methodischer Sicht auf die Messung zurückgeführt werden kann (MacKenzie
und Lutz 1989, S. 62).

(4) Zuletzt thematisieren MacKenzie und Lutz eine nicht vorhergesehene *Funktion der Glaubwürdigkeit der Werbeanzeige*. Während die direkte Beziehung
zu A_{Ad} schwächer ausfiel (Glaubwürdigkeit der Werbeanzeige → A_{Ad}), zeigte
sich darüber hinaus ein unerwarteter signifikanter – wenngleich schwach positiver – Effekt auf die Markeneinstellung (Glaubwürdigkeit der Werbeanzeige
→ Markeneinstellung). Aufgrund dessen berücksichtigen die beiden Autoren
die wahrgenommene Glaubwürdigkeit angesichts der Argumentation von
Petty und Cacioppo (1981) als möglichen Reiz mit peripherer Charakteristik.
So wäre gemäß MacKenzie und Lutz für eine positive Markeneinstellung das
eingehende Verarbeiten der im Werbemittel kommunizierten Markeneigenschaften – und damit gleichsam des Werbeinhalts – weniger nötig, sofern die
jeweilige Werbeanzeige eine hohe Glaubwürdigkeit aufweist. Dies deckt sich
laut ihnen nicht nur in plausibler Weise mit dem nicht-signifikanten Einfluss
der Markenwahrnehmung auf die Markeneinstellung; auch der Pretest-Kontext
stützt eine solche Explikation, da hierbei die Aufmerksamkeit der Rezipierenden wohl weniger auf dem Werbeinhalt liegt. Möglicherweise sind in diesem
Zusammenhang zudem messmethodische Limitationen einzukalkulieren
(MacKenzie und Lutz 1989, S. 62–63).

In der Summe gaben diese Befunde zum damaligen Zeitpunkt einen ersten Auf-
schluss darüber, inwieweit sich der im Schlüsselwerk postulierte Modellaufbau
empirisch überprüfen lässt. Wenngleich diese Erkenntnisse vornehmlich vor dem
Hintergrund des Pretest-Kontexts interpretierbar sind (MacKenzie und Lutz 1989,

S. 63), leistet das Schlüsselwerk dennoch einen wichtigen Beitrag für die Werbeforschung. Schließlich gewinnt man ein besseres Verständnis für das A_{Ad}-Konstrukt, indem das vorgestellte Modell (a) nicht nur Faktoren aufgreift, die einen Einfluss auf die Einstellung gegenüber einer Werbeanzeige haben können, (b) sondern auch verdeutlicht, wie A_{Ad} mit anderen wirkungsrelevanten Konstrukten in Beziehung steht.

2   Eingliederung in das Gesamtwerk

MacKenzie und Lutz (1989, S. 49–51) zeichnen im Schlüsselwerk die wichtigsten Entwicklungsschritte vorausgegangener Modellkonzeptionen nach. Mit Blick auf diese Arbeiten gelingt insbesondere mithilfe der Weiterentwicklung des A_{Ad}-Modells durch Lutz (1985), der den Einfluss von A_{Ad} auf andere Konstrukte aufgreift, eine bessere Einbettung in einen allgemeinen Kontext von Werbewirkungen (MacKenzie und Lutz 1989, S. 51). Zwar steigt damit die Komplexität des theoretischen Bezugsrahmens, jedoch kann durch die vorgenommenen Aktualisierungen des Modells den beiden Autoren der Anspruch unterstellt werden, mit ihrem Artikel einen Beitrag zur theoretischen Weiterentwicklung von A_{Ad} leisten zu wollen. So wurde das Schlüsselwerk von MacKenzie und Lutz als ein einflussreicher Fachbeitrag im Kontext der Werbeforschung ermittelt (Beard 2002, S. 72–73). Zudem verdeutlicht eine Meta-Analyse (Brown und Stayman 1992, S. 45–46) den Stellenwert von weiteren Arbeiten, an denen MacKenzie und Lutz (Lutz et al. 1983; MacKenzie et al. 1986) mitgewirkt haben. Hinsichtlich der auf das Schlüsselwerk folgenden Forschungstätigkeiten und Publikationen lässt sich bei Scott B. MacKenzie eine verstärkte Auseinandersetzung mit methodischen Herausforderungen in der verhaltens- und werbebezogenen Forschung erkennen (z. B. MacKenzie 2003; MacKenzie und Podsakoff 2012; Podsakoff et al. 2003). Nachdem sich Richard J. Lutz nicht nur in seiner Publikation aus dem Jahr 1985 intensiv mit A_{Ad} auseinandergesetzt und damit eine wichtige Grundlagenarbeit in diesem Themengebiet geschaffen hat, beschäftigte er sich augenscheinlich auch in nachfolgenden Publikationen unter anderem mit Einstellungen im Werbekontext (z. B. Jin und Lutz 2013; Rice et al. 2012).

3 Wirkungsgeschichte des Schlüsselwerks und Kritik

Grundsätzlich bietet das Schlüsselwerk ein umfassendes Modell mit Relevanz für die Werbeforschung, da sich dieses eingehend mit der Einstellung gegenüber einer Werbeanzeige auseinandersetzt. Zudem wurde durch den Einbezug peripherer und zentraler Verarbeitungsmechanismen aus dem *Elaboration Likelihood Model* (Petty und Cacioppo 1981, 1986) die mögliche theoretische Anschlussfähigkeit des A_{Ad}-Modells an andere für die Werbeforschung relevante Ansätze aufgezeigt. Etwa merken Friestad und Wright (1994, S. 16) an – wenngleich sie A_{Ad} nicht als theoretische Basis für das *Persuasion Knowledge Model* einordnen (siehe Kap. „Ich weiß, sie bekommt Geld dafür! Aber ich hab Guido Maria doch so gern! The Persuasion Knowledge Model von Friestad und Wright" in diesem Band) –, dass die A_{Ad}-Forschung im Allgemeinen zu ihrem Interesse beigetragen hätte, sich näher mit dem Persuasionswissen zu befassen. Auch wurden in anderen Forschungsbeiträgen die Überlegungen aus der Publikation aus dem Jahr 1986 (MacKenzie et al. 1986) beispielsweise in Bezug auf Social Marketing (Marchand 2010) überprüft oder im Kontext interaktiver Werbung (Huang et al. 2013) angewandt.

Trotz der Bedeutsamkeit des Schlüsselwerks für die Werbeforschung sind dennoch Kritik und Limitationen aufzugreifen, die neben methodischen Aspekten zudem das A_{Ad}-Modell bzw. das A_{Ad}-Konzept an sich betreffen. So diskutierten MacKenzie und Lutz (1989, S. 61–63) mehrere – auch unerwartete und diskrepante – Befunde sowohl in Bezug auf messtheoretische Limitationen[4] als auch auf den Pretest-Kontext. Etwa betonen die beiden Autoren hinsichtlich des unerwarteten direkten Effekts der Glaubwürdigkeit der Werbeanzeige auf die Markeneinstellung die Notwendigkeit, diese Befunde mittels anderer Messmethoden und Werbestimuli zu prüfen (MacKenzie und Lutz 1989, S. 63). Insgesamt zeigt sich in der Forschungsliteratur zu A_{Ad}, dass dieses zentrale Konstrukt nicht einheitlich operationalisiert wird (Muehling und McCann 1993, S. 27–28; Schlütz 2016, S. 558), was nicht zuletzt den Vergleich verschiedener Studienergebnisse erschwert (Schlütz 2016, S. 566). Die mangelnde Einheitlichkeit in der Operationalisierung lässt sich wohl damit erklären, dass es gemäß Muehling und McCann (1993, S. 26–27) unterschiedliche konzeptionelle Definitionen von A_{Ad} gibt: Neben eindimensionalen Begriffsverständnissen – wozu auch die des Schlüsselwerks zählt – finden sich in der Forschungsliteratur außerdem multidimensionale Definitionen. Daher kommen Muehling und McCann (1993, S. 53–54) auf Basis ihres Reviews zu A_{Ad}-Publikationen zu dem Schluss, dass neben methodischen Verbesserungen

---

[4]Für eine Auseinandersetzung mit Methoden der Werbewirkungsforschung vgl. Schlütz (2016).

gleichsam theoretische Anpassungen erforderlich sind, weshalb sie Aspekte für ein umfassenderes A$_{Ad}$-Modell zusammentragen – dies betrifft also nicht nur das Schlüsselwerk an sich, sondern vielmehr die Forschung zu A$_{Ad}$ im Allgemeinen. So greifen auch MacKenzie und Lutz (1989, S. 63) die Notwendigkeit auf, zum einen die gesamte Struktur des im Schlüsselwerk vorgestellten A$_{Ad}$-Modells zu testen und zum anderen ein natürliches Setting einzubeziehen, um die Wirkung vornehmlich peripherer Faktoren (z. B. Stimmung) auf A$_{Ad}$ zu überprüfen.

Literatur

Primärliteratur

Lutz, R. J. (1985). Affective and cognitive antecedents of attitude toward the ad: A conceptual framework. In L. F. Alwitt & A. A. Mitchell (Hrsg.), *Psychological processes and advertising effects. Theory, research, and applications* (S. 45–63). Hillsdale, NJ: Lawrence Erlbaum Associates.

Lutz, R. J., MacKenzie, S. B., & Belch, G. E. (1983). Attitude toward the ad as a mediator of advertising effectiveness: Determinants and consequences. *Advances in Consumer Research, 10*(1), 532–539.

MacKenzie, S. B., & Lutz, R. J. (1989). An empirical examination of the structural antecedents of attitude toward the ad in an advertising pretesting context. *Journal of Marketing, 53*(2), 48–65.

MacKenzie, S. B., Lutz, R. J., & Belch, G. E. (1986). The role of attitude toward the ad as a mediator of advertising effectiveness: A test of competing explanations. *Journal of Marketing Research, 23*(2), 130–143.

Sekundärliteratur

Beard, F. K. (2002). Peer evaluation and readership of influential contributions to the advertising literature. *Journal of Advertising, 31*(4), 65–75.

Brown, S. P., & Stayman, D. M. (1992). Antecedents and consequences of attitude toward the ad: A meta-analysis. *Journal of Consumer Research, 19*(1), 34–51.

Friestad, M., & Wright, P. (1994). The persuasion knowledge model: How people cope with persuasion attempts. *Journal of Consumer Research, 21*(1), 1–31.

Huang, J., Su, S., Zhou, L., & Liu, X. (2013). Attitude toward the viral ad: Expanding traditional advertising models to interactive advertising. *Journal of Interactive Marketing, 27*(1), 36–46.

Jin, H. S., & Lutz, R. J. (2013). The typicality and accessibility of consumer attitudes toward television advertising: Implications for the measurement of attitudes toward advertising in general. *Journal of Advertising, 42*(4), 343–357.

Kuhlmann, J. (2009). Ausgewählte Verfahren der Holdout- und Kreuzvalidierung. In S. Albers, D. Klapper, U. Konradt, A. Walter, & J. Wolf (Hrsg.), *Methodik der empirischen Forschung* (3. Aufl., S. 537–546). Wiesbaden: Gabler.

MacKenzie, S. B. (2003). The dangers of poor construct conceptualization. *Journal of the Academy of Marketing Science, 31*(3), 323–326.

MacKenzie, S. B., & Podsakoff, P. M. (2012). Common method bias in marketing: Causes, mechanisms, and procedural remedies. *Journal of Retailing, 88*(4), 542–555.

Marchand, J. (2010). Attitude toward the ad: Its influence in a social marketing context. *Social Marketing Quarterly, 16*(2), 104–126.

Muehling, D. D., & McCann, M. (1993). Attitude toward the ad: A review. *Journal of Current Issues and Research in Advertising, 15*(2), 25–58.

Petty, R. E., & Cacioppo, J. T. (1981). *Attitudes and persuasion: Classic and contemporary approaches.* Dubuque, IA: Wm. C. Brown.

Petty, R. E., & Cacioppo, J. T. (1986). *Communication and persuasion. Central and peripheral routes to attitude change.* New York, NY: Springer-Verlag.

Podsakoff, P. M., MacKenzie, S. B., Lee, J.-Y., & Podsakoff, N. P. (2003). Common method biases in behavioral research: A critical review of the literature and recommended remedies. *Journal of Applied Psychology, 88*(5), 879–903.

Rice, D. H., Kelting, K., & Lutz, R. J. (2012). Multiple endorsers and multiple endorsements: The influence of message repetition, source congruence and involvement on brand attitudes. *Journal of Consumer Psychology, 22*(2), 249–259.

Schlütz, D. (2016). Klassische Methoden der Werbewirkungsforschung. In G. Siegert, W. Wirth, P. Weber, & J. A. Lischka (Hrsg.), *Handbuch Werbeforschung* (S. 547–571). Wiesbaden: Springer VS.

Zentral vs. Peripher: *Persuasionswege und Einstellungsänderungen* in den Arbeiten von Petty und Cacioppo

Ariadne Neureiter

1 Inhalt des Schlüsselwerkes

Das Elaboration Likelihood Model (ELM; Petty und Cacioppo 1986) von Richard E. Petty und John T. Cacioppo geht davon aus, dass Rezipient*innen persuasive Information entlang einer von zwei Routen verarbeiten: der zentralen Route oder der peripheren Route. Verarbeitung von persuasiver Information entlang der zentralen Route zeichnet sich durch eine aufwändige kognitive Auseinandersetzung mit der persuasiven Mitteilung aus; es wird der persuasiven Mitteilung mit Aufmerksamkeit begegnet, sie wird sorgfältig und kritisch im Licht der persönlichen Erfahrungen und Assoziationen betrachtet und Argumente der persuasiven Mitteilung werden sorgfältig verarbeitet. Aufgrund dieses beträchtlichen Einsatzes von kognitiven Ressourcen kommt es zu einer Gesamtbewertung der persuasiven Mitteilung, die in einer Einstellungsbildung oder -änderung entlang der zentralen Persuasionsroute mündet. Im Gegensatz zu der zentralen Route ist die periphere Route durch eine oberflächlichere Verarbeitung, die sich von einfachen Hinweisreizen, wie z. B. der Anzahl der Argumente in der persuasiven Mitteilung, leiten lässt, gekennzeichnet. Hierbei werden Argumente der persuasiven Mitteilung außer Acht gelassen. Einstellungsbildung oder -änderung entsteht nur durch Orientierung an peripheren Hinweisreizen (Petty et al. 1983).

A. Neureiter (✉)
Institut für Publizistik- und Kommunikationswissenschaft, Universität Wien,
Wien, Österreich
E-Mail: ariadne.neureiter@univie.ac.at

© Springer Fachmedien Wiesbaden GmbH, ein Teil von Springer Nature 2022   159
T. G. K. Meitz et al. (Hrsg.), *Schlüsselwerke der Werbeforschung*,
https://doi.org/10.1007/978-3-658-36508-0_14

Um Voraussetzungen und Konsequenzen der zwei Routen von persuasiver Informationsverarbeitung darzustellen, haben Petty und Cacioppo (1986) in ihrem Schlüsselwerk der Werbeforschung, *The Elaboration Likelihood Model of Persuasion*, sieben Postulate aufgestellt. In den Postulaten 1-2 werden die Grundprämissen des ELM beleuchtet. Postulat 3 beschäftigt sich mit Eigenschaften der persuasiven Mitteilung (Qualität der Argumente bzw. periphere Hinweisreize) und wie diese die Informationsverarbeitung beeinflussen. Postulat 4 dreht sich um situative (Ablenkung und Wiederholung) und individuelle Faktoren (Relevanz, Verantwortung, und Kognitionsbedürfnis), die eine Auswirkung auf die objektive Informationsverarbeitung von persuasiven Mitteilungen haben. In Postulat 5 – für die Werbeforschung von besonderem Interesse – beschreiben die Autoren das Zusammenspiel von Postulat 3 und 4. In Postulat 6 wird, mit Verweis auf Postulat 4, auf Faktoren näher eingegangen, die eine voreingenommene Informationsverarbeitung begünstigen (Wissen bzw. Vorwarnungen). Schlussendlich wird in Postulat 7 – für die Werbeforschung erneut sehr relevant – näher auf Konsequenzen von peripherer und zentraler Informationsverarbeitung für zukünftiges Verhalten eingegangen. Die Postulate 1-7 werden nun folglich detaillierter beschrieben.

In dem ersten Postulat des ELM gehen Petty und Cacioppo (1986) davon aus, dass Menschen grundsätzlich korrekte Einstellungen vertreten wollen. Inkorrekte Einstellungen bezeichnen sie als fehlangepasst und betonen die Wahrscheinlichkeit von nachteiligen affektiven, kognitiven und behavioralen Konsequenzen für Menschen, die diese vertreten.

Postulat zwei des ELM (Petty und Cacioppo 1986) besagt, dass die Motivation und die Fähigkeit zur Informationsverarbeitung, um korrekte Einstellungen zu vertreten, von bestimmten Faktoren abhängt. Auch wenn Menschen prinzipiell korrekte Einstellungen vertreten wollen, postulieren Petty und Cacioppo (1986), dass es situative und individuelle Faktoren gibt, welche die Motivation und Fähigkeit zur kognitiven Informationsverarbeitung von persuasiven Mitteilungen maßgeblich beeinflussen. Wenn die Motivation oder die Fähigkeit zu sorgfältiger kognitiver Verarbeitung von situativen oder individuellen Faktoren positiv beeinflusst wird, dann sprechen die Autoren von einer hohen Wahrscheinlichkeit, dass die Information entlang der zentralen Persuasionsroute verarbeitet wird. Petty und Cacioppo (1986) wenden jedoch ein, dass Menschen aus Kapazitäts- und Zeitgründen nicht alle persuasiven Mitteilungen mit denen sie täglich konfrontiert werden, entlang der zentralen Route verarbeiten wollen und können. Ist also die Motivation oder die Fähigkeit zur sorgfältigen Informationsverarbeitung gering, entsteht eine Einstellungsbildung oder -änderung entlang der peripheren Route.

In Postulat drei (Petty und Cacioppo 1986) beschreiben die Autoren Faktoren, welche die Motivation oder Fähigkeit zur Informationsverarbeitung einer persuasiven Mitteilung beeinflussen. Konkreter drückt Postulat drei aus, dass durch Faktoren, die entweder als persuasive Argumente oder als einfache Hinweisreize fungieren Einstellungsbildung oder -änderung hervorgerufen werden kann.

Ein wichtiger Faktor, der die Informationsverarbeitung entlang der zentralen Route beeinflusst, ist die Qualität der Argumente. Petty und Cacioppo (1986) definieren „starke Mitteilungen" (S. 133) als Mitteilungen, die Argumente aufbringen aufgrund derer Rezipient*innen überwiegend positiv über die Mitteilung denken. „Schwache Mitteilungen" (S. 133) werden als Mitteilungen definiert, die Argumente beinhalten, die Rezipient*innen eher negativ über die Mitteilung denken lassen.

Faktoren, welche die Informationsverarbeitung entlang der peripheren Route beeinflussen, sind periphere Hinweisreize, wie zum Beispiel die Quellenangabe der Information, die Attraktivität oder Prominenz der Kommunikator*innen, oder die Anzahl der genannten Argumente. Es wird davon ausgegangen, dass Hinweisreize die Informationsverarbeitung beeinflussen, ohne dass die Qualität der Argumente der persuasiven Mitteilung beachtet wird. Periphere Charakteristika der persuasiven Mitteilung geben Rezipient*innen mit wenig Motivation und wenig stark ausgeprägten Fähigkeiten zur Informationsverarbeitung Hinweise, ob aufgrund der persuasiven Mitteilung eine Einstellungsbildung oder -änderung vorgenommen werden soll.

In Postulat vier (Petty und Cacioppo 1986) beschreiben die Autoren situative und individuelle Faktoren, welche die Fähigkeit sowie die Motivation von Rezipient*innen, Information einer persuasiven Mitteilung objektiv zu verarbeiten, beeinflussen. Im Vergleich zur voreingenommenen Informationsverarbeitung (siehe Postulat sechs), kann die objektive Verarbeitung von Information mit einem „*bottom-up*" Prozess verglichen werden, da die Verarbeitung relativ unparteiisch und auf Daten beruhend stattfindet (Petty und Cacioppo 1986, S. 136). Postulat vier beschreibt, dass Faktoren die objektive Informationsverarbeitung von Rezipient*innen beeinflussen, indem sie die Prüfungsfähigkeit und -motivation der Rezipient*innen von Argumenten der persuasiven Mitteilung verbessern oder verschlechtern.

Ein situativer Faktor, der die Prüffähigkeit von persuasiven Mitteilungen beeinflusst, ist die Ablenkung der Rezipient*innen bei der Informationsverarbeitung. Ein von Petty und Kollegen (1976) durchgeführtes Experiment zeigte, dass Ablenkung mit erhöhter Zustimmung argumentativ schwacher Mitteilungen zusammenhing. Durch Unterbrechung der schwachen Mitteilung, und somit Ablenkung, wurden auch negative Gedanken bezüglich der persuasiven Mitteilung unterbrochen. Waren die Argumente stark, dann hatte die Ablenkung eine abschwächende Wirkung auf Persuasionsvorgänge, da Rezipient*innen die Zeit genommen wurde, positive Gedanken zu Ende zu bringen. Ablenkung, die mit Gedankenunterbrechung einhergeht, ist also ein besonders einflussreicher situativer Faktor der objektiven Informationsverarbeitung, wenn Rezipient*innen die Mitteilung sorgfältig entlang der zentralen Route verarbeiten. Bei der Verarbeitung entlang der peripheren Route spielt Ablenkung so gut wie keine Rolle (Petty und Cacioppo 1986).

Ein weiterer situativer Faktor, der die Fähigkeit zur objektiven Informationsverarbeitung beeinflusst, ist die Wiederholung einer persuasiven Mitteilung. Cacioppo und Petty

(1980) konnten experimentell demonstrieren, dass die wiederholte Darbietung einer persuasiven Mitteilung dazu führte, dass diese sorgfältiger verarbeitet wurde. Ferner zeigte das Experiment, dass wiederholte Mitteilungen mit starken Argumenten zu stärkeren Einstellungsbildungen oder -änderungen führten, als Mitteilungen mit schwachen Argumenten.

Faktoren, welche die Motivation zur objektiven Informationsverarbeitung beeinflussen, sind, nach Petty und Cacioppo (1986), die persönliche Relevanz, die persönliche Verantwortung sowie das individuelle Kognitionsbedürfnis von Rezipient*innen. Die Autoren schlagen vor, dass mit steigender persönlicher Relevanz, Rezipient*innen stärker motiviert sind die Argumente sorgfältig zu verarbeiten. Sie sind motivierter, vermehrt kognitive Ressourcen aufzuwenden, um die Mitteilung korrekt einzuschätzen und zu verarbeiten, da mit inkorrekten Einstellungen bei Themen mit hoher Relevanz meist bedeutende negative Konsequenzen verbunden sind. Diese Annahme konnte empirisch bestätigt werden: Wenn Rezipient*innen das Thema der persuasiven Mitteilung als relevant empfanden, dann führten starke persuasive Mitteilungen zu positiveren Einstellungen als schwache Mitteilungen (Petty und Cacioppo 1979b).

Laut ELM bewirkt eine persönliche Verantwortung gegenüber der kognitiven Informationsverarbeitung ähnliche Effekte. Petty und Kollegen (1980) zeigten in einem Experiment, dass je größer die persönliche Verantwortung für eine sorgfältige Informationsverarbeitung wahrgenommen wurde, desto positiver reagierten Rezipient*innen gegenüber einer starken persuasiven Mitteilung. Wenn jedoch keine persönliche Verantwortung wahrgenommen wurde, war die Einstellung zu schwachen Mitteilungen positiver als die zu starken Mitteilungen.

Der letzte Faktor, der die Motivation von Rezipient*innen zur objektiven Informationsverarbeitung beeinflusst, ist das individuelle Kognitionsbedürfnis. Das Kognitionsbedürfnis zeichnet sich durch das Verlangen aus, neue Information sinnvoll zu strukturieren und in bestehende Wissensstrukturen zu integrieren (Cohen et al. 1955). Das ELM geht davon aus, dass Rezipient*innen mit einem stark ausgeprägten Kognitionsbedürfnis persuasive Mitteilungen sorgfältiger verarbeiten als Rezipient*innen mit einem schwach ausgeprägten Kognitionsbedürfnis. Die Autoren überprüften die theoretische Annahme empirisch und konnten feststellen, dass bei Rezipient*innen mit einem stark ausgeprägten Kognitionsbedürfnis ein stärkerer Zusammenhang zwischen der Intensität der Informationsverarbeitung und persönlicher Meinung bestand als bei Rezipient*innen mit einem schwach ausgeprägten Kognitionsbedürfnis (Petty und Cacioppo 1986).

Zusammenfassend lässt sich festhalten, dass die objektive Informationsverarbeitung entlang der zentralen Persuasionsroute sowohl von situativen Faktoren (Ablenkung, Wiederholung), als auch von individuellen Faktoren (persönliche Relevanz, Verantwortung, Kognitionsbedürfnis) beeinflusst werden kann.

Das fünfte Postulat des ELM (Petty und Cacioppo 1986) besagt, dass bei herabgesetzter Motivation oder Fähigkeit, Argumente korrekt zu verarbeiten, periphere

Hinweise für den Persuasionsprozess wichtiger sind als die Qualität der hervorgebrachten Argumente. Als peripherer Hinweis wird die wahrgenommene Expertise der Nachrichtenquelle beschrieben, welche von Rezipient*innen herangezogen werden kann, um die persuasive Mitteilung, ohne die themenrelevanten Argumente zu beachten, einzuschätzen. Mithilfe eines Experiments konnte die theoretische Annahme von Postulat fünf bestätigt werden (Petty et al. 1981). Unabhängig von der Qualität der Argumente, beeinflussten Expert*innen-Quellen die Einstellung der Rezipient*innen, die das Thema als weniger relevant betrachteten, positiv. Jedoch spielte bei hoher persönlicher Relevanz die Qualität der Argumente eine größere Rolle im Persuasionsprozess als der einfache Hinweisreiz der Quellenangabe.

Besonders im Bereich der Werbung, in dem oftmals prominente Unterstützer*innen für Produkte auftreten, wird Postulat fünf des ELM relevant. Das erkannten auch Petty und Cacioppo (1984) und überprüften die theoretischen Annahmen des ELM anhand eines Experimentes im Werbekontext. In dem zweiten Schlüsselwerk von Petty und Kollegen (1983), dem wissenschaftlichen Artikel *Central and Peripheral Routes to Advertising Effectiveness: The Moderating Role of Involvement*, zeigten die Autoren, dass das ELM anwendbar ist, wenn die persuasive Mitteilung in Form einer Werbung auftritt und die wahrgenommene Relevanz der Rezipient*innen sich auf ein Produkt bezieht. In einem Experiment manipulierten die Autoren folgende drei Variablen: Persönliche Relevanz eines Produktes, die Qualität der persuasiven Argumente in der Werbung, und die Bekanntheit der Unterstützer*innen. Die Ergebnisse zeigten, dass die wahrgenommene Relevanz des beworbenen Produktes eine große Rolle dafür spielte, welche Persuasionsroute der Informationsverarbeitung von Rezipient*innen eingeschlagen wurde. Wenn die Relevanz als groß wahrgenommen wurde, dann wirkten die Argumente in der Werbung persuasiv auf die Einstellung der Rezipient*innen. Wenn die persönliche Relevanz des Produktes jedoch als niedrig wahrgenommen wurde, dann wurde vermehrt auf periphere Hinweisreize, wie auf die Bekanntheit der Unterstützer*innen, geachtet, um eine Einstellung zu bilden oder diese zu ändern.

Die Relevanz eines Themas beeinflusst somit die Persuasionsroute der Informationsverarbeitung. Bei niedriger Relevanz eines Produktes dient die Prominenz der Unterstützer*innen in der Werbung als peripherer Hinweisreiz und beeinflusst somit den Persuasionsprozess. Bei hoher Relevanz eines Produktes beeinflusst ausschließlich die Qualität der Argumente in der Werbung die Einstellungsbildung oder -änderung. Mit Postulat fünf wird deutlich, dass das ELM einen theoretischen Rahmen für die Werbeforschung bereitstellt.

Postulat sechs (Petty und Cacioppo 1986) befasst sich nun mit Faktoren, die beeinflussen, dass die Information zwar kognitiv sorgfältig verarbeitet wird, jedoch auf eine voreingenommene Art. Zum besseren Verständnis folgt an dieser Stelle eine kurze Wiederholung von Postulat vier (siehe oben). In Postulat vier beschäftigen sich die Autoren mit Faktoren, welche die Informationsverarbeitung in einer objektiven Art beeinflussen. Rezipient*innen, die Information objektiv verarbeiten, sind fähig die „wahre Gültigkeit" der Mitteilung zu erkennen (Petty und Cacioppo 1986, S. 163). Basierend auf dieser Annahme konnten die Autoren in einem Experiment zeigen, dass starke persuasive Mitteilungen zu mehr Persuasionseffekten führten als schwache Mitteilungen. In Postulat sechs werden nun Faktoren beschrieben, welche die Informationsverarbeitung in voreingenommener Art beeinflussen. Die voreingenommene Verarbeitung ist mit „*top-down*" Prozessen zu vergleichen, da die Verarbeitung der persuasiven Nachricht z. B. durch Schemata geleitet wird, die auf vorhergegangener persönlicher Erfahrung beruhen (Landman und Manis 1983; Petty und Cacioppo 1986, S. 136).

Bei Rezipient*innen, die Informationen voreingenommen verarbeiten, stehen Gedanken, die zur Verteidigung einer bereits gefestigten Einstellung dienen, im Vordergrund. Bereits bestehendes Wissen ist einer der wichtigsten Faktoren, der die Fähigkeit zur Informationsverarbeitung beeinflusst (Wyer und Srull 1984). Bestehendes Wissen, das bereits in Schemata eingeordnet ist, begünstigt voreingenommene schemagesteuerte Verarbeitung (Ross et al. 1975), erleichtert das Vorbringen von Gegenargumenten bezüglich Mitteilungen mit inkongruenten Argumenten und kann zu einem Polarisierungseffekt führen (Petty und Cacioppo 1986). Folglich zeigten Cacioppo und Kollegen (1982), dass Einstellungsbildung oder -änderung von Rezipient*innen, die bereits hohes Wissen in einem bestimmten Bereich hatten, weniger von einer persuasiven Mitteilung beeinflusst wurde und diese somit resistenter gegenüber persuasiven Mitteilungen auftraten als Rezipient*innen mit niedrigem Vorwissen. Speziell persuasive schwache Mitteilungen erzeugten bei hohem Vorwissen keinerlei Einstellungsbildung oder -änderung. Wenn jedoch kein Vorwissen bestand, dann konnten auch bei schwachen Mitteilungen einfache Hinweisreize (z. B. die Länge der Argumente) Informationsverarbeitungsprozesse beeinflussen und zu Einstellungsbildung oder -veränderung führen.

Ein weiterer Faktor, der eine voreingenommene Informationsverarbeitung verstärkt, sind Vorwarnungen, dass es sich um persuasive Kommunikation handelt. Wenn die Motivation (z. B. persönliche Relevanz) oder die Fähigkeit (z. B. Vorwissen) Information zu verarbeiten hoch ist, dann resultieren Warnungen meist in einem verstärkten Einsatz von kognitiven Ressourcen und einem Widerstand gegenüber der persuasiven Mitteilung (Petty und Cacioppo 1979a). In einem von Petty und Cacioppo (1979a) durchgeführten Experiment konnten die theoretischen Annahmen von Postulat sechs bestätigt werden. Hoch involvierte Rezipient*innen, die auf die persuasive Absicht der Mitteilung hingewiesen wurden, entwickelten mehr Gegenargumente bezüglich der Mitteilung als Rezipient*innen, die keine solche Vorinformation erhielten. Als Konsequenz erfolgte zwar eine sorgfältige kognitive Informationsverarbeitung, jedoch war diese voreingenommen, da versucht wurde die Freiheit, die eigene Einstellungen vertreten zu können, wieder zu erlangen (Brehm 1966).

Als Zwischenfazit lässt sich festhalten, dass die voreingenommene Informationsverarbeitung entlang der zentralen Persuasionsroute sowohl von situativen Faktoren (Vorwarnungen) als auch von individuellen Faktoren (Vorwissen) beeinflusst werden kann.

In dem siebten und letzten Postulat des ELMs (Petty und Cacioppo 1986), das in dem wissenschaftlichen Artikel *The Elaboration Likelihood Model of Persuasion* beschrieben wird, gehen die Autoren auf die Konsequenzen der Einstellungsbildung oder -änderung entlang der zwei Persuasionsrouten für zukünftiges Verhalten ein. Die Konsequenzen für zukünftiges Verhalten sind davon abhängig, ob die Informationsverarbeitung entlang der zentralen oder der peripheren Route stattfindet. Laut ELM haben Einstellungsbildungen oder -änderungen, die entlang der zentralen Route vorgenommen werden eine größere zeitliche Beständigkeit, einen größeren Widerstand gegenüber Gegenrede und ermöglichen eine genauere Vorhersage von Verhalten, als Einstellungsbildung oder -änderung, die entlang der peripheren Route verlaufen.

Was die zeitliche Komponente betrifft, haben Petty und Cacioppo (siehe 1986, S. 177 ff) ihre Annahme mit empirischen Studien überprüft. Die Studien konnten zeigen, dass die Sorgfältigkeit der Informationsverarbeitung der persuasiven Mitteilung positive Auswirkungen auf die Persistenz der Einstellungsbildung oder -änderung hatte. Die zeitliche Beständigkeit der Einstellung war bei Rezipient*innen, die ihre Einstellung entlang der zentralen Route bildeten, größer als bei Rezipient*innen, die ihre Einstellung entlang der peripheren Route bildeten. Ferner zeigte sich, dass Einstellungsbildung oder -änderung, die entlang der zentralen Route vorgenommen wurde, eine Änderung der Verhaltensabsichten nach sich zog. Entlang der peripheren Route konnten jedoch keine Änderungen der Verhaltensabsichten von Rezipient*innen beobachtet werden.

Die Gültigkeit von Postulat sieben für den Werbekontext ist in dem Schlüsselwerk der Werbeforschung *Central and Peripheral Routes to Advertising Effectiveness: The Moderating Role of Involvement* (Petty et al. 1983) anhand eines Experimentes dargelegt. Dabei fanden die Autoren heraus, dass sich bei hoher Relevanz eines beworbenen Produktes, starke Argumente in der Werbung positiv auf die Kaufintention der Rezipient*innen auswirkten. Wenn die Informationsverarbeitung der Werbung entlang der zentralen Route verlief, wurden nicht nur Einstellungen bezüglich des Produktes, sondern auch Kaufintentionen beeinflusst.

Schlussendlich gehen Petty und Cacioppo (1986) von einer verstärkten Resistenz gegenüber Gegenargumenten aus, wenn die persuasive Mitteilung entlang der zentralen Route verarbeitet wird. Als Grund dafür geben sie an, dass umfassendes themenrelevantes Denken zu persistenteren Einstellungen führt als periphere Hinweisreize, bei denen keine sorgfältige kognitive Arbeit erforderlich ist.

Letztendlich kann zusammengefasst werden, dass nicht nur Einstellungsbildung oder -änderung durch die zentrale oder periphere Persuasionsroute beeinflusst wird, sondern auch Verhaltensintentionen (siehe Abb. 1).

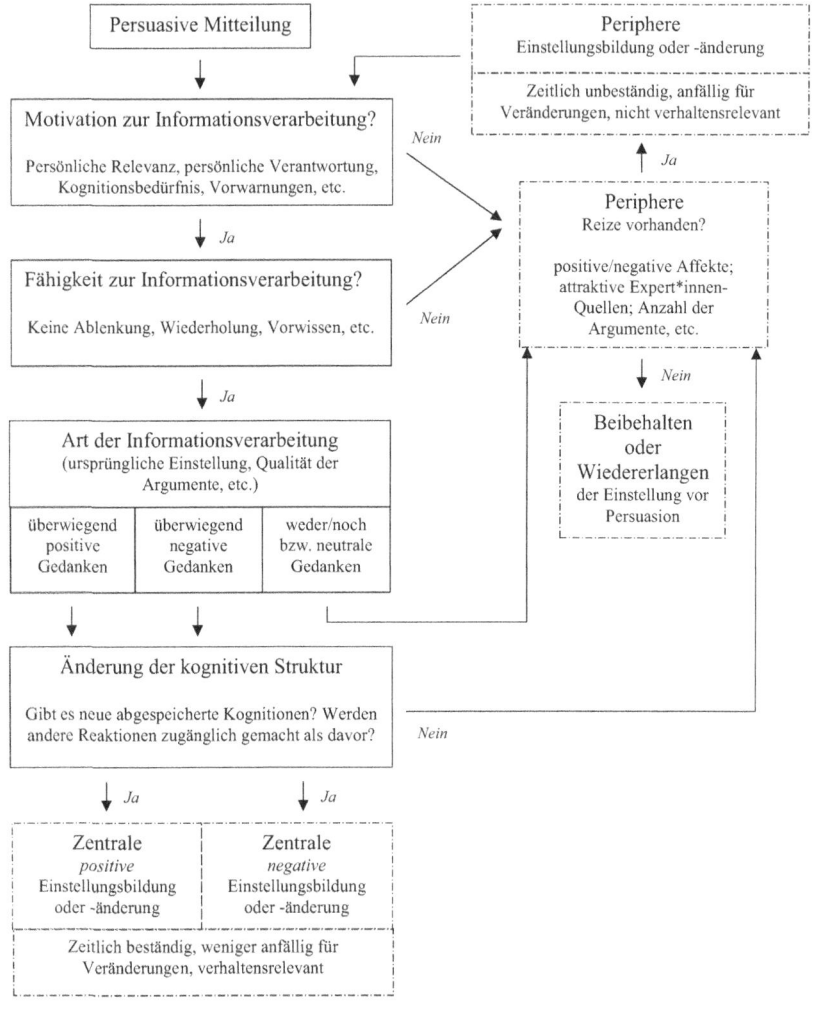

Abb. 1   Das Elaboration Likelihood Model (schematische Darstellung in deutscher Sprache)

2 Eingliederung ins Gesamtwerk

Die Beziehung von Richard E. Petty und John T. Cacioppo hatte neben einer professionellen Komponente mit etlichen gemeinsamen Veröffentlichungen in wissenschaftlichen Zeitschriften, auch eine freundschaftliche. Richard E. Petty und John T. Cacioppo lernten sich als Studenten an der Ohio State Universität in den Vereinigten Staaten kennen. Aus der Freundschaft entwickelte sich eine wissenschaftliche Zusammenarbeit, die über Jahre hinweg andauerte und viele Veröffentlichungen hervorbrachte (Berntson und Miller 2018).

Richard E. Petty forscht bis zum heutigen Tag an den Implikationen des ELM für die Entstehung von Vorurteilen, Gesundheitsverhalten und Entscheidungen von Konsument*innen und politischen und juristischen Akteur*innen (The Ohio State University 2020). Im Gegenzug dazu, entfernte sich John T. Cacioppo thematisch von der wissenschaftlichen Beschäftigung mit dem ELM. Bis zu seinem Tod im Jahr 2018 forschte er vor allem im Bereich der sozialen Neurowissenschaften, den er maßgeblich als neue Disziplin innerhalb der Psychologie mitprägte. Sein wissenschaftlicher Fokus lag dabei auf Einsamkeit und dessen sozialen, persönlichen und gesundheitlichen Folgen (Berntson und Miller 2018).

3 Wirkungsgeschichte des Schlüsselwerkes und Kritik

Zu der Zeit, als das ELM entwickelt wurde (1980er-Jahre), herrschte wenig Einvernehmen unter Wissenschaftler*innen, ob, wann und wie verschiedene Charakteristika einer Nachricht Einstellungsbildung sowie -änderung beeinflussen. Die Zeit war gekennzeichnet von einer Diversität verschiedenster empirischer Studien über Persuasionseffekte, die zu einem großen Teil widersprüchliche Ergebnisse aufwiesen. Aus der Vielzahl dieser bereits bestehenden Studien wurde nicht eindeutig ersichtlich, welche kognitiven Prozesse eine Einstellungsbildung oder -änderung bei persuasiver Kommunikation bedingen. Richard E. Petty und John T. Cacioppo haben mit dem ELM die Vielzahl von empirischen Ergebnissen im Persuasionskontext einordbar gemacht und sie unter einen „konzeptionellen Schirm" gestellt (Petty und Cacioppo 1986, S. 125).

Das ELM findet nicht nur Anwendung in der Psychologie (McNeill und Stoltenberg 1988), sondern auch in der Werbeforschung (Petty und Cacioppo 1986), in der es sich unter anderem aufgrund des wissenschaftlichen Artikels *Central and Peripheral Routes to Advertising Effectiveness: The Moderating Role of Involvement* (1983) zu einem Schlüsselkonzept für die Erklärung von Persuasionseffekten entwickelte (Klimmt und Rosset 2020).

Nichtsdestotrotz gibt es auch Kritik gegenüber dem ELM.Die wichtigsten Punkte werden folglich zusammengefasst. Hamilton und Kollegen (1993) kritisierten, dass das ELM keinen Neuigkeitswert innehabe. Bereits bekannte Phänomene würden neu erklärt und bereits beschriebene Konstrukte neu benannt werden. Mongeau und Stiff (1993) fügten hinzu, dass Petty und Cacioppo (1986) bei der Formulierung des ELM zu unpräzise und vage vorgegangen sind. Bestimmte Prozesse des ELM werden nicht ausführlich genug erklärt, wie z. B. Denkprozesse, die zur Einstellungsbildung, oder -änderung führen, und zentrale Begriffe, wie z. B. „ein starkes Argument", werden nicht ausreichend definiert. Das bedeutet in weiterer Folge, dass das ELM empirisch nur sehr schwierig widerlegbar ist, was wiederum seine theoretische Vorhersagekraft einschränkt. Des Weiteren gaben sie zu bedenken, dass die empirische Prüfung des ELM immer nur Ausschnitte (einzelne Postulate) der Theorie prüft und nie das Theorem im Ganzen. Somit sei das gesamte Modell an sich empirisch nicht bestätigt. Ein weiterer wichtiger Kritikpunkt wurde von Allen und Reynolds (1993) eingebracht, die zu bedenken gaben, dass nicht alle bereits bestehenden empirischen Funde in der Persuasionsforschung in den konzeptionellen Rahmen des ELM passen (z. B. der *Sleeper*-Effekt). Somit seien wichtige Annahmen des ELM mit empirischen Befunden widerlegt worden.

Die Autoren des ELM reagierten auf die Kritik, indem sie diese teilweise direkt in das Modell eingearbeitet haben (Petty und Wegener 1999). Trotz der Kritikpunkte von Wissenschaftler*innen an dem Model, kommen die Autoren zu dem Fazit, dass alle sieben Postulate, die in *The Elaboration Likelihood Model of Persuasion* (1986) beschrieben sind, gültig sind. Außerdem merkten sie an, dass das ELM nicht nur in der Werbeforschung, sondern auch in anderen wissenschaftlichen Bereichen, wie beispielsweise in der Sozialpsychologie, angewendet werden kann (Petty et al. 2009; Petty und Briñol 2012).

Bis zum heutigen Tag gilt das ELM als „Gold Standard" bei Wissenschaftler*innen der Persuasions- und Werbeforschung zur Erklärung von Persuasionseffekten (Klimmt und Rosset 2020, S. 11). Dennoch haben sich neben dem ELM auch andere Mehr-Prozess-Modelle entwickelt, wie z. B. das heuristisch-systematische Modell der Informationsverarbeitung (HSM; Chen und Chaiken 1999). Dieses weist grundsätzliche Übereinstimmungen mit dem ELM auf, unterscheidet sich jedoch unter anderem darin, dass es davon ausgeht, dass beide Routen der Informationsverarbeitung auch gemeinsam auftreten können. Andere Autor*innen entwickelten das ELM weiter, indem sie dieses auf andere persuasive Kontexte ausweiteten. So beschreibt das „erweiterte ELM" (E-ELM) die Informationsverarbeitung von persuasiven Inhalten speziell in narrativen Kontexten, die sich durch die Beschäftigung mit der Handlung und den Charakteren einer Erzählung auszeichnet (E-ELM; Slater und Rouner 2002).

Literatur

Primärliteratur

Cacioppo, J. T., & Petty, R. E. (1980). Persuasiveness of communications is affected by exposure frequency and message quality: A theoretical and empirical analysis of persisting attitude change. *Journal of Current Issues and Research in Advertising, 3*(1), 97–122. https://doi.org/10.1080/01633392.1980.10505295

Cacioppo, J. T., Petty, E. R., & Sidera, J. A. (1982). The effects of a salient self-schema on the evaluation of proattitudinal editorials: Top-down versus bottom-up message processing. *Journal of Experimental Social Psychology, 18*(4), 324–338. https://doi.org/10.101 6/0022-1031(82)90057-9

Petty, R. E., & Cacioppo, J. T. (1984). Source factors and the Elaboration Likelihood Model of Persuasion. *Advances in consumer research. Association for Consumer Research, 11*(1), 668–672. https://www.acrwebsite.org/volumes/6328. Zugegriffen: 10. November 2020.

Petty, R. E., & Cacioppo, J. T. (1979a). Effects of forewarning of persuasive intent and involvement on cognitive responses and persuasion. *Personality and Social Psychology Bulletin, 5*(2), 173–176. https://doi.org/10.1177/014616727900500209

Petty, R. E., & Cacioppo, J. T. (1979b). Issue involvement can increase or decrease persuasion by enhancing message-relevant cognitive responses. *Journal of Personality and Social Psychology, 37*(10), 1915–1926. https://doi.org/10.1037/0022-3514.37.10.1915

Petty, R. E., & Cacioppo, J. T. (1986). The Elaboration Likelihood Model of Persuasion. *Advances in Experimental Social Psychology, 19*, 123–204. https://doi.org/10.1016/ S0065-2601(08)60214-2

Petty, R. E., & Briñol, P. (2012). The Elaboration Likelihood Model. In: P. A. M. Van Lange, A. W. Kruglanski, & E. T. Higgins (Hrsg.), *Handbook of theories of social psychology, Vol. 1* (S. 224–245). London: Sage. https://doi.org/10.4135/9781446249215

Petty, R. E., & Wegener, D. T. (1999). The Elaboration Likelihood Model: Current status and controversies. In S. Chaiken & Y. Trope (Hrsg.), *Dual process theories in social psychology* (S. 41–72). New York: Guilford Press. ISBN:9781572304215

Petty, R. E., Briñol, P., Priester, J. R. (2009). Mass media attitude change: Implications of the Elaboration Likelihood Model of persuasion. In: J. Bryant, & M. B. Oliver (Hrsg.), *Media effects: Advances in theory and research, 3. Auflage* (S. 125–164). New York: Taylor & Francis. https://doi.org/10.4324/9780203877111

Petty, R. E., Cacioppo, J. T., & Goldman, R. (1981). Personal involvement as a determinant of argument-based persuasion. *Journal of Personality and Social Psychology, 41*(5), 847–855. https://doi.org/10.1037/0022-3514.41.5.847

Petty, R. E., Cacioppo, J. T., & Schumann, D. (1983). Central and peripheral routes to advertising effectiveness: The moderating role of involvement. *Journal of Consumer Research, 10*(2), 135–146. https://doi.org/10.1086/208954

Petty, R. E., Harkins, S. G., & Williams, K. D. (1980). The effects of group diffusion of cognitive effort on attitudes: An information-processing view. *Journal of Personality and Social Psychology, 38*(1), 81–92. https://doi.org/10.1037/0022-3514.38.1.81

Petty, R. E., Wells, G. L., & Brock, T. C. (1976). Distraction can enhance or reduce yielding to propaganda: Thought disruption versus effort justification. *Journal of Personality and Social Psychology, 34*(5), 874–884. https://doi.org/10.1037/0022-3514.34.5.874

Sekundärliteratur

Allen, M. & Reynolds, R. (1993). The Elaboration Likelihood Model and the sleeper effect: An assessment of attitude change over time. *Communication Theory, 3*(1), 73–82. https://doi.org/10.1111/j.1468-2885.1993.tb00058.x

Berntson, G., & Miller, G. A. (2018). In memoriam. John T. Cacioppo (1951–2018). *Psychophysiology, 55*, 1–2. https://doi.org/10.1111/psyp.13200

Brehm, J. W. (1966). *A theory of psychological reactance.* New York: Academic Press.

Chen, S. & Chaiken, S. (1999). The Heuristic-Systematic Model in its broader context. In: S. Chaiken & Y. Trope (Hrsg.), *Dual-Process theories in social psychology* (73–96). New York: Guilford Press. ISBN:9781572304215

Cohen, A. R., Stotland, E., & Wolfe, D. M. (1955). An experimental investigation of need for cognition. *The Journal of Abnormal and Social Psychology, 51*(2), 291–294. https://doi.org/10.1037/h0042761

Hamilton, M., Hunter, D., Boster, F. (1993). The Elaboration Likelihood Model as a theory of attitude formation: A mathematical analysis. *Communication Theory, 3*(1), 50–65. https://doi.org/10.1111/j.1468-2885.1993.tb00056_3_1.x

Klimmt, C., & Rosset, M. (2020). *Das Elaboration-Likelihood-Modell, 2. Auflage.* Baden-Baden: Nomos. https://doi.org/10.5771/9783748901518

Landman, J., & Manis, M. (1983). Social cognition: Some historical and theoretical perspectives. *Advances in Experimental Social Psychology, 16*, 49–123. https://doi.org/10.1016/S0065-2601(08)60394-9

McNeill, B. W., & Stoltenberg, C. D. (1988). A test of the Elaboration Likelihood Model for therapy. *Cognitive Therapy and Research, 12*, 69–79. https://doi.org/10.1007/BF01172781

Mongeau, P. A. & Stiff, J. B. (1993). Specifying causal relationships in the Elaboration Likelihood Model. *Communication Theory, 3*(1), 65–72. https://doi.org/10.1111/j.1468-2885.1993.tb00057.x

Ross, L., Lepper, M., & Hubbard, M. (1975). Perseverance in self-perception and social perception: Biased attributional processes in the debriefing paradigm. *Journal of Personality and Social Psychology, 32*(5), 880–892. https://doi.org/10.1037//0022-3514.32.5.880

Slater, M. D. & Rouner, D. (2002). Entertainment-education and elaboration likelihood: Understanding the processing of narrative persuasion. *Communication Theory, 12*(2), 173–191. https://doi.org/10.1111/j.1468-2885.2002.tb00265.x

The Ohio State University (2020). Richard E. Petty (Info). https://richardepetty.com/home/ Zugegriffen: 10. November 2020.

Wyer, R. S., & Srull, T. (1984). *The handbook of social cognition.* Hillsdale, NJ: Erlbaum. ISBN:131778250X

Erinnerungsfaktoren in der Werbung: The Effect of Advertising Retrieval Cues on Brand Evaluations von Keller

Jens Hagelstein

1 Inhalt

Kevin Lane Keller leitet seinen Beitrag „Memory Factors in Advertising: The Effect of Advertising Retrieval Cues on Brand Evaluations" (1987) mit der Schilderung eines praktischen Problems werbetreibender Unternehmen und Agenturen ein: Zwischen der Rezeption einer Werbung und der tatsächlichen Kaufentscheidung liegt in der Regel eine mal kürzere, mal längere Zeitspanne – was die Wirksamkeit des Werbeangebots substantiell vom Erinnerungsvermögen der Rezipient*innen abhängig macht. Ziel aus Sicht der Werbetreibenden ist es daher, die Erinnerungsleistung ihrer potentiellen Konsument*innen zu unterstützen. Eine denkbare Methode hierfür ist der Einsatz von Hinweisreizen (*retrieval cues*): Markante Elemente der Werbung wie Überschriften oder Bilder werden dabei auf dem Produkt selbst oder seiner Verpackung platziert und erleichtern – so die Idealvorstellung – am *point of sale* (Verkaufsstelle eines Produkts) die Erinnerung an die Werbung.

Keller illustriert dies am Praxisbeispiel des Lebensmittelherstellers Quaker Oats: Anfang der 1970er-Jahre brachte das Unternehmen ein neues Cornflakes-Produkt auf den Markt. Protagonist des Fernsehspots für die Cerealien war Little Mikey, ein etwa drei Jahre alter Junge. Bei seinen älteren Brüdern bislang als notorischer Nörgler am Essen berüchtigt („He hates everything!"), sind es ausgerechnet

J. Hagelstein (✉)
Institut für Kommunikations- und Medienwissenschaft, Universität Leipzig,
Leipzig, Deutschland
E-Mail: jens.hagelstein@uni-leipzig.de

© Springer Fachmedien Wiesbaden GmbH, ein Teil von Springer Nature 2022   171
T. G. K. Meitz et al. (Hrsg.), *Schlüsselwerke der Werbeforschung*,
https://doi.org/10.1007/978-3-658-36508-0_15

die nährstoffreichen Frühstücksflocken, die der Kleine mit sichtbarem Appetit ver-
speist. Quaker Oats platzierte ein Standbild aus dem amüsanten 30-Sekünder gut
sichtbar auf der Produktverpackung – und zwar bis Mitte der 1980er-Jahre, was
Keller als eindeutiges Indiz für die Wirksamkeit dieser Hinweisreiz-Taktik deutet.

Der Autor konkretisiert das so skizzierte Forschungsinteresse in drei Überlegungen: Welche Erinnerungen an die Werbung werden durch Hinweisreize (*retrieval cues*) hervorgerufen? Welche Rolle spielen dabei konkurrierende Anzeigen und
Marken in derselben Produktkategorie (*interference*)? Und wie wirken sich unterschiedliche Verarbeitungsziele der Rezipient*innen aus (*processing goals*)?

1.1   Theoretischer Hintergrund

Keller stützt seine theoretischen Ausführungen auf das assoziative Netzwerkmodell des Langzeitgedächtnisses (Anderson 1983): Gespeicherte Informationen
werden hier als Knoten dargestellt; Linien zwischen ihnen symbolisieren die assoziativen Verknüpfungen. Durch Rezeption einer Werbung können Knoten mit Informationen zu Marke, Anzeige, Markenidentität, Produktkategorie oder evaluativer Reaktion generiert und mit bestehenden oder weiteren neu hinzukommenden
Knoten verknüpft werden. Beim Abruf einer Information wird der entsprechende
Knoten durch einen Reiz aktiviert. Die Aktivierung verbreitet sich über das Netzwerk an andere, verknüpfte Informationen, die in Folge dessen ebenfalls abgerufen werden.

Das Langzeitgedächtnis hat eine immense Speicherkapazität, doch nicht jede
gespeicherte Information ist jederzeit verfügbar. Keller geht auf drei Faktoren ein,
die die Erinnerungsleistung beeinflussen können. Erstens haben Rezipient*innen
individuell verschiedene Verarbeitungsziele (*processing goals*) und fokussieren unterschiedliche Eigenschaften des Stimulus. Im Falle einer Werbung mag sich etwa
die eine auf die beworbene Marke konzentrieren (*brand processing*), der andere
auf Form und Inhalt der Anzeige (*ad processing*). Höchst verschieden fallen dementsprechend die im Lernprozess generierten Informationsknoten und -verknüpfun-
gen aus. Zweitens können zusätzlich zu den Zielinformationen weitere Informationen ähnlicher Art gelernt werden. Das erhöht die Anzahl der Verknüpfungen an
einem Knoten und senkt im Falle seiner Aktivierung die Chance auf gleichzeitigen
Abruf der intendierten Zielinformation. Es kommt zu sogenannten Interferenzef-
fekten (*interference*). Konkret handelt es sich bei diesen zusätzlichen Informationen beispielsweise um Werbeangebote konkurrierender Unternehmen derselben
Produktkategorie, die weitere Verknüpfungen produzieren und damit die Zuordnung der Zielmarke zur korrekten Anzeige verhindern können. Drittens kann die

Erinnerungsleistung in beiden Fällen durch die eingangs beschriebenen Hinweis-reize (*retrieval cues*) verbessert werden: Integriert in die Produktgestaltung oder das Verpackungsdesign machen sie – unmittelbar bei der Kaufentscheidung am Ladenregal – Informationen der Werbung zugänglich, die bei alleiniger Rezeption des Markennamens nicht verfügbar wären.

Abb. 1 schematisiert diese theoretischen Überlegungen: Bei einer anzeigen-statt markenbezogenen Verarbeitung (1) fokussieren Rezipient*innen die Werbe-anzeige und verknüpfen beispielsweise Evaluationen und Claims mit ihr (1a). Zwischen Marke und Evaluationen/Claims hingegen entstehen nur schwache Assoziationen (1b). Evaluationen und Claims werden beim Markenkontakt am *point of sale* erst dann zugänglich, wenn die Marke durch einen Hinweisreiz (*retrieval cue*) mit der Anzeige verlinkt wird (1c). Bei hoher Interferenz (2) sind verschiedene Evaluationen und Claims aus der Zielanzeige (2a), aber auch aus Anzeigen für Konkurrenzmarken der gleichen Produktkategorie (2b) schwach mit der Marke verknüpft. Eine eindeutige Zuordnung wird wiederum erst durch den Hinweisreiz möglich, durch den die Marke mit der korrekten Werbeanzeige und den daran gekoppelten Evaluationen und Claims verknüpft wird (2c).

Daraus leitet Keller die folgenden Hauptannahmen für seine Experimentalstudie ab: Die Erinnerungsleistung der Rezipient*innen nimmt bei Präsentation eines Hinweisreizes zu – und dies insbesondere dann, wenn die Werbung unter hoher

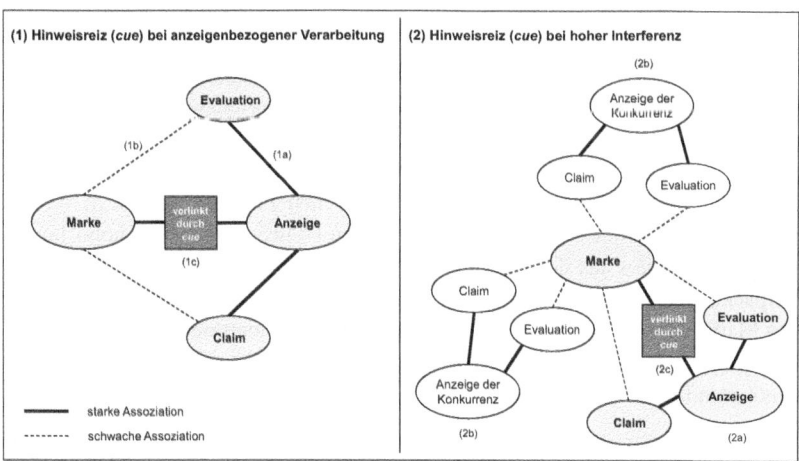

Abb. 1 Funktionsweise von Hinweisreizen bei anzeigenbezogener Verarbeitung und hoher Interferenz, konzeptualisiert anhand eines assoziativen Netzwerkmodells. Eigene Darstellung nach Keller (1987)

Interferenz oder mit einem anzeigenbezogenem statt markenbezogenem Verarbeitungsziel rezipiert wurde. Ferner wird die Markenbewertung durch die Valenz (positiv/negativ) der erinnerten evaluativen Reaktionen beeinflusst, was wiederum durch den Einsatz von Hinweisreizen verstärkt werden kann.

1.2   Methodik

Zur Überprüfung seiner Annahmen konzipierte Keller ein elaboriertes Experiment in einem 2 × 2 × 2-faktoriellen Design. Verarbeitungsziele (marken- oder anzeigenbezogen) und Hinweisreize (vorhanden oder nicht vorhanden) wurden dabei zwischen den Versuchsgruppen und Interferenz (gering oder hoch) innerhalb der Versuchsgruppen manipuliert. Als Stimuli dienten 16 unterschiedliche Printwerbungen für je vier fiktive Marken in den vier Produktkategorien Cornflakes, Waschmittel, Schmerzmittel und Zahnpasta. Sie bestanden aus einem Foto, einer Headline und zwei Claims, die disktinkte Merkmale der beworbenen Marke hervorhoben – zum Beispiel „köstlicher Fruchtgeschmack" und „viel Protein" im Falle der Cornflakes-Marke „COLONY". Die Zielmarken wurden dabei in solchen Werbeangeboten platziert, deren Fotos in einem Pretest positiv und deren Betextung als überzeugend bewertet worden waren.

Unter dem Vorwand, am Test eines elektronischen Shopping-Systems teilzunehmen, wurden Proband*innen zu einer marken- respektive anzeigenbezogenen Verarbeitung instruiert und bekamen anschließend zwölf der Stimuli gezeigt, zwei in niedriger Interferenz mit je einer Konkurrenzwerbung aus derselben Produktkategorie und zwei in hoher Interferenz mit je drei Konkurrenzwerbungen. Die Präsentation folgte einer ausgeklügelten Abfolge, um unerwünschte Verzerrungen wie z. B. Reihenfolgeeffekte zu vermeiden. Nach einer *filler task* wurden den Teilnehmer*innen Verpackungsschachteln der beworbenen Produkte vorgelegt, welche Markennamen, Produktkategorie und ggf. einen Hinweisreiz – eine monochrome Variante des Fotos aus der Werbung sowie die Headline – enthielten. Auf diesen Verpackungen galt es alle Erinnerungen an die Stimuli zu notieren. Außerdem wurden Marke und Anzeige auf geschlossenen Skalen evaluiert und weitere Drittvariablen wie das Involvement der Proband*innen erhoben. Die 200 Teilnehmer*innen benötigten für das Experiment je etwa eine Stunde Bearbeitungszeit.

1.3   Befunde

Die offenen Antworten auf den Verpackungsschachteln wurden nach Anzahl der korrekt erinnerten Claims (0, 1 oder 2) und Valenz der erinnerten evaluativen Reaktionen (positiv oder negativ) codiert.

Hypothesenkonform zeigte sich ein Haupteffekt des Hinweisreizes auf die Anzahl korrekt erinnerter Claims. Anders als vermutet aber wirkte sich Interferenz sowohl mit als auch ohne Hinweisreiz negativ auf diese Erinnerungsleistung aus. Die Verarbeitungsziele wurden nur in einer dreiwegigen Interaktion wirksam. Die Erinnerung an positive Reaktionen auf die Werbung steigerte – wie angenommen – die Markenbewertung und die an negative Reaktionen senkte sie. Auch dieser Effekt konnte bei Nutzung von Hinweisreizen verstärkt beobachtet werden.

Damit kann Keller die Ergebnisse seiner Studie wie folgt bilanzieren: Hinweisreize erhöhen die Erinnerungsleistung an die Claims einer Werbung sowie an die evaluativen Reaktionen und verstärken die Markenbewertung. Interferenz – hier Werbung für konkurrierende Marken der gleichen Produktkategorie – kann, zumindest für den Abruf evaluativer Reaktionen, durch Hinweisreize ausgeglichen werden. Im Einfluss unterschiedlicher Verarbeitungsziele ist kein einheitliches Muster identifizierbar.

2   Bezug zum Gesamtwerk

Für Kevin Lane Keller, damals Assistant Professor für Marketing an der University of California, Berkeley, war „Memory Factors in Advertising" die insgesamt dritte Journal-Publikation nach einem statistiktheoretischen Beitrag (Didow et al. 1985) und einer Studie zu den Effekten von Informationsqualität und -quantität auf Kaufentscheidungen (Keller und Staelin 1987)

Im Anschluss publizierte Keller zwei Folgestudien zu Hinweisreizen in der Werbung mit jeweils sehr ähnlicher Methodik und spezifizierte darin seine bisherigen Befunde. In „Cue Compatibility and Framing in Advertising" (1991a) nutzte er die gleichen Stimuli, differenzierte allerdings die Hinweisreize in einen *ad execution cue* (Foto und Headline der Werbung) und einen *brand claim cue* (die zwei Claims der Werbung). Mit diesem Setting konnte Keller die Ergebnisse von 1987 in einem interessanten Aspekt präzisieren: Zwar erleichtert der *ad execetion cue* die Erinnerung an evaluative Reaktionen auf die Werbeanzeige, und der *brand claim cue* die an die Reaktionen auf die Marke. Umgekehrt wirken die Hinweisreize aber negativ auf die Erinnerung an den jeweiligen Gegenpart (marken- bzw.

anzeigenbezogene Reaktionen). Verarbeitungsziele der Rezipient*innen spielen auch hier wieder eine Rolle. Angesichts dieser Ergebnisse resümiert Keller, dass Hinweisreize nicht zwangsläufig die Effektivität der Werbeaktivitäten verbessern, sondern mitunter sogar den (unerwünschten) gegenteiligen Effekt hervorrufen können. In „Memory and Evaluation Effects in Competitive Advertising Environments" (1991b) manipulierte der Autor die Valenz der interferierenden Konkurrenzwerbung und zeigte deren Einfluss: Differenzen zur Valenz der Zielwerbung verringern die Erinnerungsleistung und senken die Bewertung einer positiven Werbung. Hinweisreize können dies teilweise ausgleichen: Die Beurteilung eines positiven Werbeangebots bleibt auch bei hoher Interferenz gleich, wenn ein erinnerungsunterstützender *cue* platziert wird.

Außer diesen empirischen Arbeiten sind zwei konzeptionelle Beiträge Kellers unbedingt erwähnenswert, in denen er das assoziative Netzwerkmodell erneut aufgreift. In „Conceptualizing, Measuring, and Managing Customer-Based Brand Equity" von 1993 entwickelt Keller ein Modell des Markenwerts. Das spezifische Markenwissen (*brand knowledge*) von Konsument*innen setzt sich, so Keller, aus den Komponenten Markenaufmerksamkeit (*brand awareness*) und Markenimage (*brand image*) zusammen. Aufmerksamkeit untergliedert sich in Erinnern und Erkennen (*recall* und *recognition*); Image in die unterschiedlichen Markenassoziationen und deren Stärke, Bewertung und Einmaligkeit. Der differentielle Effekt dieses Markenwissens auf die Wirksamkeit von Marketing-Aktivitäten bestimmt den Wert einer Marke für den/die inviduelle/n Rezipient*in. Eine nochmals feingliedrigere Unterteilung nimmt Keller dann in „Brand Synthesis: The Multidimensionality of Brand Knowledge" aus dem Jahr 2003 vor, gewissermaßen der Folgebeitrag: Aufmerksamkeit, Attribute, Vorteile, Bilder, Gedanken, Gefühle, Einstellungen und Erfahrungen werden hier als unterschiedliche Informationstypen eingeführt, die Konsument*innen mit der Marke verknüpfen können. Sie entstehen durch Produkterfahrungen und Marketingaktivitäten oder werden von einer Sekundärquelle – Menschen, Orte, Dinge, andere Marken – transferiert.

Neben seinen über 90 Artikeln in Fachzeitschriften ist Kevin Lane Keller einer breiteren Fachöffentlichkeit insbesondere in den Wirtschaftswissenschaften durch sein Lehrbuch *Strategic Brand Management* (Keller 2013) bekannt, das er mit erfrischendem Selbstbewusstsein als „bible of branding" (Kotler und Keller 2012, S. 5) bezeichnet. Seit der 13. Auflage tritt er außerdem als Ko-Autor des Standardwerks *Marketing Management* von Philip Kotler (Kotler und Keller 2012) in Erscheinung, das in den offenbar Genre-üblichen Superlativen schon mal als „Harry Potter of business school textbooks" (Lindell 2007) tituliert wird. In beiden Büchern wird das Markenwert-Modell (1993) aufgegriffen; Kellers Studie von 1987 findet darin aber keine Erwähnung.

3   Wirkungsgeschichte

Bei Kellers Beitrag „Memory Factors in Advertising" handelt es sich um eine die relevanteste Studie zum Thema Hinweisreize in der Werbung. Auch einer der fachgeschichtlich wichtigsten Beiträge referenziert die Studie von Keller (1987) – der Artikel zum *Persuasion Knowledge Model* von Marian Friestad und Peter Wright (1994; siehe Kap. „Ich weiß, sie bekommt Geld dafür! Aber ich hab Guido Maria doch so gern! The Persuasion Knowledge Model von Friestad und Wright" in diesem Band).

Vor allem in methodischer Hinsicht hat Keller mit dem hier vorgestellten Beitrag eine Publikation vorgelegt, die hohen Standards an experimentelle Studien im Bereich der Werbe- und Werbewirkungsforschung gerecht wird. Trotzdem muss der Autor einige Limitationen erwähnen: Fiktive Marken und die ausschließliche Nutzung von Printwerbung machen die Befunde nur eingeschränkt generalisierbar. Gleiches gilt für die insgesamt als realitätsfern einzuschätzende Rezeptionssituation: einfacher Stimulus-Kontakt mit geringem zeitlichen Abstand zwischen den einzelnen Werbeangeboten und ohne redaktionelles Umfeld – unter *forced exposure* und mit hohem Involvement. Auch Kaufentscheidungsprozesse wurden stark vereinfacht: Als Informationsquelle standen nur die Werbung und die sparsam beschrifteten Verpackungen zur Verfügung; die Zeitspanne zwischen Werberezeption und zu treffender Kaufentscheidung betrug nur einige Minuten; und nur Kaufabsichten, nicht tatsächliche Kaufhandlungen wurden erfasst. Von Keller nicht erwähnt, aber durchaus kritikwürdig erscheint darüber hinaus die methodische Entscheidung, sich mit Cornflakes, Waschmittel, Schmerzmittel und Zahnpasta auf sogenannte Low-Involvement-Produkte zu beschränken (Petty und Cacioppo 1986; siehe Kap. „Zentral vs. Peripher: Persuasionswege und Einstellungsänderungen in den Arbeiten von Petty und Cacioppo" in diesem Band).

Eine breite Rezeption erfuhren die theoretischen Artikel Kellers von 1993 und 2003, in denen der Autor die Ideen aus dem konzeptionellen Kapitel von „Memory Factors in Advertising" weiterentwickelt. Diese Beiträge haben sich fest im Kanon der betriebswirtschaftlichen Marketing-Literatur etabliert und werden auch im deutschsprachigen Raum in vielen einschlägigen Lehrbüchern erwähnt (z. B. Bruhn 2009; Esch 2018; Meffert et al. 2012).

Aus heutiger Sicht relevant ist „Memory Factors in Advertising" insbesondere deshalb, weil Keller hier rezipient*innenbezogene Merkmale (Verarbeitungsziele) und Kontextfaktoren (Interferenz) systematisch in sein Experimentaldesign einbezogen hat – ganz im Sinne einer modernen Werbewirkungsforschung, die sich von simplifizierenden Transmissionsmodellen verabschiedet und hin zu einem differenzierten Wirkungsbegriff entwickelt hat (Borchers und Woelke 2020; Woelke 2008). Auch der Untersuchungsgegenstand der Hinweisreize verdient – angesichts sich ständig weiterentwickelnder Werbeformate und der zunehmenden Verlagerung von *point of sales* in Online-Umgebungen – sicher weiterhin das Interesse der Werbeforscher*innen. Theoretische Grundlegungen und empirisches Design von Keller können dabei einen inspirierenden Ausgangspunkt für vielversprechende Anschlussstudien darstellen.

Literatur

Primärtext

Keller, K. L. (1987). Memory factors in advertising: The effect of advertising retrieval cues on brand evaluations. *Journal of Consumer Research, 14*(3), 316–333.
Keller, K. L. (1991a). Cue compatibility and framing in advertising. *Journal of Marketing Research, 28*(1), 42–57.
Keller, K. L. (1991b). Memory and evaluation effects in competitive advertising environments. *Journal of Consumer Research, 17*(4), 463–476.
Keller, K. L. (1993). Conceptualizing, measuring, and managing customer-based brand equity. *Journal of Marketing, 57*(1), 1–22.
Keller, K. L. (2003). Brand synthesis: The multidimensionality of brand knowledge. *Journal of Consumer Research, 29*(4), 595–600.
Keller, K. L. (2013). *Strategic brand management. Building, measuring, and managing brand equity.* Pearson Education Limited.
Keller, K. L., & Staelin, R. (1987). Effects of quality and quantity of information on decision effectiveness. *Journal of Consumer Research, 14*(2), 200–213.
Kotler, P., & Keller, K. L. (2012). *Marketing management.* Pearson Education Limited.

Sekundärliteratur

Anderson, J. R. (1983). *The architecture of cognition.* Harvard University Press.
Borchers, N. S., & Woelke, J. (2020). Epistemological and methodical challenges in the research on embedded advertising formats: A constructivist interjection. *Communications.* Advance online publication. https://doi.org/10.1515/commun-2019-0119
Bruhn, M. (2009). *Integrierte Unternehmens- und Markenkommunikation. Strategische Planung und operative Umsetzung.* Schäffer-Poeschel.
Didow, N. M., Keller, K. L., Barksdale, H. C., & Franke, G. R. (1985). Improving measure quality by alternating least-squares optimal-scaling. *Journal of Marketing Research, 22*(1), 30–40.
Esch, F.-R. (2018). *Strategie und Technik der Markenführung.* Franz Vahlen.
Friestad, M., & Wright, P. (1994). The persuasion knowledge model: How people cope with persuasion attempts. *Journal of Consumer Research, 21*(1), 1–31.

Lindell, R. (2007). *Philip Kotler's classic marketing text celebrates 40 years*. Kellogg World Alumni Magazine. https://www.kellogg.northwestern.edu/kwo/win07/faculty/kotler.htm

Meffert, H., Burmann, C., & Kirchgesang, M. (2012). *Marketing. Grundlagen marktorientierter Unternehmensführung. Konzepte – Instrumente – Praxisbeispiele*. Gabler.

Petty, R. E., & Cacioppo, J. T. (1986). The elaboration likelihood model of persuasion. *Advances in Experimental Social Psychology, 19*, 123–205.

Woelke, J. (2008). „Nicht alle, aber einige mehr!" – Werbewirkungen unter dynamisch-transaktionaler Perspektive. In C. Wünsch, W. Früh & V. Gehrau (Hrsg.), *Integrative Modelle in der Rezeptions- und Wirkungsforschung: Dynamische und transaktionale Perspektiven* (S. 81–106). Reinhard Fischer.

Werbung als soziale Praktik: *What Do People Do with Advertising?* von Buttle

Daniela Schlütz

1   Inhalt des Schlüsselwerkes

In seinem Aufsatz „What do people do with advertising?" aus dem Jahr 1991 betrachtet Francis A. Buttle Werbung aus Sicht des Publikums. Er macht darauf aufmerksam, dass die Werbewirkungsforschung bis dato häufig noch ein Stimulus-Response-Modell zugrunde legt. In seinem Aufsatz fragt der Autor daher danach „what is known about what people do with advertising and, more significantly, how could we learn more?" (Buttle 1991, S. 95).

Buttles durchaus als programmatisch zu verstehender Beitrag basiert auf der Analyse von insgesamt 619 empirischen Studien aus dem Bereich der Werbewirkungsforschung, die in den Jahren von 1975 bis 1989 (in wachsender Quantität) in wissenschaftlichen Zeitschriften erschienen sind. Dabei zeigt sich zunächst ein Fokus auf individuelle Wirkungen: Studien der Mikroebene (individual effects) machen 85 Prozent aus, während die Mesoebene deutlich seltener betrachtet wird (corporate effects, 7 %). Studien, die eher makroperspektivisch angelegt sind und den Markt (institutional effects, 5 %) betreffen bzw. den Einfluss der bzw. auf die Kultur betrachten, sind die Ausnahme (1 %). Auch die in den Studien betrachteten Wirkungsarten unterscheiden sich quantitativ deutlich: Auf Individualebene werden am häufigsten kognitive Effekte untersucht (41 %), gefolgt von affektiven (32 %), konativen (24 %) und physiologischen Wirkungen (3 %). Methodisch handelt es sich bei dem betrachteten Sample vorwiegend um quantitative Querschnitt-Studien, gele-

D. Schlütz (✉)
Filmuniversität Babelsberg KONRAD WOLF, Potsdam, Deutschland
E-Mail: d.schluetz@filmuniversitaet.de

© Springer Fachmedien Wiesbaden GmbH, ein Teil von Springer Nature 2022   181
T. G. K. Meitz et al. (Hrsg.), *Schlüsselwerke der Werbeforschung*,
https://doi.org/10.1007/978-3-658-36508-0_16

gentlich im Experimentaldesign. Es ist davon auszugehen, dass die von Buttle in die Auswertung einbezogenen Studien zumeist direkte Persuasionswirkungen untersuchen und dabei die Effekte analysieren, die von den Werbetreibenden intendiert waren. Im Vordergrund steht also offenbar Nutzungsforschung, die häufig von ökonomischem Interesse getragen ist, um Leistungsindikatoren zu ermitteln.

An diesem Kernergebnis – dem Fokus auf eine quantitativ-standardisierte Vorgehensweise auf Basis mechanistischer Wirkungsvermutungen – macht Buttle seine zentrale Kritik an der Vorgehensweise der damaligen Werbeforschung fest: Er beklagt einen Mangel an tiefgehenden, kontextualisierenden, auf Verstehen abzielenden Forschungsansätzen: „Those researchers who investigate individual effects appear to conceive of individuals as islands of cognitive and affective responses, unconnected to a social world, detached from culture, removed from history and biography" (Buttle 1991, S. 97). Er spricht sich damit gegen das neobehavioristische Modell der vorwiegend positivistisch orientierten Werbeforschung aus und setzt ihm ein komplexes Verständnis entgegen, welches dem Publikum Agency und sozial-kulturelle Einbettung zuspricht. Buttle geht daher im Folgenden noch einmal gesondert auf den geringeren Teil der Studien ein, die sich mit Werbung im lebensweltlichen Kontext auseinandersetzen. Das geschieht aus fünf unterschiedlichen Blickwinkeln: (1) Zunächst geht es um das Verhalten des Publikums während der Werbepause. Diese Studien sind im Kern auch utilitaristisch ausgerichtet, denn im Fokus steht die Ermittlung von Störfaktoren, die die Kontaktqualität beeinträchtigen (wie mangelnde Aufmerksamkeit oder gänzliche Werbevermeidung; vgl. Naab und Schlütz 2016). (2) Weitere Studien analysieren den sozialen Kontext, in den Werberezeption eingebettet ist. Allerdings geht es dabei ausschließlich um die Nutzungssituation im engeren Sinne (Co-Viewing). (3) Die dritte Gruppe befasst sich mit dem Nutzen von Werbung für Anschlusskommunikation (z. B. als Basis für geteilte Erfahrungen). (4) Als einen weiteren thematischen Bereich identifiziert Buttle Studien mit normativem Fokus, die sich mit familiären Faktoren beschäftigten, die die Werbewirkungen auf Kinder beeinflussen (z. B. elterliche Ver- und Gebote). (5) Schließlich findet Buttle Studien, die die Aneignung von Werbung thematisieren und fragen, wie Familienmitglieder Werbung in ihre sozialen Interaktionen integrieren.

Im Anschluss an die Literatur-Analyse sucht Buttle die Ergebnisse theoretisch zu integrieren bzw. zu fundieren. Er bietet dazu einen theoretischen Zugang[1] nach

---

[1] Der von Buttle verwendete Begriff ‚Accomodation Theory' ist missverständlich, da Sigman selbst seinen Zugang als ‚Social Communication Theory' bezeichnet (vgl. auch Paterno 2020) und die ‚Communication Accomodation Theory' hier offensichtlich nicht gemeint ist (vgl. Giles und Ogay 2007).

Sigman (1987) an: Die Social Communication Theory versteht Kommunikation als Akt aktiver Bedeutungskonstruktion durch historisch situiertes, soziales Handeln. Das Verstehen polysemer Texte ist demnach ein kulturell geprägter und strukturell begrenzter, interpretativer Akt. Bedeutung (und damit auch Wirkung) ist stets ideographisch. Das gilt auch für Werbung: „The effect of an advertisement occurs when its content is entered into the interpretive strategies we use in our sense-making activities and the social action in which we participate" (Buttle 1991, S. 103). Bedeutung entsteht in einer Kultur diskursiv. In dem Moment, wo Werbung in unser soziales Handeln integriert wird, entsteht ein rekursives Verhältnis, das die Wirkung von Werbung kontextualisiert.

Aus Sicht des Autors sprechen die empirischen Ergebnisse und theoretischen Erkenntnisse insgesamt für ein aktives Publikum, welches diskursiv Bedeutungen konstruiert und sich Medieninhalte im Allgemeinen und Werbung im Besonderen lebensweltlich aneignet. Diese Perspektive wird in den einbezogenen empirischen Studien, so Buttle, allerdings kaum berücksichtigt. Der Autor vertritt daher mit Nachdruck die Auffassung, dass es sich hier um ein Forschungsdesiderat handelt, welchem größere Aufmerksamkeit gewidmet werden sollte. Um die wahrgenommene Lücke zu schließen, schlägt Buttle eine qualitative Vorgehensweise vor, die die Kontextualisierung der bis dato zu isoliert betrachteten Werbewirkungen leisten kann. Zentrales Ziel seines Beitrags ist daher, eine Methodologie in die Werbeforschung einzuführen, die stärker auf Verstehen abzielt als auf Erklärung oder Prognose. Werbung versteht Buttle dabei als symbolische, soziale Ressource – also als „Text" im Sinne der Cultural Studies (Fiske 1989). Anders als die herkömmliche, vielfach kommerziell orientierte Werbeforschung, deren Erkenntnisinteresse die intendierten Wirkungen sind, fokussiert er eher die Begleiterscheinungen der Werberezeption, man könnte sagen, es geht ihm um die „alternativen Lesarten" (Hall 1980). Die Komplexität einer solchen Fragestellung lässt sich nach Buttles Auffassung nur mit qualitativen Forschungsmethoden angemessen bearbeiten. Entsprechend schlägt er eine ethnographische Herangehensweise vor. Dieses langfristig angelegte, multimethodische Verfahren untersucht Diskursgemeinschaften und nutzt neben textzentrierten Methoden vorwiegend teilnehmende Beobachtung sowie qualitative Interviews zur Datengenerierung (vgl. z. B. Atkinson und Hammersley 1994). Für Analyse und Interpretation wird zumeist die auf Induktion basierende Grounded Theory genutzt (Strauss und Corbin 1996). Insgesamt ist die Ethnographie sehr gut geeignet, komplexe Fragestellungen in ihrem Kontext zu bearbeiten und interpretative Tiefenstrukturen zu erkunden. Ethnographische Studien können zeigen, wie Werbung in alltägliche soziale Praktiken eingebunden ist und wie diese umgekehrt durch Werbung beeinflusst werden. Für die Formulierung einer akademischen Werbetheorie ist das hochrelevant, denn auf diese Weise können Phänomene in ihrer ganzen „Dichte" (Geertz 1987) beschrieben und verstanden werden. Die damit erzielte Erzeugung von Varianz steht im Gegensatz zur Varianzerklärung, die bei standardisierten Studien angestrebt wird, denn die Erhebung belastbarer Daten steht für die herkömmliche, eher quantitativ ausgerichtete Werbeforschung zumeist im Zentrum des Erkenntnisinteresses. Deswegen und weil Ethnographie, wie Buttle konzediert, sowohl theoretisch als auch methodisch höchst anspruchsvoll ist, ist sein Plädoyer für einen kritischeren und komplexeren Zugang zur Werbeforschung bis heute selten in die Tat umgesetzt worden (aber vgl. z. B. Arnould und Price 2006; Jayasinghe und Ritson 2012; Ritson und Elliott 1999).

2   Eingliederung ins Gesamtwerk

Buttles Beitrag „What do people do with advertising?" ist während der Promotion des gebürtigen Briten an der University of Massachusetts Amherst erschienen, also noch recht früh in seiner wissenschaftlichen Karriere. Buttle hat im Folgenden nicht systematisch auf dem Beitrag aufgebaut, aber stets den Bezug zum aktiven Publikum und dem qualitativen Forschungsparadigma beibehalten (z. B. Williams und Buttle 2014). So fokussieren die zentralen Forschungsbereiche des Autors – nach eigenen Aussagen[2] sind das v. a. Customer Relationship Management (CRM, Buttle und Maklan 2019) und Word of Mouth Marketing (WoM, Buttle 1998) – sämtlich die (aktive) Rolle der Kund*innen oder der User*innen. Diese Formen des Beziehungsmanagements sind nur von Dauer, wenn die Bedürfnisse und der lebensweltliche Kontext der involvierten Personen berücksichtigt werden und die Beziehungen daher für alle Seiten von Vorteil sind.

3   Wirkungsgeschichte des Schlüsselwerkes und Kritik

Google Scholar führt für Francis Buttle eine Gesamtzahl von 15.197 Zitationen auf, davon 6674 seit 2015. Das größte Echo haben neben einem Beitrag über ein standardisiertes Messinstrument (Buttle 1996) allerdings seine Aufsätze zu CRM (Buttle und Maklan 2019) und WoM erzeugt (Buttle 1998). Der hier besprochene Beitrag wurde seit Erscheinen lediglich 73 Mal zitiert, das allerdings bis heute und sowohl im Bereich des Marketings als auch in der Kommunikations- und Medienforschung (vgl. z. B. Borchers und Woelke 2020).

---

[2] Siehe http://www.francisbuttle.com.au/#expertise.

Das eher verhaltene Echo mag darauf zurückzuführen sein, dass die dem Beitrag zugrunde liegende Annahme eines aktiven Publikums in der Werbeforschung der 1990er-Jahre (und bisweilen auch noch heute) anders als in der Medienwirkungsforschung nicht durchgängig verbreitet war. Buttle versäumt es leider zudem, seine Ausführungen an bestehende Forschungstraditionen anzuschließen. So nimmt er die Perspektive des Uses-and-Gratifications-Approach (UGA) ein (ursprünglich Katz et al. 1974), der bereits früh die Persuasionsforschung um das „aktive Publikum" bereichert hat, ohne darauf explizit zu verweisen[3]. Dabei wäre das sehr passend gewesen, denn es ging im UGA zentral um die Frage, welche Bedürfnisse Menschen mit zielgerichteter Mediennutzung zu befriedigen trachten. Mediennutzung wird damit als im Kern utilitaristisch und intentional betrachtet, was eine aktive Publikumsrolle impliziert. Die Grundannahme ist, dass individuell wahrgenommene Bedürfnisse Mediennutzung – und damit auch die Nutzung von Werbung (vgl. Naab und Schlütz 2016) – steuern. Anders als viele seiner Kolleg*innen wendet Buttle sich damit ab von einem einfachen Stimulus-Response-Modell von Werbung und schaut genauer in die „Black Box" der Konsument*innen. Während die frühe (Werbe-)Wirkungsforschung vom behavioristischen Modell ausging, in dem Medienstimuli wie eine „magic bullet" auf alle Rezipierenden treffen und gleichermaßen auf sie wirken, vollzog sich Mitte des 20. Jahrhunderts ein Paradigmenwechsel, bei dem das aktive Publikum in den Vordergrund der Betrachtung rückte. Die Nutzer*innen wurden nicht mehr ausschließlich als Objekte kommunikativer Bemühungen, sondern als intentional handelnde Subjekte verstanden, die sich Kommunikationsinhalten absichtsvoll zuwenden – oder, wie gelegentlich im Fall von Werbung, auch bewusst davon abwenden. Solche aktiv Rezipierenden wählen nicht-zufällig aus dem medialen Angebot und anderen, nicht-medialen Alternativen aus, wobei ihre Auswahl von Wissen und Absichten geleitet wird und sie damit zu Angeboten führt, von denen sie Bedürfnisbefriedigung erwarten. Involvierte Rezipierende stellen eine Verbindung zwischen sich und dem Kommunikationsinhalt her und verarbeiten die Botschaften unter Aufwendung kognitiver Ressourcen. Die Konzeption des Publikums als aktiv ist im UGA explizit. Auch in der Werbeforschung vollzog sich die beschriebene Wende hin zum aktiven Publikum, allerdings in geringerem Umfang. Während die Rezipient*innen zuvor als weitgehend passive Empfänger*innen von Werbebotschaften gesehen wurden, rückte ihr aktiver Umgang mit Werbung in den Vordergrund der Betrachtung (O'Donohoe 1994). Menschen, die aktiv Werbung rezipieren, können beeinflussen, welche Werbebotschaften sie nutzen oder vermeiden. Ihre Motive

---

[3] Mit dem Beitrag von Katz, Gurevitch und Haas (1973) bezieht er sich lediglich auf ein Werk, das Vorüberlegungen zum UGA enthält.

werden zu entscheidenden Determinanten der Werbenutzung und damit auch für eine mögliche Wirkung.

Neben den implizit vorhandenen Bezügen zum UGA, diskutiert Buttle in dem vorliegenden Text zudem Überlegungen der Cultural Studies und führt diese in die Werbeforschung ein, aber er tut auch dies ohne eine Nennung der Konzepte oder Autor*innen. Dabei positionierte sich diese britische Forschungstradition ebenfalls gegen affirmative Forschung im Allgemeinen und die Kommerzialisierung des Publikums im Besonderen (Ang 1991). Bei der Schilderung der theoretischen Grundierung sind in Buttles Ausführungen entsprechend Bezüge zum symbolischen Interaktionismus (Blumer 1973) deutlich erkennbar, etwa wenn er von Menschen als „sense-making creatures creating the world in language and recreating it in our everyday social actions" spricht (1991, S. 97, vgl. auch Paterno 2020). Buttles Ausführungen hätten damals vermutlich ein größeres Echo erzeugt, wenn er ausdrücklich an die genannten wissenschaftlichen Traditionen – den Uses-and-Gratifications-Approach oder die Cultural Studies – angeschlossen hätte.

Neben der fehlenden Einbindung sehe ich ein weiteres Problem: Buttles empirische Analyse fußt (soweit sich das erkennen lässt) v. a. auf Studien aus dem Bereich der kommerziellen Medienforschung, denen es um intendierte Effekte, Wirkungsprognosen und die Optimierung des Wirkungspotenzials einer Botschaft geht. Dafür bedarf es wie oben bereits erläutert belastbarer (und das heißt in aller Regel quantitativer) Daten. Die holistischen Fragestellungen, die Buttle ins Feld führt, sind aber eher akademischer Natur und befassen sich mit Effekten, die weit über das hinausgehen, was Werbetreibende bewusst in ihre Texte einschreiben. Dafür ist in der Tat die von Buttle vorgeschlagene ethnographische Forschung angemessen. Dass die Resonanz innerhalb des World Advertising Research Center (WARC) damals eher verhalten war, ist daher nicht verwunderlich. Es bleibt aber festzuhalten, dass Buttle einer der wenigen Werbeforscher ist, der „den Paradigmenwechsel auch für die Werbung" vorgenommen hat, der in anderen Forschungskontexten längst erfolgt war (Borchers 2014, S. 218).

Literatur

Primärliteratur

Buttle, Francis A. (1991). What do people do with advertising? *International Journal of Advertising, 10*, 95–110. DOI: https://doi.org/10.1080/02650487.1991.11104440

Sekundärliteratur

Ang, Ien (1991). *Desperately Seeking the Audience*. London: Routledge.

Arnould, Eric J. & Price, Linda L. (2006). Market-Oriented Ethnography Revisited. *Journal of Advertising Research, 46*(3), 251–262. DOI: https://doi.org/10.2501/S002184990 6060375

Atkinson, Paul & Hammersley, Martyn (1994). Ethnography and participant observation. In Norman K. Denzin & Yvonna S. Lincoln (Hrsg.), *Handbook of qualitative research* (S. 248–261). London: Sage.

Blumer, Herbert (1973). Der methodologische Standort des symbolischen Interaktionismus. In Arbeitsgruppe Bielefelder Soziologen (Hrsg.), *Alltagswissen, Interaktion und gesellschaftliche Wirklichkeit* (S. 80–101). Reinbek bei Hamburg: Rowohlt.

Borchers, Nils S. (2014). *Werbekommunikation: Entwurf einer kommunikationswissenschaftlichen Theorie der Werbung*. Wiesbaden: Springer VS.

Borchers, Nils S. & Woelke, Jens (2020). Epistemological and methical challenges in the research on embedded advertising formats: A constructivist interjection. *Communications* (ahead-of-print). DOI: https://doi.org/10.1515/commun-2019-0119

Buttle, Francis A. (1996). SERVQUAL: Review, critique, research agenda. *European Journal of marketing, 30*(1), 8–32.

Buttle, Francis A. (1998). Word of mouth: Understanding and managing referral marketing. *Journal of Strategic Marketing, 6*, 241–254. DOI: https://doi.org/10.1080/0965254 98346658

Buttle, Francis A. & Maklan, Stan (2019). *Customer relationship management: Concepts and technologies*. London: Routledge.

Fiske, John (1989). *Understanding Popular Culture*. London: Unwin Hyman.

Geertz, Clifford (1987). *Dichte Beschreibung: Beiträge zum Verstehen kultureller System*. Frankfurt am Main: Suhrkamp.

Giles, Howard & Tania, Ogay (2007). Communication Accomodation Theory. In Brian B. Whaley & Wendy Samter (Hrsg.), *Explaining communication: Contemporary theories und exemplars* (S. 293–310). Mahwah, NJ: LEA.

Hall, Stuart (1980). "Encoding/decoding." In Stuart Hall, Dorothy Hobson, Andrew Love & Paul Willis (Hrsg.), *Culture, Media, Language* (S. 128–38). London: Hutchinson.

Katz, Elihu, Gurevitch, Michael & Haas, Hadassah (1973). *On the use of the mass media for important things*. American Sociological Review, 38(2), 164–181. DOI: https://doi. org/10.2307/2094393

Katz, Elihu, Blumler, Jay G. & Gurevitch, Michael (1974). Utilization of mass communication by the individual. In Jay G. Blumler & Elihu Katz (Hrsg.), *The uses of mass communication: Current perspectives on gratifications research* (S. 19–32). London: Sage.

Jayasinghe, Laknath & Ritson, Mark (2012). Everyday Advertising Context: An Ethnography of Advertising Response in the Family Living Room. *Journal of Consumer Research, 40*(1), 104–121. DOI: https://doi.org/10.1086/668889

Naab, Teresa K., & Schlütz, Daniela (2016). Nutzung von Werbung: Selektion und Vermeidung persuasiver Inhalte. In Gabriele Siegert, Werner Wirth, Patrick Weber & Juliane A. Lischka (Hrsg.), *Handbuch Werbeforschung* (S. 223–242). Wiesbaden: Springer VS.

O'Donohoe, Stephanie (1994). Advertising uses and gratifications. *European Journal of Marketing, 28*(8/9), 52–75. DOI: https://doi.org/10.1108/03090569410145706

Paterno, David (2020). Social communication theory revisited: The genesis of medium in communication. *Atlantic Journal of Communication, 28*(3), 153–164, DOI: https://doi.or g/10.1080/15456870.2019.1616735

Ritson, Mark & Elliott, Richard (1999). The Social Uses of Advertising: An Ethnographic Study of Adolescent Advertising Audiences. *Journal of Consumer Research, 26*(3), 260–277. DOI: https://doi.org/10.1086/209562

Sigman, Stuart J. (1987). *A Perspective on Social Communication*. Lexington, MA: Lexington Books.

Strauss, Anselm & Corbin, Juliet (1996). *Grounded Theory: Grundlagen Qualitativer Sozialforschung*. Weinheim: Psychologie Verlags Union.

Williams, Martin & Buttle, Francis (2014). Managing negative word-of-mouth: An exploratory study. *Journal of Marketing Management, 30*(13–14), 1423–1447. DOI: https://doi.org/10.1080/0267257X.2014.933864

Teil III

Kompetenz & Ethik

Werbung aus der Sicht von Heranwachsenden: *The Social Uses of Advertising* von Ritson und Elliott

Claudia Riesmeyer

1 Inhalt des Textes

1.1 Ausgangspunkte: Fehlstellen der Konsumforschung

Das hier vorgestellte Schlüsselwerk ist 1999 im *Journal of Consumer Research* erschienen. Sein Ausgangspunkt sind, von Mark Ritson und Richard Elliott identifizierte, Fehlstellen der Konsumierendenforschung. Daher wollen die Autoren mit ihrem Text den Fokus der bisherigen Konsumierendenforschung ändern: weg vom begrenzten Blick auf Individuum und seinem Konsumverhalten hin zu den sozialen Kontexten, innerhalb derer Werbebotschaften wahrgenommen und diskutiert werden. Dieser Fokus kommt ihrer Meinung nach bislang zu kurz in der Konsumforschung, was nach Ritson und Elliott (1999, S. 261) fünf Ursachen hat:

1) *Disziplinärer Zugang*: Die bisherige Forschung arbeite vorrangig mit kognitionspsychologischen Ansätzen. Der Rückgriff auf psychologische Theorien und Ansätze rücke das Individuum in den Mittelpunkt und blende Einflüsse der Lebenswelt sowie die dortige Interaktion mit und Diskussion von Werbebotschaften aus.

C. Riesmeyer (✉)
Institut für Kommunikationswissenschaft und Medienforschung, Ludwig-Maximilians-Universität München, München, Deutschland
E-Mail: claudia.riesmeyer@ifkw.lmu.de

© Springer Fachmedien Wiesbaden GmbH, ein Teil von Springer Nature 2022   191
T. G. K. Meitz et al. (Hrsg.), *Schlüsselwerke der Werbeforschung*,
https://doi.org/10.1007/978-3-658-36508-0_17

2) *Fokus Management*: Die Autoren stellen mit Blick auf den Forschungsstand fest, dass dieser von einem Managementfokus geprägt sei. Es gehe bislang darum, singuläre Konsumentscheidungen zu untersuchen und nicht „how that product is used and consumed within the context of the consumer's life world" (Ritson und Elliott 1999, S. 261). Oft werde die Wirkung von Werbung auf die individuelle Konsumentscheidung erforscht – ein Fokus, der die Rolle der sozial aktiven Konsument*innen als Publika der Werbebotschaften ausblende (Ritson und Elliott 1999, S. 261).

3) *Informationsparadigma*: Die Autoren sehen eine Ursache für die seltene Berücksichtigung der sozialen Kontexte in der Konsumforschung im Fokus auf Werbebotschaften, deren Textmerkmale sowie die Interaktion zwischen Botschaft und Konsumierenden: „The vast majority of advertising research conducted within the information-processing paradigm manipulates the textual features of the ad while attributing the role of advertising viewer" (Ritson und Elliott 1999, S. 261).

4) *Positivismus, Falsifikation & Empirismus*: Ritson und Elliott (1999, S. 261) kritisieren zudem die Zielsetzung bisheriger Konsumforschung, die auf ontologischen und epistemologischen Annahmen beruhe. Ontologisch sei sie, da sie nach den beiden Autoren davon ausgehe, dass die Realität in sich bestehe und Ziel der Forschung es sei, diese Realität nur nachzuzeichnen. Die epistemologische Annahme der Konsumforschung beruhe auf der Idee, dass Forschungsbefunde losgelöst vom Kontext allgemeingültig sein können. Aufgrund dieser beiden Annahme gehe es der bisherigen Konsumforschung vorrangig darum, bestehende Realitätsannahmen zu bestätigen und nicht offen nach neuen Zusammenhängen und Erklärungen zu suchen.

5) *Methodisches Design*: Schließlich beruhe der Forschungsstand vorrangig auf Laborexperimenten, in denen individuelle Werbeeffekte gemessen worden sind. Aufgrund dieses methodischen Designs würden soziale Kontexte per se ausgeblendet.

Um diesen Fehlstellen zu begegnen, schlagen Ritson und Elliott (1999, S. 262) zwei Perspektiverweiterungen vor: zum einen greifen sie auf die „reader response theory" zurück, die vor allem im Zuge der kritischen Rezipierendenforschung eingesetzt wird (zum Beispiel von Radway (1984), die die Motive von Romanleserinnen untersuchte). Die „reader response theory" beschäftigt sich mit der Frage nach der sozialen Rolle von Medieninhalten (wie werden Medieninhalte wahrgenommen, in welchen Kontexten werden diese wie von wem rezipiert und anschließend in der Gemeinschaft diskutiert?) und fokussiert damit weniger auf einen individuellen, medienpsychologischen Ansatz (Ritson und Elliott 1999, S. 262). Um die soziale Rolle von Medieninhalten bzw. Werbebotschaften zu erfassen, nutzen die Autoren zum anderen einen ethnographischen Zugang. So können sie die Selbst- und Fremdwahrnehmung von Fernsehwerbebotschaften unter Heranwachsenden in diversen sozialen Kontexten erfassen.

1.2 Methode: Teilnehmende Beobachtung und Leitfadeninterviews

Um diese Perspektiverweiterungen empirisch umsetzen zu können, bestimmen die Autoren zunächst, welche soziale Gruppe oder Gemeinschaft sich für die Untersuchung eignen würde. Um die soziale Interaktion und Diskussionen über Fernsehwerbebotschaften innerhalb der Gruppe bzw. Gemeinschaft zu erfassen, ist es ihnen wichtig, dass es sich um eine natürliche, feste Gruppe handelt, die über einen längeren Zeitraum konstant zusammengesetzt ist. Basierend auf dem Forschungsstand legen sie sich auf Heranwachsende als werbeaffine Zielgruppe fest und suchen dann im Sinne einer methodisch offenen Vorgehensweise nach einer geeigneten Stichprobe. Damit ist der Feldzugang als innovativ zu bezeichnen, da die Autoren nicht im Vorhinein bestimmen, wer Bestandteil der Stichprobe sein soll (beispielsweise nur Jungen mit einem bestimmten sozio-ökonomischen Hintergrund), sondern die Gruppe als Gesamtheit in ihrer natürlichen Zusammensetzung erfassen.

Sechs Schulen im Nordwesten Englands können Mark Ritson und Richard Elliott für ihre Untersuchung gewinnen. Alle Schulen liegen nah beieinander und zeichnen sich durch eine sehr ähnliche soziokulturelle Struktur sowie vergleichbare Schulabläufe aus. In diesen Schulen übernimmt Mark Ritson sechs Wochen lang den verpflichtenden Medienunterricht, um über den Unterricht den Feldzugang zu finden. Er unterrichtet täglich eine Stunde und nimmt den restlichen Tag als teilnehmender Beobachter am Schulalltag teil. So kann er Vertrauen zu den Schüler*innen aufbauen, natürliche Gesprächssituationen beobachten und dabei erfassen, in welchen Zusammenhängen die Schüler*innen über Fernsehwerbung sprechen. Diese Beobachtungen führen schließlich dazu, dass er die Stichprobe der zu beobachtenden Klassen auf die „sixth formers"[1] zwischen 16 und 18 Jahren festlegt (Ritson und Elliott 1999, S. 263).

Alle Beobachtungen notiert Ritson in einem Tagebuch, das am Ende insgesamt 240 Seiten umfasst. Die Beobachtungen während eines Schultages trägt er am Ende eines Beobachtungstages in sein Tagebuch ein. Ritson muss einräumen, dass durch dieses Vorgehen Details, wie Namen, Alter oder spezifische Auffälligkeiten der Beobachteten, verloren gegangen sein könnten. Ihm ist es stattdessen wichtiger, als Fremdwahrnehmung Alltagsgespräche zu beobachten und zu erfassen, wie in diesen Gesprächen auf Fernsehwerbung per se Bezug genommen wurde.

Zudem führt Ritson 68 Leitfadeninterviews, teilweise als Gruppeninterviews, teilweise als Einzelinterviews. Die Interviews dauern zwischen 20 und 90 Minuten. Im Mittelpunkt der Interviews stehen nicht abstrakte Antworten, sondern die Erinnerung an spezifische Momente, an die sich die Schüler*innen in der Vergangenheit erinnern, und damit ihre Selbstwahrnehmung. Für die Datenanalyse nutzt Ritson einen hermeneutischen, iterativen Ansatz. Er ordnet gemeinsam mit Elliott alle Beobachtungen und Interviewaussagen nach Themenkategorien, die sie aus dem Untersuchungsmaterial induktiv ableiten, am Datenmaterial testen und immer weiter zu Befunden verdichten.

1.3   Befunde: Stellenwert von Werbung in der Lebenswelt Heranwachsender

Die Befunde der Studie verdeutlichen den Stellenwert, den Werbung in der Lebenswelt Heranwachsender einnimmt. Die Schüler*innen sprechen über Fernsehwerbung, können sich an komplexe Werbebotschaften erinnern und diese im Detail und ohne Probleme wiedergeben. Diese beobachteten Gespräche sind in Alltagssituationen eingebettet und natürlicher Bestandteil der Alltagskommunikation in den beobachteten sozialen Gruppen. Die Schüler*innen decodieren wahrgenommene Fernsehwerbebotschaften und interpretieren diese in der Gruppe, teilweise um sich so die wahrgenommenen Botschaften zu erschließen, wobei Ritson und Elliott (1999, S. 266) betonen, dass die Wahrnehmung einer Botschaft und deren Interpre-

---

[1] Der Begriff „six formers" bezeichnet eine Besonderheit des britischen Schulsystems: Alle Schüler*innen, die mit 16 Jahren die High School bestanden haben, können zwei weitere Schuljahre an der Schule bleiben und sich auf den Beginn eines Universitätsstudiums vorbereiten. Sie bleiben also ein 6. bzw. 7. Schuljahr an der High School und haben täglich sowohl Schulunterricht als auch Stunden für die Freiarbeit, die sie ebenfalls in den Schulräumen verbringen (das Schulgelände dürfen sie nicht verlassen).

tation zwei unterschiedliche Aktivitäten sind, da einer Botschaft immer eine Bedeutung zugeordnet werden muss, um diese verstehen zu können. Schließlich finden die Autoren Belege dafür, dass die Heranwachsenden in der Lage sind, Werbebotschaften zu bewerten, wobei sie eine kritische Bewertung am häufigsten erfassen. Sie interessieren sich zudem für die Ritualisierung der wahrgenommenen Botschaft und für deren Einbettung in die Lebenswelt. Ritson und Elliott (1999, S. 270) halten fest, dass Werbebotschaften einem verbalen Ritual gleichen. Wahrgenommene Sprachmuster der Werbebotschaft werden in Alltagsgespräche übernommen und dort ritualisiert (beispielsweise wird ein Gesprächsverlauf einer Fernsehwerbung in ein Alltagsgespräch übernommen und dort wiedergegeben) oder Handlungen werden in Sprachmuster überführt (beispielsweise wird für das Handeln eines Werbeprotagonisten ein neues Wort kreiert, um analoge Handlungen der Heranwachsendenen zu verbalisieren). Dabei helfen ihnen sprachliche Mittel, wie Metaphern, die sie antizipieren und in die Alltagskommunikation übernehmen.

Die Autoren kommen zu dem Schluss, dass Werbebotschaften einen Ausgangspunkt für eine große Bandbreite an sozialen Interaktionen bieten und diese natürlicher Bestandteil der Lebenswelt Heranwachsender sind (Ritson und Elliott 1999, S. 273), wobei diese Interaktionen sowohl die qualitative Natur als auch die quantitative Effektstärke der Werbebotschaft bei Heranwachsenden beeinflussen kann. Die Heranwachsenden betten die Werbebotschaft in verschiedene soziale und mediale Kontexte ein und beziehen sich in ihren Alltagsgesprächen immer wieder und ohne einen Initialreiz der Autoren auf die wahrgenommene Werbebotschaft. Ritson und Elliott (1999, S. 273) plädieren daher dafür, das Konzept der Werbekontexte um die sozialen Bedingungen, innerhalb derer Werbebotschaften wahrgenommen werden, zu erweitern, um so den in der bisherigen Konsumforschung vorherrschenden Fokus auf textuelle Merkmale von Werbebotschaften und deren Wirkung zu erweitern und ggf. in den sozialen Kontexten nach Erklärungen für die Wahrnehmung von Werbebotschaften und deren Wirkung zu suchen.

Zudem verdeutlichen die Befunde, dass die Heranwachsenden unabhängig von der wahrgenommenen konkreten Werbebotschaft über die Botschaft bzw. das Produkt sprechen (beispielsweise zeitlich und örtlich losgelöst von der ursprünglichen Rezeptionssituation). Ritson und Elliott (1999, S. 274) postulieren daher, dass „consumer researchers must accept that advertising is itself a cultural product that can, though experience, interpretation, evaluation, ritual, and metaphor, conspicuously confer and convey personal and group meanings".

Aus ihren Befunden leiten beide Autoren Handlungsempfehlungen für Theorieentwicklung und zukünftige Forschung ab: Zukünftige Forschung solle sich von der vereinfachenden Idee, nur Ursache-Wirkungs-Zusammenhängen zu erfassen, lösen und stattdessen die subtilen Einflüsse der sozialen Kontexte, die zwischen

Rezeption und Kauf bestehen, berücksichtigen (Ritson und Elliott 1999, S. 274).
Zudem solle die Forschung die limitierte Aussagekraft von Laborexperimenten beachten, die aufgrund der Laborsituation keine Aussage über die Wahrnehmung von
Werbung in der Lebenswelt und Interaktion mit anderen in der Gruppe treffen
kann. Auch der reine Fokus auf ein Produkt oder eine Werbebotschaft liefere nur
einen begrenzten Einblick in die Wahrnehmungsprozesse und deren Einbettung in
die Lebenswelt. Die Autoren räumen ein, dass ihre Befunde allerdings nicht generalisierbar sind und nur für die von ihnen untersuchte Stichprobe gelten: „Clearly
different groups, encountering different ads, in different social contexts, and at a
different stage in their lifetime, may well use advertising meanings in very different ways" (Ritson und Elliott 1999, S. 274). Daher schlagen Ritson und Elliott
(1999, S. 275) für zukünftige Arbeiten vor,

- verschiedene soziale Kontexte,
- Werbebotschaften unabhängig vom Medium (kein Fokus auf Fernsehwerbung),
- tatsächliche Konsumentscheidungen und deren Aushandlung sowie
- die tatsächliche Wahrnehmung von Werbebotschaften zu beobachten.

2 Bezug zum Gesamtwerk

Der Aufsatz ist Bestandteil der Dissertation von Mark Ritson, die er 1996 an der
Universität Lancaster, Großbritannien, einreichte. Betreuer der Dissertation war
sein Co-Autor Richard Elliott. In seiner Forschung setzt sich Ritson auch in weiterer Folge mit der interpretativen Konsumierendenforschung auseinander, wobei er
sich mit der Konsumierendenrolle in der Identitätsbildung und dem Einfluss sozialer Interaktionen beschäftigt (Brown und Turley 1997, S. xi).

Für den hier vorgestellten Aufsatz wurden Mark Ritson und Richard Elliott
2000 mit dem „Ferber Award Journal of Consumer Research" ausgezeichnet (Journal of Consumer Research 2000). Neben diesem Aufsatz publizierten beide Autoren gemeinem zum Thema Werbekompetenz (Ritson und Elliott 1995a, b), zum
Zusammenhang zwischen Poststrukturalismus und Werbung (1997) sowie zur
Rolle von Sexualität in der Werbung und deren Wahrnehmung durch junge Frauen
(Elliott und Ritson 1995). Auch für diese Untersuchungen griffen sie auf ethnographische Ansätze zurück und führten Leitfadeninterviews sowie teilnehmende Beobachtungen durch. Sie betonten, dass das soziale Umfeld sowie die aktive Auseinandersetzung mit der Werbebotschaft zentrale Bestandteile und Einflussfaktoren
auf die Werbewahrnehmung sind (Ritson und Elliott 1995a) und forderten, in der

zukünftigen Forschung den Blick weg vom reinen Konsumverhalten hin zum sozialen Umfeld der Konsumierenden zu richten. In diesem Umfeld nehmen sie Werbebotschaften wahr, bewerten sie abhängig von ihrer Werbekompetenz, akzeptieren die Botschaften oder lehnen sie ab (Ritson und Elliott 1995a).

3 Wirkungsgeschichte des Schlüsselwerkes & Kritik

Ritson und Elliott (1999) erfahren für das hier vorgestellte Schlüsselwerk im Fach viele positive Rückmeldungen. Positiv wird von anderen Autor*innen vor allem die Erweiterung der bisherigen Konsumierendenforschung erwähnt, die Ritson und Elliott (1999) in zweierlei Hinsicht vornehmen: zum einen durch ihren Perspektivwechsel weg von der einzelnen Werbebotschaft und deren möglicher Wirkung hin zur Wahrnehmung der Botschaft bzw. des beworbenen Produkts in der sozialen Interaktion mit anderen in der Gruppe bzw. Gemeinschaft. Zum anderen wird die qualitative Anlage ihrer Untersuchung in Form teilnehmender Beobachtung und Leitfadeninterviews hervorgehoben. Ritson und Elliott bauen mit ihrer Studie auf einige wenige Studien mit ähnlichem Ansatz auf (u. a. O'Donohue 1997; Mick und Buhl 1992) und bestätigen deren Befunde zum Stellenwert sozialer Kontexte für die Wahrnehmung von Werbebotschaften und Produkten. Dass beide Autoren zahlreiche, bis zum damaligen Zeitpunkt unbekannter Verhaltensweisen in der Wahrnehmung von Werbebotschaften identifizieren (zum Beispiel Werbebotschaften als Auslöser für interpersonale Kommunikation oder das gemeinsame Interpretieren von Werbebotschaften in der Gruppe), loben Aitken et al. (2008). Ihre Untersuchung verdeutliche, dass Werbung jenseits kausaler Wirkungsannahmen auf vielfältige und komplexe Weise wahrgenommen und genutzt werde (Aitken et al. 2008, S. 289).

Der Aufsatz von Ritson und Elliott (1999) wird dieser positiven Einschätzung folgend in den Studien als Referenzpunkt angeführt, die sich mit bestimmten Werbeformaten, deren Wahrnehmung sowie „word of mouth" auseinandersetzen (Mitchell et al. 2007, S. 200). Beispielsweise verweist Russel (2019) im Zusammenhang mit Product Placement auf Ritson und Elliott und sieht ihre Leistung in der Untersuchung der aktiven Auseinandersetzung der Heranwachsenden mit Werbung, die Russel (2019) wiederum auch auf andere Unterhaltungsformate überträgt. Dass der Perspektivwechsel von passiven zu aktiven Rezipierenden ein Mehrwert des Aufsatzes ist, betonen Belk et al. (2003), wobei es nicht nur um den Informationsgehalt von Werbung gehe, denn diese habe neben der Information auch einen inspirierenden Charakter.

Auch Mark Ritson bezieht sich in seiner späteren Forschung immer wieder auf den Aufsatz mit seinem Dissertationsbetreuer Richard Elliott. Er konkretisiert die getroffenen Annahmen des Artikels beispielsweise in einer späteren Arbeit gemeinsam mit Jayasinghe (2013). In ihrem Aufsatz „Everday Advertising Content" setzen sie sich nicht nur mit externen sozialen Einflüssen des Umfelds (in Form von sozialen Interaktionen) auseinander, sondern erfassen auch alltägliche häusliche Situationen, zwischenmenschliche Interaktionen und den Gebrauch von beworbenen und erworbenen Gegenständen im Alltag zu Hause (Jayasinghe und Ritson 2013, S. 105). Um den Alltag und die Einbettung von Werbebotschaften in die Gespräche zuhause zu erfassen, führen sie eine Videobeobachtung von acht Familien in deren Wohnzimmer durch. Ihre Befunde verdeutlichen, wie Fernsehwerbebotschaften in die familiäre Alltagskommunikation integriert und zur Identitätsbildung der Familie als sozialer Gruppe genutzt werden. Damit erweitern sie den Forschungsstand von Ritson und Elliott (1999), die sich nur auf Heranwachsende und deren Schulgespräche fokussieren: „We provide an important extension to Ritson and Elliott's theory by detailing the sociocultural processes that organize advertising engagement in the consumer context of the living room (via multimodal, deterritorialization, time allocation, and temporally influenced practices)" (Jayasinghe und Ritson 2013, S. 117). Ähnlich argumentiert Mora (2016), der die Einbettung von Werbung in die Alltagskommunikation während der Konfrontation mit Werbung untersucht (und nicht in Form von Anschlusskommunikation wie Ritson und Elliott 1999).

Ritson und Elliott (1999) werden außerdem noch heute als Beleg angeführt, wenn beispielsweise die Sichtweise Heranwachsender auf Werbung, deren Werbekompetenz und persuasives Wissen in den Mittelpunkt rücken (Muñiz und Schau 2007). Belk (2017) und Mitchell et al. (2007, S. 200) betonen unter anderem die Relevanz des Befundes, dass Heranwachsende Fernsehwerbebotschaften kennen sollten, um damit soziales Kapital zu genieren, dieses Wissen in der sozialen Interaktion mit anderen anzuwenden sowie Werbebotschaften anhand ihres Wissens zu bewerten. Werbung, so Belk (2017, S. 38), sei fest in das tägliche Leben Heranwachsender integriert und solle in dieser Bedeutung in der Forschung Berücksichtigung finden. Daher sei es nicht verwunderlich, dass auch nachfolgende Publikationen noch heute auf Ritson und Elliott (1999) Bezug nehmen (Leiss et al. 2005).

Den methodischen Ansatz greifen ebenso nachfolgende Studien auf und setzen vermehrt auch qualitative Methoden in der Werbeforschung ein (im Überblick Belk 2017). Dabei wird vor allem der Umfang der ethnographischen Studie als „beeindruckend" (Russell 2019, S. 40) gekennzeichnet. Die Beobachtung sei „intensiv" erfolgt (Belk 2017, S. 38) und gleiche einem traditionellen ethnographischen Ansatz (Elliott und Jankel-Elliott 2003, S. 218). Das methodische Design zeichne sich durch einen natürlichen Zugang zum Untersuchungsfeld aus. Im Vergleich zu Experimentaldesigns oder Selbstauskünften in Interviews sei diese Nähe zu den Proband*innen der wesentliche Vorteil ethnographischer Studien (Myers 2019).

Neben dem Lob findet sich auch Kritik an dem hier vorgestellten Schlüsselwerk bzw. der generellen Herangehensweise der beiden Autoren. Diese bezieht sich in erster Linie auf die methodische Anlage und die Limitation der Befunde, die die Autoren selbst ebenfalls einräumen (Ritson und Elliott 1999, S. 274). Kritisiert wird die Konzentration auf sechs Schulen im Nordwesten Englands, in denen zwar natürliche Gruppen untersucht worden sind, die aber nicht als repräsentativ gelten können. Die Aussagekraft der getroffenen Aussagen sei daher limitiert.

Dennoch gelingt es Ritson und Elliott (1999) mit ihrer Studie nicht nur ein theoretischer und empirischer Perspektivwechsel in der Konsumforschung. Sie vermögen es, interdisziplinäre Bezüge herzustellen und dabei neue Konzepte anderer Fachdisziplinen (zum Beispiel „reader response theory") für die Werbeforschung nutzbar zu machen. Sie richten den Blick auf Heranwachsende, deren soziales Umfeld und deren Interaktion in der Gruppe, die sich selbständig Werbeinhalte aneignen kann. Die Werbung stelle den Heranwachsenden ein Repertoire an Erfahrungen zur Verfügung, das ihnen bei ihrer Selbstdarstellung und Selbstfindung in ihrem weiteren Leben und beim Erschließen neuer Handlungsräume helfen könne, fassen Vergara und Rodriguez (2010) den Mehrwert von Ritson's und Elliott's Aufsatz „The Social Uses of Advertising" (1999) für die Konsumforschung und die Kinder- und Jugendforschung zusammen.

Literatur

Primärliteratur

Elliott, R., & Jankel-Elliott, N. (2003). Using ethnography in strategic consumer research. *Qualitative Market Research: An International Journal*, 6(4), 215–223.

Elliott, R., & Ritson, M. (1995). Practicing existential consumption: The lived meaning of sexuality in advertising. *Advances in Consumer Research*, 22(1), 740–745.

Elliott, R., & Ritson, M. (1997). Post-structuralism and the dialectics of advertising: discourse, ideology, resistance. In Brown, S., & Turley, D. (ed.), *Consumer Research: Postcards From the Edge* (S. 186–214). London: Routledge.

Jayasinghe, L., & Ritson, M. (2013). Everyday advertising context: An ethnography of advertising response in the family living room. *Journal of Consumer Research*, 40(1), 104–121.

Ritson, M. & Elliott, R. (1995b). *A Model of Advertising Literacy: The Praxiology and Co-creation of Advertising Meaning.* European Marketing Academy Conference, 24, Paris: Essec.

Ritson, M., & Elliott, R. (1995a). Advertising literacy and the social signification of cultural meaning. In F. Hansen (ed.), *E – European Advances in Consumer Research.* Provo, UT : Association for Consumer Research, 113–117.

Aitken, R., Gray, B., & Lawson, R. (2008). Advertising effectiveness from a consumer perspective. *International Journal of Advertising, 27*(2), 279–297.

Ritson, M., & Elliott, R. (1999). The social uses of advertising: An ethnographic study of adolescent advertising audiences. *Journal of Consumer Research, 26*(3), 260–276. https://doi.org/10.1086/209562

Sekundärliteratur

Belk, R. W. (2017). Qualitative research in advertising. *Journal of Advertising, 46* (1), 36–47.

Belk, R. W., Ger, G., & Askegaard, S. (2003). The fire of desire: A multi-sited inquiry into consumer passion. *Journal of Consumer Research, 30*(3), 311–25.

Brown, S., & Turley, D. (1997). *Contributors.* In Brown, S., & Turley, D. (ed.), *Consumer Research: Postcards From the Edge* (S. viii–xiii). London: Routledge.

Journal of Consumer Research (2000). Awards announcements. *Journal of Consumer Research, 27*(3), ii.

Leiss, W., Kline, S., Jhally, S., & Botterill, J. (2005). *Social Communication in Advertising: Consumption in the Mediated Marketplace.* New York: Routledge.

Mick, D., & Buhl, C. (1992). A meaning-based model of advertising experiences. *Journal of Consumer Research, 19*(3), 317–38.

Mitchell, V., Macklin, J. E., & Paxman, J. (2007). Social uses of advertising. An example of young male adults. *International Journal of Advertising, 26*(2), 199–222.

Mora, J.-D. (2016). Social context and advertising effectiveness: a dynamic study. *International Journal of Advertising, 35*(2), 325–344.

Muñiz, A. M., & Schau, H. J. (2007). Vigilante marketing and consumer-created communications. *Journal of Advertising, 36*(3), 35–50.

Myers, M (2019). *Qualitative Research in Business and Management* (3rd edition). London: Sage.

O'Donohue, S. (1997). Raiding the postmodern pantry: Advertising intertextuality and the young adult audience. *European Journal of Marketing, 31*(3/4), 234–53.

Radway, J. (1984). *Reading the Romance: Women, Patriarchy, and Popular Literature.* Chapel Hill: University of North Carolina Press.

Russell, C. A. (2019). Expanding the agenda of research on product placement: A commercial intertext. *Journal of Advertising, 48*(1), 38–48.

Vergara, E., & Rodriguez, M. (2010). The social and cultural impact of advertising among Chilean youths. *Comunicar, 35*(18), 113–118.

Diktiert Fernsehwerbung die Wünsche von Kindern? *Die Arbeiten* von Robertson und Rossiter

Meda Mucundorfeanu und Delia Cristina Balaban

1   Inhalt des Textes

Kinder stellen für die Werbung eine wichtige aber auch eine besondere Zielgruppe dar, die durch ihre kognitive und emotionale Entwicklung spezifische Herausforderungen mit sich bringt, da die Erkennung der Werbung eine Form der persuasiven Kommunikation ist (Kunkel et al. 2004). Trotz der Ausdifferenzierung der Werbekanäle durch die Einführung der Sozialen Netzwerke, bleibt das Fernsehen auch heutzutage eine relevante Quelle für den Werbekonsum bei Kindern. Durch *Short-run Advertising Effects on Children: Field Study* (1976) und *Children's Responsiveness to Commercials* (1977) leisten Robertson und Rossiter einen wichtigen Beitrag zur Entwicklung der Forschung im Bereich der Werbewirkung auf Kinder, da zum Veröffentlichungszeitpunkt nur wenige Studien in diesem Bereich vorlagen. Beide Studien haben das Ziel, die Wirkungen der Fernsehwerbung zu untersuchen, da dies in den 1970er-Jahren eine große Rolle in der Mediennutzung der Kinder gespielt hat.

In *Short-run Advertising Effects on Children: Field Study* liegt der Schwerpunkt der Untersuchung auf der kurzfristigen und langfristigen Wirkung der Werbung auf

M. Mucundorfeanu (✉)
Babeş-Bolyai University, Department of Communication, PR and Advertising, Cluj-Napoca, Romania
E-Mail: mucundorfeanu@fspac.ro

D. C. Balaban
Babeş-Bolyai University, Department of Communication, PR and Advertising, Cluj-Napoca, Romania
E-Mail: balaban@fspac.ro

© Springer Fachmedien Wiesbaden GmbH, ein Teil von Springer Nature 2022   201
T. G. K. Meitz et al. (Hrsg.), *Schlüsselwerke der Werbeforschung*,
https://doi.org/10.1007/978-3-658-36508-0_18

das Verhalten von Kindern, das sie mit Hilfe einer Feldstudie untersuchen und damit von den früher überwiegend durchgeführten Laborexperimenten abweichen (Robertson und Rossiter 1976, S. 68). Durch die Studien *Children's Responsiveness to Commercials* gelingt Robertson und Rossiter (1977) ein tieferer Einblick in die Fernsehwerbewirkungen auf Kinder, in dem sie die Eigenschaften des Empfängers in den Fokus ihrer Werbewirkungsforschung rücken. Zu diesen Eigenschaften gehört die Dauer des Werbekonsums, das Alter des Kindes (als Indikator für die kognitive Leistungsfähigkeit), der Grad der Integration in Peer-Groups (als Alternative zum Einfluss der Medien) und der familiäre Bildungshintergrund (als Spiegelbild der elterlichen Rolle bei der Vermittlung von Werbekommunikationseffekten). Nach dem Muster der Effekte der Massenkommunikation (Lazarsfeld 1955) erarbeiten Robertson und Rossiter (1977) auch ein Modell der Werbeeffekte (siehe Abb. 1).

Aus methodologischer Sicht sind beide Studien auch heutzutage interessant. Die Untersuchungen können auch im Rahmen der aktuellen Diskussion über die Vorteile der Messung von Verhalten gegenüber Einstellungen interpretiert werden (Siehe bspw. Baumeister et al. 2007). Beide Studien von Robertson und Rossiter messen das Verhalten der Kinder als abhängige Variable und unterscheiden sich dadurch von der Mehrheit der bis dahin durchgeführten Studien über Kinder und Werbung. Methodisch beruhen beide Studien in diesem Schlüsselwerk auf einer Befragung. In der Studie aus dem Jahre 1976 wurden die Teilnehmer*innen in zwei Wellen befragt. In der ersten Welle, fünf Wochen vor Weihnachten, und in einer zweiten Welle, eine Woche vor Weihnachten, wurden die Kinder gebeten, ihre fünf größten Weihnachtsgeschenke zu benennen. In der Studie aus dem Jahre 1977 wurden die Kinder nur eine Woche vor Weihnachten zum selben Thema befragt. Im gleichen Zusammenhang wurde die Fernsehnutzung erhoben, die ein Indikator für die Werbenutzung ist. Im Gegensatz zu heute, wo viele Ergebnisse auf Basis von Befragungen entstehen, wurde in den Untersuchungen der 1970er-Jahren das Verhalten vor allem direkt beobachtet und analysiert. Reales Konsumverhalten hat sehr viele Vorteile gegenüber intentionalen Messungen oder Einstellungsfragen. Insbesondere bei Kindern die selbstberichtete Verhaltensprozesse nicht aus-

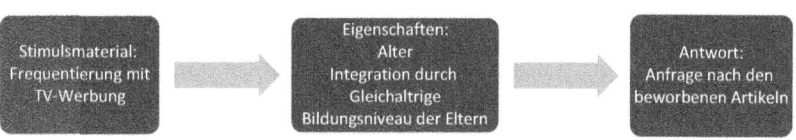

Abb. 1 Schematische Darstellung der Verhaltensantworten bei Kindern, nach dem *Effects Flow Model* (Robertson und Rossiter 1977, S. 102)

reichend reflektieren können (Schwarz und Oyserman 2001: Baumeister et al. 2007). Im Bereich der Werbewirkung auf Kinder ist daher die Messung von Verhalten trotz aller Herausforderungen gegenüber dem direkten Beobachtungsverfahren überlegen (Matthes und Naderer 2015).

In den Vereinigten Staaten wurde die Hälfte der Spielzeugwerbung im Fernsehen jährlich in den Monaten November und Dezember und damit kurz vor Weihnachten ausgestrahlt. Diese Produkte dominierend gegenüber anderen die Werbeinhalte. Daher wurden die Kinder in den beiden Schlüsselwerks-Studien gefragt, wie oft sie sich tatsächlich ein Weihnachtsgeschenk von ihren Eltern gewünscht hätten und woher die Kinder die benannten Produkte kannten. Da die Antworten der Kinder auf jene Artikel beschränkt waren, die sie sich zu Weihnachten am meisten wünschen, wurde angenommen, dass sich die Fernsehwerbeeffekte dann beweisen lassen, wenn die Nachfrage nach Spielzeug und Spielen für Kinder in der zweiten Befragungswelle im Vergleich zur ersten (deutlich) zunimmt. Auch die Eltern der teilnehmenden Kinder wurden im Rahmen der Studie nach den gewünschten Spielzeugen und Spielen gefragt.

Im Rahmen der Wirkung der Fernsehwerbung auf Kinder stellt *Children's Responsiveness to Commercials* (1977) zudem die Untersuchung des Stellenwertes der persönlichen Eigenschaften und sozialen Merkmale der Rezipient*innen in den Vordergrund. Die Messung der Eigenschaften und Merkmale verlief wie folgt: Das Alter wurde nach Klassenstufen eingeschätzt, um eine angemessene Stichprobenbasis bereitzustellen. Die Integration in Peer- Groups wurde anhand der Einschätzung als „bester Freund" gemessen, die jedes befragte Kind von einem anderen Kind erhalten hat. Der elterliche Bildungshintergrund wurde infolge eines anschließenden Interviews mit den Eltern der befragten Kinder erfasst. Die Stichprobe, die ausschließlich Jungen umfasste, wurde aus fünf katholischen Schulen in der Region Philadelphia gebildet. Die Auswahl von Schulen und Gebieten ermöglichte eine breite Vertretung verschiedener sozialer Klassen.

Die Autoren stellen durch beide Studien fest, dass das Fernsehen die Hauptinformationsquelle für die formulierten Wünsche nach Kinderspielzeug und – spielen war. Als Ergebnis der *Short-run Advertising Effects on Children: Field Study* (1976), an der Jungen und Mädchen teilnahmen, berichten Robertson und Rossiter, dass fast die Hälfte aller von den Kindern gewünschten Gegenstände zur Kategorie Spielzeug und Spiele gehörten. Insgesamt stiegen die Präferenzen für Spielzeug und Spiele während des vierwöchigen Messzeitraums von 45 % auf 48 % an. Dies zeigte einen konsistenten kurzfristigen Überzeugungseffekt der Werbung unabhängig vom Alter des Kindes. Die Häufigkeit, mit der diese Gegenstände gewünscht worden sind, wurde ebenfalls analysiert, wobei zu erkennen war, dass kurzfristig die Anfrage nach Spielen und Spielzeug über alle Klassenstufen hinweg stieg. Die anschließende Analyse der Informationsquellen ergab, dass Fernsehwerbung den größten Einfluss auf den Kauf von Kinderspielzeug und -spielen hatte. Das Alter der Kinder spielte in der Formulierung der Wünsche ebenfalls eine Rolle. Während sich das Alter nicht auf die kurzfristigen Verhaltenseffekte auswirkte, zeigten sich langfristige Effekte: So verlangten ältere Kinder deutlich weniger nach Spielen und Spielzeug als jüngere. Demnach sinkt das langfristige Interesse an Spielzeug und Spielen mit zunehmendem Alter, was die Wissenschaftler mit einer verstärkten kognitiven Abwehr gegen kommerzielle Botschaften (Robertson und Rossiter 1974, S. 19) oder einfach durch den natürlichen Prozess des Erwachsenwerdens erklären. Die Ergebnisse von Robertson und Rossiter (1976) unterscheiden sich nicht von den Ergebnissen früherer Studien, die ebenfalls einen Zusammenhang zwischen dem Alter der Kinder und dem Rückgang der Nachfrage nach Kinderspielen und -spielzeug zeigten (Ward und Wackman 1972). Ergänzend dazu zeigt das analysierte Schlüsselwerk, dass die kurzfristigen Auswirkungen von Fernsehwerbung auf die Verhaltensentscheidungen von Kindern in allen Altersstufen ähnlich sind. Nach der intensiven TV-Werbekampagne für Spielzeug und Spiele, steigt das Interesse aller Altersgruppen für diese Produkte um ungefähr fünf Prozent. Auch die geäußerten Spielzeug- und Spielewünsche der Kinder an die Eltern ließen während des Zeitraums der Werbekampagnen auf einen moderaten kurzfristigen Anstieg schließen, unabhängig vom Alter des Kindes.

Die Ergebnisse der Studie aus dem Jahre 1977 ergänzen die bereits bekannten Ergebnisse. So schlussfolgern die Autoren aus ihrer Studie, dass die Kinder, die laut eigener Aussage oder durch die Aussage der Eltern am wenigsten Werbung konsumieren, auch am wenigsten durch diese beeinflusst werden. Zur Gruppe der von der Werbung am meisten beeinflussten Kinder zählen jene, die eine geringe Integration in Peer-Groups aufweisen und die der Werbung regelmäßig ausgesetzt sind. Der Integrationsgrad in Peer-Groups spielt dagegen bei den Kindern kaum eine Rolle, die der Werbung selten ausgesetzt sind, und demzufolge nur wenig beeinflusst werden. Schließlich zeigt die Studie, dass der elterliche Bildungshintergrund für das Eintreten der Werbeeffekte eine wichtige Rolle spielt. Die am meisten beeinflussten Kinder sind diejenigen, die der Werbung regelmäßig ausgesetzt sind und deren Eltern ein niedriges Bildungsniveau aufweisen. Demgegenüber stehen die am wenigsten beeinflussten Kinder, die der Werbung seltener ausgesetzt sind und deren Eltern ein höheres Bildungsniveau aufweisen.

Die Autoren haben daher bewiesen, dass die Zunahme der Präferenzen für Spielzeuge und Spiele sehr wahrscheinlich auf die konzentrierte vorweihnachtliche Fernsehwerbung zurückzuführen ist. Die Bevorzugung von Spielzeugen und Spielen aus der Fernsehwerbung erfolgte auf Kosten der Produkte, die nur wenig oder gar nicht in der Fernsehwerbung vorkamen. Jedoch weisen die Autoren auf die Grenzen der Arbeit hin, da auch in den Vorjahren intensiv Werbung für Spiele und Spielzeuge erfolgt ist somit ein kumulativer Effekt aufgetreten sein könnte. Insgesamt zeigen die vorliegenden Studien, dass ein hoher Konsum von Fernsehwerbung zu einem Anstieg der Nachfrage nach den beworbenen Produkten in der gesamten Stichprobe führt. Die Autoren unterstreichen die Tatsache, dass das Alter der Kinder das Hauptkriterium ist, um die Beeinflussung durch die Werbung zu beschreiben. Die sozialen Merkmale des Kindes, wie dessen Integration in Peer-Groups und das Bildungsniveau der Eltern gelten dagegen nur als moderierende Faktoren in der Wirkung der Fernsehwerbung auf Kinder. Selbstverständlich hat die Arbeit Grenzen, auf die die Forscher hinweisen. So wurden in der Stichprobe ausschließlich männliche Schüler aufgenommen. Dies stellt eine grundlegende Limitation der Studien dar.

Die vorgestellten Untersuchungen von Rossiter und Robertson beschäftigen sich vor allem mit der generellen Reaktion der Kinder auf die Fernsehwerbung. Beide Werke erklären mit den Ergebnissen der Feldstudien die Wirkungseffekte der Werbung auf das Verhalten von Kindern anhand deren Ausdifferenzierungsmerkmalen, wie dem Alter oder dem Bildungshintergrund der Eltern. Die dargestellten Studien geben insgesamt einen Einblick in das komplexe Zusammenspiel der Variablen im kindlichen Verarbeitungsprozess persuasiver Botschaften.

2   Bezug zum Gesamtwerk

Thomas S. Robertson und John R. Rossiter haben in den 1970er-Jahren mehrere gemeinsame Publikationen über das Thema der Werbewirkungen auf Kinder veröffentlicht. Ihre Leistung besteht unter anderem darin, dass sie bestehende Modelle der Werbewirkung auf Erwachsene für Kinder adaptiert und angepasst haben. Die Zusammenarbeit der Autoren, die gemeinsam an der Wharton Business School der University of Pennsylvania forschen und lehren ist nur ein Teil der Forschungsleistung von Robertson und Rossiter, die später auch weitere Werke im Forschungsfeld der Marketingforschung gemeinsam mit anderen Autoren veröffentlichten haben.

Das Interesse von Thomas S. Robertson zur Beschreibung der Werbewirkung auf Kinder hat sich graduell entwickelt. Zu Beginn seiner Karriere und in den darauffolgenden Jahrzehnten hat er seine Arbeit der Theoretisierung und der Erforschung des Konsumverhaltens gewidmet (Kassarjian und Robertson 1968; Ward und Robertson 1973; Robertson und Ward 1973; Robertson et al. 1984; Robertson und Kassarjian 1991). In den zahlreichen Werken hat er sich mit den theoretischen Ansätzen, die dem Verbraucherverhalten zugrunde liegen, befasst und die Verarbeitung von Verbraucher*inneninformationen, Entscheidungsfindung und Einstellungsänderung untersucht.

Nach der ungefähr zehnjährigen wissenschaftlichen Zusammenarbeit mit Robertson hat Rossiter mehrere Jahre zusammen mit Larry Percy publiziert. Einer der Schwerpunkte ihrer Untersuchungen war die Darstellung der Rolle der visuellen Reize in Bezug auf die Werbewirkung (Rossiter und Percy 1978). Sie entwickelten daraus eine neue Theorie, wie die Werbung die Einstellung der Verbraucher durch die überzeugende Funktion von Bildern beeinflussen kann (Rossiter und Percy 1980). Rossiter und Percy widmeten sich Werbekommunikationsmodellen allgemein (1985), später der Theorie über die Rolle der Emotionen und Motivation in Bezug auf die Werbewirkung (Rossiter und Percy 1991) und auch einem Modell, das als Leitfaden für erfolgreiche Werbestrategien dienen sollte. John R. Rossiter ist in der Fachliteratur besser bekannt für seine häufig zitierten Lehrbücher im Bereich der Werbung und Marketingkommunikation.

3 Wirkungsgeschichte des Schlüsselwerkes & Kritik

Die Forschung von Robertson und Rossiter zu den Auswirkungen der Fernsehwerbung auf Kinder hat die weitere Werbewirkungsforschung geprägt und wurden von anderen Wissenschaftler*innen aufgegriffen und weiterentwickelt. Thomas S. Robertson und John R. Rossiter haben versucht, erfolgreiche Werbewirkungsmodelle für Erwachsene auf Kinder anzuwenden. Anfang der 1970er-Jahre ist das Interesse für die Untersuchung der Werbewirkungen auf Kinder gestiegen – dazu trugen die beiden Autoren auch maßgeblich bei. Die beiden Forscher konnten nicht nur die Wirkung der Fernsehwerbung auf Kinder beschreiben, sondern die Wirkung auch mit individuellen Voraussetzungen wie dem Alter in Verbindung bringen.

Die beiden vorgestellten Studien und deren Ergebnisse im Rahmen der Feldforschung zur Fernsehwerbewirkung auf Kinder waren in der damaligen Zeit innovativ, da der Schwerpunkt bislang in der Untersuchung der Werbeeffekte auf der Ebene des Wissens und der Einstellung der Kinder lag. Neben dem Alter wurden zudem die Faktoren der Integration der Kinder in Peer-Groups und die Bildung der Eltern als Ausdifferenzierungsinstrumente der Bestimmung der Werbeeffekte hinzugezogen. Die Annahme, dass Kinder mit zunehmendem Alter eine verstärkte kognitive Abwehr gegen kommerzielle Botschaften entwickeln, spielt eine wichtige Rolle für zukünftige Studien im Bereich der Kinderwerbewirkung und wurde auch in der Theoretisierung der Werbekompetenz (*advertising literacy*) zur wichtigen Erkenntnis für die Werbewirkung (siehe Kap. „Mehr als nur ein kognitiver Schutz: *Reconsidering Advertising Literacy as a Defense Against Advertising*

Effects von Rozendaal, Lapierre, van Reijmersdal und Buijzen" in diesem Band). Beide Studien wurden in den vergangenen vier Jahrzehnten häufig zitiert, wenn es um Themen wie Kinder und Werbung oder Kinder und Fernsehen ging. Die aktuelle Forschung im Bereich der Werbewirkung auf Kinder fokussiert sich überwiegend auf die Ebene der Einstellungen oder des Verhaltens (De Jans et al. 2017). Aus Robertson und Rossiters Studien ergeben sich einige Perspektiven, die auch heute in der Fachliteratur diskutiert werden, wie z. B. die Zusammenhänge zwischen Werbekontakt und Materialismus (Opree et al. 2014), oder wie die Werbenutzung den Konsum bei Kindern anregt (Kim et al. 2016), und wie die Werbung die Kinder dazu bringt, bei ihren Eltern den Kauf von beworbenen Produkten zu verlangen (McDermott et al. 2006).

Im Wesentlichen besteht die Kritik an den beiden Studien in der methodologischen Herangehensweise. Es handelte sich in beiden Fällen um eine Befragung von Kindern, begleitet durch Interviews mit den Eltern. Es fand keine experimentelle Studie statt, weshalb die für den Fernsehwerbekonsum wahrscheinlich unabhängigen Variablen nicht kontrolliert wurden. Die Stichproben der beiden Studien sind nicht repräsentativ, im Fall vom *Children's Responsiveness to Commercials* (1977) handelte es sich um eine Stichprobe, die ausschließlich aus Jungen bestand, was auch die Autoren als Grenze ihrer Forschung benennen.

Thomas S. Robertson und John R. Rossiter gehen davon aus, dass die Kinder in der Zeit vor Weihnachten Fernsehwerbung geschaut haben. Sie fragen auch nach der Quelle der Informationen über Spiele und Spielzeuge, für die in der Mehrheit der Fälle die Fernsehwerbung genannt wurde. Auch wenn das Fernsehangebot zur damaligen Zeit in den Vereinigten Staaten nicht ausdifferenziert wurde, ist es möglich, dass Unterschiede in dem Fernsehkonsum der befragten Kinder eine Rolle gespielt haben. Immerhin wurde der Fernsehkonsum durch eigene Angaben der Kinder gemessen, was wir heute als problematisch sehen, da es Unterschiede zwischen eigenen Angaben und der tatsächlichen Messung der Mediennutzung gibt. Dieser Effekt tritt auch bei den Erwachsenen auf, was die Selbsteinschätzung des eigenen Fernsehkonsums (Blalock 1970) oder aktuell auch die Nutzung des Internets (Scharkow 2016) betrifft – dies ist ebenso bei Kindern zu beobachten, die vor allem wenn sie klein sind, Schwierigkeiten haben, den eigenen Konsum korrekt einzuschätzen (Beaufort 2018). Außerdem kann die Werbewirkung auf der Ebene des Verhaltens auch ohne eine bewusste Wahrnehmung stattfinden (Hang 2012), weshalb eine direkte Messung des Verhaltens, wie in diesem Kapitel schon erwähnt, eine genauere Messmethode darstellt. Ein Experiment hätte die Rolle des Fernsehwerbekonsums als Ursache für die Werbewirkung nicht nur genauer dargestellt, sondern auch Kausalitätsbeziehungen aufzeigen können. Die aktuelle

Forschung im Bereich der Werbewirkungen auf der Ebene des Verhaltens ist ein wichtiger Bestandteil der heutigen Forschung.

Aktuelle Studien über Kinder und Werbung betrachten auch die Änderungen des Werbeangebotes. Dazu gehören die Differenzierung der Werbeformate und die Tatsache, dass die Grenzen zwischen Werbung und Unterhaltung nicht mehr so eindeutig sind, wie früher. Daher erfolgt eine Integration von Werbeinhalten in Medieninhalte über verschiedene Medienplattformen (De Jans et al. 2018): Zeichentrickfilme (Beaufort 2018; Matthes und Naderer 2015; Naderer et al. 2018) oder Filme für Kinder, die Produktplatzierungen beinhalten (Auty und Lewis 2004) oder Youtube-Videos von Influencern, die gezielt Werbung für Kinder machen (Boerman und van Reijmersdal 2020). Diese wurden in den letzten Jahren im Einklang mit der Ausdifferenzierung der Werbeträger in den Experimentalstudien als abhängige Variablen genutzt. Untersuchungen, die das Verhalten der Kinder in einem realen Einkaufszenario als Ergebnis des Kontakts durch Werbebotschaften analysieren, wie z. B. Beaufort (2018), haben eine hohe externe Validität und können als *best practice* angesehen werden.

Robertson und Rossiter haben mit ihren Werken aber einen wesentlichen Beitrag zu unserem heutigen Verständnis der Werbewirkungsforschung in Bezug auf Kinder beigetragen und ihre Arbeit ist ein wichtiger Meilenstein in der Entwicklung der Forschung auf diesem Gebiet.

Literatur

Primärliteratur

Robertson, T. S. & Kassarjian, H. H. (1991). *Handbook of Consumer Behavior.* Englewood Cliffs, N.J.: Prentice Hall

Robertson, T. S., & Rossiter, J. R. (1974). Children and commercial persuasion: An attribution theory analysis. *Journal of Consumer Research*, 1, 13–20.

Robertson, T. S., & Rossiter, J. R. (1976). Short-run advertising effects on children: a field study. *Journal of Marketing Research*, 13(1), 68–70.

Robertson, T. S., & Rossiter, J. R. (1977). Children's responsiveness to commercials. *Journal of Communication, 27(1)*, 101–106.

Robertson, T. S. & Ward, S. (1973). *Consumer Behavior Research: Promise and Prospects.* Englewood Cliffs, New Jersey: Prentice-Hall.

Robertson, T. S., Zielinski, J, & Ward, S. (1984). *Customer Behavior.* Glenview, IL: Foresman and Company.

Rossiter, J. R, & Percy, L. (1978). Visual imaging ability as a mediator of advertising Response. *Advances in Consumer Research*, 5, 621–629.

Rossiter, J. R., & Percy, L. (1980). Attitude change through visual imagery in advertising. *Journal of Advertising*, 9(2), 10–16.

Rossiter, J.R. & Percy, L. (1985). Advertising communication models. In E. C. Hirschman & M. B. Holbrook (Eds.), *Advances Consumer Research, 12*, (pp. 510–524). Provo, UT: Association for Consumer Research.

Rossiter, J. R, & Percy, L. (1991). Emotions and motivations in advertising. *Advances in Consumer Research*, 18, 100–110.

Ward, S. & Robertson, T. S. (1973). *Consumer Behavior: Theoretical Sources*. New York: Prentice Hall.

Sekundärliteratur

Auty, S., & Lewis, C. (2004). Exploring children's choice: The reminder effect of product placement. *Psychology & Marketing*, 21, 697–713.

Baumeister, R. F., Vohs, K. D., & Funder, D. C. (2007). Psychology as the science of self-reports and finger movements: Whatever happened to actual behavior? *Perspectives on Psychological Science*, 2(4), 396–403.

Beaufort, M. (2018). How Candy Placements in Films Influence Children's Selection Behavior in Real-Life Shopping Scenarios – an Austrian Experimental Field Study. *Journal of Children and Media*, 13(1), 53–72.

Blalock, H. M. (1970). A causal approach to nonrandom measurement errors. *The American Political Science Review*, 64(4), 1099–1111.

Boerman, S. C., & van Reijmersdal, E. A. (2020). Disclosing Influencer Marketing on You-Tube to Children: The Moderating Role of Para-Social Relationship. *Frontiers in Psychology*.

De Jans, S., Van de Sompel, D., Hudders, L. & Cauberghe, V. (2017). Advertising targeting young children: an overview of 10 years of research (2006–2016), *International Journal of Advertising*, 38(2), 173–206.

De Jans, S., Cauberghe, V., & Hudders, L. (2018). How an advertising disclosure alerts young adolescents to sponsored vlogs: The moderating role of a peer-based advertising literacy intervention through an informational vlog. *Journal of Advertising*, 47(4), 309–325.

Hang, H. (2012). The implicit influence of bimodal brand placement on children: Information integration or information interference?. *International Journal of Advertising*, 31, 465–484.

Kassarjian, H. H., & Robertson, T. S. (1968). *Perspectives in Consumer Behavior*. Glenview, IL: Foresman and Company.

Kim, K. K., Williams, J.D. & Wilcox, G.B. (2016). ‚Kid Tested, Mother Approved': The rela- tionship between advertising expenditures and ‚most-Loved' brands. *International Journal of Advertising*, 35(1), 42–60.

Kunkel, Dale, B.L. Wilcox, Joanne Cantor, E. Palmer, S. Linn, and P. Dowrick. (2004). *The impact of social media on children, adolescents, and families*. Washington, DC: American Psychological Association.

Lazarsfeld, P. F. (1955). „Interpretation of Statistical Relations as a Research Operation." In P. F. Lazarsfeld & M. Rosenberg (Eds.)*The Language of Social Research*, (pp. 115–125). New York: Free Press.

Matthes, J., & Naderer, B. (2015). Children's consumption behavior in response to food product placements in movies. *Journal of Consumer Behaviour*, *14*(2), 127–136.

McDermott, L., O'Sullivan, T., Stead, M. & Hastings, G. (2006). International food advertising, pester power and its effects. *International Journal of Advertising*, 25 (4), 513–39.

Naderer, B., Matthes, J., & Zeller, P. (2018). Placing snacks in children's movies: Cognitive, evaluative, and conative effects of product placements with character product interaction. *International Journal of Advertising 37* (6), 852–870.

Opree, S. J., Buijzen, M., van Reijmersdal, E.A. & Valkenburg, P.V. (2014). Children's advertising exposure, advertised product desire, and materialism: A longitudinal study. *Communication Research* 41 (5), 717–35.

Scharkow, M. (2016). The Accuracy of Self-Reported Internet Use – A Validation Study Using Client Log Data. *Communication Methods and Measures*, 10(1), 13–27.

Schwarz, N., & Oyserman, D. (2001). Asking questions about behavior: Cognition, communication, and questionnaire construction. *American Journal of Evaluation*, 22(2), 127–160.

Ward, S., & Wackman, D. (1972). Television advertising and intra-family influence: Children's purchase influence attempts and parental yielding. *Journal of Marketing Research*, 9, 316–319.

Ich weiß, sie bekommt Geld dafür! Aber ich hab Guido Maria doch so gern! The Persuasion Knowledge Model von Friestad und Wright

Jens Woelke

1   Inhalt des Textes

Mit dem 1994 im *Journal of Consumer Research* veröffentlichten Beitrag *The Persuasion knowledge model: How people cope with persuasion attempts* stellen Marian Friestad und Peter Wright ein Modell vor, das die Entwicklung, die Struktur und den Inhalt eines sogenannten Persuasisonsschemas sowie dessen Anwendung beim Kontakt mit (vermeintlichen) Beeinflussungsversuchen beschreibt. Das Modell besagt im Kern, dass Rezipient:innen das dort gespeicherte inhaltliche, strukturelle und prozedurale Wissen aktivieren, um Beeinflussungsversuche festzustellen („to recognize"), zu prüfen („to analyze"), zu deuten („to interpret") und zu bewerten („to evaluate") und um subjektiv geeignete („believed to be effective and appropriate") Bewältigungsstrategien auszuwählen und anzuwenden (Friestad und Wright 1994, S. 3). Das *Persuasion Knowledge Model* – kurz PKM – ist kein statistisches Modell zur Ordnung der Variablen einzelner Teilprozesse während der Informationsverarbeitung wie etwa das Modell der perzeptuellen Geläufigkeit von

J. Woelke (✉)
Westfälische Wilhelms-Universität Münster, Institut für Kommunikationswissenschaft, Münster, Deutschland
E-Mail: jens.woelke@uni-muenster.de

© Springer Fachmedien Wiesbaden GmbH, ein Teil von Springer Nature 2022   211
T. G. K. Meitz et al. (Hrsg.), *Schlüsselwerke der Werbeforschung*,
https://doi.org/10.1007/978-3-658-36508-0_19

Jacoby und Dallas (1981); es ist ein heuristischer Rahmen oder, wie Wright (1985) es nennt, ein „Schemer-Schema" zur Beschreibung der intuitiven Theorien von Rezipient:innen über Beeinflussungsversuche.

Das PKM geht von folgenden grundsätzlichen Überlegungen aus (Friestad und Wright 1994, S. 2, 3): *Erstens* sind Rezipient:innen („targets") und Mitteilende von Botschaften („agents") im Kommunikationsprozess semantisch und sozial miteinander verbunden. *Zweitens* lernen Rezipient:innen im Zuge ihrer Mediensozialisation, wie sie mit Kommunikationsangeboten adäquat umgehen können, die einer Beeinflussungsabsicht folgen wie z. B. Werbung. Hierfür sind *drittens* Wahrnehmungen des Verhaltens von Mitteilenden bzw. von Urheber:innen hinter diesen Mitteilungen bedeutsam.

Strategisches Verhalten, also der Versuch einer Beeinflussung („persuasion attempt") durch „agents" lässt sich zunächst an der Mitteilungsform von Informationen ablesen (Friestad und Wright 1994, S. 2). Typische Beeinflussungsversuche stellen Mitteilungen in Werbeanzeigen, auf Werbeplakaten, entgeltliche bzw. beauftragte Influencer-Posts oder Adverticles bzw. Advertorials dar, die häufig durch Komposita mit Nomen wie ‚Ad' oder ‚Sponsor' oder dem Verbstamm ‚Werb' als solche gekennzeichnet sind. Versuche der Beeinflussung finden aber nicht nur über werbliche Formate statt: Journalistische Berichte über Organisationen, Produkte, Marken oder Personen, jedenfalls in der investigativen Variante von Journalismus, aber auch in Aussagen von Politiker:innen, Expert:innen und anderen Multiplikator:innen und selbst Gespräche unter Freunden und Bekannten sind Anlässe, bei denen Mitteilende die Intention haben können, andere Personen aus eigenem Interesse oder im Auftrag zu beeinflussen. Oftmals wird strategisches Verhalten hinter vermeintlich unintentionalen, tatsächlich aber auf (werbliche) Beeinflussung abzielenden Mitteilungen daran erkennbar, dass deren Inhalte, also Themen, Ereignisse, Ideen, Produkte oder Marken, gleichzeitig in verschiedenen Mitteilungen über mehrere Medientitel hinweg vorkommen, andere aber nur singulär. Beobachtungen wie diese nutzen Rezipient:innen für Inferenzen im Persuasionschema bzw. um dieses in einer konkreten Rezeption („persuasion episode") zu aktivieren. Das Persuasionsschema sowohl der Rezipient:innen als auch der Urheber:innen von Beeinflussungsversuchen (‚Werbetreibende') umfasst drei grundlegende Elemente (siehe Abb. 1):

- *Themenwissen:* Dies meint auf Seiten der Rezipient:innen jene Wissenselemente, die in der inferentiellen Verarbeitung von Mitteilungen in Bezug auf Personen-, Objekt- oder Ideenvorstellungen aktiviert oder abgeleitet werden.
- *Akteurswissen:* Es umfasst jene Wissenselemente, welche sich auf die Absender:innen einer persuasiven Botschaft und deren kommunikative Strategie beziehen.

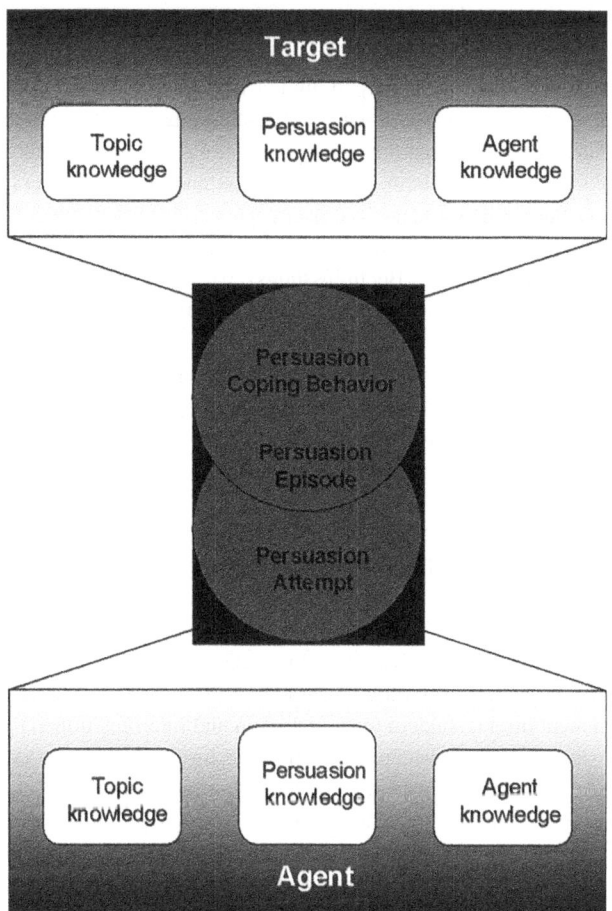

Abb. 1 Persuasion-Knowledge-Model. (Quelle: Friestad und Wright 1994, S. 2)

- *Beeinflussungswissen:* Damit gemeint ist z. B. Wissen, inwiefern mit der Mitteilung von Informationen seitens einer Urheber:in die Absicht verbunden ist, die Aufmerksamkeit von Rezipient:innen zu lenken und/oder deren Wünsche, Urteile und Handlungen bestimmen zu wollen.

Die Annahme, dass Mitteilungen mit einer Beeinflussungsabsicht verknüpft sind, ist aber nicht der alleinige Inhalt des Beeinflussungswissens von Rezipient:innen.

Hierzu gehören nach dem PKM auch die subjektiven Vorstellungen über die ‚Psychologie' hinter Beeinflussungsversuchen („beliefs about the important psychological activities that agents might try to influence"), über die üblichen ‚Vorgehensweisen' der Urheber:innen (werblicher) Beeinflussungsversuche („beliefs about marketers' tactics") sowie über die Effektivität und Passfähigkeit konkreter Beeinflussungstaktiken („beliefs about the effectiveness and appropriateness of marketers' tactics"). Schließlich sind auch Annahmen über die Absichten der Urheber:innen von Beeinflussungsversuchen und über die eigenen Ziele beim Umgang mit und für die Bewältigung eines Beeinflussungsversuchs („beliefs about marketers' persuasion goals and one's own coping goals") relevante Inhalte im Persuasuionsschema (Friestad und Wright 1994, S. 4–6).

Zudem ergänzt Wissen um die individuellen Strategien von Rezipient:innen zur kognitiven, emotionalen und physischen Bewältigung von Beeinflussungsversuchen („beliefs about one's own coping tactics") *das* Persuasionsschema; dieses ist zumindest teilweise als prozedurales Wissen repräsentiert (Friestad und Wright 1994, S. 7).

Nach der grundlegenden Skizze ihres Modells führen Friestad und Wright zunächst aus, wann und auf welcher Grundlage Menschen ein Verständnis von Beeinflussung als sozialem Prozess entwickeln, in welchem sie nicht nur Betroffene, sondern auch Akteure sind und den sie somit bewusst gestalten können: Als Schlüsselereignisse hierfür sehen Friestad und Wright (1994, S. 6) die im Alter von etwa sieben Jahren einsetzende Erkenntnis, dass Umweltinformationen und individuelles Handeln nicht direkt, sondern über Gedanken und Interpretationen miteinander verbunden sind und eine gesteigerte Abstraktion im Denken sowie zunehmende Elaboriertheit der Vorstellungen über soziale Kommunikation und deren Handlungsfolgen. Hinzu kommen die Einsicht in die Grenzen des eigenen Wissens, die Ausbildung grundständiger Konzepte von Informationsverarbeitung und Urteilsbildung und die in der frühen Jugend wachsende Skepsis gegenüber sämtlichen Formen sozialer Kommunikation und von Werbung.

Die Ausführungen betreffend die Entwicklung des Persuasionsschemas und die Herausbildung von Beeinflussungswissen machen verständlich, warum Friestad und Wright im PKM im Gegensatz zu den bis dato vorliegenden Theorien zur Beeinflussung und zum Einstellungswandel systematisch zwischen dem Wissen über Aussagen („topic knowledge") und dem Wissen über Aussagende bzw. Urheber:innen einer Mitteilung („agent knowledge") als zwei unabhängige Phänomene unterscheiden: Diese Annahme ist die notwendige Folge der durch Balance- oder Dissonanztheorien (z. B. Heider 1944; Festinger 1957) gestützten Prämisse im PKM, dass Menschen mit der Adoleszenz lernen, wie sie zu korrekten („valid") Einstellungen gegenüber a) den Urheber:innen hinter einem Beeinflussungsversuch

(„agent attitudes") und unabhängig davon b) zu Marken, Produkten, Dienstleistungen oder Ideen („topic attitudes") gelangen können (Friestad und Wright 1994, 8). Ein Vorteil dieser konzeptionellen Unterscheidung und Beleg für die aktuelle Relevanz des PKM ist die mögliche Erklärung z. B. der in der Influencerwerbung anzutreffenden Beobachtung, dass Rezipient:innen nicht alle Produkte, Marken oder Dienstleistungen unisono positiv bewerten, wenn diese von Influencer:innen vorgestellt werden, die sie positiv bewerten und denen sie folgen bzw. umgekehrt nicht zwangsläufig alle Produkte, Marken oder Dienstleistungen negativ bewerteten werden, nur weil die vorstellenden Influencer:innen negativ beurteilt oder sogar ablehnt werden.

In den weiteren Abschnitten des Beitrags beschreiben Friestad und Wright, wie Beeinflussungswissen in einer „persuasion episode" angewendet wird und welche Prozesse und Folgen dann beobachtbar werden: Wenn Urheber:innen von Mitteilungen ein strategisches Verhalten unterstellt und Mitteilungen als Beeinflussungsversuch aufgefasst werden, kann das „change-of-meaning principle" (Friestad und Wright 1994, S. 13) zur Anwendung kommen. In diesem Rezeptionsmodus werden Mitteilungen uminterpretiert mit der Folge, dass z. B. bei spachlichen Texten nicht mehr die in den Text eingeschriebenen Propositionen entscheidend für Inferenzen und Urteile sind, sondern nur noch die vermuteten Intentionen der Urheber:innen dieses Textes: Nicht was im Text ausgesagt ist, wird als Information aktualisiert und bewertet, sondern wer etwas aussagt und mit welcher Absicht. Beim „change of meaning" wird letztlich also die auf gemeinsame Zeichenregelanwendung basierende Interaktion von Rezipient:in und Medienbotschaft aufgehoben; Rezipient:innen entziehen sich bei dieser Rezeptionsweise der ‚Realität', die von den Produzent:innen oder Vermittler:innen zu kreieren versucht wird (Deighton 1992).

Ungeachtet der Plausibiliät und Relevanz des Rezeptionsmodus „change of meaning" im PKM bleibt aber festzuhalten – und dies ist für das Verständnis der Probleme bei der Replikation der modellhaften Annahmen in empirischen Studien nicht unerheblich –, dass die Aktivierung des Persuasionsschemas und seiner Elemente wie dem Beeinflussungswissen die Rezeption weder in ihrem Verlauf noch in ihrem Ausgang festlegt. Hierin unterscheidet sich das PKM von vielen bis dato gebräuchlichen Persuasionsmodellen z. B. dem *Heuristic-systematic model of information processing* (HSM) (Chaiken 1980) oder dem *Elaboration likelihood model of persuasion* (ELM) (Petty und Cacioppo 1986) (siehe Kap. „Zentral vs. Peripher: *Persuasionswege und Einstellungsänderungen* in den Arbeiten von Petty und Cacioppo" zu Petty & Cacioppo in diesem Band). Als Beispiel zur Verdeutlichung der Variabilität im Rezeptionshandeln („persuasion coping behavior") führen Friestad und Wright etwa die Rezeptionsmodalität der nachträglichen Reflektion an, bei der Beeinflussungswissen anders als beim „(concurrent) change of meaning" erst am Ende des Rezeptionsprozesses aktiviert wird mit dem Ziel, Akteurs- und Themenwissen ‚ungestört' auf Mitteilungen anwenden, Inferenzen unvoreingenommen ableiten und den Beeinflussungsversuch positiv erleben zu können, bevor es zur Deutung und möglicherweise kritischen Interpretation kommt. Ein ‚Coping' von Mitteilungen muss auch nicht zwangsläufig das Ignorieren und Umdeuten sämtlicher Aussagen bedeuten: Oftmals gilt dies nur für jene Teile einer Mitteilung, die bestimmte Beeinflussungstaktiken anwenden („the celebrity is just a tactic, ignore what he says") und machmal führt eine solche selektive Verarbeitung sogar dazu, dass Mitteilungen nicht umgedeutet, sondern intendierte Bedeutungen im Ergebnis quasi übernommen werden (Friestad und Wright 1994, S. 5).

Worin Unterschiede und Anschlüsse zu den bis dato gängigen oder prominenten Ansätzen und Modellen wie der Attributionstheorie, dem HSM, dem ELM, der Forschung zu Einstellungen gegenüber Werbespots oder zum Compliance Gaining bestehen, legen Friestad und Wright im letzten Teil des Beitrags ausführlich und detailliert dar und stellen interessante Perspektiven einer integrativen und kulturvergleichenden Wirkungs- und Konsumentenforschung vor.

2   Bezug zum Gesamtwerk des Autors

Laut Campbell und Kirmani (2008, S. 549) war die „Presidential Address", die Peter Wright auf der Tagung der Association for Consumer Research (ACR) im Jahr 1986 hielt, der Startpunkt der Forschung zum Beeinflussungswissen. Tatsächlich hat sich Wright, ausweislich durch die Publikationen *The cognitive processes mediating acceptance of advertising* (Wright 1973) und *Factors affecting cognitive resistance to advertising* (Wright 1975), bereits über zehn Jahre früher mit dem Problem der Ablehnung bzw. der Einbindung von Werbeinformationen in die eigenen Kognitionen befasst.

Die Idee vom Persuasionsschema als Meta-Konzept zur Beschreibung der intuitiven Theorien von Reipient:innen über Beeinflussungsversuche hat er im Beitrag *Schemer schema: Consumers' intuitive theories about marketers' influence tactics* (Wright 1985) ausgearbeitet. Das hierauf aufbauende PKM als heuristischer Rahmen, seine spezifischen Begrifflichkeiten, die ausführliche Einbettung und den Anschluss an die Konsumenten- und Werbepsychologie verfasste Wright knapp zehn Jahre später als Professor für Marketing an der *Graduate School of Business* der *Stanford University* gemeinsam mit Marian Friestad, die 1989 den PhD an der *University of Wisconsin* abgelegt hatte und zu dieser Zeit als Assistenzprofessorin am *College of Business Adminstration* der *University of Oregon* lehrte und forschte. Parallel zu oder unmittelbar im Anschluss an die Arbeiten zur Publikation des

PKM haben beide zentrale Aspekte des Modells weiter beforscht, z. B. die Vorstellungen von Laien und Forscher:innen über die psychologischen Mechanismen in der Werbekommunikation (Friestad und Wright 1995). Friestad und ihr Kollege David M. Boush haben die Arbeiten hierzu, zum Teil mit Wright selbst oder Mitarbeiter:innen, in unterschiedliche Richtungen weitergeführt: etwa zum Wissen und den Vorbehalten von Jugendlichen zu den Taktiken von Werbetreibenden (Boush et al. 1994) oder zur Bildung von Beeinflussungswissen bei Kindern, Jugendlichen und jungen Erwachsenen (Wright et al. 2005).

Die Schriften von Wright und Friestad sind erkennbar geprägt von den Überlegungen zum Wahrnehmungszyklus (Neisser 1976) bzw. die seinerzeit prominente Schematheorie (zum Überblick: Reason 1992, S. 57) und hoch anschlussfähig an die Sozial Kognitive Theorie und die kognitive Umfragemethodenforschung (zum Überblick: Scholl 1993). In seinen Arbeiten, beipsielweise in *Retrospective reports on the causes of decisions* (Wright und Ripp 1981), finden sich zudem Bezüge bzw. Vorwegnahmen weiterer später bedeutsamer Forschungsprogramme, etwa dem der subjektiven Theorien.

Friestad und der mittlerweile an die University of Orgeon gewechselte Wright haben ihre Arbeiten zum PKM, den Alltagstheorien von Konsument:innen und der Praxis des Umgangs mit Beeinflussungsversuchen um Analysen der kommunikativen Strategien in der Markt- und Werbeommunikation ergänzt und in der umfassenden Monographie *Deception in the marketplace: The psychology of deceptive persuasion and consumer self-protection* (Boush et al. 2009) zusammengeführt. Diese pointierte und kritische Reflektion der Marketing- und Werbepraxis hat im Fach große Resonanz gefunden (z. B. Clark 2009).

3 Wirkungsgeschichte des Schlüsselwerkes & Kritik

Der Beitrag *The persuasion knowledge model* hat in der amerikanischen universitären Forschung und mit der üblichen Verzögerung auch in der deutschsprachigen Kommunikations- und Marketingforschung eine beeindruckende Resonanz erfahren: Seit Beobachtung durch die Plattform Mendely im Jahr 2009 haben den Beitrag 1.179 Personen aus den Bereichen „Business, Management, and Accounting" (N = 533), Sozialwissenchaften (N = 199), Psychologie (N = 93) sowie „Economics, Econometrics und Finance" (N = 40) (PlumX Metrics o. J.) zitiert, und die Online-Bibliothek des *Journal of Consumer Research* verzeichnet seit Dezember 2016 3522 Seitenaufrufe (Oxford academic o. J.). Über letztere sind 1434 Zitationen und über Researchgate 2094 Zitationen (Researchgate o. J. a) belegt. Zur Einordnung dieser Werte: Den nicht nur in der Werbe- und Konsumentenforschung, sondern auch in der Sozialpsychologie und Kognitionsforschung vielbeachteten und acht Jahre vor dem PKM publizierten Beitrag *The elaboration likelihood model of persuasion* von Petty und Cacioppo (1986) haben seit 2009 3184 Personen auf der Plattform Mendely.com aufgerufen (Mendely o. J.). Über Mendely.com sind 4200 Zitationen und über Researchgate 5731 Zitationen (Researchgate o. J. b) für diesen Beitrag belegt.

Friestad und Wrights Beitrag zum PKM wurde in der Marketing-, Werbe- und kommunikationswissenchaftlichen Forschung nicht nur häufig, sondern auch in großer Breite angenommen. Allein von deutschsprachigen Kommunikationsforscher:innen finden sich zahlreiche Beiträge mit Referenzen auf oder zum PKM zu Themen wie[1]:

- Wirksamkeit von Werbespots und programmintegrierter Werbung im Vergleich (Woelke 2004; Koch und Ruland 2011)
- Mere-Exposure-Effekt von Product Placements in AV-Medien (Wirth et al. 2005)
- Integration von werblichen Mitteilungen und die Glaubwürdigkeit journalistischer Beiträge (Wirth et al. 2009)
- Wirkung von Ingame Advertising (Woelke et al. 2014)
- Wahrnehmung und Wirkung von Advertorials (Schlütz et al. 2016)
- Wirkung von Produkt- und Markenpräsentationen in Advergames für Kinder (Naderer et al. 2016)
- Theorie integrierter Werbeformate (Borchers 2017)
- Wirkung von Influencer-Werbung (Scheunert et al. 2018)
- Folgen des Erkennens einer Beeinflussungsabsicht für die Wirksamkeit von Product Placements in Liebesgeschichten (Naderer und Karsay 2018).
- Erklärung des moderierenden Effekts der Wiederholung von Product Placements für die Reaktionen auf Marken über das Beeinflussungswissen (Matthes und Naderer 2016)
- Effekte der Wiederholung der Kennzeichnung von Product Placements auf deren Verarbeitung durch Kinder (Spielvogel et al. 2020)
- Einfluss der Kennzeichnung und von Mitteilungsmerkmalen von Native Advertising auf deren Wirksamkeit (Beckert et al. 2020a)
- Entwicklung von Beeinflussungswissen durch Spoof-Brand-Placements (Naderer et al. 2021)

In der kritischen Auseinandersetzung mit dem PKM wird seltener dessen inhaltlich-konzeptionelle Ausführung adressiert, wie beispielsweise durch Campbell und

---

[1] die Aufzählung ist exemplarisch und erhebt keinen Anspruch auf Vollständigkeit.

Kirmani (2008, S. 522), die auf Probleme mit der Abgrenzung der drei im PKM vorkommenden Wissensbereiche hinweisen: „*The line between persuasion, agent, and topic knowledge is sometimes blurred, suggesting that they are not as independent as depicted in the PKM.*" Häufiger finden sich wie bei Evans und Park (2015) Forderungen nach einer Weiterentwicklung bzw. Modifikation des PKM als statistisch-konzeptuelles Modell. Die Notwendigkeit hierfür lässt sich am Verhältnis der Wahrnehmung von Mitteilungen („beliefs about marketers' tactics"), den (generellen und konkreten) Handlungszielen von Rezipient:innen („one's own coping goals") und der in einer konkreten „persuasion episode" angewendeten Rezeptionsstrategie („*one's own coping tactics*") verdeutlichen: Implizit oder explizit unterstellt(e) das Gros der Forschung, dass Rezipient:innen einen Beeinflussversuch regelmäßig abzuwehren versuchen, wenn sie eine kommunikative Mitteilung als solchen auffassen; schließlich hatten Friestad und Wright die Rezeptionsstrategie des „change of meaning" im ersten Beitrag zum PKM so vorgestellt (Friestad und Wright 1994, S. 13) und diese Verknüpfung in nachfolgenden Erläuterungen des Modells nochmals hervorgehoben: „Friestad and Wright (1994) singled out as a key event the ‚change of meaning', that occurs periodically; this is when a message recipient (in this case, a child) first realizes that some aspect of an advertising message may well be an advertisier's intentional persuasion tactic." (Wright et al. 2005, S. 227)

Dass Rezipient:innen aber oft unentschieden sind, ob sie sich auf eine als Beeinflussungsversuch erkannte Mitteilung einlassen sollen, vielleicht weil der Preis der in der Werbung mitgeteilten Produkte, Marken oder Dienstleistungen günstig ist, weil das Herstellerunternehmen die Kommunikation seiner Corporate Social Responsibility glaubhafter betreibt als Mitbewerber:innen oder weil Influencer:innen, welche Produkte, Marken oder Dienstleistungen vorstellen als beste Freund:innen oder als authentisch wahrgenommen werden, ist nach der Alltagserfahrung durchaus plausibel. Tatsächlich kein ‚change of meaning' zu betreiben oder in der konkreten Rezeptionssituation andere Aspekte von Beeinflussungswissen zu aktivieren (‚evaluatives Beeinflussungswissen') als jene, die zielführender wären und mental sogar verfügbaren sind (‚konzeptuelles Beeinflussungswissen'), ist aus empirischen Projekten bekannt, und das PKM ist in diesem Punkt auch offen (siehe z. B. Wright et al. 2005, S. 230). Verknüpfen empirische Studien die oben angeführten Phänomene des Wahrnehmens, der Handlungsziele und der Bearbeitungsweisen z. B. in Mediationsanalysen deterministisch und/oder legen diese auf ausgewählte Parameter fest, lassen sich einige nach dem PKM erwartbare Zusammenhänge in der empirischen Praxis nicht replizieren (im Überblick: Boerman und van Reijmersdal 2016). Werden die Bezüge zwischen den Phänomenen etwa in Moderationsanalysen als variabel angenommen, zeigen sich differentielle

Verlaufs- und Bearbeitungsweisen (z. B. Wirth et al. 2005; Woelke 2008). Vorschläge, wie sich dieses Problem mit anderen Untersuchungs- und Erhebungsde-
signs oder anderen statistischen Modellen als den bisher angewendeten auflösen
lässt, wurden und werden ansatzweise entwickelt (Borchers und Woelke 2020;
Evans und Park 2015; Woelke 2005). Ihre Anwendung in empirischen Studien (Beckert et al. 2020b) erscheint vielversprechend und erlaubt schlüssigere Erklärungen der bis dato inkonsistenten Befunde.

So gesehen scheint das Potential des PKM bei weitem noch nicht ausgeschöpft.
Daher dürfte eine frühere Einschätzung von Campbell und Kirmani (2008, S. 551)
in weiten Teilen nach wie vor zutreffen, die bereits vor über zehn Jahren feststell-
ten: *„Much more remains to be done within the framework of the PKM, both in
terms of other components of the model and in terms of furthering development of
the model itself."* Es ist zu erwarten, dass die Zahl der empirischen Arbeiten, die
sich konzeptionell auf das PKM beziehen, den Zusammenhang von Persuasionswissen und Einstellungen oder anderen Werbewirkungsindikatoren (hoffentlich
nicht nur über einen einzigen Pfad) oder auch einmal die Vorstellungen von Werbetreibenden über die ‚beliefs' von Rezipient:innen bezüglich der Effektivität und
Angemesenheit der eingesetzten Persuasionstaktiken, also Erwartungs-Erwar-
tungen untersuchen, nicht so bald ab-, sondern eher noch zunehmen wird.

Literatur

Primärliteratur

Boush, D. M., Friestad, M., & Rose, G. M. (1994). Adolescent skepticism toward TV advertising and knowledge of advertiser tactics. *Journal of Consumer Research, 21*(1),
165–175.
Boush, D. M., Friestad, M., & Wright, P. (2009). *Deception in the marketplace: The psychology of deceptive persuasion and consumer self-protection.* New York: Routledge.
Friestad, M., & Wright, P. (1994). The Persuasion Knowledge Model: How people cope with
persuasion attempts. *Journal of Consumer Research, 21*(1), 1–31.
Friestad, M., & Wright, P. (1995). Persuaison Knowledge: Lay people's and researchers'
beliefs about the psychology of advertising. *Journal of Consumer Research, 22*(2), 62–74.
Wright, P. (1973). The cognitive processes mediating acceptance of advertising. *Journal of
Marketing Research, 10*, 53–62.
Wright, P. (1975). Factors affecting cognitive resistance to advertising. *Journal of Consumer
Research, 2*(June), 1–9.
Wright, P. (1985). Schemer Schema: Consumers' intuitive theories about marketers' influ-
ence tactics. In R. J. Lutz (Eds.), *Advances in Consumer Research*, Bd. 13, (S. 1–3).
Provo: Association for Consumer Research.

Wright, P., Friestad, M., & Boush, D. M. (2005). The development of marketplace persuasion knowledge in children, adolescents, and young adults. *Journal of Public Policy & Marketing, 24*(2), 222–233.

Wright, P., & Ripp, P. D. (1981). Retrospective reports on the causes of decisions. *Journal of Personality and Social Psychology, 40*, 601–614.

Sekundärquellen

Beckert, J., Koch, T., Viererbl, B., Denner, N., & Peter, C. (2020a). Advertising in disguise? How disclosure and content features influence the effects of native advertising. *Communications: The European Journal of Communication Research, 45*(3), 303–324.

Beckert, J., Koch, T., Viererbl, B., & Schulz-Knappe, C. (2020b). The disclosure paradox: How persuasion knowledge mediates disclosure effects in sponsored media content. *International Journal of Advertising*, 1–27. https://doi.org/10.1080/02650487.2020.1859171

Boerman, S. C., & van Reijmersdal, E. A. (2016). Informing consumers about hidden advertising: A literature review of the effects of disclosing sponsored content. In P. De Pelsmaeker (Eds.), *Advertising in new formats and media: Current research and implications for marketers* (S. 115–46). London: Emerald.

Borchers, N. S. (2017). Crossing the borders: A theory of hybrid advertising formats. In J. F. Hamilton, R. Bodle & E. Korin (Eds.), *Explorations in critical studies of advertising* (S. 195–207). New York: Routledge.

Borchers, N. & Woelke, J. (2020). Epistemological and methodical challenges in the research on embedded advertising formats: A constructivist interjection. *Communications, 45(3)*, 325–349.

Campbell, M. C., & Kirmani, A. (2008). I know what you're doing and why you're doing it: The use of persuasion knowledge model in consumer research. In C. Haugvedt, P. M. Herr & F. R. Kardes (Eds.), *Handbook of consumer psychology* (S. 549–573). New York: Erlbaum.

Chaiken, S. (1980). Heuristic versus systematic information processing and the use of source versus message cues in persuasion. *Journal of Personality & Social Psychology, 39*(5), 752–766

Clark, E. (2009). Consumers should be afraid, very afraid: A review of *deception in the marketplace: The psychology of deceptive pesuasion and consumer self-protection. PsycCritiques, 54* (41), Article 2.

Deighton, J. (1992). The consumption of performance. *Journal of Consumer Research, 19*, 362–372.

Evans, N. J., & Park, D. (2015). Rethinking the Persuasion Knowledge Model: Schematic antecedents and associative outcomes of persuasion knowledge activation for covert advertising. *Journal of Current Issues & Research in Advertising, 36*, 157–176.

Festinger, L. (1957). *A Theory of Cognitive Dissonance.* Stanford: Stanford University Press.

Heider, F. (1944). Social perception and phenomenal causality. *Psychological Review, 51*, 358–374.

Jacoby, L. L., & Dallas, M. (1981). On the relationship between autobiographical memory and perceptual learning. *Journal of Experimental Psychology General, 110*, 306–340.

Koch, T., & Ruland, A. (2011). Versteckte Effekte: Wirkungen subtiler und exponierter Product Placements. *Publizistik, 56*(3), 263–280.

Matthes, J., & Naderer, B. (2016). Product placement disclosures: Exploring the moderating effect of placement frequency on brand responses via persuasion knowledge. *International Journal of Advertising*, 35(2), 185–199.

Mendely. (o. J.). The elaboration likelihood model of persuasion. https://www.mendeley. com/catalogue/3566c92f-1733-3af7-8674-34befe722d0a/. Zugegriffen: 21.02.2021.

Naderer, B., & Karsay, K. (2018). Detecting the persuasive intent of product placement in photographic love stories: consequences for brand recall and brand evaluation. In R. Kühne, S. Baumgartner, T. Koch & M. Hofer (Eds.), *Youth and media: Current perspectives on media use & effects* (S. 115–131). Baden-Baden: Nomos.

Naderer, B., Matthes, J., & Bintinger, S. (2021). It is just a spoof: Spoof placements and their impact on conceptual persuasion knowledge, brandmemory, and brand evaluation. *International Journal of Advertising*, 40(1), 106–123.

Naderer, B., Matthes, J., & Mestas, M. (2016). Do you take credit cards? The attitudinal and behavioral effects of advergames targeted at children. *Journal of Consumer Behaviour*, 15(6), 580–588.

Neisser, U. (1976). *Cognition and reality: Principles and implications of cognitive psychology*. San Franciso: Freeeman.

Oxford academic. (o. J.). JCR: The Persuasion Knowledge Model: How People Cope with Persuasion Attempts. https://academic.oup.com/jcr/article/21/1/1/1853712?login=true. Zugegriffen: 19.02.2021.

Petty, R. E., & Cacioppo, J. T. (1986). The Elaboration Likelihood Model of Persuasion. *Advances in Experimental Social Psychology, 19*, 123–205.

PlumX Metrics. (o. J.). Citation Data Journal of Consumer Research, Vol: 21, Issue: 1, Page: 1–31. https://plu.mx/plum/a/?doi=10.1086/209380. Zugegriffen: 21.02.2021.

Reason, J. (1992). *Menschliches Versagen: Psychologische Risikofaktoren und moderne Technologien*. Heidelberg: Spektrum.

Researchgate. (o. J. b). The Elaboration Likelihood Model of Persuasion. https://www.researchgate.net/publication/270271600_The_Elaboration_Likelihood_Model_of_Persuasion. Zugegriffen: 21.02.2021.

Researchgate. (o. J. a). The Persuasion Knowledge Model: How People Cope With Persuasion Attempts. https://www.researchgate.net/publication/24098853_The_Persuasion_Knowledge_Model_How_People_ Cope_With_ Persuasion_Attempts. Zugegriffen: 21.02.2021.

Scheunert, L., Schlütz, D., Link, E., & Emde-Lachmund, K. (2018). Inspiration oder Störung? Ein Experiment zur Wirkung von Influencer-Werbung auf Instagram. In A. Schach & T. Lommatzsch (Hrsg.), *Influencer Relations: Marketing und PR mit digitalen Meinungsführern* (S. 75–88). Wiesbaden: Springer VS.

Schlütz, D., Krietsch, C., & Schomaker, L. (2016). Native Advertising oder Schleichwerbung? Eine experimentelle Studie zur Wahrnehmung und Wirkung von Advertorials. In G. Zurstiege & D. Schlütz (Hrsg.), *Sozialität und Werbung* (S. 83–95). Köln: von Halem.

Scholl, A. (1993). *Die Befragung als Kommunikationssituation. Zur Reaktivität im Forschungsinterview*. Opladen: Westdeutscher Verlag.

Spielvogel, I., Naderer, B., & Matthes, J. (2020). Again and again: Exploring the influence of disclosure repetition on children's cognitive processing of product placement. *International Journal of Advertising, 39*(5), 611–630.

Wirth, W., Matthes, J., Schemer, C., & Willemsen, H. (2005). Zur Wirkung von Product Placements: Theoretische Überlegungen und experimentelle Befunde zum Mere Exposure-Effekt in audiovisuellen Medien. *Medien Journal 29*(4), 23–37.

Wirth, W., Matthes, J., Schemer, C., & Stämpfli, I. (2009). Glaubwürdigkeitsverlust durch programmintegrierte Werbung? Eine Untersuchung zu den Kontexteffekten von Produktplatzierungen im Fernsehen. *Publizistik, 54,* 64–81.

Woelke, J. (2004). *Durch Rezeption zur Werbung. Kommunikative Abgrenzung von Fernsehgattungen.* Köln: Halem.

Woelke, J. (2005). Wie beobachten? Überlegungen zur Operationalisierung und Analyse von Rezeptionsstrategien. In V. Gehrau, H. Bilandzic & J. Woelke (Hrsg.), *Rezeptionsstrategien und Rezeptionsmodalitäten* (S. 127–146). München: Verlag R. Fischer.

Woelke, J. (2008). Nicht alle, aber einige mehr. Werbewirkungen unter dynamischtransaktionaler Perspektive. In C. Wünsch, W. Früh & V. Gehrau (Hrsg.), *Integrative Modelle in der Rezeptions- und Wirkungsforschung. Dynamische und transaktionale Perspektiven* (S. 81–106). München: Fischer.

Woelke, J., Kolb, S., & Breidler, B. (2014). (Implicit) Advertising effects through InGame-Advertising? Effects of perceptual fluency, conceptual control, involvement and a person's susceptibility to interpersonal influence on the impact of integrated advertising messages in computer games. *Media and Mass Communication, 2,* 426–439.

Von Kindern zu Konsumierenden: *Consumer Socialization of Children* von John

Alice Binder

1   Inhalt des Textes

Werbung hat ganz allgemein das Ziel Einstellungen, Meinungen und Verhaltensweisen von Menschen zu beeinflussen. Dabei spielt die Aufgabe der Werbung
Menschen zu Konsumierenden zu machen eine zentrale Rolle. Im Marketing Bereich oder auch speziell in unterschiedlichen Formen der Werbung ist überdies
auffällig, dass auch Kinder als Zielgruppe diverser Strategien definiert werden.
Bereits als Kind kommt man folglich das erste Mal mit diversen Werbestrategien,
ob im Supermarkt oder auch in unterschiedlichen Medien, in Kontakt. Hierbei
stellt sich die Frage, wie Kinder reagieren und wie diese Darstellungsstrategien
Einstellungen, Meinungen und Verhaltensweisen von Kindern als Konsumierende
prägen. Deborah Roedder John (1999) hat in ihrem Artikel *Consumer Socialization
of Children* ein theoretisches Gerüst entwickelt, welches die Sozialisierung von
Kindern zu Konsumierenden basierenden auf kognitiven und sozialen Entwick-
lungsprozessen beschreibt. In diesem Modell gibt das Alter der Kinder die Richtung der Entwicklung maßgeblich vor und dient als Erklärungsstrang für unterschiedliche Reaktionen. Diese theoretischen Ausführungen, die durch Studien in
diesem Bereich auch im Artikel untermauert werden, dienen dazu das Verhalten

A. Binder (✉)
Universität Klagenfurt, Institut für Medien- und Kommunikationswissenschaft,
Klagenfurt am Wörthersee, Österreich
E-Mail: Alice.Binder@aau.at

© Springer Fachmedien Wiesbaden GmbH, ein Teil von Springer Nature 2022   225
T. G. K. Meitz et al. (Hrsg.), *Schlüsselwerke der Werbeforschung*,
https://doi.org/10.1007/978-3-658-36508-0_20

von Kindern genauer zu verstehen und Kinder als Zielgruppe auch unabhängig von Erwachsenen als Konsumierende zu begreifen.

Im Artikel *Consumer Socialization of Children* stellt Deborah Roedder John (1999) im *Journal of Consumer Research* ein theoretisches Grundgerüst auf, wie sich Kinder zu Konsumierenden sozialisieren. Als Grundlage der theoretischen Ausführung ist dabei das Alter der Kinder maßgeblich, da dadurch die kognitiven und sozialen Entwicklungsprozesse geprägt sind. Dabei lehnen sich John's Ausführungen sehr stark an Piaget's (1929) Theorie der kognitiven Entwicklung an, wobei die erste Entwicklungsphase von Piaget's Theorie (bezugnehmend auf Kinder unter zwei Jahren) im Modell von John (1999) bewusst außer Acht gelassen wird. John (1999, S. 186) argumentiert, dass die Sozialisation zum Konsumierenden erst ab einem Alter von zwei Jahren beginnt. Das Modell teilt die Sozialisierung zum Konsumierenden grob in drei Phasen ein: 1) die wahrnehmende Phase (3–7 Jahre), 2) die analytische Phase (7–11 Jahre), und 3) reflektierte Phase (11–16 Jahre). Die Einteilung in Altersgruppen stellt dabei eine ungefähre Schätzung der Autorin dar, da auch innerhalb der Phasen selbst Unterschiede vorhanden sein können. Um diese Phasen zu untermauern werden bisherige Studien aus der Kommunikationswissenschaft und aus der Marketing Forschung, die sich von den unterschiedlichsten Gesichtspunkten aus mit Kindern als Konsumierende beschäftigen, dargestellt. Im Folgenden werden die Ausführungen zu den unterschiedlichen Phasen durch im Artikel angeführte Beispiele aus der Werbeforschung genauer vorgestellt.

Die Autorin beschreibt (John 1999, S. 186), dass in der wahrnehmenden Phase (3–7 Jahre) die kognitive und soziale Entwicklung von Kindern noch soweit beschränkt ist, dass eine Reaktion vor allem auf leicht wahrnehmbare und beobachtbare Merkmale oder Reize beruht. An sich ist bereits ein Verständnis für den Markt und das Verhalten am Markt vorhanden, jedoch ist dieses Verständnis sehr oberflächlich, da die genauen Gründe des Bestehens eines Marktes noch nicht lückenlos verstanden werden. Das Verhalten wird bestimmt durch eine egozentrierte Sichtweise und Kinder in dieser Phase können folglich noch nicht die Perspektive Anderer einnehmen. Dies bedeutet, dass Kindern in dieser Phase noch nicht bewusst ist, dass andere Menschen auch andere Motive als die eigenen Sichtweisen oder Intentionen für Verhaltensweisen haben können. Eine Modifizierung beispielsweise eines Verhaltens an eine gegebene Situation ist den Kindern zu diesem Zeitpunkt noch nicht vollständig möglich, da eine limitierte Anpassungsfähigkeit gegeben ist. Im Bereich der Werbung beschreibt die Autorin, dass auch bisherige Studien gezeigt haben, dass Kinder in der wahrnehmbaren Phase, zwar bereits Werbung vom redaktionellen Programm unterscheiden können auf Basis von wahrnehmbaren Attributen (z. B. „Werbungen sind kurz"), jedoch die Absicht, folglich der Grund warum Werbungen gezeigt werden, noch nicht kognitiv verstanden haben (vgl. Butter et al. 1981). Dies bedeutet, dass Kinder in dieser Phase sehr wohl Werbungen erkennen können, den persuasiven Gedanken dahinter jedoch noch nicht vollständig begreifen. Sie bewerten Werbung in erster Linie als informativ oder unterhaltend (vgl. Robertson und Rossiter 1974).

Im Übergang zur analytischen Phase (7–11 Jahre) vollziehen Kinder laut John (1999, S. 187) den größten Sprung zu Konsumierenden auf kognitiver als auch auf sozialer Ebene. Auf der kognitiven Ebene führt dies dazu, dass nicht nur leicht wahrnehmbare Ereignisse oder Attribute verarbeitet und in Verhaltensweisen miteinbezogen werden, sondern auch symbolische Aspekte eine große Rolle einnehmen. Es ist eine Verarbeitung von komplexeren Inhalten möglich, wodurch auch ein komplexeres und genaueres Verständnis des Marktes geprägt ist. Verständnisprozesse laufen folglich auf einer abstrakten Ebene ab, wodurch Werbungen und auch Markenkonzepte besser verstanden werden. Auf kognitiver und sozialer Ebene ist es den Kindern nun möglich die Perspektive Anderer einzunehmen und sie sind deshalb auch flexibler in Bezug auf die Anpassung ihrer Verhaltensweisen in unterschiedlichen Situationen. Die Wahl beispielsweise von Produkten ist auf Basis des Miteinbezugs unterschiedlicher, nicht nur unmittelbar sichtbarer Aspekte möglich. Die Produktauswahl erfolgt nicht nur auf Basis eines beobachtbaren Attributes, wie der Menge eines Produktes, sondern auch auf Basis von funktionalen Attributen, wie beispielsweise bei Lebensmitteln die geschmackliche Präferenz (vgl. Wartella et al. 1979). Diese neu gewonnenen Fähigkeiten werden auch genutzt, um Eltern zu beeinflussen und mit ihnen über Produktentscheidungen zu verhandeln. Wieder auf die bisherige Forschung im Bereich Werbung bezogen, entwickelt sich in dieser Phase das Verständnis dafür, dass Werbungen gezeigt werden, um beispielsweise Produkte zu verkaufen beziehungsweise diese nicht ausschließlich zur reinen Unterhaltung gedacht sind. Dies basiert darauf, dass Kinder nun in der Lage sind die Perspektiven Anderer zu begreifen und in ihre Verhaltensweisen und Einstellungen miteinzubeziehen (vgl. Robertson und Rossiter 1974). Folglich ist diese Phase dadurch geprägt, dass Kindern bewusst wird, dass Werbungen gezeigt werden, um sie in eine gewisse Richtung zu beeinflussen. Es entwickelt sich somit eine erste Erkenntnis darüber, dass Werbungen nicht ausschließlich wahrheitsgetreu sein müssen und eine verzerrte bzw. parteiische Darstellung möglich ist. Diese neu gewonnenen Fähigkeiten zeigen sich generell auch in der schlechter werdenden Bewertung von Werbungen (John 1999, S. 189; vgl. Robertson und Rossiter 1974). Obwohl ein Bewusstsein über potentielle Verzerrung von Tatsachen vorhanden ist, kann aber noch nicht davon ausgegangen werden, dass dieses Wissen automatisch zu Schutzmechanismen gegenüber dieser Beeinflussung durch Werbungen führt (John 1999, S. 190).

In der reflektierten Phase (11–16 Jahre) werden schließlich die bereits gewonnenen Fähigkeiten größtenteils noch ausgeprägter und nuancierter. Viele Entwicklungsschritte, die bereits in der analytischen Phase begonnen haben, werden folglich noch weiterentwickelt. Die größte Veränderung passiert auf der sozialen Ebene, da die soziale Bedeutung von Verhaltensweisen oder Produkten ausgeprägter wird (John 1999, S. 186–187). Wieder auf die Verarbeitung von Werbungen bezogen geht mit dieser Entwicklung einher, dass noch klarer wird, dass Werbungen eine Absicht verfolgen und dadurch werden negative beziehungsweise kritische Einstellungen gegenüber Werbebotschaften begünstigt. Der Gedanke der Täuschung durch Werbungen prägt diese Phase. Dies kommt vor allem durch die ausgeprägte Fähigkeit andere Perspektiven einzunehmen zustande (John 1999, S. 190). Obwohl in der analytischen Phase den Kindern bereits bewusst ist, dass Werbungen auch eine gewisse Tendenz aufweisen, wird dieses Wissen in der reflektierten Phase dahingehend ausgeweitet, dass Kinder die exakten Strategien beschreiben können, die verwendet werden (vgl. Bever et al. 1975). Dies bedeutet, dass das Wissen über Taktiken und Strategien, die Werbungen verwenden können, deutlich ansteigt. Man könnte nun davon ausgehen, dass Kinder beziehungsweise Jugendliche in dieser Phase ausschließlich Werbungen negativ gegenüberstehen. Jedoch nehmen Werbebotschaften auch bedeutsame soziale Funktionen ein (z. B. mit Freunden darüber sprechen, etc.) was dazu führt, dass diese auch positiv betrachtet werden. Auch die Entwicklung der eigenen Identität und Gruppennormen prägt diese Phase. Hier nimmt der Anstieg der symbolischen Bedeutung von Marken und der Status dieser eine wichtige Rolle ein (John 1999, S. 193). Außerdem kann ebenfalls die eigene Kommunikation der Kinder insoweit noch mehr darauf abzielen auch andere Personen wie zum Beispiel Eltern zu beeinflussen (John 1999, S. 187). Zusammenfassend wäre es falsch anzunehmen, dass in dieser Phase die Beeinflussungen durch Werbungen nicht mehr vorhanden sind:

„As they mature, children make a transition from viewers who see advertising as purely informative, entertaining, and trustworthy to ones who view advertising in a more skeptical, analytical, and discerning fashion." (John 1999, S. 191)

Anhand der systematischen Aufarbeitung bisheriger Studien in unterschiedlichen Bereichen stellt John (1999) dar, dass auch im Bereich der Entwicklung des *Wissens über Transaktionen* (z. B. Produkte und Marken, Wissen über Shopping Prozesse), von *Fähigkeiten und Möglichkeiten der Entscheidungsfällung* (z. B. Informationssuche, Produktevaluation und Vergleich, Entscheidungsfindungsstrategien), von *Kaufeinfluss und Verhandlungsstrategien* oder der Entwicklung von *Motiven der Konsumation und Werten* (z. B. Materialismus, soziale und ökonomische Konsumationsbedürfnisse) die dargestellten Entwicklungsphasen des Modells grundsätzlich gut abgebildet werden.

Vor allem im Bereich der Werbeforschung betont die Autorin (John 1999, S. 203), dass zukünftige Studien wichtig wären, die noch deutlicher aufzeigen wie Kinder und Jugendliche auf persuasive Kommunikation reagieren. In diesem Bereich betont die Autorin vor allem die Relevanz von Studien, die darauf abzielen zu erforschen, wie das Wissen über Werbung, welches schon sehr früh vorhanden ist, transferiert werden kann in Verteidigungsmechanismen. Studien haben in diesem Bereich bereits aufgezeigt, dass reines Wissen über Werbungen nicht direkt zu einer Verwendung von kognitiven Verteidigungsmechanismen übertragen werden kann (vgl. Linn et al. 1982). Die Aktivierung von Verteidigungsstrategien und von welchen Faktoren diese Aktivierung abhängig ist wird deshalb als sehr relevant angesehen.

Im Modell selbst geht John (1999, S. 186) nicht auf andere Faktoren ein, die die Entwicklung von Kindern zu Konsumierenden beeinflussen können. In der systematischen Aufarbeitung von bereits durchgeführten Studien und vor allem am Schluss des Artikels, betont die Autorin (John 1999, S. 206–207) jedoch die Einflüsse von mehreren Faktoren abseits des Alters auf den Entwicklungsprozess von Kindern zu Konsumierenden. Vor allem die Familie und hier die Kommunikation über zum Beispiel Produkte, aber auch Geschwisterbeziehungen, sogenannte Peers, die Kultur, in der ein Kind aufwächst und auch Massenmedien und Marketing werden als besonders wichtige externe Faktoren genannt, die die Entwicklung von Kindern zu Konsumierenden maßgeblich beeinflussen können.

2   Bezug zum Gesamtwerk

Deborah Roedder John gilt auch heute noch als Spezialistin zum Thema Konsumverhalten von Kindern. Ihre Ausführungen im hier vorgestellten Werk *Consumer Socialization of Children* dienen ihr und vielen anderen Forscher*innen in diesem Bereich oftmals als eine theoretische Grundlage, um die Reaktionen von Kindern auf unterschiedliche Arten von Werbungen besser verstehen zu können. Vor der Verfassung dieses Grundgerüstes setzte sich John bereits mit Kindern als Konsumierende und hier spezifisch mit der Entwicklung in Bezug auf das Alter (z. B. Gregan-Paxton und John 1995) auseinander. Nach der Veröffentlichung des hier vorgestellten theoretischen Grundgerüsts wurde jedoch keine maßgebliche Weiterentwicklung des Konzeptes seitens der Autorin vorgenommen. In sehr aktuellen Studien erforscht John die Reaktionen von Kindern als Konsumierende in unterschiedlichen Bereichen (John und Chaplin 2019). Hierbei liegt der Fokus oftmals auf Beziehungen zu Marken (Achenreiner und John 2003; Chaplin und John 2005) und auch auf die Auswirkungen und Entwicklungen von Materialismus bei Kindern (Chaplin und John 2005; Chaplin und John 2007). In den aktuellsten Publikationen beschäftigt sich John mit Luxusmarken und wie hierzu Beziehungen aufgebaut werden (z. B. Wang et al. 2020; Park et al. 2019). Trotz der Bearbeitung vieler unterschiedlicher Themenbereiche und zahlreicher Publikationen im Bereich der Konsument*innenforschung hat der hier vorgestellte Artikel zur Sozialisierung von Kindern zu Konsumierenden bisher die meiste Aufmerksamkeit im wissenschaftlichen Kontext erhalten. Wenn man sich mit Kindern als Zielgruppe von Werbung beschäftig stößt man zwangsläufig auf die Ausführungen zu den *Consumer Socialization Stages* von John (1999).

3 Wirkungsgeschichte des Schlüsselwerkes & Kritik

Die Ausführungen im Artikel *Consumer Socialization of Children* ist noch immer die am meisten zitierte Publikation von John (1999). Viele Studien verwenden die Phasen der Entwicklung zu Konsumierenden dafür gefundene Ergebnisse zu begründen oder die Wichtigkeit des Alters in dieser Forschung zu untermauern. Vor allem dienen die Ausführungen dafür zu begründen, warum Kinder als eigene Zielgruppe unabhängig von Erwachsenen erforscht werden sollten.

Kritik an John's Ausführungen lässt sich direkt an die Kritik an der Theorie von Piaget (1929) anknüpfen. Die Entwicklung des Wissens über unterschiedliche Werbeformen leiten sowohl Piaget (1929) als auch John (1999) chronologisch in Bezug auf das Alter ab. Die teilweise ausschließliche Ableitung der Entwicklung des Wissens und der kognitiven Verteidigungsmechanismen an das Alter und die Tatsache, dass davon ausgegangen wird, dass immer der gleiche Ablauf in der Entwicklung zum Konsumierenden vollzogen wird, wird in nachfolgenden Studien stark kritisiert (Cook 2008). Es scheint diesbezüglich wichtig zu sein, Variationen in gleichen Altersgruppen zu erforschen und auch theoretisch zuzulassen. Aufbauend darauf ist die Erforschung der Gründe möglicher Variationen sehr sinnvoll.

Eine Theorie, die die Entwicklung nicht rein am steigendem Alter festmacht, ist die *Theory of Mind* (McAlister und Cornwell 2009). Hier werden die Ansätze von Piaget's (1929) Theorie und John's (1999) Modell noch um Entwicklungen vor allem im sozialen Bereich erweitert. John (1999) führt zwar an, dass die Einnahme Perspektiven Anderer eine wichtige Komponente in der Entwicklung des Wissens über Werbung darstellt (z. B. das Erkennen einer persuasiven Absicht), jedoch geht die *Theory of Mind* noch einen Schritt weiter: Die Theorie geht davon aus, dass für die Hervorrufung von persuasiven Wissen nicht nur die Einnahme Perspektiven Anderer wichtig ist, sondern auch die Fähigkeit zukünftiges Verhalten „vorher-zusagen" auf Basis des Wissens unterschiedlicher Perspektiven. Eine Studie mit Kindern zwischen 7–9 Jahren zeigt beispielsweise auf, dass das Wissen über eine Verkaufsabsicht durch Messungen der *Theory of Mind* signifikant beeinflusst wird, unabhängig vom Alter der Kinder (Lapierre 2015). In diesem Forschungsbereich haben zudem aktuelle Studien aufgezeigt, dass das Erkennen der persuasiven Absicht einer Werbung viel später als ursprünglich erwartet aufkommen kann (Rozendaal et al. 2011). Diese Kritik und auch aktuelle Ergebnisse in diesem Forschungsbereich zeigen klar auf, dass der reine Erklärungsfaktor des Alters der Kinder die Entwicklung zu Konsumierenden nicht lückenlos erklären kann. Zudem scheint nicht ausschließlich ein stringenter Ablauf, wie von John (1999) abgebildet, vorkommen zu können. Die *Theory of Mind* wiederum bietet in diesem Bezug ein Kontinuum an und lässt mehr Varianz der kognitiven Entwicklung zu (McAlister und John 2009, S. 178). Die Theorie fokussiert sich folglich auf spezifische kognitive Kompetenzen, die Persuasionswissen vorhersagen und weniger auf das Alter der Kinder (Lapierre 2015, S. 424). Dabei sind die Messungen in dieser Theorie sensibler gegenüber individuellen Differenzen in der Entwicklung.

Überdies stellen die Ausführungen von John (1999) Kinder als sehr passive Konsumierende dar, die auf gegebene Einflüsse einfach nur reagieren (Cook 2008). Vor allem da sich das Medienbild in eine Richtung entwickelt hat in der Konsumierende aktive Nutzende sind, scheint eine Adaption der Ausführungen von John (1999) als nötig. Beispielsweise kann das Wissen über Werbungen bereits früher ausgeprägt sein, wenn man selbst aktiv gewisse Medien nutzt und somit teilweise selbst zum Präsentierenden bzw. Produzierenden von Inhalten wird, wie im Fall von YouTube oder Instagram Inhalten (siehe für eine aktuelle Studie Evans et al. 2018).

Auch im Bereich der Werbung gab es hier große Veränderungen. Produktplatzierungen und Markenplatzierungen integriert in unterhaltende Inhalte wie Filme oder Serien oder auch Advergames könnten das Erkennen von Werbungen für Kinder zusätzlich erschweren. Vor allem das Erkennen von Werbung basierend auf wahrnehmbare Attribute wird zunehmend schwieriger. Außerdem scheint mehr Wissen über Werbestrategien nötig zu sein, da Taktiken immer stärker in unterhaltende Kontexte integriert werden. In diesem Bereich setzt sich die Forschung mit der sogenannten *Advertising Literacy* auseinander (siehe Kap. „Mehr als nur ein kognitiver Schutz:*Reconsidering Advertising Literacy as a Defense Against Advertising Effects*von Rozendaal, Lapierre, van Reijmersdal und Buijzen" in diesem Band). Wie auch John (1999) schon am Ende des Artikels kurz angeführt hat, bedeutet das Wissen darüber, was die Absicht einer Werbung ist nicht unmittelbar, dass kognitive Abwehrmechanismen hervorgerufen werden können (S. 191). Trotz dieser Ausführungen beschreibt John nicht weiter wie sich diese Abwehrmechanismen entwickeln können und wie diese in die angeführten Phasen einzuordnen sind. Die Ausführungen von John (1999) beziehen sich sehr stark auf die kognitiven Komponenten, während aktuellere Forschung auch emotionale (z. B. welche Emotionen werden durch Werbungen hervorgerufen) und moralische Komponenten (z. B. Fairness und Angemessenheit von Werbungen) in Studien miteinbezieht (vgl. De Jans et al. 2019). Auch diese Aspekte scheinen für die Entwicklung zu Konsumierenden als besonders bedeutsam.

Obwohl John (1999) am Ende ihres Artikels anführt, dass die Entwicklungsprozesse nicht ausschließlich durch das Alter geprägt sind, fehlt eine Einordnung der angeführten externen Komponenten (z. B. Familie, Kultur, Medien) in die dargestellte Konzeptualisierung.

Trotz dieser hier summarisch angeführten Kritikpunkte und Weiterentwicklungen im Bereich der Möglichkeiten von Werbungen wird John's (1999) theoretisches Gerüst oftmals als Begründung für die Verwendungen einer bestimmten Altersgruppe als Sample angeführt. Die Ausführungen dienen zudem dazu die Wichtigkeit der Erforschung von Wirkungen von Werbungen mit Kindern als Zielgruppe zu begründen, da diese, im Gegensatz zu Erwachsenen, eben noch wichtige Entwicklungsprozesse durchlaufen. Wie von John (1999) selbst am Ende ihres Artikels betont, scheint es jedoch als besonders wichtig andere externe Faktoren miteinzubeziehen, um die Wirkmechanismen von unterschiedlichen Werbeformen auf Kinder besser einordnen zu können. Man kann John's (1999) Ausführungen im Artikel *Consumer Socialization of Children* als ein wichtiges Werk einordnen, welches klar die Relevanz der Erforschung unterschiedlicher Altersgruppen von Kindern darlegt.

Literatur

Primärliteratur

Achenreiner, G. B., & John, D. R. (2003). The meaning of brand names to children: A developmental investigation. *Journal of Consumer Psychology, 13*(3), 205–219.

Chaplin, L. N., & John, D. R. (2007). Growing up in a material world: Age differences in materialism in children and adolescents. *Journal of Consumer Research, 34*(4), 480–493.

Chaplin, L. N., & John, D. (2005). The development of self-brand connections in children and adolescents. *Journal of Consumer Research, 32*(1), 119–129.

Gregan-Paxton, J., & John, D. R. (1995). Are young children adaptive decision makers? A study of age differences in information search behavior. *Journal of Consumer Research, 21*(4), 567–580.

John, D. (1999). Consumer Socialization of Children: A Retrospective Look at Twenty-Five Years of Research. *Journal of Consumer Research, 26*(3), 183–213.

John, D. R., & Chaplin, L. N. (2019). Children's Understanding of the Instrumental Value of Products and Brands. *Journal of Consumer Psychology, 29*(2), 328–335.

Park, J. K., Torelli, C. J., Monga, A. S. B., & John, D. R. (2019). Value instantiation: how to overcome the value conflict in promoting luxury brands with CSR initiatives. *Marketing Letters, 30*(3–4), 307–319.

Sekundärliteratur

Bever, T. G., Smith, M. L., Bengen, B., & Johnson, T. G. (1975). Young viewers' troubling response to TV ads. *Harvard Business Review, 53(6)*, 109–120.

Butter, E. J., Popovich, P. M., Stackhouse, R. H., & Garner, R. K. (1981). Discrimination of television programs and commercials by preschool children. *Journal of Advertising Research, 21*(2), 53–56.

Cook, D. T. (2008). The missing child in consumption theory. *Journal of Consumer Culture, 8*(2), 219–243.

De Jans, S., Van de Sompel, D., Hudders, L., & Cauberghe, V. (2019). Advertising targeting young children: an overview of 10 years of research (2006–2016). *International Journal of Advertising, 38*(2), 173–206.

Evans, N. J., Hoy, M. G., & Childers, C. C. (2018). Parenting „YouTube natives": the impact of pre-roll advertising and text disclosures on parental responses to sponsored child influencer videos. *Journal of Advertising, 47*(4), 326–346.

Lapierre, M. A. (2015). Development and persuasion understanding: Predicting knowledge of persuasion/selling intent from children's theory of mind. *Journal of Communication, 65*(3), 423–442.

Linn, M. C., de Benedictis, T., & Delucchi, K. (1982). Adolescent reasoning about advertisements: Preliminary investigations. *Child Development*, 1599–1613.

McAlister, A. R., & Cornwell, T. B. (2009). Preschool children's persuasion knowledge: The contribution of theory of mind. *Journal of Public Policy & Marketing, 28*(2), 175–185.

Piaget, J. (1929). The child's conception of the world. London: Routledge.

Robertson, T. S., & Rossiter, J. R. (1974). Children and commercial persuasion: An attribution theory analysis. *Journal of Consumer Research, 1*(1), 13–20.

Rozendaal, E., Buijzen, M., & Valkenburg, P. (2011). Children's understanding of advertisers' persuasive tactics. *International Journal of Advertising, 30*(2), 329–350.

Wang, Y., John, D. R., & Griskevicious, V. (2020). Does the devil wear Prada? Luxury product experiences can affect prosocial behavior. *International Journal of Research in Marketing.* doi:https://doi.org/10.1016/j.ijresmar.2020.04.001

Wartella, E., Wackman, D. B., Ward, S., Shamir, J., & Alexander, A. (1979). The young child as consumer. In E. Wartella (Hrsg.), *Children communicating: Media and development of thought, speech, understanding* (S. 251–279). California: Sage.

Die vernachlässigte Produzent*innenethik: How Advertising Practitioners View Ethics: Moral Muteness, Moral Myopia, and Moral Imagination von Drumwright & Murphy

Cornelia Brantner

1   Inhalt des Textes

Minette E. Drumwright und Patrick E. Murphy führten für ihre 2004 erschienene qualitative Studie Interviews mit Praktiker*innen aus US-amerikanischen Werbeagenturen durch und analysierten, wie Werbepraktiker*innen ethische Fragen – von potenziell anstößiger Werbung bis hin zu irreführenden Botschaften und Lügen – wahrnehmen und verarbeiten. Sie reihen sich damit in das Forschungsfeld der Verhaltensethik ein, die untersucht, warum Menschen ethische oder unethische Entscheidungen treffen und wie sie diese begründen. Anknüpfend an gängige Definitionen ethischen Handelns definieren die Autor*innen Werbeethik als „concerned with questions what ought to be done, not just with what legally must be done" (Cunningham 1999, S. 500, zit. nach Drumwright und Murphy 2004, S. 7). Während Werbeethik ein zunehmend wichtiges Thema darstellt, werde sie in der akademischen Forschung vernachlässigt. Dies gelte insbesondere für Untersuchungen, die sich den Sichtweisen von Werbepraktiker*innen widmen – eine For-

C. Brantner (✉)
Universität Karlstad, Department of Geography, Media and Communication, Karlstad,
Schweden
E-Mail: cornelia.brantner@kau.se

© Springer Fachmedien Wiesbaden GmbH, ein Teil von Springer Nature 2022   235
T. G. K. Meitz et al. (Hrsg.), *Schlüsselwerke der Werbeforschung*,
https://doi.org/10.1007/978-3-658-36508-0_21

schungslücke, die auch noch nach über 15 Jahre weiterhin besteht, wie später im Text gezeigt wird.

In ihrer Studie setzen die Autor*innen qualitative Eliteninterviews ein. Das Erkenntnisziel der Methode besteht darin, „to understand tacit perceptions, beliefs, and values, especially when the researcher cannot be sure what interpretation, code, norm, affect, or rule is guiding the actors" (Drumwright und Murphy 2004, S. 8). Der Interviewleitfaden wurde gemeinsam mit Werbeprofessor*innen und Werbepraktiker*innen entwickelt. Dieser enthält z. B. Fragen darüber, mit welchen ethischen Herausforderungen die Werbefachleute zu tun haben und ob sie über unbeabsichtigte Folgen der Werbung besorgt sind, wie etwa die Schaffung unrealistischer Schönheitsideale oder die Verführung von Jugendlichen zum Konsum von Alkohol und Tabak. Die organisationale Ebene wurde mit der Frage danach einbezogen, welches Image die eigene Agentur zu vermitteln versucht und wie die Interviewpartner*innen ihre Unternehmenskultur beschreiben würden.

Durchgeführt wurden insgesamt 51 Eliteninterviews mit Werber*innen verschiedenster Karrierestufen und Abteilungen in 29 Agenturen unterschiedlicher Größe aus acht US-amerikanischen Städten. Für die Auswertung der Interviews kam das iterative qualitative Verfahren nach Strauss (1990) zum Einsatz. Ziel qualitativer Forschung ist es, ein Phänomen in seiner Breite und Tiefe zu erfassen und so zur Theoriebildung beizutragen. Dieses Ziel haben die Autor*innen mit ihrer richtungsweisenden Studie nachvollziehbar erreicht.

Die Autor*innen arbeiteten heraus, dass ethische Sensibilität zwischen den befragten Weber*innen variiert. Sie fanden zwei Typen von Werbefachleuten, die sich vor allem danach unterscheiden, wo sie arbeiteten. Werbefachleute aus der ersten Gruppe zeichneten sich durch „moral muteness" (Moralische Stummheit) und/oder „moral myopia" (Moralische Kurzsichtigkeit) aus, jene aus der zweiten durch „moral imagination" (Moralische Vorstellungskraft). Moralische Stummheit definieren die Autor*innen als die fehlende Bereitschaft, ethische Fragen und Bedenken zu besprechen. Auch wenn diese prinzipiell erkannt werden, sind für moralisch stumme Werbefachleute ethische Fragen weder auf individueller noch auf organisationaler Ebene von Bedeutung. Moralische Myopie, die moralische Kurzsichtigkeit, bezieht sich vor allem auf die gesellschaftliche Ebene und bezeichnet im Zusammenhang mit Werbung die Unfähigkeit von Werbefachleuten, ein werbebezogenes Problem als ethisch problematisch zu erkennen oder das Problem in Begriffen der Moral auszudrücken. Diese Personen sind unfähig die ethischen Implikationen ihrer Handlungen zu sehen. Dieser Zustand kann auch als Erklärung für die Stummheit dienen. Moralische Myopie und Stummheit sind oftmals miteinander verbunden und können sich gegenseitig verstärken.

Eine Kurzsichtigkeit für potentiell negative Auswirkungen von Werbung auf die Gesellschaft und kulturelle Werte lässt sich durch verschiedene Rationalisierungsstrategien erklären, mit denen potenzielle ethische Bedenken oder Verantwortung weitgehend abgetan werden (Drumwright und Murphy 2004, S. 11–13); beispielsweise wenn Praktiker*innen unterstellen, dass Ethik unnötig sei, weil die Verbraucher*innen intelligent seien und nicht durch Werbebotschaften getäuscht werden könnten. Eine andere Rechtfertigung ist, dass bei der Entscheidungsfindung das Recht genüge. Nach dem Grundsatz: Was legal sei, sei schließlich auch moralisch. Das Abschieben der Verantwortung an die Auftraggeber*innen oder an die Gesellschaft, die schließlich für die Moral verantwortlich sei, sind weitere Strategien, die sich erkennen lassen. Zu große Nähe zu den Kund*innen führt ebenso zu moralischer Kurzsichtigkeit wie die Vogel-Strauß-Taktik und ein sich auf den Ersten Verfassungszusatz der USA berufendes, naives Zensurverständnis. Drumwright und Murphy zeigen, dass moralische Kurzsichtigkeit (einschließlich der Interpretation von Problemen als rechtliche anstatt ethische Fragen) die moralischen Qualitäten abpuffert, die ethischen Problemen innewohnen: Für Werbepraktiker*innen, die der Ansicht sind, das Recht reiche aus, erscheint Ethik auch nicht weiter relevant.

Moralische Stummheit, bei der ethische Probleme prinzipiell erkannt, aber weder persönlich noch organisatorisch kommuniziert und diskutiert werden, wurde mit vier Rationalisierungsstrategien begründet (Drumwright und Murphy 2004, S. 13–15). Praktiker*innen zeigen doppelmoralische Abschottungsstrategien, mit denen sie ihre persönlichen moralischen Überzeugungen von ihren beruflichen Entscheidungen trennen. Die „wer bezahlt hat Recht" Strategie wird gewählt, wenn sie nicht in der Lage sind, „Nein" zu ihren Kund*innen zu sagen. Eine weitere Begründung ist, dass Ethik schlecht für das Geschäft sei, vor allem, weil sie zu langweiligen Botschaften führe und den Werber*innen der Geschäftssinn abgesprochen werden könnte. Und letztlich würde man mit dem Ansprechen eines ethischen Problems die Büchse der Pandora öffnen, was nur zu weiteren Problemen führe.

Auf der anderen Seite gibt es aber Praktiker*innen mit *„moral imagination"*, also „sehende, sprechende" Praktiker*innen, die in der Lage sind, ethische Probleme zu identifizieren und diese Probleme in Begriffen von Richtig und Falsch auszudrücken (Drumwright und Murphy 2004, S. 15–17). Sie diskutieren ethische Probleme offen untereinander und mit ihren Klienten*innen. Werber*innen, die sich durch moralische Vorstellungskraft auszeichnen, versuchen in ethischen Konflikten jene Alternativen zu finden, die zu moralisch gewünschten Ergebnissen führen. Drumwright und Murphy beziehen sich hier auf das von James R. Rest (1984) entwickelte Modell, das den ethischen Entscheidungsfindungsprozess mit dem moralischen Charakter verbindet. Rest identifiziert dabei vier das moralische Ver-

halten bestimmende Komponenten: 1) moralische Sensibilität, 2) moralisches Urteilsvermögen, 3) moralische Motivation (Priorisierung von Werten im Verhältnis
zu anderen Werten) und 4) moralischer Charakter (Rest 1984, S. 24). Jene
Werber*innen, welche verantwortungsvolle ethische Entscheidungen treffen, würden alle vier Aspekte beherrschen, so Drumwright und Murphy.

Es fanden sich keine systematischen Unterschiede zwischen Personen des ersten und zweiten Typus in Bezug auf Seniorität, Geschlecht, Alter, Hintergrund oder
Arbeitsbereich. Über die Gruppenzugehörigkeit bestimmte in erster Linie der organisationale Kontext. Die Werber*innen der zweiten Gruppe arbeiteten fast aus-
nahmslos in Unternehmen, deren Organisationskultur und Arbeitsklima moralisches Sehen und Sprechen förderte. Diese Werbeagenturen halten sich an
authentische ethische Normen, die auch von ihren Mitarbeiter*innen artikuliert
wurden. Zumeist waren dies kleinere, privat geführte Agenturen oder einzelne tei-
lautonome Filialen großer Konzerne.

Zusammengefasst zeigte sich, dass viele Werber*innen, anstatt ethische Fragen
offen zu diskutieren, verschiedene Abwehr- und Verleugnungsstrategien benutzen,
wobei sich der organisationale Kontext als ausschlaggebend für die ethische Sensibilität der Werbepraktiker*innen herausstellte.

2   Bezug zum Gesamtwerk

Beide Autor*innen beschäftigen sich seit Jahrzehnten mit Werbeethik. Minette
E. Drumwright ist assoziierte Professorin an der University of Texas at Austin. Ihre
Forschungs- und Lehrtätigkeit liegt in den Bereichen Ethik, Leadership, Corporate
Social Responsibility und Kommunikation für Non-Profit-Organisationen (z. B.
Drumwright 2018; Neill und Drumwright 2012). Patrick E. Murphy ist emeritierter
Professor für Marketing am Mendoza College of Business der University of Notre
Dame in Indiana. Er arbeitet zu Werbeethik, normativer Marketingethik, Gerech-
tigkeit von Marketingentscheidungen, Stakeholder Theorie und Marketing
(z. B. Murphy 2017; Smith und Murphy 2013). Neben einer Nachfolgestudie
(Drumwright und Murphy 2009) publizierten sie gemeinsam unter anderem zu
Corporate Societal Marketing (Drumwright und Murphy 2001) und ethischen Fra-
gen des Social Marketing und der Persuasion (Drumwright und Murphy 2015).

Smith und Murphy (2013) ordnen die Studie von Drumwright und Murphy
(2004) im Bereich der positiven oder deskriptiven Ethik ein, welche moralisch
neutral versucht, bestehende Werturteile zu beschreiben. Diese kann von der normativen Ethik abgegrenzt werden, in der Systeme für moralisch korrektes Handeln
vorgeschlagen werden. Sowohl Murphy als auch Drumwright haben sich in ihrer

Karriere beiden Perspektiven gewidmet. Aspekte der normativen Werbeethik sind auch bereits im Schlüsselwerk angelegt.

In der erwähnten Nachfolgestudie stellten sie wenig Veränderungen fest und konstatierten, dass mit dem Aufkommen neuer Technologien und Werbetechniken (die Datensammlung und -auswertung, gezielte Zielgruppenansprache und neue Werbeformen wie Native Advertising oder Influencer Marketing ermöglichen) die Versuchung zu unethischem Verhalten in der Werbebranche sogar gestiegen sei (Drumwright und Murphy 2009, S. 83). Auch in dieser Studie haben sie (neben Wissenschaftler*innen) wieder Mitarbeiter*innen US-amerikanischer Werbeagenturen befragt, diesmal aber nur führende Köpfe. Zusätzlich wurden Agenturwebsites, Werbelehrbücher und akademische Literatur analysiert. Werbepraktiker*innen sahen ethische Probleme vor allem bei den neuen Werbemöglichkeiten und -formen, und wenig in den traditionellen Praktiken. In Bezug auf die traditionelle Werbung verwiesen die Praktiker*innen auf vorhandene Kontrollmechanismen, die von Gesetzen bis Selbstregulierungsmechanismen reichen, was sie von einer eigenständigen ethischen Reflexion ihrer Handlungen entbindet (für Deutschland siehe dazu Zurstiege 2015, S. 260). Zusätzlich fanden die Autor*innen, dass viele Werbepraktiker*innen in Zusammenhang mit Selbstregulierung und Festschreibung von Ethikrichtlinien einer Zusammenarbeit mit akademischen Forscher*innen skeptisch gegenüberstehen. Sie schließen ihren Artikel mit einem Appell an Werbewirtschaft und Wissenschaft zur verstärkten Kooperation: „[They] may not agree concerning the state of advertising ethics or what is ethical. Disagreement is not the problem; avoidance of the topic and/or failure to engage in a collaborative dialogue is" (Drumwright und Murphy 2009, S. 103).

In einer weiteren Studie entfernte sich Drumwright gemeinsam mit Kamal (2016) vom westlichen Arbeitsumfeld, um sich der Praktiker*innenethik im mittleren Osten und Nordafrika zu widmen. Unter Verwendung der Interviewleitfäden der beiden Basisstudien (Drumwright und Murphy 2004, 2009) führten sie 36 Eliteninterviews. Obwohl es natürlich kulturelle Unterschiede gibt, fanden sich auch hier Werbepraktiker*innen mit moralischer Myopie und Stummheit. Darüber hinaus ergänzten sie „*moral immunity*", die sich über die Jahre entwickelt. So würden sich erfahrene Praktiker*innen mit der Zeit an unethisches Verhalten gewöhnen, bis es sie nicht mehr stört und sie es als Status quo akzeptieren. Sie leben dann unethisches Verhalten vor, was wiederum andere zu unethischem Verhalten verleitet. All diese Faktoren, die mit der Verhaltensethik zusammenhängen, behindern das moralische Bewusstsein und die moralische Entscheidungsfindung.

3   Wirkungsgeschichte des Schlüsselwerkes & Kritik

Bevor wir zu seiner wissenschaftlichen Rezeption kommen, soll noch angeführt werden, dass die Schlüsselwerks-Studie auch Eingang in zahlreiche universitäre und außeruniversitäre Werbeethik-Curricula fand (siehe auch Drumwright et al. 2015). So ist der Aufsatz Teil der Ethik-Kurse der Public Relations Society of America (Neill 2013), die von der Ethics Unwrapped Initiative angeboten werden, in der Drumwright Advisory Bord Member ist. Laut eigenen Angaben wird die Lernplattform weltweit nicht nur von mehr als 1200 Universitäten, sondern auch in Hunderten von Unternehmen und Organisationen genutzt („Integrity in Action", o. J.). Als weiteres Beispiel sei das britische Institute of Business Ethics (2018) genannt, das in seiner an Unternehmen gerichteten Handreichung zur Verhaltensethik die Studie zitiert.

Englischsprachige Rezeption
Die Studie hat seit ihrer Veröffentlichung eine breite Rezeption erfahren. Von den das Schlüsselwerk zitierenden Studien befassen sich nur wenige mit der Verhaltensethik der Werber*innen. Eine dieser Studien, die sich stark auf das Schlüsselwerk stützt und die organisationale Perspektive mit Giddens' Strukturationstheorie verknüpft, stammt von Schauster (2015, 2019). Mithilfe eines ethnographischen Ansatzes untersuchte die Autorin eine US-amerikanische Werbeagentur. Zusätzlich hat sie für ihre Studie mit 45 Mitarbeiter*innen Interviews durchgeführt, die am Interviewleitfaden von Drumwright und Murphy (2004) orientiert waren. Im Großen und Ganzen konnte die Autorin die Ergebnisse der Schlüsselwerksstudie replizieren, jedoch schlägt sie vor, die Dichotomie *moralische Myopie und Stummheit* versus *moralische Vorstellungskraft* aufzugeben und besser von einem Kontinuum zu sprechen, das die Perspektiven der Werbeethik besser abbilden kann (Schauster 2015). Aus ihren Ergebnissen zieht sie, wie schon die Schlüsselwerksautor*innen, den Schluss, dass die organisationale Ebene die Verhaltensethik maßgeblich bestimmt und plädiert dafür, neben gemeinsamen Codes für die Industrie agentureigene, dynamische Ethikkodices zu entwickeln (Schauster 2019).

Die Ergebnisse einer weiteren qualitativen Studie von Schauster und Neill (2017), die (neben solchen mit PR-Praktiker*innen) Interviews mit 12 Führungskräften von US-amerikanischen Werbeagenturen durchgeführt haben, deuten darauf hin, dass sich etwa 15 Jahre nach der Originalstudie zwar unter den Werbetreibenden nach wie vor moralisch Blinde und Stumme befinden, Werber*innen aber ein insgesamt erhöhtes ethisches Bewusstsein und moralische Vorstellungskraft

aufweisen. Sie appellieren an Führungskräfte von Werbeagenturen und Berufs-
verbänden, eine ethische Führungsrolle zu übernehmen, indem sie Richtlinien und
Schulungen anbieten, die auf universellen Prinzipien beruhen und gleichzeitig die
sich durch die Digitalisierung ergebenden neuen ethischen Herausforderungen thematisieren (Schauster und Neill 2017).

Richards (2008) konstatiert in seinem Eintrag zur Werbeethik in *The International Encyclopedia of Communication*, dass die Sicht der Werbepraktiker*innen
auf ethische Frage relativ unterforscht ist. Als eine Ausnahme nennt er explizit
Drumwrights und Murphys (2004) Studie, beklagt aber die Forschungslücke im
Hinblick auf quantitative Erhebungen, auf die auch Schauster und Neill (2017)
verweisen. Letztere fordern auch Studien, die einbeziehen, inwieweit die verschiedenen Standards und Richtlinien der Werbeindustrie in normativen Prinzipien ver-
wurzelt und an Veränderungen im digitalen Bereich anpassbar sind und wie solche
Kodizes in die Entscheidungsfindung von Praktiker*innen einfließen. Auch in aktuellen Publikationen wird Drumwrights und Murphys Studie nach wie vor als eine
der wenigen beschrieben, die ethische Entscheidungsfindungen in der Werbebranche sowie den Einfluss untersuchen, den die Organisationskultur darauf hat.

Es wurden aber jüngst einige Studien vorgelegt, die sich vor dem Hintergrund
moralpsychologischer Ansätze und/oder der Theorie sozialer Identität mit dem
moralischen Urteilsvermögen von Werbepraktiker*innen auseinandersetzten.
Diese Studien basieren auf dem Defining Issues Test von James R. Rest (1984,
siehe oben) und fanden, dass Journalist*innen und PR-Praktiker*innen ein höheres
Level an moralischer Urteilsfähigkeit aufweisen als Werbepraktiker*innen, was
unter anderem auf das organisationale Umfeld und ihre professionelle Identität
zurückgeführt wird (siehe den Überblick bei Schauster et al. 2021). Ein Befund,
auf den neben Schauster und Neill (2017) auch Smith und Murphy (2013) in ihrer
Grundlegung einer Marketingethik verweisen: vorliegende Studien würden zeigen,
dass die Verhaltensethik der Marketingpraktiker*innen stärker ausgeprägt ist als
jene der Werbepraktiker*innen.

Deutschsprachige Rezeption

Auch im deutschsprachigen Raum lassen sich Publikationen finden, die sich intensiv auf das Schlüsselwerk beziehen. Davon sind vier Grundlagenüberblicke zur
Werbeethik (Borchers 2020; Fichter 2018; Köberer 2016; Smith et al. 2015), wobei
letztgenannter im Großen und Ganzen eine Übersetzung des oben zitierten Beitrags von Smith und Murphy (2013) ist. Borchers (2020) und Köberer (2016)
verweisen in ihren Artikeln auf das Schlüsselwerk und die insbesondere im
deutschsprachigen Raum mangelnde Forschung zur Verhaltensethik von

Werbepraktiker*innen. Es finden sich aber zwei Publikationen, die diese Forschungslücke in Angriff nehmen und sich dabei auf Drumwright und Murphy stützen:

Heyd (2011) widmet sich in seiner Dissertation dem Vergleich der freiwilligen
Selbstkontrolle der Werbebranche in den USA und Deutschland. In seinen Ausführungen zu wirtschaftsethischen Dimensionen der Werbeselbstkontrolle stützt er
sich stark auf das Schlüsselwerk. Er führt aus, dass den Strategien der Blindheit
und Stummheit entgegengearbeitet werden könnte, wenn einheitliche Maßstäbe für
die Werbeindustrie existierten. Die Handlungssubjekte könnten die Maßstäbe einsetzen, diese würden aber auf übergreifender Ebene durchgesetzt und sanktioniert.
Somit könnte ein Werbeselbstkontrollorgan für einzelne Unternehmen hinsichtlich
der Ausgestaltung werbeethischer Normen entlastend sein, da es die Einhaltung
der gemeinsamen Standards überwachen und im Falle bewusster moralischer Igno-
ranz Druck auf einzelne Agenturen ausüben kann (Heyd 2011, S. 89). Eine Schlussfolgerung, die auch bereits die Schlüsselwerkautor*innen gezogen hatten (Drumwright und Murphy 2009), die aber von Schauster (2019) durch eine Forderung
von unternehmenseigenen Codizes ergänzt wird (siehe oben).

Auf die ethischen und moralischen Vorstellungen deutscher Werbepraktiker*innen hat sich ein Projekt an der Universität Tübingen spezialisiert (Feiks et al. 2016;
Müller et al. 2018; Zurstiege 2015). Den Forschungsstand aufarbeitend, führt
Zurstiege (2015) aus, dass sich die Diskussionen um Werbeethik bislang vorwiegend auf die Inhaltsebene bezogen und die Werbeproduzent*innen kaum untersucht wurden. Mit einem Verweis auf die zwei empirischen Studien von Drumwright und Murphy (2004, 2009) ergänzt er: „Grundlagen einer Struktur- und
Handlungsethik der Werbung indessen, (…) liegen in Ansätzen erst für den englischsprachigen Raum vor" (Zurstiege 2015, S. 255). Dies sei umso bemerkens-
werter als Werbepraktiker*innen den durch die Digitalisierung angetriebenen Medienwandel erheblich mitgestalten. Gerade die mit dem Gefährdungspotential
sensibler Zielgruppen verbundenen ethischen Herausforderungen digitaler Werbung (z. B. bezüglich Jugendschutz, Datenschutz und Zugangsmöglichkeiten zu
potentiell gefährdender Werbung) geben Anlass, moralische Perspektiven und ethisches Handeln der Werbepraktiker*innen zu analysieren. Gerade dort, wo Normen
und Standards noch nicht ausverhandelt und präzisiert sind. Drumwright und Murphy (2009) hatten diese Fragen bereits aufgeworfen. Die deutschen Online-
Werbungtreibenden hätten sich erst 2012 mit dem Datenschutzrat Online-Werbung
ein eigenes Selbstkontrollgremium gegeben, in dessen Rahmen ethische Fragen im
Umgang mit sensiblen Kundendaten behandelt werden (Zurstiege 2015, S. 261).

Im Tübinger Projekt wurden insgesamt 30 Interviews mit Mitarbeiter*innen von Werbeagenturen und Werbevermarktern sowie Marketingleitern von Unternehmen durchgeführt. Im Zentrum standen ihre Perspektiven auf ethische Fragestellungen im Zusammenhang mit digitalen Werbeformen und -möglichkeiten, vor allem in Hinblick auf Probleme mit Privatheit und dem Sammeln, Speichern und Weitergeben von Daten. Das Projekt kam nach eigenen Angaben zu ähnlichen Ergebnissen wie Drumwright und Murphy (2004, 2009). Genannte Beispiele für moralische Stummheit von Werbepraktiker*innen sind Doppelmoral und das Argument, Ethik sei schlecht für das Geschäft. Auch moralische Kurzsichtigkeit zeigen die deutschen Werbepraktiker*innen auf die gleiche Weise wie ihre US-Kolleg*innen, wenn sie auf die Intelligenz der Verbraucher*innen verweisen oder darauf, dass man sich an das Recht halte (Müller et al. 2018).

Fazit

Insgesamt findet sich wenig negative Kritik an dem Schlüsselwerk von Drumwright und Murphy. Es wurde in den analysierten Studien und Überblicksartikeln als Ausnahmewerk in der Erforschung von Moralvorstellungen der Werbepraktiker*innen hervorgehoben. Die auf das Schlüsselwerk aufbauenden US-amerikanischen Studien haben dessen zentralen Ergebnisse noch weiter ausdifferenzieren können, insbesondere im Hinblick auf die Bedeutung des organisationalen Kontextes und der Organisationskultur. Doch selbst die beiden Schlüsselwerkautor*innen konstatieren, dass diese Forschungsperspektive nach wie vor vernachlässigt wird. Murphy (2017) fordert verstärkte Forschungsbemühungen im Hinblick auf ethische Fragen im Zusammenhang mit Privatheit, die durch Praktiken wie Online-Tracking, -Datensammlung und -Targeting virulent werden. Drumwright (2018) wünscht sich mehr Augenmerk auf die Makroperspektive und langfristige gesellschaftliche Werbeffekte, betont zugleich aber auch die Notwendigkeit, auf Mesoebene die Organisationskulturen, -richtlinien und -praktiken im Zusammenhang mit der Verhaltensethik weiter zu erforschen. Sie schließt ihre Ausführung mit einer Feststellung, die sie schon knapp ein Jahrzehnt zuvor gemeinsam mit Murphy getroffen hatte: Nicht die Uneinigkeit darüber, was verantwortungsvolles ethisches Verhalten ist, ist das Problem, sondern das Versäumnis, die ethischen Fragen zu erkennen, die die Werbung aufwirft (Drumwright 2018, S. 518; Drumwright und Murphy 2009, S. 103).

Literatur

Primärliteratur

Cunningham, P. H. (1999). Ethics of Advertising. In J. P. Jones (Hrsg.), *The Advertising Business* (S. 499–513). Thousand Oaks, CA: Sage.

Drumwright, M. E., & Murphy, P. E. (2004). How advertising practitioners view ethics: Moral muteness, moral myopia, and moral imagination. *Journal of Advertising, 33*(2), 7–24. doi:https://doi.org/10.1080/00913367.2004.10639158

Drumwright, M. E., & Kamal, S. (2016). Habitus, doxa, and ethics: insights from advertising in emerging markets in the Middle East and North Africa. *Consumption Markets & Culture, 19*(2), 172–205. doi:https://doi.org/10.1080/10253866.2015.1080165.

Drumwright, M. E. (2018). Ethical issues in marketing, advertising, and sales. In E. Heath, B. Kaldis, & A. Marcoux (Hrsg.), *The Routledge companion to business ethics* (S. 506–522). New York, NY: Routledge.

Drumwright, M. E., & Murphy, P. (2001). Corporate societal marketing. In P. N. Bloom & G. T. Gundlach (Eds.), *Handbook for marketing and society* (S. 162–183). Thousand Oaks, CA: Sage.

Drumwright, M. E., & Murphy, P. E. (2009). The current state of advertising ethics: Industry and academic perspectives. *Journal of Advertising, 38*(1), 83–108. doi:https://doi.org/10.2753/JOA0091-3367380106

Drumwright, M. E., & Murphy, P. E. (2015). Ethical issues of social marketing and persuasion. In D. W. Stewart (Ed.), *The handbook of persuasion and social marketing. Volume 1: Historical and social foundations* (S. 175–201). Santa Barbara, CA: Praeger.

Drumwright, M. E., Prentice, R., & Biasucci, C. (2015). Behavioral ethics and teaching ethical decision making. *Decision Sciences Journal of Innovative Education, 13*(3), 431–458. doi: https://doi.org/10.1111/dsji.12071

Murphy, P. E. (2017). Research in marketing ethics: Continuing and emerging themes. *Recherche et Applications En Marketing, 32*(3), 84–89. doi:https://doi.org/10.1177/2051570717701414

Neill, M. S., & Drumwright, M. E. (2012). PR professionals as organizational conscience. *Journal of Mass Media Ethics, 27*(4), 220–234. doi:https://doi.org/10.1080/08900523.2012.746108

Schauster, E., & Neill, M. (2017). Have the ethics changed? An examination of ethics in advertising and public relations agencies. *Journal of Media Ethics, 32*(1), 45–60. doi:https://doi.org/10.1080/23736992.2016.1258993.

Smith, N. C., & Murphy, P. E. (2013). Marketing ethics: A review of the field. *Insead Faculty & Research Working Paper*. Abgerufen von https://flora.insead.edu/fichiersti_wp/inseadwp2013/2013-08.pdf

Smith, N. C., Murphy, P. E., Reibetanz, A., & Scholz, M. (2015). Marketingethik – Ein Überblick. In A. Schneider & R. Schmidpeter (Hrsg.), *Corporate Social Responsibility: Verantwortungsvolle Unternehmensführung in Theorie und Praxis* (S. 721–734). Berlin, Heidelberg: Springer.

Strauss, A. L. (1990). Qualitative analysis for social scientists. Cambridge: Cambridge University Press.

Sekundärliteratur

Borchers, N. S. (2020). Werbung. Grundbegriffe der Kommunikations- und Medienethik (Teil 21). *Communicatio Socialis, 53*(3), 358–363. doi:https://doi.org/10.5771/0010-3497-2020-3-358

Feiks, M., Krautter, J., Müller, U., & Zurstiege, G. (2016). Die Sozialität der Werbeproduktion als berufsethisches Problem. In G. Zurstiege & D. Schlütz (Hrsg.), *Sozialität und Werbung* (S. 13–25). Köln: Herbert von Halem Verlag.

Fichter, C. (2018). *Wirtschaftspsychologie für Bachelor.* Berlin, Heidelberg: Springer.

Heyd, F. M. (2011). *Werbeselbstkontrolle.* Wiesbaden: VS Verlag.

Institute of Business Ethics. (2018, April). Using behavioural ethics to improve your ethics programme. *Business Ethics Briefing, 61.*

Integrity in action. (o. J.). *Ethics unwrapped.* Abgerufen von https://ethicsunwrapped.utexas.edu/about

Köberer, N. (2016). Werbeethik. In J. Heesen (Hrsg.), *Handbuch Medien- und Informationsethik* (S. 319–325). Stuttgart: J.B. Metzler.

Müller, U., Feiks, M., Krautter, J., & Zurstiege, G. (2018). Ethik der Werbung in Zeiten der Digitalisierung. In K. Liesem & L. Rademacher (Hrsg.), *Die Macht der Strategischen Kommunikation: Medienethische Perspektiven der Digitalisierung* (S. 141–157). Baden-Baden: Nomos.

Neill, M. (2013, September 17). Putting ethics into action – part II [Web log post]. Abgerufen von https://prsay.prsa.org/2013/09/17/putting-ethics-into-action-part-ii/

Rest, J. R. (1984). The consequences of morality. In W. Kurtines & J. Gewirtz (Eds.), *Morality, moral behavior, and moral development* (S. 24–38). New York, NY: Wiley.

Richards, J. I. (2008). Advertising ethics. In *The International Encyclopedia of Communication.* doi:https://doi.org/10.1002/9781405186407.wbieca021

Schauster, E. (2015). The relationship between organizational leaders and advertising ethics: An organizational ethnography. *Journal of Media Ethics, 30*(3), 150–167. doi:https://doi.org/10.1080/23736992.2015.1050556

Schauster, E. (2019). Ethics versus survival: The relationship between advertising ethics and new business challenges. *Journal of Current Issues & Research in Advertising, 40*(1), 90–104. doi:https://doi.org/10.1080/10641734.2018.1500320

Schauster, E., Ferrucci, P., Tandoc, E., & Walker, T. (2021). Advertising primed: How professional identity affects moral reasoning. Journal of Business Ethics, 171, 175–187. doi:https://doi.org/10.1007/s10551-020-04429-0

Zurstiege, G. (2015). Sittenbild der Konsumgesellschaft. Ethik der Werbung in Zeiten der freiwilligen Aufgabe unserer Grundrechte. *Communicatio Socialis, 48*(3), 250–264. doi:https://doi.org/10.5771/0010-3497-2015-3-250

Mehr als nur ein kognitiver Schutz: *Reconsidering Advertising Literacy as a Defense Against Advertising Effects* von Rozendaal, Lapierre, van Reijmersdal und Buijzen

Johannes Beckert

1 Inhalt des Textes

Erwachsenen fällt es in der Regel leicht, im Rahmen ihrer Mediennutzung Werbe-inhalte zu identifizieren und deren persuasive Absicht zu verstehen und einzuord-nen. Kinder und Jugendliche bis zu einem gewissen Alter gelten hingegen als be-sonders anfällig für eine persuasive Beeinflussung durch Werbung (siehe Beitrag zu John (1999) in diesem Band (Kap. 20)). Sie verfügen häufig noch nicht über die Fähigkeiten, sich ausreichend kritisch mit Werbebotschaften auseinanderzusetzen. Mit diesen als Werbekompetenz (*advertising literacy*) bezeichneten Fähigkeiten befassen sich Esther Rozendaal und Kolleg*innen in ihrem Aufsatz „Reconside-ring Advertising Literacy as a Defense Against Advertising Effects". Den Anlass bildeten die Ansätze und Theorien zum Umgang von Kindern mit Werbung, die zur Entstehungszeit des Aufsatzes dominierten. Diese definierten Werbekompetenz als konzeptuelles Wissen von Kindern über Werbung und damit als rein kognitive Res-source. So wurde üblicherweise angenommen, dass Kinder ihre Werbekompetenz als kognitiven Schutz gegen intendierte Werbeeffekte, wie z. B. Produktpräferenzen oder -verlangen, einsetzen (*cognitive defense view*). Als typische Vertreter*innen dieser Sichtweise nennen die Autor*innen u. a. die Arbeiten von Brucks, Armst-

J. Beckert (✉)
Institut für Publizistik, Johannes Gutenberg-Universität, Mainz, Deutschland
E-Mail: johannes.beckert@uni-mainz.de

© Springer Fachmedien Wiesbaden GmbH, ein Teil von Springer Nature 2022   247
T. G. K. Meitz et al. (Hrsg.), *Schlüsselwerke der Werbeforschung*,
https://doi.org/10.1007/978-3-658-36508-0_22

rong, and Goldberg (1988) und von Friestad und Wright (1994, siehe dazu das Kapitel über Friestad und Wright (1994) in diesem Band). Rozendaal, Lapierre, van Reijmersdal und Buijzen üben an dieser Sichtweise jedoch deutliche Kritik. Sie bemängeln, dass es kaum aussagekräftige empirische Belege dafür gibt, dass Werbekompetenz die Empfänglichkeit von Kindern für Werbeeffekte verringern kann. Als Ursache vermuten sie diverse Defizite der *cognitive defense view,* allen voran die Definition von Werbekompetenz als rein konzeptuelles Wissen über Werbung. Die Autor*innen nehmen daher im Rahmen ihres Aufsatzes eine Rekonzeptualisierung und Erweiterung des Konstrukts vor.

Zunächst gehen Rozendaal et al. näher auf das Verständnis von Werbekompetenz als konzeptuelles Werbewissen ein. Basierend auf der Arbeit von Wright, Friestad und Boush (2005) unterscheiden sie sieben Wissenskategorien, aus denen sich Werbekompetenz zusammensetzt: (1) Die Werbeerkennung (*ad recognition*), d. h. die Fähigkeit, Werbung von anderen Medieninhalten abzugrenzen; (2) Das Erkennen des Absenders von Werbebotschaften (*recognition of advertising's source*), d. h. zu verstehen, wer für die Werbebotschaften bezahlt hat; (3) Die Wahrnehmung der Zielgruppe (*perception of intended audience*), d. h. zu verstehen, dass Werbung nach dem Prinzip der Zielgruppenansprache und -segmentierung funktioniert; (4) Das Wissen darüber, dass Werbung eine Verkaufsabsicht (*understanding advertising's selling intent*) und (5) eine persuasive Absicht (*understanding advertising's persuasive intent*) verfolgt; (6) Kenntnis über die persuasiven Taktiken und Strategien, mit denen Werbetreibende ihr Produkt attraktiv erscheinen lassen wollen (*understanding advertiser's persuasive tactics*), sowie (7) das Wissen um verzerrte Darstellungen in der Werbung (*understanding of advertising's bias*), d. h. sich darüber bewusst zu sein, dass Produktdarstellungen in der Werbung nicht zwangsläufig mit den tatsächlichen Produkteigenschaften übereinstimmen.

Anschließend geben Rozendaal et al. einen Überblick über den Forschungsstand zur Werbekompetenz von Kindern. Sie zeigen auf, dass Kinder die unterschiedlichen Bereiche der Werbekompetenz in unterschiedlichen Entwicklungsstufen erlernen. So ist die Mehrheit der Kinder im Alter von ca. acht Jahren bereits in der Lage, Werbung von nicht-werblichen Medieninhalten zu unterscheiden und die Absender und Zielgruppen von Werbebotschaften zu erkennen. Anspruchsvollere Kompetenzen, wie z. B. das Erkennen einer persuasiven oder Verkaufsabsicht von Werbung, erlernen sie jedoch erst zu einem späteren Zeitpunkt. Für diese Erkenntnisse besteht laut den Autor*innen eine stabile empirische Basis. Kritisch betrachten sie hingegen die empirische Befundlage zu der Frage, inwiefern Kinder überhaupt in der Lage sind, ihre Werbekompetenz bei der Rezeption von Werbeinhalten abzurufen und anzuwenden. Zum einen zeigen die wenigen zu diesem Zeitpunkt existierenden Studien gemischte Befunde. Zum anderen untersuchen diese Studien entweder den direkten Zusammenhang zwischen Werbekompetenz und der Anfälligkeit für Werbeeffekte oder die Wirkung von Interventionen zur Stärkung der Werbekompetenz (z. B. im Schulunterricht), nicht aber die situative Anwendung der Werbekompetenz. Die Autor*innen stellen damit den Kern der *cognitive defense view* unmissverständlich in Frage:

„*What is wrong with the cognitive defense view?*" *(Rozendaal et al.* 2011, *S. 338)*

Systematisch arbeiten Rozendaal et al. die Defizite auf, mit denen die *cognitive defense view* in ihren Augen behaftet ist. Zentraler Kritikpunkt bleibt dabei die fehlende Differenzierung zwischen der Aneignung von Werbekompetenz auf der einen und der situativen Anwendung von konzeptuellem Werbewissen auf der anderen Seite. Die Autor*innen argumentieren, dass es für die Anwendung als wirksamer Schutz vor Werbeeinflüssen nicht ausreicht, wenn Kinder über konzeptuelles Werbewissen verfügen. Zusätzlich bedarf es der Fähigkeit und Motivation, Werbebotschaften auf einem hohen Elaborationsniveau zu verarbeiten. Mit dieser Annahme stützen sie sich auf das Modell zur Werbeverarbeitung (*processing of commercial media content* – PCMC) junger Menschen, entwickelt unter anderem von den Co-Autorinnen Moniek Buijzen und Eva van Reijmersdal (Buijzen et al. 2010). Das Modell unterscheidet drei Ebenen der Verarbeitung persuasiver Botschaften auf unterschiedlich hohem Elaborationsniveau: Für eine hochelaborierte, systematische Verarbeitung müssen Rezipient*innen über ein hohes Maß an Aufmerksamkeit gegenüber der Botschaft und Motivation zur Verarbeitung verfügen. Demgegenüber verlangt eine wenig elaborierte, heuristische Verarbeitung nur ein geringes Maß an Motivation und Aufmerksamkeit. Eine nicht elaborierte, automatische Verarbeitung persuasiver Botschaften kann schließlich zu Einstellungsänderungen führen, ohne dass eine explizite Aufmerksamkeit für die Botschaft vorhanden ist oder sich Rezipient*innen überhaupt darüber bewusst sind, mit einer persuasiven Botschaft konfrontiert zu sein (siehe zu mehr Information über Persuasionswege und Elaborationslevels siehe Beitrag zu Petty und Cacioppo (1986) in diesem Band). Buijzen et al. (2010) zeigen auf, dass Kinder anfälliger für persuasive Botschaften sind, die höchstens auf eine gering elaborierte Verarbeitung setzen. In der Werbung trifft dies zum Beispiel auf eine emotionale Ansprache oder eine unterhaltende inhaltliche Gestaltung der persuasiven Botschaften zu. Somit lassen sich Kinder leichter als Erwachsene auch dann überzeugen werden, wenn ihnen eine Botschaft oder deren persuasive Absicht nicht einmal bewusst ist. Darauf aufbauend leiten Rozendaal et al. zwei zentrale Argumente ab, weshalb Kinder unwahrscheinlich in der Lage sind, Werbebotschaften hoch elaboriert zu verarbeiten. Ihr erstes Argument bezieht sich auf die spezifischen Produktionsweisen von

Kinderwerbung. Anders als in der Erwachsenenwerbung würden persuasive Botschaften in der Kinderwerbung weniger auf rationalen oder faktischen Aussagen, sondern verstärkt auf emotionalen Reizen basieren. So würden persuasive Appelle z. B. häufig in einen Kontext aus Spiel und Spaß oder eine emotionalisierte Atmosphäre eingebettet. Insbesondere in der Fernsehwerbung würden diese Eindrücke durch komplexe Produktionsweisen zusätzlich verstärkt. Mit einer schnellen Szenenfolge, bunten Bilder und aufregender Musik soll die Aufmerksamkeit der Kinder gefesselt werden. Die emotionale Aufladung und die hohe Wahrnehmungskomplexität, die mit den Produktionsweisen von Kinderwerbung verbunden sind, tragen laut Rozendaal et al. dazu bei, dass die Motivation und Fähigkeit von Kindern, Werbebotschaften elaboriert zu verarbeiten, gehemmt werden. Eine Anwendung des konzeptuellen Werbewissens als kognitive Ressource zum Schutz von Werbeeffekten wird dadurch unwahrscheinlicher.

Das zweite Argument bezieht sich auf die unausgereifte kognitive Entwicklung von Kindern. Rozendaal et al. gehen davon aus, dass eine Anwendung des konzeptuellen Werbewissens als kognitiver Schutz nur dann möglich ist, wenn die Kinder zu einer *stop-and-think*-Reaktion fähig sind. Das bedeutet, dass sie über ausreichend kognitive Fähigkeiten und Kontrolle verfügen müssen, um ihre Aufmerksamkeit von einer Werbebotschaft abzuwenden (*stop*) und diese dann unter Einsatz ihrer Werbekompetenz kritisch zu elaborieren (*think*). Die Autor*innen erachten die Ausprägung zweier kognitiver Fähigkeiten als entscheidend für die Ausführung einer *stop-and-think*-Reaktion:

Erstens setzt *stop-and-think* eine ausreichende Entwicklung exekutiver Funktionen voraus. Dabei handelt es sich um ein Set an Fähigkeiten, die für die Ausführung zielgerichteten Denkens erforderlich sind. Als relevante Exekutivfunktionen für die Anwendung von Werbekompetenz als kognitivem Schutz erachten Rozendaal et al. die Inhibitionskontrolle (d. h. die Fähigkeit, laufende kognitive Prozesse zu hemmen, zu verzögern oder zu unterbrechen), die bewusste Aufmerksamkeitssteuerung (d. h. die Fähigkeit, den Fokus der Aufmerksamkeit in kognitiv oder affektiv belastenden Situationen nahtlos zu verschieben) sowie das Arbeits- bzw. Kurzzeitgedächtnis. Vor dem Hintergrund zahlreicher empirischer Befunde kommen die Autor*innen zu dem Schluss, dass diese Funktionen bei Kindern in den meisten Fällen wohl nicht ausgereift genug für die Ausführung einer *stop-and-think*-Reaktion sind: Ihre unausgereifte Inhibitionskotrolle verhindert demnach, dass Kinder die Verarbeitung der in den Vordergrund gestellten und besonders ansprechenden Merkmale einer Werbebotschaft unterdrücken können. Da ihnen die bewusste Steuerung ihrer Aufmerksamkeit schwerfällt, sind Kinder darüber hinaus nicht in der Lage, den Fokus von den affektbetonten Werbebotschaften hin zu ihrem konzeptuellen Werbewissen zu lenken. Schließlich ist das Arbeitsgedächtnis insbesondere von kleineren Kindern noch zu unterentwickelt, um parallel zur Rezeption der Werbebotschaften das vorhandene konzeptuelle Werbewissen abzurufen. Zweites setzt *stop-and-think* laut Rozendaal et al. ein ausreichendes Maß an Emotionskontrolle voraus. Diese Notwendigkeit entsteht vor dem Hintergrund des hohen Emotionalisierungsgrades in der Kinderwerbung. So argumentieren die Autor*innen mit Verweis auf empirische Befunde, dass Kinder mit einer unausgereiften Fähigkeit zur Emotionskontrolle leichter von den emotionalen Reizen der Kinderwerbung überwältigt und abgelenkt würden. Dadurch seien sie außerstande, ihre Werbekompetenz als kognitiven Schutz einzusetzen.

Rozendaal et al. fassen zusammen, dass sowohl die typischen Produktionsweisen der Kinderwerbung als auch die unausgereiften kognitiven Fähigkeiten von Kindern in den Annahmen der *cognitive defense view* nicht berücksichtigt werden. So wird es als gegeben angesehen, dass Kinder dazu in der Lage sind, ihre Werbekompetenz als effektiven Schutz vor Werbeeffekten einzusetzen. Rozendaal et al. machen jedoch deutlich, dass dies allenfalls unter der Bedingung einer hochelaborierten Verarbeitung der Werbebotschaften gelingen kann. In aller Regel sind Kinder dazu aber nicht in der Lage. Stattdessen ist davon auszugehen, dass sie Werbebotschaften auf einem niedrigen Elaborationsniveau verarbeiten. Das heißt, dass sie einfache Hinweisreize und kognitiv niedrigschwellige Mechanismen zur Bewertung der Botschaften heranziehen. Werbekompetenz als eine rein kognitive Ressource zu definieren, deren Einsatz ein hohes Elaborationsniveau voraussetzt, kann den Ansprüchen einer Schutzfunktion gegen Werbeeffekte nach Ansicht von Rozendaal et al. daher nicht gerecht werden.

Die Autor*innen plädieren folglich für eine Neuerwägung der *cognitive defense view* und eine Rekonzeptualisierung von Werbekompetenz. Konkret schlagen sie vor, das Konstrukt um zwei Komponenten zu erweitern, die den zuvor diskutierten Defiziten Rechnung tragen. Zusätzlich zur konzeptuellen Dimension soll Werbekompetenz erstens um eine anwendungsbezogene Dimension (*advertising literacy performance*) ergänzt werden. Darunter fallen die Fähigkeiten, während der Rezeption von Werbebotschaften relevantes Werbewissen abzurufen und im Sinne einer Schutzfunktion anzuwenden. Zusätzlich schlagen Rozendaal et al. die Ergänzung einer einstellungsbezogenen Dimension von Werbekompetenz (*attitudinal advertising literacy*) vor. Diese umfasst allgemeine (kritische) Einstellungen gegenüber Werbung, die unter der Bedingung einer gering elaborierten Verarbeitung einfacher abgerufen und angewandt werden können als konzeptuelles Wissen. Eine vollständige Übersicht über das rekonzeptualisierte Konstrukt zeigt Tab. 1.

Aus ihrer Konstrukterweiterung leiten Rozendaal et al. am Ende des Aufsatzes eine Reihe von theoretischen und praktischen Implikationen ab. Aus theoretischer

Tab. 1 Eine dreidimensionale Konzeptualisierung der Werbekompetenz von Kindern

Dimension	Komponenten	Definition
Konzeptuelle Werbekompetenz (*conceptual advertising literacy*)	1. Werbeerkennung	Die Fähigkeit, Werbung von anderen Medieninhalten (z. B. Fernsehsendungen, redaktionelle Web-Inhalte) zu unterscheiden.
	2. Verstehen der Verkaufsabsicht	Die Fähigkeit zu verstehen, dass mit Werbung Produkte verkauft werden sollen.
	3. Erkennen der Werbequelle	Die Fähigkeit zu verstehen, wer für eine Werbebotschaft bezahlt hat.
	4. Wahrnehmung der Zielgruppe	Die Fähigkeit, das Konzept der Zielgruppenansprache und -segmentierung zu verstehen.
	5. Verstehen der persuasiven Absicht	Die Fähigkeit zu verstehen, dass Werbung versucht, das Verhalten der Rezipient*innen durch die Veränderung mentaler Zustände (z. B. Einstellungen und Kognitionen zu einem Produkt) zu beeinflussen.
	6. Verständnis von persuasiven Taktiken	Die Fähigkeit zu verstehen, dass Werbetreibende spezifische Taktiken anwenden, um die Einstellungen, Kognitionen und Verhaltensweisen der Werberezipient*innen zu beeinflussen.
	7. Verstehen der verzerrten Darstellungen in der Werbung	Das Bewusstsein für die Abweichungen zwischen dem in der Werbung präsentierten und dem tatsächlichen Produkt.
Performative Werbekompetenz (*advetrising literacy performance*)	8. Abrufen der Werbekompetenz	Die Fähigkeit, während der Rezeption von Werbebotschaften relevantes werbebezogenes Wissen aus dem Gedächtnis abzurufen.
	9. Anwendung der Werbekompetenz	Die Fähigkeit, das abgerufene werbebezogene Wissen während der Rezeption von Werbebotschaften auf diese Botschaften anzuwenden (d. h. Abwehrreaktionen zu entwickeln).

(Fortsetzung)

Tab. 1 (Fortsetzung)

Dimension	Komponenten	Definition
Einstellungsbezogene Werbekompetenz (*attitudinal advertising literacy*)	10. Werbeskepsis	Die allgemeine Tendenz, Werbeinhalten zu misstrauen.
	11. Abneigung gegenüber Werbung	Das Vertreten einer grundsätzlich negativen Einstellung gegenüber Werbung.

Anmerkung: Deutsche Übersetzung nach Rozendaal et al. (2011), S. 346.

Perspektive eröffnet die Erweiterung neben den bereits diskutierten Vorteilen gegenüber der *cognitive defense view* (Differenzierung zwischen Vorhandensein und Anwendung von Wissen; zusätzliche Berücksichtigung von einstellungsbezogenen Kompetenzen) vor allem interessante Perspektiven für die Anschlussforschung. Dabei rücken die Autor*innen einerseits die noch unklare Beziehung zwischen konzeptueller und einstellungsbezogener Werbekompetenz in den Vordergrund. Andererseits gilt es die Frage zu klären, inwiefern die verschiedenen Kompetenzdimensionen den Persuasionsprozess auf unterschiedliche Weise beeinflussen. Praxisimplikationen sehen die Autor*innen für die Ausrichtung von Interventionen (rezeptionsbegleitend statt auf die Entwicklung des konzeptuellen Werbewissens ausgerichtet; Stärkung einstellungsbezogener Kompetenzen) und für die Regulierung von Kinderwerbung. So fordern Sie etwa eine Einbindung von Informationstafeln oder Warnhinweisen, die eine situative Aktivierung des konzeptuellen Werbewissens fördert, sowie eine Regulierung der emotionalisierenden Produktionstechniken in der Kinderwerbung.

2 Bezug zum Gesamtwerk

Die Autor*innen des Aufsatzes eint der Forschungsschwerpunkt der Mediennutzung von Kindern und Jugendlichen, aus dem bis heute zahlreiche weitere gemeinsame Publikationen in unterschiedlicher Konstellation hervorgegangen sind. Das Werk von *Esther Rozendaal* fokussiert sich bis heute stark auf das Thema Werbekompetenz. Nachfolgende und aktuelle Studien befassen sich vor allem mit der Frage, wie die Werbekompetenz und ein kritischer Umgang von Kindern mit Werbung gefördert werden kann (z. B. Rozendaal 2019; Rozendaal et al. 2016a; Rozendaal und Figner 2020). Hinzu kommen Studien zur methodischen Weiterentwicklung und empirischen Überprüfung des Modells aus dem hier vorgestellten Aufsatz, u. a. gemeinsam mit Moniek Buijzen (z. B. Rozendaal et al. 2012, 2016b).

Das Forschungsprogramm von *Matthew A. Lapierre* fokussiert vor allem die Werbewirkung auf Kinder und deren kognitive Verarbeitung von Werbebotschaften unter Berücksichtigung ihrer Werbekompetenz (z. B. Lapierre 2015; Lapierre et al. 2017). Verschiedene Aufsätze vertiefen zudem die empirischen Zusammenhänge zwischen den kognitiven Fähigkeiten, die Rozendaal et al. (2011) als Voraussetzung für die Anwendung von Werbekompetenz sehen (d. h. exekutive Funktion und Emotionsregulierung) und der Verarbeitung von Werbebotschaften sowie dem Konsumverhalten von Kindern (z. B. Lapierre 2016, 2019; Lapierre und Rozendaal 2019).

Das Werk von *Eva A. van Reijmersdal* umfasst zahlreiche Arbeiten zur Rezeption und Wirkung von Markenplatzierungen und gesponserten Medieninhalten, unter anderem auch in der Zielgruppe Kinder und Jugendliche (z. B. van Reijmersdal et al. 2012).

Ebenso befasst sich *Moniek Buijzen* in ihrer Forschung schwerpunktmäßig mit der Mediennutzung von Kindern und Jugendlichen. Im Zusammenhang mit dem Thema Werbekompetenz untersucht sie u. a. die Wirkung von Lebensmittelwerbung auf die Gesundheit von Kindern (z. B. Buijzen et al. 2014).

3   Wirkungsgeschichte des Schlüsselwerkes & Kritik

Das von Rozendaal et al. als Rekonzeptualisierung vorgestellte Modell hat über die Jahre selbst eine Reihe an Weiterentwicklungen erfahren. Nennenswert sind dabei erstens die von Rozendaal und Kolleg*innen veröffentlichten methodischen Erweiterungen zu ihrem theoretischen Konstrukt. Dies umfasst einerseits Ansätze zur Messung der anwendungsorientierten Dimension von Werbekompetenz mit Hilfe qualitativer Methoden wie dem Ansatz des *thought-listings* (retrospektive schriftliche oder mündliche Wiedergabe der Gedanken, die Teilnehmer*innen während der Werberezeption hatten) und der *think-aloud*-Methode (mündliche Wiedergabe der Gedanken während der Werberezeption) (Rozendaal et al. 2012). Andererseits zählt dazu die Entwicklung und Validierung einer standardisierten Skala zur Messung der konzeptuellen und einstellungsbezogenen Dimension von Werbekompetenz zur Anwendung in quantitativen Befragungsstudien (Rozendaal et al. 2016b). Eine theoretische Weiterentwicklung bildet zweitens das Modell von Hudders et al. (2017), in dem das Konstrukt Werbekompetenz für den speziellen Kontext der Rezeption eingebetteter Werbung (z. B. Produktplatzierungen, Advergames, Native Advertising) rekonzipiert wird. Basierend auf dem Werk von Rozendaal et al. ergänzen Hudders et al. (2017) eine zusätzliche Dimension der moralischen Werbekompetenz (d. h. moralische Bewertungen gegenüber eingebetteter Werbeformate). Darüber hinaus liegt dem Modell eine grundsätzliche Unterscheidung zwischen dispositionaler und situativer Werbekompetenz zugrunde, was als Weiterentwicklung der anwendungsbezogenen Dimension von Rozendaal et al. verstanden werden kann.

Der überwiegende Teil der Verweise auf das Werbekompetenz-Modell von Rozendaal et al. findet sich wenig überraschend in der Forschung zur kindlichen Werberezeption und -wirkung wieder. Zunehmend Beachtung findet dabei aktuell der Umgang mit Formaten eingebetteter Werbung, wie z. B. gesponserten Influencer-Videos auf YouTube (de Jans et al. 2018a). Ein nicht unerheblicher Teil der Studien, die sich mit der Rolle der Werbekompetenz bei der Werberezeption von Kindern beschäftigen, ist zudem im Bereich des Food Marketing zu verorten (z. B. de Jans et al. 2019; Spielvogel et al. 2018).

Rozendaal et al. präsentieren in ihrem Aufsatz zwar eine (Re-)Konzeptualisierung, jedoch keine Operationalisierung der Dimensionen von Werbekompetenz. Dies ist insofern problematisch, da es den Anwendungsbereich für empirische Studien deutlich schmälert. So nehmen empirische Studien häufig in der Herleitung und Begriffserklärung Bezug auf das Konzept von Rozendaal et al. (z. B. um die Differenzierung zwischen konzeptueller und einstellungsbezogener Werbekompetenz zu erläutern), nur selten aber wenn es um die verwendeten Messinstrumente geht. Dies führt dazu, dass die theoretische Konzeptualisierung von Rozendaal et al. in ihrer Gesamtheit kaum empirisch getestet wird. Einzelne Dimensionen, wie die Werbeerkennung oder das Verstehen einer Verkaufs- oder persuasiven Absicht auf Seiten der kognitiven Dimensionen sowie Werbeskepsis auf Seiten der einstellungsbezogenen Dimensionen, werden herausgegriffen und in empirischen Studien untersucht, da in diesem Fall Operationalisierungen aus anderen Bereichen der Persuasions- und Werbeforschung vorhanden sind (z. B. Hoek et al. 2020; Rozendaal et al. 2013; van Reijmersdal et al. 2017). Andere Aspekte werden aber in der empirischen Forschung vernachlässigt. Das hat zur Folge, dass es in der quantitativen empirischen Forschung keine einheitlich verwendeten Instrumente zur Messung der unterschiedlichen Dimensionen von Werbekompetenz bei Kindern und Jugendlichen gibt. Die Autor*innen selbst versuchten indes, diesem Problem mit einem eigenen Operationalisierungsansatz entgegenzuwirken (Rozendaal et al. 2016b). Die Resonanz des Ansatzes erscheint im Vergleich zur theoretischen Vorlage aber vergleichsweise gering (für Beispiele siehe de Jans et al. 2018b; Rozendaal et al. 2016a) und lässt mit der performativen Dimension (advertising literacy performance) einen zentralen Bestandteil der Konzeptualisierung von Rozendaal et al. aus.

Trotz ihres deutlichen Appells, das Verständnis von Werbekompetenz als rein kognitiven Schutz gegen Werbewirkungen zu überdenken, erfahren einstellungsbezogene bzw. affektive Komponenten von Werbekompetenz weiterhin nur eine geringe Aufmerksamkeit in der Werbeforschung (Zarouali et al. 2019a, b). Die Erweiterung um eine moralische Komponente im Modell von Hudders et al. (2017) und der zunehmende Fokus auf die Rezeption gesponserter Medieninhalte lassen aber zumindest darauf hoffen, dass diesen Aspekten der Werbekompetenz in Zukunft ein größeres Gewicht beigemessen wird. Weitestgehend unberücksichtigt blieb bisher auch der Aufruf, bei der Erforschung der Werberezeption von Kindern verstärkt auf Theorien und Erkenntnisse aus der Forschung zur Werberezeption Erwachsener zurückzugreifen (Rozendaal et al. 2011, S. 347–348). Hervorzuheben ist hier einzig die wiederkehrende Verquickung von Werbekompetenz und dem Persuasion Knowledge Model (siehe Beitrag zu Friestad & Wright (1994) in diesem Band). Die Grundannahmen des Modells, das den Umgang von Personen (nicht ausschließlich Kinder und Jugendlicher) mit persuasiven Botschaften (nicht ausschließlich in der Werbung) beschreibt, stellen einerseits eine wichtige Basis für die theoretische Weiterentwicklung des Werbekompetenz-Konstrukts dar (Hudders et al. 2017). Zugleich bildet die Konzeptualisierung von Rozendaal et al., vor allem ihre Unterscheidung zwischen einer konzeptuellen und einer einstellungsbezogenen Komponente, eine zentrale Grundlage für Operationalisierungsansätze und Skalen zur Messung von Persuasionswissen (z. B. Boerman et al. 2012, 2018). Die Relevanz des hier vorgestellten Modells ragt somit deutlich über das Forschungsfeld hinaus, für das es ursprünglich konzipiert wurde. Zehn Jahre nach seiner Veröffentlichung kann der Aufsatz *Reconsidering advertising literacy as a defense against advertising effects* von Rozendaal et al. daher mit Recht zu den Standardwerken in der Werbe- und Persuasionsforschung gezählt werden.

Literatur

Primärliteratur

Boerman, S. C., van Reijmersdal, E. A., & Neijens, P. C. (2012). Sponsorship disclosure: Effects of duration on persuasion knowledge and brand responses. *Journal of Communication, 62*(6), 1047–1064. https://doi.org/10.1111/j.1460-2466.2012.01677.x
Boerman, S. C., van Reijmersdal, E. A., Rozendaal, E., & Dima, A. L. (2018). Development of the Persuasion Knowledge Scales of Sponsored Content (PKS-SC). *International Journal of Advertising, 37*(5), 671–697. https://doi.org/10.1080/02650487.2018.1470485
Buijzen, M., Rozendaal, E., & de Droog, S. M. (2014). Food marketing and child health. In C. von Feilitzen (Hrsg.), *The International Clearinghouse on Children, Youth and Media Yearbook: Vol. 2014. Young people, media and health: Risks and rights* (S. 121–128). Göteborg: Nordicom.

Buijzen, M., van Reijmersdal, E. A., & Owen, L. H. (2010). Introducing the PCMC Model: An Investigative Framework for Young People's Processing of Commercialized Media Content. *Communication Theory*, *20*(4), 427–450. https://doi.org/10.1111/j.1468-2885.2010.01370.x

Brucks, M., Armstrong, G. M., & Goldberg, M. E. (1988). Children's Use of Cognitive Defenses Against Television Advertising: A Cognitive Response Approach. Journal of Consumer Research, 14(4), 471. https://doi.org/10.1086/209129

de Jans, S., Cauberghe, V., & Hudders, L. (2018a). How an advertising disclosure alerts young adolescents to sponsored vlogs: The moderating role of a peer-based advertising literacy intervention through an informational vlog. Journal of Advertising, 47(4), 309–325. https://doi.org/10.1080/00913367.2018.1539363

de Jans, S., Hudders, L., & Cauberghe, V. (2018b). Adolescents' self-reported level of dispositional advertising literacy: how do adolescents resist advertising in the current commercial media environment? Young Consumers, 19(4), 402–420. doi: https://doi.org/10.1108/yc-02-2018-00782

de Jans, S., van de Sompel, D., Hudders, L., & Cauberghe, V. (2019). Advertising targeting young children: An overview of 10 years of research (2006–2016). International Journal of Advertising, 38(2), 173–206. https://doi.org/10.1080/02650487.2017.1411056

Friestad, M., & Wright, P. (1994). The Persuasion Knowledge Model: How people cope with persuasion attempts. Journal of Consumer Research, 21(1), 1–31. https://doi.org/10.1086/209380

Hoek, R. W., Rozendaal, E., van Schie, H. T., & Buijzen, M. (2020). Development and testing of the advertising literacy activation task: An indirect measurement instrument for children aged 7–13 years old. *Media Psychology*. doi: https://doi.org/10.1080/15213269.2020.1817090

Hudders, L., Pauw, P. de, Cauberghe, V., Panic, K., Zarouali, B., & Rozendaal, E. (2017). Shedding new light on how advertising literacy can affect children's processing of embedded advertising formats: A future research agenda. *Journal of Advertising*, *46*(2), 333–349. https://doi.org/10.1080/00913367.2016.1269303

Lapierre, M. A. (2015). Development and persuasion understanding: Predicting knowledge of persuasion/selling intent from children's theory of mind. *Journal of Communication*, *65*(3), 423–442. https://doi.org/10.1111/jcom.12155

Lapierre, M. A. (2016). Emotion regulation and young children's consumer behavior. *Young Consumers*, *17*(2), 168–182. https://doi.org/10.1108/YC-11-2015-00566

Lapierre, M. A. (2019). Advertising literacy and executive function: Testing their influence on children's consumer behavior. *Media Psychology*, *22*(1), 39–59. https://doi.org/10.1080/15213269.2017.1345638

Lapierre, M. A., Fleming-Milici, F., Rozendaal, E., McAlister, A. R., & Castonguay, J. (2017). The Effect of advertising on children and adolescents. *Pediatrics*, *140*(Suppl 2), S152–S156. https://doi.org/10.1542/peds.2016-1758V

Lapierre, M. A., & Rozendaal, E. (2019). A cross-national study examining the role of executive function and emotion regulation in the relationship between children's television exposure and consumer behavior. *Journal of Youth and Adolescence*, *48*(10), 1980–2004. https://doi.org/10.1007/s10964-019-01119-7

Rozendaal, E. (2019). Improving advertising literacy and effectiveness. In F. Folkvord (Hrsg.), *The Psychology of Food Marketing and (Over)eating* (S. 76–93). Routledge. https://doi.org/10.4324/9780429274404-6

Rozendaal, E., Buijs, L., & van Reijmersdal, E. A. (2016a). Strengthening children's advertising defenses: The effects of forewarning of commercial and manipulative intent. *Frontiers in Psychology*, 7, 1186. https://doi.org/10.3389/fpsyg.2016.01186

Rozendaal, E., Buijzen, M., & Valkenburg, P. M. (2012). Think-aloud process superior to thought-listing in increasing children's critical processing of advertising. *Human Communication Research*, 38(2), 199–221. https://doi.org/10.1111/j.1468-2958.2011.01425.x

Rozendaal, E., & Figner, B. (2020). Effectiveness of a school-based intervention to empower children to cope with advertising. *Journal of Media Psychology*, 32(3), 107–118. https://doi.org/10.1027/1864-1105/a000262

Rozendaal, E., Lapierre, M. A., van Reijmersdal, E. A., & Buijzen, M. (2011). Reconsidering advertising literacy as a defense against advertising effects. *Media Psychology*, 14(4), 333–354. https://doi.org/10.1080/15213269.2011.620540

Rozendaal, E., Opree, S. J., & Buijzen, M. (2016b). Development and validation of a survey instrument to measure children's advertising literacy. *Media Psychology*, 19(1), 72–100. https://doi.org/10.1080/15213269.2014.885843

Rozendaal, E., Slot, N., van Reijmersdal, E. A., & Buijzen, M. (2013). Children's responses to advertising in social games. *Journal of Advertising*, 42(2–3), 142–154. doi: https://doi.org/10.1080/00913367.2013.774588

Spielvogel, I., Matthes, J., Naderer, B., & Karsay, K. (2018). A treat for the eyes: An eye-tracking study on children's attention to unhealthy and healthy food cues in media content. Appetite, 125, 63–71. https://doi.org/10.1016/j.appet.2018.01.033

van Reijmersdal, E. A., Boerman, S. C., Buijzen, M., & Rozendaal, E. (2017). This is advertising! effects of disclosing television brand placement on adolescents. *Journal of Youth and Adolescence, 46*, 328–342. doi: https://doi.org/10.1007/s10964-016-0493-3

van Reijmersdal, E. A., Rozendaal, E., & Buijzen, M. (2012). Effects of prominence, involvement, and persuasion knowledge on children's cognitive and affective responses to advergames. *Journal of Interactive Marketing, 26*(1), 33–42. https://doi.org/10.1016/j.intmar.2011.04.005

Wright, P., Friestad, M., & Boush, D. M. (2005). The Development of Marketplace Persuasion Knowledge in Children, Adolescents, and Young Adults. *Journal of Public Policy & Marketing*, 24(2), 222–233. https://doi.org/10.1509/jppm.2005.24.2.222

Zarouali, B., de Pauw, P., Ponnet, K., Walrave, M., Poels, K., Cauberghe, V., & Hudders, L. (2019a). Considering children's advertising literacy from a methodological point of view: Past practices and future recommendations. *Journal of Current Issues & Research in Advertising, 40*(2), 196–213. https://doi.org/10.1080/10641734.2018.1503109

Sekundärliteratur

De Jans, S., Cauberghe, V., & Hudders, L. (2017). Advertising literacy training: The immediate versus delayed effects on children's responses to product placement. *European Journal of Marketing*, 51(11/12), 2156–2174. https://doi.org/10.1108/EJM-08-2016-0472

Jöckel, S. (2014). Stellenwert und Bedeutung von Werbung für Kinder und Jugendliche. In A. Tillmann, S. Fleischer, & K.-U. Hugger (Hrsg.), *Handbuch Kinder und Medien* (S. 469–480). Wiesbaden: Springer Fachmedien. https://doi.org/10.1007/978-3-531-18997-0_36

Lou, C., Ma, W., & Feng, Y. (2020). A sponsorship disclosure is not enough? How advertising literacy intervention affects consumer reactions to sponsored influencer posts. *Journal of Promotion Management*, 1–28. https://doi.org/10.1080/10496491.2020.1829771

Naderer, B., & Matthes, J. (2016). Kinder und Werbung: Inhalte, Wirkprozesse und Forschungsperspektiven. In G. Siegert, W. Wirth, P. Weber, & J. A. Lischka (Hrsg.), *Handbuch Werbeforschung* (S. 689–712). Wiesbaden: Springer Fachmedien. https://doi.org/10.1007/978-3-531-18916-1_30

Zarouali, B., Walrave, M., Ponnet, K., & Poels, K. (2019b). Advertising literacy. In R. Hobbs & P. Mihailidis (Hrsg.), *The international encyclopedia of media literacy*. Wiley. https://doi.org/10.1002/9781118978238.ieml0006

Teil IV
Semantiken

„It's the Propaganda, stupid!" Die Entdeckung der Werbewirkung aus kultursemiotischer Perspektive: *Decoding Advertisements* von Williamson

Miriam Goetz

Judith Williamson, geboren am 13.05.1954, ist Professorin für Medienwissenschaften, Fernsehkritikerin und Journalistin. Mit dem 1978 veröffentlichten Buch *Decoding Advertisements* (Williamson 1978) und ihrer kritischen Auseinandersetzung mit der Wirkung von Werbeanzeigen auf Individuen, dem Verhältnis von Kultur und den dargestellten Konsumwelten der Werbung, erreichte sie schlagartig Bekanntheit. Williamson gehört zu den Vertreter*innen der kulturellen Semiotik. Die kulturelle Semiotik setzt sich mit der literarischen Welt, den visuellen Medien, Massenmedien und den Werbeanzeigen auseinander (Barthes 2012). Semiotiker*innen sehen Zeichen und Symbole als wesentlichen Bestandteil der Kommunikation (Caesar 1999, S. 55). Die Rezipient*innen müssen im Kommunikationsprozess die an sie herangetragenen Zeichen decodieren und daraus einen Sinn ableiten (Kessel und Reimann 2005, S. 163).

Decoding Advertisements ist das Ergebnis eines Studierendenkurses von Williamson zum Thema Populärkultur an der Universität von Kalifornien. Aufgabe der Teilnehmer*innen war es, einzelne Werbeanzeigen einer formalen Bildanalyse zu unterziehen. In diesem Prozess näherte sich Williamson der kultursemiotischen Theorie an. Diese überzeugte sie derart, dass sie das gesamte Werk mit Referenz auf diese Theorie nochmals vollumfassend umschrieb. Der Anlass, sich

M. Goetz (✉)
IST-Hochschule für Management, Düsseldorf, Deutschland
E-Mail: mgoetz@ist-hochschule.de

© Springer Fachmedien Wiesbaden GmbH, ein Teil von Springer Nature 2022   263
T. G. K. Meitz et al. (Hrsg.), *Schlüsselwerke der Werbeforschung*,
https://doi.org/10.1007/978-3-658-36508-0_23

grundlegender mit der Wirkung von Anzeigen zu befassen, entstammt der frühen Kindheit Williamsons. Sie führt dazu in ihrem Vorwort aus, dass sie einerseits als Jugendliche mit Hingabe Werbeanzeigen aus dem *Honey-Magazine* (ein populäres US-Fashion Magazin) bestaunte, gleichzeitig aber die gesellschaftskritischen Bücher von Karl Marx mit Hingabe las. Dieser Widerspruch löste sich für Williamson erst mit der Lektüre strukturalistischer, marxistischer Arbeiten auf (1978, S. 9) und bestärkte sie laut eigener Angabe im Schreiben dieses Buches. Williamson wollte ergründen, warum sie sich emotional durch den Glamour der Anzeigen des Magazins angezogen fühlte, während sie gleichzeitig rational wusste, dass alles dort Gezeigte ein Mythos, und niemals realisierbar war.

1 Inhalt des Werkes

Das Werk *Decoding Advertisements* ist in zwei Teile untergliedert. Im ersten Teil des Buches (*Advertising Work*, S. 15–96) analysiert Williamson, wie die Struktur der Werbeanzeigen funktioniert und aufgebaut ist. Im zweiten Teil des Buches (*Ideological Castles*, S. 97–179) wird der ideologische Kontext und die verschiedenen Systeme aufgezeigt, in dem Menschen und Dinge gebraucht werden, um Bedeutungsstrukturen zu transformieren und neue symbolische Systeme aufzubauen.

Die Werbung deutet Williamson einer der wichtigsten kulturellen Faktoren, die das tägliche, gesellschaftliche Leben formen und reflektieren. Williamson betont mehrfach, dass ihre Theorie nicht finalisiert, aber ein wichtiger Versuch ist, eine anwendbare allgemeine Methode zu entwickeln, um mit den Ideologien umzugehen, die uns als Gesellschaft tagtäglich beeinflussen. Die reine Existenz von Werbeanzeigen in mehr als nur einem Medium gibt ihnen, Williamson folgend, eine eigene Realität und verbindet diese mit den Lebensentwürfen der Konsument*innen. Daraus erwächst schlussendlich eine eigene gemeinsame Welt, die sog. „Ad-World" (ebd., S. 10). Werbeanzeigen haben erstens die Funktion, Produkte an die Konsument*innen zu verkaufen. Ihre zweite Funktion besteht darin, Bedeutungsstrukturen zu kreieren (ebd., S. 10–11). Werbeanzeigen müssen also nicht nur dahingehend betrachtet werden, was und mit welchen Attributen sie den Rezipient*innen die entsprechenden Produkte verkaufen, sondern wie sie es schaffen, dass die beworbenen Produkte für die Rezipient*innen eine Bedeutung erlangen. Die Struktur der Werbeanzeigen verdeutlicht Williamson anhand hunderter Reklame-Beispiele. In diesem Zusammenhang werden die Begriffe *Signifier* (Bezeichner/Form) und *Signified* (Bezeichnetes/Inhalt) aus der Semiotik eingeführt und am Beispiel einer Werbeanzeige des Autoherstellers *Goodyear* erläutert (ebd.,

S. 18). Die Bedeutung des ersten Objekts (hier eine Mole/Signifier) wird transferiert auf das Zweite (einen Reifen/Signified). Diese Korrelation ist nicht starr fortlaufend und die beiden Objekte werden nicht durch Argumente oder eine Erzählung miteinander verbunden, sondern nur durch ihre Positionierung innerhalb der Anzeige. Damit wird die formale Struktur des Bilds sinngebend. Der inhaltliche Transfer der Bedeutung der Mole auf den Reifen wird im Werbebild nicht klar benannt. Durch das bewusste Offenlassen und ausschließliche Andeuten einer inhaltlichen Parallele zwischen Reifen und Mole, sollen die Rezipient*innen diese Verbindung selbst erschließen. Die Struktur der Werbeanzeigen selbst kreiert keine Bedeutung, sie stellt nur die Verbindung zwischen den gezeigten Gegenständen her. Williamson schlussfolgert daraus, dass es bereits ein System von Bedeutungen geben muss, auf das die Werbung referieren kann. Williamson spricht hier von „Referenzsystemen" (ebd., S. 19). Diese bereits existierenden, strukturierten Systeme externer Natur sind wertvoll für die werbetreibende Industrie, da sie auf diesen kulturell tradierten Referenzsystemen aufbauen können. Zu diesen Referenzsystemen zählen beispielsweise auch bekannte Filmstars, welche entsprechend von der werbetreibenden Industrie gerne für die Bewerbung neuer Produkte gebucht werden (ebd., S. 26–29).

Sobald die Strukturen durch die Werbung einmal aufgesetzt wurden, werden sie wie selbstverständlich genutzt, um Unterschiede zwischen dem beworbenen Produkt und anderen Produkten heraufzubeschwören. Ein neutrales Konsumprodukt, welches an sich keinen Wert besitzt, muss also zunächst durch eine bekannte Person (z. B. Schauspieler*innen) oder ein anderes Objekt, welches bereits einen Wert für die Rezipient*innen besitzt, aufgeladen werden (Williamson 1978, S. 31–36). Aus der semiotischen Perspektive betrachtet, ist das beworbene Produkt zunächst nur ein Zeichen in einem Bild, welches neben ein anderes Objekt oder Subjekt platziert wird. Erst wenn das Produkt gekauft wird, wird die (in der Anzeige versprochene) Emotion freigesetzt. So verspricht die Werbeanzeige des Parfüms *Chanel N° 5* den Käufer*innen durch den Kauf des Produkts den Glamour, der die daneben positionierte Schauspielerin Deneuve umgibt. Williamson bezeichnet Produkte auch als „Währung", mittels deren Konsums man sich das erhoffte und von der Anzeige versprochene Gefühl erkaufen kann (ebd., S. 38). Diese Währung besitzt erstens den eigentlichen monetären Wert und zweitens den Wert als Zeichen, der etwa den Status repräsentiert (ebd., S. 38). Da sich die Menschen insbesondere durch die Produkte unterscheiden, die sie konsumieren, dienen die beworbenen Produkte auch der Differenzierung. *Pepsi*-Trinker sind etwa keine *Coke*-Trinker. Williamson spricht in diesem Zusammenhang von „Totems", die in der Vermenschlichung von Produkten entstehen, und referiert hier stark auf Levi-Strauss und seine strukturalistische Totem-Theorie (Levi-Strauss 1970). Während

aber „natürliche" Totems die Menschen vereinen, trennen die beworbenen Objekte
in den Werbeanzeigen die Menschen voneinander (Williamson 1978, S. 46). Die
Werbeanzeigen agieren dabei deutlich subtiler, als zunächst vermutet. Sie vermitteln den Rezipient*innen nicht mehr die einfache Botschaft, zuerst das Produkt
kaufen zu müssen, um Teil der beworbenen Gruppe zu werden, sondern vermitteln
ihnen bereits zuvor den Eindruck, bereits Teil dieser Gruppe zu sein und folglich
das Produkt kaufen zu wollen. Damit halten die Anzeigen die Rezipient*innen
Williamson folgend, in einem gezielten Schwebezustand zwischen dem einfachen
Betrachten und dem Kaufen des beworbenen Produkts (ebd., S. 49). Auch wenn es
der Wunsch und das Ziel der Werbeanzeigen ist, eine Masse an Menschen mit dem
Produkt anzusprechen, kann dies nur erfolgen, wenn die Individuen einzeln adressiert werden. Entsprechend ist die Sprache der Werbung möglichst vage gehalten.
Auch die Namen der Produkte selbst sind möglichst so gewählt, dass diese potenziell viele Menschen ansprechen. Da Werbeanzeigen nur schwer auf jede einzelne
persönliche Erinnerung referieren können erschaffen sie gezielt eine Aura der gemeinsamen Vergangenheit. In diesem Zusammenhang beobachtet Williamson,
dass Produkte in der Werbung nie gebraucht sind, sondern stets neu. Damit sollen
sich die Rezipient*innen als Teil der der Werbewelt mit einer gemeinsamen Vergangenheit verstehen (ebd., S. 161). Negative, reelle Ereignisse werden in den Anzeigen gerne positiv umgedeutet, um eine objektive Vergangenheit zu verneinen. In
den darauffolgenden Werbebeispielen zeigt Williamson auf, wie beispielsweise
historische Tatsachen durch verkitschte Darstellungen gezielt verzerrt werden, um
das Produkt zu verkaufen (ebd., S. 164–65). Werbeanzeigen produzieren gezielt
Deutungslücken, welche durch die Rezipient*innen erkannt werden und in Folge
zu einer verstärkten Auseinandersetzung mit den Inhalten der Werbeanzeigen führen soll. Williamson führt hier sehr dezidiert durch verschiedene Anzeigen, bei
denen bestimmte Objekte im Bild fehlen oder Objekte gezielt so drapiert werden,
dass sich die Betrachter*innen in die Szenerie einfügen können (ebd., S. 79). Diese
Deutungslücken werden etwa durch gezielt eingesetzte Unstimmigkeiten zwischen
dem bildhaft Gezeigten und dem Text darunter erzeugt. Dieser Kontrast führt dazu,
dass sich die Betrachter*innen zwangsläufig mit Bild und Text der Anzeige befassen müssen (ebd., S. 85).

Neben der Strukturanalyse der Werbeanzeigen befasst sich Williamson in ihren
Analysen auch mit der Beziehung zwischen der gezeigten Werbewelt und Natur. In
Anlehnung an Levi-Strauss, der die kulturelle Transformation von natürlichen Objekten mit einem „Koch-Prozess" verglich, zeigt Williamson in verschiedenen Anzeigen den Verwandlungsprozess vom Naturprodukt zum Konsumgut auf (Williamson 1978, S. 103; Levi-Strauss 1970). Sie erläutert, wie der Natur durch die
Ideologie bzw. Kultur ein „Platz im System", und damit eine künstliche, neue

Bedeutung zugewiesen wird (ebd., S. 103). Die Wissenschaft sieht die Autorin als Repräsentantin des kapitalistischen Systems und als Gegenspielerin der Natur. Wissenschaft und deren Erzeugnisse, werden in den Werbeanzeigen oft als Schutz vor der Natur für die Menschen inszeniert (z. B. in Form von Sonnenschutzmittel). Auch hierin sieht Williamson eine gezielte ideologische Entfremdung der Menschen von der Natur durch die Kultur (ebd., 1978, S. 116). Williamson folgend, ersetzt Wissenschaft die Natur und wird von den Rezipient*innen fälschlicherweise als objektiv wahrgenommen. Sie repräsentiert allerdings die Kultur und verzerrt in Folge das ursprüngliche, menschliche Verhältnis zur Natur (ebd., S. 111). Die aktuelle Errungenschaft der Wissenschaft besteht Williamson folgend darin, dass diese die Natur kontrolliert und domestiziert. Zwecks Stützung ihrer These referiert sie auf drei Anzeigen, welche den Kampf der Technik mit der Natur (Peugeot), die Übernahme der Natur (Olympus Kamera) und die Re-Organisation der Natur (ICI/Ideas in Action) zum Inhalt haben (ebd., S. 112–114).

Werbeanzeigen setzen nicht nur auf Abgrenzung zur Natur, sondern nutzen alternativ auch den Wunsch der Konsument*innen, natürlich sein zu wollen. Entsprechend werden die Produkte in Anzeigen beworben, die die Natur symbolisieren (ebd., S. 137). In den von Williamson analysierten Anzeigen erscheint die Natur entweder als besonders attraktiv oder als anziehend und gefährlich (ebd., S. 126). Alternativ wird die Natur surrealistisch überdimensional groß oder klein dargestellt (ebd., S. 133). Diese falsche Beziehung der gezeigten Elemente in den Anzeigen führt laut Williamson dazu, dass wir eine tiefergehende Verbindung zwischen den dargestellten Elementen vermuten und unser Unterbewusstes hiervon angezogen wird (ebd., S. 134). Werbeanzeigen referieren mittels der Darstellung von Flaschengeistern und Kristallkugeln auch gerne auf die Magie. Williamson macht hier die interessante Beobachtung, dass unser Kaufakt selbst, nie in den Anzeigen direkt gezeigt wird, damit die inhärente Magie nicht verloren geht (ebd., S. 141). Die Werbeanzeigen suggerieren in ihren Bildern magische Verwandlungen, ohne dass die Konsument*innen etwas aktiv tun müssen. Im Kontext der Magiebeschreibung kritisiert Williamson das menschliche, konsumbestimmte und unmündige Denken, welches durch das dahinterstehende kapitalistische System geprägt wird. Um möglichst viel Passivität bei den Konsument*innen zu evozieren, wird in den Anzeigen die Romantik oder das Abenteuer betont, sodass den Betrachter*innen maximal aktiv den Kauf tätigen können, der ihnen dann einen minimalen magischen Moment beschert. Die Autorin betont zum Ende ihres Werkes nochmals mehrfach, dass Anzeigen über Symbole konstant mit den Rezipient*innen kommunizieren. Dies sieht Williamson grundsätzlich nicht als negativ an, die dahinterstehende, vermittelte Ideologie wertet sie allerdings als bedenklich. Die vermittelten Bilder dieser perfekteren Welt ziehen, Williamson folgend, die

Rezipient*innen in die Welt der Werbeanzeigen hinein und machen diese Werbeanzeigen unkontrollierbar (ebd., S. 175). Neben der sehr passiven Darstellung der
Menschen als einfache Konsument*innen zeigen die Interpretationen der Anzeigen
die subjektiv eingefärbten Bilddeutungen der Autorin, auf die im nächsten Abschnitt noch eingegangen werden soll.

2   Bezug zum Gesamtwerk

Auf *Decoding Advertisements* folgten die Bücher *Consuming Passions: The Dynamics of Popular Culture* (1986) und *Deadline at Dawn: A Filmcriticism* (1993). In
Consuming Passions fokussiert sich Williamson dann auf die Erforschung der
Kräfte, die gesellschaftliches Leben und gesellschaftliche Vorlieben lenken und
strukturieren. Dazu zählen für sie Filme, Bücher, Fernsehen, Werbung, Fotografie,
Musik und politische Bewegungen. Sie zeigt konkret auf, wie diese das gesellschaftliche Denken beeinflussen und das eigene Alltags-Empfinden und Leben determinieren. In ihrem dritten Werk, *Deadline at Dawn: A Filmcriticism*, behandelt
Williamson in ihrer Kulturkritik explizit das Kino. Hier fließt viel von ihren Erfahrungen als Filmkritikerin ein. Noch stärker als in den vorangegangenen Werken ist
dieses Werk geprägt von den turbulenten gesellschaftlichen Ereignissen der Jahre
1980 bis 1990 (z. B. Minenstreik in England, Arbeiterstreiks in der *National Union
of Journalists in England* etc.).

3   Wirkungsgeschichte und Kritik

Einflussreich ist Williamsons Arbeit v. a. in den englischsprachigen Büchern aus
den Bereichen Popkultur, Erziehungswissenschaft und Medienwissenschaft. Williamson wird von Wyatt als „Großmutter der Medienliteratur" bezeichnet (Wyatt
2017). Williamson geht es nach eigener Aussage nicht darum, die Anzeigen selbst
zu ändern, sondern den Blick der Gesellschaft darauf und die darin formulierten
gesellschaftlichen Werte. Auch wenn das Werk *Decoding Advertisements* stark
vom Kontext der 70er-Jahre und den in diesem Zeitraum publizierten Werbemate-
rialien geprägt ist, behalten die von Williamson entwickelten Annahmen, basierend
auf den Methoden der Semiotik, bis heute Relevanz. Inwieweit ihre Erkenntnisse
bis in die heutige, digitalisierte Zeit und Gesellschaft adaptierbar sind, ist in der
Forschungslandschaft umstritten. Einige bewerten Williamsons Erkenntnisse im
Bereich der Mediensemiotik als überholt und empfehlen, nur die Kernaussagen des
Buches zu berücksichtigen. Andere Forscher*innen referieren in ihren aktuellen

Arbeiten auf Williamsons Analysen und betonen, dass gerade in der digitalisierten Welt ihre Arbeitsergebnisse helfen um aktuelle Anzeigen zu analysieren. So beschreibt etwa Wyatt in seiner Rezension das Werk als „focused, razor sharp and passionate in the engagement with the subject. I have used the text in many media advertising and media studies courses, and students always embrace Williamson's insights and method. My own work – especially High Concept: Movies and Marketing in Hollywood – draws from Williamson's seminal text in both method and analysis" (Wyatt 2017).

Als größter Mehrwert können unbestritten Williamsons dezidierte Anzeigen-Beschreibungen und Analysen gewertet werden. Hervorgehoben wird in den Rezensionen des Werks zu Recht ihre meist sehr präzise Analyse und die tiefgehende Auseinandersetzung mit den in den Werbeanzeigen eingebrachten und die Gesellschaft beeinflussenden Semantiken. Williamson argumentiert stets stringent, solange sie sich in der semiotischen Analyse der Werbebilder befindet. Sobald sie mit naturalistisch-ideologischer Lesart die Interpretation beginnt, geraten ihre Argumentationen und Deutungen der Werbebilder zu subjektiv. Williamson deutet etwa eine Anzeige, in der Menschen um einen Tisch versammelt sind, als Zeichen einer mystischen Verbindung, tiefergehende Belege für diese Annahme bleibt sie aber schuldig (ebd., S. 141). In einem weiteren Fall analysiert sie sehr fundiert die semiotischen Strukturen am Beispiel einer Parfumanzeige für *Chanel N° 5* mit Catherine Deneuve. Referierend darauf, setzt sie zu einer großflächigen Kritik am kapitalistischen System an. Sie spricht von einem „Raub des Materials der Strukturen" und prangert an, dass die von den Werbeanzeigen neu aufgesetzten Strukturen die Wahrnehmung der Rezipient*innen verwirren und diese von den reellen Strukturen der Gesellschaft abbringen (Williamson 1978, S. 95).

Charakteristisch für Williamsons Ausführungen ist neben dem passiven Bild der Natur auch das sehr passive Menschenbild. Aktive Rezipient*innen, die sich tatsächlich intrinsisch motiviert für die Werbeanzeigen interessieren, kommen in ihren Überlegungen nicht vor.

Ein weiteres wichtiges Thema, das Williamson in ihrer Analyse der Werbebilder immer wieder kritisch aufgreift, sind die präsentierten einseitigen männlichen und weiblichen Rollenbilder. Sie kritisiert dabei v. a. die eindimensionalen Darstellungen der Frauen auf Sexobjekte oder Haushaltshilfen (ebd., S. 57). Kennzeichnend für Williamsons Analyse ist stets die messerscharfe semiotische Analyse der Bildelemente und deren Interpretation. Im weiteren Verlauf der Analyse ist oftmals die Tendenz zur antikapitalistischen Ideologie erkennbar, in deren Kontext sie ihre Thesen nur bedingt belegt. Ihre ausgeprägt, naturalistische Lesart der Anzeigen lässt mitunter den Beleg ihrer Annahmen vermissen. Wenn eine Werbeanzeige für Haarspülung etwa das Modell in verschiedenen Alltagssituationen mit der

Anwendung des Produkts zeigt, interpretiert Williamson dies als Gefahrenquelle für den Betrachter, der durch diese Darstellung Gefahr läuft, eine Persönlichkeitsstörung zu erleiden. (ebd., S. 52).

Während ihr die semiotische Analyse der Anzeigen sehr gut gelingt, argumentiert die Autorin, beflügelt durch ihre anti-kapitalistische Haltung, oft zu klischeehaft. Die von ihr eingebrachten Annahmen sind häufig auch zu theoretisch verklausuliert geschrieben und sie geht nur bedingt auf die offensichtlich sexualisierten und gewalttätigen Darstellungen in den Anzeigen ein. Es stellt sich abschließend die Frage, ob die Marketingmanager und Grafikdesigner, welche letztlich die Anzeigen verantworten, tatsächlich derart manipulative Wirkungen damit erzielen wollen, wie von Williamson unterstellt.

Literatur

Primärliteratur

Williamson, J. (1978). *Decoding advertisements, ideology and meaning in advertising*. London: Maryon Boyars.
Williamson, J. (1986). *Consuming passions: The dynamics of popular culture*. London: Maryon Boyars.
Williamson, J. (1993). *Deadline at Dawn: Filmcriticism 1980–1990*. London: Maryon Boyars.

Sekundärliteratur

Barthes, R. (2012). *Mythen des Alltags*. Berlin: Suhrkamp.
Caesar, M. (1999). *Umberto Eco: Philosophy, semiotics, and the work of fiction*. New Yersey: Wiley-Blackwell.
Levi-Strauss, C. (1970). *The raw and the cooked*. Chicago: Harper & Row.
Kessel, K., & Reimann, S. (2005). *Basiswissen Deutsche Gegenwartssprache*. Tübingen: Fink.
Wyatt, J. (2017). Judith Williamson. https://grandparentsofmedialiteracy.com/judithwilliamson. Zugegriffen: 6. Oktober 2020.

Überhöhung des Alltäglichen, Naturalisierung des Ideologischen: *Mythen des Alltags* und *Rhetorik des Bildes* von Barthes

Burkard Michel

1 Inhalt

Die „Mythen des Alltags", die Jahr 1957 unter dem Titel „Mythologies" im französischen Original veröffentlicht wurden, bestehen aus zwei Teilen: Der erste Teil versammelt Aufsätze, die zwischen 1954 und 1956 in der Zeitschrift *Les Lettres Nouvelles* erschienen sind und sich jeweils einem alltagskulturellen Phänomen, eben einem „Mythos des Alltags", widmen. Im zweiten Teil mit dem Titel „Der Mythos heute" entwickelt Roland Barthes ein semiotisches[1] Modell des Mythos, indem er basierend auf den Erkenntnissen aus den Einzelanalysen des ersten Teils quasi induktiv die Struktur, Wirkweise und Analyse von Alltagsmythen systemati-

---

[1] Bis 1969 wurden die Begriffe „Semiotik" und „Semiologie" parallel verwendet, wobei „Semiotik" eher für die an Peirce anschließende Traditionslinie gebraucht wurde und „Semiologie" für die Ansätze, die sich auf die Zeichentheorie von Ferdinand de Saussure beriefen (Nöth 2000, S. 3). Entsprechend verwendete auch Barthes überwiegend den Begriff „Semiologie" (ebd.). Unter seiner Beteiligung beschloss das Gründungskomitee der *International Association of Semiotic Studies* im Jahr 1969 künftig nur noch den Begriff der „Semiotik" zu verwenden (ebd.).

B. Michel (✉)
Studiengang Werbung und Marktkommunikation, Hochschule der Medien,
Stuttgart, Deutschland
E-Mail: michel@hdm-stuttgart.de

© Springer Fachmedien Wiesbaden GmbH, ein Teil von Springer Nature 2022   271
T. G. K. Meitz et al. (Hrsg.), *Schlüsselwerke der Werbeforschung*,
https://doi.org/10.1007/978-3-658-36508-0_24

siert. Im Vorwort beschreibt Roland Barthes seine Motivation, mit der er jeden Monat jeweils ein Phänomen des französischen Alltagslebens herausgriff und als Mythos beschrieb, als „ein Unbehagen an der ‚Natürlichkeit', die von der Presse, von der Kunst, vom gesunden Menschenverstand ständig einer Wirklichkeit zugesprochen wird, die – auch wenn es die unsere ist, in der wir leben – eine durchaus geschichtliche ist" (Barthes 2010, S. 11).

Da die Beispiele des ersten Teils eher illustrativen Charakter haben (und zum Teil stark ihrem sozialen und historischen Entstehungskontext verhaftet sind), soll hier der zweite Teil im Vordergrund stehen, dessen analytisches Instrumentarium auch heute noch erkenntnisstiftend angewendet werden kann. Wie ein grober Überblick über die analysierten Beispiele des ersten Teils zeigt, „kann alles Mythos werden" (Barthes 2010, S. 251) – Speisen, Autos, reale Personen, fiktive Figuren, mediale Darstellungen, Gebrauchsobjekte, Sportarten, mathematische Formeln. Die Verwandlung einer Person, eines Objekts oder einer Verhaltensweise in einen Mythos findet statt, indem die Person, das Objekt oder die Verhaltensweise „in einen Diskurs eingeht" (ebd.), d. h., indem sie beziehungsweise es zum Träger einer Bedeutung wird oder – wie Barthes es unter anderem ausdrückt – zu einer „Weise des Bedeutens" (ebd.). Mit der Umwandlung eines (oftmals materiellen) Phänomens der Alltagswelt in einen (ideellen) Mythos geht somit seine Transformation in Kommunikation einher. „Der Mythos ist eine Rede" formuliert Barthes als Antwort auf die zum zweiten Teil einleitend gestellte Frage „Was ist der Mythos heute?" (ebd.) Den Begriff der Rede versteht Barthes dabei sehr weit: „Wir werden eine Photographie mit demselben Recht als Rede betrachten wie einen Zeitungsartikel; die Objekte selbst können Rede werden, wenn sie etwas bedeuten" (Barthes 2010, S. 253).

Um die Funktionsweise der mythischen Bedeutung zu erläutern, knüpft Barthes an das Zeichenmodell nach Ferdinand de Saussure (2016) an: Ein Zeichen ist demnach die Verbindung von sinnlich wahrnehmbarem Zeichenträger (Signifikant) und damit lose gekoppelten Zeicheninhalt (Signifikat) (vgl. ebd. 256). „Nehmen wir einen schwarzen Kieselstein: Ich kann ihn auf mehrere Weisen bedeuten lassen, er ist ein bloßer Signifikant; doch wenn ich ihn mit einem bestimmten Signifikat versehe (dem eines Todesurteils zum Beispiel bei einer anonymen Abstimmung), wird er zu einem Zeichen" (ebd.). Soweit die primäre Zeichenrelation, die Barthes an anderer Stelle als „Denotation" (Barthes 1983, S. 75) bezeichnet, im vorliegenden Text nennt er diese Ebene der Bedeutung auch „Objektsprache" (Barthes 2010, S. 259). Diese primäre oder denotative Bedeutung durchzieht weite Teile unserer Alltagskommunikation: Das rote Licht der Ampel (Signifikant) bedeutet „Stehen bleiben" (Signifikat), die Buchstabenfolge „A", „p", „f", „e", „l" denotiert die entsprechende Frucht, eine bestimmte grafische Darstellung eines angebissenen Apfels ist das Zeichen eines Computerherstellers aus dem kalifornischen Cupertino. Stabilisiert wird der Zusammenhang von Signifikant und Signifikat durch eine konventionalisierte Zuordnungregel, einen Code, der in einer Gemeinschaft von Zeichenverwendern Kommunikation möglich macht.

Die mythische Bedeutung konzipiert Barthes nun ebenfalls als Zeichenrelation, die aus Signifikant und Signifikat besteht – das besondere an ihr: Es handelt sich um eine Zeichenrelation zweiter Ordnung, die sich ein Zeichensystem erster Ordnung ‚ausborgt' (Barthes 2010, S. 263), indem sie es zum Signifikanten der mythischen Bedeutung macht (s. Abb. 1).

Diese zunächst vielleicht etwas abstrakt-technisch anmutende Beschreibung der Funktionsweise der mythischen Bedeutung erläutert Barthes auch im zweiten Teil der „Mythen des Alltags" anhand einiger Beispiele: Auf einem Foto in einer Illustrierten ist ein schwarzer[2] Soldat in französischer Uniform zu sehen, der der französischen Trikolore den militärischen Gruß erweist (Barthes 2010, S. 260) – soweit die primäre Bedeutung, bei der die abgebildeten Textilien als Signifikanten die Signifikate „französische Uniform" und „französische Flagge", sowie die abgebildete Gestik das Signifikat „militärischer Gruß" denotieren. Signifikanten und Signifikate zusammen ergeben die Bedeutung des Zeichens erster Ordnung: „Ein schwarzer Soldat in französischer Uniform salutiert vor der französischen Fahne." Diese primäre Bedeutung nimmt sich die mythische Bedeutung „zur Beute" (Barthes 2010, S. 280), indem sie das primäre Zeichen (bestehend aus Signifikanten und

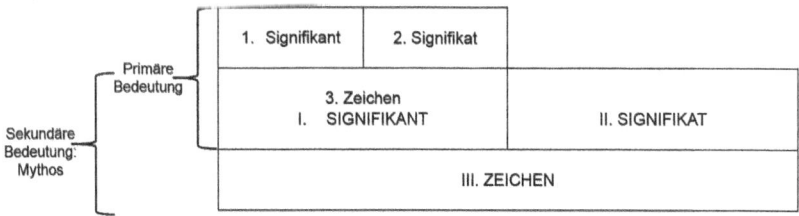

Abb. 1 Verschränkung von Zeichen erster Ordnung und zweiter Ordnung (Mythos); (eigene Darstellung nach Barthes 2010, S. 259)

---

[2] Auch in der deutschen Übersetzung von 2010 wird in Anlehnung an das französische Original von 1957 wiederholt das „N-Wort" verwendet – eine Praxis, der hier nicht gefolgt wird.

Signifikaten erster Ordnung) zum Signifikanten zweiter Ordnung, nämlich der mythischen Zeichenrelation macht und ihm ein Signifikat zweiter Ordnung zuordnet, woraus sich die Lesart des Bildes im Sinne eines imperialistisch-kolonialistischen Mythos ergeben kann, nämlich „dass Frankreich ein großes Imperium ist, dass seine Söhne, ungeachtet der Hautfarbe, treu unter seiner Fahne dienen und dass es keine bessere Antwort auf die Gegner eines angeblichen Kolonialismus gibt als den Eifer, mit dem dieser Schwarze seinen angeblichen Unterdrückern dient" (Barthes 2010, S. 260 f.). Unnötig zu erwähnen, dass Barthes sich diese kolonialistische Lesart nicht zu eigen macht,[3] sondern sie gleichsam mit spitzen Fingern referiert, um die Instrumentalisierung mythischer Rede für ideologische Zwecke zu illustrieren (Barthes 2010, S. 276 f.). Der ideologische Gehalt der mythischen Bedeutung ‚tarnt' sich gleichsam in der konkreten Anschaulichkeit der primären Bedeutungsebene des Bildes – aber nicht, indem er etwas „verbirgt" oder „lügt" (ebd. S. 277), sondern indem er „*naturalisiert*. Hier sind wir beim eigentlichen Prinzip des Mythos: Er verwandelt Geschichte in Natur" (ebd. S. 278). Indem die Bedeutungsebene des Mythos einen „Diebstahl" (ebd. S. 280) an der unmittelbaren Evidenz der primären Ebene begeht, erscheint der Mythos selbst „als ein reiches, gelebtes, spontanes, unschuldiges, *unbestreitbares* Bild" (ebd.). Der analytische Gewinn des ‚Aufbrechens' der miteinander verschränkten Bedeutungsebenen besteht entsprechend darin, dass die geschichtliche Bedingtheit des Mythos aus dem Anschein evidenter Natürlichkeit ‚herausgeschält' und als solche erkennbar wird.

In ähnlicher Weise dekonstruiert Barthes im ersten Teil der „Mythen des Alltags" beispielsweise den Citroen DS, der 1955 auf den Markt kam. Auf einer primären Ebene handelt es sich um „ein technisch definiertes Objekt, das eine bestimmte Geschwindigkeit erreicht, einen bestimmten Luftwiderstand aufweist usw." (ebd. S. 315). Die mythische Bedeutung nimmt sich das technische Gebrauchsobjekt „zur Beute" und lässt es als „Göttin" erscheinen (so die Bedeutung des mit der Typenbezeichnung „DS" homophonen französischen Wortes „déesse"; ebd. S. 322, Anm. 64), die „offenkundig vom Himmel gefallen" ist und „zum Reich des Wunderbaren gehört" (ebd. S. 196). Ihre glatte Karosserie ruft für Barthes weitere transzendentale Assoziationen hervor: „Der Heilige Rock Christi war ungenäht, so wie das makellose Metall der Science-fiction-Raumschiffe keine Schweißnähte kennt"

---

[3] Dass diese Zuordnung von mythischen Signifikaten keineswegs zwingend ist und je nach Zeichenverwender*in unterschiedlich ausfallen kann, ergibt sich aus der Logik des Saussureschen Zeichenmodells, bei dem die Koppelung von Signifikant und Signifikat „arbiträr" ist (Saussure 2016, S. 29).

(ebd. S. 196). Auch die Formel der allgemeinen Relativitätstheorie „E = mc²" kann zum Mythos werden, wenn sie sich beispielsweise auf T-Shirts wiederfindet und dort – jenseits ihre primären, physikalischen Bedeutung – zum Mythos der „Mathematizität" (ebd. S. 282), der Genialität oder der Unverständlichkeit wird.

Im Bereich von Werbung und Branding bilden die wahrnehmbaren Markenelemente (Logo, Corporate Design, Produktdesign etc.) die Signifikanten der ersten Bedeutungsebene, denen als Signifikate der Markenname und die Produktkategorie zugeordnet werden. Daraus allein ließe sich jedoch nicht die Faszination erklären, die manche Marken ausüben; bei ihnen kommt offenbar eine zweite Bedeutungsebene hinzu, die sich die Zeichenrelation der ersten Ebene zur „Beute" nimmt und den (Marken-)Mythos hervorbringt. So sind das Logo mit dem angebissenen Apfel, das reduzierte Produktdesign, die asketische Ausstattung der Verkaufsräume etc. die Signifikanten der primären Bedeutungsebene, denen auf dieser Ebene als Signifikat der Digitalkonzern *Apple* zugeordnet werden kann. Dass es wohl einen über diese Ebene der reinen Markenwiedererkennung hinausgehenden Markenmythos von Apple gibt, wird an der gespannten Erwartung sichtbar, mit der auf Produktneueinführungen hingefiebert wird, an der hingebungsvollen Begeisterung von Produktverwender*innen, die jenseits eines nüchternen Abwägens von Kosten und Nutzen der gebotenen Funktionalitäten liegt und eher an die treue Gefolgschaft von Sektenanhängern erinnert, an der gläubigen Verehrung, die dem verstorbenen Firmengründer Steve Jobs entgegengebracht wird und anderes mehr. Versucht man die Bedeutungsgehalte des Apple-Mythos begrifflich zu fassen, dann wird man möglicherweise Signifikate wie Kreativität, Smartness, Intuition, Simplizität, Liberalität, Distinktion, Intellektualität und anderes mehr verwenden. Grundsätzlich ist es aber schwierig, einen (Marken)Mythos eindeutig und präzise ‚auf den Begriff' zu bringen – auch wenn man ihn vielleicht (insbesondere bei einer ‚starken' Marke) sehr deutlich empfindet. Denn wie Barthes formuliert hat, ist das mit dem Mythos verbundene „Wissen wirr, ein aus unscharfen, unbegrenzten Assoziationen bestehendes Wissen. Man muss diese Offenheit des Begriffs betonen; er ist (…) ein formloser, instabiler, nebelhafter Niederschlag" (Barthes 2010, S. 264).

Die Analyse sich überlagernder Bedeutungsebenen, bei der eine zutiefst ‚kultürliche' Ebene durch eine andere Ebene scheinbar unmittelbarer Evidenz ‚naturalisiert' wird, steht auch im Zentrum des zweiten Schlüsselwerks, dem Aufsatz „Rhetorik des Bildes" der 1964 erstmals in der Zeitschrift *Communications* erschienen ist (Barthes 1990 [1964]) und bisweilen als Ausgangspunkt der Bildsemiotik gesehen wird (Schirra 2019; Eco 2000, S. 388). Barthes entfaltet sie anhand einer Werbeanzeige des italienischen Herstellers von Nudelgerichten *Panzani*. Sie zeigt vor einem neutralen Hintergrund ein Einkaufsnetz, in dem sich Tomaten, Paprika und Zwiebeln befinden sowie zwei Packungen Panzani-Spaghetti, eine Dose Panzani (Tomaten-?) Sauce und ein Tütchen Panzani-Parmesan-Käse, ein Teil der Produkte hat sich aus dem Netz auf den Boden ergossen. Unter den Produkten stehen in Versalien die Worte „Pates – Sauce – Parmesan" und „A l'italienne de luxe" (siehe Caspers 2009, S. 42).

Barthes arbeitet neben der sprachlichen Ebene zwei bildliche Sinnebenen heraus – eine „kodierte bildliche und eine nicht-kodierte bildliche Botschaft" (Barthes 1990 [1964], S. 32). Diese beiden bildlichen Ebenen[4] sind deckungsgleich mit den beiden Ebenen im oben wiedergegebenen, zweistufigen Zeichenmodell des Mythos. Die primäre Ebene ist die nicht-codierte Ebene, die Barthes auch als die „buchstäbliche" Bedeutung des Bildes (ebd. S. 33) bezeichnet, die zweite Ebene nennt Barthes die „symbolische" Ebene (ebd.), die kulturell codiert ist (ebd.). Wie bei der mythischen Zeichenrelation sind die beiden Ebenen miteinander verwoben und werden gleichzeitig rezipiert (ebd. S. 32), nur zu analytischen Zwecken lassen sie sich trennen (ebd.). Dabei erscheint die „buchstäbliche Botschaft (…) als *Träger* der ,symbolischen' Botschaft" (ebd. S. 33). Wie auch die mythische Zeichenrelation ist die symbolische Zeichenrelation ein Zeichen zweiter Ordnung, das das Zeichen erster Ordnung – die buchstäbliche Botschaft – als Signifikanten nimmt. Generalisierend stellt Barthes fest: „Nun wissen wir, dass ein System, das die Zeichen eines anderen Systems übernimmt und zu seinen Signifikanten macht, ein

---

[4] Ebenfalls drei Sinnebenen bei gegenständlichen Bildern unterscheidet das Ikonographie/Ikonologie-Modell des Kunsthistorikers Erwin Panofsky (1987a, b): Die vor-ikonographische, die ikonographische und die ikonologische Sinnebene. Dies hat verschiedentlich dazu verführt, eine partielle Parallelität der Sinnebenen bei Barthes und Panofsky nahezulegen (Müller-Doohm 1997, S. 98) oder zu behaupten (Bohnsack 2009, S. 33). Dass die Relation aber vielschichtiger ist, habe ich an anderer Stelle zu zeigen versucht (Michel 2020, S. 221): Eine sprachliche Ebene kommt in Panofskys Modell nicht vor, dafür findet sich für Panofskys ikonologische Ebene keine Entsprechung in Barthes' Modell: Denn die ikonologische Ebene ist dadurch charakterisiert, dass sich hier „die ungewollte und ungewusste Selbstoffenbarung eines grundsätzlichen Verhaltens zur Welt" (Panofsky 1987a, S. 200) des/r Bildproduzent*in artikuliert (also das, was Pierre Bourdieu später unter Bezug auf Panofsky als „Habitus" bezeichnet hat; Bourdieu 1974), mithin durch ihre *Nicht-Intentionalität*. Barthes gibt aber als Begründung für die Wahl eines Bildes aus dem Bereich der Werbung an: „Weil in der Werbung die Bedeutung des Bildes mit Sicherheit intentional ist" (Barthes 1990, S. 28) – eine genuin nicht-intentionale Sinnebene ist hier somit nicht vorgesehen. Darüberhinaus sind Panofskys vor-ikonographische und ikonographische Sinnebene m.E. *beide* Barthes' primärer Bedeutungsebene zuzuordnen, für Barthes' sekundäre Ebene gibt es m.E. wiederum keine Entsprechung in Panofskys Modell (ausführlicher dazu siehe Michel 2020).

Konnotationssystem ist; man wird also von vornherein sagen, dass das buchstäbliche Bild *denotiert* und das symbolische Bild *konnotiert* ist" (ebd.) und – so darf man fortfahren – auch die mythische Bedeutung entsprechend eine konnotative Bedeutung darstellt.[5]

Auf der denotativen Ebene lässt sich bei der Panzani-Anzeige eine „gewisse Anzahl identifizierbarer Objekte" wiedererkennen, also Tomaten, Paprika, Nudelpackung, Einkaufsnetzt etc. „und nicht bloß Formen und Farben" (Barthes 1990 [1964], S. 31). Für die „Lektüre" (ebd. S. 32) dieser Bedeutungebene muss kein Code erlernt werden, nötig ist „kein anderes Wissen als das mit unserer Wahrnehmung verknüpfte" (ebd.) – wenn man weiß, wie eine Tomate aussieht, erkennt man auch das Bild einer Tomate. Darin liegt das „Nicht-Codierte" dieser Bedeutungsebene, die allerdings nur für Fotografien gilt. Die konnotative Bedeutung eines Bildes kann variieren je nach dem Hintergrundwissen, das die Rezipierenden an ein Bildes herantragen (vgl. ebd. S. 41). Wie auch bei der Benennung der mythischen Bedeutungsebene sieht Barthes eine „Schwierigkeit" darin, die konnotative Bedeutung begrifflich präzise zu fassen (ebd. S. 42). In dieser „Verlegenheit" (ebd.) behilft sich Barthes mit der Verwendung von Neologismen (Barthes 2010, S. 267) – für die konnotative Bedeutung der Panzani-Anzeige schlägt er die Wortneuschöpfung „Italianität" vor, die ein „zutiefst ,französisches' Wissen" (Barthes 1990 [1964]; S. 30) bzw. ein nicht-italienisches Wissen (ebd.) voraussetzt. „Die Italianität ist nicht Italien, sie ist das kondensierte Wesen all dessen, was italienisch sein kann, von den Spaghetti bis zur Malerei." (ebd. 43) Dieses Wesen des Italienischen stülpt sich als zweite Bedeutungsebene über die erste Bedeutungsebene, auf der die Anzeige die abgebildeten Objekte denotiert. Das primäre Zeichen bestehend aus

---

[5] Dass die Unterscheidung einer primären, „buchstäblichen" Bedeutungsebene von Bildern, denen eine sekundäre, konnotative Bedeutung ,übergestülpt' wird, auch auf Phänomene des Internetzeitalters angewendet werden kann, zeigen Memes: Ein bekanntes Beispiel ist das sogenannte „Success Kid", das auf der denotativen Ebene ein Kleinkind mit grimmigem Gesicht und geballter Faust zeigt. Zu einem Meme wird das Bild, indem es zum Signifikanten einer beziehungsweise immer neuer konnotativen Bedeutung(-en) wird, bei denen Faust und Gesichtsausdruck des entindividualisierten Kleinkindes als Ausdruck grimmiger Freude über einen (unverdienten) Erfolg verwendet werden. Diese konnotative Bedeutung würde zunächst aus mehr oder weniger „unscharfen, unbegrenzten Assoziationen" (Barthes 2010, S. 264) bestehen, wenn nicht wechselnde Sprachtexte die konnotative Bedeutung präzisieren würden. Barthes spricht in der Rhetorik des Bildes vom bildbegleitenden Sprachtext als „eine Art Schraubstock" (ebd. S. 35), der die konnotative Bedeutung fixiert. Beispiele für solche begleitenden und die konnotative Bedeutung determinierenden Sprachexte beim Success-Kid sind „It's Friday. We made it!"; „Was 45 minutes late to work. Boss was 50 minutes late to work" oder „Ate Spaghetti while wearing a white shirt. Didn't get sauce on it".

Tomaten, Paprika und Nudelpackungen in seiner Farbigkeit der italienischen Trikolore wird somit zum Signifikanten des zweiten Zeichens, dessen Signifikat die
„Italianität" ist (vgl. ebd. S. 30). Die konnotative Bedeutung der Italianität beschreibt somit die *Anmutungsqualität* der Anzeige, die sich auf die beworbene
Marke übertragen soll.[6]

In der Terminologie gängiger Strategieformate der Werbekommunikation kann
man diese Anmutungsqualität der Italianität auch als die „Tonalität" – beziehungsweise die „Tonality" – der Anzeige beziehungsweise der Marke bezeichnen. Unter
der Tonality beziehungsweise der „Tonart" eines Werbemittels versteht Pickert
(1994, S. 82) „unthematische Informationen" wie „Anmutungsqualitäten", „Ge-
fühlsreize", die „Darbietungsatmosphäre" und „das kennzeichnende Fluidum einer
Botschaft", die aussagen, „wie das ‚Was' mitgeteilt werden soll" (ebd. S. 82 f.). Als
„Flair" und „Grundstimmung" bezeichnen Schnettler und Wendt (2003) die Tonality, die „die besondere Atmosphäre" und den „Darstellungsstil" bestimmt, die –
beziehungsweise der – die „zentrale Werbebotschaft umgeben soll" (2003, S. 45
sowie S. 274).[7] Die ätherischen Begrifflichkeiten (Anmutung, Gefühl, Atmosphäre,
Fluidum, Flair, Stimmung), mit denen die Tonalität umschrieben wird, rücken sie
ebenfalls in die Nähe dessen, was Barthes unter der konnotativen Bedeutung[8] versteht, deren präzise Benennung ihn in „Verlegenheit" brachte (Barthes 1990
[1964], S. 42).

In der alltagsweltlichen Werberezeption ‚verschmilzt' die werbestrategisch
konzipierte und zeichenanalytisch herauspräparierte Konnotation in der Wahrnehmung der Konsument*innen untrennbar mit der Denotation. Die Panzani-Produkte
wirken dann tatsächlich als Inkarnation all dessen, was italienisch ist. Barthes
spricht von der Denotation als einem „Unschuld spendende(n), reinigende(n) Bad"
(Barthes 1990 [1964], S. 45), in das die konnotativen bzw. mythischen Bedeutungen

---

[6] Barthes unterstellt der werblichen Kommunikation grundsätzlich, dass sie ihre Mittel *intentional* einsetzt, um „eine optimale Lektüre" (ebd. S. 28 f.) hervorzurufen.

[7] Für den Prozess der Werbegestaltung führt Tropp aus, dass die Festlegung einer Tonality im
Rahmen der Copy-Strategy der Kreationsabteilung die Richtung der gewünschten Anmutungsqualität zeigt (ders. 2011, S. 389). „Dazu werden Gestaltungsrichtlinien verfasst, die
den typischen Charakter und den kreativen verbalen und visuellen Stil der zu produzierenden
Kommunikationsmaßnahmen bestimmen. Die Angaben zur Tonality beantworten somit zusammenfassend die Frage: *Mit welchem gestalterischen Grundstil soll der Consumer Benefit
und der Reason Why kommuniziert werden?*" (ebd.; kursiv i. Orig.)

[8] Obwohl Mythos und Konnotation strukturell gesehen identisch sind, gibt es offenkundig
Unterschiede zwischen Markenmythos und Tonalität: Während jedes Werbemittel – es mag
so schlicht sein wie es will (wie z. B. die Panzani-Anzeige) – zwangsläufig eine bestimmte
Tonalität konnotiert, werden nur die wenigsten Marken zum Mythos.

eintauchen. Dadurch „naturalisiert" (ebd., S. 40) die buchstäbliche Bedeutungsebene die kulturellen Bedeutungen der konnotativen Ebene und „lässt den (vor
allem in der Werbung) sehr differenzierten semantischen Trick der Konnotation
unschuldig erscheinen; (…) Die Natur scheint spontan die dargestellte Szene
hervorzubringen" (ebd.). Die komplexen kulturellen Codierungen, mit denen
schlichte materielle Produkte wie zum Beispiel Nudeln mit einem konnotativen
Flair und Fluidum von Italianität aufgeladen werden, scheinen in den unmittelbar
sichtbaren Produkten selbst verankert und aus ihnen heraus zu erwachsen. Durch
ihre unmittelbare Anschaulichkeit naturalisiert die denotative Bedeutungsebene
des Bildes die kulturdurchdrungene Ebene der Konnotation und setzt „an die Stelle
der banalen Aufforderung (*kauft*) (…) das Schauspiel einer Welt, in der es *natürlich* ist" ein bestimmtes Produkt zu kaufen (Barthes 1988a, S. 184).

2 Eingliederung in das Gesamtwerk

Obwohl Roland Barthes sich wiederholt mit Werbung beschäftigt hat und auch
beratend für eine Werbeagentur tätig war, nimmt die Auseinandersetzung mit Werbung nur einen geringen Teil in seinem Gesamtwerk ein. Insofern wäre es übertrie-
ben, ihn als einen Werbewissenschaftler oder -forscher zu bezeichnen. In der
deutschsprachigen *Wikipedia* wird er als „Philosoph, Schriftsteller und Literatur-
kritiker" geführt, in der AFP-Meldung zu seinem Unfall, an dessen Folgen er 1980
starb, wird er als „Universitätsprofessor, Essayist und Kritiker" bezeichnet (Samoyault 2015, S. 10), der Verfasser einer „intellektuellen Biographie" über Roland
Barthes', nennt ihn einen „Kritiker, Literaturwissenschaftler, Zeichentheoretiker,
Maler, Philosoph und Romancier" (Ette 1998, Klappentext); seine heutige Bedeutung rührt wohl vor allem aus seiner Rolle als Mitbegründer der Semiotik her.
    Wie die Breite der Berufsbezeichnungen bereits nahelegt, lässt sich das Schaf-
fen Roland Barthes' schwer auf einen einzigen Nenner bringen. Wollte man die
Bücher Barthes' in einer großen Buchhandlung oder Bibliothek zusammenstellen,
müsste man „weite Wege zurücklegen: Manche Titel finden sich im Bereich von
Linguistik und Zeichentheorie, andere bei der Soziologie, Kulturtheorie oder Literaturwissenschaft, wieder andere finden sich in jenen Regalen, die dem Film und
der Photographie gewidmet sind; mitunter werden einige Texte vom Buchhandel
längst den Bereichen Autobiographie oder Roman zugewiesen" (Ette 1998, S. 24).
Sollte die Buchhandlung gar über ein Regal zum Thema „Werbeforschung" verfügen, wäre der Name Barthes auch hier zu finden.
    Als „semiologisches Abenteuer" hat Barthes (1988b) selbst sein Wirken im
Rückblick bezeichnet und versucht es *zeitlich* zu systematisieren. Er gliedert sein

Schaffen in drei Phasen: Die erste Phase nennt er die Phase der „Faszination"
(ebd. S. 8). Ausgelöst wurde sie durch die Lektüre der Zeichentheorie Ferdinand
des Saussures und Barthes' Hoffnung, dessen genuin sprachwissenschaftliches Instrumentarium auf „Material der Konsumgesellschaft" (ebd.) anzuwenden. Damit
wollte er „Ideologiekritik" an der „sogenannten Massenkultur" (Barthes 2010,
S. 9) üben, indem er mit den Mitteln der Semiotik eine „subtile Analyse der Sinn-
prozesse" (Barthes 1988b, S. 8 f.) leistet, „mit deren Hilfe die Bourgeoisie ihre
historische Klassenkultur in universelle Natur verwandelte" (ebd.). In diese Phase,
die Barthes bis etwa 1956 datiert, fällt die Entstehung der „Mythen des Alltags".
Die „Rhetorik des Bildes" ist Barthes' zweiter Phase, der der „Wissenschaft", zuzurechnen (Barthes 1988b, S. 9). Barthes entfaltet in dieser Zeit die Systematik
seines semiotischen Modells. Exemplarisch wendet er es auf die „Sprache der
Mode" (ders. 1985), aber auch auf die Fotografie und den Film an. Dieser „Rausch"
des Systematisierens (Barthes 1988b, S. 9) währte von 1957 bis 1963. In seiner
dritten Schaffensphase wandelte sich Barthes schließlich vom Strukturalisten zum
Poststrukturalisten, er selbst nennt dies die Phase des „Textes" (ebd. S. 10). Er
stellt dabei dem in sich abgeschlossenen Werk den offenen Text gegenüber (Barthes 2005): Die ohnehin schon lose Koppelung von Signifikant und Signifikat in
Saussures Zeichenmodell wird nun radikalisiert, indem sie nicht mehr als Teil einer
relativ stabilen Struktur betrachtet, sondern als „signifikante Praxis" (Barthes
1988b, S. 11) dynamisiert wird und letztlich zur ‚Sprengung' fester Sinnstrukturen
führt (vgl. Ette 2017, S. 303). An die Stelle (ideologie-)kritischer Textinterpretati-
onen tritt eine Vielzahl unterschiedlicher Lektüren eines Textes, bei denen sich der
Sinn immer weiter verflüchtigt (Barthes 2005, S. 45). Der Text „ist nicht eine
Menge geschlossener, mit einem freizulegenden Sinn versehener Zeichen, sondern
ein Volumen sich verschiebender Spuren" (Barthes 1988b, S. 11). Aufgrund dieser
Entwicklung in der dritten Phase wird Barthes auch als einer der „Väter der Post-
moderne" (Ette 2017, S. 482) bezeichnet.

Zum Etikett „postmodern" passt (vgl. Mayer 2001, S. 522) der Befund, dass Barthes' Arbeiten „jenseits des großen Schismas" (Ette 2017, S. 36) von Hoch- und Trivial-
oder Massenkultur angesiedelt sind. Indem Barthes Werbung als *ein* Beispiel für seine
semiotischen Analysen heranzieht und sie damit gleichrangig neben Beispiele aus der
Literatur, Oper oder Fotografie stellt, wertet er Werbung als Phänomen der Alltagskultur auf. Mit seiner Hinwendung nicht nur zu Werbung, sondern auch zur Mode (Barthes
1985) und anderen Objekten des Alltagslebens nobilitiert er bislang profane Gegen-
standsbereiche zu Untersuchungsobjekten der Wissenschaft. Damit trägt er zu einer
Überwindung der Trennung einer hochkulturellen Sphäre von den vermeintlichen Niederungen der Populärkultur bei (Ette 2017, S. 36 f.).

3   Wirkungsgeschichte und Kritik

Roland Barthes' Texte haben eine breite Wirkung entfaltet. Stärker noch als im deutschsprachigen Raum wurden sie in der angelsächsischen Welt aufgegriffen (vgl. Ette 2017, S. 15). Zu Schlüsselwerken wurden einige seiner Arbeiten insbesondere für die (British) Cultural Studies (vgl. Grabbe und Kruse 2009). Sowohl Barthes' ideologiekritische Perspektive als auch seine struktural-semiotische Textanalysen erwiesen sich als wegweisend für diesen Ansatz (ebd. S. 21; vgl. Lutter und Reisenleitner 2001, S. 34). So knüpften führende Vertreter dieser Richtung an Barthes an oder referierten seine Arbeiten als grundlegend (z. B. Fiske 1990; Hall 1997). Charakteristisch für die Cultural Studies ist unter anderem, dass „grundsätzlich jede zu untersuchende kulturelle Manifestation als Text bezeichnet" wird (Jurga 1997, S. 127). Damit findet Barthes' textanalytisches Instrumentarium ein breites Betätigungsfeld, das er selbst schon bereitet hat, indem er beispielsweise Autos, Lebensmitteln und Spielsachen mit textanalytischem Instrumentarium als Mythen untersucht hat.

Barthes' besondere Relevanz für die Werbeforschung ergibt sich ebenfalls aus seiner Fokussierung auf den Text: Indem er Werbung unabhängig von der Mediengattung als mehrschichtigem Text (Barthes 2005, S. 45) betrachtet, liefert Roland Barthes eine Konstruktion des Untersuchungsgegenstands „Werbung", die sich von den Konzeptionen in anderen Disziplinen, die sich ebenfalls mit Werbung beschäftigen, deutlich abhebt: Werbliche Kommunikationsmittel werden nicht – wie in der psychologisch fundierten Wirkungsforschung – auf ihre Eigenschaft als Stimulus-Material und unabhängige Variable reduziert, deren reaktive Auswirkungen auf einer Empfängerseite als abhängige Variable gemessen werden. Werbung erscheint auch nicht als eines von vielen zweckrational auszuwählenden Kommunikationsinstrumenten innerhalb eines Marketingmix wie es dem Verständnis der Wirtschaftswissenschaften entspricht. Werbung wird vielmehr als mehrschichtiges Zeichengefüge konzipiert, das in einen kulturellen Kontext eingebunden und offen für zielgruppenspezifisch unterschiedliche Lesarten ist. Mit der semiotischen Analyse von Medientexten aus dem Bereich der Werbung verfolgt Roland Barthes zwar auch ein ideologiekritisches Ziel (Barthes 2010, S. 9), jedoch nicht im Sinne einer makroskopischen Gesellschaftskritik, die Werbung als Verführungsinstrument der Massen durch das Kapital begreift, sondern durch die mikroskopische „Demontage" (ebd.) der Feinmechanik der Bedeutungsproduktion in konkreten Werbemitteln. In dieser Hinsicht ist Barthes' Vorgehen mit der ebenfalls als Klassiker anzusehenden Untersuchung „Gender Advertisements" von Erving Goffman (1976) vergleichbar. Breite Aufnahme fanden und finden die werbewissenschaftlichen

Schlüsseltexte Roland Barthes' in der populärwissenschaftlichen (zum Beispiel Caspers 2009) und wissenschaftlichen (zum Beispiel Zurstiege 2005, 2007) Auseinandersetzung mit Werbung, wenig bis gar keine dagegen in der werbepraktischen Literatur – möglicherweise, weil sie werbeanalytisch und weniger konzeptionell angelegt sind. Vielleicht liegt es auch daran, dass geisteswissenschaftlich geprägte Ansätze es in der angewandten Werbeforschung schwer haben, die sich speziell in Deutschland stark an den empirischen Sozialwissenschaften orientiert. Denkbar ist aber auch, dass sich hier erneut der „academician-practioner gap" (Nilasy und Reid 2007) zwischen Werbewissenschaft und Werbepraxis zeigt.

Literatur

Barthes, R. (1983): *Elemente der Semiologie*, Frankfurt/M.: Suhrkamp.
Barthes, R. (1988a): Der Werbespot. In R. Barthes (Hrsg.): *Das semiologische Abenteuer* (181–186). Frankfurt/M.: Suhrkamp.
Barthes, R. (1988b): Das semiologische Abenteuer. In R. Barthes (Hrsg.): *Das semiologische Abenteuer* (7–12). Frankfurt/M.: Suhrkamp.
Barthes, R. (1990 [1964 im Original]): Rhetorik des Bildes. In R. Barthes: *Der entgegenkommende und der stumpfe Sinn* (28–46). Frankfurt/M.: Suhrkamp.
Barthes, R. (2010): *Mythen des Alltags*. Berlin: Suhrkamp.
Barthes, Roland (1985): *Die Sprache der Mode*, Frankfurt/M.: Suhrkamp.
Barthes, Roland (2005): Vom Werk zum Text, in: S. Kammer/ R. Lüdeke (Hrsg.): *Texte zur Theorie des Textes* (S. 40–51). Stuttgart: Reclam.
Binet, Laurent (2017): *Die siebte Sprachfunktion*. Reinbek: Rowohlt.
Bohnsack, Ralf (2009): *Qualitative Bild- und Videointerpretation. Die dokumentarische Methode*. Opladen, Farmington Hills: Verlag Barbara Budrich.
Bourdieu, Pierre (1974): *Zur Soziologie der symbolischen Formen*. Frankfurt/M.: Suhrkamp.
Caspers, M. (2009): *Werbung. Ein Schnellkurs*. Köln: DuMont.
Eco, U. (2000): *Kant und das Schnabeltier*. München: Hanser.
Ette, O. (2017): *Roland Barthes. Eine intellektuelle Biographie*. Frankfurt/M.: Suhrkamp.
Fiske, J. (1990): *Introduction to Communication Studies*. London/New York: Routledge.
Grabbe, L./Kruse, P. (2009): Roland Barthes: Zeichen, Kommunikation und Mythos. In A. Hepp/F. Krotz/T. Thomas (Hg.): *Schlüsselwerke der Cultural Studies*. Wiesbaden: VS.
Hall, S. (1997): *Representation. Cultural Representations and Signifying Practices*. London/ Thousand Oaks/New Delhi: Sage.
Jurga, M. (1997): Texte als (mehrdeutige) Manifestationen von Kultur: Konzepte von Ploysemie und Offenheit in den Cultural Studies. In A. Hepp/ R. Winter (Hrsg.): *Kultur – Medien – Macht, Cultural Studies und Medienanalyse* (127–142) Opladen: Westdeutscher Verlag.

Lutter, Christina/Reisenleitner, Markus (2001): *Cultural Studies. Eine Einführung.* Wien: Turia & Kant.

Mayer, R. (2001): Postmoderne/Postmodernismus. In A. Nünning (Hg.): *Metzler Lexikon Literatur- und Kulturtheorie* (522–523) Stuttgart/Weimar: Metzler.

Michel, B. (2020): Subsumtionsdilemmata erster und zweiter Ordnung: Ambivalenzen bei der Rekonstruktion von Bildrezeptionsprozessen. In O. Dörner/F. Endreß/D. Klinge/F. Krämer (Hrsg.), *Metapher, Medium, Methode. Theoretische und empirische Zugänge zur Bildung Erwachsener* (199–225). Opladen, Berlin, Toronto: Verlag Barbara Budrich.

Müller-Doohm, S. (1997): Bildinterpretation als struktural-hermeneutische Symbolanalyse, in: R. Hitzler/A. Honer (Hrsg.): *Sozialwissenschaftliche Hermeneutik.* (S. 81–108) Opladen: Leske & Budrich.

Nöth, W. (2000): *Handbuch der Semiotik,* Stuttgart/Weimar: J.B. Metzler.

Nyilasy, G./Reid, L. N. (2007): The academician–practitioner gap in advertising, in: International Journal of Advertising, 26:4, 425–445

Panofsky, Erwin (1987a): Zum Problem der Beschreibung und Inhaltsdeutung von Werken der bildenden Kunst. In E. Kaemmerling (Hrsg.): *Ikonographie und Ikonologie. Theorien, Entwicklung, Probleme* (185–206). Köln: Dumont.

Panofsky, Erwin (1987b): Ikonographie und Ikonologie. In E. Kaemmerling (Hrsg.): *Ikonographie und Ikonologie. Theorien, Entwicklung, Probleme* (207–225). Köln: Dumont.

Pickert, Mike (1994): *Die Konzeption der Werbung. Determinanten, Strategien, Kommuniqués.* Heidelberg: Sauer Verlag.

Samoyault, T. (2015): *Roland Barthes. Die Biographie.* Berlin: Suhrkamp.

Saussure, F. de (2016): *Grundfragen der allgemeinen Sprachwissenschaft. Eine Auswahl.* Stuttgart: Reclam.

Schirra, Jörg R.J. (2019): *Bildsemiotik.* (http://www.gib.uni-tuebingen.de/netzwerk/glossar/index.php?title=Bildsemiotik; Zugegriffen: 11. Oktober 2020)

Schnettler, J./Wendt, G. (2003): *Konzeption und Mediaplanung für Werbe- und Kommunikationsberufe.* Berlin: Cornelsen.

Tropp, Jörg (2011): *Moderne Marketing-Kommunikation. System – Prozess – Management.* Wiesbaden: VS-Verlag.

Zurstiege, G. (2005): *Zwischen Kritik und Faszination. Was wir beobachten, wenn wir die Werbung beobachten, wie sie die Gesellschaft beobachtet.* Köln: Halem.

Zurstiege, G. (2007): *Werbeforschung.* Konstanz: UVK.

Kaufst Du mir die Geschichte ab? Advertising Narratives: What are they and how do they work? von Escalas

Tim Wulf

1   Einleitung

Ein alleinstehender älterer Mann sitzt Jahr um Jahr einsam am Esstisch vor seinem festlich geschmückten Weihnachtsbaum. Seine Familie scheint ihn Jahr um Jahr zu vertrösten. Traurig schaut er aus dem Fenster dabei zu, wie sein Nachbar dessen Enkelkinder begrüßt. Schnitt. In einem Zusammenschnitt bekommen Menschen eine Todesanzeige zugeschickt. Nachdenklich und trauernd reisen sie aus aller Welt zur Trauerfeier. Beim Leichenschmaus begrüßt der ältere Herr seine Kinder: „Wie hätte ich euch denn sonst alle zusammenbringen sollen?". Die Familie liegt sich glücklich in den Armen und feiert Weihnachten. Der Schriftzug „Zeit heimzukommen" erscheint als Überblende, gefolgt vom bekannten Logo der Marke EDEKA (EDEKA 2015). Ein User kommentiert unter dem Video: „I'm crying over some household commercial? Give the director an oscar!!" (Wisnu Aditya 2018) und veranschaulicht, welche Wirkung gerade durch das Anschauen eines Werbespots bei ihm ausgelöst wurde.

Der oben beschriebene EDEKA-Werbespot aus der Weihnachtssaison 2015 ist ein prominentes Beispiel für eine narrative Werbung aus den letzten Jahren. Der Spot erzählt eine bewegende Geschichte, die darauf abzielt, Zuschauer*innen emotional zu berühren. Er bewirbt den Wert von Familie und des gemeinsamen Feierns des Weihnachtsfests. Er bewirbt jedoch nicht die Vorteile (Sonderangebote, Quali-

T. Wulf (✉)
Institut für Kommunikationswissenschaft und Medienforschung, Ludwig- Maximilians-Universität München, München, Deutschland
E-Mail: tim.wulf@ifkw.lmu.de

© Springer Fachmedien Wiesbaden GmbH, ein Teil von Springer Nature 2022   285
T. G. K. Meitz et al. (Hrsg.), *Schlüsselwerke der Werbeforschung*,
https://doi.org/10.1007/978-3-658-36508-0_25

tät, Auswahlmöglichkeiten oder besondere Services) von EDEKA – aber wäre das
nicht viel sinnvoller, um Menschen davon zu überzeugen bei EDEKA einkaufen zu
gehen? Diese Frage hat sich auch Jennifer E. Escalas in den 90er-Jahren gestellt.

2   Inhalt des Schlüsselwerks

Ausgehend von der Beobachtung, dass es immer mehr narrative Werbungen im
Fernsehen gibt, hat Escalas untersucht, welchen Anteil an TV-Werbung solche
Werbungen einnehmen, die Geschichten erzählen, anstatt Produkte mit Argumenten zu bewerben. Darüber hinaus hat sie eine Vielzahl von Annahmen dazu getroffen, wie solche Werbeformen psychologisch verarbeitet werden könnten.

2.1   Narrative Werbung und wie Menschen sie verarbeiten

Was sind Narrative Werbungen? Ein Narrativ (vom lat. narrare = erzählen) ist eine
Darstellungsform, in welcher fiktionale oder reale Sachverhalte, Geschehnisse,
oder Zusammenhänge geschildert werden können. Eine solche Erzählung wird
häufig auch als Narration oder Geschichte bezeichnet. Escalas definiert Narrative
in ihrer Arbeit als „One or more episodes consisting of actors engaged in actions to
achieve goals. Sequence initiated by some event and actions result in outcome(s).
Linear chronology. Causality implicit or inferred. Often focus on particular and
unusual events." (S. 273). Narrative zeichnen sich demnach durch zwei grundlegende Elemente aus: Chronologie und Kausalität. Die zeitliche Komponente
(Chronologie) ist daran erkennbar, dass Narrative einen Anfang, einen Mittelteil
und einen Schluss aufweisen, welche zeitlich nacheinander folgen. Durch die zeitliche Ordnung der Ereignisse fällt es Menschen leicht, diese nachzuvollziehen. Die
logische Komponente (Kausalität) verknüpft die verschiedenen Elemente der Geschichte miteinander und erlaubt und erfordert gleichsam, diese miteinander in
Verbindung zu setzen. Für die logische Struktur ist es wichtig, dass Ereignisse bei
den Protagonist*innen eines Narratives bestimmte nachvollziehbare physische
oder psychologische Zustände auslösen, die mit einer Motivation und Handlung
einhergehen. Aus diesen Handlungen leiten sich dann weitere Konsequenzen ab.
Chronologie und Kausalität greifen hierbei ineinander, sodass ein Zustand zu Zeitpunkt Eins zu einer logisch nachvollziehbaren Handlung zu Zeitpunkt Zwei führen
kann. Narrative sind nach Escalas vor allem dann von hoher Qualität, wenn Rezipient*innen die Handlungssequenzen gut nachvollziehen können und wenn sie
sich gut in die Situation von Protagonist*innen hineinversetzen können. Diese An-

nahmen beruhen auf Arbeiten von Bruner (1986) sowie Feldman und Kolleg*innen (1990). Hierbei hat sich gezeigt, dass Rezipient*innen vor allem dann dazu bereit sind sich auf Narrative einzulassen, wenn Gefühle, Gedanken und Handlungen der Protagonist*innen gut nachvollziehbar sind. Auch Ungleichgewichte in Erzählungen, etwa der Bruch mit Erwartungen, das Scheitern von Helden oder ein unerwartetes Ende, könnten dazu führen, dass Rezipient*innen tiefer elaborieren, um sich diese Ungleichgewichte zu erklären.

Narrative erfüllen unterschiedliche Funktionen. Sie können Menschen dabei helfen, zu verstehen, was gerade passiert und wie unterschiedliche Ereignisse miteinander zusammenhängen, indem sie die Komplexität komplexer Zusammenhänge herunterbrechen und auf alltägliche Begebenheiten anwenden. Zudem erfüllen sie emotionale Funktionen. Hierbei bezieht sich Escalas vor allem auf die psychologischen Arbeiten von Lazarus (1991) und Shweder (1994), die davon ausgehen, dass die Bewertung und Einschätzung von Emotionen bestimmten Narrativen folgten. Beispielsweise wäre die Emotion Wut als Konsequenz eines Raubüberfalls nachvollziehbar, jedoch unangemessen als Reaktion auf einen Heiratsantrag. Schließlich sind Narrative für Escalas auch für die Identität von Menschen von besonderer Bedeutung, da sich bestimmte Persönlichkeitseigenschaften aus den eigenen Erfahrungen, beziehungsweise aus persönlichen Narrativen ableiten ließen. So erscheint etwa schüchternes oder zurückgezogenes Verhalten einer Person in einem anderen Licht, wenn man weiß, dass sie in Vergangenheit Erfahrungen mit sozialer Ausgrenzung gemacht hat (siehe z. B. Williams 1997) als vor dem Hintergrund eines kürzlichen Trauerfalls in der eigenen Familie. Beide Geschichten würden jedoch die Zurückhaltung des anderen nachvollziehbar machen.

Wie im eingangs beschriebenen EDEKA-Beispiel erzählen viele Werbungen (wenn auch kurze) Geschichten. Beispielsweise entspricht die kurze, aber logische, Abfolge, dass jemand Schmerzen hat, daraufhin ein bestimmtes Schmerzmittel einnimmt und kurz darauf wieder bester Verfassung ist, einem Narrativ (Escalas 1998, S. 274). Auch Geschichten, die sich über mehrere Episoden von Werbungen hinwegzählen, können als Narrativ verstanden werden. „The definition of a narrative ad is simply an ad that tells a story" (Escalas 1998, S. 274). Im Gegensatz zu anderen Forscher*innen geht Escalas jedoch davon aus, dass die Einteilung in narrative und nicht-narrative Werbungen, wie sie etwa Deighton und Kolleg*innen (1989) vornehmen, zu kurz gegriffen sei. Vielmehr bewegt sich die Narrativität einer Werbung auf einem Kontinuum von keinerlei narrativer Struktur bis hin zu ausgetüftelten, bewegenden Geschichten. Je nachdem, wie viele beziehungsweise welche Elemente eine Werbung aufweist, sei sie auf diesem Kontinuum einzuordnen.

Um sich einen Überblick darüber zu verschaffen, welchen Anteil narrative Werbungen am Markt einnehmen, hat Escalas in den 1990er-Jahren alle Werbungen,
die im Bundesstaat Arizona innerhalb von drei Wochen auf den größeren Sendern
ausgestrahlt wurden, analysiert. Insgesamt wurden hierbei 231 unterschiedliche
Werbungen berücksichtigt, welche keine Crosspromotion (als Werbung für andere
Fernsehsendungen) waren. Alle Werbungen wurden anhand von zwei Fragen auf
einer fünfstufigen Skala bewertet: (1) Handelt es sich um eine durchdachte Geschichte mit den entsprechenden Elementen (Szenen, Schauspieler, Intention und
Ziel, Handlung, Reaktion, Ergebnis)? und (2) Hat die Werbung eine zeitliche Dimension (Anfang, Mittelteil, Schluss, Zeitverlauf)? Zur Auswertung wurde aus
beiden Skalen der Mittelwert gebildet. Escalas hat in ihrer Auswertung den Gren-
zwert einer narrativen Werbung konservativ auf den Wert Vier festgelegt. Von den
231 untersuchten Werbungen überstiegen 55 diesen Wert, was einen Anteil von
21,6 % ausmacht. Sie berichtet zudem, dass hinsichtlich narrativer Struktur 93 weitere Spots (40,3 %) über dem Mittelwert der Skala lagen. Es lässt sich somit (konservativ) festhalten, dass etwa ein Viertel der damals untersuchten ausgestrahlten
Werbungen als narrative Werbungen eingestuft werden konnten.

2.2   Vorteile narrativer Werbung.

Lohnt es sich, Werbungen aufwendig mit Storyboard in Form von Geschichten zu
produzieren? Zur Beantwortung dieser Frage ist es wichtig, zu untersuchen, ob
Menschen narrative Werbungen *anders* verarbeiten als klassische Werbungen. Die
zentrale Annahme von Escalas (1998) ist, dass narrative Werbungen bei Rezipient*innen zu einem narrativen Verarbeitungsmodus führten. Dies kann dadurch
geschehen, dass die Ereignisse in zeitlicher und logischer Abfolge dargeboten werden, dass Rezipient*innen sich mit den Protagonist*innen identifizieren, oder, dass
Teile der Geschichte sie an sich selbst erinnern, da sie eine Nähe zu autobiografi-
schen Erlebnissen aufweisen. Diese narrative Art der Verarbeitung wirkt sich wei-
tergehend auf affektive, kognitive und behaviorale Reaktionen aus.
    Auf der affektiven Ebene könne narrative Verarbeitung dazu führen, dass stär-
kere Emotionen ausgelöst werden, welche für den Erfolg einer Werbebotschaft
höchstrelevant sein können. Darüber hinaus können durch Narrative Bedeutungen
erschaffen werden, welche Rezipient*innen mit der Marke verknüpfen. Denken
Sie noch einmal an den anfänglichen EDEKA-Werbespot. Wir haben zwar keine
Ahnung, was das Angebot von EDEKA so besonders macht, aber wir wissen, dass
EDEKA uns das Gefühl vermittelt, dass es wichtig ist, mit der Familie zusammen
Weihnachten zu feiern. Und dieses positive Gefühl verknüpfen wir mit der Marke.

Dieses positive Gefühl und die narrative Verarbeitung können auch dafür sorgen, dass wir weniger kritisch auf Inhalte reagieren und schließlich sowohl den Spot als auch die Marke positiver bewerten. Genau diese beiden Kennwerte (Spot- und Markenbewertung) sind zwei äußerst relevante Key Performance Indikatoren (KPIs) für die Evaluierung einer Werbekampagne in der heutigen Markt- und Werbeforschung.

Schließlich kann das narrative Verarbeiten auch dazu führen, dass wir in spezifischen Situationen an die Marke oder das beworbene Produkt denken, wenn wir etwas erleben, was dem Narrativ ähnelt. Wenn wir beispielsweise den Weihnachtseinkauf für die ganze Familie beschaffen wollen, könnte die semantische Nähe zum EDEKA Spot uns in genau diesen Supermarkt führen, oder wenn wir Schmerzen haben und uns so fühlen wie ein*e Protagonist*in im Schmerzmittelwerbespot, könnte die Wahl auf das Produkt fallen, was jene*n von den Schmerzen erlöst hat.

Insgesamt ebnet Escalas mit ihrem Kapitel von 1998 den Weg für viele darauf aufbauende Forschungsarbeiten und eröffnet die breitere Diskussion über die Wirkung narrativer Werbung. Sie trägt damit auch zur Anwendung von Theorien zur Narrativität in anderen Disziplinen bei. Im Folgenden sollen ihre eigenen darauf aufbauenden Forschungsarbeiten sowie der breitere Diskurs über narrative Persuasion skizziert werden.

3 Einordnung in das Gesamtwerk und weitere Wirkungsgeschichte

Narrative Werbung und ihre Verarbeitung ist ein zentrales Element im Gesamtwerk von Jennifer E. Escalas. Tatsächlich handelt es sich bei dem hier besprochenen Buchkapitel um eine ihrer ersten Publikationen, die somit auch wegweisend für ihre eigenen neueren Forschungsarbeiten ist. Ein Aspekt der in ihren Forschungsarbeiten einen großen Teil einnimmt und bereits in ihrer Dissertation von 1996 behandelt wurde, besteht darin, wie narrative Werbung dazu führen kann, dass Menschen sich selbst mit Marken oder Produkten in Verbindung setzen und darüber identifizieren (Escalas 1996, zit. n. Escalas 1998).

In zwei Studien von 2003 zeigen Escalas und Bettman, inwiefern Marken in die Selbstkonzepte von Menschen eingebunden werden können. Hierzu wurden Studierende gebeten, soziale Gruppierungen zu nennen, die ihnen spontan einfallen, welche es auf dem Uni Campus gibt (genannt wurden etwa Sportler*innen oder ethnische Gruppierungen). Anschließend sollten sie einschätzen, wie wahrscheinlich es war, dass Mitglieder der entsprechenden Gruppen Produkte bestimmter Marken benutzen würden. Gemessen wurde außerdem, die *self-brand connection*, also inwiefern die Studierenden eine Beziehung zu der Marke verspürten. Es zeigte sich, dass die Teilnehmer*innen eine stärkere Beziehung zu Marken aufwiesen, wenn sie sich entweder selbst mit denjenigen Gruppen identifizierten, denen sie eine hohe Wahrscheinlichkeit der Nutzung der entsprechenden Marken zugeordnet hatten oder Gruppen, denen Studierende zwar nicht angehören, aber gerne angehören würden. Daraus lässt sich etwa ableiten, dass Konsument*innen bestimmte Produkte kaufen, um sich zu einer Gruppe zugehörig zu fühlen, welche sich (tatsächlich oder vermeintlich) über diese Produkte identifiziert.

Abseits dieses Schwerpunkts erforscht Escalas weiterhin die Rolle von Narrativität für unterschiedliche Anwendungsbeispiele. In neueren Studien untersucht sie mit ihrem Team etwa die Rolle von Storytelling für NGOs, die soziale Veränderungen anstreben (Bublitz et al. 2016), wie Narrativität die Bewertung innovativer neuer Produkte beeinflussen kann (Nielsen et al. 2018) und welche Rolle Narrativität für Reviews spielt, etwa am Beispiel von TripAdvisor (Van Laer et al. 2019).

Eine weitere Entwicklung, an welcher Escalas maßgeblich beteiligt war, ist die Erarbeitung und Definition dessen, was sie 1998 noch als ein *in die Geschichte hineingezogen werden* umschreibt. Seit einem Artikel von Melanie Green und Timothy Brock (2000) im *Journal of Personality and Social Psychology* hat sich für diese Erfahrung der Begriff *Transportation* etabliert. Er geht auf die Metapher des in eine Geschichte Reisens nach Gerrig (1993) zurück und beschreibt den Zustand, sich in ein Narrativ beziehungsweise eine Geschichte hineingezogen zu fühlen. Sie kennen diese Erfahrung vielleicht, wenn Sie einmal ein Buch am Stück verschlungen oder eine Serie auf Netflix auf einmal durchgesehen haben. Wenn Sie in eine fiktionale Welt transportiert werden, dann erscheint diese Ihnen sehr nah, real und Sie können sich sehr gut in diese hineinfinden. Die Entwicklung des Konstrukts *Transportation* fand zwar nicht in der Werbeforschung, sondern an der Schnittstelle zwischen Sozialpsychologie und Kommunikationswissenschaft statt, dennoch greifen diese Disziplinen hierbei ineinander und bilden den Grundstein zum Forschungsgegenstand der narrativen Persuasion, also allgemein dem Phänomen, dass, beziehungsweise wie, sich Menschen durch Narrative überzeugen lassen.

Im Gegensatz zu Werbung geht es Green und Brock (2000) jedoch darum, zu untersuchen, inwiefern Narrative dazu führen können, dass Menschen ihre Einstellungen und Meinung zu einem bestimmten Thema in Abhängigkeit davon ändern, dass sie sich auf eine Geschichte einlassen, transportiert werden. Dieser Ansatz wird auch unter dem Begriff der Entertainment Education (Singhal und Rogers 1999; Slater und Rouner 2002) erforscht und ist in den letzten 20 Jahren stetig gewachsen. So wurden aus unterschiedlichen Fachrichtungen kommend Faktoren erforscht, die Transportation begünstigen, etwa Vorwissen, persönliche

Betroffenheit, wahrgenommener Realismus (Green 2004), das Bedürfnis nach Affekt (Appel und Richter 2010) und eigene Einstellungen zu entsprechenden Themen (Sukalla 2018). Die untersuchten Themen sind dabei mannigfaltig und reichen mittlerweile von politischer Kommunikation und gesellschaftsrelevanten Themen wie Religion (Igartua und Barrios 2012), Migration (Schmitt et al. 2021), und gleichgeschlechtliche Ehe (Wojcieszak und Kim 2016), über Unterhaltungsforschung (Moyer-Gusé und Nabi 2010), Aufklärungskampagnen im Rahmen der Gesundheitskommunikation zum Rauchen (Green und Clark 2013), zur Krebsvorsorge (Murphy et al. 2013) und zum Impfen (Nan et al. 2017) bis hin zur Radikalisierungsforschung (Reed und Dowling 2018). Doch auch innerhalb der Werbeforschung wurde Transportation als zentrale Variable etabliert. So findet Escalas (2007), dass unter narrativer Transportation affektive Verarbeitung von Informationen eine wichtigere Rolle spielt als systematische Evaluierung von inhaltlichen Argumenten. Geschichten können es sich daher sozusagen leisten, schwächere Argumente zu liefern, da diese eher affektiv als kognitiv verarbeitet werden.

Auch heutzutage nehmen narrative Werbungen sowohl im Fernsehen als auch im Internet einen großen Anteil ein. Eine jüngere Studie, welche großflächig Inhalte von Werbung auf Narrativität untersucht hat, stammt von Kim und Kolleg*innen (2017). Im Gegensatz zu Escalas evaluiert diese Studie jedoch nur Werbung auf dem Sender CBS, da das Network damals von den vier großen US-Networks am besten gerankt war. Die Autor*innen klassifizierten von 312 Werbungen 64 (also etwa ein Fünftel) als narrative Werbungen. Dies ist zwar insgesamt ein geringerer Anteil als in der Studie von Escalas 20 Jahre zuvor, die Schwankungen können allerdings auf den methodischen Unterschieden beruhen und sollten daher nur als grobe Einschätzung verwendet werden. Kim und Kolleg*innen führten darüber hinaus zusätzlich eine Wirkungsstudie durch, in welcher sie Proband*innen entweder einen als narrativ oder nicht narrativ klassifizierten Werbespot zeigten. Sie schauten sich an, wie sich Narrativität auf verschiedene Reaktionen und Wahrnehmungen bei den Teilnehmenden auswirkte: Narrative Spots erzielten höhere emotionale Reaktionen, mehr Unterhaltungswert, eine höhere Glaubwürdigkeit, wurden eher als zielführend wahrgenommen und erzielten eine bessere Bewertung des Spots und der dahinterstehenden Marken. Kim und Kolleg*innen (2017) belegen in ihrer Studie viele der Annahmen von Escalas (1998), die exakten Verarbeitungsprozesse der Werbung werden in dieser Studie jedoch nicht aufgedeckt.

Aktuell stellt sich die Frage, inwieweit narrative Strukturen auch abseits der klassischen Fernsehwerbung zu Persuasionseffekten beitragen (können). So zeigen erste Studien, dass sich narrative Werbung auch auf Social Media einsetzen lässt (Seo et al. 2018), dass narratives Involvement sich positiv auf Impulskäufe via

Second Screen auswirken kann (Vasquez et al. 2020) und Storytelling als eine der Säulen des Erfolgs von Influencer-Marketing angesehen wird (Enke und Borchers 2019; Gross und Wangenheim 2018). Darüber hinaus wird diskutiert, wie die Geschichten, die in Werbevideospielen (sogenannten Advergames) erzählt werden, sich durch Gamification-Elemente auf Einstellungen sowie Kaufverhalten auswirken können (Terlutter und Capella 2013).

Trotz all diesen Anwendungsbereichen und nachgewiesenen Effekten gibt es dennoch einige kritisch diskutierte Punkte am Konzept der narrativen Persuasion. Ein wesentlicher Kritikpunkt ist die Vereinbarkeit narrativer Persuasionseffekte mit klassischen Persuasionsmodellen, wie etwa dem Elaboration-Likelihood-Modell (Petty und Cacioppo 1986; siehe kap. „Zentral vs. Peripher: *Persuasionswege und Einstellungsänderungen* in den Arbeiten von Petty und Cacioppo" in diesem Band). Green und Brock (2000) bezeichnen die Persuasion durch Geschichten als alternativen Pfad der Verarbeitung, der keine kritische Auseinandersetzung mit dem Inhalt, sondern ein immersives Eintauchen in eben jenen voraussetzt. Dieser dritte Pfad erscheint auch unbedingt notwendig, weil die Befunde zur narrativen Persuasion sich schlichtweg nicht mit den Annahmen des ELM vereinbaren lassen: Während das ELM davon ausgeht, dass eine hohe Fähigkeit und Motivation zur Verarbeitung mit einem detaillierten Auseinandersetzung mit den inhaltlichen Argumenten einhergeht, lassen sich Menschen, die stark transportiert werden, besonders auf die Inhalte und Aussagen der Geschichte ein und besonders aufmerksame Rezipient*innen nehmen besonders häufig falsche Informationen auf (Fazio und Marsh 2008). Es scheint, dass, wer sich auf eine Geschichte im Sinne der Transportation einlässt, die physikalischen und psychologischen Regeln der Geschichte akzeptiert und somit auch häufig die Überzeugungen, die darüber hinaus vermittelt werden. Zum Verständnis von narrativer Persuasion müsse daher das Zweiprozessdenken abgelegt werden (siehe auch Felser 2015, S. 304).

Aufgrund ihrer Überzeugungskraft bleibt zu erwarten, dass die Vielzahl von Geschichten, die wir über verschiedenste Wege erfahren und erzählen uns auch zukünftig nicht nur als Botschaften zur Persuasion, sondern auch als Forschungsgegenstände in den unterschiedlichsten Kontexten begegnen werden, nicht nur zu Weihnachten und nicht nur im Fernsehen.

Literatur

Primärliteratur

Escalas, J. E. (1996) Narrative processing: Building connections between brands and the self. Unpublished Dissertation, Duke University, Durham, North Carolina.

Escalas, J. E. (1998). Advertising narratives: What are they and how do they work. In: B. Stern (Hrsg.). *Representing consumers: Voices, views, and visions.* London, UK: Routledge, 267–289

Escalas, J. E. (2007). Self-referencing and persuasion: Narrative transportation versus analytical elaboration. *Journal of Consumer Research, 33,* 421–429.

Escalas, J. E., & Bettman, J. R. (2003). Using narratives to discern self-identity related consumer goals and motivations. In S. Ratneshwar, D. D. Mick, & C. Huffman (Hrsg.). *The why of consumption: Contemporary perspectives on consumer motives, goals, and desires,* New York, NY: Routledge, 237–258.

Nielsen, J. H., Escalas, J. E., & Hoeffler, S. (2018). Mental simulation and category knowledge affect really new product evaluation through transportation. *Journal of Experimental Psychology: Applied, 24,* 145–158.

Van Laer, T., Edson Escalas, J., Ludwig, S., & Van Den Hende, E. A. (2019). What happens in Vegas stays on TripAdvisor? A theory and technique to understand narrativity in consumer reviews. *Journal of Consumer Research, 46,* 267–285.

Sekundärliteratur

Appel, M., & Richter, T. (2010). Transportation and need for affect in narrative persuasion: A mediated moderation model. *Media Psychology, 13,* 101–135.

Bruner, J. (1986). *Actual minds, possible worlds.* Cambridge, MA: Harvard University Press.

Bublitz, M. G., Escalas, J. E., Peracchio, L. A., Furchheim, P., Grau, [...] & Scott, A. (2016), Transformative storytelling: A framework for crafting stories for social change organizations. *Journal of Public Policy and Marketing, 35,* 237–248. doi:https://doi.org/10.1509/jppm.15.133

Deighton, J., Romer D., & McQueen, J. (1989). Using drama to persuade. *Journal of Consumer Research, 16,* 335–343.

EDEKA (2015, November 28). *EDEKA Weihnachtsclip – #heimkommen* [Video]. YouTube. URL https://www.youtube.com/watch?v=V6-0kYhqoRo

Enke, N., & Borchers, N. S. (2019). Social media influencers in strategic communication: A conceptual framework for strategic social media influencer communication. *International Journal of Strategic Communication, 13*(4), 261–277.

Fazio, L. K., & Marsh, E. J. (2008). Older, not younger, children learn more false facts from stories. *Cognition, 106,* 1081–1089.

Feldman, C. F., Bruner, J., Renderer, B., & Spitzer, S. (1990). Narrative comprehension. In B. K. Britton & A. D. Pelligrini (Hrsg.). *Narrative Thought and Narrative Language.* Hillsdale, NJ: Lawrence Erlbaum Associates, 1–78.

Felser, G. (2015). Werbe- und Konsumentenpsychologie (4. Ed.). Berlin: Springer.

Gerrig, R. J. (1993). *Experiencing narrative worlds.* New Haven, CT: Yale University Press.

Green, M. C. (2004). Transportation into narrative worlds: The role of prior knowledge and perceived realism. *Discourse Processes, 38*, 247–266.

Green, M. C., & Brock, T. C. (2000). The role of transportation in the persuasiveness of public narratives. *Journal of Personality and Social Psychology, 79*, 701–721.

Green, M. C., & Clark, J. L. (2013). Transportation into narrative worlds: Implications for entertainment media influences on tobacco use. *Addiction, 108*, 477–484.

Gross, J. & Wangenheim, F. V. (2018). The Big Four of influencer marketing. A typology of influencers. *Marketing Review St. Gallen, 2*, 30–38, https://ssrn.com/abstract=3230687

Igartua, J. J., & Barrios, I. (2012). Changing real-world beliefs with controversial movies: Processes and mechanisms of narrative persuasion. *Journal of Communication, 62*, 514–531.

Kim, E., Ratneshwar, S., & Thorson, E. (2017). Why narrative ads work: An integrated process explanation. *Journal of Advertising, 46*, 283–296.

Lazarus, R. S. (1991) Progress on a cognitive-motivational-relational theory of emotion. *American Psychologist, 46*, 819–834.

Moyer-Gusé, E., & Nabi, R. L. (2010). Explaining the effects of narrative in an entertainment television program: Overcoming resistance to persuasion. *Human Communication Research, 36*, 26–52.

Murphy, S. T., Frank, L. B., Chatterjee, J. S., & Baezconde-Garbanati, L. (2013). Narrative versus nonnarrative: The role of identification, transportation, and emotion in reducing health disparities. *Journal of Communication, 63*, 116–137.

Nan, X., Futerfas, M., & Ma, Z. (2017). Role of narrative perspective and modality in the persuasiveness of public service advertisements promoting HPV vaccination. *Health Communication, 32*, 320–328.

Petty, R. E., & Cacioppo, J. T. (1986). The elaboration likelihood model of persuasion. *Communication and Persuasion, 19*, 1–24.

Reed, A., & Dowling, J. (2018). The role of historical narratives in extremist propaganda. *Defence Strategic Communications, 4*, 79–104.

Schmitt, J.B., Caspari, C., Wulf, T., Bloch, C., & Rieger, D. (2021). Two sides of the same coin? The persuasiveness of one-sided vs. two-sided narratives in the context of radicalization prevention. *Studies in Communication | Media (SC|M), 10*, 48–71.

Seo, Y., Li, X., Choi, Y. K., & Yoon, S. (2018). Narrative transportation and paratextual features of social media in viral advertising. *Journal of Advertising, 47*, 83–95.

Shweder, R. A. (1994). You're not sick: You're just in love. In P. Ekman & R. J. Davidson (Hrsg.). *The nature of emotion: Fundamental questions*. New York, NY: Oxford University Press, 32–44.

Singhal, A. & Rogers, E. M. (1999). Entertainment-education: A communication strategy for social change. Mahwah. NJ: Erlbaum

Slater, M. D., & Rouner, D. (2002). Entertainment-education and elaboration likelihood: Understanding the processing of narrative persuasion. *Communication Theory, 12*, 173–191.

Sukalla, F. (2018). *Narrative Persuasion und Einstellungsdissonanz. Narrative Persuasion und Einstellungsdissonanz.* Wiesbaden: Springer VS.

Terlutter, R., & Capella, M. L. (2013). The gamification of advertising: analysis and research directions of in-game advertising, advergames, and advertising in social network games. *Journal of Advertising, 42*, 95–112.

Vazquez, D., Wu, X., Nguyen, B., Kent, A., Gutierrez, A., & Chen, T. (2020). Investigating narrative involvement, parasocial interactions, and impulse buying behaviours within a second screen social commerce context. *International Journal of Information Management, 53*, 102135.

Williams, K. D. (1997). Social ostracism. In R. M. Kowalski (Hrsg.): *Aversive interpersonal behaviors* (pp. 133–170). Springer, Boston, MA.

Wisnu Aditya (2018). Re: EDEKA Weihnachtsclip – #heimkommen [YouTube Video]. Entnommen von https://www.youtube.com/watch?v=V6-0kYhqoRo

Wojcieszak, M., & Kim, N. (2016). How to improve attitudes toward disliked groups: The effects of narrative versus numerical evidence on political persuasion. *Communication Research, 43*(6), 785–809.

Wirklicher als die Wirklichkeit: *Gender Advertisements* von Goffman

Guido Zurstiege

Wie kaum eine andere Form der öffentlichen Kommunikation hat sich die Werbung der Re-Thematisierung des Geschlechterdualismus verschrieben. Warum? Unser Geschlecht zählt zum kategorischen Kernbestand unserer Selbstwahrnehmung und ist damit auch in vielen sozialen Zusammenhängen einer der wichtigsten Faktoren für die Zuschreibung von Identität und Differenz. Zwar gibt es inzwischen ein großes öffentliches Bewusstsein für die normativen Zugkräfte, die in der Praxis der gesellschaftlichen Geschlechterdifferenzierung am Werk sind, dennoch geht die Geschlechtszugehörigkeit im Alltag in aller Regel in einem natürlichen Rahmen auf. Damit wird nicht nur die soziale Kontingenz der Kategorie ausgeblendet, sondern im gleichen Umfang auch die Tatsache, dass Männlichkeit und Weiblichkeit im Rahmen eines lebenslangen Prozesses immer wieder unter Beweis gestellt und immer wieder neu begründet werden müssen. In genau diesem Zusammenhang von Sein und Tun liegt aus Sicht der Werbung nun der strategische Wert des Geschlechterdualismus. Was ist ein Mann und was eine Frau? Die Werbung greift diese Frage auf, auf die es keine finale Antwort gibt und die genau aus diesem Grund immer wieder gestellt und vorläufig beantwortet werden kann. Die Werbung setzt eine kulturelle Unterscheidungspraxis voraus, sie sichert sich so das Verständnis ihrer Zielgruppen und instrumentalisiert zugleich dessen Identitätsarbeit. Um dieses Argument kreist Erving Goffmans Buch *Gender Advertisements*.

G. Zurstiege (✉)
Institut für Medienwissenschaft, Universität Tübingen, Tübingen, Deutschland
E-Mail: guido.zurstiege@uni-tuebingen.de

© Springer Fachmedien Wiesbaden GmbH, ein Teil von Springer Nature 2022   297
T. G. K. Meitz et al. (Hrsg.), *Schlüsselwerke der Werbeforschung*,
https://doi.org/10.1007/978-3-658-36508-0_26

1   Inhalt des Schlüsselwerkes

Goffman beginnt sein Buch *Gender Advertisements* mit einer ausführlichen Darstellung der Geschlechtszugehörigkeit als soziale Kategorie. Weiblichkeit und Männlichkeit, so sagt er hier, sind essentielle Kategorien der sozialen Differenzierung, „prototypes of essential expression" (Goffman 1979, S. 7). Männer *sind* Männer und Frauen *sind* Frauen, heißt das. Im Bruchteil einer Sekunde können wir diese Zuordnung mit traumwandlerischer Sicherheit vornehmen, blenden dabei jedoch in aller Regel höchst erfolgreich aus, dass die vermeintlichen Tatsachen des Lebens doch ganz wesentlich eine natürlich gerahmte und daher kultürlich invisibilisierte Sache der Tat sind.

Für die Werbung begründet sich der funktionale Wert von Geschlechterdarstellungen in der Kombination aus den enormen Tempovorteilen, die sie bieten und aus eben dieser natürlichen Rahmung. Denn man kann werbliche Geschlechterdarstellungen, während man an ihnen achtlos vorbeigeht, nur im Augenwinkel betrachten und dennoch höchst zuverlässig im Sinne der Werbetreibenden decodieren. Für eine Kommunikationsform, die uns doch oft überall dort begegnet, wo unsere Aufmerksamkeit abgelenkt ist und uns geradezu aufgenötigt wird, ist dies ein ganz entscheidender Vorteil. Die wenigsten kaufen eine Zeitung wegen der Werbung, schalten ihretwegen den Fernseher ein oder betreten die Straße wegen der Werbeplakate, die ihnen dort ganz sicher begegnen werden. Überall hier streben wir in aller Regel nach anderem: Wir wollen Nachrichten lesen, einen Film schauen oder spazieren gehen. Und überall hier braucht es daher aus Sicht der Werbung „schnelle Schüsse ins Gehirn" (Kroeber-Riel und Weinberg 1999, S. 584) der Passant:innen, weil Werbung in aller Regel immer nur der „Nebenzweck" (Bücher 1917, S. 476), das „Rauschen im Programm" (Rühl 1999, S. 62) ist, während in unserem Leben immer etwas Wichtigeres unsere Seele flimmern lässt.

Die Präsentationen, die wir von uns selbst durch unser Verhalten in der Öffentlichkeit anfertigen, bilden gewissermaßen den Ritualfundus, aus dem sich der kommerzielle Realismus der Werbung bedient, um seinen Betrachter:innen „a simulated slice of life" vor Augen zu führen (Goffman 1979, S. 15). Wo das eigene Darstellungshandeln in den meisten Fällen freilich selbst unserem/r inneren Beobachter:in verborgen bleibt, handelt es sich bei werblichen Darstellungen um ganz und gar bewusst manipulierte Inszenierungen, die einem klar formulierten Kalkül folgen und deren Ziel es ist, einen bestimmten Eindruck zu vermitteln. Die Art und Weise, in der dies geschieht, ist im Prozess der Werbekommunikation stark konventionalisiert. Dies betrifft zum einen den Prozess der Produktion werblicher Bilder und zum anderen den Prozess ihrer Rezeption, die ganz bestimmten Mustern folgt. Wo immer Rezipient:innen der Werbung begegnen, verhalten sie sich ganz ähnlich wie die Betrachter:innen anderer „uneigentlicher" Medienangebote wie etwa eines Romans oder eines Bühnenstücks im Theater. Hier wie dort lassen sie sich mehr oder weniger bewusst auf eine Täuschung ein. Die Welt der bunten Bilder entfaltet also ganz wesentlich auch deswegen eine so große Faszinationskraft auf ihr Publikum, weil dieses bereit und in der Lage ist, die eigene Ungläubigkeit an ihren Versprechen im Sinne einer „suspension of disbelief" willentlich auszusetzen. Auf diese Weise schafft die Werbung einen kommerziellen Synkretismus der Phantasiebilder, so Goffman, in denen sich nicht nur die Absichten ihrer Produzent:innen, sondern auch das Begehren ihrer Betrachter:innen spiegelt (Goffman 1979, S. 18).

In einem sehr grundlegenden Sinn sind werbliche Inszenierungen des Geschlechterdualismus damit also nicht wahrheitspflichtig: „It is plain, then, that except in the case of caught scenes, the arrangements of models and scenic resources that the camera photographs will differ systematically from the way the unposing world is" (Goffman 1979, S. 19). Die Wirklichkeit des wirklichen Lebens und die der Werbung sind von Grund auf verschieden. Daran lässt auch Goffman keinen Zweifel. Wie aber kann es dann sein, dass Werbeanzeigen zu einer so relevanten Quelle der Gesellschaftsanalyse werden, dass ihnen Goffman sogar ein ganzes Buch widmete? Die Antwort Goffmans lautet: Nicht obwohl, sondern gerade weil die Werbung kein getreues Abbild der Realität liefert, lohnt sich die Analyse ihrer Inhalte. Denn mit ihrer Hilfe eröffnet man sich den Zugang zu einer mikrosoziologischen Perspektive auf all jene sozialen Interaktionsrituale, die im Erlebnisstrom des alltäglichen Lebens unbemerkt an uns vorbei fließen (Goffman 1979, S. 24). Jenes simulierte Stück Leben, auf das die Werbung ihr Schlaglicht wirft, ist wirklicher als die Wirklichkeit, größer, heller, besser, sichtbarer als diese. Der Ausschnitt des Lebens, das uns die Werbung vor Augen führt, ist hyper-ritualisiert: „What was a ritual becomes itself ritualized, a transformation of what is already a transformation, a ‚hyper-ritualization.‘ Thus, the human use of displays is complicated by the human capacity for reframing behavior" (Goffman 1979, S. 3).

Goffmans Interesse richtet sich weniger darauf, diese hyper-ritualisierten Männer- und Frauendarstellungen der Werbung als falsch zu entlarven, vielmehr nutzt Goffman sie gewissermaßen als eine Art Methode, mit deren Hilfe er Rückschlüsse auf die Verfassung genau jener Gesellschaft des Amerikas der 1970er-Jahre zieht, das solche Abbildungen hervorgebracht hatte. Unter dem Brennglas der Werbung, so lässt sich Goffman verstehen, werden selbst nuancierte, im Alltag nur schwer erkennbare, weil durch Routinen und Selbstverständlichkeitsgebote unkenntlich gemachte Erwartungskomplexe sichtbar. Diese Beobachtung ist vor allem deswegen möglich, weil die Werbung in aller Regel mit offenen Karten spielt und sich *als*

Werbung zu erkennen gibt. Sie ist nicht nur aufgrund ihrer Omnipräsenz im Alltag, sondern zunächst einmal aufgrund ihrer spezifischen Darstellungsformen eine wichtige sozialwissenschaftliche Quelle. So bewegten sich jene Anzeigenmotive, die Goffman ins Visier nimmt, gewissermaßen in eine höhere Liga der gesellschaftlichen Wirklichkeitskonstruktion, indem sie höchst aufschlussreiche Beispiele für gesellschaftlich relevante Personenkategorien lieferten (Goffman 1979, S. 19).

Nach diesen eher grundsätzlichen Darstellungen zur interaktiven Konstruktion des gesellschaftlichen Geschlechterdualismus auf der einen Seite und dem analytischen Status werblicher Geschlechterbilder auf der anderen wendet sich Goffman im Hauptteil seines Buches nun der systematischen Sammlung und Kommentierung prototypischer Inszenierungsformen von Männern und Frauen in der Anzeigenwerbung zu. In seiner Analyse konzentriert er sich auf die Darstellung der Hände, Augen, Knie, Gesichtsausdrücke, Kopfhaltungen sowie der Platzierung der abgebildeten Personen. Anhand eines sehr umfangreichen Bilderfundus wird hier gezeigt, wie in der Anzeigenwerbung etwa anhand der relativen Größe (Goffman 1979, S. 28) und Funktion (Goffman 1979, S. 32) von Männern und Frauen der zugeschriebene Rang in Szene gesetzt wird. Freilich lässt dieses, wie auch die meisten anderen Darstellungsmuster Ausnahmen zu, die dann aber, so illustriert Goffman anhand etlicher Beispiele, in den meisten Fällen wiederum *als* Ausnahmen die zugrundeliegenden Interaktionsrituale eher härten, anstatt sie ernsthaft herauszufordern.

Die vielen von Goffman kommentierten Werbebeispiele zeigen Frauen nicht nur in einer durch Größe, Perspektive und Funktion untergeordneten Weise, sondern auch als „zarte" Akteurinnen, die sich zwar oft tangential selbst berühren, aber nur selten in der Welt kraftvoll zupacken. Die hyper-ritualisierte Subordination von Frauen, wie sie in diesem „feminine touch" (Goffman 1979, S. 29) zum Ausdruck kommt, nimmt in den von Goffman zusammengestellten Beispielen viele Formen an. Dies beinhaltet auch die Stilisierung von Bindungszeichen wie des Händchen-Haltens bis hin zur Andeutung sexueller „Besitzverhältnisse", wie sie etwa in der Einengung des Bewegungsspielraums durch den um die Schulter gelegten Arm ausgedrückt werden. Häufiger als Männer werden Frauen in einer sozial entrückten Weise dargestellt. Diese „Lizenz zum sozialen Rückzug" (Goffman 1979, S. 57) interpretiert Goffman freilich weniger als Ausdruck einer gesteigerten Form von Freiheit, sich sozialen Situationen in legitimer Weise entziehen zu können, sondern vielmehr als Element einer auf die Inszenierung von Hilfsbedürftigkeit abzielenden Hyperritualisierung der Geschlechterverhältnisse.

2   Eingliederung ins Gesamtwerk

Erving Goffman kann zu Recht als einer der bekanntesten US-amerikanischen Soziologen des 20. Jahrhunderts bezeichnet werden. Er wurde am 11. Juni 1922 in der Kleinstadt Mannville nahe Edmonton im kanadischen Bundesstaat Alberta geboren und starb am 19. November 1982 im Alter von nur 60 Jahren in der US-amerikanischen Stadt Philadelphia, wo er seit 1968 einen Lehrstuhl für Anthropologie und Soziologie an der University of Pennsylvania inne hatte. Erst ein knappes Jahr vor seinem Tod war Goffman zum Präsidenten der American Sociological Association gewählt worden. Eine verdiente Auszeichnung für einen Soziologen, der zwar keine geschlossene Theorie hinterlassen und keine Schule begründet hatte, jedoch mit der von ihm popularisierten Metapher vom sozialen Leben als eine Art Bühnenstück unsere Vorstellungen in Bezug auf das alltägliche Rollenhandeln bis heute ganz wesentlich geprägt hat.

Erving Goffman hat eine Vielzahl sehr einflussreicher Bücher geschrieben, von denen jedes einzelne ohne Zweifel eine detaillierte Würdigung verdient und daher in den meisten Fällen auch zu Recht bekommen hat. Sein weltweit sehr bekannt gewordenes Buch *The Presentation of Self in Everyday Life* (1959) zählt ganz gewiss dazu, wie auch sein wegweisendes Buch *Asylums* (1961), eine Aufsatzsammlung über den Umgang mit psychiatrischen Patient:innen. Man kann sagen, dass Erving Goffman einen besonderen Blick für die in einer Gesellschaft Gezeichneten hatte, für die psychisch Kranken und die Stigmatisierten, um die es auch in seinen Büchern *Stigma* (1963) und *Interaction Ritual* (1967) ging. Überall hier begegnet man Menschen, die sich in Institutionen bewegen, die ausschließlich zu dem Zweck ersonnen worden sind, die ihnen anvertrauten Menschen gewissermaßen zu disziplinieren und zur Ordnung zu rufen.

So sehr Goffman das Licht seiner Analyse damit auf den harten Rahmen gesellschaftlicher Normen des angemessenen Verhaltens warf, so deutlich lässt sich doch auch erkennen, wie sehr es ihm stets darum ging, die Praxis der individuellen Handlungsfähigkeit des Menschen zu beleuchten. In ihren täglichen Interaktionen verwenden Menschen komplexe Repertoires situativ angemessenen Verhaltens. Indem sie dies tun, halten sie diese Situationen aufrecht, kontrollieren sie aber auch ihrerseits. Soziale Situationen, so fasst Goffman diesen doppelten Zugang zu seinem primären Beobachtungsgegenstand zusammen, sind Zonen der wechselseitigen Beobachtung von Menschen, in denen starke normative Zugkräfte am Werk sind. Dennoch bieten sie dem Individuum aber auch die Möglichkeit, ein soziales Portrait von sich selbst anzufertigen (Goffman 1979, S. 6).

In den medien- und kommunikationswissenschaftlichen Debatten der vergangenen Jahrzehnte ist Goffmans grundsätzlich qualitativ ausgerichtete „Soziologie der Interaktionsordnung" (Raab 2014, S. 10), die aufgrund ihrer sprachlichen Finesse sowie der Anerkennung der Komplexität sozialer Details überdies gewissermaßen einer unausgesprochenen Poetologie des wissenschaftlichen Ausdrucks verpflichtet zu sein scheint, mindestens in dreierlei Weise fruchtbar gemacht worden: nämlich (1) in Bezug auf die zentrale Metapher der Rahmen-Analyse, (2) mit Blick auf die Frage, inwieweit neue Medien neue Situationen und damit Spielräume für neue Verhaltensrepertoires schaffen und (3) mit Blick auf die Frage, wie sich Verhaltensrepertoires in einem gegebenen medialen Rahmen so stilisieren lassen, dass sie einen gewünschten Effekt erzielen.

In seinem bis heute viel zitierten Buch *Frame Analysis* hat Goffman (1974) die Metapher der Rahmen-Analyse geprägt. Diese Metapher hat in der Medien- und Kommunikationswissenschaft vor allem in der Fortführung der Agenda-Setting-Hypothese Anwendung gefunden und dadurch Relevanz erhalten. Unter einem Rahmen verstand Goffman jene Interpretationsschemata, die wir ganz selbstverständlich anwenden, um Alltagssituation zu verstehen und zu bewältigen. Wenn auch Goffmans Begriff im Zusammenhang der Framing-Forschung ein wenig aus seinem ursprünglichen Kontext der Beschreibung und Analyse situationsabhängigen Verhaltens herausgelöst worden ist, so schwingt doch immer noch die grundsätzliche Bedeutung mit, die Goffman dem Konzept des Rahmens in der Analyse der sozialen Interaktionsordnung zugeschrieben hat.

In Bezug auf den Zusammenhang zwischen Medienwandel und Verhalten hat vor allem der amerikanische Medien- und Kommunikationswissenschaftler Joshua Meyrowitz (1985) Goffmans Soziologie der Interaktionsordnung fruchtbar gemacht. Medientechnologien, so lautete dessen These im Anschluss an Goffman auf der einen Seite und McLuhan auf der anderen Seite, lassen neue Situationen entstehen, die Einfluss auf das Verhalten der Menschen nehmen. Auf diese Weise, so Meyrowitz, hat das Fernsehen neue politische Autoritäten nach oben gebracht, Sozialisationsphasen verändert und Machtverhältnisse etwa im Arrangement der Geschlechter beeinflusst. Zwar hatte Goffman selbst den Zusammenhang zwischen dem Medienwandel auf der einen Seite und dem Gesellschaftswandel auf der anderen Seite nicht hergestellt, jedoch hätte Meyrowitz ihn seinerseits ohne dessen begrifflich-konzeptionelle Grundlagen nicht mit jener Klarheit formulieren können, auf der die nachhaltige Relevanz seiner These bis heute beruht.

Die Frage danach, wie sich Verhaltensrepertoires in einem gegebenen medialen Rahmen so stilisieren lassen, dass sie einen gewünschten Effekt erzielen, ist von Goffman selbst vor allem mit Blick auf die Werbung behandelt worden. Werbe-Rezipient:innen durchschauen zwar einerseits die offensichtliche Inszenierung werblicher Geschlechterbilder, andererseits erkennen sie aber den Ausschnitt des „wirklichen" Lebens, auf den die werbliche Inszenierung verweist. Diese „Modulationsflexibilität" des Publikums, so stellt Willems mit Bezug auf Goffman fest, ist ein wesentlicher Schlüssel zum Verständnis der Werbung und ihrer Wirkung auf ihre Rezipient:innen (Willems und Kautt 2002, S. 639).

3   Wirkungsgeschichte des Schlüsselwerkes und Kritik

Goffmans Buch *Gender Advertisements* ist nicht nur aufgrund seines großen Einflusses auf die medien- und kommunikationswissenschaftliche Genderforschung zu einem Schlüsselwerk geworden, sondern auch, weil Goffman hier in zwei Themenfeldern medien- und kommunikationswissenschaftlich hoch relevante Theoriearbeit leistet. Dies betrifft zum einen seine Darstellungen zur Analyse visueller Kommunikation im Allgemeinen sowie zum anderen seine Überlegungen zur Analyse von Werbebildern im Besonderen. Goffmans Interesse an visuellen Geschlechterdarstellungen in der Anzeigenwerbung verdankte sich zunächst einmal gewiss seiner Affiliation an die University of Pennsylvania, wo Mitglieder der Annenberg School of Communication wie etwa George Gerbner die Inhaltsanalyse von Medienquellen als gängige Analysetechnik etabliert hatten (Fine und Manning 2003, S. 41).

In der Regel sind Werbegestalter:innen nicht die Erfinder der hyper-ritualisierten Darstellungen von Männern und Frauen, sondern bedienen sich an dem gleichen Fundus an Ritualen, aus dem wir uns mehr oder weniger selbstverständlich im Rahmen alltäglicher Interaktionsepisoden bedienen. Solche Darstellungsrituale, so resümiert Goffman am Ende seiner Analyse, sind idiomatisch geprägt und das bedeutet, sie sind zeit- und kulturabhängig. Aus genau diesem Grund wurden Goffmans Analyse-Kategorien in den vergangenen Jahrzehnten immer wieder auf ihre Aktualität sowie ihre kulturspezifische Angemessenheit hin überprüft.

So haben etwa bereits Brosius und Staab (1990, S. 19) Anzeigenwerbung in der Zeitschrift *stern* zwischen 1969 und 1988 analysiert und dabei manifeste sowie, darin Goffman folgend, latente Subordinationsmerkmale in der Darstellung von Männern und Frauen in den Blick genommen. Ganz ähnlich haben Belknap und Leonard (1991) die Untersuchungskategorien Goffmans verwendet. Wie auch Brosius und Staab (1990), bemühten sich Belknap und Leonard (1991) auf der Grundlage einer operationalen Definition der Untersuchungskategorien stärker als Goffman selbst um die Quantifizierung der Darstellungsmuster.

Butkowski und Tajima (2017) haben Goffmans begrifflich-konzeptionellen Ansatz verwendet, um die Inszenierung weiblicher Figuren in der historischen europäischen Malerei mit jenen von Goffman fokussierten Darstellungsformen der Werbung zu vergleichen. Doring et al. (2016) haben Goffmans ursprünglichen Fokus ausgeweitet, indem sie auf der Grundlage seiner Untersuchungskategorien Formen der hyper-ritualisierten Selbstdarstellung in sozialen Medien wie Facebook und Instagram untersuchten. In ähnlicher Weise haben Kraus und Martins (2017) Mode-Blogs zum Gegenstand ihrer Analyse gemacht.

Diese wenigen Beispiele zeigen, dass Goffmans wegweisende Analyse werblicher Geschlechterdarstellungen ein echtes Schlüsselwerk der Werbeforschung ist, das bis heute zahlreiche Folgeuntersuchungen inspiriert, deren Suchbewegung inzwischen weit über die klassische Anzeigenwerbung hinausgeht.

Literatur

Primärliteratur

Goffman, E. (1959). *The presentation of self in everyday life*. New York: Doubleday.

Goffman, E. (1961). *Asylums essays on the social situation of mental patients and other inmates*. Garden City: Doubleday.

Goffman, E. (1963). *Stigma Notes on the management of spoiled identity*. Englewood Cliffs: Prentice-Hall.

Goffman, E. (1967). *Interaction ritual Essays on face-to-face behavior* (Nachdruck.). New York: Pantheon.

Goffman, E. (1974). *Frame analysis an essay on the organization of experience*. Harmondsworth: Penguin.

Goffman, E. (1979). *Gender advertisements*. New York: Harper & Row.

Sekundärliteratur

Belknap, P., & Leonard, W. M. (1991). A conceptual replication and extension of Erving Goffman's study of gender advertisements. *Sex Roles, 25*(3–4), 103–118. doi:https://doi.org/10.1007/bf00289848

Brosius, H.-B., & Staab, J. F. (1990). Emanzipation in der Werbung? Die Darstellung von Frauen und Männern in der Anzeigenwerbung des ‚Stern' von 1969 bis 1988. *Publizistik, 35*(3), 292–303.

Bücher, K. (1917). Die wirtschaftliche Reklame. *Zeitschrift für die gesamte Staatswissenschaft, 73*, 461–483.

Butkowski, C. P., & Tajima, A. (2017). A critical examination of visualized femininity: Selective inheritance and intensification of gender posing from historical painting to contemporary advertising. *Feminist Media Studies, 17*(6), 1037–1055. doi:https://doi.org/1 0.1080/14680777.2017.1300830

Doring, N., Reif, A., & Poeschl, S. (2016). How gender-stereotypical are selfies? A content analysis and comparison with magazine adverts. *Computers in Human Behavior, 55,* 955–962. doi:https://doi.org/10.1016/j.chb.2015.10.001

Fine, G. A., & Manning, P. (2003). Erving Goffman. *The Blackwell companion to major contemporary social theorists* (S. 34–62). Malden: Blackwell.

Kraus, A., & Martins, N. (2017). On the street: A content analysis of body imagery in streetstyle fashion blogs. *Journal of Broadcasting & Electronic Media, 61*(2), 351–367. doi:https://doi.org/10.1080/08838151.2017.1309410

Kroeber-Riel, W., & Weinberg, P. (1999). *Konsumentenverhalten* (7. Aufl.). München: Vahlen.

Meyrowitz, J. (1985). *No sense of place: The impact of electronic media on social behavior.* New York: Oxford University Press.

Raab, J. (2014). *Erving Goffman* (2. Aufl.). Köln: von Halem.

Rühl, M. (1999). Publizieren und Publizistik: Kommunikationswissenschaftlich beobachtet. *Publizistik, 44*(1), 58–74.

Willems, H., & Kautt, Y. (2002). Werbung als kulturelles Forum: Das Beispiel der Konstruktion des Alter(n)s. In H. Willems (Hrsg.), *Die Gesellschaft der Werbung* (S. 633–655). Opladen: Westdeutscher Verlag.

Teil V
Kritik

Werbung und Kulturindustrie als verwirklichte Unvernunft: *Dialektik der Aufklärung* von Horkheimer und Adorno

Helena Esther Grass und Nils S. Borchers

Die heutige Werbeforschung kann nicht verstanden werden ohne den wegweisenden Aufsatz von Max Horkheimer und Theodor W. Adorno *Kulturindustrie. Aufklärung als Massenbetrug*. Dieser Aufsatz erschien erstmals 1944 in der Essaysammlung *Dialektik der Aufklärung. Philosophische Fragmente* (1944/2010). Die Sammlung von Essays unterzieht die herrschende Vernunft einer radikalen Kritik und will sie so gegenüber ihrer pervertierten Form, die sich am deutlichsten im Faschismus in Europa zeigt, verteidigen. Radikale Vernunftkritik will demnach Vernunft retten. In diesem Versuch zeigt sich nicht nur das Selbstverständnis von Adorno und Horkheimer als Hauptvertreter der ersten Generation Kritischer Theorie. Die Essays sind in ihrer zeitdiagnostischen Schärfe und begrifflichen Genauigkeit noch heute von herausragender Bedeutung nicht nur für die Sozialphilosophie, sondern auch für verschiedene sozialwissenschaftliche Disziplinen, was ihre breite und fortdauernde Rezeption verdeutlicht. Nicht umsonst gilt der fragmentarische Essay zur Kulturindustrie als einer der Grundlagentexte der Sozialwissenschaften. Er stellt, neben dem ersten Aufsatz, in dem der Begriff der ‚Aufklärung' verhandelt wird, den meistzitierten und interdisziplinär anschlussfähigsten Text der Sammlung

H. E. Grass (✉)
Carl von Ossietzky Universität Oldenburg, Oldenburg,, Deutschland
E-Mail: helena.esther.grass@uni-oldenburg.de

N. S. Borchers
Universität Tübingen, Tübingen, Deutschland
E-Mail: nils.borchers@uni-tuebingen.de

© Springer Fachmedien Wiesbaden GmbH, ein Teil von Springer Nature 2022   309
T. G. K. Meitz et al. (Hrsg.), *Schlüsselwerke der Werbeforschung*,
https://doi.org/10.1007/978-3-658-36508-0_27

dar. So greift auch die Werbeforschung, sofern sie sich mit den gesellschaftlichen Implikationen von Werbung beschäftigt, auf Horkheimers und Adornos Analyse der Kulturindustrie zurück.

1   Inhalt des Schlüsselwerks

Mit der Vernunft gegen die Vernunft – das Projekt der Dialektik der Aufklärung
Max Horkheimer und Theodor W. Adorno verfolgen in der *Dialektik der Aufklärung* ein ambitioniertes Ziel: Die Vernunft soll entgegen der in den 1940er-Jahren im Faschismus aktualisierten Unvernunft verteidigt werden. Horkheimer und Adorno formulieren dazu: „Was wir uns vorgesetzt hatten, war tatsächlich nicht weniger, als die Erkenntnis, warum die Menschheit, statt in einen wahrhaft menschlichen Zustand einzutreten, in eine neue Art der Barbarei versinkt." (S. 1) Vernunft wird verstanden als emanzipatorisches Potential, das sich sowohl im Denken als auch in der Wirklichkeit manifestiert. Sie ist Schlüsselbegriff dessen, was die Autoren unter ‚Aufklärung' verstehen.

In ihrer Untersuchung wird die Frage erörtert, ob das Ideal der Vernunft als den Menschen zur Freiheit verhelfendes Vermögen auf Grund der historischen Wirklichkeit des Faschismus verworfen werden muss, oder ob man an der Vernunft nach kritischer Prüfung der historischen Wirklichkeit zum Trotz festhalten kann. Eine erfolgreiche Verteidigung würde bedeuten, dass die Autoren einen anderen als den pervertierten, rein instrumentellen Vernunftgebrauch, der von den Zielen und Zwecken des vermeintlich vernünftigen Handelns gänzlich absieht und stattdessen ausschließlich auf Herrschaft zielt, proklamieren könnten. Um das Projekt zu skizzieren, erscheint es sinnvoll, sich ihm anhand folgender Begriffe zu nähern: ‚Aufklärung', ‚Naturbeherrschung', ‚Herrschaft', ‚Vernunft' (bzw. ‚Rationalität'), ‚Mythos' im Kontrast zum ‚Logos'. Schließlich schauen wir uns die historischen und gesellschaftlichen Bedingungen an, vor deren Hintergrund das Projekt von Horkheimer und Adorno einzig verstehbar ist.
    Was verstehen die Autoren unter ‚Aufklärung'? Gleich die erste Abhandlung beginnt mit einer Bestimmung ihres Ziels: „Seit je hat Aufklärung im umfassendsten Sinn fortschreitenden Denkens das Ziel verfolgt, von den Menschen die Furcht zu nehmen und sie als Herrn einzusetzen." (S. 9) Aufklärung wird als ein bereits in der Antike beginnender und seitdem kontinuierlich fortdauernder Prozess der Naturbeherrschung durch den Menschen bestimmt. Um Herrschaft über die Natur zu erlangen, muss diese zunächst untersucht und verstanden werden; Wissen über die Natur als zu beherrschendes Objekt muss mittels der Vernunft (auch: Rationalität) generiert

werden. Schon hier finden wir eine Verkürzung der Rationalität auf eine rein instrumentelle Vernunft bzw. Zweckrationalität vor. Rationalität dient einzig dem Zweck der Beherrschung eines Objektes. Der Mensch versucht, sich mittels der Vernunft vom Naturzwang zu emanzipieren und somit frei von heteronomer Bestimmung zu werden. Autonomie und Freiheit sollen als Ziel der Aufklärung durch den richtigen Gebrauch der Vernunft wirklich werden.

Dabei hatte die Aufklärung historisch vielfältige Gestalten inne. So begann der Prozess der Aufklärung vor etwa 2500 Jahren mit dem Übergang vom Mythos zum Logos. Mythen sind gemeinhin Erzählungen, die nicht dem Ideal der Vernunft, nicht einer Logik des strengen Schließens verpflichtet sind, stattdessen haben sie den Anspruch, Wahrheiten in prosaischer Form zu transportieren. Die mythische Erzählung wurde jedoch über die Jahrhunderte durch die Herrschaft des Logos und seinem Ideal der Einheit in der Darstellung, der Klarheit in der Argumentation und der Notwendigkeit des gültigen Schließens verdrängt. Diese Herrschaft des Logos kulminiert in Quantifizierung und Mathematik: Alles ist Zahl, alles ist Quantität – Qualitäten hingegen, die sich einer eindeutigen positiven Bestimmung entziehen, werden in Gänze eliminiert. Die entzauberte, entmystifizierte Welt wird für den Menschen fassbar und damit beherrschbar. Die mythologische Erzählung hingegen wird zum Irrationalen, zum Unwahren, zum Anderen der Aufklärung erklärt. Das System, verstanden als eine abgeschlossene Form des Denkens, die alles, was es gibt, unter sich fasst und kein Außen mehr kennt, wird zum Leitmotiv des aufgeklärten Denkens erhoben. Schließlich mündet der Prozess der Aufklärung im Paradigma des Positivismus und allgemeiner der positiven Wissenschaften. Denken wird so laut Horkheimer und Adorno zur bloßen Reproduktion eines reduziert und verarmt abgebildeten Bestehenden.

Die Unterscheidung zwischen Mythos (dem Irrationalen) und Logos (dem Rationalen) ist laut Horkheimer und Adorno jedoch *nicht* in der dargestellten Trennschäfte zu treffen. Denn schon der Mythos, nicht erst der Logos, diente der Emanzipation des Menschen; der Logos hingegen führt, entgegen seiner Absicht, zu einer neuen Unfreiheit des Menschen, genauso wie er zu seiner Befreiung beiträgt: „Grob ließe die erste Abhandlung [d. h. der Essay *Begriff der Aufklärung*] (…) auf zwei Thesen sich bringen: schon der Mythos ist Aufklärung, und: Aufklärung schlägt in Mythologie zurück." (S. 6) Denn auch der Mythos lieferte den Menschen bereits Erklärungen, auch er generierte eine Art Wissen und sorgte so für ein Verständnis der Welt. So kann auch der Mythos – freilich in eigener Weise – bereits als zugehörig zum Projekt der Aufklärung verstanden werden; schon die mythologische Erzählung diente der Ermächtigung des Menschen gegenüber der ihn bedrohenden Natur. Aber auch der Logos ist nicht ausschließlich Instrument, um den Menschen zum Herrscher über die Natur zu machen. Zugleich führt er den

Menschen in die Unfreiheit: Durch die Verabsolutierung des Logos findet eine Fe-
tischisierung der kühlen Rationalität statt, die alle Qualitäten und alles ihr Fremde
ausstreicht. Die Absolutsetzung dieser Rationalität wird nun wiederum zum Mythos, d. h. zu einer Erzählung, die selbst nicht mehr primär der Vernunft verpflichtet
ist. Denn die instrumentelle Rationalität, die einzig die Mittel in Relation zu ihren
jeweiligen Zwecken beurteilt, wird zur einzigen Form praktizierter Vernunft, was
eine drastische Verengung des Vernunftverständnisses bedeutet. So erschafft sich
der Mensch eine neue Macht, die ihm – wie zuvor die Natur – als unversöhnliche
und ihn bedrohende gegenübersteht. Die Aufklärung hat daher ihr Ziel, den Menschen die Freiheit zu bringen, verfehlt.

Horkheimer und Adorno geht es aber in ihren Ausführungen nicht nur um eine
Zustandsbeschreibung des wissenschaftlichen Ideals und allgemeiner des Denkens – es geht ihnen genauso um den Zusammenhang von Vernunft und gesellschaftlicher Wirklichkeit. An dieser Stelle schließen die Autoren an Hegels These
der Vernünftigkeit des Wirklichen an. Sie formulieren prägnant: „Wie die Aufklärung die wirkliche Bewegung der bürgerlichen Gesellschaft als ganzer unter dem
Aspekt ihrer in Personen und Institutionen verkörperten Idee ausdrückt, so heißt
Wahrheit nicht bloß das vernünftige Bewusstsein, sondern ebenso dessen Gestalt in
der Wirklichkeit." (S. 4) Beim Prozess der Aufklärung geht es vor allem darum,
dass die Freiheit des Menschen wirklich, d. h. verwirklicht wird. Folgende Annahme ist vonnöten: Zwischen dem, wie gedacht wird, und der Wirklichkeit, in der
wir leben, besteht ein unverbrüchlicher Zusammenhang. Das Denken erschafft
Wirklichkeit und gleichzeitig präformiert die Wirklichkeit, die der Mensch als Er-
kenntnissubjekt vorfindet, seine Begriffe. Vor diesem Hintergrund fragen Horkheimer und Adorno einerseits danach, ob unser Denken dem Ideal der Vernunft entspricht, d. h. wie wir uns als Erkenntnissubjekte verhalten; andererseits untersuchen
sie, inwiefern Vernunft in der Welt verwirklicht ist. Die Autoren setzen sich mit der
Frage auseinander, welche Folgen eine Aufklärung zeitigt, die auf eine instrumentelle Rationalität verengt ist und als solche alle gesellschaftlichen Bereiche durch-
dringt und somit totalitär wird. Es geht ihnen folglich nicht nur um Denkformen, es
geht um gelebte Praxis und Wirklichkeit.

Welchen historischen und gesellschaftlichen Bedingungen sehen sich die Autoren aber zum Entstehungszeitpunkt der *Dialektik der Aufklärung* gegenüber? Sie
finden eine Gesellschaft vor, in der das Projekt der Aufklärung nicht nur gescheitert, sondern vollumfänglich in sein Gegenteil umgeschlagen ist. Zwar ist es nicht
mehr die Natur, dafür jedoch, nicht weniger bedrohlich, eine spezifische Form von
gesellschaftlicher Herrschaft, der Faschismus, der die Menschen in nie dagewese-
ner Weise an Leib und Leben bedroht. Die *Dialektik der Aufklärung* wurde vor dem
Hintergrund einer gesellschaftlichen Realität geschrieben, die, obwohl auf der

Höhe der Aufklärung, im Zeichen nicht einer Befreiung des Subjekts, sondern einer beinahe absoluten Entmächtigung des Einzelnen steht: „Die vollends aufgeklärte Erde strahlt im Zeichen triumphalen Unheils." (S. 9) Diese düstere Zeitdiagnose ist die Kontrastfolie, vor der das Projekt Horkheimers und Adornos Konturen gewinnt.

Aufgrund des objektiv gewordenen (d. h. realen) Grauens der faschistischen Gesellschaft ist manifest, dass die Aufklärung ihr Versprechen, den Menschen die Freiheit zu bringen, schuldig geblieben ist. Ganz im Gegenteil: Sie hat Horkheimer und Adorno zufolge in ihrer pervertierten Form zur Liquidierung von Millionen Menschen geführt. Dies bezeichnen sie auch als „Selbstzerstörung der Aufklärung" (S. 3). Ihre Untersuchung offenbart, dass Aufklärung neben der Potentialität der verwirklichten Freiheit auch die Potentialität der Unfreiheit, der Rückwärtsgewandtheit in sich trägt. In diesem Spannungsverhältnis zwischen Freiheit und Unfreiheit bewegen sich die anschließenden vier Untersuchungen in der *Dialektik der Aufklärung*, die sich dennoch als eine Verteidigung der Vernunft verstehen.

Die Kulturindustrie

Das Fragment *Kulturindustrie. Aufklärung als Massenbetrug* stellt zum einen eine Gegenwartsdiagnose der neuartigen Kulturlandschaft der 1940er-Jahre dar, in der die US-amerikanischen Exilerfahrungen der beiden Autoren Eingang finden. Es geht nun nicht mehr primär um eine Analyse des Faschismus, sondern um die Funktion einer neuen, gänzlich anderen Form der Kulturgüter in der spätkapitalistischen Gesellschaft. Der Essay erscheint aufgrund seines Verhaftetseins in den Begrifflichkeiten seiner Entstehungszeit – ‚Reklame‘, ‚Lichtspiel‘, ‚Radio‘ – zunächst antiquiert, bei genauerer Lektüre zeigt sich aber die ungebrochene Aktualität der Thesen zur Beschaffenheit und Funktion der damals neuartigen Massenkultur, die für die Autoren eine Verfallsform der Kultur darstellen. Die zeitdiagnostischen, kulturpessimistischen und natürlich aufklärungskritischen Thesen, die im ersten Fragment entwickelt wurden, werden hier anhand des Phänomens der Massenkultur, für die Horkheimer und Adorno den eigens entwickelten Begriff ‚Kulturindustrie‘ verwenden, durchexerziert. Dabei decken sie auf, dass Aufklärung ihrem emanzipatorischen Anspruch einer Befreiung des Menschen und des Vorantreibens einer vernünftigen Gesellschaft in ihrer Manifestation als zeitgenössische Massenkultur gerade *nicht* gerecht wird. Schließlich trägt sie durch ihre standardisierten, immer verfügbaren Produkte zu einer Verdummung der Massen, einer Vedinglichung des Geistes und letztlich einer Verabsolutierung des Status quo bei. Anhand des Phänomens Kulturindustrie lässt sich paradigmatisch aufzeigen, dass Aufklärung nicht nur als gescheitert, sondern zum Zeitpunkt der Untersuchung sogar als in ihr Gegenteil verkehrt verstanden werden muss. Aufklärung wird so zum „Massenbetrug" statt zur Emanzipation der Massen, ist sie doch der Ideologie einer Notwendigkeit des Immergleichen verpflichtet. In der Kulturindustrie drückt sich folglich eine pervertierte Form von Vernunft aus.

Warum aber sprechen Horkheimer und Adorno von Kulturindustrie und nicht etwa von Massenkultur? Mit dem Begriff ‚Kulturindustrie' möchten die Autoren von vornherein den Eindruck unterbinden, dass es sich bei ihrem Untersuchungsgegenstand um eine Art Kultur oder Kunst für die Massen handeln könnte. Denn Kultur als auch Kunst, bevor sie im Spätkapitalismus zur kulturindustriellen Ware wurden, waren einstmals autonom. Sie besaßen emanzipatives, d. h. den Menschen ermächtigendes Potential. Sie hatten nicht nur immanenten, sondern auch transzendenten Charakter inne, denn sie waren beide in der Lage, dasjenige zu übersteigen, was die Autoren als gesellschaftlichen Verblendungszusammenhang (verstanden als Ideologie einer Alternativlosigkeit zum Bestehenden) einer total gewordenen Gesellschaft bezeichnen. Kunst und Kultur waren demnach vormals in der Lage, nicht verwirklichte Möglichkeitshorizonte zu eröffnen und so etwas Anderes zum Bestehenden im Bestehenden aufzuzeigen. Sie waren Selbstzweck und nicht als bloße Mittel anderen Zwecken unterworfen. Ganz anders die Kulturindustrie: Sie spricht diesem emanzipatorischen Anspruch Hohn. Inwiefern? Zunächst manifestiert sich in ihr eine bestimmte Form des Denkens. Denn ebenso wie das Denken alle Qualitäten zugunsten eines Einheitssystems negiert, „schlägt [die Kulturindustrie] alles mit Ähnlichkeit" (S. 128) und leugnet somit jedwede Einzigartigkeit der Objekte. Mehr noch, sie spiegelt eine „falsche Identität von Allgemeinem und Besonderem" (S. 128) vor, d. h. sie bestimmt Ungleiches als gleich, womit sie beiden Relata notwendig Gewalt antut. Überdies schlägt sich diese reduzierte und degradierte Form des Denkens in anderer Weise im Phänomen Kulturindustrie nieder. Die Kulturindustrie nimmt den Konsument*innen – als unentgeltliche Serviceleistung – das Denken ab, indem sie vorab die Wünsche und Bedürfnisse der Kund*innen auf Begriffe bringt und schließlich zu Urteilen formt. So heißt es: „Die Leistung, die der kantische Schematismus noch von den Subjekten erwartet hatte, nämlich die sinnliche Mannigfaltigkeit vorweg auf die fundamentalen Begriffe zu beziehen, wird dem Subjekt von der Industrie abgenommen. Sie betreibt den Schematismus als ersten Dienst am Kunden." (S. 132)

Doch auch wenn die kulturindustriellen Waren für Horkheimer und Adorno nicht den Charakter eines Kunstwerks innehaben, ist es für die Autoren unerlässlich, sie dennoch als Kunstwerke ernst zu nehmen. Sie müssen als Kunstwerke analysiert werden, um ihre Gehalte und ihre gesellschaftliche Funktion adäquat zu entschlüsseln. Mit ihrer Analyse zeigen die Autoren, dass die kulturindustriellen Waren anders als autonome Kunstwerke nicht die Sehgewohnheiten der Rezipient*innen verstören, sie eröffnen keine Perspektive, die das Gegebene übersteigt und es dadurch als kontingent erscheinen lässt; stattdessen sind sie fest in der Immanenz des gesellschaftlichen Ganzen verhaftet. Indem sie das Immergleiche reproduzieren, schreiben sie den Status quo fest und motivieren auf diese Weise gerade nicht zu einer Veränderung. Indem den Konsument*innen vermittelt wird, dass es nichts als den Immanenzzusammenhang gibt, stärkt die Kulturindustrie dasjenige, was zuvor als ‚Naturverfallenheit' bezeichnet wurde – eine Verfallenheit an ein Bestehendes, zu dem es scheinbar keine Alternative gibt. Vor diesem Hintergrund ist alles, was ist, lediglich eine „Reproduktion des Immergleichen" (S. 142), und führt notwendig zu einem „Ausschluß des Neuen" (ebd.). Horkheimer und Adorno sprechen in diesem Zusammenhang auch von der „Totalität der Kulturindustrie" (S. 144), die in der ewigen Wiederholung besteht. Es ist ihre Funktion, die Ideologie einer Alternativlosigkeit zum Bestehenden beständig aufrechtzuerhalten.

Was bedeutet diese Totalität für den Aspekt der Herrschaft, der unverbrüchlich mit dem Projekt Aufklärung und der Ermächtigung des Menschen verbunden ist? Herrschaft hat ein neues Gesicht bekommen, denn „technische Rationalität ist heute die Rationalität der Herrschaft selbst" (S. 129). Kulturindustrie, die sich auf eine instrumentelle, hier auch technische Vernunft genannt, kapriziert, wird damit zum Herrschaftsinstrument. Sie verbleibt in einer schlichten Zweck-Mittel-Rationalität, die gerade nicht nach der Vernünftigkeit der Zwecke fragt. Auf diese Weise kann sie kein Anderes als das Bestehende aufzeigen oder es gar verlangen – etwa die befreite Gesellschaft. Im Gegenteil: Kulturindustrie hat eine bewahrende Funktion inne, indem sie dazu dient, die Menschen (als Konsument*innen der Kulturgüter) ruhig zu halten und sie im unvernünftigen Zustand möglichst komfortabel und dabei selbstvergessen ausharren zu lassen. Ihr wirkmächtigstes Mittel ist es, Bedürfnisse in die Konsument*innen einzuimpfen, die dann sogleich wieder durch die kulturindustriellen Produkte befriedigt werden. Es gibt die „Notwendigkeit, den Konsumenten nicht auszulassen, ihm keinen Augenblick die Ahnung von der Möglichkeit des Widerstands zu geben. Das Prinzip gebietet, ihm zwar alle Bedürfnisse als von der Kulturindustrie erfüllbare vorzustellen, auf der anderen Seite aber diese Bedürfnisse vorweg so einzurichten, daß er in ihnen sich selbst nur noch als ewigen Konsumenten, als Objekt der Kulturindustrie erfährt." (S. 150) Die Kulturindustrie erschafft deshalb einen geschlossenen Kreislauf von Bedürfniserzeugung und Bedürfnisbefriedigung. Dieser wird durch das Monopol aufrechterhalten. Der Begriff ‚Monopol' markiert, dass sich die Produktionsmittel in der Hand einiger weniger, ideologisch miteinander verschränkter Akteur*innen, der „maßgebenden Clique" (S. 171), konzentrieren. Indem Kulturindustrie den Menschen zur bloßen, immersatten Konsument*in degradiert und jede Möglichkeit des Widerstands gegenüber der gesellschaftlichen Totalität verschleiert, erhält sie eine entscheidende Funktion: die Verhinderung der Freiheit und damit eine Verunmöglichung des eigentlichen Ziels der Aufklärung.

Die Werbung in der Kulturindustrie

Der Werbung, von Horkheimer und Adorno als ‚Reklame' verhandelt, kommt eine bedeutende Stellung innerhalb der Kulturindustrie zu – so bedeutend, dass Horkheimer und Adorno sie als ihr „Lebenselixier" (S. 171) identifizieren. Als Kernbestandteil der Kulturindustrie erfüllt Werbung die Funktion, das Monopol und damit die herrschenden Verhältnisse zu stützen.

Analytisch lassen sich zumindest drei (Unter-)Funktionen der Werbung unterscheiden: Werbung liefert erstens die Maßstäbe für die ästhetische Produktion der Kunst; Werbung dient zweitens als eine Sperrvorrichtung, d. h. sie schließt alle nicht dem Monopol zugehörigen Akteur*innen vom Marktgeschehen aus; und sie verschleiert drittens einen genuinen Zugang zu grundlegenden Fragen der gesellschaftlichen Beschaffenheit und möglichen Alternativen.

Die Werbung, das ist ihre erste Funktion, trägt entscheidend dazu bei, Kunst in eine Ware zu transformieren. Indem Kunst sodann in der Kulturindustrie zur Ware wird, verliert sie, wie beschrieben, die Fähigkeit, die Sehgewohnheiten der Rezipient*innen zu irritieren und so einen Blick auf ein mögliches Außen der total gewordenen Gesellschaft zu ermöglichen. Horkheimer und Adorno stellen fest: „Der herrschende Geschmack bezieht sein Ideal von der Reklame, der Gebrauchsschönheit" (S. 165). Natürlich schwingt in dieser Schlussfolgerung ein ästhetisches Urteil (und wahrlich kein wohlwollendes) mit. Vor allem kritisieren die Autoren aber die Funktionalisierung der Kulturproduktion als „Gebrauchsschönheit", die notwendig auf ihre kommerzielle Verwertbarkeit, ihre (Be-)Handelbarkeit als Ware, ausgerichtet ist. Diese Kulturwaren machen sich mit der Werbung gemein, die ganz offen und offensiv dem Zweck dient, das Beworbene zu verkaufen. Indem sie sich selbst als Ware anpreisen, werden Kulturprodukte, dem Vorbild der Werbung folgend, selber warenförmig.

Werbung fungiert laut Horkheimer und Adorno zweitens als eine Sperrvorrichtung, die jedwede Konkurrenz des Monopols auf zweifache Weise exkludiert. Zum einen subventioniert Werbung die „ideologischen Medien" (S. 171), indem Werbezeit und Werberaum faktisch nur in solchen Medienangeboten gebucht werden, die das Monopol stützen. Denn wie die werbenden Warenproduzent*innen gehören auch die Besitzer*innen der etablierten Massenmedien zum Monopol. Alternativen Medienangeboten, die außerhalb der Kulturindustrie operieren und so etwa Gegenöffentlichkeiten ein Forum bieten könnten, ist so eine überlebenswichtige Einnahmequelle verschlossen. Zum anderen sorgt Werbung als Sperrvorrichtung dafür, dass keine neuen Produzent*innen mit ihren Produkten auf dem Markt Fuß fassen können, weil sie sich das teure Werben schlicht nicht leisten können.

Drittens wirkt Werbung, wie die Kulturindustrie insgesamt, allerdings in herausragender Weise, als Verblendungsmechanismus. Sie generiert Bedürfnisse und gaukelt dann Auswahl zwischen Waren zur Befriedigung dieser Bedürfnisse vor, obwohl keine tatsächliche Auswahl besteht. Denn alle Waren werden durch das Monopol angeboten, sodass jeder Kauf, ganz egal welchen Produkts, die Herrschaft des Monopols reproduziert. Indem Werbung aber Menschen beständig zu Pseudoentscheidungen zwischen Ware A und Ware B drängt, okkupiert sie deren Aufmerksamkeit. Auf diese Weise vermag sich das durch den „Schein der Auswahlmöglichkeiten" verhüllte Diktat der Produktion" (S. 169) durchzusetzen. Diese Auswahlmöglichkeiten werden der Masse dabei als Freiheit verkauft, sodass sie im Glauben lebt, frei in ihren Entscheidungen zu sein: „Alle sind frei, zu tanzen und sich zu vergnügen, wie sie, seit der geschichtlichen Neutralisierung der Religion, frei sind, in eine der zahllosen Sekten einzutreten." (S. 176) Diese Freiheit ist jedoch eine trügerische, denn sie verdeckt, dass die wahre Freiheit nicht in der Wahl zwischen H&M und Versace, zwischen Apple und FairPhone besteht, sondern in der Wahl der Gesellschaftsform, in der man leben möchte.

Durch die dritte Funktion, die Verblendung, wird besonders deutlich, was bereits in den ersten beiden Funktionen angelegt ist: Die herrschaftsstützende Wirkung der Werbung beruht für Horkheimer und Adorno im Wesentlichen darauf, dass sie eine unfreie Gesellschaft festschreibt, in der sich die Masse aber paradoxerweise als frei empfindet – schließlich wählt man zwischen zwischen DM-Eigenmarke und Dr. Best. Diese Gesellschaftsform ist so konstruiert, dass sich die Masse immer weiter in ihre scheinbare Alternativlosigkeit verstrickt. Den Mitgliedern einer solchen Gesellschaft gelingt es aufgrund ihrer Verstrickung nicht, das ideologische Gewebe zu durchbrechen und sich selbst in ihrer Unfreiheit zu erkennen.

2   Eingliederung in das Gesamtwerk

Die *Dialektik der Aufklärung* ist neben Horkheimers wegweisendem Aufsatz *Traditionelle und kritische Theorie* (1937) der Text, der als Begründungsschrift der sogenannten ‚Kritischen Theorie' rezipiert wird. Von Mitte 1942 bis Mitte 1944 im Exil in den USA verfasst und erstmalig 1944 in stark begrenzter Auflage als Typoskript dort erscheinen, gestaltete sich das eigentlich interdisziplinär geplante Projekt letztlich als eher philosophische Abhandlung. Für beide Autoren stellt sie nicht nur die einzige größere gemeinsame Publikation dar, sie hat sowohl in

Horkheimers als auch in Adornos Schriftenverzeichnis eine herausgehobene Stellung inne. Die Topoi einer Verteidigung der Vernunft mittels konsequenter Vernunftkritik, die Dialektik von Natur und Kultur, von Herrschaft und Beherrschtwerden des Subjekts in der spätkapitalistischen Gesellschaft, die Rolle der Kunst im gesellschaftlichen Ganzen als auch das Motiv der Befreiung und der emanzipierten Gesellschaft, die die beiden in der *Dialektik der Aufklärung* entwickeln, sind in den nachfolgenden Werken beider Autoren weiterhin präsent. Natürlich gibt es entscheidende Differenzen zwischen den Werken beider Autoren. Adorno geht in *Minima Moralia* (1951), seinem ethischen Hauptwerk, der *Negativen Dialektik* (1966), seinem zentralen Werk zu Erkenntnistheorie und Dialektik, und der posthum veröffentlichten *Ästhetischen Theorie* (1970), seinem umfangreichen Werk zu Kunst und Gesellschaftstheorie, vom Leiden des Subjekts als Startpunkt seiner Betrachtungen aus. Horkheimer hingegen führte die der *Dialektik der Aufklärung* zugrundeliegende Diagnose in seiner *Kritik der instrumentellen Vernunft* (1947/2007) weiter aus, verfasste im Folgenden jedoch keine großangelegten Arbeiten mehr. Von ihm bleiben sowohl seine Arbeiten vor der *Dialektik der Aufklärung* bedeutsam, in denen er als Direktor des *Instituts für Sozialforschung* die Programmatik der Kritischen Theorie formulierte, als auch eine Vielzahl von kleineren Schriften, Briefen und Interviews, die zum Teil erst im Nachlass publiziert wurden.

3 Wirkungsgeschichte des Schlüsselwerkes und Kritik

Die *Dialektik der Aufklärung* stellt einen Meilenstein im kritischen Nachdenken über die Rolle der Werbung in der kapitalistischen Gesellschaft dar. Sie geht in ihrer Analyse nicht nur über primäre Werbewirkungen (Borchers 2020), also den Versuch, Produkt X zu verkaufen oder Kandidatin Y zur Wahl zu verhelfen etc., hinaus. Innovativ ist insbesondere, dass sie auch die sekundären Werbewirkungen, d. h. die gesellschaftlichen Auswirkungen der Werbung, nicht als ungewollte Kollateralschäden begreift. Stattdessen stellt sie ein Modell bereit, mit dem sich das Ziel des Monopols, die Gesellschaft mit Hilfe der Werbung zu beherrschen, denken lässt. Diese Erkenntnis setzt voraus, dass den Werbetreibenden eine gemeinsame Absicht zugeschrieben wird, denn die Beobachtung, dass die Werbung eine ideologisierte Lebenswelt konstruiert, erfordert ein mehr oder weniger gleichgerichtetes Handeln des Monopols.

Horkheimers und Adornos Abhandlung zur Kulturindustrie hat im Diskurs zur Werbeforschung bedeutsame Spuren hinterlassen. Die Liste der Werke, in denen ebenfalls die Verblendungsfunktion der Werbung problematisiert wird, ist lang und umfasst Arbeiten von so illustren und ihrerseits wirkmächtigen Autor*innen wie Marcuse (1968),

Haug (1971), Baudrillard (2001), Williamson (1978/2000) und Jhally (1987). Ein Beispiel: In ihrer semantischen Dekonstruktion von Werbemotiven arbeitet Williamson
(siehe Kap. „„It's the Propaganda, stupid!" Die Entdeckung der Werbewirkung aus
kultursemiotischer Perspektive:*Decoding Advertisements*von Judith Williamson"
in diesem Band) heraus, wie Werbemotive ideologisierte Welten konstruieren. Dadurch leistet die Werbung, so Williamson, einen wesentlichen Beitrag dazu, ein
Selbstverständnis der Gesellschaft als Konsumgesellschaft durchzusetzen, das die
Klassenstruktur überdeckt: „We are made to feel that we can rise or fall in society
through what we are able to buy, and this obscures the actual class basis which still
underlies social position." (1978/2000, S. 13) In ihrer Diagnose zeichnet sich die
Idee eines Verblendungsmechanismus, der auch und wesentlich durch die Werbung
erzeugt wird, deutlich ab. Auch für Williamson besitzt die Werbung die Funktion,
durch Konsum abzulenken von den eigentlich relevanten Entscheidungen, die –
eventuell – in die tatsächliche Freiheit führen könnten. Damit liefert Williamson
die empirische Detailanalyse an konkreten Werbemotiven nach, die Horkheimer
und Adorno schuldig bleiben.

In kritischer Reflexion des Kulturindustiekapitels lohnt es sich, mit Keppler zu
fragen, „wie ausbruchssicher das medial errichtete Gehäuse der Hörigkeit tatsächlich errichtet ist" (2019, S. 310). Inwiefern schafft es Kulturindustrie tatsächlich,
etwaiges Andere zur bestehenden Gesellschaft zu invisibilisieren? Keppler fragt,
wie wirkmächtig Kulturindustrie in letzter Konsequenz ist. In der Tat entzündet
sich eine kritische Diskussion der Ausführungen von Horkheimer und Adorno an
der Annahme starker Medienwirkungen. So bemerkt etwa Winter (2019), dass der
Verblendungszusammenhang nicht so absolut ist, wie von Horkheimer und Adorno
angenommen. Die ausdifferenzierten Märkte für Kulturprodukte, so argumentiert
er, lassen immer wieder Lücken entstehen auch für Produkte, die für sich in Anspruch nehmen, den Verblendungszusammenhang ein Stück weit aufzubrechen
(etwa subkulturelle Phänomene wie Punk Rock oder kapitalismuskritische Doku-
mentationen über Fast Fashion etc.). Inwieweit dies aber auch für Werbeangebote
gilt, bedarf sicherlich einer genaueren Prüfung. Denn für's Erste gilt, dass gerade
die Werbung weiterhin unbeeindruckt von Diskussionen um Postwachstumsgesell-
schaft und reduktive Moderne den Schein der heilen Konsumwelt aufrechterhält –
trotz oder gerade durch Greenwashing, Pinkwashing und andere Versuche, sich
progressiven gesellschaftlichen Entwicklungen anzudienen. Im Hinblick auf die
Werbung scheint daher ein anderer Einwand gegen die Analyse der Kulturindustrie
relevanter: Horkheimer und Adorno, so eine häufig geäußerte Kritik (etwa Kellner
1982; Winter 2019), beschäftigen sich nicht ausreichend mit der Rezeption der
Medienangebote und unterschätzen darum die relative Autonomie der Rezipient*innen. Eine solche Kritik lässt sich etwa mit Konzeptionen eines aktiven

Publikums samt oppositionellen oder subversiven Lesarten begründen, die hege-
moniale Verhältnisse im Rezeptionsprozess durchbrechen (Fiske 1987; Hall 1980).
Empirische Studien haben solche Lesarten auch in der Werberezeption beobachtet
(statt anderer Knudsen 2012). Einen anderen Ansatz verfolgt die aktivistische
Praxis des AdBustings bzw. Culture Jammings (Klein 1999). Unter diesen Praxen
versteht man, vereinfacht gesagt, die Verfremdung von u. a. Werbemotiven auf eine
Weise, die ihre ursprüngliche Aussage konterkariert, um so den Inhalt der Aussage
gegen sich selbst zu wenden. Ziel dieser konsumkritischen Anti-Werbung ist es,
den hegemonialen Diskurs durch die Inszenierung oppositioneller Lesarten aufzubrechen. Durch diese Irritation soll der durch die Kulturindustrie konstruierten Lebenswelt ein Riss beigebracht werden, durch den der Blick auf ein mögliches Außen frei wird. Wie die Praxis des AdBustings zeigt, besitzen die Überlegungen
Horkheimers und Adornos nicht nur auf die Werbeforschung, sondern darüber hinaus auch auf die aktivistische Auseinandersetzung mit Werbung einen langanhal-
tenden Einfluss, und tatsächlich hatte Horkheimer (1947) selbst bereits auf das
emanzipative Potenzial des Non-Konformismus hingewiesen.

Obwohl der Aufsatz zur Kulturindustrie erstmals bereits in den 1940er-Jahren
veröffentlicht wurde und somit inzwischen ein stolzes Alter erreicht hat, stellen
Horkheimer und Adorno ein auch für aktuelle Untersuchungen geeignetes begriff-
liches Instrumentarium bereit, das es ermöglicht, auch die heutige Gesellschaft mit
ihren immer neuen Verfallsformen der Kultur produktiv zu kritisieren. Denn aller
Zeitgebundenheit der ursprünglichen Analyse zum Trotz weist die heutige Gesellschaft erstaunliche (und bedenkliche) Kontinuitäten zur damaligen Gesellschaft
auf. Niederauer und Schweppenhäuser bemerken dazu: „Gegenwärtig, in der neo-
liberalen Phase entfesselter Weltmarktkonkurrenz, entwickelt sich der kulturindus-
trielle Sektor zu einem immer wichtigeren Bereich des Marktes, und das Konzept
‚Kulturindustrie' erweist sich als beschreibungstauglicher denn je." (2018, S. 15)
Auch und gerade mit Blick auf die Werbung ist diese Einschätzung eine zutref-
fende. So lässt sich das Instrumentarium, das Horkheimer und Adorno bereitstel-
len, etwa zur Analyse der gesellschaftlichen Rolle von Social-Media-
Influencer*innen anwenden, die zwar nicht alle, aber doch in ihrer Mehrheit mit
ihrem zur Schau gestellten Geltungskonsum (sensu Veblen, 1899/1994) die ideologische Erzählung des erst durch Konsumhandlungen gelingenden Lebens beständ-
dig reaktualisieren und so den gesellschaftlichen Verblendungszusammenhang
aufrechterhalten; und auch die zur personalisierten Werbeansprache durchgeführte,
allumfassende Datensammlung durch den Überwachungskapitalismus (siehe
Kap. „Werbung als Katalysator der digitalen Wirtschaftsordnung: *The Age of Surveillance Capitalism* von Zuboff" in diesem Band) verleiht dem Verblendungszusammenhang eine neue Qualität. Denn sie zielt darauf ab, Bedürfnisse bereits vor

ihrer Entstehung zu befriedigen, um damit das Risiko der kurzzeitig unbefriedigten Bedürfnisse auszuschalten und so ein (pseudo-)glückliches Konsumutopia zu erschaffen. In dieser Vision nimmt die Kulturindustrie den Menschen nicht mehr nur das Denken, sondern sogar das Wollen ab.

Literatur

Primärliteratur

Adorno, T. W. (1951). *Minima Moralia: Reflexionen aus dem beschädigten Leben.* Berlin: Suhrkamp.

Adorno, T. W. (1966). *Negative Dialektik: Jargon der Eigentlichkeit.* Frankfurt am Main: Suhrkamp.

Adorno, T. W. (1970). *Ästhetische Theorie.* Frankfurt am Main: Suhrkamp.

Horkheimer, M. (1937). Traditionelle und kritische Theorie. *Zeitschrift für Sozialforschung, 6*(2), 245–294.

Horkheimer, M. (2007). *Zur Kritik der instrumentellen Vernunft.* Frankfurt am Main: Fischer (Ursprünglich veröffentlicht 1947).

Horkheimer, M., & Adorno, T. W. (2010). *Dialektik der Aufklärung: Philosophische Fragmente.* Frankfurt am Main: Fischer (Ursprünglich veröffentlicht 1944).

Sekundärliteratur

Baudrillard, J. (2001). *Das System der Dinge: Über unser Verhältnis zu den alltäglichen Gegenständen.* Frankfurt am Main: Campus.

Borchers, N. S. (2020). Gesellschaftliche Dimensionen der Werbekommunikation. In J. Krone & T. Pellegrini (Hrsg.), *Handbuch Medienökonomie* (S. 1269–1292). Wiesbaden: SpringerVS. https://doi.org/10.1007/978-3-658-09560-4_53

Fiske, J. (1987). *Television culture.* London: Methuen.

Hall, S. (1980). Encoding/decoding. In S. Hall, D. Hobson, A. Lowe, & P. Willis (Hrsg.), *Culture, media, language* (S. 128–138). London: Hutchinson.

Haug, W. F. (1971). *Kritik der Warenästhetik.* Frankfurt am Main: Suhrkamp.

Jhally, S. (1987). *The codes of advertising: Fetishism and the political economy of meaning in the consumer society.* London: Pinter.

Kellner, D. (1982). Kulturindustrie und Massenkommunikation: Die Kritische Theorie und ihre Folgen. In W. Bonss & N. Schindler (Hrsg.), *Sozialforschung als Kritik: Zum sozialwissenschaftlichen Potential der Kritischen Theorie* (S. 482–515). Frankfurt am Main: Suhrkamp.

Keppler, A. (2019). Ambivalenzen der Kulturindustrie. In R. Klein, J. Kreuzer, & S. Müller-Doohm (Hrsg.), *Adorno-Handbuch: Leben – Werk – Wirkung* (S. 307–315). Stuttgart: Metzler.

Klein, N. (1999). *No logo: Taking aim at the brand bullies.* New York: Picador.

Knudsen, G. H. (2012). Man's last stand! Polysemy and dialogue in advertising reception. *Advertising & Society Review*, *13*(2). Abgerufen von https://www.muse.jhu.edu/article/484932

Marcuse, H. (1968). *Der eindimensionale Mensch: Studien zur Ideologie der fortgeschrittenen Industriegesellschaft*. Neuwied: Luchterhand.

Niederauer, M., & Schweppenhäuser, G. (2018). „Kulturindustrie": Annäherungen an einen populären Begriff. In M. Niederauer & G. Schweppenhäuser (Hrsg.), *„Kulturindustrie": Theoretische und empirische Annäherungen an einen populären Begriff* (S. 1–28). Wiesbaden: SpringerVS.

Veblen, T. (1994). The theory of the leisure class. In T. Veblen & J. A. Hobson (Hrsg.), *The Collected Works of Thorstein Veblen: Vol. 1. Veblen and The Theory of The Leisure Class*. London: Routledge (Ursprünglich veröffentlicht 1899).

Williamson, J. (2000). *Decoding advertisements: Ideology and meaning in advertising*. London: Marion Boyars (Ursprünglich veröffentlicht 1978).

Winter, R. (2019). Die Macht der Kulturindustrie im Spätkapitalismus. In U. H. Bittlingmayer, A. Demirović, & T. Freytag (Hrsg.), *Handbuch Kritische Theorie* (S. 1105–1124). Wiesbaden: SpringerVS.

Das Publikum als Ware: *Communications: Blindspot of Western Marxism* von Smythe

Sebastian Sevignani und Isabelle Busche

In seinem Aufsatz *Communications: Blindspot of Western Marxism* (1977) bearbeitet Dallas Smythe polit-ökonomisch eine Reihe von Fragen, die dann in der späteren Rezeptionsgeschichte des Textes mitunter kontroverse Antworten provoziert haben: Warum werden aus ökonomischer Sicht überhaupt massenmediale Inhalte wie Information und Unterhaltung produziert? Was genau kaufen die Werbetreibenden mit ihren Werbeausgaben? Wie stellen die Werbetreibenden sicher, auch das zu erhalten, wofür sie bezahlen? Welche Rolle spielt das Publikum für die wirtschaftliche Beziehung zwischen Massenmedien und werbetreibender Industrie? Wer produziert die Dienstleistung bzw. Ware, die die Werbetreibenden kaufen? Wie lässt sich die Werbeindustrie im Monopolkapitalismus im Rahmen einer marxistischen (Arbeits-)Werttheorie verstehen? Haben sowohl kritische als auch orthodoxe wirtschaftswissenschaftliche Ansätze die ökonomische Rolle werbefinanzierter Medien bisher missinterpretiert?

Smythe interessiert sich für eine politische Ökonomie des Publikums; es geht ihm darum, die Rolle des Publikums für die kapitalistische Ökonomie als eine aktive und ausgebeutete zu bestimmen, dessen Aktivität unter monopol- oder oligopolartigen Marktbedingungen fortlaufend gesichert werden muss, damit die im Überfluss produzierten Waren abgesetzt und Profite realisiert werden können:

S. Sevignani (✉)
Institut für Soziologie, Friedrich-Schiller-Universität, Jena, Deutschland
E-Mail: sebastian.sevignani@uni-jena.de

I. Busche
Wiesbaden, Deutschland

© Springer Fachmedien Wiesbaden GmbH, ein Teil von Springer Nature 2022   323
T. G. K. Meitz et al. (Hrsg.), *Schlüsselwerke der Werbeforschung*,
https://doi.org/10.1007/978-3-658-36508-0_28

„They work to create the demand for advertised goods which is the purpose of monopoly capitalism" (Smythe 1977, S. 6). Jegliche Zeit, die das Publikum wach verbringt (Crary 2014), gelte als Arbeitszeit, die sich wiederum einerseits aus jener Zeit zusammensetzte, in der die Menschen überwiegend als Lohnarbeiter*innen warenproduzierend tätig sind, und andererseits aus jener Zeit, die für die Reproduktion der hierfür nötigen Arbeitskraft aufgewendet werden muss (z. B. Lernen, Entspannung, Sorge-Arbeiten). Wurde Medienkonsum bisher weitgehend dem Bereich der Reproduktion und der ‚Freizeit' zugesprochen, ist er für Smythe eine produktive Tätigkeit (die wiederum selbst z. B. durch Entlastung etwa von häuslicher, durch andere Familienmitglieder geleistete, Reproduktionsarbeit ermöglicht wird). Mit der Einführung des Begriffs der *audience commodity* (*Publikumsware*) leistet er einen eigenen, einflussreichen konzeptionellen Beitrag zur Bearbeitung von ihm zuvor markierten Leerstellen in der kritischen medien- und kommunikationswissenschaftlichen Diskussion.

1   Inhalt des Schlüsselwerks

Die Arbeit von Smythe versteht sich als kritische Intervention in damalige marxistische und polit-ökonomische Debatten. Aus der Sicht Smythes wurde die Rolle von Medien und Kommunikation in kapitalistischen Gesellschaften nicht, wie man erwarten würde, ‚materialistisch', d. h. hinsichtlich ihrer ökonomischen Funktion für das Kapital (Smythe 1977, S. 1) unter Verwendung polit-ökonomischer Kategorien wie Warenform und dann z. B. Wert, Arbeit, Ausbeutung usw. analysiert, sondern in ‚idealistischer' Weise: „What is the commodity form of mass-produced, advertiser-supported communications? This is the threshold question. The bourgeois idealist view of the reality of the communication commodity is 'messages', 'information', 'images', 'meaning', 'entertainment', 'orientation', 'education', and 'manipulation'. All of these concepts are subjective mental entities and all deal with superficial appearances" (Smythe 1977, S. 2). Nach Smythe gilt es, die Rolle der Medien und der Kommunikation polit-ökonomisch und nicht ideologietheoretisch als Agenten des von der wirtschaftlichen Basis enthobenen Überbaus bzw. der Superstrukturen zu betrachten. Dies bedeutet, nicht nur zu untersuchen, wie breite Teile der Bevölkerung gewaltlos und mit Hilfe von (Psycho-)Techniken der Konsenserzeugung auf das kapitalistische Wirtschafts- und Gesellschaftssystem verpflichtet werden, sondern vielmehr ihren unmittelbaren Beitrag zu ökonomischen Verwertungsprozessen in den Blick zu nehmen. Denn: Die „mass media of communications are simultaneously in the superstructure and engaged indispensably in the last stage of infrastructural production where demand is produced and satisfied by purchases of consumer goods" (Smythe 1977, S. 3). Es geht ihm demnach nicht primär um eine Hervorhebung der eigenständigen wirtschaftlichen Bedeutung der Medienindustrie als Sphäre der Kapitalakkumulation, in der Information und Unterhaltung verkauft werden und abhängige oder gar prekäre Medienarbeit ausgebeutet wird, sondern um die Beziehung der Medien zur werbetreibenden Industrie. Sein genuiner Beitrag zur politischen Ökonomie des Publikums besteht dann aber wiederum nicht darin, dass die Medien durch unterhaltende, manipulative, ablenkende oder auch informative Angebote zum Erhalt und zur (De-)Qualifizierung der Arbeitskraft der Lohnabhängigen eine für alle Sektoren der kapitalistischen Ökonomie notwendige Funktion übernehmen. In einem solchen vielleicht reproduktionstheoretisch zu nennendem Ansatz wären z. B. die Arbeiten der Frankfurter Schule zur Kulturindustrie zu verorten (siehe Kap. „Werbung und Kulturindustrie als verwirklichte Unvernunft: von Horkheimer und Adorno" in diesem Band), die ebenfalls bei der Warenform der Kommunikation ansetzten (Prokop 2017; Steinert 2008).

Symthes wesentlicher theoretischer Bezugspunkt ist die *Theorie des Monopolkapitalismus*, die sich im Anschluss an Paul A. Baran und Paul Sweezy (1964, 1966, 2013, zum Überblick Foster 2014; für eine medienökonomische Aufnahme Prokop 2017) entwickelte und nach der der Kapitalismus seit der Mitte des 20. Jahrhunderts durch immer stärker monopolartige Strukturen gekennzeichnet ist: „Civilian and military demand are managed to provide the consumption and investment outlets required for the realization of a rising surplus" (Smythe 1977, S. 4). Smythe sieht die Massenwerbung für Markenprodukte als Teil des gesellschaftlich notwendigen Nachfragemanagements im Monopolkapitalismus: Die Nachfrage nach Waren muss gesteuert werden, damit die Wirtschaft wächst, Kapital akkumuliert und Konzerne Profite realisieren können. Die Medieninhaltsproduktion, also von Information und Unterhaltung, diene vor allem folgendem Zweck: „to recruit potential members of the audience and to maintain their loyal attention" (Smythe 1977, S. 5). Werbung wurde aber in heterodoxen, d. h. vom neoklassischen Mainstream in den Wirtschaftswissenschaften abweichende Ansätzen und auch in der Theorie des Monopolkapitalismus, auf die er sich ja bezieht, bisher nur unzureichend reflektiert und ist auf den Effekt psychologischer Manipulation zur Ankurbelung des Konsums reduziert worden (zum Überblick Seufert 2016). Traditionell werden in der marxistischen Theorie Tätigkeiten in der Zirkulationssphäre, also insbesondere im Marketing und der Werbung, als unproduktiv und nicht wertbildend angesehen. Smythe weist diese Position als unhaltbar unter monopolkapitalistischen Bedingungen, in denen Markenprodukte und Werbung omnipräsent sind, zurück und bezieht sich auf Passagen von Marx selbst, in denen dieser die strikte Trennung in ökonomische Zirkulations- bzw. Tausch- und Produktionssphäre unterläuft (Smythe 1977, S. 15 f.). Die Tätigkeit der Publikumsware ist nach Smythe als ‚produktiv' anzusehen: Die (Arbeits-)Zeit, die das Publikum den Massenmedien widmet, wird von den Eigentümer*innen dieser Medien als Dienstleistung an die werbetreibende Industrie verkauft. Um diese Tauschbeziehung zu ermöglichen, hat sich ein eigener Dienstleistungssektor herausgebildet. Vor allem Marktforschungsunternehmen, Werbeagenturen, aber auch entsprechende Marketingabteilungen in den Medienunternehmen sind dafür zuständig, das Publikum zu segmentieren und gewissermaßen zu einer ‚verkaufsfertigen' Ware aufzubereiten.

Für Smythe besteht die Arbeit des Publikums im Erlernen der „theory and practice of consumership" (Smythe 1977, 20). In einem von Marx ausgehenden Begriff von Arbeit als vergegenständlichender, aneignender und ‚bildender' Tätigkeit sind Lernprozesse für das Subjekt stets mitgemeint (Sevignani 2018). Die Arbeit „to learn to buy particular 'brands' of consumer goods, and to spend (…) income accordingly" dient Werbetreibenden „to complete the production process of consumer goods by performing the ultimate marketing service for them" (Smythe 1977, 6). Praktisch schließt dieser Lernprozess das Erkennen eines Problems oder Mangels, die Kenntnis von Waren, die hierfür eine Lösung versprechen, sowie die Priorisierung eines Markenprodukts in dieser Warenklasse auf einer „mental shopping list" (Smythe 1977, 14) der (Medien-)Konsument*innen ein.

Smythe macht ähnlich wie die Kulturindustrieanalysen der Frankfurter Schule deutlich siehe Kap. „Werbung und Kulturindustrie als verwirklichte Unvernunft: von Horkheimer und Adorno" in diesem Band), dass im Monopolkapitalismus die ‚Freizeit' und der Bereich der Reproduktion der menschlichen Arbeitskraft unter den Einfluss kapitalistischer Verwertungslogiken gerät: „Now the principal aspect of capitalist production has become the alienation of workers from the means of producing and reproducing themselves" (Smythe 1977, S. 7). So trinkt man z. B. ein Markenbier, während man sich in der Werbeunterbrechung einer TV-Übertragung eines Sportereignisses einen Werbespot für eben dieses Markenbier ansieht. Der Zugriff auf die Alltagsrealität des Konsums und der Reproduktion durch Marketing und Werbung wird dadurch für die Subjekte zu einer permanenten Bewältigungsprobe („coping", Smythe 1977, S. 14), die für Smythe neue – weiter zu erforschende – Widerspruchskonstellationen bzw. Entfremdungsphänomene zwischen dem Konsumieren-Lernen und der für die breiten Massen weiterhin bestehenden Notwendigkeit, die eigene Arbeitskraft für die Lohnarbeit zu reproduzieren (z. B. durch Entspannung), aufwirft (Smythe 1977, S. 20).

2 Einordnung des Schlüsselwerks in das Gesamtwerk des Autors

Dallas Smythe, der zunächst in unterschiedlichen US-amerikanischen Regierungs-abteilungen, z. B. *Federal Communications Commission* arbeitete, gilt als Mitbe-gründer der kritischen politischen Ökonomie der Medien und Kommunikation (Wasko et al. 1993; Sevignani 2020). Bereits 1948 begann Smythe, dieses Fach zu lehren, nach eigener Einschätzung als erster überhaupt (Lent 1995). Smythe war dabei nicht nur Wissenschaftler, sondern auch politischer Aktivist (Mosco 2009, S. 82–83); so war er unter anderem in frühen, antifaschistischen Organisationen Washingtons aktiv und musste sich Überprüfungen des FBI unterziehen (Lent 1995). „The power to control communications and the flow of information is the basis of political power as well as of the possibility of realizing the potential of humanity on this Earth – if we don't stupidly blow ourselves away first" (1987, S. 10), so Smythes Überzeugung. In diesem Sinne engagierte er sich während sei-ner Karriere u. a. dafür, dass neue Kommunikationsmöglichkeiten größeren Teile der Bevölkerung zugänglich gemacht wurden (z. B. durch die Ausweitung des Te-lefonnetzes in ländlichere Gegenden, Melody 1994, S. 73), für eine öffentliche Kontrolle über das Kommunikationssatelliten-Netzwerk und für die Entmilitarisie-rung des globalen Kommunikationssystems (Mosco 2009, S. 77).

Die zentrale Idee des Aufsatzes *Communications: Blindspot in Western Mar-xism* (1977), dass das Publikum Arbeit für die Werbetreibenden leistet, formulierte Smythe bereits 1951 in *The Consumer's Stake in Radio and Television*. Dort stellte er erstmals die Frage nach dem eigentlichen Produkt der US-amerikanischen Mas-senmedien; in diesem Kontext sprach er von der Publikumstreue gegenüber den Werbetreibenden (Smythe 1951, S. 110). Einige Jahre nachdem Harry Magdoff auf Einladung Smythes hin einen eineinhalbstündigen Vortrag über marxistische The-orie gehalten hatte, ohne das Wort Kommunikation auch nur zu erwähnen, sah Smythe die Notwendigkeit für seinen *Blindspot*-Aufsatz (Lent 1995). Mit dessen Veröffentlichung im *Canadian Journal of Political and Social Theory* verankerte Smythe die Idee der *audience commodity* in der kritischen Theorie und Werbe-forschung.

Im Buch *Dependency Road: Communications, Capitalism, Consciousness, and Canada* (1981) arbeitete er die Bedeutung der Kommunikationsindustrie für die politische Ökonomie Kanadas heraus und thematisierte ihre Abhängigkeit von den US-Medien. Darin widmete er ein Kapitel erneut der *audience commodity*, in dem er einige der Fragen von 1977 aufgriff, erweiterte und aktualisierte. Die *audience power*, so Smythe (1981/2006), sei das eigentliche Produkt und die eigentliche

Ware der Massenmedien im Monopolkapitalismus. Unter anderem ging er hier
auch der Frage nach, wie der Preis für die *audience power* bestimmt werden
konnte. Dafür analysierte er die Charakteristika des Massenmedien-, vor allem des
Fernsehmarkts mit seinen monopolistischen und oligopolistischen Strukturen sowie den Werbemarkt und veranschaulichte dadurch, wie Preise für Werbespots zustande kamen. Auf dieser Basis kalkulierte er unter Einbeziehung verschiedener
„hidden costs" für das Publikum, die durch Kauf, Instandhaltung etc. beispielsweise von Empfangsgeräten entstehen, wer wie viel für die Produktion der *audience commodity* letztlich zahlte: „For every dollar spent by advertisers to buy
media-produced television audiences, Canadian households spent five" (Smythe
2006, S. 239). Zudem analysierte Smythe auch einige Probleme, die im Zusammenhang mit der monopolkapitalistischen Nachfragsteuerung auftraten. So inter-
pretierte er das vermehrte Aufkommen von No-Name-Produkten als Reaktion auf
eine Art Widerstand der Konsument*innen gegen die markengestütze Hochpreis-
Praxis und entwickelte die These, dass das Monopolkapital seine eigenen
Gegner*innen produziert habe – nämlich ein Publikum, das zunehmend
nicht-kommodifizierte Gruppenbeziehungen suche. Dies begründete Smythe
beispielsweise mit rückläufigen Zuschauerzahlen für das Fernsehens (Smythe
2006, S. 253).

Mit einem Blick nach China fragte Smythe in seinem viel rezipierten Aufsatz
After Bicycles, What? (1994) auch nach möglichen Alternativszenarien für die kapitalistisch orientierte Entwicklung von (Kommunikations-)Technologie. Er
warnte hier u. a. (vergeblich) vor einer Übernahme westlichen Konsumismus und
Werbetechniken als einer „trap which capitalism presents to new socialist systems"
(Smythe 1994, S. 241) und beschäftigte sich auch mit Möglichkeiten einer demo-
kratischeren Ausgestaltung von Mediensystemen (z. B. Smythe 1994, S. 231 f.).

3   Wirkungsgeschichte des Schlüsselwerkes und Kritik

Die von Smythe initiierte Forschung zur *audience commodity* ist nach Mosco
(2009, S. 12) vor allem deshalb nützlich, weil sie die Diskussion der Kommodifizierung der Kommunikation über den Inhaltsaspekt hinaus erweiterte und
für die Werbeforschung fruchtbar machte. Allerdings wurde Smythe in der
ausdifferenzierten und tendenziell administrativen Werbeforschung (Lazarsfeld 1941; Wharton 2015) weitgehend ignoriert (exemplarisch Siegert et al.
2016, wo Smythe keine Erwähnung findet). An Smythes Aufsatz entzündete sich in
den Jahren nach der Veröffentlichung das, was heute als die Blindspot-Debatte
bezeichnet wird, und auch die Digital-Labour-Debatte, die als Fortsetzung dieser

Debatte unter den Bedingungen der Digitalisierung interpretiert werden kann, geht letztlich darauf zurück.

Die Blindspot-Debatte wurde im Wesentlichen über zwei Punkte geführt, die Symthe in seinem Aufsatz verbunden hatte: Erstens die Anforderungen und Aufgaben einer kritischen, marxistischen Analyse der Medien und der Kommunikation sowie zweitens die (für die Werbeforschung relevantere) Diskussion des Theorems der *audience commodity*. Zunächst zog die scharfe Abgrenzung, die Symthe zwischen ‚materialistischen‘ und ‚idealistischen‘ Ansätzen der (kritischen) Kommunikationsforschung vornahm, Kritik auf sich. So argumentierte etwa Graham Murdock (1978) mit dem Verweis darauf, dass es auch nicht werbefinanzierte Medienproduktion gebe, für eine Integration von sowohl polit-ökonomischer als auch ideologietheoretischer Ansätze, die die bewusstseinsformenden und ungleichheitslegitimierenden Funktionen der Medien als Produzenten und Verbreiter kultureller Deutungsangebote im Blick haben. Die Problematik wurde dann in der Diskussion über das Verhältnis zwischen einer politischen Ökonomie der Medien und den Cultural Studies weitergeführt (Gandy und Garnham 1995; Grossberg 1995; Johnson 1999; Thiele und Klaus 2007; Fuchs 2009).

Die für die Werbeforschung relevantere Diskussion des Theorems der *audience commodity* lässt sich in fünf Themenstränge unterteilen: Eine Kritik an der These des produktiven Publikums, eine konzeptuelle Vertiefung genau dieser These, eine Ergänzung um die notwendige Rolle der Ratingindustrie für die Kommodifizierung des Publikums sowie eine modifizierende Anwendung auf neue Medienentwicklungen. Lebowitz kritisierte Smythes Ansatz als bloß „Marxist-sounding communications theory" (1986, S. 165); nicht die produktive Rolle des Publikums ist entscheidend für das Verständnis werbefinanzierter Medien, sondern deren Abhängigkeit von der Wertschöpfung im industriellen Sektor. Medien erhalten Teile des dort erwirtschafteten Profits, weil sie mittels Werbung die Verkaufszahlen industrieller Waren steigern. Wertschöpfend-produktiv ist nicht das Publikum, sondern die lohnabhängig Arbeitenden in diesem Sektor. Livant und Jhally teilen Smythes Ansatz, buchstabieren ihn aber arbeitswerttheoretisch aus: Die Medien verkaufen nicht das Publikum an sich, sondern dessen „watching time" an die werbetreibende Industrie; diese wird von den Rezipient*innen und den Medienorganisationen co-produziert und teilt sich auf in eine Zeitspanne, die notwendig ist, um die Kosten des Programms zu refinanzieren, und eine „extra" Zeit, die die Grundlage für die Profite der Medienkonzerne bildet: „It is necessary for the audience to watch 4 of the 12 spots to produce value equal to the cost of programming. For 4 spots the audience watches for itself; for the remaining 8 spots the audience is watching surplus-time (over and above the cost of programming). Here the audience watches to produce surplus value for the owners of the means of communication" (Jhally und Livant 1986, S. 132). Medienkonzerne sind daran interessiert, diese Zeit optimal zu verwerten und reorganisierten dazu den „watching process": Es geht für sie darum, Rezipient*innen länger und intensiver an das Programm zu binden; letzteres wird dadurch erreicht, dass Streuverluste, d. h. „'wasted' watching by ‚irrelevant' viewers" (Jhally und Livant 1986, S. 133) verringert und die Werbedichte im Programm vergrößert wird. Meehan (1993, 2018) setzt bei dem Umstand an, dass die *audience commodity* nicht identisch mit dem gesamten Publikum ist; vielmehr ist die Aufmerksamkeit nur einer kaufbereiten Schicht, die sich empfänglich für bestimmte Werbung zeigt, in der Beziehung zwischen der werbetreibenden Industrie und den Medien von Wert. Media-Agenturen und die „Ratingindustrie", d. h. Agenturen, die gewerbsmäßig die Kreditwürdigkeit und Kaufkraft hier der Werbezezipient_innen bewerten, vermitteln nun nicht nur in dieser Geschäftsbeziehung, sondern durch die angewandten Methoden der Vermessung und Bepreisung des Publikums konstruieren bzw. produzieren diese Intermediäre die *audience commodity* auch mit. Im Prozess der Bewertung des Publikums überschneiden sich zudem verschiedene Formen der Diskriminierung, z. B. nach Klasse und Geschlecht: „The overvaluing of a male audience reflects the sexism of patriarchy as surely as the overvaluing of an upscale audience reflects the classism of capitalism" (Meehan 2001, S. 220).

Mit dem Aufkommen des Internets, interaktiver Medien und der Diskussion über den „Überwachungkapitalismus" (Zuboff 2018; siehe Kap. „Werbung als Katalysator der digitalen Wirtschaftsordnung: von Zuboff" diesem Band) bzw. einer überwachungsbasierten Medien- und Kulturproduktion (Turow und Couldry 2018) (siehe Kap. „Ich – mal Ziel, mal Müll: von Turow" in diesem Band) gewinnt Smythes Theorem erneut an Aktualität (McGuigan 2012). Die These „work of watching" wird zur These „work of being watched" erweitert: „The labor of being watched goes hand-in-hand with the work of watching: viewers are monitored so advertisers can be ensured that this work is being done as efficiently as possible" (Andrejevic 2002, S. 236). Interaktive Medientechnologie erlaubt der Werbeindustrie die detaillierte Überwachung des Publikums, d. h. seine Identifizierung, Sortierung, vergleichende Auswertung vor dem Hintergrund etwa unternehmerischer Ziele (Gandy 1993; Fourcade und Healy 2013). Die so gewonnenen Erkenntnisse fließen in die Fabrikation der *audience commodity* ein und werfen neue Probleme hinsichtlich des Schutzes der Privatsphäre auf (Sevignani 2016). Im Internet wird die *audience commodity* zu einer *prosumer commodity* (Fuchs 2010): „Advertisers are not only interested in the time that users spend online, but also in the products that are created during this time – user-generated digital content and online behaviour" (Fuchs 2012, S. 704). An diesem Punkt entzündete sich die sog. Digital Labour-Debatte (Arvidsson und Colleoni 2012; Proffitt et al. 2015; zum Überblick Sevignani 2017) als zweite wichtige Rezeptionswelle des Aufsatzes: „The audience commodity is a far more significant matter in twenty-first century economies and societies than it was in the twentieth. It has moved to center stage as a basic market model shaping economic and social development. Dallas [Smythe] would be gratified to know that a new generation of scholars is examining the commodification process at the heart of new forms of media" (Melody 2014, S. 28). Kern der Debatte sind die voneinander abhängigen Fragekomplexe, inwiefern a) Internetnutzung, insbesondere die Nutzung sozialer Medien als Arbeit verstanden werden kann, b) ob und wie diese durch das Medienkapital bzw. die Eigentümer*innen Sozialer Medien-Plattformen kontrolliert und entfremdet wird, sowie c) inwiefern die Nutzung der anfallenden Daten eine Form der Ausbeutung sein kann. Mit Bezug auf insbesondere postoperaistische Ansätze, die von der These ausgehen, dass sich die Wertschöpfung entgrenzt hat und die gesamte Gesellschaft zu einer Art Fabrik geworden ist (Terranova 2000), aber, aber auch materialistische Sprach- und Medientheorien (Sevignani 2018) wird argumentiert, dass auch die Nutzung des Internets als eine Arbeitstätigkeit verstanden werden kann, die von Informations- und Kommunikationskonzernen unentgeltlich ausgebeutet werden. Zwar sind Nutzer*innen nicht gezwungen, kommerzielle Plattformen zu nutzen – aufgrund monopol- oder oligopolistischer Marktstrukturen und mangelnder Alternativen mit ähnlicher Attraktivität kanalisiert aber ein ‚stummer Zwang' die Nutzung zu wenigen großen Plattformen. Diese sind dann in der Lage die Interaktionen in ihrem Sinne zu lenken und zu beeinflussen, um sie bestmöglich ökonomisch verwerten zu können. Insbesondere wenn der Ausbeutungsbegriff von seinen werttheoretischen Schwierigkeiten befreit wird, kann er auf die Internetnutzung angewandt werden Sevignani 2022. Denn die Profitabilität kommerzieller Dienste hängt von ihrer Nutzung(sintensität) ab und die dadurch erwirtschafteten Erträge verteilen sich einseitig zu ihren Gunsten. Die „Kommunikationsmacht" (Castells 2007) kommerzieller Plattformen zur Lenkung und Beeinflussung von Nutzungsaktivitäten kann so ökonomisch abgesichert, erweitert und intensiviert werden. Insgesamt erweist sich an den skizzierten Debatten die Fruchtbarkeit und die Aktualität einer kritischen politischen Ökonomie der Medien und der Kommunikation (Fuchs 2017) für die Werbeforschung im digitalen Zeitalter.

Literatur

Primärliteratur

Smythe, D. W. (1951). The consumer's stake in radio and television. *Quarterly of Film, Radio and TV, 6*(2), S. 109–128.

Smythe, D. W. (1977). Communications: Blindspot of Western Marxism. *Canadian Journal of Political and Social Theory, 1*(3), 1–28.

Smythe, D. W. (1987). Freedom is the act of resisting necessity, response to L. R. Sussmann. ICASIETAR (Montreal) (April 20):10.

Smythe, D. W. (1981). Dependency road: Communications, capitalism, consciousness, and Canada. Norwood, NJ: Ablex.

Smythe, D. W. (1994). After bicycles, what? In T. Guback (Hrsg.), *Counterclockwise: Perspectives on Communication* (S. 230–244). Boulder, CO: Westview.

Smythe, D. W. (1981/2006). On the audience commodity and its work. In D. G. Meenakshi & D. Kellner (Hrsg.), *Media and cultural studies: Keyworks* (S. 230–256). Malden, MA: Blackwell.

Sekundärliteratur

Andrejevic, M. (2002). The work of being watched: Interactive media and the exploration of self-disclosure. *Critical Studies in Media Communication, 19*(2), 230–248.

Arvidsson, A., & Colleoni, E. (2012). Value in informational capitalism and on the Internet. *The Information Society, 28*(3), 135–150.

Baran, P. A., & Sweezy, P. M. (1964). Theses on advertising. *Science & Society, 28*(1), 20–30.

Baran, P. A., & Sweezy, P. M. (1966). *Monopoly capital: An essay on the American economic and social order.* New York, NY: Monthly Review.

Baran, P. A., & Sweezy, P. M. (2013). The quality of monopoly capitalist society: Culture and communications. *Monthly Review.* https://monthlyreview.org/2013/07/01/the-quality-of-monopoly-capitalist-society-culture-and-communications/

Castells, M. (2007). Communication, power and counter-power in the network society. *International Journal of Communication, 1*(1), 238–266.

Crary, J. (2014). *24/7: Schlaflos im Spätkapitalismus.* Berlin: Klaus Wagenbach.

Foster, J. B. (2014). *The theory of monopoly capitalism: An elaboration of Marxian political economy.* New York, NY: Monthly Review.

Fourcade, M., & Healy, K. (2013). Classification situations: Life-chances in the neoliberal era. *Accounting, Organizations and Society, 38*(8), 559–572.

Fuchs, C. (2009). Grundlagen der Kritik der Politischen Ökonomie der Medien. In P. Fleissner & N. Wanek (Hrsg.), *Bruchstücke: Kritische Ansätze zu Politik und Ökonomie im globalisierten Kapitalismus* (S. 97–111). Berlin: trafo.

Fuchs, C. (2010). Labour in informational capitalism and on the Internet. *The Information Society, 26*(3), 176–196.

Fuchs, C. (2012). Dallas Smythe today: The audience commodity, the digital labour debate, Marxist political economy and critical theory: Prolegomena to a digital labour theory of value. *TripleC: Journal for a Sustainable Information Society, 10*(2), 692–740.

Fuchs, C. (2017). Die Kritik der Politischen Ökonomie der Medien/Kommunikation: Ein hochaktueller Ansatz. *Publizistik, 62*(3), 255–272.

Gandy, O. H. (1993). *The panoptic sort: A political economy of personal information.* Boulder, CO: Westview.

Gandy, O. H., & Garnham, N. (1995). Political economy and cultural studies: Reconciliation or divorce? *Critical Studies in Mass Communication, 12*(1), 60–71.

Grossberg, L. (1995). Cultural studies vs. political economy: Is anybody else bored with this debate? *Critical Studies in Mass Communication, 12*(1), 72–81.

Jhally, S., & Livant, B. (1986). Watching as working: The valorization of audience consciousness. *Journal of Communication, 36*(3), 124–143.

Johnson, R. (1999). Was sind eigentlich Cultural Studies? In R. Bromley, U. Göttlich, & C. Winter (Hrsg.), *Cultural Studies: Grundlagentexte zur Einführung* (S. 139–188). Lüneburg: zu Klampen.

Lazarsfeld, P. F. (1941). Remarks on administrative and critical communications research. *Zeitschrift für Sozialforschung: Studies in Philosophy and Social Science, 9*(1), 2–16.

Lebowitz, M. A. (1986). Too many blindspots on the media. *Studies in Political Economy, 21*, 165–173.

Lent, J. A. (1995). Interview with Dallas W. Smythe. In J. A. Lent (Hrsg.), *A different road taken: Profiles in critical communication* (S. 21–42). New York, NY: Routledge.

McGuigan, L. (2012). Consumers: The commodity product of interactive commercial television, or, is Dallas Smythe's thesis more germane than ever? *Journal of Communication Inquiry 36*(4), 288–304.

Meehan, E. R. (1993). Commodity audience, actual audience: The Blindspot Debate. In J. Wasko, V. Mosco, & M. Pendakur (Hrsg.), *Illuminating the blindspots: Essays honouring Dallas W. Smythe* (S. 378–397). Norwood, NJ: Ablex.

Meehan, E. R. (2001). Gendering the commodity audience: Critical media research, feminism, and political economy. In E. R. Meehan & E. Riordan (Hrsg.), *Sex & money: Feminism and political economy in the media* (S. 209–222). Minneapolis, MN: University of Minnesota Press.

Melody, B. (1994). Dallas Smythe: Pioneer in the political economy of communications. In T. Guback (Hrsg.), *Counterclockwise: Perspectives on Communication* (S. 1–6). Boulder, CO: Westview.

Melody, W. H. (2014). Audiences, commodities and market relations: An introduction to the audience commodity thesis. In L. McGuigan & V. Manzerolle (Hrsg.), *The audience commodity in a digital age* (S. 23–28). Bern: Peter Lang.

Mosco, V. (2009). *The political economy of communication.* London, UK: Sage.

Murdock, G. (1978). Blindspots about Western Marxism: A reply to Dallas Smythe. *Canadian Journal of Political and Social Theory, 2*(2), 109–115.

Proffitt, J. M., Ekbia, H. R., & McDowell, S. D. (2015). Introduction to the special forum on monetization of user-generated content – Marx revisited. *The Information Society, 31*(1), 1–4.

Prokop, D. (2017). *Theorie der Kulturindustrie.* Hamburg: tradition.

Seufert, W. (2016). Werbung – Wirtschaft – Medien. In G. Siegert, W. Wirth, P. Weber, & J. A. Lischka (Hrsg.), *Handbuch Werbeforschung* (S. 25–56). Wiesbaden: Springer VS.

Sevignani, S. (2016). *Privacy and capitalism in the age of social media.* New York, NY: Routledge.

Sevignani, S. (2020). Kritische Politische Ökonomie. In J. Krone & T. Pellegrini (Hrsg.), Handbuch Medienökonomie (S. 71–98). Wiesbaden: Springer VS. https://doi. org/10.1007/978-3-658-09560-4_3

Sevignani, S. (2017). Facetten der Debatte über das digitale Arbeiten: Herausforderungen für eine kritische Theorie des informationellen Kapitalismus. *PROKLA. Zeitschrift für kritische Sozialwissenschaft, 47*(1), 43–62.

Sevignani, S. (2018). Historisch-Materialistische Medien- und Kommunikationstheorie 2.0. *Maske und Kothurn: Internationale Beiträge zur Theater-, Film- und Medienwissenschaft, 64*(1/2), 59–88.

Sevignani, S. (2022). „Digital Labour and Prosumption under Capitalism". In F. Butollo & S. Nuss (Hrsg.), *Marx and the Robots: Networked Production, AI, and Human Labour*, 228–41. London: Pluto.

Siegert, G., Wirth, W., Weber, P., & Lischka, J. A. (Hrsg.). (2016). *Handbuch Werbeforschung*. Springer VS.

Steinert, H. (2008). *Kulturindustrie*. Münster: Westfälisches Dampfboot.

Terranova, T. (2000). Free labour: Producing culture for the digital economy. *Social Texts, 18*(2), 33–58.

Thiele, M., & Klaus, E. (2007). Spannungsfelder zwischen Kritischer Politischer Ökonomie und Kritischen Cultural Studies. In C. Steininger (Hrsg.), *Politische Ökonomie der Medien: Theorie und Anwendung* (S. 137–160). Bielefeld: Lit.

Turow, J., & Couldry, N. (2018). Media as data extraction: Towards a new map of a transformed communications field. *Journal of Communication, 68*(2), 415–423.

Wasko, J., Mosco, V., & Pendakur, M. (Hrsg.). (1993). Illuminating the Blindspots: Essays Honoring Dallas W Smythe. Norwood, N.J: Praeger.

Wharton, C. (2015). *Advertising: Critical approaches*. New York, NY: Routledge.

Zuboff, S. (2018). *Das Zeitalter des Überwachungskapitalismus*. Frankfurt am Main: Campus.

Die Magie der Werbung: *Advertising, the Magic System* von Williams

Martin R. Herbers

Der Beitrag *Advertising: The Magic System* von Raymond Williams (1960) besetzt im Gesamtwerk des Autors eine besondere Position. Zum einen stellt Werbekommunikation eine inhaltliche Ausnahme dar, da sich Williams sonst mit programmatisch-konzeptionellen Begriffsanalysen beschäftigte. Zum anderen dient die Beschäftigung mit Werbekommunikation in diesem Zusammenhang als Beispiel für Fragen der Theorieentwicklung. Mit dem Beitrag verfolgte Williams konkret zwei Ziele: Erstens die Entwicklung des Werbesystems in Großbritannien von der frühen Neuzeit bis in die 1960er-Jahre hinein nachzuzeichnen. Zweitens die so entstehende enge Verknüpfung von ökonomischen und gesellschaftlichen Prozessen offenzulegen und zu kritisieren. Abschließend entwirft er die Werbung als ein „magisches System", in dem gesamtgesellschaftlich wirkenden Prozesse der werblichen Aufmerksamkeitslenkung auf soziale Prozesse übertragen werden (Williams 2020).

Der Beitrag *Advertising: The Magic System* wurde von Williams (1958) eigentlich als Abschnitt seines Hauptwerks *Culture and Society 1780–1950* geplant, wurde aber in diesem Zusammenhang nicht verwendet. Teile davon fanden Einzug in einen Aufsatz in der Zeitschrift *New Left Review* im Jahre 1960. In überarbeiteter Fassung wurde der Beitrag schließlich in der von Williams herausgegebenen Aufsatzsammlung *Culture and Materialism* im Jahre 1960 erstmalig in dieser Form publiziert. Dieser wurde in den Jahren 1980, 2005 und 2020 unverändert neu veröffentlicht.

M. R. Herbers (✉)
Zeppelin Universität, Friedrichshafen, Deutschland
E-Mail: Martin.Herbers@zu.de

© Springer Fachmedien Wiesbaden GmbH, ein Teil von Springer Nature 2022   335
T. G. K. Meitz et al. (Hrsg.), *Schlüsselwerke der Werbeforschung*,
https://doi.org/10.1007/978-3-658-36508-0_29

Mit Blick auf die Publikationsgeschichte des Beitrags ist daher festzuhalten, dass dieser nicht als eigenständige Theorie der Werbekommunikation zu verstehen ist. Vielmehr dient er als Beispiel des eigentlichen Forschungsinteresse von Raymond Williams, nämlich dem Zusammenhang von medienvermittelter Kommunikation, gesellschaftlicher Entwicklung und politökonomischer Theoriebildung, die im Sammelband *Culture and Materialism* noch weiter ausgeführt wird. Eine genauere Einordnung des Beitrags mit Blick auf die dazugehörige Theoriebildung findet sich im nachstehenden Abschnitt.

1   Inhalt des Schlüsselwerks

Die Entwicklung der Werbekommunikation und ihre gesellschaftlichen Konsequenzen

Der Beitrag von Raymond Williams zeichnet gesellschaftliche und ökonomische Verschränkungen auf Basis einer historischen Rekonstruktion dieser Entwicklungen in Großbritannien nach. Grob lassen sich die Ausführungen in zwei ansonsten nicht näher terminierte zeitliche Perioden einteilen, nämlich einmal vor und einmal nach der Industrialisierung. Die Rekonstruktion der Entwicklungen beruht dabei auf einer von Williams selbst entwickelten Definition von „Werbung". Für ihn sind die verschiedenen Formen der Werbung „processes of taking or giving note of something" (Williams 2020, S. 293). Diese breite Definition beschränkt Werbekommunikation somit nicht auf verschiedene Medientechniken oder Inhalte. Vielmehr steht die Steuerung von individueller und kollektiver Aufmerksamkeit im Zentrum des hier angelegten Verständnisses. Dieses Verständnis liegt auch der vorgelegten historischen Rekonstruktion zu Grunde, in der es Williams um die Entwicklung von Mitteln der Aufmerksamkeitssteuerung geht, die etwa in einer eigenen werblich genutzten Bildsprache resultiert. Am Ende dieser Entwicklung steht Werbekommunikation als „magisches System", dessen Bedeutung über die eigentliche Aufmerksamkeitssteuerung hinausgeht und als kommunikative Makroform ein System der kapitalistisch motivierten Vermittlung gesellschaftlicher Werte darstellt.

Die Entwicklung der Werbung bis zur Industrialisierung

Die von Williams vorgelegte Geschichte der Werbekommunikation beginnt im Großbritannien der frühen Neuzeit und somit auch in einem präkapitalistischen Wirtschaftssystem. Anhand verschiedener historischer Beispiele zeigt er auf, dass die Notwendigkeit für Werbekommunikation erst mit „neuen Produkten" entsteht. Bereits bekannte Güter wie Lebensmittel oder Kleidung bedürfen keiner besonderen

Werbung, da diese als Güter des täglichen Bedarfs bekannt sind. Neue Produkte wie etwa medizinische Güter und Dienstleistungen hingegen sind erklärungsbedürftig, weil sie nicht Teil des alltäglichen Konsums sind und daher entsprechend beworben werden müssen. Als erstes Trägermedium für diese Werbeanzeigen dienen die Tages- und Wochenzeitungen der damaligen Zeit, die erst in Kaffeehäusern ausliegen, später aber auch außerhalb dieses Rahmens verbreitet werden. Die erweiterte Verbreitung der Zeitungen erschafft so neue Publikumsgruppen, die über den lokalen Rahmen des Kaffeehauses hinausgehen und deren Aufmerksamkeit auf die neuen Produkte gelenkt wird – wovon wiederum die Werbekommunikation profitiert.

Diese Entwicklungen werden auch skeptisch beobachtet. So sind es die Zeitungen und Verlage selbst, die der Werbekommunikation zunächst ablehnend gegenüberstehen. Es bilden sich auch werbekritische Interessensgruppen, die das Ziel verfolgten, den oftmals reißerischen Stil der Inserate zu entschärfen, führt Williams aus. Auf politischer Ebene lassen sich auch erste Forderungen nach Regulierung dieser neuen Kommunikationsformen finden. Allerdings sind die Gegenstimmen zu diesem Zeitpunkt nur in einzelnen, punktuellen Auswüchsen zu finden. Erst mit der Industrialisierung und der Durchsetzung einer kapitalistisch geprägten Wirtschaft verändert sich die Situation grundlegend.

Die Entwicklung der Werbung ab der Industrialisierung

Mit der Entwicklung des kapitalistischen Wirtschaftssystems in Kombination mit den Prozessen der Industrialisierung in Großbritannien verändert sich die Werbekommunikation grundlegend. Insbesondere in monopol-kapitalistischen Strukturen wird sie weniger als Mittel der Aufmerksamkeitssteuerung eingesetzt, sondern vielmehr als ein Mittel der Marktkontrolle zum Erhalt einer Monopolsituation. Diese Strukturen beschreiben in der marxistische Theoriebildung eine Phase der kapitalistischen Entwicklung, die sich dadurch auszeichnet, dass einige wenige Anbieter*innen eine marktbeherrschende Stellung eingenommen haben. Diese Phase löst die vorhergehende Phase der Anbieterpluralität und den damit verbundenen Wettbewerb untereinander ab. Die für die wenigen Anbieter vorteilhafte Situation des Monopols kann durch verschiedene Maßnahmen – eben auch Werbekommunikation – gesichert werden.

Unter diesen Bedingungen werden die oben beschriebenen punktuellen Entwicklungen von einem umfassenden System abgelöst. Auf einer organisatorischen Ebene wird das System der Werbekommunikation deutlich professioneller. Williams beschreibt etwa die Entwicklung von Werbeagenturen, die den Verkauf von Inhalten an Werbeträgermedien vornehmen. Diesen stehen auf Seiten der Werbeträgermedien Werbemanager*innen gegenüber, die den Anzeigenplatz entsprechend verkaufen. Es entwickelt sich also ein Markt für Werbekommunikation selbst. Die damit verbundene Aufmerksamkeitslenkung auf der Ebene der Konsument*innen wird ebenfalls professioneller, da sie sich nun auch auf psychologische Erkenntnisse stützt. So weitet sich die entsprechende Bildsprache weiter, aus und auch moralisierende Elemente werden in die Kommunikation eingeführt, um einen entsprechenden Absatz zu sichern. Diese Ansprache der Konsument*innen steht der auf Informationen über neue Güter und Dienstleistungen abzielenden präkapitalistischen Werbekommunikation deutlich gegenüber.

Die Stellung des Werbesystems in der kapitalistischen Gesellschaft wird weiterhin gestärkt durch eine zunehmende Pluralisierung der Werbeträgermedien, etwa durch neue Medientechnologien wie Fernsehen oder Radio. Auch differenziert sich das Werbesystem intern weiter aus und bildet den Zweig der *Public Relations* aus. Dieses bewirbt in der Rekonstruktion von Williams statt Gütern und Dienstleistungen allerdings Personen.

Wie bereits in der vor-industrialisierten Zeit lassen sich parallel zu diesen Entwicklungen auch weitere werbekritische Stimmen und auch politische Forderungen nach Regulierung finden. Diese bleiben aber entweder ungehört oder werden von der Werbekommunikation als Stilelement aufgegriffen und so gegen die Kritiker*innen selbst gewendet und entkräftet.

Die Entwicklung des „magischen Systems" der Werbung
Raymond Williams' historische Skizze zeigt auf, wie sich die Werbekommunikation von einem System ökonomisch relevanter Kommunikation im Nahbereich der Konsument*innen hin zu einem gesellschaftlich übergreifenden System entwickelt hat. Werbekommunikation stellt auf dieser Stufe eine sogenannte kommunikative Makroform dar, die auch zur Verständigung einer Gesellschaft über sich selbst dient. Dies bedeutet, dass mit der Werbekommunikation nicht ausschließlich Güter und Dienstleistungen verkauft, sondern auch gesellschaftliche Werte, Haltungen und Positionen vermittelt werden. Diese entstehen aber nicht aus einem gesellschaftlichen Selbstverständigungsprozess heraus, sondern stehen in den Diensten der nach dem Monopol strebenden Produzent*innen des kapitalistischen Wirtschaftssystems. Das Werbesystem verwendet dann die Erkenntnisse der Psychologie und der Kommunikationsforschung nicht mehr zur Emanzipation des Publikums, sondern wendet diese gegen es. Aus dem Publikum wird so eine Ansammlung von passiven und beeindruckbaren Konsument*innen. In diesem von Williams als „magisch" bezeichneten System bedeutet Werbekommunikation immer mehr als das Gesagte und Gezeigte – sie ist immer mit einem Subtext versehen, der dem ökonomischen Machterhalt dient und entsprechende Illusionen wie etwa eine entsprechende Bildsprache verwendet, um diese Absicht vor den Konsument*innen

zu verbergen. Das „Magische" der Werbekommunikation sieht Williams hier in ihrer Fähigkeit, den Objekten eine neue und zusätzliche symbolische Ebene zu verleihen, die sich an die Konsument*innen richtet. Die Werbung für eine Waschmaschine zum Beispiel verspricht nicht nur gereinigte Kleidung, sondern ermöglicht dadurch auch soziale Anerkennung und Statuserhalt. Ebenso ‚verwandelt' Werbung etwa eine Flasche Bier in ein soziales, nachbarschaftliches und männlich konnotiertes Erlebnis, wie Williams aufzeigt.

Nachwort und Aktualisierungen

Obgleich der Beitrag in den späteren Auflagen niemals grundlegend aktualisiert wurde, hat Williams 1969 ein Nachwort angefügt, in dem er zum Zeitpunkt der Publikation aktuelle Entwicklungen aufgreift. So beschreibt er, dass die generelle Reichweite der Werbekommunikation nun deutlich über den nationalen Rahmen hinausgeht und sich zu einer Form der globalen Marktkontrolle entwickelt hat. Die damit verbundene Lenkung von Aufmerksamkeit der Konsument*innen zeigt sich etwa durch entsprechende Marken, die weltweit Absatz finden.

Damit verbunden verstärkt Williams seine kritische Position: Er bezeichnet diese Form der Werbekommunikation als eine „gesellschaftliche Fehlentwicklung" (Williams 2020, S. 332), die sich von einem lokal begrenzten System der Anzeige von Gütern und Dienstleistungen hin zu einem Instrument der globalen Marktkontrolle und der Vermittlung von kapitalistisch geprägten Haltungen und damit des Machterhalts entwickelte. Diese „Fehlentwicklung" hätte – so Williams – vermieden werden sollen und andere Formen der Kommunikation über alltagsökonomische Prozesse entwickelt werden müssen. Mit der kapitalistischen Wirtschaftsordnung in Verbindung mit der Industrialisierung zeige sich aber die gesamte Macht des „magischen Systems", das Botschaften über Güter und Dienstleistungen vermittelt, die den Wünschen der Konsument*innen nur vorgeblich entsprechen würden. Tatsächlich handle das Werbesystem nur im Sinne von einigen wenigen Unternehmen, die ihre Interessen auf die Konsument*innen übertragen und nach einer Monopolstellung streben.

2 Bezug des Schlüsselwerks zum Gesamtwerk

Raymond Williams ist neben Stuart Hall, Richard Thompson und Edward Hoggart in den 1960er-Jahren eine der zentralen Gründungsfiguren der Cultural Studies in Großbritannien. Als ein sogenannter „scholarship boy" mit einem Hintergrund in der britischen Arbeiterklasse hält er verschiedene akademische Positionen inne. Zentral für die Einordnung seines Schaffens ist aber die Professur für ‚Drama" an der Universität Cambridge, die er von 1974 bis 1981 innehatte (Göttlich 2009). Die enge Verknüpfung mit den Cultural Studies zeigt sich daher auch in seinem Gesamtwerk, das neben Beiträgen zu Kultursoziologie und Literaturwissenschaft auch schriftstellerische Tätigkeiten umfasst. Seine Beschäftigung mit Werbekommunikation ist daher weniger systematisch, sondern vielmehr ein Ausdruck und ein Beispiel für sein eigentliches übergeordnetes Forschungsinteresse, dem Zusammenhang von kommunikativ hergestellter und vermittelter Macht und Kontrolle auf Basis ökonomischer Determinismen.

Vor dem Hintergrund dieser größeren Fragestellung, die auch andere Vertreter*innen der Cultural Studies als Forschungsprogramm teilen, entwickelte Williams eine eigene theoretische Position, die als „Kultureller Materialismus" bezeichnet wird. Vor diesem Hintergrund muss sein Beitrag zur Werbekommunikation eingeordnet werden.

Der Kulturelle Materialismus ist für das Verständnis von Williams' Arbeiten zentral. Für ihn ist die Frage nach der materiellen, also ökonomisch bedingten Reproduktion der Gesellschaft im Alltag immer auch mit kommunikativ vermittelten Symbolen verknüpft. Diese werden in professionellen Prozessen (etwa in Werbeagenturen) hergestellt. Von besonderen Interessen sind für ihn dann die individuellen Praktiken des Umgangs mit diesen Symbolen: Werden sie in den kommunikativen Alltag eingebettet und Teil der individuellen Bedeutungsproduktion, oder werden sie verweigert und abgelehnt? Die kollektive Bedeutungsproduktion und die Frage nach der Reproduktion der Gesellschaft schließt sich an: Werden die vermittelten kapitalistisch geprägten Werte so übernommen und reproduziert? Hier ist auch Williams' Verständnis von Kommunikation bedeutsam. Ähnlich wie Stuart Hall (1979) und dessen Modell des „Encoding und Decoding" lehnt Williams das zu seiner Zeit gängige Übertragungsmodell der Kommunikation ab, wie Deuze und McQuail (2020) im Überblick darstellen. Demgegenüber verwendet er ein auf Austausch und gemeinsame Bedeutungsproduktion ausgelegtes Modell, welches das Zusammenspiel von individueller alltäglicher Bedeutungsproduktion und professioneller Vermittlung von Kommunikation in den Blick nimmt.

3   Wirkungsgeschichte des Schlüsselwerkes und Kritik

Der Beitrag von Raymond Williams muss vor allem im Kontext seiner eigenen Studien zum Kulturellen Materialismus betrachtet werden, in dem er sie auch ihre größte Wirkung entfaltet. Der Kulturelle Materialismus verortet sich wiederum innerhalb der Cultural Studies, die für Williams die Heimatdisziplin darstellen.

Allerdings ist Williams hier eher für seine Arbeiten zum Kulturbegriff, etwa in seinem Hauptwerk *Culture & Society 1780 – 1950*, bekannt als für seine Arbeiten zur Werbekommunikation (Göttlich 2009). Somit sind die Arbeiten von Williams eher dem sogenannten Kritischen Paradigma der Medien- und Kommunikationswissenschaft (McQuail und Deuze 2020) zuzuordnen, in dem es um die Zusammenhänge von Kommunikation und Machtstrukturen geht, die durch diese entstehen und reproduziert werden. In Arbeiten, die dieses Verhältnis mit Blick auf das Verhältnis von Werbung, Konsum und Gesellschaft untersuchen, findet sich der Beitrag von Williams als Referenzpunkt wieder (etwa bei Leiss et al. 1986; Wharton 2013). Im derzeit dominanten Paradigma der Disziplin, in dem es um eine Beschreibung und Analyse der Kommunikation und der sozialen Welt geht, finden sich hingegen kaum Arbeiten, die auf Williams substanziell verweisen. Auch im psychologischen Paradigma der Medien- und Kommunikationswissenschaft (Lang 2013), das der Werbekommunikation – hier verstanden als Werbewirkungsforschung – in der Regel zu Grunde liegt, findet der hier diskutierte Beitrag keine Verwendung. Dennoch kann er an aktuelle Diskurse vor allem im Kritischen Paradigma angeschlossen werden.

Aktuelle Einordnung in der Wissenschaft

Betrachtet man den Beitrag von Williams als Teil des von ihm vorgebrachten Theoriegebäudes des Kulturellen Materialismus und Teil der Cultural Studies, dann kann dieser an aktuelle Debatten im Rahmen der neuen materialistischen Theorien der Medien und der politökonomischen Analysen angeknüpft werden.

Raymond Williams folgt in seinen Ausführungen im Kern den politökonomischen Analysen von Karl Marx (2008), die – verkürzend formuliert – davon ausgehen, dass durch eine ungleiche Verteilung von ökonomischen Mitteln soziale Ungleichheiten entstehen (Fuchs 2017). Dieser Gedanke fließt in medien- und kommunikationswissenschaftliche Arbeiten ein, die vor allem die sozialen Konsequenzen der ökonomischen Ungleichheit in den Blick nehmen. Hier werden sowohl die sogenannten *legacy media*, also den aus heutiger Sicht ,klassischen' Massenmedien vor der Digitalisierung, in den Blick genommen (Marchart 2006), als auch neue Medien wie etwa Social Media (Fuchs 2014) vor dem Hintergrund dieser Theoriebildung diskutiert. Der damit verbundene kritische Impetus dieser Forschung zielt zum einen auf eine Analyse der kapitalistisch orientierten Produzierendenseite ab, zum anderen auf mögliche dominante oder widerständige Rezeptionsprozesse, wie sie von Stuart Hall (1979) beschrieben werden. Allerdings wird in beiden Fällen die Rolle der Werbung als Mittel zur Reproduktion von Machtverhältnissen nicht weiter beachtet. Diese Lücke kann mit der Arbeit von Williams gut gefüllt werden, da sie zwischen den alltäglichen und individuellen

Praktiken im Umgang mit Werbung und der organisationalen und strukturellen Seite vermittelt.

Theoretisch kann diese Position durch einen Rückbezug zur Kritischen Theorie weiter unterfüttert werden, vor allem zu der von Horkheimer und Adorno (2003) vorgelegten Kulturindustriethese im Rahmen der *Dialektik der Aufklärung* (siehe Beitrag zu Horkheimer & Adorno in diesem Band). Diese baut ebenfalls auf Marx' politökonomischen Annahmen auf und verweist darauf, dass die Prozesse der europäischen Aufklärung vor dem Hintergrund eines kommerzialisierten Mediensystems scheitern müssen. Die in diesem Mediensystem verbreiteten Inhalte dienten nur augenscheinlich der gesellschaftlichen Emanzipation. In Wahrheit stützen sie Interessen der kapitalistisch handelnden Produzierenden. Diese verschleiern jedoch ihre vorteilhafte Position durch Medieninhalte, die widerstandslos konsumiert werden können und die angeblich den Wünschen des Publikums entsprechen. Dieses Argument wird in Williams' Ausführungen zur Werbung ebenfalls aufgegriffen.

Anknüpfend daran sieht auch Habermas (1990) im *Strukturwandel der Öffentlichkeit* das Projekt der europäischen Aufklärung und dem sie ermöglichenden herrschaftsfreien Diskurs durch kommerzialisierte Medien gefährdet. Ähnlich wie Williams verortet er die Keimzelle dieses Prozesses im frühneuzeitlichen Kaffeehaus und den dort ausliegenden Tageszeitungen – die auch für Williams als Ausgangspunkt seiner historischen Rekonstruktion dienen.

Kritik aus dem Wissenschaftssystem
Mit Blick auf den hier vorgelegten Beitrag lassen sich kaum kritische Stimmen finden, da er – wie oben gezeigt – eher als Illustration eines größeren theoretischen Zusammenhangs dient, der sich wiederum in den Cultural Studies verortet.

Ansatzpunkte für Kritik des Beitrags von Williams finden sich allerdings auf der Ebene der Begriffsbildung und -verwendung. So liegt der Fokus des Beitrags auf der historischen Rekonstruktion des Werbesystems und der damit verbundenen sozialen Konsequenzen, allerdings wird der zentrale Begriff der *Werbung* nur kursorisch als Lenkung von Aufmerksamkeit eingeführt und nicht weiter vor dem Hintergrund des Forschungsstandes seiner Zeit diskutiert. Auch die Idee der Werbung als „magischem System" bedarf eigentlich der weiteren Ausführung. Offen ist, ob der Magiebegriff tatsächlich im Sinne einer symbolischen Tauschhandlung zu sehen ist, die neben dem ökonomischen Äquivalententausch auch unsichtbare soziale und kulturelle Dimensionen und Konsequenzen beinhaltet, wie sie etwa bei Mauss (1990) beschrieben werden. Diese anthropologische Dimension wird nicht weiter ausgeführt – obgleich sie doch als Gegenentwurf zum hier kritisierten kapitalistischen Wirtschaftssystem dienen kann und auch in neueren Entwürfen ökonomischer

Theoriebildung, etwa der *Sharing Economy* (wie sie grundlegend bei Lessig 2008 oder Botsman und Rogers 2010 beschrieben wird) oder den *Doughnut Economics* (Raworth 2017), wieder aufgegriffen wird. Der symbolische Tausch, der den Kern des Kulturellen Materialismus ausmacht, wird hier nicht weiter erläutert. So bleibt offen, ob Werbung als anthropologisch-magisch begründete Tauschökonomie in der Theoriebildung angesehen werden kann oder ob dieser Begriff eher metaphorisch genutzt wird. Da es kaum Arbeiten aus diesem Bereich gibt, die sich direkt auf Williams' Ausführungen beziehen, ist diese Einschätzung schwer möglich.

Obgleich sich Williams (1958) darüber hinaus in seinem akademischen Werk (insbesondere *Culture and Society 1780–1950*) mit zentralen Begriffen der Soziologie und der Kommunikationsforschung – insbesondere der Masse – kritisch beschäftigte und ein eher aktives Menschenbild formulierte, bleibt der Begriff des Konsument*innen in diesem Beitrag passiv und negativ besetzt. Dieses passive Konsument*innenbild kann vor allem durch die Arbeiten von Alvin Toffler (1990), später auch von Axel Bruns (2008) kritisiert werden, welche die Konsument*innen deutlich aktiver konzipieren und die den von Williams geforderten symbolischen Aushandlungsprozess zwischen Strukturen und Individuen deutlicher in das Zentrum ihrer Arbeiten stellen.

Im Beitrag von Williams werden Aspekte der Werberegulierung und verschiedener Interessensgruppen vorgebracht, die sich aber gegenüber der Werbewirtschaft nicht als Gegengewicht etablieren können. So können sie zwar Beschwerden vorbringen und Verhaltensregeln, wie etwa Ethik-Codizes, aufstellen und deren Nichteinhaltung anmahnen. Dies greift Williams in seinen historischen Analysen auf, die hier als Ansatzpunkt für eine vertiefende Analyse der historischen Entwicklungen dieser Organisationen und ihrer Codizes durch die Zeit dienen können.

Es zeigt sich, dass der Beitrag von Williams hauptsächlich die Forschung im Alternativen Paradigma der Medien- und Kommunikationswissenschaft beflügeln, aber auch in anderen Zusammenhängen durchaus fruchttragend eingesetzt werden kann. Er ragt also über seine ursprüngliche Idee als Beispiel für Williams' Theorie des Kulturellen Materialismus hinaus, muss aber immer vor diesem Hintergrund neu eingeordnet werden.

Literatur

Primärliteratur

Williams, R. (1958). *Culture & society 1780 – 1950*. London: Chatto & Windus.
Williams, R. (1960). The magic system. *New Left Review*, o. Jg.(4), o. S.
Williams, R. (2020). *Culture and materialism: Selected essays*. London, New York: Verso.

Sekundärliteratur

Botsman, R., & Rogers, R. (2010). *What's mine is yours: The rise of collaborative consumption*. New York: HarperBusiness.

Bruns, A. (2008). *Blogs, Wikipedia, Second Life, and beyond: From production to produsage*. New York: Peter Lang.

Fuchs, C. (2014). *Social media: A critical introduction*. London: Sage.

Fuchs, C. (2017). *Marx lesen im Informationszeitalter: Eine medien- und kommunikationswissenschaftliche Perspektive auf >Das Kapital. Band 1<*. Münster: Unrast.

Göttlich, U. (2009). Raymond Williams: Materialität und Kultur. In A. Hepp, F. Krotz, & T. Thomas (Hrsg.), *Schlüsselwerke der Cultural Studies* (S. 94–103). Wiesbaden: Springer VS.

Habermas, J. (1990). *Strukturwandel der Öffentlichkeit: Untersuchungen zu einer Kategorie der bürgerlichen Gesellschaft*. Frankfurt am Main: Suhrkamp.

Hall, S. (1979). Encoding/Decoding. In S. Hall, D. Hobson, A. Lowe, & P. Willis (Hrsg.), *Culture, media, language: Working papers in Cultural Studies (1972–1979)* (S. 128–138;294). London: Routledge.

Horkheimer, M., & Adorno, T. W. (2003). Dialektik der Aufklärung. In M. Horkheimer, *Gesammelte Schriften. Band 5: >Dialektik der Aufklärung< und Schriften 1940–1950* (S. 13–290). Frankfurt am Main: Fischer.

Lang, A. (2013). Discipline in crisis? The shifting paradigm of mass communication research. *Communication Theory, 23*(1), 10–24.

Leiss, W., Kline, S., & Jhally, S. (1986). *Social communication in advertising: Persons, products, and images of well-being*. Toronto: Methulen.

Lessig, L. (2008). *Remix: Making art and commerce thrive in the hybrid economy*. New York: Penguin.

Marchart, O. (2006). Marx und Medien: Eine Einführung. In J. Schröter, G. Schwering, & U. Stäheli (Hrsg.), *Media Marx: Ein Handbuch* (S. 45–60). Bielefeld: transcript.

Marx, K. (2008). *Das Kapital: Kritik der politischen Ökonomie. Erster Band* (40. Auflage). Berlin: Dietz.

McQuail, D., & Deuze, M. (2020). *McQuail's media & mass communication theory* (7. Auflage). Los Angeles, CA: Sage.

Mauss, M. (1990). *Die Gabe: Form und Funktion des Austauschs in archaischen Gesellschaften*. Frankfurt am Main: Suhrkamp.

Raworth, K. (2017). *Doughnut Economics: Seven Ways to Think Like a 21st Century Economist*. White River Junction: Chelsea Green.

Toffler, A. (1990). *The Third Wave*. New York, NY: Bantam.

Wharton, C. (Hrsg.) (2013). *Advertising as culture*. Bristol: Intellect.

Die Erfindung des Massenkonsums: *Captains of Consciousness* von Ewen

Jürgen Häusler

Stuart Ewen rief in seinem *Captains of Consciousness* (erschienen 1976) die *Twenties* ins Gedächtnis. Weil er die Vorgeschichte seiner Gegenwart besser verstehen wollte: „Writing from the vantage point of the early 1970s, when psychologically charged advertising was an unequivocal fact of life, one needed to look backward, to a period of origination, in order to better understand the present" (so im Vorwort der unveränderten *25ᵗʰ Anniversary Edition*, Ewen 2001, S. 7). Getrieben von einem auf das Heute gerichteten historischen Erkenntnisinteresse untersuchte er die frühe Entstehungsphase einer der in seiner Perspektive bedeutendsten Industriezweige unserer Zeit: „During the 1920s (…) advertising grew to the dimensions of a major industry" (Ewen 2001, S. 32).

Aktuell feiern diese 1920er-Jahre ihr hundertjähriges Jubiläum. Sie geniessen den Ruf eines ganz besonderen Jahrzehnts. In der Wahrnehmung von Historiker*innen steht im „kulturellen Gedächtnis der Moderne (…) die Chiffre ‚20er-Jahre' für eine faszinierende, pionierhafte Zeit" (Tanner 2020, S. 193). Neuartiges und zukünftig Prägendes trat – mit dem *hindsight* des historischen Rückblicks – in zahlreichen Lebensbereichen auf und betraf höchst unterschiedliche gesellschaftliche Sphären (und reichte von Körper-, Raum und Zeitvorstellungen, Geschlechterrollen, Verkehrs- und Medienformen bis zu ästhetischen Repräsentationen gesellschaftlicher Phänomene). Zugänglicher denn je wurden Konsumgüter für breitere Gesellschaftsschichten, Reklame und Werbung gewannen an Bedeutung im öffentlichen Raum. Die USA war zweifelsohne zur Supermacht aufgestiegen. Eine damit womöglich einhergehende *Amerikanisierung der Welt* wurde international dagegen

J. Häusler (✉)
Locarno-Solduno, Schweiz

noch immer ambivalent diskutiert und ein bevorstehendes *amerikanisches Jahr-hundert* keineswegs als einzig mögliches Schicksal akzeptiert.

Auch den Zeitgenoss*innen war die epochale Bedeutung ihrer Gegenwart bewusst. Sie erlebten die zwanziger Jahre (natürlich) *nicht* als Zwischenkriegszeit. Ihre Zukunft war grundlegend unbestimmt: Krisenstimmung und die Aussicht auf *goldene Zeiten* koexistierten. Die positiven Zukunftsimaginationen richteten sich – beispielsweise auch in Deutschland – am *Vorbild* USA aus: „America was very much on the minds of Germans in the mid-1920s. Its advanced technology and unprecedented economic prosperity, its high wage and brisk work pace, its dizzying consumption patterns and emergent mass culture, its 'new women' and disturbing family life – all were the subject of intense debate" (Nolan 1994, S. 3).

Ein breiter Konsens existierte hinsichtlich der Überlegenheit des amerikanischen Produktionssystems. Ebenso attraktiv erschien den meisten das damit unmittelbar im Zusammenhang stehende Phänomen des Massenkonsums. Deutlich umstrittener waren dagegen die vermeintlichen Voraussetzungen und die möglichen Konsequenzen dieser neuen Gesellschaftsformation. Auffallend vernachlässigt wurden Aspekte des Vermarktens, die mit dem Gesellschaftsmodell einhergingen: „they felt (…) that America's aggressive marketing techniques, mail-order houses, and credit-buying practices were not transferable to Germany" (Nolan 1994, S. 21). Nicht immer wahrgenommen, dann allerdings höchst kontrovers diskutiert, wurden mögliche gesellschaftsweite Folgen des Fordismus: „For many Weimar observers, Americanism and Fordism symbolized much more than a stunningly efficient, modern system of production; they represented a world view, a way of life, and a set of gender relations organized around the primacy of economics and consumption" (Nolan 1994, S. 108).

Im vielschichtigen Feld dieser Debatten ist die Studie von Ewen zu positionieren. In diesem Kontext gewinnt sie ihre bleibende Bedeutung: Sorgt ein (Massen-)Angebot quasi automatisch für die entsprechende (Massen-)Nachfrage? Oder wird es notwendig – ganz analog zu den revolutionären Veränderungen im Produktionsbereich -, die massenhafte Nachfrage nach immer neuen Konsumgütern mit ebenso weitreichenden Umwälzungen in der Alltagswelt ausserhalb der Produktion erst noch zu schaffen? Ist dies die gesellschaftlich bedeutende Leistung dessen, was unter den Bezeichnungen (Wirtschafts-)Propaganda, Reklame, Werbung, Verkaufstechniken, Markenentwicklung oder Marketing das lange 20. Jahrhundert so nachhaltig prägte?[1] Und wie (wo und wann) kam es zur Entwicklung dieser

---

[1] Für die historische Betrachtung stellen diese begrifflichen Ungenauigkeiten, Veränderungen im Zeitverlauf und definitorischen Defizite eher eine Lösung als ein Problem dar (wie es etwa Borchers 2014, S. 69, sieht). Die durchaus komplexe Begriffsgeschichte ist ein wesent-

Sozialtechniken und ihres massenhaften Praktizierens im Rahmen eines entsprechenden Industriezweiges? Wie haben wir uns die *Geburtsstunde des Werbekomplexes* vorzustellen?

1   Inhalt des Schlüsselwerkes

Derartige Fragen adressiert Stuart Ewen in seiner historischen Studie. Und er tut
dies mit einer sehr eindeutigen These: „Modern advertising must be seen as a direct
response to the needs of mass industrial capitalism" (Ewen 2001, S. 31). Sachlich,
räumlich und zeitlich verknüpft er damit – eher implizit – eine Reihe von grundlegenden Annahmen:

Angebote sorgen *nicht* unmittelbar für die entsprechende Nachfrage. Dies geschieht weder *automatisch* oder *natürlich* noch *kulturell bedingt*. Anonyme
(Markt-)Mechanismen, eine strukturelle Kapitallogik, anthropologische Konstanten (triebhafte Bedürfnisbefriedigung) oder kulturelle Prototypen (die naive Konsument*in, die kaufsüchtige Amerikaner*in) garantieren keineswegs ein Gleichge-
wicht zwischen angebotenen und nachgefragten Gütern und Dienstleistungen. Das
erfolgreiche Zusammenspiel von Angebot und Nachfrage, von Produktion und
Konsumption, muss sozial immer wieder unter konkreten historischen Bedingungen erzeugt werden.

Die beschriebene Herausforderung gewinnt dramatisch an Bedeutung unter den
Bedingungen der industriellen Massenproduktion. Die Ursprünge dieser fordisti-
schen Phase des Kapitalismus lassen sich zwischen dem Ende des 19. und dem
Beginn des 20. Jahrhunderts zeitlich verorten. Ewen arbeitet grundlegend mit dem
Zeitraum 1900 bis 1930, fokussiert dann immer wieder stark auf die *1920er-Jahre*.
Das erscheint plausibel.

Dies gilt auch für die geografische Verortung seiner Studie: die *USA*. Die Ursprünge einer Reihe von zentralen Phänomenen, um die es hier geht, und die meist
im Zusammenhang mit dem Begriff der *modernen Konsumgesellschaft* behandelt
werden, liegen dort: wissenschaftlich-technologische Unterstützung der Massenproduktion, sozioökonomische Ermöglichung von Massenkonsum, dynamische

---

licher Erkenntnisgegenstand der Geschichtsschreibung: „Ein Begriff bündelt die Vielfalt geschichtlicher Erfahrung und eine Summe von theoretischen und praktischen Sachbezügen in
einem Zusammenhang (…) Wortbedeutungswandel und Sachwandel, Situationswandel und
Zwang zu Neubenennungen korrespondieren auf je verschiedene Weise" (Koselleck 1989,
S. 120–121). Unabhängig von der Begriffsdiskussion liefert Borchers (2014, S. 65–76) einen
sehr hilfreichen kurzen Überblick über „Werbung in der Geschichtswissenschaft".

Weiterentwicklung von immer neuen Konsumgütern, soziale Einbettung der Praktiken des Konsumierens, politische Regulierung des Konsumregimes. Dies muss nicht heissen, dass all diese Phänomene jeweils ausschliesslich in den USA auftraten und keine Vorläufer in anderen Gesellschaften hatten.

Diese Beobachtungen fügen sich zum übergeordneten Narrativ des Buches zusammen: Ein sich zu Beginn des 20. Jahrhunderts entwickelndes strukturelles gesellschaftliches Problem (die kapitalistische Dynamik führt zu Massenproduktion, diese erfordert den adäquaten Massenkonsum) wird in einer Gesellschaft (den USA) in einer spezifischen historischen Periode (den *Twenties*) gelöst. Und wer sind die Erlöser? Die *captains of consciousness*. Die bereits zitierte Grundthese muss also spezifischer und weitergehender interpretiert werden: Moderne Werbung ist nicht nur eine Reaktion (*response*) auf die Herausforderungen des modernen Kapitalismus, sie ist die Lösung (*solution*) eines der zentralen Probleme dieses sozioökonomischen Entwicklungsmodells. Sie schafft erst die hinreichende Nachfrage nach den nun massenhaft produzierten Gütern. Worauf kann sich diese These stützen?

Zunächst auf eine bedeutende industriestrukturelle Innovation in den USA der 1920er-Jahren: die Entstehung der modernen *Werbeindustrie*: „American-style advertising signaled the advent of an altogether new industry, whose basic unit of enterprise, the full-service agency was capable of taking a new product and turning it into a high-profile brand, armed with the belief that advertising was a science, and the business a high-minded, reputable profession" (de Grazia 2007, S. xiv). In den USA historisch nach den Anfängen der Werbeindustrie zu forschen, ist also sicher gerechtfertigt: „American corporate advertising was in every way at the cutting edge of the capitalist dialectic of creative destruction" (de Grazia 2007, S. xiv).

Zudem, und dies macht den Grossteil der *empirischen Basis der Studie* von Ewen aus, äussern sich Mitglieder dieser Werbeindustrie *in nuce* sowie ihre Auftraggeber*innen, ihre wissenschaftlichen Beobachter*innen und ihre politischen Begleiter*innen sehr ausführlich und explizit zu ihren Vorstellungen über den Gang der Welt und die besondere Rolle der Werber*innen in dieser Welt. Ewen nimmt sie alle beim Wort und lässt sie ausführlich zu Wort kommen.[2] Er sucht in den Archiven und Bibliotheken nach ihren Äusserungen und interpretiert diese mit dem Blick auf eine grundlegende Frage: Sind sie tatsächlich getrieben von dem Wunsch, ihre Mitmenschen zu angemessen aktiven Konsument*innen zu machen? Und wenn ja, wie wollen sie dies erreichen? Praktische Ergebnisse des Wirkens der

---

Werbeindustrie, vor allem gedruckte Anzeigen, dienen ebenfalls, wenn auch eher anekdotisch, der Beweisführung. Methodisch betreibt Ewen damit schwerpunktmässig *Ideengeschichte*. Beteiligte an diesem Diskurs rund um die Entstehung der modernen Werbeindustrie sind unter anderem Präsidenten (Calvin Coolidge, Herbert Hoover), Industrielle und Ökonom*innen (William Filene, interessanterweise deutlich präsenter als der sonst meist genannte Henry Ford, Christine Frederick), Werbegrössen und -intellektuelle (Frank Presbrey, Edward Bernays, John B. Watson), Werbetexter*innen und -gestalter*innen (meist anonym) und die Bewohner*innen von *Middletown* (in der Berichterstattung der Lynds[3]).

Was zeichnet diesen Diskurs aus? Zunächst immer wieder die bestechende Offenheit und Direktheit in den Aussagen der Akteur*innen. Inhaltlich bewegte sie der Zeitgeist: die Wahrnehmung des epochalen Wandels (ein neuer Kapitalismus) und der Anforderung, neue und weitreichende Lösungswege zu suchen. Dabei sollten, auch wenn es nicht um die Welt der Produktion ging (vor allem um den Konsumbereich), die vermeintlichen Königswege dort (Technisierung, Verwissenschaftlichung, Standardisierung) auch in anderen Lebensbereichen begangen werden: „While line management tended to the process of goods production, social management (advertisers) hoped to make the cultural milieu of capitalism as efficient as line management had made production" (Ewen 2001, S. 33). Die Gestaltungseuphorie der Produktionssphäre erfasste die Gesellschaft insgesamt. Die Moralökonomie (*sensu* Daston 1995) der Massenproduktion (der Automat dominiert den Menschen, die Formel ersetzt die Intuition, die Regel macht Erfahrung überflüssig) wurde auch auf andere gesellschaftliche Bereiche übertragen. So wurden der neue Haushalt und die neue Familie – letztlich der neue Mensch – gefeiert: „Consumptionism is the name given to the new doctrine; and it is admitted today to be the greatest idea that America has to give to the world; the idea that workmen and masses be looked upon not simply as workers and producers, but as consumers (…). Pay them more, sell them more, prosper more is the equation" (Frederick, zitiert nach Ewen 2001, S. 22).

Entworfen wurde immer wieder nichts Geringeres als eine neue Welt. In den Mittelpunkt des Interesses rückte dabei der Alltag. A „modern architecture of daily life" (Ewen 2001, S. 111) sollte erschaffen werden. Die bekannten Begrifflichkeiten

---

[3] Deren Studie: R. S. Lynd and H. M. Lynd, *Middletown: A study in Contemporary American Culture*, 1929 – jeweils zitiert nach Ewen 2001. Auf dieser breiten Basis von ausgewerteten Äusserungen und Handlungen von verschiedensten Akteur*innen entsteht keine Verschwörungstheorie, wie der Studie häufig vorgeworfen wird. Hierauf verweist auch Ewen (2001, S. 12) selbst in seinem Vorwort zur Jubiläumsausgabe.

für die zentralen sozialen Räume (Haushalt und Familie) und sozialen Rollen (*mom, dad and the kids*) des Alltagsgeschehens ausserhalb der Fabriken existierten weiter. Ihre jeweiligen Inhalte und Ausgestaltungen veränderten sich dagegen grundlegend. Der *Haushalt* verlor seine grundlegende produktive Bedeutung: „social production" ersetzte „home production" (Ewen 2001, S. 115). Seine innere Kohärenz als dichter Produktions- und Konsumtionszusammenhang löste sich auf zugunsten externer, marktvermittelter Austauschprozesse: „selling labor and buying goods" (Ewen 2001, S. 116).[4]

Auch die *Familie* wurde neu interpretiert: „a family sense of enterprise was lost and the essential economic task of the family became the problem of distributing income, usually inadequate, so as to meet the needs and if possible satisfy the desires of its different members" (Groves, zitiert nach Ewen 2001, S. 119). Mit der Lockerung der (ökonomisch fundierten) Familienbande geriet der partiarchalische Familienvorstand unter Beschuss, Mütter und Kinder durften Morgenluft wittern: „[S]ince the head of the family is no longer in control of the economic process through which the family must get its living, he must be relieved of many ancient responsibilities and therefore of many of his prerogatives. (…) Women (…) and children are likely to discover that their economic well-being comes not from the organization of the family but from the organization of industry, and, they may look more and more for individual guidance, not to their fathers, but to the truths which science is discovering" (Filene, zitiert nach Ewen 2001, S. 131).

Werbung reagierte auf die neue Rollenverteilung – und forcierte sie. Jugendlichkeit wurde idealisiert und instrumentalisiert, um rückwärtsgewandtes Verhalten der älteren Generationen zu verändern und um den möglichen Widerstand gegen die neue Welt zu brechen. Darauf basiert die „importance of introducing innovations by way of the young" (Poffenberger, zitiert nach Ewen 2001, S. 144). Ein Werbetext, der die *Herrschaft der Jugendlichkeit* unverblümt deutlich benennt: „were it not for the children, some of you parents would not know even now what a tremendous change for the better Paramont has (made) in motion pictures" (Ewen 2001, S. 148).

Der *Mann* verschwand nahezu aus der Werbung, denn der „American man (…) is not especially competent at personal or family purchasing" (Frederick, zitiert nach Ewen 2001, S. 153). *Frauen* wurden zum „general purchasing manager" der neuen Haushalte befördert, als leitende Angestellte der „scientific home economy". Ihr Aufstieg bedingte massive Fort- und Weiterbildung: „Who is to train the woman

---

[4] Grundlegend zur Geschichte der *household economy* (zu seiner historischen Bedeutung für die *industrious revolution* wie auch zu seinem Ende zu Beginn des 20. Jahrhunderts) siehe de Vries 2008.

out of the handcraft age, into a machine operative except the manufacturer" (Frederick, zitiert nach Ewen 2001, S. 164). Gebrauchsanweisungen reihten sich ein in den werblichen Werkzeugkasten: „manuals must serve the historic function of habituating women to new modes of production" im Haushalt (Ewen 2001, S. 163). Die Beförderung der Frau war nicht begleitet von finanziellen Belohnungen und basierte auf tradierten Vorstellungen, nach denen sie in den Haushalt gehörte (der zunehmenden Beschäftigung von Frauen in der Wirtschaft zum Trotz). Aber sie spiegelte gleichzeitig durchaus fortschrittliche Forderungen aus der Gesellschaft wieder: „Looking at the ads of the 1920s, one sees how the feminist demand for equality and freedom for women was appropriated into the jargon of consumerism" (Ewen 2001, S. 160). So kämpfte die American Tobacco Company in Anzeigen und öffentlichen Aktionen für die befreite Frau: „Why not a parade of woman lighting torches of freedom – smoking cigarettes. (…) Our parade of ten young women lighting ‚torches of freedom' on Fifth Avenue caused a national stir" (Bernays, zitiert nach Ewen 2001, S. 160–161).

Werbung – als gesellschaftliche Institution und als soziale Praxis – übernimmt mit Beginn des 20. Jahrhunderts für Ewen eine zentrale Rolle zur Erklärung von Richtung und Ausmass sozialen Wandels. Nicht determinierend (als alleinige kausale Erklärung), aber auch nicht nur reflektierend (als Abbild struktureller Determinanten oder mächtiger Interessen), sondern durchaus als eigenständiger und eigensinniger Treiber dieses Wandels, als handelnde Akteur*in: „The rise of advertising and consumerism in the twenties was part of a broader change in the character of capitalist society. Commercial propaganda didn't act as the determinant of change, but was in many ways *both* a reflection and agent of transformation" (Ewen 2001, S. 190).

Kommerzielle Propaganda (Werbung) hatte in den 1920er-Jahren jenseits der Verkaufsförderung einzelner Güter und Dienstleistungen gesellschaftsweit bedeutende Nachrichten zu verbreiten. Die Freiheitslehre deutete den (massenhaften) Konsum zur Pflicht des modernen, zivilisierten Menschen um. Die Konsumgewohnheiten der Puritaner Neuengland's behinderten Fortschritt und Wachstum. Derartige Hindernisse beseitigten sich nicht selbständig. In *Middletown* (als einer prototypischen Kleinstadt der USA der Zeit) gingen Werbetexte sehr aggressiv gegen hinderliche Gewohnheiten vor: „decent people don't live the way he does" (zitiert nach Ewen 2001, S. 37). Die Werbeindustrie konnte sich den Vertreter*innen des Produktionssektors (ihren Kund*innen) so als Lösung anbieten: „Advertising offered itself as a means of efficiently creating consumers and as a way of homogeneously ‚controlling the consumption of a product'" (Ewen 2001, S. 33). Um auf dem Gebiet der sozialen Produktion – gegenüber Konsument*innen – erfolgreich wirken zu können, setzte die Werbewelt auf eine demokratisch klingende

Freiheitsrhetorik, appellierte sozialpsychologisch abgesichert an menschliche In-
stinkte, versprach einen neuen Nationalcharakter zu kreieren und machte sich an
die Entwicklung eines umfassenden Weltbildes („The Political Ideology of
Consumption"), das ihre überaus dynamische Ausdehnung umfassend legitimieren
konnte. Das grundlegende Ziel in den zwanziger Jahren: „habituate men and women to consumptive life" (Ewen 2001, S. 37).

Die weitere historische Entwicklung behandelt Ewen lediglich kursorisch (im
Sinne eines Nachworts). Für die Entwicklungstendenzen, deren Ursprünge er in
den *Twenties* aufgedeckt hat, meldet er aus Sicht der siebziger Jahre Vollzug:
„consumerism no longer represents a changing capitalist order; it has become an
idiom of daily life within American culture" (Ewen 2001, S. 187). In den
1920er-Jahren fanden verschiedene vorangegangene Entwicklungslinien zusammen und bildeten dann in der Summe eine Wasserscheide zwischen Vormoderne
und Moderne. Diesen Anfängen folgten als bedeutende Periode vor allem die
1950er-Jahre: „It was in the 1950s that the proffered dreams of the captains of
consciousness, worked out in the twenties, really began to take concrete form"
(Ewen 2001, S. 206). Zentrale Spielorte dieser Erfolgsstory waren das Fernsehen
und der Vorort. Aufgeführt wurde hier wie dort die große Meistererzählung unter
dem Titel „conformism (…) the characteristic idiom of the fifties". Unendlich viele
variierende Versionen wurden gespielt, und die schier unbegrenzt erscheinende
Auswahl stützte bei den Zuschauer*innen den Traum unbeschränkter Freiheit. Dabei war es wohl wie mit der berühmten Farbvielfalt bei Henry Ford's Model T (für
das bekanntlich jede Farbe gewünscht werden konnte, solange diese Schwarz war):
„The vision of freedom which was being proffered to Americans was one which
continually relegated people to consumption, passivity and spectatorship" (Ewen
2001, S. 213).

Während der Autor im Nachwort zu seiner Studie 1976 noch dialektisch hoff-
nungsvoll auf Konflikte in der Konsumgesellschaft verwies (anti-rassistische, fe-
ministische und studentische soziale Bewegungen), hatte er im Vorwort der Ausgabe von 2001 wohl resigniert: „Since the mid-1970s, when *Captains* was
published, the global reach of American commercial culture has only accelerated.
In the 1980s commercialism mushroomed into a vehement global religion. Where
advertising once inhabited circumscribed arenas – television, radio, newspapers,
magazines, billboards – today nearly every moment of human attention is being
converted into an occasion for a sales pitch, while notions of the public interest and
noncommercial arenas of expression are under assault" (Ewen 2001, S. 14).

2   Eingliederung in das Gesamtwerk

In einem ausführlichen Vorwort zur Jubiläumsausgabe („Memoirs of a Commodity Fetishist") kontextualisiert der Autor seine Studie von 1976 nachträglich und rekapituliert seinen eigenen anschliessenden wissenschaftlichen (und künstlerischen) Werdegang.

Die Studie, die Dissertation des Autors, hatte deutlich biografische Hintergründe. Als teilnehmender Beobachter wuchs Ewen in der Blütephase der Konsumgesellschaft in den USA auf. Er stand dieser ambivalent gegenüber: „I had (…) a love-hate relationship with consumption" (Ewen 2001, S. 2). Seine darauf gerichtete historische Neugier wurde nicht befriedigt: „nothing that I learned in school provided me with a tangible interpretation of how twentieth-century consumer culture had come into being" (Ewen 2001, S. 2). Die Studie wurde dann „a spiritual child of the sixties" (Ewen 2001, S. 12). Ihr Autor war politischer Aktivist. Natürlich las er Herbert Marcuse (*One Dimensional Man*) – verstört von dessen „decidedly European and elitist quality" (Ewen 2001, S. 5). Und Ewen war Mitglied der sogenannten *New Left*. Ein grundlegend kritisch-politischer Habitus, eine auf Gesellschafts- und Ideologiekritik gerichtete Neugier, und eine Bereitschaft, sich in die alltäglichen Niederungen der „American experience" zu begeben, bildeten den biografischen Kontext der Beschäftigung mit den *Captains of Consciousness*.

Im akademischen Umfeld fehlte zu diesem Zeitpunkt, so Ewen, jede ernsthafte geschichtswissenschaftliche Beschäftigung mit dem Thema Werbung. Seine Hinwendung zum Thema sorgte für Aufregung. Seine Studie „caused a stir because of its novel subject matter and its critical approach" (Ewen 2001, S. 7). Es folgte eine Erfolgsgeschichte: das Buch „became the first scholarly history to critically evaluate advertising and consumer culture as defining forces in American life" (Ewen 2001, S. 8). Es wurde ein akademischer *best- und long-seller*. Und sein Weckruf wurde erhört: „In the late 1970s and early 1980s a body of historical and sociological writing on advertising and consumer culture began to appear" (Ewen 2001, S. 10).

Das Gesamtwerk von Ewen umfasst zahlreiche erfolgreiche Studien, die das Thema Werbung weiter denken und von der Macht von Bildern (*Channels of Desire: Mass Images and the Shaping of American Consciousness*, 1982, und *All Consuming Images*, 1988) bis zu Disziplingeschichten im Umfeld der Werbung reichen (*PR! A Social History of Spin*, 1996).

Seine frühere Karriere als politischer Aktivist liess ihn ebenfalls nie los. Thematisch trat Ewen immer wieder ein für die Belebung des öffentlichen Raums als Plattform der politischen Diskussion und für die Befähigung von Bürger*innen, an diesen Diskussionen zu partizipieren. Das trieb ihn auch als Lehrender an: „I work to couple thoughtful social analysis with assignments designed to hone student's capacity to communicate ideas eloquently and publicly using a variety of media" (Ewen 2001, S. 21). Sein *alter ego* Archie Bishop mischte sich intensiv künstlerisch in öffentliche Diskurse ein.

3   Wirkungsgeschichte des Schlüsselwerkes und Kritik

Im Rückblick hat in den Augen von Stuart Ewen die Studie mit ihren Anliegen und Perspektiven nachhaltig gewirkt: „In universities, and other public venues, advertising and the paradigms of consumer ideology were becoming central to the ways that American society was being interpreted and understood" (Ewen 2001, S. 10). Derart umfassend und eindeutig formuliert, darf diese Einschätzung wohl kritisch hinterfragt werden. Das Leben und das Werk einzelner *Captains of Consciousness* waren in der Folge Gegenstand historischer Analysen (etwa Kreshel 1990; Schorman 2008). Sicher treten Werbung und Konsumgesellschaft immer wieder auch in umfassenderen Gesellschaftsanalysen und Zeitdiagnosen auf. Aber sind sie zum zentralen Gegenstand eines bedeutenden Teils dieser Analysen geworden? Und sicherlich entstehen immer wieder gesellschaftskritische Studien des Werbekomplexes. Aber machen diese einen wesentlichen Anteil an den gesamten Veröffentlichungen zur Werbung aus?

In Fortführung des Ansatzes und der Perspektive von Ewen's *Captains of Consciousness* könnte daher durchaus auf notwendige und noch ausstehende Forschungen auf Basis seiner Studie verwiesen werden.

Auf der *Mikro*ebene wäre ein genauerer Blick auf die *Praxis der Werbung* gefragt. Wie wird Werbung tatsächlich *gemacht*? Es müsste sehr viel mehr Licht in die *black box* Werbung fallen: komplexe, nicht unbedingt präzise definierte, sich dauernd wandelnde soziale Prozesse und Beziehungen, Verfahren, interne und externe Organisationsstrukturen, Sozialtypen, Prozeduren, Rituale, Materialien, Instrumente und Werkzeuge müssten zutage gefördert werden. Lehrbücher helfen an dieser Stelle sicher nicht weiter. An die Öffentlichkeit oder potentielle Auftraggeber*innen gerichtete Selbstdarstellungen natürlich auch nicht. Auch der forschende Blick von außen dürfte sehr schnell an Grenzen stoßen. Gefordert wäre ein soziologisch-ethnografischer Ansatz, die teilnehmende Beobachtung: „a detailed ethnographic account of practices within the industry; such accounts are indeed lacking in the field and their input is urgently needed in order to fully appreciate this complex arena" (Cronin 2004, S. 352; dazu auch Malefyt und Morais 2012). Ein derartiges Interesse am *doing advertising* würde „Expeditionen an unterschiedliche Orte wirtschaftlichen Handelns" bedingen, wie sie aktuelle, praxeologische Ansätze in der neueren Kapitalismusforschung einfordern (Brandes und Zierenberg 2017, S. 20).

Auf der *Makro*ebene liesse sich schließlich der Blickwinkel deutlich ausdehnen. Noch liegt keine umfassende Gesellschaftsanalyse oder Zeitdiagnose vor, in der Werbung im Mittelpunkt stünde. Und eine *globale Analyse der Werbung in der Gegenwart* ist wohl noch nicht geschrieben. Lohnenswert wäre sie, wenn man einem der führenden Historiker unserer Zeit glauben darf. Osterhammel (2017) konstatiert für das Ende des 20. Jahrhunderts eine *„konsumtive Weltöffentlichkeit"*. Seine unaufgeregte Einschätzung: „Dass ein Angebot auf Nachfrage nicht bloß anpassend reagiert, sondern auch versucht, sich proaktiv seine eigene Nachfrage zu schaffen, ist eine ökonomische Binsenwahrheit seit dem Übergang des Kapitalismus in seine korporative Phase im späten 19. Jahrhundert. Umgekehrt kann ein solch steuernder Zugriff auf den Käuferwillen auch fehlschlagen" (Osterhammel 2017, S. 60–61). Diesem „steuernden Zugriff auf den Käuferwillen" in globaler, gesellschaftstheoretischer und kritischer Perspektive für unsere Gegenwart nachzugehen, wäre wohl ganz im Geiste von Stuart Ewen und seiner bedeutenden Studie.

Literatur

Primärliteratur

Ewen, S. (2001). *Captains of consciousness. Advertising and the social roots of consumer culture*. New York: Basic Books.

Sekundärliteratur

Borchers, N. S. (2014). *Werbekommunikation: Entwurf einer kommunikationswissenschaftlichen Theorie der Werbung*. Wiesbaden: Springer VS

Brandes, S., & Zierenberg, M. (2017). Doing Capitalism: Praxeologische Perspektiven. *Mittelweg 36*, *26*(1), 3–24.

Cronin, A. M. (2004). Regimes of mediation: Advertising practitioners as cultural intermediaries? *Consumption Markets & Culture* 7(4), 349–369.

Daston, L. (1995). The moral economy of science. *Osiris*, *10*, 2–24.

de Grazia, V. (2007). Foreword. In P. E. Swett, S. J. Wiesen, & J. R. Zatlin (Hrsg.), *Selling modernity: Advertising in twentieth-century Germany* (S. xiiv–xviii). Durham: Duke University Press.

de Vries, J. (2008). *The industrious revolution: Consumer behaviour and the household economy, 1650 to the Present*. Cambridge: Cambridge University Press.

Koselleck, R. (1989). Begriffsgeschichte und Sozialgeschichte. In: R. Koselleck, *Vergangene Zukunft. Zur Semantik geschichtlicher Zeiten* (S. 107–129). Frankfurt am Main: Suhrkamp.

Kreshel, P. J. (1990). John B. Watson at J. Walter Thompson: The legitimation of ‚science' in advertising. *Journal of Advertising, 19*(2), 49–59.

Malefyt, T. d. W., Morais, R. J. (2012). Advertising and anthropology: Ethnographic practice and cultural perspectives. London: Routledge.

Nolan, M. (1994). *Visions of modernity: American business and the modernization of Germany*. New York: Oxford University Press.

Osterhammel, J. (2017). Die Weltöffentlichkeit im 20. Jahrhundert. In: J. Osterhammel, *Die Flughöhe der Adler: Historische Essays zur Globalen Gegenwart* (S. 54–74). München: Beck.

Schorman, R. (2008). Claude Hopkins, Earnest Calkins, Bissell Carpet Sweepers and the birth of modern advertising. *The Journal of the Gilded Age and Progressive Era, 7*(2), 181–219.

Tanner, J. (2020). Das Kaleidoskop der 1920er-Jahre. In: Zürcher Kunstgesellschaft/Kunsthaus Zürich (Hrsg.), *Schall und Rauch. Die wilden 20er. Katalog der Ausstellung im Kunsthaus Zürich 24. April – 19. Juli 2020,* 192–209. Köln: Snoeck.

Werbekritik als Gesellschaftskritik: *Social Communication in Advertising* von Leiss, Kline und Jhally

Mandy Tröger

„[I]n industrial societies in this century, national consumer product advertising has become one of the great vehicles of social communications" – mit dieser These beginnt *Social Communication in Advertising* von William Leiss, Stephen Kline, und Sut Jhally (1986, S. 1); als Argumentationsstrang zieht sie sich durch das ganze Buch. Die drei Autoren zeigen, Werbung ist mehr als ein zentraler Wirtschaftsfaktor in kapitalistischen Gesellschaften oder die Generierung „falscher" Bedürfnisse mit dem Ziel, Konsument*innen Dinge kaufen zu lassen, die sie (nicht) brauchen. In Konsumgesellschaften ist Werbung ein *essentieller* Teil des sozialen und kulturellen Lebens. Denn „the change in the function of goods from being primarily satisfiers of wants to being primarily communicators of meanings" (S. 238) heißt auch, dass Individuen sich primär als Konsument*innen definieren. Sie erfahren aus dem Konsum grundlegende Befriedigung. Werbetreibende hingegen erzeugen fortwährend Sinnsysteme, die Bedeutung, Prestige und Identität generieren und neue Bedürfnisse schaffen. Damit gestalten sie grundlegend die Wertesysteme und kulturellen Bezugsrahmen dieser Konsumgesellschaften. Kurz gesagt: Im Konsumkapitalismus, in dem vor allem Gebrauchsgüter und deren Nachfrage im wirtschaftlichen Mittelpunkt stehen, ist Werbung eine *soziales* Institution. Es beeinflusst, wie wir uns selbst und andere sehen, wie wir uns in Relation zueinander setzen und welchen Wert wir Menschen und Dingen zuschreiben.

Die Argumentation der zehnjährigen Studie von Leiss et al. basiert auf Forschungsergebnissen unterschiedlichster Fachbereiche wie der Wirtschaftswissenschaft, Werbeforschung, Psychologie, Soziologie, Anthropologie, der

M. Tröger (✉)
München, Deutschland

© Springer Fachmedien Wiesbaden GmbH, ein Teil von Springer Nature 2022   357
T. G. K. Meitz et al. (Hrsg.), *Schlüsselwerke der Werbeforschung*,
https://doi.org/10.1007/978-3-658-36508-0_31

Journalismusforschung sowie der Kommunikations-, Geschichts- und Politikwissenschaft. Das heißt, die Autoren sehen Werbung nicht als eine in sich schlüssige Institution, sondern verorten sie innerhalb der komplexen soziopolitischen Strukturen der markt-industriellen Wirtschaft – in dieser laufen die Institutionen der Medien, der Warenindustrie und der Werbung zusammen, wobei Werbung die zentrale Rolle bei der Aufrechterhaltung kapitalistischer Gesellschaftsordnungen zukommt.

Auch wenn das Buch schon 1986 erschien, sind die in *Social Communication in Advertising* entwickelten Methoden zur Werbeanalyse und die in ihm angewandten Kritiken des Konsumkapitalismus und der Rolle, die Werbung in diesem spielt, aktueller denn je. Denn in Zeiten werbegetriebener sozialer Medien und Online-Angebote, in denen Algorithmen User-Profile nach Konsumverhalten erstellen, eröffnet der Analyserahmen des Buches Fragen nach den strukturellen und kulturellen Folgen einer markt- und werbegetriebenen digitalen Transformation (siehe Kap. „Ich – mal Ziel, mal Müll: *The Daily You* von Turow" in diesem Band). Hier braucht es ähnlich umfassende Studien, erweitert um die Rolle globaler Technologiekonzerne, um der strukturellen Rolle von Werbung und deren sozialen Folgen adäquat zu erfassen.

1   Inhalt des Schlüsselwerkes

Social Communication in Advertising beginnt mit einer Zusammenfassung der Debatten über Werbung und Gesellschaft und gibt dabei einen knappen Überblick über die Kontroversen rund um die Werbeforschung und deren verschiedene Analyserahmen. Die zentrale Prämisse ist, dass Werbung als Form sozialer Kommunikation innerhalb konsumkapitalistischer Gesellschaften eine ganze Reihe komplexer Rollen zukommt. Dabei erweitern die drei Autoren den Begriff der „Information", die durch Werbung und Produkte vermittelten wird. Auf Grundlage anthropologischer Studien zu den Kommunikationsfunktionen, die Produkte in Bezug auf sozialen Status, Identität und Lebensstil erfüllen, belegen die Autoren die sich ändernden symbolischen Informationen von Produkten. Es geht also weniger um den tatsächlichen Gebrauchswert von Produkten als um die ihnen zugeschriebenen Eigenschaften. Dementsprechend liefert auch Werbung vor allem Informationen, die weit über die utilitaristischen Eigenschaften eines Produktes hinausgehen. Um das zu belegen, analysieren die Autoren die symbolischen (nicht utilitaristischen) Bedeutungen von Werbemedienangeboten. Das heißt, sie fragen, wie und warum bestimmte Waren bestimmte Sinnzusammenhänge und Arten sozialer Beziehungen vermitteln und welche Rolle Werbung in der Konstruktion dieser

Zusammenhänge und Beziehungen spielt. Sie historisieren ihre Erkenntnisse, indem sie zeigen, wie sich Werbung seit 1890 durch vier Perioden, d. h. kulturelle Rahmen, bewegte: von der Idolatrie zur Ikonologie (also vom Götzendienst zur Symbolik) und von dort zunächst zum Narzissmus und schließlich zum Totemismus (also vom Selbstbezug zur gottgleichen Verehrung von Produkten). Auf Grundlage dieser soziologischen und historischen Schlussfolgerungen zeigen Leiss et al., wie Marktbeziehungen (also Status durch Konsum bestimmter Waren) traditionelle identitätsstiftende Institutionen (wie Kirche, lokale Gemeinden usw.) und Sinnkonstruktionen (wie religiöse Symbole, regionale Moden usw.) untergruben.

Die erkenntnistheoretische Grundannahme, die der Untersuchung zu Grunde liegt, besagt, dass die tiefgreifenden Auswirkungen aktueller Praktiken in Werbung, Medien oder der Industrie nur dann wirklich erfasst werden können, wenn deren historische Entwicklung und Institutionalisierung nachvollzogen werden. Ein wesentlicher Teil des Buches besteht also in dem Versuch, die Entwicklung dieser Schlüsselinstitutionen zu einer Institutionenkonstellation Schritt für Schritt nachzuzeichnen. Auch aufgrund dieser historischen Herleitung ist *Social Communication in Advertising* ein Grundlagentext der Werbeforschung. Die Autoren beschreiben die Ursprünge der Konsumkultur und den Übergang von der Industrie- zur Konsumgesellschaft. Sie zeigen, wie sich in diesem Prozess Kommunikationsmedien und Werbeagenturen zur modernen Werbeindustrie entwickelten. Daraus schließen sie, dass Werbung in der markt-industriellen Wirtschaft als zentrale Institution verstanden werden muss, der die Rolle einer „privileged form of discourse" (S. 3) zukommt. So bieten die Autoren einen Einblick in die geschichtlichen Dimensionen tiefgreifender konsumgesellschaftlicher Praktiken, deren wirtschaftliche Wurzeln und soziale Konstruktionen (Harms und Kellner 1991).

„The Theater of Consumption"

Vor allem der dritte Abschnitt des Buches, „The Theater of Consumption", ist für Argumentationsführung der Autoren zentral. Leiss, et al. entwickeln hier einen methodischen Ansatz aus Semiotik und Inhaltsanalyse, mithilfe derer sie die soziale und kulturelle Bedeutung von Werbemedienangeboten untersuchen. Semiotik, eine aus der Linguistik stammende Zeichentheorie angewandt als Methode der Kulturanalyse, geht der Frage nach, wie Bedeutung in Bildern durch deren Produzent*innen konstruiert werden. Die Inhaltsanalyse hingegen erlaubt den Autoren die Erschließung, Analyse und Kategorisierung der informationellen „Oberfläche" einzelner Werbeangebote. Durch die Verbindung beider Ansätze setzten die Autoren Werbestruktur und -inhalt in Beziehung.

Der erste Teil des Abschnitts basiert auf Jhallys Dissertation, die theoretisch und methodisch vor allem auf der Arbeit Erwin Goffmans (1979) (siehe Kap. „Wirklicher als die Wirklichkeit: *Gender Advertisements* von Goffman" in diesem Band) beruht. Jhally analysiert Fernsehwerbespots, die er zum einen Sportprogrammen, zum anderen Programmen zur Hauptsendezeit entnimmt, sich laut Jhally vor allem an Männer (Sport) oder an Familien und Hausfrauen (Hauptsendezeit) richten. Ziel ist die kontrastierende Analyse beider Werbespot-Samples und der „differentiated codes used by advertisers in their messages directed at male and female audiences" (1986, S. 176). Jhally zeigt, dass und wie Werbetreibende unterschiedliche Codes und Strategien verwenden, um verschiedene Zielgruppen genderspezifisch anzusprechen. So sind beispielsweise „Schönheit", „Familienbeziehungen" und „Romantik" Codes, die für ein weibliches Publikum verwendet werden, während „Schroffheit" und „Brüderlichkeit" in erster Linie männliche Werbecodes sind.

Im zweiten Teil des Abschnitts dokumentieren Leiss und Kline anhand einer historischen Untersuchung von Zeitschriftenwerbung aus den Jahren 1908 bis 1984 Trends und Gebrauchsmuster von Publikumscodes. In Anlehnung an Leymore (1975) analysieren sie Zeitschriftenanzeigen auf den Gebrauch von „Person", „Produkt", „Setting" und „Text". Sie zeigen, dass der Anteil von Text oder Textvorlagen in der Werbung stetig zurückging, während der Gebrauch von Illustrationen zunahm. Als zweiten wichtigen Trend machen sie eine Verlagerung inhaltlicher Schwerpunkte in der Werbung selbst aus. Werbekommunikation entwickelte sich weg von der Vermittlung spezifischer Produktinformationen hin zur Vermittlung des sozialen und symbolischen Gebrauchs von Produkten. Diesen Trend veranschaulichen die Autoren mithilfe von 25 Anzeigen aus verschiedenen Zeitabschnitten. Sie zeigen beispielsweise, dass eine Anzeige von Bull Durham Tobacco Anfang des zwanzigsten Jahrhunderts „places greatest emphasis upon language – description of the product, promises, and argument" (1986, S. 190), wohingegen eine zur Zeit der Studie (1980er) zeitgenössische Marlboro-Anzeige weder Text noch Produktinformationen aufweist, sondern lediglich aus einem Bild besteht, das „conveys a range of attributes (…) to be associated with the product" (1986, S. 202). Dass die Tabakwerbung heutzutage wieder tiefgreifende Veränderungen erfahren hat (beispielsweise Verweise auf gesundheitliche Risiken, fotografische Abbildungen von Krankheiten auf Zigarettenschachteln) weist wiederum auf die enge Verzahnung der Werbeindustrie mit Politik und Wirtschaft hin (Leiss et al. 2005, S. 595 ff.).

„Goods as Satisfiers" und „Goods as Communicators"

Vor allem am Ende des dritten Abschnitts, also in den Kapiteln „Goods as Satisfiers" und „Goods as Communicators", zeigen die Autoren, wie die Konsumgesellschaft einen tiefgreifenden Wandel im sozialen Leben bewirkt hat. Denn Waren
fungieren als „Befriediger" und „Kommunikatoren", indem sie als Vermittler sozialer Beziehungen auftreten. Das heißt, weil sich Individuen in einer Konsumgesellschaft vor allem als Konsumenten identifizieren, kommt Gütern primär eine kom-
munizierende Bedeutung zu. Anders ausgedrückt: Güter sagen uns und anderen,
wer wir sind; durch ihren Konsum kommunizieren wir nach außen, wie wir gesehen werden wollen und wie wir uns selbst sehen. In diesem Sinne sind Waren in der
konsumkapitalistischen Gesellschaft wichtige Ergänzungen zwischenmenschlicher Beziehungen; sie vermitteln anderen Menschen soziale Informationen über
Individuen (also Konsumten*innen, die bestimmte Waren nutzen). Damit dienen
Waren „as a 'projective medium' into which we transfer the intricate webs of personal and social interactions" (1986, S. 261). Dementsprechend wird Werbung vor
allem deshalb gesellschaftlich bedeutsam, weil sie sich in die Kultur einschreibt.
Im Konsumkapitalismus braucht die Einzelne von der Werbung generierte Deu-
tungshorizonte und strukturierte Sinnsysteme für die eigene Identitätsstiftung und
die Konstruktion der sozialen Umwelt gleichermaßen. Werbung konstruiert unsere
Realität also nach marktgetriebenen Mustern, die nichtsdestotrotz den Rahmen dafür setzen, was wünschens- und begehrenswert, somit attraktiv und erstrebenswert
ist. So verstanden ist Werbung eine Quelle sozialer Informationen, die zwischenmenschliche Beziehungen und persönliche Identität vermitteln. Werbung muss daher als eine wichtige Institution in der Konsumgesellschaft verstanden werden,
denn ihr kommt eine Schlüsselrolle in der individuellen Sozialisation und sozialen
Reproduktion zu. Folgt man diesem Argument, lässt sich „der Markt" also nicht
mehr nur als ein Mechanismus des Waren-Geld-Wechsels verstehen. Vielmehr ist
er ein „cultural system" (1986, S. 263 ff.), das bis in unser tiefstes Selbstverständnis vordringt.

Werbung und Bildkultur

Darüber hinaus zeigen Leiss et al., dass die Allgegenwart bildhafter Werbung eine
Kulturentwicklung befördert, in der Bilder eine wichtigere Rolle spielen als
sprachlicher Diskurs. Dabei sind visuelle Bilder, im Gegensatz zu sprachlichen
Bildern, vor allem emotional, assoziativ und ikonisch. Das heißt, sie können auch
ohne vollständig bewusste Wahrnehmung oder explizite verbale Übersetzungen
verstanden werden. Die kulturelle Form sozialer Kommunikation in Form bildhafter Werbung beeinflusst so auf subtile Weise unser Bewusstsein und Verhalten,

indem sie beispielsweise bestimmte Denk- und Verhaltensformen sanktioniert und andere delegitimiert.

Auf diese Weise kommt Werbung erstens eine Schlüsselrolle zu beim Übergang zu einer neuen Bildkultur und damit zweitens beim Übergang von einer diskursiven, textbasierten Sprachkultur zu einer figurativen Medienkultur. In dieser Medienkultur fallen alle Gesellschaftsbereiche (Religion, Politik, Familie usw.) unter die Herrschaft der Bilder. Denn ikonische Darstellungen oder überzeugende Bilder haben einen größeren Einfluss auf Entscheidungs-, Meinungs- und Verhaltensfindungen als der verbale Diskurs. Sie sind nicht-rational, nicht-logisch und basieren auf der unterschwelligen Beeinflussung von Individuen. Folglich, so argumentieren Leiss et al., ist Werbung eine Form der sozialen Kommunikation, die Nicht-Kommunikation fördert. Da Werbung zudem Waren, Dienstleistungen und Individuen mit symbolischen Eigenschaften ausstattet und Produkte mit kulturell aufgeladenen und gesellschaftlich erwünschten Merkmalen assoziiert, fördert sie zudem den „Warenfetischismus", also, nach Karl Marx, ein quasi-religiöses Verhältnis zu Produkten. Leiss et al. zeigen, dass Warenfetischismus in der Konsumgesellschaft vor allem als eine Art verzerrte Kommunikation zu verstehen ist. Sie ist Teil eines allgemeineren fetischisierten Bewusstseins, das durch das Zuschreiben bestimmter Attribute zu Menschen und Waren auch in andere Sozialbereiche wie Sport, Musik und Politik dringt.

2 Eingliederung ins Gesamtwerk

Man kann, wie John Harms und Douglas Kellner (1991) richtig behaupten, *Social Communication in Advertising* als einen zentralen kanadischen Beitrag zur nordamerikanischen Kritik der Massenkultur betrachten. Denn William Leiss, ein Student von Herbert Marcuse (einer der wichtigsten Vertreter der Frankfurter Schule in den USA), arbeitete in den 1980ern am Institut der Kommunikationswissenschaft der Simon-Fraser-Universität (Vancouver), Stephen Kline an der Fakultät für Umweltstudien der York Universität (Toronto), und Sut Jhally hatte sein Promotionsstudium ebenfalls an der Simon-Fraser-Universität absolviert. Sein späteres Werk *Codes of Advertising* (1987) war ursprünglich seine Dissertation (1984), die er nach der Zusammenarbeit mit Leiss und Kline ausbaute.

Über die Jahre beschäftigten sich alle drei Autoren mit Fragen der Kommunikation und der Medien. William Leiss, später Professor für Policy Studies an der Queen's Universität (Ontario, Kanada), brachte insgesamt zehn Bücher heraus. In seiner Forschung beschäftigt er sich vor allem mit Fragen der Risikokommunikation, beispielhaft zu finden in *Mad Cows and Mother's Milk* (1997), das die

Kommunikation von Umwelt- und Gesundheitsrisiken analysiert, oder *In the Chamber of Risks* (2001), das von Risikokontroversen und -management handelt. Das Forschungsinteresse Stephen Klines richtete sich als Professor der Kommunikationswissenschaft an der Simon-Fraser-Universität weiter auf Fragen des Marketing und der Konsumkultur, speziell in Beziehung zu Kindern. In seinem 1993 erschienen Buch *Out of the Garden: Toys, TV, and Children's Culture in the Age of Marketing* analysiert er die Geschichte und Entwicklung der Kinderspielkultur, während er in *Globesity, Food Marketing and Family Lifestyles* (2010) die öffentlichen Kontroversen um Risiken in der Konsumgesellschaft vor allem für Kinder in den Vordergrund stellt. Sut Jhally gehört bis heute zu den weltweit führenden Forschern in den Bereichen Werbung, Massenmedien und Konsum. Als Professor der Kommunikationswissenschaft der Universität von Massachusetts blieb er vor allem seinem ursprünglichen Interesse an der Werbe- und Medienkritik treu. 1992 gründete er die *Media Education Foundation*, eine Non-Profit Produktionsfirma für Dokumentarfilme. Im Mittelpunkt der Filme, die diese Stiftung produziert, steht die Beziehung zwischen Medieneigentum, kommerziellen Medieninhalten und dem demokratischen Anspruch von Medien (also Diversität, Bürgerbeteiligung usw.). In der Arbeit aller drei Autoren finden sich langfristig also die Spuren von *Social Communication in Advertising*, das selbst ein Teil einer längeren Ideengeschichte ist.

3   Wirkungsgeschichte des Schlüsselwerkes und Kritik

Bereits Boorstin (1973) und Braudel (1973) hatten die historische Dimension des Konsums als soziales Ordnungsprinzip in der Geschichte westlicher Gesellschaften identifiziert. Dem folgten Arbeiten von Williams (1982), McKendrick, Brewer und Rumb (1982), Fox und Leart (1983), Mukeiji (1983) oder auch Horowitz (1985). Sie alle befassten sich eingehend mit der westlichen Konsumgeschichte, den Ursachen der Konsumrevolution und deren Auswirkungen auf westliche Gesellschaften und deren Kultur (McCracken 1987). Das reichte von der Analyse der zunehmenden kulturellen Bedeutung von Bildern als Kommunikationsmedium (Boorstin 1962) bis hin zur Werbung als sozialer Institution innerhalb von Konsumgesellschaften (Schudson 1984; Fox 1984). Die inhaltliche Analyse von Konsumkultur, also beispielsweise Fragen nach Inhalt und Struktur von Werbeangeboten, nach der von ihr verzerrten Kommunikation und/oder ihrer ideologischen Wirkung, lieferten Soziologen und Kulturwissenschaftler wie Leymore (1975), Goffman (1979) und Williamson (1978) (siehe Kap. „Wirklicher als die Wirklichkeit: *Gender Advertisements* von Goffman" und „„It's the Propaganda, stupid!" Die Entdeckung der Werbewirkung aus kultursemiotischer Perspektive: *Decoding Advertisements* von Williamson" in diesem Band). Sie und andere führten mit Hilfe der Semiotik und/oder qualitativen Inhaltsanalysen kritische Studien durch, die auf der Mikroebene untersuchten, wie die Massenkommunikation der Werbung Konsument*innen „überzeugt" oder „manipuliert", um Konsumgesellschaften am Laufen zu halten.

Auch Autor*innen anderer Fachrichtungen im nordamerikanischen Raum setzten sich mit Fragen des Konsums und der Werbung auseinander. Als Teil einer breiteren historischen Analyse der Kommunikationsinfrastrukturen verorteten beispielsweise Politik-Ökonomen wie Schiller (1969, 1973, 1989), Ewen (1976, 1988) (siehe Kap. „Die Erfindung des Massenkonsums: *Captains of Consciousness* von Ewen" in diesem Band) oder Bagdikian (1983) Werbung und Massenkommunikation innerhalb der Geschichte des zeitgenössischen Kapitalismus. Zwar waren zum damaligen Zeitpunkt Werbung und Massenkommunikation eher ein „blinder Fleck" (Smythe 1977) marxistischer Analyse (siehe Kap. „Das Publikum als Ware: *Communications: Blindspot of Western Marxism* von Smythe" in diesem Band), aber eine wachsende Zahl von Forscher*innen untersuchten ihre Auswirkungen auf größere Sozial- und Politikstrukturen. Dabei lag das Hauptaugenmerk generell auf der Frage, wie Konsum, Werbung und Massenmedien zur Entwicklung und Reproduktion undemokratischer Gesellschaftsordnungen beitragen. Denn, so die Prämisse, indem Konsum, Werbung und Massenmedien wirtschaftliche und kulturelle Macht in den Händen einiger weniger Unternehmen und Einzelpersonen konzentrieren, sind sie Teil eines auf Ungleichheit und Privilegien beruhenden wirtschaftlichen Systems, das durch ihr Dazutun stabilisiert und reproduziert wird.

Ein Grund für die ursprüngliche Schlagkraft von *Social Communication in Advertising* lag in diesem fachgeschichtlichen Kontext. Denn Leiss et al. lieferten mit ihrem Buch eine bis dahin nicht dagewesene Symbiose methodischer Ansätze (der Medienanalyse) und theoretischer Ansätze (der kritische politischen Ökonomie und der Sozial- und Kulturtheorie), bedienten sich einer Vielzahl fachübergreifender Studien und boten so eine umfassende Übersicht und Analyse zur Rolle der Werbung im nordamerikanischen Raum. Durch diese Verknüpfungen zeigten sie, wie Werbung und Massenkommunikation in der kapitalistischen Gesellschaft Macht zukommt, wie diese historisch gewachsen und bis heute gestaltet ist. Denn, so machen die Autoren klar, „Advertising is not just a business expenditure", die in der Hoffnung getätigt wird, Waren zu verkaufen, „but is rather an integral part of modern culture" (1986, S. 7). Werbung ist demnach ein umfassendes soziokulturelles Phänomen kapitalistischer Gesellschaften.*Social Communication in Advertising*, laut Matthew McAllister, „has been THE central text in advertising studies for decades" (Leiss et al. 2018, Klappentext); Richards, MacRury, und Botterill

(2000, S. 35) betiteln das Buch als „the biggest and most important study of advertising to date". Mit ihr schufen die Autoren 1986 einen Meilenstein der kritischen Werbeforschung. Sie setzten neue methodische und theoretische Standards und befeuerten, vor allem im nordamerikanischen Raum, ein wachsendes interdisziplinäres Interesse an der kritischen Analyse zeitgenössischer Konsum- und Werbekultur.

Auch wenn die Zahl der Arbeiten zur kritischer Konsum- und Werbeforschung mittlerweile kaum zu überblicken ist, bleibt *Social Communication in Advertising* durch den interdisziplinären und methodischen Brückenschlag, die komplexe Analyse und die Verbindung zwischen Inhalts- und Strukturanalyse ein Klassiker der Werbeforschung. Das Buch lässt uns verstehen, warum die Logiken der Werbung bis in unser tiefstes Selbstverständnis dringen. Damit machen Leiss et al. Werbung und deren Kritik zum Ausgangspunkt einer umfassenden und tiefgreifenden Gesellschaftskritik.

Mittlerweile in der vierten Auflage (2018), widmen die Autoren ihre Aufmerksamkeit neueren Themen wie dem Internet, Digitalisierung und Globalisierung. Auch hier bleiben Leiss et al. in Zusammenarbeit mit anderen Autor*innen ihrer Linie treu. Sie veranschaulichen ihre theoretischen Herleitungen mit aktualisierten Beispielen und bieten eine überarbeitete Übersicht aktueller Forschung, um den jüngsten Entwicklungen in der Werbeforschung und den neuesten Trends in der Werbepraxis (durch soziale Medien oder personalisierte Werbung) Rechnung zu tragen. Sie zeigen: Trotz neuer Technologien, Strategien und Marktdynamiken hat ihre Kritik der Werbung als umfassende Kritik konsumkapitalistischer Gesellschaften auch im digitalen Zeitalter an Dringlichkeit und Aktualität nicht eingebüßt.

Literatur

Primärliteratur

Jhally, S. (1987). *The codes of advertising: Fetishism and the political economy of meaning in the consumer society*. New York: St. Martin's.

Kline, S. (2010). *Globesity, Food marketing and family lifestyles*. New York: Palgrave Macmillan.

Kline, S. (1993). *Out of the garden: Toys, tv, and children's culture in the age of marketing*. London: Verso.

Leiss, W., Kline, S., Jhally, S., Botterill, J. & Asquith, K. (2018). *Social communication in advertising*. New York: Routledge.

Leiss, W., Kline, S., Jhally, S. & Botterill, J. (2005). *Social communication in advertising. Consumption in the meditated marketplace*. New York: Routledge.

Leiss, W. (2001). *In the chamber of risks: Understanding risk controversies.* Montreal: McGill-Queen's University Press.
Leiss, W., & Powell, D. (1997). *Mad cows and mother's milk: The perils of poor risk communication.* Montreal: McGill-Queen's University Press.

Sekundärliteratur

Bagdikian, B. (1983). *The media monopoly.* Boston: Beacon.
Boorstin, D. J. (1962). *The image.* New York: Atheneum.
Boorstin, D. J. (1973). *The Americans: The democratic experience.* New York: Random House.
Braudel, F. (1973). *Capitalism and material life 1400–1800.* London: Weldenfeld.
Ewen, S. (1976). *Captains of consciousness.* New York: McGraw-Hill.
Ewen, S. (1988). *All consuming images.* New York: McGraw-Hill.
Fox, R. W., & Leart, T. J. J. (Hrsg.) (1983). *The culture of consumption: Critical essays in American history, 1880–1980.* New York: Pantheon.
Fox, S. R. (1984). *The mirror makers: A history of American advertising and its creators.* Urbana: University of Illinois Press.
Goffman, E. (1979). *Gender advertisements.* Cambridge: Harvard University Press.
Harms, J., & Kellner, D. (1991). Toward a critical theory of advertising. *Current perspectives in social theory,* 11, 41–67.
Horowitz, D. (1985). *The morality of spending: Attitudes toward the consumer society in America, 1875–1940.* Baltimore: Johns Hopkins University Press.
Leymore, V. L. (1975). *Hidden myth: Structure and symbolism in advertising.* New York: Basic Books.
McCracken, G. (1987). *Culture and consumption: New approaches to the symbolic character of consumer goods and activities.* Bloomington: University Press.
McKendrick, N., Brewer, J., & Rumb, J. H. (1982). *The birth of a consumer society: The commercialization of eighteenth century England.* Bloomington: Indiana University Press.
Mukerji, C. (1983). *From graven images: Patterns of modern materialism.* New York: Columbia University Press.
Richards, B., MacRury, I., & Botterill, J. (2000). *The dynamics of advertising.* Amsterdam: Harwood Academics.
Schiller, H. (1969). *Mass communications and American empire.* New York: Kelley.
Schiller, H. (1973). *The mind managers.* Boston: Beacon.
Schiller, H. (1989). *Culture Inc: The corporate takeover of public expression.* New York: Oxford University Press.
Schudson, M. (1984). *Advertising. The uneasy persuasion: Its dubious impact on American society.* New York: Basic Books.
Smythe, D.W. (1977). Communications: Blindspot of Western Marxism. *Canadian Journal of Political and Society Theory,* 1(3), 1–28
Williams, R. H. (1982). *Dream worlds: Mass consumption in later nineteenth century France.* Berkeley: University of California Press.
Williamson, J. (1978). *Decoding advertisements.* London: Marion Boyers.

„Ich weiß nicht warum, aber ich will jetzt ein Eis!" *The Hidden Persuaders* von Packard

Jörg Tropp

„Mit oft eindrucksvollem Erfolg werden in großem Maßstab Anstrengungen aufgewendet, um unsere gedankenlosen Gewohnheiten, unsere Kaufentschlüsse und unsere Denkvorgänge zu steuern, indem man sich der aus der Psychologie und den Sozialwissenschaften aufgelesenen Einsichten bedient. Bezeichnenderweise gelten diesen Anstrengungen einer Schicht unterhalb unserer Bewußtseinsebene, so daß die Antriebe, die uns bewegen, oft gewissermaßen „verborgen" sind." (Packard 1986, S. 5)

So fasst Packard unmittelbar zu Beginn des Buchs seine Kernaussage prägnant zusammen. Es geht ihm um die Erkundung der Nutzung der „Hintertreppe der Tiefenpsychologie" (Packard 1986, S. 5), über die das Verhalten der Menschen, besonders als Verbraucher, beeinflusst werden kann.

1 Inhalt des Schlüsselwerkes

In seinem erstmals 1957 veröffentlichten Buch „The Hidden Persuaders" (dt.: Die geheimen Verführer, Der Griff nach dem Unbewußten in jedermann, 1958) beschreibt Packard wie Psychologen, Marktforscher und Werbeagenturen im Auftrag von Unternehmen Menschen manipulieren, indem sie deren unterbewusste Wünsche und Sehnsüchte ansprechen.

J. Tropp (✉)
Marketingkommunikation & Werbung, Hochschule Pforzheim, Pforzheim, Deutschland
E-Mail: joerg.tropp@hs-pforzheim.de

© Springer Fachmedien Wiesbaden GmbH, ein Teil von Springer Nature 2022   367
T. G. K. Meitz et al. (Hrsg.), *Schlüsselwerke der Werbeforschung*,
https://doi.org/10.1007/978-3-658-36508-0_32

Das Buch ist in drei Hauptteile gegliedert. Im ersten, umfangreichsten Teil wendet sich Packard den Techniken der Motivforschung im Zusammenhang mit der Beeinflussung des Menschen in der Rolle des Verbrauchers zu. Sein Verständnis der Motivforschung beruht auf Louis Cheskin, dem Leiter einer Chicagoer Forschungsfirma, die sich mit psychoanalytischen Untersuchungen im Auftrag des Handels befasst. Demnach will die Motivforschung ermitteln, was das Wahlverhalten der Menschen leitet. Dazu werden spezielle Techniken eingesetzt, die es ermöglichen, Faktoren zu identifizieren, die das Wahlverhalten beeinflussen und denen sich der Einzelne überhaupt nicht bewusst ist (Packard 1986, S. 8). Im zweiten Teil steht die politische Meinungsbeeinflussung und Verhaltenslenkung des Bürgers im Mittelunkt. Der dritte, kürzeste Teil des Buchs ist eine Art Reflexion des Autors über die Erkenntnisse der Motivanalytiker*innen und deren massenpsychoanalytische Methoden. Packard thematisiert hier die Frage nach der Gültigkeit der vorliegenden Erkenntnisse sowie die nach den Folgerungen für die Moral. Dieser Teil und damit auch das Buch enden mit dem Aufruf, dass die Menschen ihr Recht auf Geheimhaltung schützen müssen und es das schwerste Verbrechen der „Tiefenmanipulatoren" (Packard 1986, S. 193) ist, in die geheimsten Gedanken der Menschen einzudringen.

Ausgangspunkt des Werks ist Packards Beobachtung, dass Marketers an ihren bislang angenommenen Grundvoraussetzungen Zweifel hegen, die ihren logisch geleiteten Ergründungen zur Vorhersage des menschlichen Konsumverhaltens zugrunde liegen. Erstens können Marketers weder länger annehmen, dass die Menschen wissen, was sie wollen. Noch können sie, zweitens, unterstellen, dass Menschen betreffend ihre Wünsche und Abneigungen die Wahrheit sagen – selbst im Falle, dass sie sie kennen. Schließlich sind drittens die Marketers aufgrund der mit zunehmender Standardisierung wachsenden Gleichheit der Produkte dazu gezwungen, wirkungsvollere persuasive Mittel als bislang einzusetzen.

In der zu Ende der vierziger, Anfang der fünfziger Jahre Fuß fassenden Motivforschung finden die Werbefachleute, so Packard (1986, S. 20), den Beleg und die Lösung für die Notwendigkeit der Neuausrichtung kommerzieller Verführung. Die Werbeleute waren fasziniert von der Idee bedingte Reflexe hervorzurufen, „indem man als Auslöser wirkende Wörter, Symbole oder Darstellungen aufblitzen ließ." (Packard 1986, S. 20). Der Schluss der Werbepraktiker war, dass sich die Verführungsbemühungen stärker der Motivforschung bedienen müsse, da sie sich auf die beiden tieferen Bewusstseinsebenen des Unterbewusst- und des Unbewusstseins konzentriere und weniger auf die oberste Ebene des rationalen Bewusstseins, auf der die Menschen Wissen prozessieren und reflektieren. Auf der zweiten Ebene des Unterbewusstseins mag ein Mensch zwar verschwommen wissen, was in ihm vorgeht, er sei aber nicht bereit, den Grund dafür zu nennen. Als Beispiele nennt Packard (ebd.) Annahmen, Vorurteile, Ängste oder Gefühlswallungen. Auf der dritten Ebene des Unbewusstseins sind sich die Menschen ihrer Haltungen und Gefühle nicht nur nicht bewusst, sondern würden darüber hinaus diese auch nicht mitteilen, selbst wenn sie es könnten. Für eine quasi-wissenschaftliche Fundierung dieser tiefenpsychologischen Neuausrichtung werblicher Beeinflussung bezieht sich Packard (1986, S. 25 f.), ohne Nennung von konkreten Quellen, besonders auf die Arbeiten von Ernest Dichter, Burleigh Gardner, Louis Cheskin und James Vicary.

Die Konsequenz einer so konzipierten Motivforschung war, dass sich kommerzielle Tiefenpsychologen auf die Erforschung der unterbewussten Bedürfnisse, Verlangen und Begierden der Menschen konzentrierte. Packard (1986, S. 55–63) identifiziert unsystematisch anhand von Beispielen und Anekdoten aus der Praxis acht verborgene Bedürfnisse, die genutzt werden können, um Produkte mit psychologischen Werten verkaufsfördernd anzureichern. In der heutigen Werbeforschung würden diese als Zusatznutzen bezeichnet werden: Sicherheitsgefühl, Wertbestätigung, Ego-Befriedigung, Schöpfungsauswege, Liebesobjekte, Kraftgefühl, Verwurzelungsgefühl und Unsterblichkeit. Warum Packard zur Ermittlung dieser Bedürfnisse nicht vorhandene Erkenntnisse der damaligen Motiv- und Bedürfnisforschung aufgreift, bleibt unklar. So hätte er die umfassende, mittels Tiefeninterviews erstellte Bedürfnistaxonomie von Murray (1938) nutzen können, um die dort aufgeführten zwanzig Motive auf ihre Anwendbarkeit zur Analyse werblicher Botschaften zu prüfen. Ein Vorgehen, das beispielsweise Fowles (1976) wählte, um eine empirisch geprüfte Liste mit achtzehn Bedürfnissen zu erstellen, an die die Werbung appelliert.

Das besondere Merkmal des Buchs, das maßgeblich dazu geführt hat, dass es zu einem Schlüsselwerk der Werbeforschung geworden ist, ist ein kurzer, aber häufig zitierter Hinweis Packards. Diesen gibt er im Zusammenhang seiner Ausführungen zu den in psychiatrischen Kliniken verwendeten Techniken, die zwecks Sondierung des Unter- und Unbewussten mittlerweile auch von Unternehmen eingesetzt würden. Unter Bezug auf ein Buch von Smith über Motivation,[1] in dem dieser darauf hinweist, dass „different levels of depth are achieved by different approaches" (Smith zit. n. Packard 2007, S. 58), stellt Packard unterschiedliche Verfahren der

---

[1] **Anmerkungen**
Packard (1958, 1986) hat in seinem Buch auf Quellenangaben und Endnoten verzichtet, weswegen hier die Quelle, auf die sich Packard bezieht, nicht bibliographiert werden kann. Wir können jedoch mit großer Sicherheit davon ausgehen, dass es sich um George H. Smith (1954) handelt.

Sondierung der tieferen Bewusstseinsebenen vor, von denen man sich eine absatz-
fördernde Wirkung verspricht. U. a. nennt er Projektionstests und das Galvanometer,
mit dem physiologische Reaktionen von Testpersonen auf Bilder oder Töne gemessen werden. Auch nennt er die Hypnose und verweist des Weiteren auf einen Artikel, der in der London Sunday Times Mitte 1956 auf der Titelseite erschienen ist
(siehe Abb. 1).[2]

In diesem Artikel, so Packard, wird ein Kino in New Jersey zitiert, in dem mit
unterschwelligen Effekten („subthreshold effects", Packard 2007, S. 62) expe-
rimentiert wird. Und zwar würden „angeblich während des regulären Filmablaufs
plötzlich Werbedias für Eiskrem auf der Leinwand erscheinen. Diese Einschaltun-
gen dauerten nur Sekundenbruchteile, zu kurz, um von den Zuschauern bewußt
wahrgenommen zu werden, aber lang genug für eine unterbewußte Aufnahme."
(Packard 1986, S. 33–34)

Packard (1986, S. 34) weist auf seine erfolglose Anfrage bei der Zeitung nach
ihrer Quelle dieses Experiments und auf die skeptische Einschätzung von Smith
hin, die er auf Nachfrage nach dessen Meinung zu dem Experiment erhielt.[3] Insgesamt nimmt dieser Bericht über das Eiskrem-Experiment, der Anstoß für rege Diskussionen und Forschungen zu unterschwelliger Werbung in Praxis und Wissenschaft lieferte, lediglich eine dreiviertel Seite in Anspruch. Packard wendet sich
dann im Folgenden den Techniken der Motivforschung im Allgemeinen zu und
erwähnt an keiner Stelle des Buchs, dass werbetreibende Unternehmen subliminale
Techniken einsetzen würden.

Packards knappe Berichterstattung über das Eiskrem-Experiment steht damit in
auffälliger Abweichung zu der Aufmerksamkeit, die diesem Experiment und in
dessen Folge subliminaler Werbung im Allgemeinen in Praxis wie Wissenschaft
zuteilwurde. Bis heute ist jedoch unklar, ob dieses Experiment tatsächlich stattgefunden hat. In Ermangelung einer fundierten, wissenschaftlichen Gütekriterien
entsprechenden Aufbereitung kann somit Packards Werk nicht attestiert werden, dass es den Folgediskurs der subliminalen Werbung erkenntnistheoretisch
oder -empirisch geprägt hat. Eher hat es diesem Diskurs zu seiner hohen Bekanntheit verholfen.

---

[2] Packard nennt nicht explizit den Artikel, auf den er sich bezieht. Es dürfte sich aber um den
Artikel „Sales through the Sub-Conscious, ‚Invisible Advertisements'" handeln, der am 10.
Juni 1956 in der London Sunday Times erschienen ist (auch Acland 2012, S. 102–103).

[3] „There is evidence (…) that people can be affected by subthreshold stimulation; for example, a person can be conditioned to odors and sounds that are just outside the range of
conscious awareness. However, this is rarely done in one instantaneous flash" (Smith, zit. n.
Packard 2007, S. 62).

Abb. 1 Titelseite der London Sunday Times vom 10. Juni 1956 mit dem Artikel „Sales through the Sub-Conscious, "Invisible" Advertisements". (Quelle: Archiv der *The Times*, London, UK)

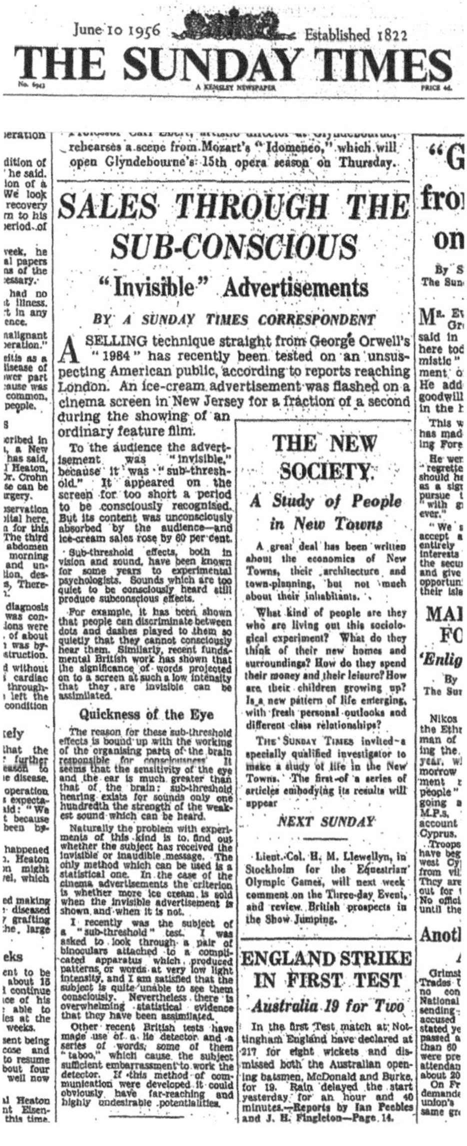

June 10 1956 Established 1822

THE SUNDAY TIMES

A KEMSLEY NEWSPAPER

…rehearses a scene from Mozart's "Idomeneo," which will open Glyndebourne's 15th opera season on Thursday.

SALES THROUGH THE SUB-CONSCIOUS

"Invisible" Advertisements

BY A SUNDAY TIMES CORRESPONDENT

A SELLING technique straight from George Orwell's "1984" has recently been tested on an unsuspecting American public, according to reports reaching London. An ice-cream advertisement was flashed on a cinema screen in New Jersey for a fraction of a second during the showing of an ordinary feature film.

To the audience the advertisement was "invisible," because it was "sub-threshold." It appeared on the screen for too short a period to be consciously recognised. But its content was unconsciously absorbed by the audience—and ice-cream sales rose by 60 per cent.

Sub-threshold effects, both in vision and sound, have been known for some years to experimental psychologists. Sounds which are too quiet to be consciously heard still produce subconscious effects.

For example, it has been shown that people can discriminate between dots and dashes played to them so quietly that they cannot consciously hear them. Similarly, recent fundamental British work has shown that the significance of words projected on to a screen at such a low intensity that they are invisible can be assimilated.

Quickness of the Eye

The reason for these sub-threshold effects is bound up with the working of the organising parts of the brain responsible for consciousness. It seems that the sensitivity of the eye and the ear is much greater than that of the brain: sub-threshold hearing exists for sounds only one hundredth the strength of the weakest sound which can be heard.

Naturally the problem with experiments of this kind is to find out whether the subject has received the invisible or inaudible message. The only method which can be used is a statistical one. In the case of the cinema advertisements the criterion is whether more ice cream is sold when the invisible advertisement is shown and when it is not.

I recently was the subject of a "sub-threshold" test. I was asked to look through a pair of binoculars attached to a complicated apparatus which produced patterns, or words at very low light intensity, and I am satisfied that the subject is quite unable to see them consciously. Nevertheless there is overwhelming statistical evidence that they have been assimilated.

Other recent British tests have made use of a lie detector and a series of words, some of them "taboo," which cause the subject sufficient embarrassment to work the detector. If this method of communication were developed it could obviously have far-reaching and highly undesirable potentialities.

THE NEW SOCIETY

A Study of People in New Towns

A great deal has been written about the economics of New Towns, their architecture and town-planning, but not much about their inhabitants.

What kind of people are they who are living out this sociological experiment? What do they think of their new homes and surroundings? How do they spend their money and their leisure? How are their children growing up? Is a new pattern of life emerging, with fresh personal outlooks and different class relationships?

THE SUNDAY TIMES invited a specially qualified investigator to make a study of life in the New Towns. The first of a series of articles embodying its results will appear

NEXT SUNDAY

Lieut.-Col. H. M. Llewellyn, in Stockholm for the Equestrian Olympic Games, will next week comment on the Three-day Event, and review British prospects in the Show Jumping.

ENGLAND STRIKE IN FIRST TEST

Australia 19 for Two

In the first Test match at Nottingham England have declared at 217 for eight wickets and dismissed both the Australian opening batsmen, McDonald and Burke, for 19. Rain delayed the start yesterday for an hour and 40 minutes.—Reports by Ian Peebles and J. H. Fingleton—Page 14.

2   Einordnung in das Leben und das Werk des Autors

Packard (* 22.05.1914 in Granville Summit, Pennsylvania, † 12.12.1966 auf
Martha's Vineyard, Massachusetts) erhielt 1936 seinen B.A.-Abschluss an der
Pennsylvania State University, dem 1937 der Master an der Graduate School of
Journalism der Columbia University folgte. Fortan war er als Journalist bei unter-
schiedlichen Zeitungs- und Zeitschriftenredaktionen tätig (*Boston Daily Record,
Associated Press, American Magazine, Collier's*) bevor er 1956 seinen Job verlor
und entschied, als freiberuflicher Journalist und Autor zu arbeiten.

Besonders geprägt wurde Packard durch seine Zeit beim American Magazine
(1942–1956). Er wechselte seine Perspektive auf die stattfindende Veränderung des
amerikanischen Lebensstandards in der Nachkriegszeit. Seine Fakten und Insider-
Wissen orientierte journalistische Ausrichtung wich der eines Anwalts und Für-
sprechers von Verbraucherrechten. 1949 begann er in seinen Artikeln, Verbraucher*innen über ihre Rechte aufzuklären und zu erläutern, wie sie ausgeübtem
Kaufdruck widerstehen können (Horowitz 1994, S. 86). Dabei nahm er eine gesellschaftskritische Haltung ein, die sich gegen die zunehmend stärker ausprägende
amerikanische Konsumgesellschaft mit ihrem Überangebot an Produkten, Bedürf-
nisweckung durch Werbung, demonstrativen Konsum („conspicuous consumption", Veblen 1899) und Erschaffung von Marken als Instanzen der Definition guten Geschmacks und der Vermittlung lebensweltlicher Sinne und Normen richtete.
Er heroisierte die vorsichtigen und disziplinierten Verbraucher*innen.

Seine Gesellschaftskritik hatte jedoch nicht die Vehemenz eines rigorosen
liberal-intellektuellen Vertreters. Er musste diplomatisch agieren. Geschuldet war
dies dem Druck der Werbekundschaft des Magazins, der dazu führte, dass Themen
und Inhalte von Packards Artikeln von den Herausgebern des American Magazine
aus Angst vor dem Verlust von Werbegeldern kontrolliert und entsprechend gemäßigt wurden. Mitte der 1950er-Jahre verschärfte sich durch das Aufkommen des
TVs für die Magazine der Wettbewerb um Werbegelder, was zu einer weiteren
Verringerung Packards journalistischer Autonomie führte. Die wirtschaftliche Situation führte schließlich dazu, dass das American Magazin mit der Ausgabe August 1956 eingestellt wurde. Packard wechselte zu Collier's, welches wie das American Magazine dem Verlagshaus Crowell-Collier angehörte. Kurz darauf, Ende
1956, musste jedoch auch dieses Magazin seine Veröffentlichung einstellen und
Packard begann freiberuflich zu arbeiten (Horowitz 1994, S. 96–101).

Noch während seiner Zeit beim American Magazine zog er ein ernüchterndes
Fazit aus den Entwicklungen – „So the magazines began prostituting themselves
to attract ads" (Packard, zit. n. Horowitz 1994, S. 98). In diese damalige

Gemütsverfassung Packards fügte sich im Herbst 1954 gut eine Anfrage von Reader's Digest nach der Anfertigung eines Artikels über die neuen psychologischen
Techniken der Werbebranche ein. Dieser Artikel lieferte den Grundstein für das
dann 1957 veröffentlichte Buch „The Hidden Persuaders". Als Ironie des Schick-
sals kann bezeichnet werden, dass kurz nachdem Packard den Artikel fertig gestellt
hatte, Reader's Digest mit seiner langjährigen Tradition brach und begann, Werbeanzeigen zu akzeptieren. Packards Artikel wurde nie veröffentlicht. Ein mit Packard
befreundeter Herausgeber des Verlags David McKay Company ermutigte ihn 1955,
den Artikel zu einem Buch weiterauszuarbeiten. Nach Abschluss der Recherchen
benötigte Packard für die Manuskripterstellung des Buchs zwei Monate (Horowitz
1994; Nelson 2008).

„The Hidden Persuaders" ist damit auch implizites Zeugnis Packards persönlicher Erfahrungen in Form des wirtschaftlichen Einflusses der großen Werbeagenturen auf sein berufliches Schicksal. Diese Erfahrungen verstärkten seine bereits
vorhandene konsumkritische Haltung und dürften maßgeblich zur werbekritischen
Ausrichtung des Buchs beigetragen haben.

Das Werk ist das erste von drei Bestsellern, die Packard hintereinander veröffentlichte (The Hidden Persuaders 1957, Status Seekers 1959, Waste Makers
1960). Zugute kamen ihm die Erfahrungen und Kontakte aus seiner Zeit bei den
diversen Redaktionen. Er verstand es, für ein Massenpublikum zu schreiben und
Texte in nur kurzer Zeit anzufertigen. Unter den Leitbegriffen der Motivforschung
und der Tiefenmanipulation reiht Packard in „The Hidden Persuaders" markante
und beunruhigende Beispiele aneinander und stützt sich Großteils auf Aussagen
kommerzieller Motivforscher*innen, die er in Interviews erhielt. Das Werk hat
eher einen anekdotischen Charakter und ist relativ unstrukturiert. Es will breite
Aufmerksamkeit erregen. Packards journalistischer Hintergrund sowie wirtschaftliche Zwänge, die in seiner freiberuflichen Tätigkeit als Autor liegen, sind wohl
wichtige Gründe für seine Art der Präsentation der Informationen. Packard war
sich jedoch der Gefahr, als ein überwiegend sensationalistisch oder gar populis-
tisch getriebener Autor wahrgenommen zu werden, durchaus bewusst. Im vorletz-
ten Kapitel (Kap. 22) thematisiert er die Frage nach der Validität der Techniken der
Motivforscher und gibt den Leser*innen Hinweise, wie die Motivforscher*innen
ihre Erkenntnisse auf Gültigkeit prüfen.

„Manche ihrer [der Motivforscher*innen, J. T.] Schlüsse aus unserem Verhalten
sind so verblüffend, daß der Leser oft mit Recht erstaunt fragen wird, inwieweit
ihre Untersuchungsmethoden überhaupt gültig sind." (Packard 1986, S. 176)

3 Wirkung und heutige Wahrnehmung des Werks

Bereits kurz nach der Veröffentlichung im April 1957 wurde „The Hidden Persuaders" ein großer Erfolg. Schon nach einem Monat war das Buch, auch dank guter Rezensionen,[4] auf der Non-Fiction-Bestsellerliste der New York Times, auf der es am 4. August 1957 den ersten Platz erreichte. Mit Ausnahme von einer Woche im August behielt es diesen bis zur letzten Septemberwoche inne. Bis 1975 wurden drei Millionen Buchexemplaren verkauft (Miller 2007, S. 15).

Zweifelsohne hat das Buch den bis heute andauernden Mythos der unterschwelligen Werbung geprägt und kann zu Recht als ein Schlüsselwerk der Werbeforschung aufgefasst werden. Dieser Status verdankt sich nicht seinem hohen Grad an wissenschaftlicher Erkenntnisgüte, der aber in Anbetracht Packards persönlichen Hintergrunds auch nicht intendiert war. So hatte, von Packard unerwähnt, Theodor Geiger in seiner Kritik der Reklame bereits 1943 Suggestion als das zentrale Wirkungsprinzip der Reklame herausgearbeitet. Er ging von dem Suggestionsbegriff von Bechterew aus, wonach Suggestion die „Einimpfung von Ideen, Gefühlen, Emotionen und anderen psychischen Zuständen unter Umgehung des persönlichen Selbstbewusstseins und der Kritik des Individuums" (Bechterew 2010 zit. n. Geiger 1943, S. 115) ist. Geiger bestritt, ähnlich wie Packard, dass Reklame an ein selbständiges Denken der Verbraucher*innen appellieren sollte, und verwies darauf, dass auch die meisten der damaligen neueren Autor*innen der Meinung sind, dass Reklame suggestiv ist.

Zudem orientierte sich die amerikanische Werbeforschung in den 1950er-Jahren, während Packards Recherchen zu seinem Buch, im Zuge der entstehenden Persuasionsforschung (Hovland et al. 1953) bereits stärker neo-behavioristisch. Sie distanzierte sich zunehmend von einem strikten massenpsychologischen, behavioristischen, deterministischen Ansatz (Adams 1916; LeBon 2016), wie er von Packard in seinem Buch vertreten wird.

Entsprechend harsch fällt auch die Kritik an den von Packard präsentierten Methoden der Motivforscher aus: „The methods are similiar to those of Pavlov's famous conditioned-reflex experiments with dogs. Ring a bell and the dog salivates. No thought processes intervene here. Non-critical reflex action – this is the goal of the hidden persuader." (Haiman 1958, S. 385)

Dass es dennoch zu einem Schlüsselwerk der Werbeforschung wurde, verdankt sich vielmehr Packards geschickter Informationsselektion und -präsentation. Diese erfolgten anhand der Kombination zentraler und berichtenswerter Eigenschaften,

---

[4] „One of the most startling books of the season, it deserves to be widely read." (The Atlantic Monthly, zit. n. Miller 2007, S. 15).

die der gelernte Journalist Packard der damaligen Werbung zuschrieb und die als Nachrichtenfaktoren – besonders Bedeutsamkeit/Valenz und Überraschung – eingebunden in einem anekdotischen Storytelling den Wert des Buchs für Packard und die breite amerikanische Leserschaft konstituierten. Der Wert und die Sinnhaftigkeit des Buchs speiste sich zusätzlich aus dem damaligen gesellschaftlichen Kontext. Es erschien kurz nach dem Korea-Krieg, zu einem Zeitpunkt als Begriffe wie ‚Brainwashing' und ‚Mind Control' im öffentlichen Bewusstsein präsent waren und die damaligen Supermächte im Kalten Krieg um die Vorrangstellung in der Welt rangen.

Der Titel des Buchs und der oben erwähnte kurze Bericht über das Eiskrem-Experiment in einem Kino fassten pointiert und prägnant Packards Botschaft passend zum damaligen gesellschaftlichen Kontext zusammen. Damit gelang es ihm, deterministische, subliminale Werbung als ein Schlüsselthema in der Werbeforschung zu repositionieren. Unterstützt durch die breite gesellschaftliche Resonanz, die das Buch fand, ordnete sie das Thema wieder auf einem oberen Platz in ihrer Forschungsagenda ein.

Es ist unklar, ob die geheimnisvolle Aura und undurchsichtige Informationslage, die sich um das Eiskrem-Experiment bis heute rankt, vielleicht Teil einer ausgeklügelten Marketingstrategie war, die dem Buch zu seinem Erfolg mitverholfen hat. Packard (1986, S. 28) listet als eine Persönlichkeit der Motivforschung unter anderen den sehr gut in diversen Fachverbänden vernetzten James M. Vicary auf, Inhaber der James M. Vicary Company in New York, ein auf Motivforschung spezialisiertes Marktforschungsinstitut. Vicary gründete 1957, im Erscheinungsjahr der Hidden Persuaders, seine neue Werbeagentur, *Subliminal Projection Co.* Große Aufmerksamkeit fand die Studie „Iss Popcorn – Trink Cola", die Vicary analog zu dem Eiskrem-Experiment, aber ohne sich auf dieses zu beziehen, im Gründungsjahr seiner neuen Agentur durchgeführt haben wollte. Laut dieser Studie wurden Besucher eines Kinos in Fort Lee, New Jersey, durch sehr kurze, nicht wahrnehmbare Werbebotschaften (alle fünf Sekunden eine 1/3.000stel Sekunde dauernde Worteinblendung) unterbewusst dazu gebracht, den Absatz von Popcorn und Cola an der Kinokasse in die Höhe zu treiben (Pratkanis 1992, S. 260).

Im Werbefachblatt *Advertising Age* räumte Vicary dann 1962 bedingt durch den Druck von durchgeführten Replikationsstudien, die Vicarys Befunde nicht bestätigen konnten, in einem Interview ein, dass die Studie keinerlei wissenschaftliche Substanz habe und keine Wirkung nachgewiesen werden konnte (Danzig 1962). Er habe sich durch die Berichterstattung lediglich neue Kunden für seine Agentur erhofft, die jedoch bereits 1958 in den Konkurs ging.

Verstärkt wurde die Besorgnis erregende Wahrnehmung der Manipulationstechniken, über die Packard berichtete, durch einen Artikel von Norman Cousins

(1957), der unmittelbar nach der Veröffentlichung der Hidden Persuaders erschien. Cousins knüpfte an das zweite Hauptkapitel, „Der manipulierte Bürger", in Packards Buch an und fragte, was ein gesellschaftlich verallgemeinerter Einsatz der Methoden, beispielsweise im politischen Spektrum, für verheerende Folgen haben könnte, wenn unterschwellig Botschaften in das Unterbewusstsein der Menschen befördert werden können. Die Warnungen und Bedenken führten schließlich zu einem Verbot des Einsatzes von subliminalen Botschaften durch die Federal Communications Commission sowie der National Association of Broadcasters. Auch verboten Australien und England derartige Werbung. In Deutschland untersagte der Rundfunkstaatsvertrag den Einsatz der Techniken unterschwelliger Werbung, was von dem am 7. November 2020 in Kraft getretenen Medienstaatsvertrag übernommen wurde (MStV § 8, Abs. 3).

Die Aktualität und Aufmerksamkeit, die heute dem Thema der subliminalen Werbung entgegengebracht wird, ist ungebrochen hoch. Nachdem in Anschluss an „The Hidden Persuaders" zunächst keine subliminalen Werbeeffekte nachgewiesen werden konnten, befasst sich die psychologische Forschung seit rund 20 Jahren nun differenzierter mit den Voraussetzungen derartiger Effekte und konnte diese jetzt auch nachweisen. Eine Studie, in der die Autoren explizit an „Vicary's fantasies" anschließen, kommt zu dem Ergebnis, dass unterbewusstes Werben dann Einfluss auf eine Entscheidung nimmt, wenn bereits ein generelles Bedürfnis für das Produkt vorhanden ist (Karremans et al. 2006). Eine andere Studie ergibt, dass derartiges Werben erfolgreich ist, wenn Menschen in einem motivationalen Zustand sind, der zum Konsum des beworbenen Produkts passt (Bermeitinger et al. 2009). Auch beeinflusst die Gewohnheit der Markennutzung die Effektivität subliminaler Werbung. Bereits habitualisiert genutzte Marken werden in Folge subliminaler Botschaften nicht noch stärker bevorzugt, wohl aber können weniger habituell genutzte Marken von derartigen Botschaften profitieren (Verwijmeren et al. 2011).

Zusammenfassend kommt die Entwicklung des Forschungsstands der heutigen Rezeption Packards Werk zugute. Rehabilitiert sie doch die in Teilen stark sensationalistische Anmutung und sorgt dafür, dass „The Hidden Persuaders" auch in wissenschaftlicher Hinsicht heute zu Recht als der Klassiker im Themengebiet subliminaler Werbung bezeichnet werden kann. Nicht zuletzt sorgt zusätzlich der heutige technologische Kontext dafür, dass der Mythos geheimer Verführung nicht an Faszination verliert (Tropp 2021). Berichte über Trolls und Fake News, die Manipulation des Wählers anhand von datenbasierten „Dark Arts" (Wickenden 2018) oder das biometrische Hacking des Menschen (Harari 2019) hieven die Vorstellung unterschwelliger Wirksamkeit von Botschaften auf eine neue Evolutionsstufe.

Die zusammenfassende Konsequenz, mit der Packard vor über 60 Jahren sein Buch beendete, hat demnach nicht an Aktualität eingebüßt:

> *„Das schwerste Verbrechen, das viele Tiefenmanipulatoren begehen, scheint mir ihr Versuch, in unsere geheimsten Gedanken einzudringen. Gerade dieses Recht auf Geheimhaltung – sei sie rational oder irrational – müssen wir schützen."* (Packard 1986, S. 193)

Literatur

Primärliteratur

Packard, V. (1958). *Die geheimen Verführer. Der Griff nach dem Unbewußten in jedermann.* Düsseldorf: Econ.

Packard, V. (1986). *Die geheimen Verführer. Der Griff nach dem Unbewußten in jedermann.* Düsseldorf: Ullstein.

Packard, V. (2007). *The Hidden Persuaders* (Reissue edition). New York: IG Publishing. (Originalfassung 1957).

Sekundärliteratur

Acland, C. R. (2012). *Swift viewing: The popular life of subliminal influence.* Durham: Duke University Press.

Adams, H. F. (1916). *Advertising and its mental laws.* New York: The Macmillan Company.

Bechterew, W. V. (2010). *Die Bedeutung der Suggestion im sozialen Leben.* Whitefish. Kessinger. (Originalfassung 1905).

Bermeitinger, C., Goelz, R., Johr, N., Neumann, M., Ecker, U. K., & Doerr, R. (2009). The hidden persuaders break into the tired brain. *Journal of experimental social psychology, 45*(2), 320–326.

Cousins, N. (1957). Smudging the subconscious. *Saturday Review, 40*(5), 20.

Danzig, F. (1962). Subliminal advertising: Today it's just historic flashback for researcher Vicary. *Advertising Age, 33*, 72–74.

Fowles, J. (1976). *Mass advertising as social forecast: A method for futures research.* Westport, Conn: Greenwood.

Geiger, T. (1943). *Kritik der Reklame.* Herausgegeben von Geißler, R. & Pöttker, H. (1986), Siegen: Universität-Gesamthochschule Siegen.

Haiman, F. S. (1958). Democratic ethics and the hidden persuaders. *Quarterly Journal of Speech, 44*(4), 385–392.

Harari, Y. N. (23.07.2019). „Vor einer vergleichbaren Herausforderung hat die Menschheit noch nie gestanden". *Neue Zürcher Zeitung.* https://www.nzz.ch/feuilleton/yuval-noah-harari-der-mensch-kann-gehackt-werden-ld.1496741, Zugriff am 23.12.2020.

Horowitz, D. (1994). *Vance Packard and American Social Criticism*. Chapel Hill: University of North Carolina Press.

Hovland, C. I., Janis, I. L., & Kelley, H. H. (1953). *Communication and persuasion: Psychological studies of opinion change*. New Haven: Yale University Press.

Karremans, J. C., Stroebe W. & Claus, J. (2006). Beyond Vicary's fantasies: The impact of subliminal priming and brand choice. *Journal of Experimental Social Psychology, 42*(6), 792–798.

LeBon, G. (2016). *Psychologie der Massen* (3. Aufl). München: Anaconda, (Originalfassung: Psychologie des foules, 1895).

Miller, M. C. (2007). *Introduction*. In: Packard, V. (2007): a. a. O. S. (9–27).

Murray, H. A. (1938). *Explorations in personality: A clinical and experimental study of fifty men of college age*. New York, London: Oxford University Press.

Nelson, M. R. (2008). The hidden persuaders: Then and now. *Journal of Advertising, 37*(1), 113–126.

Pratkanis, A. R. (1992). The cargo-cult science of subliminal persuasion. *Skeptical Inquirer, 16*(3), 260–272.

Smith, G. H. (1954). *Motivation research in advertising and marketing*. New York: McGraw-Hill.

Tropp, J. (2021). Vernetzte Verführungen. Wie wir uns gegen die Dark Arts der Konsumindustrie wehren. Wiesbaden: Springer VS.

Veblen, T. (1899). *The theory of the leisure class: An economic study of institutions*. New York: MacMillan.

Verwijmeren, T., Karremans, J. C., Stroebe, W., & Wigboldus, D. H. (2011). The workings and limits of subliminal advertising: The role of habits. *Journal of consumer psychology, 21*(2), 206–213.

Wickenden, D. (23.03.2018). Cambridge Analytica and the dark arts of voter manipulation. *The New Yorker*. https://www.newyorker.com/podcast/political-scene/cambridge-analytica-and-the-dark-arts-of-voter-manipulation, Zugriff am 23.12.2020.

Ich – mal Ziel, mal Müll: *The Daily You* von Turow

Nils S. Borchers

Larry und Rhonda essen mit ihren drei Kindern regelmäßig in Fast Food-Geschäften. Sie nutzen dabei Rabattcoupons, die sie im Internet erhalten. Wenn sie im Internet surfen, werden ihnen seit einiger Zeit Artikel etwa über Familienurlaube im Inland oder die Wichtigkeit von Diäten eingespielt, gerade vor Beginn der Sommerferien. Neben solchen Artikeln erscheinen Anzeigen für Fitnessstudios und Diätpräparate. Als Larry online nach einem Auto sucht, stößt er auf Beiträge zu Gebrauchtwagen und auf Inserate für Standardmodelle. Er ist frustriert, denn eigentlich sucht er nach einem höherklassigen Wagen, die Marktlage jedoch, sie scheint ausgesprochen schlecht zu sein. Doch als Larry seiner Chefin von der frustrierenden Autosuche erzählt, ist diese mehr als überrascht. Sie hat unlängst genau dieselbe Webseite besucht wie Larry, und dort, so berichtet sie ihm, hat sie eine ganze Reihe spannender Artikel über die neuesten deutschen Automodelle entdeckt. Ja, in einer Anzeige wurde ihr sogar ein Geschenk als Dankeschön für eine Probefahrt versprochen.

Joseph Turows *The Daily You: How the New Advertising Industry Is Defining Your Identity and your Worth* (2011) beginnt mit diesen Erlebnissen Larrys. Turow macht sich dann auf den folgenden knapp 200 Seiten auf zu erklären, wie es dazu kommt, dass Larry in einer anderen Onlinewelt lebt als seine Chefin. Sein Werk nimmt damit die wohl einschneidendste Veränderung, die die Werbewelt in den vergangenen Jahrzehnten erlebt hat, in den Blick: den Wandel von der massenhaften zur personalisierten Werbeansprache von Konsument*innen auf Grundlage von

N. S. Borchers (✉)
Universität Tübingen, Tübingen, Deutschland
E-Mail: nils.borchers@uni-tuebingen.de

© Springer Fachmedien Wiesbaden GmbH, ein Teil von Springer Nature 2022   379
T. G. K. Meitz et al. (Hrsg.), *Schlüsselwerke der Werbeforschung*,
https://doi.org/10.1007/978-3-658-36508-0_33

gesammelten und prognostizierten Verhaltensdaten. Dieses Vorgehen trägt verschiedene Namen: *Online Behavioral Targeting* bzw. *Advertising, Programmatic Advertising* oder, wie Turow es 2011 noch nennt, *Personalized Customer Relationship Marketing* (wobei sich die von Turow verwendete Bezeichnung nicht durchsetzen konnte).

Turow stellt zwar auch die Industrie des Programmatic Advertising detailliert dar, es geht ihm in *The Daily You* aber v. a. um die Implikationen, die der Wandel der Werbewelt für das gesellschaftliche Zusammenleben besitzt. Und weil Turow zu dem Schluss kommt, dass dieser Wandel ein dysfunktionaler ist, wird sein Buch von einem gewissen Sendungsbewusstsein getragen. Turow möchte entlarven, aufklären, wachrütteln und so den gesellschaftlichen Umgang mit kommerziellen Überwachungsaktivitäten beeinflussen. *The Daily You* ist daher durchaus als Weckruf gedacht: „But when companies track people without their knowledge, sell their data without letting them know what they are doing or securing their permission, and then use those data to decide which of those people are targets or waste, we have a serious social problem." (S. 7)

1   Inhalt des Schlüsselwerkes

Die neugewonnene Bedeutung des Media Buyings

Im Mittelpunkt von Turows *The Daily You* steht eine Werbefunktion, die über Jahrzehnte im Schatten insbesondere der Werbekreation stand, die aber mit dem Bedeutungsgewinn von Programmatic Advertising rasant an Bedeutung gewonnen hat: das Media Buying. Die Aufgabe des Media Buyings besteht darin, die Werbeträger, also den Werberaum und die Werbezeit in Medienangeboten, zu buchen, über die Werbetreibende ihre Werbeangebote ausspielen. Media Buying tritt dazu zumeist in einer Doppelfunktion mit dem Media Planning auf, und die beiden Funktionen werden auch von Turow als eine Einheit gedacht. Das Media Planning legt die Belegung der Werbeträger fest und entwickelt daher die Strategie, mit der eine Werbekampagne ausgerollt wird. Ziel ist es, Werbeangebote so auszuspielen, dass möglichst viele Mitglieder der Zielgruppe, die die Kampagne anvisiert, erreicht werden. Dabei versuchen Werbetreibende, sogenannte Streuverluste zu minimieren. Als Streuverluste gelten Kontakte mit Konsument*innen, die nicht zur Zielgruppe gehören. Die Logik hinter dem Minimierungsversuch: Werbetreibende zahlen nicht allein für Kontakte mit der Zielgruppe, sondern sie zahlen für alle Kontakte. Konkret bedeutet das, dass die Ausstrahlung eines TV-Spots einen bestimmten Preis hat, und dieser Preis ist erst einmal abhängig davon, wie viele

Zuschauer*innen eingeschaltet haben – und unabhängig davon, wie viele von ihnen tatsächlich zur Zielgruppe gehören. Erfolgreiches Media Planning identifiziert daher genau die Werbeträger, über die Werbetreibende ihre Zielgruppe möglichst ausschließlich erreichen können (dabei das Budget der Werbetreibenden beachtend), und erfolgreiches Media Buying bucht genau diese Werbeträger und das zu einem möglichst geringen Preis.

Turow rekonstruiert nun in einer detaillierten historischen Aufarbeitung den Bedeutungsgewinn des Media Buyings. Musste die Funktion zu Beginn des 20. Jahrhunderts wegen ihrer Neuartigkeit zunächst professionalisiert werden, entwickelte sie sich Mitte des Jahrhunderts auf Grund ihrer Vorhersehbarkeit, die nicht zuletzt von der relativen Beständigkeit der Medienmärkte herrührte, zunehmend zu einer zwar als notwendig, jedoch als nicht sonderlich anspruchsvoll erachteten „paint-by-numbers activity" (S. 21). Die 1980er-Jahren führten dann mit ihrer Liberalisierung der Rundfunkmärkte und der daraus resultierenden stärkeren Fragmentierung der Publika zu einer ersten Aufwertung der Tätigkeit, weil die steigende Komplexität der Medienmärkte auch die Komplexität der Aufgabe erhöhte. Der entscheidende Einschnitt erfolgte jedoch erst in der zweiten Hälfte der 1990er-Jahre. Zu dieser Zeit begann sich das (populäre) Internet zu etablieren, und zu dieser Zeit wurde auch der Cookie erfunden. Ein Cookie ist eine Datei, die, von einer Webseitenbetreiber*in oder ihren Kooperationspartner*innen auf dem Endgerät der Seitenbesucher*innen hinterlegt, Informationen über das individuelle Surfverhalten speichert. Cookies erlauben es, dass Internetnutzer*innen beim erneuten Besuch der Seite wiedererkannt werden, um ihnen personalisierte Inhalte einzuspielen. Die Installation von Cookies erfolgte zunächst, ohne dass die Nutzer*innen davon in Kenntnis gesetzt wurden – geschweige denn ihre Zustimmung gegeben hätten. (Tatsächlich traten strengere Anforderungen an Transparenz und Einverständnis in den meisten Staaten erst deutlich später – und auch erst deutlich nach Veröffentlichung von *The Daily You* – in Kraft.) Turow stellt heraus, dass Cookies ursprünglich für Online-Händler*innen entwickelt wurden, die ihre Kund*innen identifizieren und entsprechend personalisiert ansprechen wollten. Schon bald wurden Cookies aber genutzt, um Internetnutzer*innen auf allen ihren Spuren durch das Netz zu folgen und so immer umfangreichere Informationen über sie zu sammeln. Ergänzt wurden Cookies durch weitere, frühe technische Entwicklungen wie interaktive Links, Flash Cookies und Web Beacons, die ebenfalls dazu dienen, digitale Spuren zu erfassen. Durch die Zusammenführung der Daten in Datenbanken versetzten sich die datensammelnden Unternehmen in die Lage, granulare Profile von Internetnutzer*innen zu erstellen und diese dann zu monetarisieren.

Die Möglichkeit, auf solche Nutzendenprofile zuzugreifen, hat laut Turow einen entscheidenden Vorteil für das Media Buying: Es brauchen nun nicht mehr Werbekontexte gekauft zu werden, etwa die Ausstrahlung eines Werbespots im Rahmen eines bestimmten, als Zielgruppen-affin vermuteten TV-Programms, sondern es können stattdessen massenhaft individuelle Konsument*innen gebucht werden (genauer: die Möglichkeit, genau diese Konsument*in personalisiert anzusprechen). Aus Perspektive der Werbetreibenden läutet dieses Vorgehen eine wahre Zeitenwende ein, denn das Media Buying kann anhand der zur Buchung angebotenen Profile bestimmen, welche Konsument*in zur Zielgruppe gehören (als *target* bezeichnet) und daher gebucht werden sollten und welche nicht (als *waste* bezeichnet). Dieses Vorgehen impliziert damit nicht weniger als das Versprechen, das Problem der Streuverluste zu lösen: „Marketers could finally direct their enormous investments to reach only those customers who mattered to them." (S. 89)

Turow zeichnet nach, wie sich innerhalb weniger Jahre eine komplexe Industrie um das Programmatic Advertising entwickelt hat. Zu den Gewinner*innen dieser Entwicklung zählt er neben dem Media Buying die *Ad Exchanges* und die *Ad Networks*, die sich im Besitz u. a. von *Google*, *Yahoo* und *Microsoft* befinden. Ad Exchanges sind Plattformen, über die v. a. in Echtzeitauktionen Impressions, d. h. Werbekontakte von bestimmten Internetnutzer*innen, gehandelt werden. Auf diesen Plattformen tritt das Media Buying als Nachfragender auf, das von Webseitenbetreiber*innen die Möglichkeit erwirbt, bestimmte Nutzer*innen zu kontaktieren. Ad Networks wiederum sind Dienstleister, die das Werbeinventar, d. h. die Kontaktmöglichkeiten, die eine Website bietet, für mehrere Webseitenbetreiber*innen vermarkten. Auch gegenüber Ad Networks tritt das Media Buying als Nachfragender auf, es kauft hier jedoch vom Ad Network selbst. Während über Ad Exchanges zumeist das Premiuminventar gehandelt wird, besorgen Ad Networks in der Regel den Verkauf des schwieriger abzusetzenden ‚Restinventars'. Als Premiuminventar gelten die Werbemöglichkeiten beispielsweise auf den Seiten der großen Nachrichtenhäuser oder in beliebten sozialen Netzwerken. Das weniger attraktive Werbeinventar findet sich im Long Tail des Internets, also auf den vielen kleinen Seiten wie etwa den Unterseiten eines Forums oder auf der privaten Homepage einer gewöhnlichen Internetnutzer*in. In einer Welt, in der Werbekontexte gebucht wurden, war das Restinventar für die meisten Werbetreibenden nicht allzu relevant. Zu gering war die Chance, über Werbeschaltungen auf entsprechenden Seiten das Zielpublikum zu erreichen, und zu aufwendig war die einzelne Buchung. Indem Ad Networks nun aber nicht mehr den Werbeplatz auf einer Forenunterseite verkaufen, sondern den Kontakt zu einer bestimmten Nutzer*in, die sich auf dieser Seite aufhält – und das nicht nur für diese Seite, sondern über mehrere Seiten hinweg –, gewinnt dieses früher kaum attraktive Werbeinventar plötzlich an Relevanz für das Media Buying.

Die gesellschaftlichen Implikationen der neuen Werbewelt
Dieses hier nur flüchtig skizzierte Zusammenspiel von Media Buying, Ad Networks und Ad Exchanges hat, so Turow, mehrere, sich auch gegenseitig verstärkende Folgen. Zum einen ermutigt es Websitebetreiber*innen, sich durch umfangreiche Datensammlungen einen Wettbewerbsvorteil zu verschaffen. Zum anderen erscheinen neue Contentanbieter*innen neben den traditionellen Anbieter*innen wie den großen Medienhäusern auf der Bildfläche. Um Gewinne durch Werbeeinnahmen zu erzielen, ist es nun schließlich nicht mehr notwendig, größere Publika zu erreichen, denn Ad Networks ermöglichen den Verkauf auch des Restinventars. In der Konsequenz verteilen sich die Budgets der Werbetreibenden jetzt auf eine größere Anzahl von Contentanbieter*innen. Diese versuchen daher, das ist eine weitere Folge, ihre Ausgaben zu verringern, um so ihren Gewinn zu maximieren. Ein erheblicher Kostenpunkt ist die Contentproduktion, weswegen Turow befürchtet, dass Anbieter*innen dazu übergehen, etwa selbstproduzierte Inhalte durch kostengünstigere Inhalte aus Contentfarmen zu ersetzen, von Unternehmen erstellte Inhalte zu übernehmen (*branded content*) oder Werbekunden Einfluss auf die redaktionelle Arbeit zu gewähren (*native advertising*). Darüber hinaus entstehen Anreize für Contentanbieter*innen, sogenannte *Reputationssilos* zu erschaffen. Hinter Reputationssilos steht laut Turow die folgende Idee: „News, entertainment, information, discounts, and advertising is to be automatically personalized according to an individual's reputation" (S. 128), wobei die Reputation des Individuums bestimmt wird anhand der über es gesammelten Daten. Mit der Schaffung von Reputationssilos verfolgen Contentanbieter*innen zwei Ziele. Zum einen sollen sie Nutzer*innen durch personalisierte Inhalte auf die eigene Seite locken und dann auf dieser Seite halten; zum anderen sollen sie ein resonierendes Werbeumfeld schaffen, also ein Umfeld, dass zur Interaktion mit den Werbeinhalten anregt. Das Konzept der Reputationssilos stellt damit eine Alternative zum zeitgleich von Pariser (2011) entwickelten Konzept der Filterblasen dar. Im Gegensatz zu Filterblasen hebt Turows Konzept jedoch die Verquickung von redaktionellen und Werbeinhalten stärker hervor.

Auf Grundlage dieser Rekonstruktion der Online-Werbeindustrie wendet sich Turow schließlich den gesellschaftlichen Konsequenzen des Werbewandels zu, die im eigentlichen Zentrum seines Interesses stehen. Er beschreibt insbesondere zwei solcher Konsequenzen. Erstens fürchtet Turow, dass die veränderte Praxis des Media Buyings das Mediensystem ins Ungleichgewicht bringt – mit weitreichenden Auswirkungen für die Demokratie. Indem das Media Buying Targets statt Werbekontexte als Mittel zur Zielgruppenerreichung erwirbt, sinkt seine Abhängigkeit von traditionellen Medienhäusern, schließlich können Werbetreibende ihre Zielgruppen nun auch über Long Tail-Seiten erreichen. Dadurch verschiebt sich das

Machtgefüge zuungunsten der traditionellen Medienhäuser. Sie sind nicht mehr in der (Macht-)Position, die in den vergangenen Jahrzehnten aufgerufenen Preise für ihr Werbeinventar zu verlangen. Diese hohen Preise ermöglichten allerdings nicht zuletzt die Produktion auch kostenträchtiger Medieninhalte. Turow sieht voraus, dass die gestärkte Verhandlungsposition des Media Buyings Konsequenzen für seine Zahlungsbereitschaft besitzen wird. Wenn aber die Zahlungsbereitschaft der Werbetreibenden spürbar sinkt, verlieren private Medienorganisationen eine essentielle Einnahmequelle. Auf diese Weise gefährden die sich verschiebenden Machtstrukturen die Fortexistenz des unabhängigen Journalismus als vierter Macht im Staate.

Zweitens, und hier kommt Turow zurück zu Larry und Rhonda, weist die Werbeindustrie individuellen Konsument*innen anhand der gesammelten Daten eine bestimmte Reputation zu, und diese Reputation ist entscheidend dafür, welche werblichen, zunehmend aber auch: welche redaktionellen Inhalte an diese Konsument*in ausgespielt werden. Die Internetnutzer*innen werden ohne ihr Wissen – und ohne dass sie Eingriffsmöglichkeiten besäßen – zu Reputationssilos zugeordnet. Turow fährt schweres Geschütz auf, um auf die Gefahren dieses Vorgehens hinzuweisen, indem er die Grundfeste der US-Amerikanischen Wertesystems anruft: „People in consistently different reputation silos – fed different streams of material – will have very different starting points and different opportunities. From these understandings of power in everyday life and our relation to it come interpretations of the functions and success of capitalism, democracy, and the American ethos of equal opportunity." (S. 195) Die Zuordnung von Reputationssilos ist für Turow eine Form sozialer Diskriminierung, die sich langfristig negativ sowohl auf das psychische Wohlbefinden der Einzelnen als auch auf die Stabilität des politischen Systems auswirken kann. Indem Larry personalisierte Anzeigen für wenig prestigevolle Produkte eingespielt werden, wird ihm signalisiert, dass er ein wenig wertvoller Konsument und damit – wir leben schließlich in einer Konsumgesellschaft – ein wenig wertvoller Bürger ist. Gleichzeitig, so fürchtet Turow, treiben Reputationssilos die gesellschaftliche Fragmentierung voran: „They will allow, maybe even encourage, individuals to live in their own personally constructed worlds, separate from people and issues they don't care about and don't want to be bothered with. (…) They may further erode the tolerance and mutual dependence between diverse groups that enable a society to work." (S. 196) Auf diese Wiese wird eine zunächst vielleicht als wenig bedeutsam abgetane Veränderung der Logik des Media Buyings zu einem gesellschaftlich ernstzunehmenden Störfaktor.

Zum Ende seines Buches unterbreitet Turow dann vier Vorschläge, wie sich den von ihm beschriebenen dysfunktionalen Konsequenzen entgegenwirken ließe (S. 197–200). Erstens regt er einen Ausbau des Kompetenztrainings, das Kinder für den Umgang mit digitalen Medien erhalten, an (siehe Kap. „Mehr als nur ein kognitiver Schutz:*Reconsidering Advertising Literacy as a Defense Against Advertising Effects*von Rozendaal, Lapierre, van Reijmersdal und Buijzen" in diesem Band). Zweitens fordert er eine Transparenzpflicht für personalisierte Werbeanzeigen, die Internetnutzer*innen bewusstmachen soll, in welchem Umfang Daten über sie gesammelt und genutzt werden. Drittens müssen seines Erachtens Konsument*innen die Möglichkeit erhalten, der Datensammlung über sich zu widersprechen (wie es in der Europäischen Union inzwischen durch das zentrale Präferenzmanagement über *YourOnlineChoices.com* zumindest in Teilen ermöglicht wird). Viertens schließlich plädiert Turow für eine stärkere Regulierung der Trackingaktivitäten zumindest im Bereich der sensiblen Daten wie Informationen zur sexuellen Orientierung, zum Medikamentengebrauch und zum finanziellen Status der Internetnutzer*innen. Das Anliegen dieser vier Vorschäge ist es „to encourage people from many backgrounds to examine, interrogate, understand, and critique the twenty-first-century advertising and media system and it rules" (S. 200). Turow gibt sich also durchaus gemäßigt, denn statt wie Zuboff ein gutes Jahrzehnt später (siehe Kap. „Werbung als Katalysator der digitalen Wirtschaftsordnung:*The Age of Surveillance Capitalism* von Zuboff" in diesem Band) einen Kampf der Internetnutzer*innen gegen den Überwachungskapitalismus heraufzubeschwören, setzt er auf die Kraft der Aufklärung – in der Hoffnung, dass das Wissen um die Überwachungsaktivitäten ein ermächtigendes ist, das die Konsument*innen dazu befähigt, selbstbestimmter mit der Werbeindustrie umzugehen.

2   Eingliederung ins Gesamtwerk

Joseph Turow hat sich seit den 1990er-Jahren kontinuierlich und kritisch mit den Maßnahmen von Werbetreibenden zur möglichst granularen Profilbildung von Konsument*innen beschäftigt. *The Daily You* sollte daher im Kontext der weiteren Arbeiten Turows betrachtet werden. So lässt sich das Werk als eine Weiterentwicklung seines Buches *Niche Envy: Marketing Discrimination in the Modern Age* (2006) verstehen, in dem Turow frühzeitig das *Database Marketing* zum Thema seiner wissenschaftlichen Arbeit macht. In *Niche Envy* geht Turow der steigenden Bedeutung von Datensammlungen zu individuellen Konsument*innen in der Werbung nach, das er bis ins 19. Jahrhundert zurückverfolgt. Allerdings, so zeigt er auf, ist es erst die elektronische Datenverarbeitung, die es Werbetreibenden erlaubt, das Potenzial der gesammelten Daten zur massenhaften personalisierten Kund*innenansprache zu nutzen. In *Niche Envy* entwickelt Turow bereits das Argument einer sozialen Diskriminierung durch das Profiling der Werbetreibenden. *Niche Envy* wiederum schließt an das Buch *Breaking Up America: Advertisers and the New Media World* (1997) an, in dem Turow erstmalig die Versuche von Werbetreibenden untersucht, durch eine möglichst granulare Segmentierung von Medienpublika individuelle Konsument*innenprofile zu erschaffen. Allerdings ist die Stoßrichtung der Kritik in *Breaking Up America* noch eine andere als in späteren Arbeiten. Hier äußert sich Turow besorgt vor allem darüber, dass die Individualisierung der Kund*innenansprache gemeinsame Konsumerlebnisse verunmöglicht und so dazu führen, dass Menschen weniger empathisch aufeinander reagieren. Während diese beiden Bücher die Vorgänger von *The Daily You* darstellen, kann *The Aisles Have Eyes: How Retailers Track Your Shopping, Strip Your Privacy, and Define Your Power* (2017) als sein legitimer Nachfolger betrachtet werden. In diesem Buch stellt Turow am Beispiel von konventionellen Geschäften wie Supermärkten dar, wie sowohl die Datensammlung als auch die personalisierte Werbeansprache immer weiter aus dem Internet herauswachsen und Konsument*innen in weitere Lebenskontexte folgen.

Neben diesen Büchern hat Turow in Umfragen immer wieder das Wissen US-Amerikanischer Konsument*innen über die Targeting-Praktiken der Werbetreibenden und ihre Einstellungen zu diesen untersucht (etwa Turow 2003; Turow et al. 2005, 2008, 2015). Diese Arbeiten, auf die sich Turow auch in *The Daily You* beruft (S. 184 ff.), ergänzen die in seinen Büchern dokumentierten Studien, indem sie der in den Büchern dominanten Kommunikator*innenperspektive die Perspektive der ‚profilierten' Konsument*innen entgegenstellen. Die durchgeführten Studien zeigen, dass die US-Amerikanischen Konsument*innen sich der Existenz kommerzieller Überwachungsaktivitäten zunehmend bewusst sind, sie aber zum einen ein unzureichendes Wissen über diese Aktivitäten besitzen, sie zum anderen mehrheitlich ablehnen. Draper und Turow (2019) haben als Reaktion auf diese Befunde das Konzept der *Digitalen Resignation* entwickelt. Internetnutzer*innen entwickeln Digitale Resignation, wenn sie zwar die Informationen, die digitale Unternehmen über sie besitzen, kontrollieren möchten, sie sich aber nicht in der Lage fühlen, diese Kontrolle auszuüben. Dieses Konzept stützt damit Turows Kritik der Werbepraktiken, denn er kann es gegen die Argumentation der Werbeindustrie in Anschlag bringen, die ihre Praktiken dadurch zu legitimieren sucht, dass Konsument*innen ihre Daten bereitwillig abgeben, um dadurch Vorteile wie etwa Ermäßigungen bei Online-Käufen zu erhalten.

3 Wirkungsgeschichte des Schlüsselwerkes und Kritik

Mit *The Daily You* – wie auch mit seinen anderen Büchern – hat Turow eine breite Schneise in den oftmals unzugänglich erscheinenden Dschungel der kommerziellen Überwachungsaktivitäten geschlagen. Er legt so den Blick frei auf Praktiken der Datensammlung, der Datenauswertung und des Datenhandels. Die Hartnäckigkeit, mit der Turow diese Praktiken begleitet, die Detailliertheit, mit der er sie nachzeichnet, und die Geduld, mit der er sie erklärt, machen seine Bücher zu wertvollen Pionierarbeiten an der Schnittstelle von Werbeforschung und Überwachungsstudien.

The Daily You hat Widerhall gefunden insbesondere in Arbeiten, die sich mit der Kondition des Lebens in der digitalen Gesellschaft beschäftigen (etwa Couldry und Hepp 2017). Turows Buch ist einer der Kronzeugen, die befragt werden, wenn der Einfluss der Werbeindustrie auf die digitale Kultur zur Verhandlung steht. Ihm zur Seite stehen einige weitere, vergleichbare Untersuchungen wie Einsteins *Black Ops Advertising* (2016) und Andrejevics *iSpy* (2007). Auch das Monumentalwerk *The Age of Surveillance Capitalism* von Zuboff (2019) (siehe Kap. „Werbung als Katalysator der digitalen Wirtschaftsordnung:*The Age of Surveillance Capitalism* von Zuboff" in diesem Band) lässt sich in diese Tradition einordnen. Im Gegensatz zu *The Daily You*, das das Media Buying ins Zentrum seiner Erzählung rückt, konzentriert sich *The Age of Surveillance Capitalism* jedoch – mit dem Abstand der Geschichte, der den Nachgeborenen einen besseren Überblick erlaubt – auf die datensammelnden und -handelnden Unternehmen wie *Google* und *Facebook*.

In der Werbeforschung hat sich *The Daily You* als anschlussfähig für Arbeiten erwiesen, die sich mit den gesellschaftlichen Auswirkungen der digitalen Werbung, beispielsweise mit ihrem Einfluss auf journalistische Organisationen, beschäftigen (etwa Carlson 2015). Allerdings muss auch festgestellt werden, dass die ‚klassische' Werbe(wirkungs)forschung, wie sie insbesondere in den diskursbildenden, von der Marketingforschung getragenen Zeitschriften betrieben wird, das Werk ignoriert. Suchanfragen in den einschlägigen Zeitschriften (etwa *Journal of Advertising, International Journal of Advertising, Journal of Advertising Research*) führen zu genau null Treffern. Während *The Daily You* in der Kommunikationswissenschaft als Meilenstein gewürdigt wird (Hopp 2013; Peters 2014), haben sich tatsächlich gerade Marketingforscher*innen an Turows durchweg kritischer Perspektive gerieben. Ihre Kritik setzt mal an den von Turow heraufbeschworenen sozialen Auswirkungen an, die nicht immer empirisch konzise nachgewiesen werden und damit als allzu spekulativ anmuten mögen – man denke etwa an die Schlussfolgerung in *Breaking Up America*, dass eine personalisierte Werbeansprache zu einem gesellschaftsweiten Empathieverlust führt (Rotfeld 1999). Widerstand entzündet sich auch daran, dass Turow das Argument der Werbeindustrie nicht gelten lässt, dass personalisierte Werbung im Interesse der Konsument*innen ist, weil diese nun nicht mehr mit für sie irrelevanten Werbeanzeigen belästigt werden. So fasst etwa McMellon (2013, S. 56) sein Unverständnis der von Turow eingenommen Perspektive in deutliche Worte: „I am hard pressed to see how the collection of data harms consumers, especially knowing that laws have been enacted protecting consumers from the more dangerous invasions of privacy that involve a consumer's health or financial condition. Should I be concerned that advertisers are putting ads in front of me on subjects that may be of interest to me? Or should we return to the world of ubiquitous advertising of little interest to most of those who see it? Turow takes what most marketers feel is positive and makes it negative."

Dennoch: Auch angesichts dieser Kritik und im Wissen, dass Konsument*innen die kommerziellen Überwachungspraktiken in der Mehrzahl weniger willkommen heißen als dies der eben zitierte McMellon tut (Draper und Turow 2019), ist die Bedeutung von Turows Schaffen, hier am Beispiel seines zentralen Werkes *The Daily You* verhandelt, kaum ausreichend zu würdigen. Seine Arbeiten zeigen, dass die Werbeforschung eben auch der Kommunikationswissenschaft bedarf, weil die Kommunikationswissenschaft sensibel ist für die gesellschaftlichen Auswirkungen von Werbepraktiken. Turow als ihr Vertreter stellt eine wichtige Stimme im stark durch die Optimierungsforschung geprägten Diskurs der Werbeforschung dar.

Literatur

Primärliteratur

Draper, N. A., & Turow, J. (2019). The corporate cultivation of digital resignation. *New Media & Society, 21*(8), 1824–1839. https://doi.org/10.1177/1461444819833331

Turow, J. (1997). *Breaking up America: Advertisers and the new media world.* Chicago: University of Chicago Press.

Turow, J. (2003). *Americans and online privacy: The system is broken.* Retrieved from Annenberg Public Policy Center of the University of Pennsylvania website: https://repository.upenn.edu/asc_papers/52

Turow, J. (2006). *Niche envy: Marketing discrimination in the digital age.* Cambridge: MIT Press.

Turow, J. (2011). *The daily you: How the new advertising industry is defining your identity and your worth.* New Haven: Yale University Press.

Turow, J. (2017). *The aisles have eyes: How retailers track your shopping, strip your privacy, and define your power.* New Haven: Yale University Press.

Turow, J., Feldman, L., & Meltzer, K. (2005). *Open to exploitation: America's shoppers online and offline*. Retrieved from Annenberg Public Policy Center of the University of Pennsylvania website: https://repository.upenn.edu/asc_papers/35

Turow, J., Hennessy, M., & Bleakley, A. (2008). Consumers' understanding of privacy rules in the marketplace. *Journal of Consumer Affairs, 42*(3), 411–424.

Turow, J., Hennessy, M., & Draper, N. (2015). *The tradeoff fallacy: How marketers are misrepresenting American consumers and opening them up to exploitation*. Retrieved from https://ssrn.com/abstract=2820060 https://doi.org/10.2139/ssrn.2820060

Sekundärliteratur

Andrejevic, M. (2007). *iSpy: Surveillance and power in the interactive era*. Lawrence: Univ. Press of Kansas.

Carlson, M. (2015). When news sites go native: Redefining the advertising-editorial divide in response to native advertising. *Journalism, 16*(7), 849–865. https://doi.org/10.1177/1464884914545441

Couldry, N., & Hepp, A. (2017). *The mediated construction of reality*. Cambridge, Malden, MA: Polity.

Einstein, M. (2016). *Black ops advertising: Native ads, content marketing, and the covert world of the digital sell*. New York: OR.

Hopp, T. (2013). Joseph Turow: The daily you. *Mass Communication and Society, 16*(6), 933–935. https://doi.org/10.1080/15205436.2013.822520

McMellon, C. A. (2013). Book review: The daily you: How the new advertising industry is defining your identity and your worth. *Journal of Advertising Education, 17*(1), 55–56. https://doi.org/10.1177/109804821301700109

Pariser, E. (2011). *The filter bubble: How the new personalized web is changing what we read and how we think*. London: Penguin.

Peters, C. (2014). The daily you: How the new advertising industry is defining your identity and your worth. *New Media & Society, 16*(6), 1034–1036. https://doi.org/10.1177/1461444814535723

Rotfeld, H. J. (1999). Book review: Breaking up America: Advertisers and the new media world. *Journal of Marketing, 63*(1), 121–123. https://doi.org/10.1177/002224299906300110

Zuboff, S. (2019). *The age of surveillance capitalism: The fight for a human future at the new frontier of power*. London: Profile.

The manufacturer's authorised representative in the EU is Springer
Nature Customer Service Centre GmbH, Europaplatz 3, 69115 Heidelberg,
Germany. If you have any concerns regarding our products, please
contact ProductSafety@springernature.com

Printed and bound by CPI Group (UK) Ltd, Croydon, CR0 4YY
28/04/2026
02098513-0005